정근두 목사의
누가복음 강해 3

부활의 삶

KB192431

정근두 목사의
누가복음 강해 3

부활의 삶

지은이 | 정근두
초판 발행 | 2023. 8. 23
등록번호 | 제1988-000080호
등록된 곳 | 서울특별시 용산구 서빙고로 65길 38
발행처 | 사단법인 두란노서원
영업부 | 02-2078-3352   FAX | 080-749-3705
출판부 | 02-2078-3331

책값은 뒤표지에 있습니다.
ISBN 978-89-531-4158-2 04230
SET   978-89-531-4159-9 04230

독자의 의견을 기다립니다.
tpress@duranno.com   www.duranno.com

두란노서원은 바울 사도가 3차 전도여행 때 에베소에서 성령 받은 제자들을 따로 세워 하나님의
말씀으로 양육하던 장소입니다. 사도행전 19장 8-20절의 정신에 따라 첫째 목회자를 돕는 사역과
평신도를 훈련시키는 사역, 둘째 세계선교(TIM)와 문서선교(단행본·잡지) 사역, 셋째 예수문화 및 경배
와 찬양 사역, 그리고 가정·상담 사역 등을 감당하고 있습니다. 1980년 12월 22일에 창립된 두란
노서원은 주님 오실 때까지 이 사역들을 계속할 것입니다.

정근두 목사의
누가복음 강해

3

부활의
삶

정근두
지음

두란노

목차

제가 신학교를 다니면서부터 가지게 된 꿈은 남이 들려준 예수님 이야기가 아니라 제가 확인한 예수님 이야기를 전하는 것이었습니다. 그러다 보니 성경 각 권을 읽고 묵상할 때마다 그 안에서 발견하게 되는 예수님 이야기에 자연스럽게 시선을 모으게 되었습니다. 그러던 중 복음서 가운데 사람들에 대한 폭넓은 이해와 기도와 성령에 관한 유별한 관심이 돋보이는 누가복음을 만나게 되었고, 저는 용기를 내어 이 복음서의 문을 두드렸습니다.

처음으로 누가복음을 유심히 살피게 된 것은 유학 중에 두 가정이 모인 새벽 기도를 인도하기 위해서였습니다. 누가복음 첫 장은 80절이나 되는 긴 분량임에도 아무리 읽어도 전할 말이 없는 것이 그때의 솔직한 심정이었습니다. 정식 설교도 아니고 기도의 지침을 제시하면 되는데 마음속에 할 말이 없는 것을 뻔히 알면서도 무언가를 말해야 하는 고통을 겪으며 이 책을 조금씩 열어 가기 시작했습니다.

두 가정이 모여서 한 주간씩 교대로 인도했는데, 제 차례가 되면 누가복음과 야고보서를 본문으로 선택해서 모임을 인도했습니다. 그렇게 하기를 몇 개월, 누가복음이 점점 밝아져 왔습니다. 처음에는 남아프리카공화국 포체프스트룸에서 새벽 기도 시간에 다섯 사람에게, 다음에는 서울에 개척한 교회에서 100여 명의 성도에게, 마지막으로는 울산교회에 부임해서 주일마다 2천 명의 청중에게 그 말씀을 선포했습니다. 그렇게 선포한 설교들을 이번에 독자들을 위해 간결하게 다듬어서 출판합니다.

이 책에 담긴 설교는 그 내용에 있어서는 제가 전한 것이 맞지만, 그 형식에 있어서는 독자를 의식해서 손질한 것입니다. 한 주에 한 편의 설교를 듣는 것이 아닌, 한 권의 책을 연속해서 읽어야 하는 독자를 위한 출판사의 배려입니다. 특히 마지막 결론 내용은 독자를 의식한 손질이 분명한 부분이니 일반 독자의 입장에서 출판사의 배려를 즐겨 주십시오.

강대상에서 선포한 내용을 글로 변환시키는 것이 쉽지 않았을 터인데 간결하게 손질된 원고를 읽으면서 감동했습니다. 그러면서 제가 전한 메시지에 다시 한 번 감동했고, 이런 말씀을 전한 설교자의 삶을 산 것에 보람을 느꼈습니다. 설교 본래의 감동은 살아 있되 더 맛깔스럽게 손질해 준 것에 감사합니다. 설교자가 사용했던 단어 하나하나를 함부로 다루지 않으면서도 독자를 위해 더 나은 구조와 문장을 구사하는 창조적인 손질이기에 감탄했습니다.

오늘 세상은 여러 가지 예기치 못한 문제로 위기의 때를 지나고 있습니다. 그 어느 때보다도 하나님이 주시는 위로와 평안이 필요한 시대입니다. 바라기는 이 책이 한국 교회와 성도들 안에 하나님 나라의 복음이 허락하는 위로와 평안으로 임하길 소원합니다. 무엇보다 복음 그 자체이신 예수 그리스도를 다시 한 번 붙잡는 소중한 기회가 되기를 바랍니다. 이 책이 나오기까지 수고한 분들에게 감사하며, 하나님의 은혜가 독자들의 심령에 함께하기를 바랍니다.

구주대망
정근두

1부

하나님 아버지 마음과
제자도

1.

입을 다물게 하다 (14:1-6)

안식일에 관한 네 번째 논쟁

누가복음 14장 1절부터 소위 '예루살렘을 향한 여정'의 두 번째 부분이 시작되며, 이는 17장 10절까지 계속됩니다. 이 부분에 기록된 말씀은 대부분 누가만이 전하는 내용입니다. 누가는 아마도 이 기간의 상황을 잘 알고 있는 사람이나 자신이 접한 자료에서 얻은 정보를 우리에게 전하는 것일 수 있습니다. 이 장의 본문은 또 한 번의 안식일 사건입니다. 예수님은 계속해서 기적적인 치유와 분명한 가르침을 통해 하나님의 임재를 드러내셨지만, 예수님의 치유 사역은 사람들의 완고한 마음을 바꾸는 데는 실패했습니다. 죄와 고집으로 더럽혀진 눈은 하나님의 손길을 볼 수 없기 때문입니다.

본문의 식탁 분위기는 24절까지 이어집니다. 그러나 지금 주님이 앉으신 식탁은 일반적인 잔치 자리가 아닙니다. 그렇다고 일상적인 담소를 나누는 식탁도 아닙니다. 차림표에는 어떤 것이 하나님의 성품을 반영하는 일인지에 대한 신학적이고 철학적인 식단이 적혀 있는 것 같습니다. 누가의 기록에 의하면, 본문은 안식일에 관한 네 번째 논쟁입니다. 안식일을 둘러싼 예수님과 바리새인들의 충돌은 이스라엘 백성, 특히 종교 지도자들의 완악한 마음을 보여 줍니다. 반복되는 기적에도 불구하고 바리새인들의 마음은 돌처럼 완고했습니다.

안식일 예배가 끝난 후 예수님은 준비된 식사에 초대를 받으셨습니다. 초대한 사람을 '한 바리새인 지도자'라고 본문은 소개합니다(눅 14:1). 누가복음에 의하면, 이전에도 예수님은 바리새인의 집에 두 차례 식사 초대를 받으신 적이 있습니다. 아마도 본문의 '한 바리새인 지도자'는 유대인들의 최고 통치 기관인 산헤드린의 회원이 아닐까 추측됩니다. 그는 수일 전 안식일에 일어난 일을 들었을 것입니다. 열여덟 해 동안이나 허리가 고부라져서 고생하던 여인을 고치신 예수님을 비난한 회당장은 주님의 말씀 한마디로 여지없이 궁지에 몰렸습니다(눅 13:10-17). 이 소식을 들은 이 영향력 있는 지도자급 바리새인이 설욕전이라도 할 요량으로 의도적으로 주님을 안식일의 식탁으로 초대한 것 같습니다.

앞서 안식일을 지키는 문제를 두고 예수님과 바리새인들 사이에 극명한 입장 차이가 있음을 확인한 바 있습니다. 예수님이 그토록 여러 번 신랄하게 비판하셨는데도 불구하고 초대했다는 것은 순수한 동기로 보이지 않습니다. 게다가 "그들이 엿보고 있더라"(눅 14:1)라는 기록은 이런 우리의 생각을 뒷받침해 줍니다. 그래서 식사 초대 이면에 단순한 초대나 식탁 교제 이상의 의도가 개입되어 있다는 인상을 갖게 됩니다.

분명 식사 자리에 함께 앉은 종교 지도자들은 예수님을 잡기 위한 책략을 꾸미고 있었습니다. 그래서 안식일에 초대를 했다는 사실도 예수님이 안식일 규정을 어기시는 현장을 잡으려고 내심 바라고 있었음을 잘 보여 줍니다. 예수님을 비방하고 모함하기 위해 조직적으로 움직이는 모습을 누가복음은 계속해서 보여 줍니다.

앞서 두 차례의 식사 초대도 순수하지 못한 동기에서 비롯된 것으로 보입니다. 적어도 그 식사와 관련된 사건들의 과정에서 그렇게 드러나고 있습니다. 첫 번째 초대를 받으신 7장 36절 이하에서는 한 여인이 찾아와서 예수님께 향유를 부었습니다. 바리새파 사람들은 예수님의 발에 향유를 부은 여인을 정죄하면서 예수님을 비난했습니다. 두 번째 초대를 받으신 11장 37절 이하에서 그들은 손을 씻지 않고 식사를 하는 것은 정결 예법에 어긋난다고 정죄했습니다. 그리고 세 번째 초대를 받으신 이 장의 본문에서는 예수님이 안식일 율법에 어긋나는 어떤 행동을 하는지 '엿보고' 있습니다.

여기서 '엿보다'라는 단어는 은밀하게 책잡으려고 세심하게 살피는 것을 뜻합니다. 바로 그런 자리에 "주의 앞에 수종병[고창병, 개역한글] 든 한 사람이 있는지라"(눅 14:2)라고 누가는 전합니다. 고창(蠱脹)병 혹은 수종(水腫)병이란 어떤 질병일까요? 성경에서 여기에만 등장하는 병명입니다. 그렇다면 일반 사회에서 흔한 질병은 아닐 것입니다. 그렇다고 독특하거나 희귀한 병도 아닙니다. 수종병은 신장염 중 하나입니다. 신장, 곧 콩팥이 좋지 않아 수분 분해가 잘 이루어지지 않으면서 요도가 아닌 외부로 수분이 아주 조금씩 빠져나가 몸속 어느 곳에 고이는 현상을 수종이라고 합니다. 대부분의 수분은 소변을 통해서 배출되고 몸에는 필요한 피만 있어야 하는데 피가 아닌 다른 수분이 들어와 몸이 저절로 붓게 되는 것입니다.

바리새인들은 예수님께 고쳐 달라고 부탁하기 위해서가 아니라, 안식일에 예수님이 어떻게 하시는가를 지켜보기 위해서 수종병에 걸린 사람을 의도적으로 데리고 왔습니다. 이미 안식일에 회당에서 예수님이 한 여인을 고쳐 주신 사실을 알고 있었기 때문입니다. 즉 예수님을 시험하기 위해서 예수님을 초대하고 수종병에 걸린 사람도 데리고 온 것입니다. 덫을 놓고 기다린 셈입니다. 그래서 그들은 예수님이 어떻게 하시나 가만히 엿보고 있었습니다.

형식적 전통에서 벗어나
실질적 도움을 주는 새로운 전통으로

예수님은 아픈 병자를 보면 가만있지 못하시는 분입니다. 예수님은 안 봤다면 모를까 일단 보면 고쳐 주시는 분입니다. 병을 고치는 것은 예수님의 사명이기 때문에 당연한 태도입니다. 그런데 문제는 언제 고쳐 주시느냐는 것입니다. 예수님이 병을 고쳐 주시는 것이 문제가 아니라, 그날이 안식일이라는 것이 문제입니다. 유대인들에게 안식일은 그야말로 아무 일도 해서는 안 되는 날로서, 특히 병 고치는 의료 행위는 일절 금지되었습니다. 그런데 이미 예수님은 안식일에 여인을 고쳐 주셨습니다. 이 사실을 알고 있던 바리새인들은 꼬투리를 잡기 위해 예수님을 식사에 초대하고, 수종병에 걸린 사람을 데리고 온 것입니다.

예수님은 이미 당신을 엿보는 그들의 속셈을 간파하셨습니다. 그래서 이전에 이미 몇 차례 마찰을 빚은 문제를 율법 교사들과 바리새인들에게 던지셨습니다. "안식일에 병 고쳐 주는 것이 합당하냐 아니하냐"(눅 14:3). 결국 율법의 해석에 관한 질문이요, 안식일 규정에 관한 문제입니다. 그들은 누구보다 철저하게 안식일을 지키기 위해서 결국 안식일에 하지 말아야 할 일 39가지 조항을 규정한 사람들이 아닙니까? 정상적인 상황이라면 안식일에 병을 고쳐 주는 일은 두말할 필요도 없이 옳다고 말해야 할 것입니다. 그러나 바리새인들은 안식일 준수와 관련해서 너무나 많은 규정을 추가했고 그 규정들이 그들의 생활을 지배했기 때문에 예수님의 질문에 합당하지 않다고 답해야만 했습니다.

하지만 율법 전문가인 그들은 아무런 대답을 하지 않았습니다. "그들이 잠잠하거늘"(눅 14:4). 아니, 그들은 침묵할 수밖에 없었습니다. 왜냐하면 안식일에 일을 하지 않는 것이 옳으나 비상 상황에서는 예외가 인정된다는 것을 그들은 너무나 잘 알고 있었기 때문입니다. 질병에 시달리는 사람을 돕는 것이 안식일 규정을 어기는 것이 아님을 그들은 알고 있었습니다. 그들은 잠잠했습니다. 그들이 침묵해도 예수님이 그 병자를 고쳐 주실 것을 알고 있었고, 그것을 예수님께 불리한 증거로 삼으려 했기 때문입니다. 다른 사람에게 화를 내면서까지 주일 성수에 열심인 어떤 이들처럼 그들은 안식일 성수에 있어 전문가였지만 침묵했습니다. 예수님의 약점을 잡는 데 도움이 되지 않았기 때문입니다.

예수님은 "안식일에 병 고쳐 주는 것이 합당하냐 아니하냐"(눅 14:3)라는 간단한 질문으로 모든 움직임을 철저하게 감시당하는 수세적(守勢的) 입장에서 공세적(攻勢的)인 입장을 취하셨습니다. 그리고 그들의 침묵과 더불어 그 악한 덫으로부터 벗어나셨습니다. 예수님은 수종병에 걸린 사람을 즉시 데려다가 고쳐 주고 집으로 돌려보내셨습니다. 자신을 책잡으려는 바리새인들의 면전에서 수종병 환자를 고쳐서 바로 돌려보내신 것입니다.

그러면서 예수님은 율법 교사들과 바리새인들이 지키고 있는 안식일 규정과 관습에 들이대셨습니다. "너희 중에 누가 그 아들이나 소가 우물에 빠졌으면 안식일에라도 곧 끌어내지 않겠느냐"(눅 14:5). 주님은 사실상 그들이 자기가 하고 싶으면 실제로 안식일에도 일을 하고 있다고 지적하신 것입니다. 그들은 또다시 아무런 대답을 하지 못했습니다. "그들이 이에 대하여 대답하지 못하니라"(눅 14:6). 앞에서는 답하기 싫어서 침묵했고, 여기서는 대답할 말이 없어서 침묵했습니다. 그러면서 그들은 안식일에 예수님이 병자를 고치신 일을 정죄하기 위해 만반의 준비를 하고 있었습니다.

본문의 진리를 우리의 삶에 어떻게 적용할 수 있을까요? 안식일을 지키는 일이라면 가히 목숨을 거는 바리새인들과 율법 교사들이었지만 돌처럼 완악해진 그들의 마음은 자비를 베풀고 선을 행하시는 주님을 비난하고 정죄할 덫을 놓았습니다. 그런 유대인들과 우리는 전혀 다를까요? 신앙생활을 바로 해야 한다고 주장하는 일이라면 당시 유대인들 못지않게 열심을 가진 민족이 우리가 아닙니까?

우리 역시 형식적인 종교의 규정에 얽매여 주위 사람들의 필요에 마음을 닫아서는 안 됩니다. 교회는 이런 일들을 해야 한다고, 신앙생활은 이렇게 해야 한다고 자신이 설정해 놓은 틀로 다른 사람을 바라보고 판단해서는 안 됩니다. 기준을 내가 정해 놓았기 때문에 나의 신앙이 제일 좋아 보일 수밖에 없습니다. 나만큼 하는 사람이 없습니다. 그렇다고 해서 나의 기준으로 다른 사람을 판단해서는 안 됩니다.

바리새인들의 잘못이 여기에 있었습니다. 당대에 그들만큼 율법에 열심인 사람이 없었습니다. 그들만큼 안식일을 잘 지키려고 애쓰는 사람도 없었습니다. 그러나 그들은 자신들이 만든 틀에 들어오지 않는다고 예수님을 율법을 어기는 사람으로 몰아갔습니다. 장차 그 죄목으로 예수님을 십자가에 못 박을 것입니다. 자신만 옳다고 여기면 다른 사람이 무슨 말과 행동을 해도 보고 배울 것이 없습니다. 보고 간섭할 일만 생깁니다. 자신의 시각으로 보면 자신이 제일 옳습니다. 일주일에 엿새나 일할 날이 있는데 왜 하필 안식일이냐고 생각하면 옳아 보입니다. 그러나 선한 일을 하는 데는 내일이라는 것이 없습니다. 다른 사람의 고통을 공감한다면 그렇게 말할 수 없습니다. 그래서 주님은 바리새파 사람들의 흉계(凶計)를 알면서도 즉시 병자를 고치셨습니다.

어찌 안식일을 지키는 문제만 걸리겠습니까? 주일 성수 문제도, 헌금 생활이나 찬양 생활, 기도 생활 등 모든 영역에서 자신의 틀에 갇히면 자신과 다르게 생각하고 행동하는 사람들을 비난하고 책잡으려 들게 됩니다. 거룩한 주일에도 다른 사람들을 비방하는 일이 이루어집니다. 우리는 얼마나 쉽게 위선적인 모습이 되는지 모릅니다.

신앙생활의 다양성을 인정하십시오. 그러면 함께 기뻐할 수 있습니다. 자기만 옳다고 잘난 체하면 예수님이 하신 행위도 수용이 되지 않습니다. "죽여야 한다!"고, "십자가에 못 박으라!"고 소리치게 되는 것입니다. 주님을 죽이려던 악한 이들을 따르지 말고, 주님이 행하신 일로 인해 함께 기뻐하는 걸음을 걷는 신앙인이 되십시오. 형식적인 종교와 전통에 얽매여 주위 사람들의 필요에 마음이 완악해지지 않도록 조심하십시오. 사회적 장벽을 깨고 나아가 도움이 필요한 이들에게 다가가는 새로운 전통을 세워 갑시다. 예수님의 사랑이 우리 개인의 삶에, 우리 신앙 공동체의 모습에 나타나게 합시다. 세상 사람들은 하늘 아버지께서 얼마나 좋은 분이신지를 모릅니다. 세상 사람들이 보는 것은 예수님을 믿는 우리의 모습이기 때문에 우리의 행동이 그들에게는 하나님을 보여 주는 거울이 될 것입니다.

○

예수님은 바리새인을 침묵시킴으로 그들의 위선을 폭로하셨습니다. 바리새인들은 자신들의 엄격한 규정의 틀 뒤에 숨어서 스스로 의로운 체했습니다. 자신들만 의로운 척하면서 수종병이 걸린 불쌍한 사람조차도 자신들의 욕망을 달성하는 도구로 사용했습니다. 스스로 신앙생활을 잘한다고 생각하고 다른 사람을 정죄하지 마십시오. 자신의 틀 안에 들어오지 않으면 비난하고 함정에 빠뜨리려고 하지 마십시오. 자신의 진정한 모습을 보는 자는 다른 사람들에 대해서 입을 뗄 여유가 없습니다. 거룩한 법 앞에서 자비만이 구원의 길임을 경험한 자는 다른 사람에 대해서 관대합니다. 더 나아가 자신이 경험한 은혜를 다른 사람에게 전달하는 일에 적극적으로 임하십시오. 하나님의 거룩한 법은 어려운 형편에 처한 사람들의 고통을 덜어 주는 일을 결코 막지 않습니다.

2.

관심사를 바꾸라 (14:7-14)

예수님은 수종병이 걸린 사람을 고치신 다음 한 바리새인 지도자의 집에 준비된 식사 자리로 나아가셨습니다. 그리고 그곳에서 초대된 사람들이 식탁의 높은 자리에 앉으려고 눈치 싸움을 벌이는 현장을 목격하셨습니다. 예수님이 '주요 손님'으로 초대받으신 것이 분명한데도, 당연히 예수님께 윗자리를 권해야 할 사람들이 예수님은 무시하고 자신들이 높은 자리를 차지하는 데만 골몰하고 있었습니다. 표준새번역은 본문 7절을 이렇게 기록하고 있습니다. "예수께서는, 초청을 받은 사람들이 얼마나 기를 쓰고 윗자리를 골라잡는지를 보시고, 그들에게 비유를 하나 들어 말씀하셨다." 주님이 기를 쓰고 윗자리를 골라잡으려는 이들의 모습을 보고 계셨다는 점에 주목하십시오. 예수님은 교회 모임에서만 아니라 가정의 식탁 같은 평범한 일상생활 가운데서도 우리를 지켜보고 계시고, 우리의 대화를 들으시고, 우리의 행동을 살피시는 분입니다.

그날 초대받은 사람들은 당시의 식사 예법을 잘 알고 있었습니다. 당시 풍습에 의하면, 손님들 앞에 낮은 식탁을 두고 U자 형태로 의자를 배열했다고 합니다. 손님들은 왼쪽 팔꿈치로 비스듬히 의자에 기대어 앉았고, 지위에 따라서 좌석이 배정되었습니다. U자 형태의 중앙이 가장 상석이었고, 상석에서 멀어질수록 앉는 사람의 지위가 낮았습니다. 가장 윗자리는 지혜를 가르치는 주요 손님에게 정해져 있었습니다. 예수님께 이 자리가 주어졌는지는 본문을 통해서 확실하게 알 수 없습니다. 다만, 높은 자리를 골라잡기에 혈안이 된 종교 지도자들의 모습에 대해서 주님이 비판하는 말씀을 하셨다는 것은 분명합니다. 사실 이것은 위험한 처신이었습니다. 초대받은 사람으로서 함께 앉은 사람들에 대해서 비판적인 말을 한다는 것은 언제나 쉬운 일이 아닙니다.

그러나 다행스러운 것은 주님이 직접적으로 비판을 하신 것은 아니라는 사실입니다. 비유로 말씀하심으로 간접적으로, 둘러말하는 방식을 택해서 바로 상대방의 감정에 부딪치지 않고 듣는 사람의 감정을 누그러뜨리셨습니다. 물론 '혼인 잔치'라고 에둘러 비유로 말씀하셨지만, 그날 식탁의 분위기와 너무나 분명하게 맞닿아 있어서 윗자리를 두고 신경전을 벌인 자기들에게 하신 말씀임을 알아차리고도 남을 내용이었습니다. 하지만 주님은 초대받으신 식탁 대신 어떤 '혼인 잔치'라고 말하는 재치를 구사하셨습니다. 가르침을 베푸는 것이 목적이지, 감정을 상하게 하는 것이 목표가 아니라면 우리 역시 예수님의 화법을 배울 필요가 있습니다. 남의 감정을 배려할 줄 알아야 말로써 상대방을 도울 수 있습니다.

초대를 받았을 때 해야 할 일

비유에서 예수님은 두 가지 경우를 예로 들어 교훈하셨습니다. 첫째, 잔치에 초대를 받았을 때 윗자리를 스스로 차지하고 앉는 경우입니다. 그러나 주님은 그런 처신을 금하셨습니다. 그래서 "초대를 받거든, 윗자리에 앉지 말아라" 하고 교훈하셨습니다. 그러면서 그 이유를 설명하셨습니다. "혹시 손님들 가운데서 너보다 더 귀한 사람이 초대를 받았을 경우에, 너와 그를 초대한 사람이 와서, 너더러 '이분에게 자리를 내드리시오' 하고 말할지 모른다. 그때에 너는 부끄러워하면서, 맨 끝자리로 내려 앉게 될 것이다"(눅 14:8-9, 표준새번역). 사실 이 잔치는 윗자리에 스스로 앉으려 하는 교만한 사람을 위한 것이 아니었습니다. 그래서 잔치를 연 주인의 권유로 앉았던 자리에서 다시 일어서게 되면 그가 앉을 수 있는 자리는 가장 낮은 자리밖에 없을 것입니다. 다른 빈자리가 없어서 모든 사람이 보는 가운데 가장 말석으로 가게 되었으니 얼마나 부끄럽겠습니까?

둘째, 초대를 받았을 때 처음부터 맨 끝자리에 가서 앉는 경우입니다. 그러면 주인은 필연적으로 그에게 "여보게, 윗자리로 올라앉게" 하고 말하게 될 것입니다. 예수님은 "그때에 너는 너와 함께 앉은 모든 사람 앞에서 영광을 받을 것이다"(눅 14:10, 표준새번역)라고 말씀하셨습니다.

주님의 교훈은 분명합니다. 스스로 높이지 말고, 오히려 자신을 겸손히 낮추라는 것입니다. 비유의 결론은 이렇습니다. "누구든지 자기를 높이는 사람은 낮아질 것이요, 자기를 낮추는 사람은 높아질 것이다"(눅 14:11, 표준새번역). 이 비유를 통해서 주님은, 사람의 가치는 자기 스스로 결정하는 것이 아니라 다른 사람에 의해서, 궁극적으로는 하나님에 의해서 결정되는 것이라고 말씀하셨습니다. 이 결론적 문장의 수동태에서 생략된 주어는 '하나님'이기 때문입니다. 하나님은 교만한 자를 미워하고 대적하십니다. 하나님은 스스로를 높이는 자의 원수가 되기로 선언하셨습니다. "하나님은 교만한 자를 대적하시되 겸손한 자들에게는 은혜를 주시느니라"(벧전 5:5). 그러므로 누구든지 자기를 높이는 사람은 하나님이 낮추실 것이고, 오히려 자기를 낮추는 사람은 하나님이 높이실 것입니다.

예수님의 교훈은 다소 독특한 식탁 에티켓에 대한 가르침이 아닙니다. 주님이 의도하신 바는 훨씬 더 심층적입니다. 주님이 비유로 드신 '혼인 잔치'는 장차 하늘에서 베푸실 잔치, 메시아의 나라를 그리고 있기 때문입니다. 세상에서 스스로 높아지고자 하는 자는 그날 수치를 당하게 될 것입니다. 하나님 나라의 잔치에서는 이런 종말론적인 반전이 있을 것을 주님은 미리 경고하신 것입니다.

이것은 당시 바리새인들만이 아니라 오늘 우리를 향한 말씀이기도 합니다. 예수님은 이 비유를 통해서 영광이란 스스로 획득하는 것이 아니라고 교훈하십니다. 사람의 존귀함은 스스로 높은 자리를 선점하고 먼저 앉는다고 따라오는 것이 아니라, 하나님이 결정하고 하나님이 주셔야만 하는 것입니다. 인간의 노력으로 획득하거나 하나님으로부터 낚아채는 것이 아닙니다. 그러기에 존귀함을 손에 넣으려고 발버둥 치다가는 오히려 수치를 당하고 맙니다. 그래서 주님은 비유를 통해서 "네가 초대를 받거든, 가서 맨 끝자리에 앉아라"라고 당시 사람들의 처신과는 반대되는 교훈을 하신 것입니다.

주님의 말씀대로 행동하는 사람은 자기 위치를 과대평가하지 않습니다. 그런 사람을 향해서는 주인이 "여보게, 윗자리로 올라앉게"라고 하듯이 하늘 아버지께서도 그를 높이실 것입니다. 스스로 자신을 높이려 하지 않고 하나님이 영광의 자리로 높여 주신다면 얼마나 영광스럽겠습니까? 성도들은 하늘 주인 앞에 철저히 겸손한 마음으로 잔치에 참석해야 합니다. 그분만이 높임 받을 자격이 있는 자가 누구인지를 결정하실 수 있습니다.

성경은 다른 사람을 존귀하게 여기라고 권합니다. 통치자를 존경하고, 부모를 공경하고, 다른 신자를 자기보다 더 낮게 여기는 것, 궁극적으로 하나님께 존귀와 영광을 돌리는 것이 성경이 우리에게 권하는 바입니다. 그리고 성경은 우리 각 사람이 한날 그리스도의 영광에 동참하게 될 것을 약속하고 있습니다. 주님이 영광 중에 오실 때 함께하게 될 우리의 신분에 대해서 말씀하고 있습니다. 그러나 우리 자신이 스스로 높아지기를 원한다면 비하(卑下)를 당할 것이라고 경고합니다.

잔치의 상석을 탐하는 사람들은 예수님 당시의 그들만이 아니며, 오늘날 사람들이 탐하는 것은 단지 잔치의 상석만이 아니라는 것도 알고 있을 것입니다. 우리는 하나님의 교회를 섬기는 모든 영역에서조차 발언권이 센 자리, 모든 사람이 귀 기울이는 윗자리를 탐합니다. 그래서 야고보 선생은 "질투나 이기적인 욕심이 들끓는 곳은 무질서하고 온갖 악한 것들이 범람합니다"(약 3:16, 현대어성경)라고 지적했습니다. 이기적인 욕심으로 스스로를 높이는 사람은 어떤 사람입니까? 어떤 모임에 소속되어 있든지 듣기보다는 말하는 것을 좋아하고 자신의 생각을 강요하며 대화를 지배하려 드는 사람입니다. 그러므로 야고보 선생은 충고합니다. "사랑하는 형제들이여, 말은 적게 하고 듣기를 즐겨하며 화는 잘 내지 않는 것이 가장 좋은 일이라는 것을 잊지 마십시오"(약 1:19, 현대어성경).

그렇다면 스스로를 낮추는 겸손한 사람은 어떤 사람입니까? 겸손에 대해서도 사람들은 오해를 합니다. 다른 사람들에게 좋은 인상을 심어 주기 위해서 겸손을 가장하는 사람들이 있습니다. 하지만 엄밀히 말하면 겸손은 자기 자신을 낮추거나 자신이 더 열등하다고 생각하는 것이 아닙니다.

오히려 겸손은 자기에게 없는 것이나 자신이 가진 것에 대해서 자유로운 것입니다. 어떤 식으로든 자신에 대하여 병적인 집착을 하지 않는 것입니다. 참된 겸손은 자기 자신을 있는 그대로 평가하는 것입니다. 그래서 자기 장점과 재능을 인정하고 그리스도가 인도하시는 대로 그것들을 기꺼이 사용합니다.

어떻게 그것이 가능합니까? 참으로 겸손한 사람은 자신을 오직 그리스도와만 비교합니다. 자신의 죄성을 깨닫고 하나님의 은혜가 아니면 구원받을 수 없는 인간에 지나지 않는다는 스스로의 한계를 보게 됩니다. 그러므로 자기 이상으로 자신을 내세우려고 하지 않습니다. 있는 그대로 보여 주고, 있는 그대로 섬깁니다. 영혼이 건강한 사람은 어느 자리에 앉아도 열등감에 빠지지 않습니다. 오히려 서로 높아지려는 곳에 가지 않습니다. 참으로 거듭난 사람은 하나님의 눈으로 자신을 봅니다. 그래서 언제나 부족하고 허물이 많은 모습으로 인해 괴로워합니다. 그래서 늘 하나님을 찾고 구합니다. 하나님을 붙들고 살려고 발버둥 칩니다. 하나님은 이런 사람을 사랑하고 높이기를 좋아하십니다. 그래서 교만한 사람을 버리고 겸손한 사람을 존귀하게 사용하십니다.

초대할 때 해야 할 일

지금까지 초대를 받았을 때 어떻게 처신해야 하는지를 살폈습니다. 이제 초대할 때 어떻게 처신해야 하는지에 대해 나누어 보겠습니다.

손님들은 그들을 청한 주인의 목전에서 스스로 상석을 차지해서는 안 되지만, 주인들 역시 손님들을 선정하는 데 배타적인 태도를 가져서는 안 됩니다. 그래서 주님은 당신을 초대한 사람에게도 말씀하셨습니다. "네가 점심이나 만찬을 베풀 때에, 네 친구나 네 형제나 네 친척이나, 부유한 이웃 사람들을 부르지 말아라. 네가 그러한 사람들을 초대하면, 그들도 너를 도로 초대하여 네게 되갚아, 은공이 없어질 것이다. 잔치를 베풀 때에는, 가난한 사람들과 지체 장애자들과 다리 저는 사람들과 눈먼 사람들을 불러라. 그러면 네가 복될 것이다. 그들이 네게 갚을 수 없기 때문이다. 의인들이 부활할 때에, 하나님께서 네게 갚아 주실 것이다"(눅 14:12-14, 표준새번역).

예수님이 기쁨을 나누고 고마움을 표시하는 잔치 자리에 친한 사람들을 초대하지 말라고 말씀하신 이유가 무엇일까요? 그들만 초대한다면 대접을 받은 사람이 나중에 다시 갚으려고 할 것입니다. 그러면 또 우리 역시 대접하고 싶은 마음이 들 것입니다. 그러다 보면 계속 자기들 안에서만 사랑이 왔다 갔다 할 뿐 다른 사람들은 들어갈 수 없는 조직이 되고 맙니다. 교회 안에서 가장 나쁜 것은 친한 사람들끼리 그룹을 지어 자기들끼리만 어울리는 것입니다.

하나님은 우리의 사랑이 폐쇄적이지 않기를 원하십니다. 특별한 사람만 사랑하는 것이 아니라, 끼리끼리 사랑하는 것이 아니라, 모든 사람을 사랑하는 열린 사랑을 하기를 원하십니다. 우리는 우리가 받은 하나님의 사랑을 우리 안에 가두어 놓아서는 안 되고 많은 사람에게 흘려보내야 합니다. 우리가 하나님으로부터 받은 사랑을 다른 사람에게 전하고, 그 사랑이 또 다른 사람에게 전해져서 마치 잔잔한 호수에 파문이 일듯이 확산되는 것을 하나님은 기뻐하십니다. 그래서 예수님은 잔치를 베풀려거든 차라리 '갚을 것이 없는' 가난한 사람들과 지체 장애자들과 다리 저는 사람들과 눈먼 사람들을 청해 그들에게 사랑을 흘려보내라고 충고하신 것입니다.

하나님은 당신의 백성이 보상이나 보답을 바라지 않고 선을 행할 수 있기를 바라십니다. 하나님을 섬기는 사람들이 이타적이고 진실한 태도로 섬기기를 원하십니다. 그러면 하나님이 좋은 것으로 갚아 주실 것입니다. '갚을 것이 없는' 사람들에게 후하게 베풀어 주는 것은 바로 모든 사람을 선대하시는 하나님의 모습을 반영하는 것입니다. 하나님은 모든 사람에게 당신의 나라를 활짝 열어 놓으셨지만 실제로 그 나라를 영접하는 사람들은 이 세상에서 무가치하게 보일 수 있습니다. 그래서 사도 바울은 이렇게 말합니다. "그러나 하나님께서 세상의 미련한 것들을 택하사 지혜 있는 자들을 부끄럽게 하려 하시고 세상의 약한 것들을 택하사 강한 것들을 부끄럽게 하려 하시며 하나님께서 세상의 천한 것들과 멸시받는 것들과 없는 것들을 택하사 있는 것들을 폐하려 하시나니"(고전 1:27-28).

보십시오. 주님은 지금 '갚을 것이 없는' 미련하고 약하고 천하고 가진 것 없는 우리를 하나님 나라 잔치에 초대하기 위해서 십자가를 짊어질 예루살렘으로 올라가고 계십니다. 그분은 갚을 수 없는 은혜를 우리에게 베풀기 위해서 스스로 낮아지셨으며, 우리는 '하나님의 자녀'라 불리는 높은 신분과 지위를 얻게 되었습니다. 하긴 그 누구도 주께 먼저 드려서 갚으심을 받을 수 없습니다(롬 11:35). 구원 얻은 자는 누구든지 '갚을 것이 없는' 은혜 입은 자임을 인식해야 합니다. 그리고 갚을 것이 없는 은혜를 입은 자는 동일한 은혜를 갚을 것이 없는 자들에게 베풀어야 합니다.

신분이 낮고 되갚을 능력조차 없는 이들을 잔치에 초대하는 것은 진정한 사랑에서 우러나온 것이며, 이는 의인들의 부활 후에 하나님 나라에서 보상을 받을 것입니다. "그리하면 그들이 갚을 것이 없으므로 네게 복이 되리니 이는 의인들의 부활 시에 네가 갚음을 받겠음이라 하시더라"(눅 14:14). 여기서 의인들의 부활은 구원을 얻기 위해 예수 그리스도를 믿은 사람들의 부활을 가리킵니다. 그들이 받을 심판은 하나님 나라를 위한 그들의 섬김을 보상받는 심판이 될 것입니다. 그리스도인이라면 세상이 알 수 없는 사랑을 해야 하고, 나아가 원수까지도 사랑해야 합니다. 그렇게 할 때 비로소 세상은 자신들과 다른 우리의 모습을 보게 될 것입니다.

○

하나님을 닮아 가십시오. 그것은 세상 사람들이 관심 갖는 것을 추구하지 않는 것입니다. 오히려 지금껏 갖고 살아오던 관심사를 바꾸어 새로운 관심사를 추구하는 것입니다. 그것은 다른 사람보다 자기를 높이려고 하지 않고, 오히려 다른 사람을 적극적으로 사랑하는 것을 의미합니다. 예수님은 자신을 높이는 일에서 다른 사람을 섬기는 일로 관심사를 다시 조정하라고 교훈하셨습니다. 삶의 무게 중심을 자신으로부터 타인으로 옮기라는 말씀입니다. 오늘 내가 도울 수 있는 사람이 누구인지 찾아보십시오. 아니, 하나님이 우리 삶의 자리에 두신 도움이 필요한 사람을 외면하지 마십시오. 그들은 하나님의 사랑과 선을 베풀 기회를 우리에게 제공해 줄 것입니다. 하늘 영광을 포기하고 이 땅에 내려와 우리를 섬기려고 하셨던 주님을 닮아 새로운 각오로 주님처럼 섬길 사람을 찾고 그들을 섬기는 일을 실천해 봅시다.

3.

하늘 잔치에의 초대 (14:15-24)

본문에 기록된 잔치 이야기는 보통 잔치가 아닙니다. 따라서 이 장의 제목을 '하늘 잔치에의 초대'라고 정했습니다. 주님은 그 사실을 우리에게 알리기 위해서 어떤 사람이 '큰 잔치'를 베풀고 또 '많은 사람'을 청했다고 말씀하셨습니다. 잔치를 베푼 '어떤 사람'은 우리 하늘 아버지이십니다. '잔치'는 하나님이 만민의 구원을 위해서 우리에게 허락하신 예수 그리스도로 말미암는 구원을 가리킵니다. 주님이 이 비유의 말씀을 하시게 된 직접적인 계기는 함께 식사하던 사람 중 하나가 "이 말을 듣고", 즉 주님이 앞서 하신 말씀을 듣고 "무릇 하나님의 나라에서 떡을 먹는 자는 복되도다"(눅 14:15)라고 불쑥 말했기 때문입니다. 그러면 주님은 앞서 무슨 말씀을 하셨습니까? "… 이는 의인들의 부활 시에 네가 갚음을 받겠음이라"(눅 14:14). '의인들의 부활 시'라는 표현 때문에 그날의 잔치를 떠올리며 "무릇 하나님의 나라에서 떡을 먹는 자는 복되도다"라고 이야기하게 된 것입니다.

혹시 그는 '의인들의 부활'이라는 주님의 말꼬리를 붙들고 화제의 전환을 시도했을 수도 있습니다. 그 안식일에 바리새인 중 한 지도자가 예수님을 식사 자리에 초청한 까닭은 수종병 환자를 데려다 놓고 예수님이 그 사람을 고치면 그분을 안식일을 범한 자로 몰아가기 위해서였습니다. 그러나 주님은 한마디의 말씀으로 그 곤경에서 벗어나셨고, 오히려 참석한 사람들에게 권면과 동시에 책망의 말씀을 하셨습니다.

이렇게 권면을 하면 어떤 사람들은 권면을 하든 말든 무관심하게 앉아 있고, 어떤 사람들은 권면이나 책망을 굉장히 부담스러워합니다. 그래서 이 분위기를 전환하기 위해 그가 "무릇 하나님의 나라에서 떡을 먹는 자는 복되도다"라고 이야기한 것입니다. 예수님의 비유를 듣고 있던 사람들은 자신들이야말로 그 잔치에 들어갈 사람이라고 생각하고 있었기 때문입니다. 다시 한 번 유대 지도층 인사들의 고질병이 나타나는 것입니다. 스스로를 의롭다고 여기는 바리새인들은 자신들이야말로 메시아 왕국의 도래를 대망하는 사람들이기 때문에 의인의 부활 시에는 당연히 자신들을 위한 잔치가 열릴 것이라고 확신하고 있습니다.

분명히 하나님 나라에서 떡을 먹는 잔치는 대단할 것입니다. 하나님과 더불어 영원한 교제가 시작되는 축복된 순간이기 때문입니다. "무릇 하나님의 나라에서 떡을 먹는 자는 복되도다"라는 말에 말한 사람이나 듣는 사람 모두가 동의를 했을 것입니다. 그래서 주님은 비유를 통해 또 하나의 경고를 하지 않으실 수 없었습니다. 당연히 하늘 잔치에 들어갈 것이라고 착각해 미리 축배를 나누는 사람들을 향한 경고입니다.

하늘 잔치에의 초대를 거절하는 변명들

그러면 이제 주님의 비유를 표준새번역으로 한 구절씩 살펴봅시다. "어떤 사람이 큰 잔치를 베풀고, 많은 사람을 초대하였다"(눅 14:16). 주님의 비유는 안식일 이 땅에서의 식사에서부터 '하나님 나라에서의 향연'으로 옮아가고 있습니다. 사실 우리가 예수님을 믿는 것은 하늘 잔치에 들어가기 위한 것입니다. 그런데 하나님 나라는 우리가 열심히 살아서 들어갈 수 있는 나라가 아닙니다. 하나님의 초청을 받아들일 때 복을 받을 수 있습니다. 하나님은 큰 잔치를 준비해 놓고 많은 사람을 초대하시는 분입니다.

"잔치 시간이 되어, 그는 자기 종을 보내서 '준비가 다 되었으니, 오십시오' 하고 초대받은 사람들에게 말하게 하였다"(눅 14:17). 이 말씀을 이해하기 위해서는 예수님 당시의 풍습을 알아야 합니다. 당시 잔치를 하려면 두 번에 걸쳐서 손님 초대를 하는 것이 관례였습니다. 첫 번째 초청은 단순히 며칠쯤 잔치가 있는지를 알리는 것입니다. 그리고 잔칫날이 되면 다시 종들이 가서 정확한 시간을 알리며 두 번째로 초청했습니다. 그러나 본문을 보면 일반적인 통고(通告)보다는 구체적이고 개인적인 초대처럼 보입니다. 그리고 그 초대에 거절 의사를 밝힌 사람이 있었던 것 같지는 않습니다. 그래서 잔치를 배설한 사람은 정한 날이 되어서 모든 손님이 충분히 즐길 수 있도록 풍성한 음식을 준비한 후 또 한 번 종들을 보내 "준비가 다 되었으니, 오십시오"라고 알렸습니다.

그런데 도저히 있을 수 없는 일이 벌어졌습니다. "… 그들은 모두 하나같이, 핑계를 대기 시작하였다"(눅 14:18상). 예수님의 비유에 등장한 손님들은 모든 것이 준비되었음을 알리는 두 번째 초청 소식을 듣고 모두 하나같이 사양했습니다. 첫 번째 초대했을 때는 응해 놓고 핑계를 대며 두 번째 초대를 거절하는 것은 초대한 사람에 대한 큰 실례요, 모욕입니다. 본문은 세 가지 경우만 예를 들었지만, 초대를 받은 손님들 중에서 마지막 한 사람까지 변명을 하며 잔치에 오지 않는 희귀한 일이 벌어졌습니다. 그들의 말을 차례로 들어 봅시다.

첫 번째 사람의 변명입니다. "한 사람은 그에게 말하기를 '내가 밭을 샀는데, 가서 보아야 하겠소. 부디 양해해 주기 바라오' 하였다"(눅 14:18하). 첫 번째 사람의 말은 대리인을 시켜서 땅을 샀다는 것을 암시합니다. 그렇다면 그는 부자가 분명합니다. 밭을 산 것을 자랑하듯 거들먹거리는 것은 잔치에 초대한 사람을 모욕하는 행위입니다. 만약 직접 밭을 샀다면 더더욱 이해할 수 없는 행동입니다. 땅을 보지도 않고 사는 사람은 없을 것입니다. 그리고 새로 산 밭을 보러 가는 것은 얼마든지 다음 날로 미룰 수 있는 일입니다. 주님이 이 경우를 예로 드신 이유는 사람들의 마음이 온통 세상 것으로 가득 차 있고, 집이나 밭을 늘려 가는 것에 빠져 사는 자들은 하늘 잔치에의 초대에 무관심하다는 것을 보여 주시기 위함입니다. 사람들이 하늘 잔치를 수락하지 못하는 중요한 이유는 땅의 것에 온통 마음이 쏠려 있기 때문임을 보여 줍니다.

이제 두 번째 사람의 변명을 들어 봅시다. "다른 사람은 '내가 겨릿소 다섯 쌍을 샀는데, 그것들을 시험하러 가는 길이오. 부디 양해해 주기 바라오' 하고 말하였다"(눅 14:19). 한 번에 열 마리의 소를 사는 재력은 아무나 갖는 것이 아니므로, 이 사람도 대단한 부자입니다. 하지만 겨릿소 다섯 쌍을 지금 시험하러 가야 하기 때문에 초대에 응하지 못한다는 변명 역시 설득력이 약합니다. 어쩌면 그가 재력을 가진 사람이기에 더 쉽사리 거절했을 수 있습니다. 가난한 사람들은 가진 사람들의 초청을 쉽게 거절하지 못합니다. 그러나 가진 사람들은 가난한 사람들의 요청에 대해서 쉽게 거절하는 것이 그때나 지금이나 비슷합니다.

생각해 보십시오. 이미 거래는 성사되었고, 시험을 해 보고는 소들이 마음에 들지 않는다고 해서 그 거래를 무를 수는 없습니다. 변명은 했지만 초대에 응하지 않으려는 구실에 지나지 않습니다. 이 사람 역시 하늘보다는 세상에, 영원보다는 현세에, 세상에 속한 일시적인 것들을 추구하는 자입니다. 자식으로서는 효가 가장 중요한 의무요, 사람으로서는 하나님을 공경하는 것이 가장 기본적인 도리입니다. 그보다 더 중요한 사명은 없지만, 핑계를 늘어놓고 그 숭고한 의무를 기피하는 것입니다.

세 번째 사람의 입장을 들어 봅시다. "또 다른 사람은 '내가 장가를 들어서, 아내를 맞이하였소. 그러니 가지 못하겠소' 하고 말하였다"(눅 14:20). 결혼하는 것은 예나 지금이나 간단하고 쉬운 일이 아닙니다. 첫 번째 초대와 두 번째 초대 사이에 결혼식을 했다고 해도 이 사람이 갑자기 결혼 계획을 잡지는 않았을 것입니다. 결혼 날짜가 잡힌 상태에서 잔치에 참석하겠다고 약속했을 것이기 때문에 그의 변명 역시 설득력이 없습니다. 그러나 예수님이 이런 이야기를 하신 이유는 의외로 하늘 잔치에 들어가는 데 가족 관계, 인간관계가 방해가 될 수도 있음을 말씀하시기 위해서입니다.

밭이나 소를 사는 경제 활동이나 결혼하는 것은 사람들이 살아가는 데 있을 수밖에 없는 일들입니다. 경제 활동이나 인간관계는 분명히 인간의 삶에 필수적입니다. 하지만 그 자체로는 정당한 일이라고 해도 거기에 마음을 빼앗기면 신앙생활에 치명적인 장애가 됩니다. 따라서 우리는 하늘 잔치에의 초대를 받아들이는 것을 어렵게 하지 않도록 세상일을 잘 정리해야 합니다. 우리가 추구하는 모든 일이 아무리 유익한 것이라 하더라도 예수님과의 놀라운 사귐, 하나님을 예배하는 것과 바꿀 수는 없습니다.

삶의 우선순위를 바로 확정하십시오.

이것을 비유로써 남의 이야기인 양 들으면 우리는 땅을 사고, 소를 사고, 결혼을 해서 잔치에 못 간다고 핑계대는 것이 말이 되느냐고 생각합니다. 그러나 막상 그런 일들이 우리의 삶에 닥친다면 상당히 설득력 있게 다가옵니다. 비유에는 세 가지 유형의 핑계가 등장하지만 현실 속에는 30가지, 300가지도 넘는 변명거리들이 있습니다. 하늘 잔치에의 초대를 거절하는 이런 핑계와 변명들은 예수님 시대에도 있었고, 이 복음서가 기록된 초대 교회 시대에도 있었으며, 오늘 우리 시대까지도 계속되고 있습니다. 재물의 유혹, 쾌락의 유혹을 조심하십시오. 그리고 가족 관계에 얽매여서 하나님 나라에 헌신하는 일을 소홀히 하지 마십시오.

하늘 잔치에의 초대를 거부하는 자들의 운명

그러면 하늘 잔치에의 초대를 거부하는 자들의 운명은 어떠하겠습니까? 그 내용이 비유의 제2막입니다. 잔치를 베푼 주인은 사람들이 자신의 초대에 대해서 이런저런 핑계를 대며 응하지 않는 것을 알고 노하였습니다. 그러나 이미 음식들은 산더미처럼 차려졌고 잔치 준비는 완료되었습니다. 이에 주인은 잔치를 포기하는 대신에 다른 손님들을 재빨리 데려오는 과감한 조치를 취했습니다. 잔치에 초대하면 올 만한 계층에 접근해 그들을 초대한 것입니다. 주인은 사회에서 가장 소외된 자들을 데려오기로 결심하고 명령했습니다. "어서 시내의 거리와 골목으로 나가서 가난한 사람들과 지체에 장애가 있는 사람들과 눈먼 사람들과 다리 저는 사람들을 이리로 데려오너라"(눅 14:21).

우리는 이런 계층들을 잔치에 초대한다는 이야기를 들어도 아무런 거부 반응이 없습니다. 예수님이 가난한 자들을 챙겨 주셨다는 사실을 알고 있기 때문입니다. 하지만 이 이야기를 처음 듣는 청중에게는 낯선 일이었습니다. 그들에게는 혐오스러운 계층들이었기 때문입니다. 그러나 주인은 그렇게 명했고, 좋은 주인이 시키는 대로 시행했지만 아직도 자리가 남았다고 보고했습니다.

오늘 우리는 모든 것이 준비 완료된 시대를 살고 있습니다. 지금 우리가 할 일은 빨리 가서 사람들을 초청하는 것입니다. 지체할 시간이 없습니다. 예수님을 통한 구원은 이미 완성되었기 때문입니다. 사람들이 이 구원에 속히 참여하기를 하늘 아버지께서는 기다리고 계십니다. 사실 무수히 많은 사람이 지난 2천여 년 동안 구원을 받았습니다. 그럼에도 아직 자리가 남아 있습니다. 예수 그리스도의 보혈은 아직도 많은 사람에게 증거되어야 합니다. 보혈의 공로는 다함이 없습니다. 마르지 않는 샘물과 같습니다.

아직도 자리가 남아 있다는 종의 말에 주인은 다시 명했습니다. "큰길과 울타리 가로 나가서, 사람들을 억지로라도 데려다가 내 집을 채워라"(눅 14:23). 이제 그물을 더 넓게 던집니다. 가까운 시내와 골목은 이미 훑었습니다. 이제는 성읍 밖 큰길로 나가서 성읍에 인접한 밭들, 포도원과 채전(菜田)들, 그 울타리 가로 나가서 시골 사람들까지 불러 모읍니다. 여기서 누가는 이 충격적인 비유를 통해 예수님은 하나님 나라가 특별히 가난한 자들을 위한 것이라고 말씀하셨다는 사실을 강조하고 있습니다. 누가는 약한 사람들, 소외받는 계층들, 갖지 못한 사람들에 대해서 복음서 어떤 기자보다 더 따뜻한 마음을 가지고 있었습니다.

"사람들을 억지로라도 데려다가 내 집을 채워라"라는 명령은 가끔 오해되기도 하는 구절입니다. 그래서 어떤 나라의 선교사들은 식민지를 찬탈(篡奪)하는 군함을 타고 가서 사람들을 개종시키려고 했습니다. 뿐만 아니라 종교 개혁이 한창 일어날 때에는 다음 주에 성찬을 하는데 참석하지 않으면 세금을 세 배로 올리겠다고 하기도 했습니다. 이 말씀은 억지로 물리력을 동원하라는 의미가 아니라, 총동원 주일에 자주 등장하는 구절로서, 거절하는 대답을 듣지 않도록 사랑으로 강권하라는 뜻입니다.

이런 파격적인 초대는 사회적으로, 지역적으로 소외된 계층으로서는 친숙하지 않은 일이었습니다. 고대의 부자들 가운데 잔치 음식을 풍성히 차려 놓고 가난한 사람들, 사회적 소외 계층을 초대하려고 한 사람은 없었을 것입니다. 당시 세상뿐 아니라 복지 사회로 나아가는 지금도 결코 흔하지 않은 이야기입니다. 그러므로 갑작스런 초대를 받은 소외 계층으로서는 선뜻 나서기 어려운 처지였을 것입니다. 그런 잔치에 초대받는 일 자체가 익숙하지 않았기 때문입니다. 따라서 그들이 초대에 응하게 하기 위해서는 분명 설득하는 작업이 필요했을 것입니다. 그러므로 이 파격적인 초대가 사람들을 우롱하는 것이 아니라, 진실한 것임을 확신시키는 일이 꼭 필요합니다. 끈질긴 설득이 필요합니다. 사랑으로 강권해야 합니다.

주인은 한 조각의 음식도 낭비하지 않을 심산으로 누구든지 불러 모으라고 명했습니다. 정식으로 초대받은 사람들이 주인의 호의를 받아들이지 않으려고 한다면 차라리 자신의 호의를 받아들일 수 있는 사람들을 초청하려는 것이 주인의 뜻입니다. 누구든지 예수님을 믿는 자들에게 베푸실 하늘 잔치는 결코 헛되이 되지 않을 것입니다. 사람들의 불신앙이 하나님의 일을 방해할 수는 없습니다. 유대인이 거절하면 하나님은 열방에 구원을 제안하실 것입니다.

마지막 구절입니다. "내가 너희에게 말한다. 초대를 받은 사람 가운데서는, 아무도 나의 잔치를 맛보지 못할 것이다"(눅 14:24). 이 말씀은 당연히 하늘 잔치는 자신들의 것이라고 믿고 사는 사람들을 향한 엄숙한 선언입니다. 그런 의미에서 예수님 앞에 앉아 있는 바리새인 지도자들이 이 경고를 들었어야 하지만, 이 이야기가 오늘 우리가 읽는 성경에 기록된 것을 보면 하나님의 말씀을 듣는 모든 그리스도인에게도 동일한 위험이 있다는 것을 알 수 있습니다. 야고보 사도는 말했습니다. "완전한 율법, 곧 자유를 주는 율법을 잘 살피고, 또 그 안에서 사는 사람은, 율법을 듣고 나서 잊어버리는 사람이 아니라, 그것을 실천하는 사람입니다. 이런 사람은 실천함으로 복을 받을 것입니다"(약 1:25).

○

예수님의 비유처럼 오늘날 많은 사람이 다른 일에 바쁘다는 이유로 하늘 잔치에의 초대를 거부합니다. 직장 업무 때문에 예배가 뒤로 미뤄지기도 합니다. 가정에서 맡겨진 책임 때문에 '성도가 서로 교통하는 것'이 뒷전이 되기도 합니다. 재정적인 필요가 우리에게서 신앙생활의 우선권을 너무 쉽게 빼앗아 갑니다. 물론 먹고사는 일은 중요합니다. 그리고 남이 대신해 주지도 않습니다. 누구나 마땅히 자신이 해야 할 일입니다. 그럼에도 하나님의 초청을 미루거나 무시해서는 안 됩니다. 우리의 일정에 차질이 생기더라도 삶에 무엇이 최우선인지를 분명히 정해야 합니다. 풍성한 하나님의 사랑의 초대를 무시하지 마십시오. 기회가 주어졌을 때 초대에 응하십시오. 우리가 반응을 보이지 않으면 다른 사람들이 하늘의 잔치를 맛보게 될 것입니다. 부디 천국 문이 열려 있을 때 들어가는 축복이 우리의 것이 되기를 바랍니다.

4.

예수님의 제자가 되려면 (14:25-35)

"수많은 무리가 함께 갈새"(눅 14:25). 예수님이 사역을 시작하셨을 때도 많은 무리가 모였다고 성경은 기록하고 있습니다. 그러나 사역이 반 년 정도 남아 있는 지금 그리고 드디어 예루살렘으로 향하는 길에 사람들이 몰려들었습니다. 그 이유가 무엇입니까? 물론 그동안 예수님이 행하신 놀라운 기적 때문일 수도 있습니다. 아니면 종교 지도자들과 정면 대결을 불사하셨기 때문일 수도 있습니다. 그리고 앞서 9장 51절부터 예루살렘을 향하고 있다는 사실도 분명 사람들이 모여들 만한 이유가 됩니다. 예루살렘이 가까워지니 제자들 가운데서도 "누가 크냐?" 하며 분쟁이 일어났고, 두 아들 중 하나는 오른편에, 하나는 왼편에 앉혀 달라는 청탁이 들어오는 것을 보면 일반 군중 역시 그 나름대로 상상했을 수 있습니다.

이유가 무엇이든지 간에 지금 많은 사람이 예수님과 함께 가고 있습니다. 정치인이라면 이렇게 많은 군중이 자기 뒤를 따를 경우 속으로 환호를 할 것입니다. 그러나 주님은 다르셨습니다. 주님은 군중의 수효에 감동하는 정치인도 아니고, 무조건 팔아치울 물건을 가진 세일즈맨도 아닙니다. 당신을 따르면 받게 될 유익과 그들이 얻을 놀라운 경험, 그들이 따라야 할 이유를 선전함으로 기독교를 판매하려고 하신 것도 아닙니다. 12장 초두에서 "그동안에 무리 수만 명이 모여 서로 밟힐 만큼"(눅 12:1) 되었을 때도 주님은 바리새인의 위선을 조심하라고 경고하셨고, 여기서도 한층 더 심각한 경고를 말씀하십니다.

　아무 말 없이 가던 길을 계속 가시면 사람들이 더욱 불어날 수도 있었을 것입니다. 그들의 동기와 꿍꿍이가 어떠하든지 허다한 무리가 따르고 있는데 왜 돌아서셨습니까? 혹시 돌아서서 한 말씀 꼭 하셔야 했다면, 무리가 기대하는 말씀을 하셨더라면 좋았을 것입니다. 그런데 주님은 그 많은 무리가 주님을 따라가고 있는, 그림도 아름다워 보이는 현장에서 왜 돌아서셨는지 그리고 돌아서셨다면 무리들이 기대하는 덕담을 하실 것이지 왜 당신을 따르면 지불해야 할 어려움과 치러야 할 대가와 곤경을 설명하고 당신을 따르기 전에 그 비용을 치밀하게 계산하라고 경고하셨는지 도무지 모를 일입니다.

　우리가 주님을 따른다면 우리가 기대하지 않았던, 우리의 예상을 뛰어넘는 주님의 언행을 보며 그 모습에서 무엇인가를 배우려고 해야 합니다. 그러나 어떤 사람들은 자신의 기대대로 주께서 행하지 않으시면 주님을 가르치려 할 때도 있습니다. 누가복음 19장을 보면 주님이 삭개오의 집에서 유하겠다고 하시자 사람들이 수군대기 시작했습니다. 어떻게 저런 죄인의 집에 들어가서 하룻밤을 지내려고 하시느냐며 말입니다. 주님을 따르는 우리는 우리가 가진 생각으로 주님을 평가하는 대신에 주님의 말씀으로 우리를 평가해야 옳습니다.

주님은 결코 우리와 같지 않으셨습니다. 따르는 허다한 무리에 감동하지 않으시고, 그 무리가 무엇 때문에 따르고 있는지에 관심을 가지셨습니다. 우리 주님은 듣는 사람이 누구냐에 따라서 적절한 말씀을 하시곤 합니다. 바리새인들에게는 겸손과 자비를 가르치셨고, 여기서는 무리들을 향해 제자가 되겠다고 나서기 전에 먼저 제자의 길이 어떠한지를 알아보고 그 길을 갈 수 있을지 계산하라고 말씀하셨습니다.

그래서 예수님은 가던 길에서 돌아서서 한 말씀을 하셨습니다. 환영사가 아니라 송별사를 하셨습니다. 따라나선 일을 칭찬하신 것이 아니라, 오히려 치밀한 생각 없이 따라나선 일을 지적하신 것입니다. 많은 사람이 따른다고 무조건 좋아하지 않고 그들이 자기 내면을 살피도록 촉구하셨습니다. 예수님은 26, 27, 33절에서 세 차례나 반복해서 "능히 내 제자가 되지 못하리라"라고 경고하셨습니다. 이렇듯 반복해서 부정적으로 강조하는 구절에 근거해서 이 장의 제목을 '예수님의 제자가 되려면'이라고 긍정적으로 정해 보았습니다. 그러면 제자가 되기 위해 갖추어야 할 세 가지 조건에 대해서 살펴보겠습니다.

예수님의 제자가 되기 위한 세 가지 조건

첫째, "누구든지 내게로 오는 사람은, 자기 아버지나 어머니나, 아내나 자식이나, 형제나 자매뿐만 아니라, 심지어 자기 목숨까지도 미워하지 않으면, 내 제자가 될 수 없다"(눅 14:26, 표준새번역). 여기서 '미워하다'라는 표현은 셈족 계통 언어의 과장법입니다. 논점을 강조하기 위한 분명한 과장 기법입니다. 사랑의 하나님은 당신의 속성을 부인하실 수 없습니다. 결코 "부모를 공경하라"는 제5계명에 충돌되거나 "서로 사랑하라"는 주님의 새 계명을 파괴하는 의미가 아닙니다. 가족 간의 사랑과 목숨 그 자체에 대한 사랑이 예수님에 대한 그들의 사랑과 비교할 때 그 의미가 퇴색할 만큼 예수님에 대한 사랑이 온전해야 한다는 의미입니다. 이 세상에서 사람 사이에 부모에 대한 사랑이나 처자에 대한 사랑, 형제와 자매에 대한 사랑만큼 아름다운 것은 없습니다. 그러나 이 아름다운 사랑도 주님을 따르고 헌신하는 데 때로는 장애가 될 수 있다는 의미입니다.

실제로 1세기 유대인의 가정에서는, 예수님을 사랑하기로 결정한 것은 가족으로부터 버림받기로 결단한 것이나 마찬가지였습니다. 그리고 지금껏 어떤 가정이든지, 어떤 집안이든지 예수님을 따르기로 결단하면 그들은 대가를 지불해야 했습니다. 이처럼 주님의 제자가 되기를 원하는 자라면 때로는 부모로부터 미움을 받기도 하고 배우자로부터 비인격적인 취급을 당하기도 합니다. 제자가 되는 것은 그때나 지금이나 값없이 되는 것이 아닙니다. 때로는 관계가 단절되는 상황까지 감수하면서 예수님을 따라야 합니다. 자기의 꿈, 욕망, 심지어 목숨까지도 포기해야 갈 수 있는 길이 제자의 길입니다. 이러한 헌신을 할 수 없는 사람은 "능히 내 제자가 되지 못하리라"는 것이 주님의 말씀입니다.

둘째, "누구든지 자기 십자가를 지고 나를 따라오지 않으면, 내 제자가 될 수 없다"(눅 14:27, 표준새번역). 주님은 진정한 제자의 길을 걷기 위해서는 어떤 대상보다, 목숨 그 자체보다 주님을 더 사랑해야 하며 자기 십자가를 지고 주님을 좇아야 한다고 선언하셨습니다. 예수님 시대의 청중은 십자가를 지고 주님을 따른다는 것이 무엇인지를 오늘 우리보다 더 잘 알았습니다. 로마인들이 죄수를 처형 장소로 끌고 갈 때 그 죄수는 자신이 매달려 죽게 될 십자가를 강제로 지고 가야 했습니다. 이것은 죽는 순간까지 로마에 복종한다는 상징입니다. 동시에 길가에 선 구경꾼들에게는 그들 역시 로마에 복종해야만 살아남는다는 경고의 메시지였습니다.

주님은 우리에게도 동일한 도전을 하실 것입니다. 다시 한 번 생각하라고 촉구하십니다. 혹시 별생각 없이 신앙의 길을 나선 사람은 없습니까? 신앙에는 많은 책임이 따릅니다. 더 나아가 신앙생활을 하지 않았더라면 가질 수 있었던 많은 기회와 이익을 놓치게 될 뿐 아니라 신앙 때문에 억울한 고생도 하고, 심지어 죽임을 당할 수도 있습니다. 그러므로 주님은 제자가 되는 길을 설명하며 별생각 없이 신앙생활을 하는 사람들에게 더 구체적인 헌신을 하든지, 아니면 되돌아가라고 권면하십니다. 그리스도를 따른다는 것은 온전한 순종을 뜻하기 때문입니다.

"너희 가운데서 누가 망대를 세우려고 하면, 그것을 완성할 만한 비용이 자기에게 있는지를, 먼저 앉아서 셈하여 보아야 하지 않겠느냐? 그렇게 하지 않아서, 기초만 놓은 채 완성하지 못하면, 보는 사람들이 그를 비웃기 시작하여, 말하기를 '이 사람이 짓기를 시작만 하고, 끝내지는 못하였구나' 할 것이다"(눅 14:28-30, 표준새번역). 예수님을 따르는 데는 대가가 따릅니다. 예수님은 제자들에게 하나님 나라를 약속하셨지만 동시에 그들이 믿음 때문에 어려움과 고난을 당할 것이라고 말씀하셨습니다. 예수님은 우리에게 비현실적인 장밋빛 그림을 처음부터 보여 주지 않으십니다.

망대를 세우는 데 드는 비용처럼 신앙생활을 하는 데도 드는 비용이 있습니다. 때로는 사회적 지위나 재물을 상실할 수도 있습니다. 돈이나 시간이나 경력에 대해서 손해를 볼 수도 있습니다. 예수 믿는다고 직장에서 미움받을 뿐 아니라 쫓겨날 수도 있습니다. 예수를 믿는다고 해서 걱정에서 해방된 삶을 살 수 있다는 보장이 뒤따르는 것도 아닙니다. 그러므로 모든 사람은 제자의 길을 걷는 데 따르는 비용을 치밀하게 계산해 보아야 합니다. 들어가는 것은 무엇이며 얻는 것은 무엇인지를 꼼꼼히 따져 보아야 합니다.

이는 단지 예수님만 교훈하신 것이 아닙니다. 사도들의 교훈도 이와 일치합니다. "무릇 그리스도 예수 안에서 경건하게 살고자 하는 자는 박해를 받으리라"(딤후 3:12). 그렇습니다. 예수 안에서 살아가는 자들은 박해를 받습니다. 그러나 예수를 믿음으로 얻는 것도 있습니다. 무엇보다는 먼저 죄 사함을 받습니다. 죄 사함을 받으면 마음에 평안이 찾아옵니다. 그와 함께 기쁨, 기도, 감사의 삶이 시작됩니다. 때로는 어려운 일을 만나지만 그때마다 하나님의 인도하심과 도우심을 경험합니다. 기억하십시오. 우리는 이 세상에서 찬송하며 살다가 죽고 난 후에는 영원한 영광 가운데 살게 될 것입니다. 미리부터 대차 대조표를 작성해 보고 출발하면 어려움과 고난이 찾아온다 해도 포기하고 돌아서지 않을 수 있습니다.

주님은 이 사실을 분명히 하기 위해서 1만 군사로 2만 적군을 무찌를 방법을 강구하는 지혜로운 왕을 두 번째 예로 드셨습니다. 그는 전략을 세웁니다. 이처럼 득실을 따져 본 후 정면 승부를 겨룰 것인지 혹은 사신을 보내어 화친을 청할 것인지를 결정하는 것이 지혜로운 왕입니다. 치밀한 전략을 세워 보지도 않고 성급하게 군사를 전쟁터로 내보내면 국가적인 차원의 재앙을 자초하게 됩니다. 그러므로 예수님을 따르기 원하는 자도 신중하게 고려한 후 결정을 내려야 합니다.

셋째, "그러므로 이와 같이, 너희 가운데서 누구라도, 자기 소유를 다 버리지 않으면, 내 제자가 될 수 없다"(눅 14:33, 표준새번역). 주님은 진정한 제자가 되기 위한 세 번째 조건을 덧붙이셨습니다. 참된 제자란 혈육 관계에 얽매이지 않아야 합니다. 자기 목숨조차 미워할 만큼 맺고 끊음이 철저해야 합니다. 자신의 십자가를 지고 갈 희생정신과 각오가 갖추어져 있어야 합니다. 더 나아가 이 세상에서의 물질욕과 명예욕을 버리고 하나님만 바라보는 순수함이 있어야 합니다.

제자가 되는 마지막 비용은 예수님을 위해서 모든 소유를 포기하겠다는 자발성을 뜻합니다. 예수님은 어떤 부자 청년에게 "네게 있는 것을 다 팔아 가난한 자들에게 나눠 주라 … 그리고 와서 나를 따르라"(눅 18:22)고 말씀하셨습니다. 실제로 초대 교회 성도들 가운데 문자 그대로 이 말씀을 따랐던 사람들이 있습니다. 또한 그리스도인 중에 문자적으로 이 말씀을 따르지 않으면 제자의 길을 출발조차 하지 못하는 이들이 있습니다. 그러나 모든 사람에게는 물질적인 소유에 대해서 더 이상 움켜쥐고 살지 않겠다는 마음의 결단이 있어야만 합니다. 세상에 있는 물질을 움켜쥐고 있으면 주님의 십자가를 붙들 빈손이 없어지기 때문입니다.

돈이나 소유에 집착하는 것은 하나님 나라에의 초청을 거부하는 것처럼 진정한 제자의 길을 걷지 못하게 합니다. 그 길을 걷는 기쁨을 저버리는 것을 뜻합니다. 제자의 길은 자기의 모든 것을 포기하는 고달픈 희생의 길입니다. 그러나 이 길만이 진정한 성취와 참된 만족에 이르는 유일한 길입니다. 하나님은 완전히 포기할 때 지극한 기쁨과 만족을 누릴 수 있도록 우리를 지으셨습니다. 어리석게도 많은 사람이 제자의 길을 걷는 비용을 계산해 보지도 않고 따라 나섭니다. 또 어떤 이들은 그 비용이 너무 엄청나다고 포기합니다. 그 길을 만들기 위해 지불된 비용을 생각하지 않고 이용료가 비싸다고 합니다. 하늘 아버지께서는 당신의 아들을 세상에 보내고 십자가에 내어 주는 비용을 치르셨습니다. 이 길의 마지막에 우리를 기다리고 있는 영광스러운 약속을 알고 있습니까?

하나님은 당신이 먼저 포기하지 않으면서 우리에게 모든 것을 포기하라고 요구하시는 분이 아닙니다. 하나님은 당신의 아들을 제물로 내어

놓기까지 값을 치르셨습니다(요일 4:10). 그뿐만 아니라 예수님은 놀라운 보상을 약속하셨습니다. "또 내 이름을 위하여 집이나 형제나 자매나 부모나 자식이나 전토를 버린 자마다 여러 배를 받고 또 영생을 상속하리라"(마 19:29). 주님을 위해, 주님의 이름 때문에 포기하게 되면 하나님은 반드시 약속을 지켜서 몇 배로 보상하는 동시에 영생의 상속을 허락하십니다.

○

이제 주님의 마지막 경고를 들어 봅시다. "소금은 좋은 것이다. 그러나 소금이 짠맛을 잃으면, 무엇으로 짠맛을 나게 하겠느냐? 그것은 땅에도 거름에도 쓸 데가 없어서, 밖에 내버린다. 들을 귀 있는 사람은 들어라"(눅 14:34-35, 표준새번역). 예나 지금이나 소금은 맛을 내고 식품을 저장하는 데 사용됩니다. 팔레스타인에서 당시 소금은 주로 사해 남서쪽 지역에 있는 소금 기둥에서 채취했습니다. 불순물이 많이 섞인 이 소금은 상하기가 쉬웠고, 짠맛을 잃기도 했습니다. 그러면 '땅에도 거름에도 쓸 데가 없는' 무용지물이 되고 맙니다. 그런 소금은 버릴 수밖에 없습니다. 이것이 바로 그리스도인의 신세입니다. 세상에 타협한 그리스도인은 아무 데도 쓸 데가 없습니다.

당신은 세상에서 그리스도를 증거하는 성도입니까? 직장을 다니는 그리스도인들 중 98퍼센트는 자기 직장에서 한 번도 전도해 본 적이 없다는 통계가 있습니다. 당신은 어떠합니까? 신앙인은 죄를 싫어하고 거부해야 합니다. 그런 성도라야 세상의 부패를 방지하는 짠맛을 내는 신앙인이 됩니다. 우리가 "예" 하고 "아니요"라고 분명히 말하면 세상은 우리를 조심하게 됩니다. 소금이 맛을 내고 음식의 부패를 방지하는 역할을 하듯 성도들은 세상에서 선을 보존하고 인생의 새로운 맛을 가져다주어야 합니다. 치밀한 계획, 자발적인 희생, 그 나라를 위한 확고한 헌신만이 이것을 가능하게 합니다.

세상은 진짜 신앙인과 가짜 신앙인을 잘 구별합니다. 가짜와는 잘 어울려 놀기는 하지만 마음속으로는 조금도 존경하지 않습니다. 그러나 우리가 주님께 충성할수록 세상은 우리를 무시할 수 없습니다. 겉으로는 싫어하는 것처럼 보이지만 사실은 존경하고 두려워합니다. 그러다가 나중에 우리의 도움이 필요할 때가 오면 축복의 기도를 바라게 될 것입니다. 하나님이 그들의 눈을 열어 주시면 하나님의 은혜의 자리에 들어오게 될 것입니다.

짠맛을 유지하는 것은 결코 쉬운 일이 아닙니다. 그러나 짠맛을 내지 못하면 세상에서 제자로 살 수가 없습니다. 그러므로 세상에서 필요한 그리스도인으로 살려면 주일마다 주님의 말씀을 들어야 합니다. 또한 엿새 동안 주님의 말씀을 실천해야 합니다. 어떻게 살았는지를 소그룹으로 나누고 하나님이 힘 주시기를 함께 기도해야만 세상에서 승리하는 그리스도인으로 살 수 있습니다. 그러므로 주님은 "들을 귀 있는 사람은 들어라" 하고 마지막 호소를 하셨습니다. 우리의 귀를 잘 사용해서 풍성한 복을 받기를 기도합니다.

5.

예수님과 청중들 (15:1-2)

비유의 청중 – 바리새인, 세리 그리고 죄인들

누가복음 15장에는 예수님의 비유 중에서 가장 잘 알려진, 사랑받고 아름다운 세 가지 비유가 나옵니다. 15장에 연속적으로 나오는 세 비유는 누가복음에 나타나는 '두 그룹'의 지속적인 갈등 구조 속에서 선포된 것입니다. 두 그룹 중 한편은 예수님을 중심으로 한 제자들과 세리와 죄인들의 무리이고, 다른 한편은 그들을 반대하는 바리새인과 율법학자들입니다. 이러한 갈등은 특히 누가복음에서 예수님이 당시 유대법에 금지된 죄인들과 식탁 교제를 나누셨기 때문에, 즉 그들과 함께 먹고 마신다는 이유로 시작된 것입니다.

당시 세리는 로마 정부를 위해 일하는 유대인들이었습니다. 그들은 권력을 미끼로 동족을 착취한다는 오명을 쓰고 살았으며 사회에서 도덕적

파산자로 취급되었습니다. 그런데 예수님은 이런 세리와 죄인들을 기쁘게 영접하셨습니다. 누가가 보여 주는 메시아는 본래 자기 백성으로부터는 거절당하나 그 사회에서 소외된 죄인들과는 회복된 교제를 나누시는 분입니다.

구약 시대부터 하나님의 백성은 죄인들과 어울리지 않는 것을 자랑으로 여겼습니다(시 1:1). 그러므로 예수님이 그런 사람들을 영접하고 특히 함께 먹는 식탁 교제를 나누시는 것은 바리새인으로서는 생각도 할 수 없는 일이었습니다. 그러나 뒤따라 나오는 비유는 '죄인들이' 하나님께 돌아섬을 보여 주는 것으로, 하나님께뿐만 아니라 종교적 지도자들의 기쁨의 요인이 되어야만 했습니다. 여기서 예수님은 왜 죄인들과 어울리는지를 설명하기 위해서 세 가지 비유를 연속적으로 들려주셨습니다. 이런 연관성은 잃은 것과 찾은 것 그리고 기뻐하고 잔치하는 것에서 찾을 수 있습니다. 모두 잃은 죄인을 찾으신 하나님의 기쁨을 부각시키고 있습니다.

스스로 의로운 사람은 항상 다른 사람들을 비난하고 자신에게는 그럴듯한 변명을 합니다. 하지만 지금 설교하시는 주님께 가까이 나아오는 그룹은 잘 살펴보면 두 부류로 구성되어 있습니다. 세리라고 불리는 세무 공무원들과 누구나 죄인으로 부르는 사람들입니다. 그러나 바리새인들은 두 부류의 사람들을 모두 한 단어로, 말하자면 도매금으로 '죄인들'이라고 부릅니다. 잘 생각해 보면 모든 세리가 반드시 나쁜 일을 했다고 볼 수는 없습니다. 세리라면 모두 부정직하고 착취를 하는 사람이라고 모는 것은 공정하지 못합니다.

오늘도 마찬가지 아닙니까? 어떤 직업의 계층이라도 그 직업을 가진 사람을 다 나쁘다고 말할 수는 없습니다. 다른 사람의 부정이나 잘못이 눈에 들어오면 '왜 저 사람은 저렇게 행동하지?' 하고 생각하면서 스스로는 괜찮다고 여기는 것은 비단 바리새인들만의 문제는 아닙니다. 요즘 신앙인들도 남들에게는 아주 높은 기준을 요구하면서 자기 자신에게는 관대합니다. 그런 사람의 특징은 자기 모습으로 인해서 별로 고민하지 않는다는 것입니다. 대신 자신의 잣대를 다른 사람에게 갖다 대기를 좋아합니다. 자신을 위해서는 하얀 회칠을 하지만 남을 향해서는 가장 나쁜 채색을 합니다. 성경은 '모든 세리와 죄인들'이라고 구분하지만 그들의 눈에는 모두 다 '죄인'들일 뿐입니다.

신앙생활을 제대로 한다면 반대로 처신해야 합니다. 자만심에 사로잡혀서 남을 함부로 폄하하는 자리에 머물러 있어서는 안 됩니다. 스스로 의로운 자들은 자신을 그럴듯하게 나타내려고 시도하고 자기 의를 확신하며 살았습니다. 그들의 기도를 들어 보십시오. "하나님이여 나는 다른 사람들 곧 토색, 불의, 간음을 하는 자들과 같지 아니하고 이 세리와도 같지 아니함을 감사하나이다"(눅 18:11). 자신들은 결코 율법을 어기는 자들에 속하지 않음을 자부했습니다. 그들은 거룩했고, 속된 사람이나 세상에서 분리된 자들임을 자각했습니다. 스스로의 평가를 따르면 특별한 열심을 가진 무리들입니다. 이어지는 기도 내용은 "나는 이레에 두 번씩 금식하고"(눅 18:12)입니다. 율법은 사람들에게 1년에 한 번 금식하기를 요구하는데, 이들은 얼마나 열심이 대단했던지 이레에 두 번씩이나 금식한다고 자기 자랑을 했습니다.

스스로의 평가를 보면 괜찮습니다. 그러나 하나님의 평가는 달랐습니다. 슬프게도 우리 모두가 자신에 대해서는 실상보다 더 나은 사람으로 평가하고, 남들에 대한 평가는 인색합니다. 그래서 예수님이 죄인들을 영접하신다는 사실로 인해서 불평합니다. 하지만 정직하게 관찰하면 우리는 죄로 가득한 사람들입니다. 우리의 본성은 사악하고 만물보다 거짓됩니다. 하지만 우리는 할 수만 있다면 그럴듯한 영적 실태에 대한 대차 대조표를 그리려고 합니다. 사실은 썩어 문드러져 있는데도 건전한 것으로 평가합니다.

하나님의 눈으로 우리 자신의 모습을 보아야 예수님께 가까이 가고 싶고 예수님을 만나고 싶은 소원이 생깁니다. 하나님께서는 우리에게 은혜 베풀기를 원하십니다. 그러면 스스로 의로워하는 사람이 한 사람도 없게 될 것입니다. 죄와 악함이 가득한 자신의 실상을 보게 될 것입니다. 스스로의 의로움을 떠벌리는 바리새인처럼 기도하는 자리에서 하나님이 구출해 주실 것입니다. 그리고 고개를 들지 못하고 가슴을 치는 진정한 회개의 자리에 머물게 하실 것입니다.

말씀을 가까이할 때 주어지는 놀라운 축복

무엇이 세리와 죄인들을 예수님의 설교를 듣는 자리로 이끌었습니까? 이 무리는 말씀을 사모하는 진실한 청중이었습니다. 오병이어의 기적에서 떡과 물고기를 먹고 따르던 무리와는 달랐습니다. "모든 세리와 죄인들이 말씀을 들으러 가까이 나아오니"(눅 15:1)라는 표현은 일반적으로 말해서 대다수의 세리와 죄인들이 예수님께 나아와 말씀을 들었다는 뜻으로 보입니다. '나아오다'라는 미완료 동사는 그때 나아오고 있었다는 의미일 수도 있고, 예수님의 사역 전반에 걸쳐서 늘 나아오곤 했다는 의미로도 볼 수 있습니다.

'모든 세리와 죄인들'이라고 폄하당하는 무리이지만 이들이 "말씀을 들으러 가까이 나아오니"라고 본문은 말합니다. 기적의 떡을 먹기 위해서

나 무슨 병을 고치기 위해서 그리고 듣기 좋은 축복 선언을 바라고 나온 무리들이 아니라는 말입니다. 바로 앞 본문만 보아도 주님이 축복은 그만두고 얼마나 심각한 어조로 말씀하셨는지 알 수 있습니다. 주님은 당신을 따라오기만 하면 복을 받는다고 유혹하신 적이 없습니다.

사실 "들을 귀가 있는 자는 들을지어다" 하며 14장을 끝맺고 15장은 "모든 세리와 죄인들이 말씀을 들으러 가까이 나아오니"라는 말씀으로 이어지고 있는 것이 의미심장합니다. 주님은 그 높은 제자의 수준을 제시하셨지만 자기의 필요를 아는 자들은 남녀불문하고 주님께 몰려들었습니다. 그랬더니 스스로에 꽤 만족하는 호사가인 바리새인과 서기관들은 주님의 말씀에는 전혀 반응이 없고, 오히려 세리와 죄인들이 말씀을 들으러 가까이 나아오는 것을 보고 불쾌해하며 "이 사람이 죄인을 영접하고 음식을 같이 먹는다"(눅 15:2)고 수군거렸습니다. 공동체를 세워 나가기 위해 우리 모두가 해야 할 일 중에 하나는 수군거리지 않는 것입니다. 그리스도인은 수군거리는 사람이 아니라, 사랑 가운데서 진리를 말하는 사람입니다. 서로 돌아보고, 서로 격려하는 사람입니다.

왜 이들은 주님의 입에서 나오는 말씀에 귀를 기울였습니까? 듣기 좋은 부드러운 말 때문이 아닙니다. 주님은 무서우리만큼 진지한 말씀을 하셨습니다. 그러나 그 말씀은 그들로 하여금 양심의 가책을 느끼게 했습니다. 무엇보다도 세리와 죄인들이 주님께 나아와 말씀을 듣는 이유는 예수님이 그들을 매우 사랑하고 계시다는 것을 느꼈기 때문입니다. 주님은 이론적인 진리를 가르치는 것을 즐기시는 분이 아니라, 진리를 전해서 사람들을 돕고 축복하고 위로하기를 원하시는 분이기 때문입니다. 더욱이 주님이 전한 진리가 그들에게 희망을 주었기 때문에 모여들었을 것입니다.

나 자신이 누구인지를 알면 주님의 말씀을 즐겨 들을지 듣지 않을지를 알 수 있습니다. 특별한 실수를 한 적도 없고, 양심의 가책을 느낄 만한 잘못을 저지른 적도 없는 평균 이상의 도덕적인 삶을 사는 사람이라면 주님 앞에 즐겨 나아갈 리가 없습니다. 나아갔다 하더라도 주님의 말씀을 들으려고 관심을 쏟지는 않을 것입니다. 그런 사람은 결코 말씀을 들으러 주님께로 가까이 나아오는 '세리와 죄인들'의 무리에 속하지 않을 것입니다. 오히려 예수님을 향해서 "죄인을 영접하고 음식을 같이 먹는다"고 투덜대거나 빈정거렸을 것입니다.

그러나 자신이 죄인임을 의식하고 하나님의 법을 따라 살지 못하고 있다는 점을 안다면, 용서받고 싶은 소원이 꿈틀거린다면, 아니 용서받은 것을 알지만 다시 더러워진 것으로 고민한다면, 목욕은 했지만 다시 더러워진 손발을 씻고 싶은 소원이 있다면 주님 앞으로 달려갈 것입니다. 그러면 그분의 입에서 나오는 말씀이 풀 위에 내리는 비와 같이 그 마음을 새롭게 할 것입니다. 오래 가문 땅을 적시는 단비와 같이 임할 것입니다. 주님과의 사이가 새로워질 것입니다. 가까이 나아가 주님의 말씀을 들을 때 우리의 심령을 만지는 진리를 알게 될 것입니다.

범죄한 이래로 사람은 거룩하신 하나님을 두려워합니다. 그러나 예수님은 이 땅에 오신 하나님입니다. 그러므로 우리는 주님을 통해서 하늘 아버지께 두려움 없이 나아갈 수 있습니다. 죄가 무엇인지 깨닫고 난 후에도 죄의 짐이 우리를 수시로 짓누를 수 있습니다. 하나님을 거역함으로 하나님과 거리를 만들기도 합니다. 그러나 예수님을 믿기만 하면 우리의 죄는 사함을 받습니다. 마치 한 번도 잘못하지 않은 것처럼 하나님과의 관계가 새로워질 것입니다.

때로는 아무것도 바로 할 수 없을 것 같은 무력감이 찾아올 때가 있습니다. 한마디 기도조차 하지 못할 것 같은 느낌이 들 때도 있습니다. 온 세상이 다 달라붙어도 눈물 한 방울 흘릴 수 없는 기분에 사로잡힐 때도 있습니다. 왜 그렇습니까? 우리에게는 굳은 마음을 부드럽게 할 능력이 없습니다. 우리 자신은 마른 심령에 회개의 단비를 내리게 할 수가 없습니다. 그렇기에 사람들은 예수님께 몰려듭니다. 예수님은 우리의 상처를 치유하시고, 우리의 연약함을 도우시고, 우리의 허물을 사하시고, 우리에게 새로운 생명을 허락하십니다. "내가 그들에게 영생을 주노니 영원히 멸망하지 아니할 것이요 또 그들을 내 손에서 빼앗을 자가 없느니라"(요 10:28). 이것이 우리와 주님을 연결하는 사랑의 끈입니다.

그리스도 안에서는 모든 것이 안전합니다. 광야에 있는 연약한 어린양이라 할지라도 안전합니다. 충동의 사람, 욕망의 사람조차도 주님께 손을 내밀기만 하면 안전합니다. 그러므로 우리는 고백해야 합니다. "이로 말미암아 내가 또 이 고난을 받되 부끄러워하지 아니함은 내가 믿는 자를 내가 알고 또한 내가 의탁한 것을 그날까지 그가 능히 지키실 줄을 확신함이라"(딤후 1:12).

때로는 '죽으면 어떻게 될까?' 하는 생각이 우리를 사로잡기도 할 것입니다. 아이들이 어둠을 무서워하듯이 사람들은 죽음을 두려워합니다. 죽음이 찾아오면 아무리 용감한 사람도 창백해집니다. 그러나 주님의 놀라운 약속이 있기에 우리는 주님께 매력을 느낍니다. "나는 부활이요 생명이니 나를 믿는 자는 죽어도 살겠고 무릇 살아서 나를 믿는 자는 영원히 죽지 아니하리니 이것을 네가 믿느냐"(요 11:25-26). 부활을 믿으면 죽음을 달리 생각하게 됩니다. 죽음은 더 이상 죄의 삯이 아닌, 다만 하늘로 들어가는 대문에 지나지 않습니다. 우리 모두는 이 세상에서 눈을 감을 것입니다. 그러나 뒷날 아침 천국에서 눈을 뜰 것입니다. 그리고 그때 주님의 따뜻한 시선이 우리에게 향할 것입니다.

죄인을 영접하시는 예수님

본문 2절은 말씀을 즐겨 듣는 이들에게 주어지는 더 놀라운 축복을 말해 줍니다. "이 사람이 죄인을 영접하고"라는 말은 바리새인과 서기관들이 예수님을 원망하고 비난하며 불평한 말이지만, 그 속에는 놀라운 진리가 담겨 있습니다. 그래서 복음이 전해지는 곳마다 사람들이 복을 받습니다. 놀라운 사실은, 예수님이 죄인을 영접하신다는 것입니다.

물론 바리새인들은 진리의 전부를 말하지 않았습니다. 예수님은 죄인을 영접하지만 그들을 죄인으로 남겨 두지 않으신다는 사실입니다. 죄인을 영접한 것은 사실이지만 예수님은 그들을 회개하는 죄인으로 만드십니다. 그들의 본성을 바꾸어 주십니다. 사자를 어린양처럼 변화시키십니다. 까마귀를 비둘기처럼 만드십니다. 예수님이 사람을 바꾸시면 완전히 새로운 사람이 됩니다. 본성이 변화되어 원수가 친구로 변합니다. 보혈로 씻음 받은 자들은 주님께 가까이 나아갑니다. 주님은 죄인들을 영접해서 그들을 자신들이 경험한 사죄의 복음을 전하는 자로 삼으십니다. 구원의 복음을 먼저 깨닫게 한 다음 그들을 세상으로 보내십니다. 예수님이 죄인을 영접하신다는 사실은 결코 불평하거나 비아냥거릴 일이 아닙니다. 예수님은 죄인을 영접하려 세상에 오신 구주이십니다.

그러나 바리새인과 서기관들의 비난하는 말은 여기서 끝나지 않았습니다. 그들은 "이 사람이 죄인을 영접하고 음식을 같이 먹는다"고 비난했습니다. 이미 배부른 사람은 음식이 베풀어진 자리를 감사할 이유가 없습니다. 그러나 배고픈 사람은 음식이 차려진 자리에서 결코 졸지 않습니다. '더 들으나 듣지 않으나 나는 괜찮은 신앙인이다'라고 생각한다면 사람들이 모인 자리에서 시간이 지나면 졸음이 찾아올 것입니다. 그러나 하나님의 말씀을 사모하는 본능을 가지고 있다면 음식 앞에 졸지 않을 것입니다.

주님은 권세 있는 자를 그 위에서 내리치고, 비천한 자를 높이기를 즐겨 하시는 분입니다. 그리고 주린 자를 좋은 것으로 배불리며, 부자를 빈 손으로 보내시는 분입니다. 우리는 주일마다 왕의 식탁에 초대받은 자들입니다. 우리가 듣는 진리를 한 번도 듣지 못해서 멸망으로 향하는 사람들이 부지기수입니다. 하나님이 이 민족을 사랑하시어 복음을 들을 수 있는 자리를 곳곳마다 허락하셨습니다. 우리가 그 자리에 초대되었다는 사실에 감사하며 초대받은 그 자리를 기쁨으로 누리는 우리 모두가 됩시다.

○

신앙생활을 하면서 아무 때라도 '정말 구원을 받을 수 있을까?' 하는 의심이 든다면 그때마다 바리새인과 서기관들의 주님을 향한 비난을 기억하십시오. "이 사람이 죄인을 영접하고 음식을 같이 먹는다"라는 진리를 붙잡는다면 우리는 결코 주님 앞에서 쫓겨나지 않을 것입니다.

6.

잃은 양을 찾아서 (15:3-7)

예수님은 이 땅에 오셔서 잃은 자를 찾는 일을 하셨습니다. 잃어버린 자들이 있는 자리까지 찾아가는 수고를 하고 그들과 소통하기 위해 힘을 쏟으셨기에, 그들이 주님께로 가까이 나아오는 일들이 일어났습니다. 그러나 사실 이런 무리와 어울리는 것이 좋은 평판을 가져오는 일은 아니었습니다. 그러므로 바리새인과 서기관들이 "이 사람이 죄인을 영접하고 음식을 같이 먹는다"라고 서로 수군거린 것은 놀랄 만한 일이 아닙니다. 이런 사연으로 인해 주님은 죄인들과 어울리는 당신의 행동을 세 가지 비유를 통해서 변호할 필요를 느끼셨습니다. 주님 당신은 잃은 것을 찾는 분이심을 설명한 것입니다.

의사가 병자를 멀리하는 것은 마땅하지 않습니다. 마찬가지로 잃은 양을 멀리하는 목자는 상상할 수 없습니다. 그러므로 모든 세리와 죄인들이 말씀을 들으러 예수님께 가까이 나아온 것은 너무나 자연스러운 모습입니다. 주님은 모든 사람이 잘 아는 일상적인 일을 통해 당신의 행동을 변호하셨습니다. "너희 중에 어떤 사람이 양 백 마리가 있는데 그중의 하나를 잃으면 아흔아홉 마리를 들에 두고 그 잃은 것을 찾아내기까지 찾아다니지 아니하겠느냐"(눅 15:4). "너희들이라면 어떻게 하겠느냐?"고 질문하신 것입니다. 그들이 목자라면 잃은 양을 찾아 나서는 것은 너무나 당연할 것입니다. 누구도 다른 말을 할 수가 없었습니다.

목자가 잃은 양을 찾아 나서는 것은 좋아서 하는 일이 아닙니다. 잃어버린 양이 갈 만한 길을 따라서 가파른 언덕길을 올라가기도 하고, 위험한 벼랑길을 걷기도 하고, 황량한 벌판으로 가기도 합니다. 만약 주님이 당신의 취향을 따라 사람들을 만나셨다면 그분은 아마도 거룩한 천사들이나 위에 계신 하늘 아버지와 교제를 나누셨을 것입니다. 그러나 주님은 당신을 생각하지 않으셨습니다. 그분의 마음은 오직 잃은 양을 향해 있었습니다. 그러므로 잃은 양이 있을 만한 곳으로 발걸음을 옮기셨습니다. 이 비유를 계속 살피면 살필수록 주님의 대답이 완벽하다는 것을 더 깊이 느끼게 됩니다. 그러나 이 장에서는 이 비유를 바리새인을 향한 대답으로만 살피지 않고 죄인 된 우리를 향한 교훈으로 받아들이고자 합니다.

잃어버린 양을 애타게 찾으시는 목자, 주님

양을 잃은 목자는 '양 한 마리를 잃었다'는 오직 하나의 생각으로만 가득합니다. 잃은 양을 생각하면 마음이 아프고 무거워 쉴 수도 없고, 먹을 수도 없고, 집으로 돌아갈 수도 없습니다. 본래 양은 아무런 자기 보호 능력이 없습니다. 양은 싸울 준비가 되어 있지도 않고, 재빠르게 도망칠 준비도 되어 있지 않습니다. 그래서 목자는 더욱 안절부절못합니다. 잃은 양이 만날 위험과 처참하게 죽을지 모른다는 생각이 연민으로 가득한 목자의 마음을 더욱 괴롭힙니다.

양은 어떤 짐승보다도 미련합니다. 길을 잃으면 헤매고 헤맬 뿐 안전한 곳으로 돌아올 줄 모르기에 목자는 걱정을 합니다. 지금쯤 어디서 고생하고 있을까, 푸른 초원에서 멀리 떠나 모래나 바위가 펼쳐진 곳에서 기진맥진하고 굶주려 지쳐서 쓰러지기 일보직전은 아닐까 등 별별 생각이 다 듭니다. 게다가 양은 무능한 짐승입니다. 바로 눈앞에 풀밭이 보이지 않으면 스스로 먹고살 능력이 떨어지는 짐승입니다. 예를 들어, 낙타는 멀리 떨어진 물 냄새를 맡고, 독수리는 엄청난 거리에서도 먹잇감을 포착합니다. 그러나 양은 스스로 뭔가를 해낼 수 없습니다. 그래서 길을 잃으면 대책이 없습니다.

누군가 양 한 마리를 잃고 상심해 하는 목자를 만났을 때 "한 마리요? 아직도 아흔아홉 마리가 남았다면서요?"라고 말한다면 그는 목자의 마음을 제대로 아는 사람이 아닙니다. 잃어버린 한 마리의 양은 목자의 재산입니다. 본문은 이 비유를 "너희 중에 어떤 사람이 양 백 마리가 있는데"라고 압축해 놓았지만, 주님이 청중을 향해서 이야기를 하실 때는 아주 재미있게 풀어 나가셨을지도 모릅니다.

아마도 비유의 목자는 젊은 날에는 남의 양을 치는 양치기 소년이었을 것입니다. 그러다 결혼을 하고 몇 마리 되지는 않지만 자신의 양을 가진 목자가 되었을 것입니다. 양을 세는 것은 그때부터 생긴 직업병일지 모릅니다. 시간만 있으면 세었을 것입니다. 백 마리의 양을 가지기까지는 숱한 세월이 흘렀다는 것을 상상해야 합니다. 한 마리, 한 마리 늘려서 마침내 꿈이 이루어졌다고 생각해 보십시오. 물려받은 것이 아니라 자수성가

해서 마침내 백 마리의 양을 갖게 된 사람이라면 한 마리의 양은 사소한 것이 아닙니다.

물론 비유가 워낙 압축되어 있어서 이 목자의 신분에 대해서는 자세한 언급이 없습니다. 그러나 주님은 "너희 중에 어떤 사람이 양 백 마리가 있는데"라고 이야기하셨습니다. "양 백 마리를 먹이고 있는데"라고 말씀하지 않으셨습니다. 이 양은 그의 소유임이 틀림없습니다. 단순히 이 단어에만 우리의 주장을 싣고 있는 것이 아니라 백 마리 중에 한 마리를 잃으면 아흔아홉 마리를 들에 두고 그 잃은 양을 찾을 때까지 찾아다니는 모습을 통해 더욱 그가 주인이라는 사실을 확신할 수 있습니다.

그에게는 단순히 한 마리의 잃은 양이 아닙니다. 그가 찾아 나선 것은 바로 '자기의' 잃은 양 한 마리입니다. 여기 나오는 비유는 당신의 양을 찾고 계시는 주님의 모습입니다. 두 번째 비유에 나오는 동전도 남의 것이 아니라 바로 그 여인의 동전입니다. 세 번째 비유에 나오는 아들도 어느 방탕한 젊은이에 관한 이야기가 아니라 바로 그 아버지의 아들입니다. 동네 어떤 사람이 양을 잃었다거나, 어느 여인이 지갑을 잃었다거나, 어느 집 아들이 가출했다는 이야기를 들으면 안타깝지만 만약 자기 양을, 자기 돈을, 자기 아들을 잃었다면 이야기가 달라집니다.

주님은 당신의 양을 가지신 분입니다. 특별히 그릇된 길로 나간 양입니다. "우리는 다 양 같아서 그릇 행하여 각기 제 길로 갔거늘"(사 53:6). 길을 잃은 양은 아직도 하나님께로 돌아오지 않은 사람을 가리킵니다. 예수님은 보배로운 피로 값을 주고 우리를 구속하셨습니다. 그러기에 찾아 나서시고, 찾아내기까지 찾아 구원하십니다. 양들이 방황할 때 그들 자신은 몰랐지만 그들은 주님께 속해 있는 것입니다. 주님이 창세전부터 그들을 선택하셨기 때문입니다. 주님은 "너희가 나를 택한 것이 아니요 내가 너희를 택하여 세웠나니"(요 15:16)라고 말씀하셨습니다. 양들이 주님의 것인 까닭은 아버지께서 주셨기 때문입니다. "그들은 아버지의 것이었는데 내게 주셨으며"(요 17:6).

이미 2천 년 전에 주님은 우리를 당신의 것으로 속량하기 위해 값을 치르셨습니다. "나는 양을 위하여 목숨을 버리노라"(요 10:15). 그러기에 우리는 주님의 것입니다. 살아 계신 하나님 앞에서 주님은 당신이 값을 지불한 흔적이 남은 당신의 손바닥을 보고 계십니다. 옆구리를 바라보며 당신의 심장에서 쏟은 피를 기억하십니다. 그러므로 아버지께서 주신 '그중의 하나를 잃으면'이란 생각할 수 없는 일입니다. 그러므로 '그중의 하나를 잃으면'은 주님의 가슴에 불을 지르는 말이기도 합니다. 주님은 어제나 오늘이나 영원토록 변함이 없으신 분입니다. 주님은 "세상에 있는 자기 사람들을 사랑하시되 끝까지 사랑"(요 13:1)하시는 분입니다.

아버지께서 맡기신 자들은 변치 않는 언약으로 세운 영원한 주님의 소유입니다. 영원부터 불변한 사랑이요, 영원토록 지속하는 사랑을 쏟은 대상이기에 그 가운데서 하나를 잃는다는 것은 생각할 수 없는 일입니다. 주님은 당신의 잃은 양을 향한 동정심이 지극하신 분입니다. 방황하는 영혼은 그분의 마음에 큰 슬픔을 안겨 줍니다. 멸망당하는 영혼은 생각할 수도 없습니다. 하나의 영혼이라도 위험에 놓여 있다는 상상조차 할 수 없어 하는 것이 주님의 사랑입니다. 그러나 정작 길을 잃은 양은 목자에 대해서 아무런 생각이 없습니다. 우리 역시 하나님을 찾지도 않았고, 찾을 생각도 없었던 자들입니다. 우리는 전능하신 목자, 주님이 찾지 않으셨다면 소망이 없었을 자들입니다.

잃어버린 양을 추적하는 목자의 불꽃같은 눈

양을 잃은 목자는 곧바로 오직 하나의 대상만 찾습니다. 아흔 아홉을 들판에 두고 찾아내기까지 찾아 나섭니다. 길 잃은 아무 양이나 찾아서 백 마리를 채우려는 것이 아닙니다. 목자의 눈은 바로 그 잃어버린 한 마리의 양을 추적합니다. 그가 찾아 나선 것은 자기 자신의 양입니다. 자기 양을 잃었기에 길을 나섰습니다. 주님은 당신이 구원할 자를 잘 알고 계십니다. 주님이 찾는 영혼도 특정한 영혼입니다. 우리가 복음을 전할 때 주님이 바라시는 바로 그 영혼을 찾아 나서는 것입니다. 따라서 우리는 전도를 하기에 앞서 어떤 방법으로 접근해야 할지 생각해 보아야 합니다. 정조준을 해서 한 양을 표적으로 삼아야 합니다.

길을 나선 목자는 샅샅이 찾습니다. 잃은 한 마리의 자기 양 말고는 다른 생각이 없습니다. 사실 길을 나섰지만 어디로 가야 할지 잘 아는 것도 아닙니다. 게다가 길은 험하거나 가파를 수도 있습니다. 자기가 고생하는 것에 대해서는 신경을 쓸 겨를이 없고, 그러다 보니 발밑의 안전 따위는 뒷전입니다. 험한 길이 두려운 것이 아니라 오히려 잃은 양에게 미칠 위험으로 인해서 걱정합니다. 마치 예수께서 잃어버린바 된 택한 백성의 안녕만을 생각하시는 것과 다를 바 없습니다. 적당히 찾아보다가 돌아오는 것이 아닙니다. 적극적으로 찾아 나섭니다. 찾아내기까지 찾고 있습니다. 그리고 목자는 누구를 시켜서가 아니라 자신이 직접 찾아 나서는 수고를 하고 있습니다. 주님은 오늘도 당신의 양을 직접 보살피시는 분입니다. 주님은 찾아내기까지 인내하십니다. 찾아내기까지 찾는 목자이십니다. 아버지께서 맡겨 주신 양은 한 마리도 잃어버린바 될 수 없습니다.

하늘 아버지의 기쁨에 동참하는 성도

목자에게 단 하나의 기쁨의 원천은 잃었다가 다시 찾은 양입니다. 잃은 양에 대한 생각으로 가득한 목자는 모든 수단을 동원해서 수색에 나섰습니다. 드디어 양을 찾았고, 목자는 "즐거워 어깨에 메고"(눅 15:5) 집으로 돌아왔습니다. 그 모습을 보고 '무거울 텐데' 하고 걱정하는 이는 목자의 심정을 이해하지 못할 것입니다. 잃은 아이를 찾은 엄마에게는 아이의 무게가 부담스럽지 않습니다. 덥석 끌어안고 돌아오는 걸음은 무거운 것이 아니라 날 듯이 기쁠 것입니다. 이 구절은 또 다른 성경 구절을 기억나게 합니다. "그는 그 앞에 있는 기쁨을 위하여 십자가를 참으사 부끄러움을 개의치 아니하시더니"(히 12:2). 주님이 지고 가야 하는 십자가의 슬픔과 고통은 너무 무거웠지만 우리가 회복될 그 상태를 내다볼 때 기쁨으로 감당하실 수 있었습니다.

우리를 그 어깨에 둘러메신 주님은, 이제는 아무도 해하지 못하고 더 이상 멸망 길에서 헤매지 못하도록 우리를 구원의 영역으로 옮기셨습니다. 주께서 우리의 죄 짐을 대신 지시어 그것을 다시는 정죄받는 자리에 두지 않고 평강의 나라로 옮기셨습니다. 그분은 채찍을 맞았지만 기쁨으로 참으셨습니다. 손발에 못이 박혔지만 그 고통은 버림받는 고통과 견줄 수 없는 것이었습니다. "나의 하나님, 나의 하나님, 어찌하여 나를 버리셨나이까"(마 27:46)라고 부르짖으실 때 주님의 고통은 엄청났습니다. 주님은 고통의 십자가 위에서 우리의 죗값을 다 지불하고, 의로우신 아버지의 분노를 다 담당하셨습니다.

잃어버렸던 양을 찾아내고는 즐거워 어깨에 메고 집으로 돌아온 목자의 기쁨을 상상해 보십시오. 그는 집으로 돌아와서 친구들과 이웃 사람을 불러 모아 소리쳤습니다. "나와 함께 즐기자 나의 잃은 양을 찾아내었노라"(눅 15:6). 삶이 아름다운 순간은 기쁨을 함께 나눌 수 있는 친구가 있을 때입니다. 삶이 외롭지만 견딜 만한 순간은 슬픔을 함께 나눌 수 있는 친구가 있을 때입니다. 그래서 우리는 우리가 속해 있는 교회 공동체 구성원들 안에서 기쁨과 슬픔을 함께 나눌 수 있어야 합니다. 한 사람의 죄인이 돌아올 때 천국 곳곳에는 공휴일이 선포될 것입니다. 돌아온 그 사람을 인하여 주님의 기쁨의 샘이 하늘 거리마다 생수처럼 흘러나올 것입니다. 우리의 공동체를 건강하게 세워 가는 목적은 바로 잃어버린 이들을 찾아내기까지 찾으시는 주님의 사역을 잘 감당하기 위함입니다. 돌아온 한 사람으로 인해서 모든 성도가 기뻐하고 하늘의 잔치가 베풀어져야만 합니다.

비유에서 예수님은 말씀하십니다. "내가 너희에게 이르노니 이와 같이 죄인 한 사람이 회개하면 하늘에서는 회개할 것 없는 의인 아흔아홉으로 말미암아 기뻐하는 것보다 더하리라"(눅 15:7). 길 잃은 죄인으로 인해 고통당해 보신 주님이기에 그가 다시 돌아왔을 때 기뻐하십니다. 지치도록 찾던 모든 고통이 기쁨으로 화하는 순간입니다. 스스로 하나님의 자녀라고 여기는 우리는 어떻습니까? 하나님께로 돌아오는 사람으로 인해서 진정으로 기뻐하고 있습니까? 하늘 아버지의 기쁨에 동참하는 하나님의 자녀가 되기를 기도합니다. 하나님께로 돌아온 사람을 하늘 아버지의 시선으로 바라보십시오. 주님의 마음으로 그를 환영해 보십시오.

○

우리 구주께서는 우리를 구원하기 위해서 당신의 모든 것을 포기하셨습니다. 모든 생각을 다해서, 모든 노력을 다해서, 모든 뜻과 정성을 다해서 우리를 사랑하셨습니다. 그러기에 "네 마음을 다하고 목숨을 다하고 뜻을 다하여 주 너의 하나님을 사랑하라"(마 22:37)고 오늘 우리에게 요구하십니다. 우리는 먼저 그 사랑을 받았기에 그 큰 사랑에 응답하는 삶을 살기를 소원합니다. 마음을 다하고, 목숨을 다하고, 뜻을 다하여 주님을 사랑하는 성도의 삶을 시작하십시오. 주께서 우리를 찾으려는 소원으로 그 마음을 가득 채우셨듯이, 우리도 오직 주님 한 분만 섬기려는 소원으로 우리의 마음을 가득 채워야 합니다. 그러면 우리 마음에 세상이 알지 못하는 기쁨이 찾아올 것입니다. 그때 우리 마음에 찬송과 감사가 넘칠 것입니다. 십자가에 못 박히신 구주 말고는 아무것도 보지 못하고, 십자가에 못 박히신 구주 말고는 아무것도 알지 아니하고, 십자가에 못 박히신 구주 외에는 아무것도 사랑하지 않기로 결단하는 그리스도인이 되기를 바랍니다.

신앙인의 삶은, 발은 세상을 딛고 있지만 마음은 하늘 기쁨으로 가득한 것입니다. 우리를 새롭게 하신 주님의 큰 은혜를 사모하십시오. 그러면 그분의 약속을 깨닫게 될 것입니다. "내 양은 내 음성을 들으며 나는 그들을 알며 그들은 나를 따르느니라"(요 10:27).

7.

잃어버린 은전(15:8-10)

//

세 가지 비유에 담긴 구원 사역의 전모

"비유가 아니면 말씀하지 아니하시고"(막 4:34)라는 마가의 기록에 응답이라도 하듯이 누가는 다른 복음서와는 달리 많은 예수님의 비유를 소개합니다. 특히 누가복음 15장은 일반적인 사건 설명이나 설교 형태 대신 실제 경험에서 나온 진리를 해석하는 이야기만 연속적으로 소개하고 있기에 단순 반복으로 여겨지기도 합니다. 만약 세 가지 다른 비유를 통해서 동일한 진리를 반복해서 다룬다면 그만큼 중요한 것임에 틀림없습니다.

여기서 다루는 진리는 정말 중요합니다. 자비가 그 팔을 비참한 처지에 있는 자에게 뻗친 것이기 때문입니다. 죄악 된 사람을 받아 주시는 하나님의 은혜에 관한 이야기이기 때문입니다. 도무지 자격이 없는 자에게 베푸시는 하나님의 은혜에 관한 진리이기 때문입니다. 스스로 하나님의 복을 받을 만한 자격이 있다고 생각하는 자에게는 하나님의 자비가 해당 사항이 없습니다. 구원은 공로를 따라서가 아니라, 은혜에 따라서 주어지는 것입니다. 이 놀라운 진리를 쉬이 잊어버리는 우리를 위해서 주님은 거듭해서 비유로 말씀하십니다.

그러나 이 세 가지 비유는 결코 단순한 반복이 아닙니다. 모두가 동일한 진리를 선포하되 그 진리의 다른 측면을 강조하기에 우리는 하나하나를 자세히 살펴야 할 필요가 있습니다. 찾아내기까지 찾으시는 하나님의 모습을 제대로 보여 주기 위해서 각 비유는 다른 비유를 필요로 합니다. 세 가지 비유를 함께 살필 때 보다 분명하고 완전한 진리를 접하게 될 것입니다.

첫 번째 비유는, 잃은 양을 찾는 목자의 비유입니다. 이 비유는 의심의 여지없이 우리 주 예수 그리스도의 사역을 보여 줍니다. 두 번째 비유가 그 뒤를 따르는 것은 아주 적절합니다. 교회를 통해서 잃어버린, 그러나 소중한 영혼을 찾으시는 성령의 사역을 나타내는 비유임이 분명합니다. 잃어버린 은전을 찾기 위해 불을 밝히고 집 안팎을 샅샅이 쓸고 있는 여인은 교회이며, 그 안에서 사랑으로 역사하는 분은 성령이십니다. 지금 그리스도의 사역에 성령의 사역이 뒤따르고 있습니다. 위대한 목자께서는 잃은 자를 구속하시고, 성령은 그 영혼을 소생시키십니다.

목자는 제 길을 간 양을 찾습니다. 성경은 하늘 아버지의 뜻과는 상관없이 각자 자신의 생각대로 사는 것을 죄라고 합니다. 하지만 그것은 잃어버린 은전의 비유로는 보여 줄 수가 없기 때문에 제 길로 간 잃어버린 양이 등장한 것입니다. 양은 비록 어리석기 그지없지만 아무 의식도 없이 죽어 있는 존재는 아닙니다. 그러나 땅에 떨어진 은전은 무의식적이고 무력한 존재입니다. 그러므로 잃어버린 은전의 비유는 죄와 허물로 죽어 있는 사람의 처지를 나타내는 적절한 비유입니다. 또한 세 번째 비유에서는 무한한 사랑으로 잃어버린 아들을 받아 주시는 하늘 아버지의 모습을 볼 수 있습니다. 처음 두 비유가 없다면 세 번째 비유는 오해를 불러올 수도 있습니다.

이처럼 세 가지 비유는 하나의 진리를 가르칩니다. 하나의 진리가 세 비유 속에 있지만, 각각은 그 자체로 그 나름의 독특한 교훈을 담고 있습니다. 그러므로 이 장의 본문이 다루는 두 번째 비유에서는 성령의 마음을 헤아려야 합니다. 교회 안에서, 교회를 통해서 역사하시는 성령의 사역을 살펴야 합니다.

찾아내기까지 추적하시는 하나님의 은혜

언제나 교회는 여인으로 묘사됩니다. 때로는 순결한 신부로, 때로는 바벨론의 유혹을 받은 창녀로, 때로는 그리스도의 신부로, 때로는 성도들의 어머니로 그려집니다. 그래서인지 교회는 온 집을 치우는 일을 관장합니다. 본문에서 남편은 멀리 떠나고 홀로 보화를 맡은 존재로 등장하는 '혼자 된 여인'은 주님이 아버지께로 돌아가신 후에 세상에 남아 있는 교회의 모습이기도 합니다. 이 비유는 사람을 하나님의 자비의 대상, 잃어버린 존재로 다룹니다. 인간은 먼지 속에 잃은바 된 드라크마와 같습니다.

드라크마는 은전의 명칭입니다. 은전 하나의 가치는 노동자의 하루 품삯에 해당합니다. 그러나 여기 등장하는 드라크마는 단순한 은전이라기보다는 의미가 특별한 은전입니다. 고대 사회에서는 결혼 지참금으로 은전 열 개가 건네지기도 했고, 남편이 멀리 길을 떠나면서 사랑의 증표로 열 개가 한 세트인 은전을 주기도 했다고 합니다. 혹은 가정의 비상시를 위해 준비해 두었거나 절기에 예루살렘에 올라갈 비용으로 사용하기 위해 모아 둔 소중한 저축금이었을 것으로 추측합니다. 이 중 어떤 경우든 여인에게 잃어버린 은전은 찾아내기까지 찾을 만한 소중한 것임에 틀림이 없습니다. 그러므로 "열 드라크마가 있는데 하나를 잃으면 등불을 켜고 집을 쓸며 찾아내기까지 부지런히 찾지 아니하겠느냐"(눅 15:8)라는 질문에 "그렇고 말고요"라는 대답이 예상되는 것은 당연합니다.

양을 찾아 나선 목자의 비유는 동적이며 남성적인 이야기입니다. 이에 비해 은전을 찾는 비유는 여성적인 이야기입니다. 여인들의 심정에서 그녀들이 가장 아끼는 것을 예를 들어 말씀하셨습니다. 당시 예수님의 청중 가운데도 오늘날처럼 여자 성도들이 많았을지도 모릅니다. 주님은 남자들이 잘 알아들을 수 있는 잃은 양을 찾는 이야기만 하고 끝내기보다 여인들의 삶의 정황 속에서 잃어버린 은전을 찾는 이야기를 들려주셨습니다. 사실 여인들이 아끼는 것은 남자들이 보기에는 아주 작은 것일 수도 있습니다. 하지만 여인이 그 아끼던 것을 잃으면 속상해하고 끝내 찾고야 마는 집념을 우리는 이 비유를 통해 떠올릴 수 있습니다.

비유 속 은전 하나는 단지 경제적인 가치를 떠나서 소중한 의미가 있는 것입니다. 열 개의 은전이 한 세트이기에 그녀에게는 특별한 의미가 있는 기념이 될 만한 것임이 틀림없습니다. 마치 올림픽 기념 주화나 세트로 발행된 우표처럼 말입니다. 만약 10만 원짜리 수표 열 장을 특별한 목적을 위해서 갖고 있었는데 한 장이 없어졌다면 어떻게 하겠습니까? 찾아내기까지 부지런히 찾을 것입니다. 수표 아홉 장이 아직 남아 있다고 잃어버린 한 장을 찾는 일을 포기할 수 없듯이, 여인은 여전히 은전 아홉 개를 가지고 있었지만 잃은 하나를 찾기 전에는 편하게 쉴 수 없었을 것입니다.

성령님도 마찬가지이십니다. 아담의 후손들은 잃어버린 은전 하나와 같습니다. 땅에 떨어져 먼지 구덩이에 떨어지고 흙더미에 묻혀 버린 존재와 같습니다. 집에서 떨어졌다면 굴러서 침대 밑으로 들어갔을 수도 있고, 카펫 아래에 숨었을 수도 있습니다. 어디에 떨어져 있든지 상관없이 잃은 은전입니다. 마찬가지로 모든 인생은 잃은 존재입니다. 신분이나 처지와 상관없습니다. 괜찮은 가정에 태어나서 좋은 교육을 받았을 수 있습니다. 피상적으로 보면 더럽혀진 존재처럼 보이지 않습니다. 그러나 깨끗한 마루나 깔끔한 카펫에 떨어졌다고 해서 잃어버린 은전이 아니라고 할 수 없는 것과 같습니다. 그럴듯한 사람이든지 대책이 없는 사람이든지 상관없이 모두 성령이 찾으시는 대상입니다.

도덕적인 사람이든 비도덕적인 사람이든 그들을 구원하는 데는 동일한 하나님의 은혜가 필요합니다. 잃은 사람은 누구든지 성령이 찾지 않으시면 소망이 없습니다. 불신의 악한 마음 말고는 아무런 잘못된 행동을 하지 않았다고 해도 우리는 정죄를 받습니다. 사람은 본성적으로 잃은바 되었습니다. 그러므로 은혜로 발견되기 전에는 소망이 없는 존재입니다.

비유에 나오는 은전은 살아 있는 생물체가 아니기에 자신이 잃어버린바 되었다는 사실을 전혀 모릅니다. 바로 이것이 죄에 빠져 영적으로 죽어 있는 죄인의 모습입니다. 자신의 처지에 대해서 아무런 의식이 없고, 자신의 상태가 얼마나 심각한 위험에 처해 있는지를 알게 할 수가 없습니다. 만약 버림을 받은 존재라는 자각을 한다면 이미 그 안에 하나님의 은혜가 역사하고 있다는 증거입니다. 잃어버린 처지에 있다는 것을 의식한다면 결코 그것에 만족할 수 없습니다. "오호라 나는 곤고한 사람이로다"(롬 7:24) 하고 절규한다면 은혜의 사역이 그 안에서 시작된 것입니다.

다행히 은전은 잃은바 되었지만 잊힌 것은 아닙니다. 여인은 본래 열 개의 은전을 가졌다는 것을 알고 있습니다. 다시금 헤아려도 아홉 개뿐입니다. 하나가 집 안 어딘가에서 없어졌다는 것을 기억하고 있습니다. 주님의 잃은 자들을 위한 소망이 여기에 있습니다. 그들은 잃은바 되었으나 주인으로부터 잊힌 것은 아닙니다. 구주께서 그들을 기억하고 그들을 위해 중보의 기도를 드리고 계십니다. 아버지께서 아들에게 주신 택한 자들을 예수님은 결코 잊으실 수 없습니다. 성령도 마찬가지이십니다. 비록 사람들은 주님을 잊고 살지만 주님은 결코 그들을 잊지 않으시기에 소망이 있습니다.

사람은 주님께 이방인이 되어 멀리 떠나가고, 무지하고, 무심하나 하늘 아버지의 사랑은 포기하지 않습니다. 땅에서 역사하는 성령은 그들을 집요하게 추적하십니다. 그러기에 오늘도 성령은 설교자를 통해서 말씀하십니다. 따라서 우리는 구원의 말씀에 마음을 열어야만 합니다. 추적하시는 하나님의 사랑이 아니었다면 우리는 하나님께 예배드리는 자리에 나올 수 없었을 것입니다.

비록 은전은 잃었지만 그렇다고 그 은전에 대한 소유권을 포기한 것은 아닙니다. 잃어버린 즉시, 땅에 떨어지는 순간 은전에 대한 소유권을 포기해 누군가에게 넘어가는 것은 아닙니다. 인생은 비록 죄와 허물로 죽었지만 마귀의 것이 되지는 않았습니다. 비록 어리석게 마귀의 손안에서 놀아나기는 하지만 주님은 우리를 포기하지 않으셨습니다. 그러기에 비유에서 여인은 등불을 켜고 집을 쓸며 찾아내기까지 부지런히 찾습니다. 찾아낸즉 벗과 이웃을 불러 모으고 "나와 함께 즐기자 잃은 드라크마를 찾아내었노라"(눅 15:9) 하고 기뻐합니다.

성도는 옛적부터 아버지로부터 받은 것이요, 보배로운 피를 값으로 치르고 사셨기 때문에 주님은 우리를 찾아 당신의 소유로 삼으실 것입니다. 아무도 주님의 손에서 그분의 백성을 빼앗을 수 없습니다. 비록 잃은바 되었고 땅에 떨어졌지만 아직도 은전은 그 가치를 갖고 있습니다. 백 마리 가운데 잃은 양 하나도 찾아내기까지 찾는 대상이긴 하지만, 열 개의 은전 가운데 하나는 더욱 소중한 대상입니다.

사실 무엇보다 우리를 향한 하늘 아버지의 사랑이 우리를 존귀한 자로 만듭니다. 잃은 은전을 향한 여인의 마음 씀이 그 은전을 더욱 가치 있는 것으로 만드는 것처럼 말입니다. 성령은 잃은 영혼을 존귀하고 소중한 존재로 여기십니다. 그러므로 잃었지만 아직 절망적인 상태는 아닙니다. 등불을 켜고 집을 쓸며 찾아내기까지 부지런히 찾는 여인이 있기 때문입니다. 절망하지 않고 즉시 찾기를 시작했기 때문입니다.

잃어버린 은전은 다행히 여인이 관할하는 영역을 벗어나지 않았습니다. 하나님의 자비가 미치지 못할 영역에 있는 사람은 아무도 없습니다. 집 안에서 잃어버렸다는 것을 아는 것과 어디서 잃어버렸는지 모르는 것은 큰 차이가 있습니다. 관심만 가지면 접근할 수 있는 거리에 우리의 소중한 사람이 있다는 것은 얼마나 희망적인지 모릅니다.

위대한 교회는 영혼 구원에 관심을 쏟는다

그러면 누가 이 은전을 찾고 있습니까? 하인을 시킨 것이 아니라, 은전을 잃어버린 여인 자신이 등불을 켜고 빗자루를 들고 집을 쓸면서 부지런히 찾아서 결국 찾아내었습니다. 그래서 이 여인은 성령을 나타냅니다. 정확히는, 성령이 거하시는 교회라고 말하는 편이 더 나을 것입니다. 성령이 찾아 나서기 전에는 한 영혼도 발견할 수 없습니다. 성령은 잃은 영혼을 찾으시는 분입니다. 성령이 그 마음을 비추시기까지 인생은 어두움 속에 사로잡혀 있습니다. 우리 영혼의 주인이신 성령이 교회를 통해서 잃은 영혼을 찾아내십니다. 교회는 이 일을 수행하기 위해 땅 위에 존재하는 기관입니다. 하나님의 자녀가 된 우리 모두는 교회의 찾아내는 사역의 결과로 예배하는 자가 되었습니다. 자기 은전을 잃고 찾아내기까지 찾는 여인처럼 모든 영혼의 주인 되신 하나님은 당신의 백성을 찾는 일에 열심을 다하십니다. 하늘 아버지의 마음을 아는 교회라면 이 일은 누구에게도 위임할 수 없습니다.

은전을 찾는 일은 여인의 주관심사가 되었습니다. 그녀가 해야만 하는 일이 무엇인지 우리는 다 알지 못합니다. 그러나 지금 그녀의 마음에 다른 일은 없습니다. 오직 한 일, 곧 잃은 은전을 찾는 것 말고는 다른 생각이 없습니다. 이처럼 하나님의 교회는 잃은 영혼을 찾는 일에 주된 관심을 쏟아야 합니다. 사람들을 주께로 인도하는 일이 주요 사역이 되어야 건강한 교회입니다. 위대한 교회는 영혼 구원에 지극한 관심을 쏟는 교회입니다.

여인의 모습을 좀 더 살펴봅시다. 그녀는 잃은 은전을 찾기 위해서 등불을 켜고 빗자루를 가지고 샅샅이 쓸고 있습니다. 왜 등불을 밝혀야 합니까? 2천 년 전 팔레스타인의 주택은 한지 채광도, 유리 채광도 없었기에 낮에도 집 안이 어두컴컴했습니다. 그래서 여인은 은전을 수색하기에 앞서 먼저 등불을 밝혀야 했습니다. 아직도 무지가 판을 치는 이 세상에는 문맹을 퇴치하는 일부터 시작해야 하는 곳들이 많습니다. 뿐만 아니라 모든 인생은 영적 무지 가운데 태어나며, 때로는 캄캄한 도덕적 암흑 속에 살고 있습니다. 그러므로 성령의 비치심이 구원의 복음을 수용하는 데 필수적입니다. 단순히 불만 밝힌다고 충분하지 않습니다. 빗자루를 들고 샅샅이 쓸어 먼지를 한곳으로 모아 가며 떨어진 은전을 찾아야 합니다. 온 집 안을 수색하는 데 적합한 모든 수단을 동원해야 합니다. 지역 교회마다 교회가 위치한 환경을 파악해야 하고, 그들이 살고 있는 시대의 영향을 알아야 합니다.

전도지만 들고 나가도 사람들이 복음을 받아들이던 때가 있었습니다. 그러나 지금처럼 기독교를 적대적으로 여기는 환경에서는 전도지가 이전만큼 효력을 발휘하지 못합니다. 오히려 그들이 필요로 하는 것을 베풀어 줄 때 사람들은 관심을 갖게 될 것입니다. 우리의 전도 전략도 시대에 맞게 수정될 필요가 있습니다. 수색 전략이 달라져야 한다는 것입니다. 시대를 알고 대상의 취향을 파악해 복음을 전해야 합니다. 물론 우리의 명석한 두뇌와 최선의 노력만으로 되지는 않습니다. 교회 안에서 역사하시는 성령의 도우심이 항상 필요합니다. 봄바람이 불어와야 온 누리가 초록생명으로 뒤덮이듯이 성령의 새 바람이 불어야 죽은 것 같은 영혼이 새로워지기 때문입니다.

찾아내기까지 찾으려는 노력을 쏟을 때 마침내 은전을 찾아내는 순간이 옵니다. 벗과 이웃을 불러 모으고 기뻐 소리치는 순간을 맞이할 것입니다. 기쁨을 함께 나누는 벗과 이웃이 있어야 삶이 풍성해집니다. 함께 즐거워하는 축제에 친구들과 이웃들이 초청됩니다. 신앙생활은 공동체적 축제에 친구를 초대하고, 그 기쁨에 이웃을 참여시키는 것입니다. 만일 잃은 은전 하나를 찾은 여인이 친구들을 불러 모았다면, 죄인 한 사람이 회개하고 돌아온 기쁨의 축제에는 훨씬 더 많은 성도가 동참해야 할 것입니다. 그러므로 여인의 축제는 바로 하나님의 축제로 연결되고 있습니다. 말하자면 은전을 찾은 여인의 즐거움이 바로 하나님의 기쁨이라고 말합니다. 그래서 주님은 이렇게 선언하셨습니다. "내가 너희에게 이르노니 이와 같이 죄인 한 사람이 회개하면 하나님의 사자들 앞에 기쁨이 되느니라"(눅 15:10).

○

잃은 양을 찾아 나선 목자는 양 백 마리를 채우기 위해서 한 마리를 찾아 나섰습니다. 다음 장에서 살펴볼 세 번째 비유에서는 아버지가 온전한 가족을 회복하기 위해서 얼마나 힘쓰고 애쓰는지를 만나게 될 것입니다. 두 번째 비유에서는 동일한 열심과 애정으로 열 개의 은전을 회복하기 위해서 잃은 하나를 부지런히 찾는 여인의 삼중적 노력이 돋보입니다. 불을 밝히고 집을 쓸며 부지런히 찾는 노력은 양을 찾아 나선 목자의 노력보다 결코 덜하지 않습니다.

8.

용서하시는 아버지 (15:11-24)

///

허랑방탕한 둘째 아들에 투영된
타락한 죄인의 상태

세 번째 비유는 앞의 두 비유와 연속적인 관계에 있습니다. 즉 주님이 세 개의 비유를 말씀하시게 된 동일한 원인이 있습니다(눅 15:1-2). 그리고 비유들이 반복적으로 사용하는 언어들은 세 비유가 공통적인 구조와 주제를 갖고 있음을 보여 줍니다. 즉 '잃어버림'(집을 나감)과 '찾음'(돌아옴)과 '즐거움'입니다. 물론 여기에 회개의 요소도 놓칠 수 없습니다. 아버지가 탕자를 영접하고 그에게 잔치를 베풀어 주는 것에 대해 맏아들이 불평을 털어놓은 것은 예수님이 죄인들을 영접하시고 그들과 함께 먹고 마시는 것에 대해 바리새인과 율법학자들이 비난하는 것과 같습니다.

그러나 분명히 세 번째 비유는 앞의 두 비유의 절정이기도 합니다. 이 비유를 통해 회개하는 죄인들에 대한 아버지의 사랑을 묘사하는 이야기가 앞의 두 비유와 비교할 수 없이 감동적으로 펼쳐집니다. 목자와 여인의 활동을 뛰어넘는 아버지의 행동이 나타납니다.

먼저, 우리는 첫 장면에서 허락하는 아버지를 만나게 됩니다. "아버지여 재산 중에서 내게 돌아올 분깃을 내게 주소서"(눅 15:12)라는 둘째 아들의 황당한 요구를 허락하는 아버지의 행동은 우리의 기대를 훌쩍 뛰어넘습니다. 유대 사회에서 아버지가 엄연히 살아 있는데 자식이 먼저 재산권을 요구하는 것은 마치 아버지를 죽은 자처럼 취급하는 행위입니다. 오만하고 건방진 요청입니다. 마치 아버지가 빚을 진 것처럼 요구하고 있습니다. 그런 요구는 악한 것이며, 더 악한 것으로 나아가는 출발점입니다.

그런데 놀랍게도 아버지가 이런 못된 아들의 요구를 받아들여 살림을 각각 나눠 주었습니다. 유대의 율법에 의하면 큰아들은 두 몫, 둘째 아들은 한 몫입니다. 아버지가 왜 허락을 했을까요? 아버지는 이미 마음이 떠난 아들을 억지로 잡아 놓을 수 없다는 것을 알고 있었던 모양입니다. 그래서 말도 안 되는 요구지만 받아들인 것입니다. 간에 바람이 든 아들이 스스로 잘못을 깨닫게 하기 위해서 허락한 것입니다. 하나님도 우리가 너무 고집을 부리면 허용하실 때가 있습니다. 그것은 우리의 태도나 요구가 옳아서가 아닙니다. 그렇게 하는 것이 얼마나 나쁜 일인지 스스로 깨닫고 돌아오기를 바라시기 때문입니다.

아버지를 떠난 직후 둘째 아들은 허랑방탕하여 재산을 낭비했습니다. 그는 재산을 분배받고 '며칠이 안 되어' 자신의 길을 걸어갔습니다. 이미 유산 분배를 요구할 때 세워 두었던 계획이 있었음을 보여 줍니다. 그는 '재물을 다 모아 가지고' 최대한 집에서 멀리 떨어지기 위해 '먼 나라에' 가고 말았습니다(눅 15:13). 그는 가정과 아버지의 속박에서 벗어나 자신이 인생의 주인이 되어 즐기고 싶었습니다. 아버지의 훈육에 대해서 싫증을 느꼈습니다. 그래서 아버지의 간섭이 닿지 않는 먼 곳으로 떠난 것입니다.

허랑방탕한 생활과 그 생활을 통해서 얻을 수 있을 것이라고 생각한 자유는 분명히 그의 계획의 일부였습니다. 그러나 그가 생각한 자유는 진정한 자유가 아니라 죄지을 자유입니다. 죄지을 자유는 자유처럼 보이지만 죄를 짓고 나면 그 죄에 매이게 됩니다. 주님은 요한복음에서 "죄를 범하는 자마다 죄의 종이라"(요 8:34)라고 말씀하셨습니다. 하나님의 은혜의 사슬을 끊고 나면 자신의 죄악 된 욕망의 사슬에 매인다는 것을 알아야 합니다. 아버지 밑에 있을 때 그나마 통제되었던 삶이 감독이 없는 곳에서 완전한 방종으로 치닫게 된 것은 조금도 이상한 일이 아닙니다.

허랑방탕한 둘째 아들의 모습을 통해서 타락한 죄인의 상태를 짐작해 볼 수 있습니다. 죄인은 아버지의 집을 멀리 떠난 둘째 아들처럼 하나님을 떠나서 멀리 있는 상태에 있습니다. 이 세상은 그들이 택한 먼 나라이고 그들에게는 본향처럼, 집처럼 편한 곳입니다. 그들은 세상에서 즐기며 놀다가 가진 모든 것을 결국 탕진하고 맙니다. 그리고 죄인의 상태는 허랑방탕하여 그 재산을 낭비한 둘째 아들처럼 가진 모든 것을 다 없애 버리는 것이 삶의 결국입니다. 종국에는 자신과 가족을 위해서 사용해야 할 재물을 자기의 욕망을 채우기 위해서 써 버린 대가를 치르게 됩니다.

그는 자신에게 주어진 시간과 재능을 허비하고 주인의 영광을 위해서 맡겨진 재능들을 파묻어 놓을 뿐 아니라 횡령하기까지 합니다. 하나님을 섬기고 선한 일을 하라고 주신 하나님의 선물들을 자신의 욕망을 채우는 재료와 연료로 사용합니다. 그 유산은 잠시 그를 지탱해 주었지만 언제까지나 그대로 있는 것은 아닙니다. 재산은 다 날아가 버렸고, 그러던 중에 설상가상으로 그 나라에 크게 흉년이 들어 올데갈데없는 핍절(乏絶)한 처지에 떨어지고 말았습니다. 제멋대로 낭비하면 결국 처참한 궁핍이 찾아 오는 것은 불변하는 진리입니다. 한때의 허랑방탕한 삶은 얼마 가지 않아 서 한 조각의 빵도 귀하게 만듭니다.

하나님이 주신 은혜와 은총을 소중히 다루십시오. 그리스도 안에서의 유익과 성령의 역사들을 소홀히 다루지 마십시오. 말초적인 쾌락과 세상 의 부귀, 칭송, 인기를 추구하려고 하나님의 권고를 무시하면 모든 것이 다 결핍한 상태에 떨어지고 맙니다. 죄악 가운데 빠져들면 삶은 크게 흉 년이 든 땅과 같이 됩니다. 하늘은 놋쇠와 같아집니다. 하나님의 은총과 축복의 이슬이 내리지 않으면 모든 좋은 것이 사라집니다. 땅은 철과 같 이 불모지가 되고 맙니다. 좋은 것들을 내어야 할 죄인들의 마음은 메말 라서 선한 것이 그 속에 없어집니다.

우리가 가진 재능과 시간은 하나님이 주신 선물입니다. 주신 분을 위해 서 사용하지 않는다면 낭비일 뿐입니다. 하나님의 눈에는 허랑방탕한 삶 에 지나지 않습니다. 우리 모두가 아는 대로 하나님은 자기 욕심대로 사 는 사람을 축복하지 않으십니다. 하나님이 대적해서 어려움을 주실 때는 한 가지만 오지 않고 몇 가지 어려움이 한꺼번에 밀어닥치기도 합니다. 그래서 지갑의 돈은 바닥이 났고 세상은 흉년이 들었습니다. 둘째 아들의 상황은 절망적이었습니다. 그가 택할 수 있는 유일한 선택은 "가서 그 나 라 백성 중 한 사람에게 붙여"(눅 15:15) 사는 것밖에 없었습니다.

그의 죄악 된 상태는 이전에는 허랑방탕한 삶으로 나타났지만 이제는 노예 같은 삶으로 묘사됩니다. 둘째 아들의 선택은 자유를 위한 것이었지 만 이제 천한 노예가 되고 말았습니다. 그의 처절한 처지가 그의 선택의 방향을 역전시켰습니다. 처음 아버지를 멀리 떠난 것보다 더 멀어지게 된 셈입니다. 이방인에게 빌붙어 산다는 것은 이미 유대인으로서의 신분을 팽개친 것이나 다름없습니다. 이제 안식일조차 제대로 지키지 못하고 이 방인 주인이 시키는 대로 노역을 해야만 합니다.

이방인 주인은 그를 "들로 보내어 돼지를 치게" 했습니다(눅 15:15). 모세의 율법에 따르면 돼지는 부정한 짐승입니다. 유대인들은 스스로 부정해지지 않기 위해서 돼지를 만지는 일조차 하지 않으려 했습니다. 그런데 이제 유대인이 돼지에게 먹이를 주기 위해 그 앞에 몸을 굽히는 수모를 겪어야 했습니다. 게다가 돼지가 먹는 쥐엄 열매조차도 배부르게 먹을 수 없는 비참한 처지에 빠지고 말았습니다. 쥐엄 열매를 주는 자가 없었다는 것은 그가 멸시의 대상이고 하찮은 존재로 취급받았다는 것을 알려 줍니다. 더 이상 떨어질 수 없는 비참한 처지에 도달했음을 보여 줍니다.

낭패와 절망은 죄인들을 돌이키시는 하나님의 수단

둘째 아들은 삶이 바닥을 치자 비로소 정신이 들었습니다. 끔찍한 고통을 절감하자 마침내 생각을 하게 되었습니다. "이에 스스로 돌이켜"(눅 15:17). 바닥을 칠 때 스스로 돌이켜서 생각할 수 있는 사람은 복이 있는 사람입니다. 바닥을 치면 생각을 바꾸어야 희망이 있습니다. 지금껏 잘난 것처럼 행동하고 곧 부자가 될 것처럼 폼 잡고 살았지만 그렇게 살아서는 희망이 없습니다. "하나님, 너무 힘이 듭니다. 도와주십시오"라고 말할 수 있어야 삶이 바뀝니다. 10년, 20년 동안 하나님에 대해서 한 번도 열지 않았던 입을 열어야 삶의 전환점이 옵니다.

아버지의 집에는 양식이 풍족하고 많은 품꾼이 있는데 그 품꾼들 가운데는 자기처럼 굶주리는 사람이 아무도 없었습니다. 그는 비로소 자신의 모습을 바로 보게 되었습니다. 사람이 자신의 상황을 객관적으로 보는 것은 매우 중요합니다. 자신의 처지를 있는 그대로 보는 것은 하나님의 은혜를 입은 증거입니다. 자신의 모습을 제대로 파악하고 돌아서는 것은 하나님의 복을 받을 준비가 된 것입니다. 둘째 아들은 궁핍을 겪으면서 정신을 차렸습니다. 때로 환난은 하나님의 손에서 죄인들을 돌이키는 수단으로 사용됩니다. 낭패와 실망을 겪은 뒤에 예수께로 나아가면 복이 있습니다. 그러나 낭패와 실망을 겪어도 그 자리에 그대로 있는 사람이 부지기수입니다. 하나님이 은혜를 주셔야 하나님 앞에서 자신의 비참함과 궁핍함을 깨닫게 됩니다. 그래야 가난한 마음을 갖게 됩니다. 하나님의 성령이 우리 안에 역사하시면 자신이 하나님 앞에서 얼마나 비참하고 가난하고 병들고 궁핍한 처지인지를 보게 됩니다.

둘째 아들은 자기가 아버지께 행한 일이 죄라는 사실을 비로소 깨닫게 되었습니다. 정신을 차리고 곰곰이 생각해 보니 "내 아버지에게는 양식이 풍족한 품꾼이 얼마나 많은가"(눅 15:17상) 하는 생각이 들었습니다. 생각을 바로 해야 살 수 있습니다. 회심을 향한 첫걸음은 곰곰이 생각해 보는 것입니다. 또한 그는 자신의 처지가 얼마나 심각한지를 알았습니다. "나는 여기서 주려 죽는구나"(눅 15:17하). 죄인들은 죽게 되었다는 자각을 해야 비로소 그리스도께로 돌이킵니다. "주여, 구원하소서. 우리가 죽겠나이다"라고 풍랑 이는 바다에서 소리치듯이 말입니다. 그러나 놀라운 것은, 이렇게 우리가 상황에 몰려서 어쩔 수 없이 돌아와도 하나님은 거부하거나 불쾌하게 여기지 않으신다는 것입니다. 오히려 하나님은 절망적인 상황에서 우리가 그분을 찾아온 것을 기뻐하십니다.

그리고 둘째 아들은 집으로 돌아가기만 한다면 자신의 처지가 얼마나 더 좋아질 것인지를 생각합니다. 자신의 집에는 모든 식솔이 먹을 뿐 아니라 구제를 하고도 남을 만큼 풍족한 양식이 있다는 것을 생각하고 돌아갈 용기를 갖습니다. 그리고 가서 자신의 잘못과 어리석음을 고백하기로 결심합니다. "아버지, 내가 하늘과 아버지께 죄를 지었습니다." 죄 고백은 하나님께로 나아가는 자가 반드시 해야 할 일입니다. 우리는 죄인이기 때문입니다. "하나님, 제가 인생을 너무 겁 없이 살았습니다. 하나님을 두려워하지 않고 살았던 제 삶을 용서해 주십시오"라고 기도해야 합니다.

죄 고백은 죄 사함과 평안의 필수적인 조건입니다. 죄를 고백하면 하늘 아버지께서는 미쁘시고 의로우사 우리 죄를 사하시고 우리를 모든 불의에서 깨끗하게 하십니다(요일 1:9). 회개하는 마음으로 입을 열기만 하면 죄 용서의 은혜를 받습니다. 죄 용서의 은혜가 찾아오면 마음에 평안과 기쁨과 감사가 있게 됩니다. 매사에 기뻐하고 감사하고 세상이 아름답게 보입니다.

죄를 고백하는 것은 잘못에 대한 벌을 줄이기 위해서가 아닙니다. 마땅히 받을 벌을 달게 받고 그 값을 치르겠다는 결심의 결과입니다. "지금부터는 아버지의 아들이라 일컬음을 감당하지 못하겠나이다 나를 품꾼의 하나로 보소서"(눅 15:19). 둘째 아들은 더 이상 자신은 아버지의 아들로서 대우를 받을 수 없으리라는 것을 겸비해야 했습니다. 그는 다만 그 집에 머물 수만 있다면 아무리 하찮은 일이라도 감수하겠다고 생각합니다(시 84:10).

선한 결심을 하는 것은 귀한 일입니다. 그러나 그 결심을 실천하는 것은 더욱 귀한 일입니다. 둘째 아들은 오랫동안 망설인 것이 아니라 즉시 일어나서 가고자 했습니다. 사실 그는 아버지가 어떤 반응을 보일 것인지 궁금했을 것입니다. 그가 기대할 수 있는 최상의 반응은 냉랭한 포옹과 마지못한 환영 정도였지만, 그래도 아버지에게 고용되어 일할 수는 있으리라는 희망을 안고 돌아갔을 것입니다. 그러나 아버지는 그가 떠난 이후로 언젠가는 돌아올 것을 기다리면서 많은 날을 지평선만 바라보며 지냈던 것으로 보입니다. 마침내 그의 아버지는 저 멀리 동구 밖에서 둘째 아들이 돌아오는 모습을 보게 되었습니다.

"아직도 거리가 먼데 아버지가 그를 보고 측은히 여겨 달려가 목을 안고 입을 맞추니"(눅 15:20). 우리 모두의 상상을 초월한 반응입니다. 죄인을 맞이하시는 하늘 아버지의 모습은 모든 사람의 상상을 초월합니다. 체면을 중시하는 유교 문화뿐 아니라 헬라나 유대 문화에서도 상상할 수 없는 파격적인 행동입니다. 조건부로 조심스럽게 받아들이는 모습이 아닙니다. 아들이 돌아온 것을 온 마음으로 조금도 거리낌 없이 기쁨으로 받아들입니다. 도무지 표정 관리가 안 되는 아버지입니다. 이런 아버지의 이해할 수 없는 행동은 죄인을 맞이하시는 하늘 아버지의 모습을 보여 줍니다.

둘째 아들은 '거절당하면 어쩌나' 하는 두려움과 '그래도 받아 주시겠지' 하는 희망이 교차하는 마음으로 집으로 돌아왔을 것입니다. 하지만 아버지는 달려 나가서 맞이합니다. 아들이 두려워했던 것 이상으로 잘해 주었고, 아들이 기대했던 것 이상으로 받아 주었고, 극진히 환대해 주었습니다. 그러나 둘째 아들은 자기가 준비한 죄에 대한 고백이 이제는 필요 없다고 결론을 내리지 않습니다. 방금 경험한 환대가 그러한 죄의 고백을 한층 더 합당한 것으로 느끼게 했습니다. 아버지의 극진한 환대로 자신의 행동이 엄청난 죄라는 것이 부각된 것입니다. 그래서 아들은 "아버지 내가 하늘과 아버지께 죄를 지었사오니 지금부터는 아버지의 아들이라 일컬음을 감당하지 못하겠나이다"(눅 15:21)라고 고백합니다. 물론 본래 결심한 대로 다 고백한 것은 아닙니다. 아마 이런 파격적인 아버지의 환대 앞에 "나를 품꾼의 하나로 보소서"라고 말한다면 아버지의 사랑을 모욕하는 태도가 될 것입니다. 그는 품꾼의 하나로 써 달라는 요청은 입에 올리지도 못했습니다.

사실 아버지는 더 이상 아들의 죄 고백을 들으려 하지 않고 종들에게 명합니다. 남루한 옷 대신에 '제일 좋은 옷'을 내어다가 입히고, 종이 아닌 아들의 신분을 드러내는 '가락지'를 손에 끼우고, 맨발로 돌아온 아들에게 '신을 신기라'고 명합니다. 그리고 아들로서의 명예를 완전히 회복시키고 그 사실을 마을 전체에 알리기 위해서 '살진 송아지를 끌어다가 잡으라'고 명합니다(눅 15:22-23).

이 식사는 돌아온 아들을 공동체의 일원으로 삼는 공식적인 식사라고 볼 수 있습니다. 기쁨에 넘치는 아버지의 식탁은 돌아온 아들을 향해서 아무도 수군거리지 못하게 만드는 역할을 합니다. 더 이상 불안에 떨 이유가 없는 당당한 아들로서의 권리를 회복하는 일입니다. 마치 봄이 돌아와 꽃이 핀 대지와 같이 만물이 새로워졌습니다. "이 내 아들은 죽었다가 다시 살아났으며 내가 잃었다가 다시 얻었노라"(눅 15:24)라는 아버지의 선언대로 잔치 자리에 나아온 모든 사람이 즐거워했습니다.

○

한 사람이 죄로부터 돌이켜 회개하고 돌아오는 것은 그 영혼이 죽은 자 가운데서 살아 온 것이고, 잃어버린 것을 다시 찾은 것입니다. 이전에는 무익하던 자가 이제는 유익하게 된 것입니다. 주께로 돌아올 때 하늘이 기뻐하기에 땅에 있는 모든 성도는 기뻐해야 옳습니다. 하늘 아버지의 기쁨에 함께해야 하나님의 자녀입니다. 온 식솔이 주인의 말대로 기뻐하고 있습니다. 돌아온 아들을 보고 제일 먼저 기뻐한 사람도 아버지였고, 다른 모든 사람에게 기뻐하라고 한 사람도 아버지였습니다. 그러면 누가 하늘 아버지의 자녀입니까? 하늘 아버지의 기쁨에 함께하는 자들입니다. 주께로 돌아오는 사람들로 인해서 하늘이 기뻐할 때 함께 기뻐해야 하늘에 속한 백성입니다. 하늘 아버지의 마음으로 주께 돌아오는 사람들을 환영하고 맞이하는 하늘 기쁨이 가득한 그리스도인이 되기를 바랍니다.

9.

타이르시는 아버지 _(15:25-32)

큰아들은 아버지를 오해했다

이 장에서는 마음이 떠난 큰아들을 타이르는 아버지를 만나 보려고 합니다. "의인은 없나니 하나도 없다"라는 명제처럼(롬 3:10) 두 아들 모두 아버지의 마음을 몰라주기는 마찬가지입니다. 둘째 아들은 재산을 챙겨서 먼 나라로 떠나 버렸고, 큰아들은 아버지를 섬기는 일에 명을 어김은 없었지만 그 마음은 아버지와 함께 기뻐하는 일에서 멀리 있었습니다.

비유가 시작된 이래 지금껏 큰아들은 무대 뒤에서 기다리며 등장할 준비를 하고 있었습니다. 그리고 이제 마침내 등장합니다. "맏아들은 밭에 있다가 돌아와 집에 가까이 왔을 때에 풍악과 춤추는 소리를 듣고 한 종을 불러 이 무슨 일인가 물은대"(눅 15:25-26). 고된 하루의 노동을 마치고 아무것도 모르는 채 집으로 돌아오고 있는 큰아들이 집에서 나는 풍악과 춤추는 소리를 듣고 무슨 일인지 궁금해하는 것은 당연합니다. 아버지가 방탕한 생활을 하다가 재산을 탕진하고 돌아온 동생을 환영하고 그에게 이 같은 잔치를 베풀어 주었다는 것을 알게 된 큰아들은 굉장히 기분이 상했습니다.

물론 하루 종일 일하고 돌아와 배고픔과 피로에 쉽게 화가 났을 수도 있습니다. 배고픈 사람은 화내는 사람이라는 말도 있지만, 이 경우는 그런 신체적인 이유에서가 아닌 것 같습니다. 어쩌면 방탕한 생활을 한 동생이 환영을 받는 것은 있을 수 없는 일이라고 생각했을 수도 있습니다. 그런 동생이 돌아와서 품꾼 중에 하나로 있어도 곱게 봐 줄 수 없었을 터입니다. 그런데 풍악과 잔치로 집안이 떠들썩하다니, 집에 들어갈 기분이 아닌 것은 당연하지 않을까요?

그런데 왜 아버지는 미리 큰아들을 부르지 않았을까요? 어쩌면 아버지의 계산과 아들의 계산이 서로 달랐을 수 있습니다. 아버지는 자기가 그처럼 기쁘니까 당연히 큰아들도 동생이 돌아온 것을 알게 되면 기뻐하지 않겠느냐고 생각했을 수도 있습니다. 사람은 누구나 자기 눈으로 세상을 보고, 자기 식으로 판단하기 때문입니다. 그런데 놀랍게도 아버지에게는 당연한 이 일이 큰아들에게는 부당한 일이었습니다. 그래서 그는 화를 내며 집에 들어가지 않으려고 합니다. 그는 스스로를 이 기쁨의 잔치에서 소외시키고 함께 기뻐하기를 거부합니다. 아버지의 처사가 공정하지 못하다고 생각했기 때문입니다. 이 얼마나 대조적인 모습입니까? 그동안 밖으로 나돌던 아들은 집 안에 들어와 있습니다. 그런데 그동안 집 안에 있던 아들은 바깥에서 들어오려고 하지 않습니다. 예수님의 말씀이 기억납니다. "보라 나중 된 자로서 먼저 될 자도 있고 먼저 된 자로서 나중 될 자도 있느니라 하시더라"(눅 13:30).

이 상황을 전달받은 아버지가 나와서 큰아들에게 들어오라고 설득합니다. 그런데 동생이 그랬던 것처럼, 큰아들은 분노 때문에 아버지의 사랑을 망각해 가족 공동체의 잔치에 참여하기를 거부하고 있습니다. 심지어 아버지가 나와서 타이르는데도 분노가 식지 않습니다. 이는 아버지를 부끄럽게 하는 불효자의 행동입니다. 그는 아버지를 아버지라고 부르지도 않고 말끝마다 '당신'이라고 부릅니다. 심지어 돌아온 탕자조차 '아버지'라고 불렀는데 말입니다. 원문을 보면, 큰아들은 자기 논지를 펼치며 단지 "보십시오"라는 대단히 불경스럽고 모욕적인 표현을 사용하고 있습니다(눅 15:29).

큰아들이 제기하는 불만의 목록은 상당히 타당한 면이 있습니다. 그러므로 화를 내는 그의 반응이 이해하기 어려운 것은 아니지만, 한꺼번에 쏟아 놓는 그의 불만은 당시 종교 지도자들에게 나타난 것과 동일한 자기의를 과시합니다. 타이르고 달래는 아버지의 말을 겸허하게 수용하는 대신에 가슴에 끓어오르는 분노와 좌절감을 쏟아 내며 자신은 노예처럼 섬겨 명을 어김이 없이 행하였지만 어떤 대접도 받은 적이 없다고 항변합니다. 사람은 화가 나면 앞뒤를 잘 구분하지 못합니다. 그래서 잠시 호흡을 가다듬어 마음을 가라앉히고 차분히 생각해 볼 필요가 있습니다. 그랬다면 큰아들은 자신이 일군 모든 것이 유산으로 상속받은 것에 기초했다는 것을 기억할 수 있었을 것입니다. 그가 아버지의 극진한 사랑을 받아 왔다는 사실을 기억했을 것입니다.

큰아들은 자신과 자신의 덕을 자랑합니다. 그는 입을 열어 아버지에게 순종해 온 삶을 자랑했습니다. 다른 사람보다 더 나은 삶을 살아온 사람들은 자기 의인 양 자랑을 합니다. 하지만 지금 그의 모습은 아버지의 명을 어김이 없이 살았다는 것이 과장된 말임을 드러냅니다. 자기 동생을

'동생'이라고 부르지 않고 '이 [당신의] 아들'이라고 부르는 것 역시 명을 어김이 없이 산 착한 아들의 모습이라고는 전혀 볼 수 없는 태도입니다. 교만은 다른 모든 죄악이 다 불살라져서 잿더미가 되었을 때 그 잿더미에서 생겨나는 죄악이라는 말이 있습니다. 오랫동안 하나님을 섬겨 큰 죄악에 빠진 적이 없는 사람들은 그렇게 살게 하신 하나님께 겸손히 감사해야 옳습니다. 감사할 것은 많겠지만 교만하게 자랑할 것은 하나도 없습니다.

큰아들을 향한 하나님 아버지의 본심

큰아들은 아버지가 불공평하다고 생각했습니다. 말씀에 순종해서 착하게 산 자기에게는 염소 새끼 한 마리도 주지 않던 아버지가 죄를 지은 아들을 환대하고 살진 송아지까지 잡는 것은 공평하지 않다는 것입니다. 사실 바리새인이나 서기관들이 가진 사고방식은 철저한 인과응보적인 법칙입니다. 그러므로 죄인을 영접하고 환대하는 하나님은 불의하시다는 입장입니다.

큰아들은 아버지를 오해했습니다. 자신에게 일만 시키고 수입이나 올리는 것에 관심을 갖는 이기적인 아버지로 생각한 것입니다. 그러나 아버지가 원한 것은 일을 잘하는 아들이 아니라, 자신을 닮은 아들이었습니다. 그런데 두 아들은 아쉽게도 그렇지 못했습니다. 그나마 둘째 아들은 아버지께 죄를 지었다고 고백하고 돌아왔지만 큰아들은 여전히 인정하지 않고 있습니다. 그래서 지금 아버지에게 대드는 것입니다. 사람이 자기 생각에 사로잡혀서 자기주장만 하면 언제나 자신만 옳습니다.

하지만 잘 생각해 보십시오. 큰아들이 요청만 했으면 아버지가 그의 요청을 즉시 들어주었을 것은 두말할 필요가 없습니다. 탕자도 받아 준 아버지가 열심히 일한 큰아들을 위해서 무엇을 아끼겠습니까? 하지만 또 한 번 정직하게 생각해 보십시오. 지금 큰아들은 아버지가 염소 새끼라도 주어서 잔치를 열어 주기를 바랐던 것이 아닙니다. 돌아온 탕자를 위해서 살진 송아지를 잡은 것으로 인해 심사가 뒤틀렸을 뿐입니다. 사람은 누구나 감정에 휩싸이게 되면 평소에 하지 않았을 생각을 하고 말을 내뱉습니다. 지금 큰아들은 자기의 선행은 '명을 어김이 없었다'고 과장하고, 대신 동생의 잘못은 부풀리고 폄하해 동생에 대한 아버지의 화를 돋우고자 했습니다. '아버지의 살림을 창녀들과 함께 삼켜 버린' 아들이라고 말했습니다.

사실 둘째 아들이 자신의 몫을 어리석게 탕진해 버린 것은 사실이지만 창녀들과 함께였는지 아닌지에 대해서는 아무런 기록이 없습니다. 아마도 이것은 큰아들의 시기와 악의에 의해 나온 과격한 말 같습니다. 누구나 상대방을 비난할 때는 모든 일을 더 나쁜 쪽으로 몰고 가기가 쉬운 법이기 때문입니다. 하지만 하늘 아버지께서는 우리를 그런 식으로 몰아가지 않으십니다. 하나님은 우리의 죄악을 극단적으로 규정하지 않으십니다. 그분이 우리 아버지시라면 우리도 아버지의 모습을 닮아야 하지 않겠습니까? 지금 큰아들은 아버지가 동생에게 보여 준 인자함에 대해 불평합니다. 마치 "그 잘난 아들을 위해서 살진 송아지까지 잡으셨네요" 하며 비웃는 것 같은 말투입니다. 회개한 자들에게 주시는 하나님의 은총을 시기하거나 사람들을 향한 하나님의 선하심에 대해 눈살을 찌푸리는 것은 잘못된 태도임을 명심해야 합니다. 대책 없는 나쁜 사람들에게도 하나님의 보편적인 은총이 있다는 사실을 시기해서는 안 됩니다.

큰아들이 불쾌해하고 화를 낼 때 아버지는 큰아들에 대해서도 호의적이고 인자한 태도를 보입니다. 큰아들이 집으로 들어오려고 하지 않자 아버지는 나와서 가까이 다가가 좋은 말로 부드럽게 권하며 들어오기를 바랐습니다. 종을 내보내서 자신의 말을 전하게 하지 않고 직접 나갔습니다. 이는 하나님의 선하심을 보여 주는 그림입니다. 하나님은 악한 자들에게까지 온유하셨습니다(창 4:6; 욘 4장).

아버지는 큰아들에게 자기가 동생을 환대한다고 해서 손해가 돌아가는 일은 없을 것임을 부드럽게 타이르며 확신시켰습니다(눅 15:31-32). 본문에 '얘'라고 번역된 단어는 '아들아' 하는 애정 가득한 호칭입니다. 큰아들의 모욕에도 불구하고 애정 가득한 부름으로 그를 여전히 든든한 가족 관계 속에 두고 있는 아버지의 끝없는 사랑을 나타내는 말입니다. 아버지는 다정스럽게 불러서 큰아들이 그동안 누린 것이 하루의 잔치보다 훨씬 더 좋은 것이었다고 설명합니다. 둘째 아들이 돌아왔다고 해서 큰아들이 장자로서의 지위를 박탈당한 것은 아니었습니다. 그는 자신을 극진히 사랑하는 아버지와의 관계를 누리고 있었으며, 그가 상속받을 재산도 그대로였습니다.

하지만 그의 동생은 인생의 쓴맛을 맛보고 몰라볼 정도로 겸손해졌습니다. 그러므로 큰아들은 상황을 제대로 판단할 필요가 있었습니다. 동생처럼 고통을 겪지 않아도 된 것을 감사하고, 동생이 안전하게 귀향한 것을 축하하는 것이 마땅합니다. 아버지는 종들에게 했던 말을 되풀이합니다. "얘 너는 항상 나와 함께 있으니 내 것이 다 네 것이로되 이 네 동생은 죽었다가 살아났으며 내가 잃었다가 얻었기로 우리가 즐거워하고 기뻐하는 것이 마땅하다"(눅 15:31-32).

아버지가 큰아들에게 줄 수 있는 최상의 상급은 바로 아버지와 함께 있는 것입니다. 아버지를 늘 가까이하면서 아버지를 닮는 것이 그에게는 가장 큰 축복이었을 것입니다. 따라서 그는 그 좋은 아버지의 고상하고 아름다운 인격을 닮아 가는 축복을 누렸어야 합니다. 그러나 큰아들은 자기가 아버지와 함께 있으면서 아버지로부터 무엇을 얼마나 받았느냐는 관점에서만 생각했습니다. 재물에 관심이 더 많았기 때문에 다시 돌아온 탕자 동생이 반가울 리가 없습니다. 우리도 이런 부분에서 잘못합니다. 하나님의 복을 무조건 물질적인 복으로 환산하려는 것입니다. 그래서 다른 사람이 받는 복을 보고 자신은 그 이상으로 복을 받아야 한다고 생각합니다. 하나님을 섬기고 하나님을 기쁘시게 하는 일에 마음을 쓰지 않으면 사람은 결국 물질에 마음을 빼앗기기 때문입니다.

함께 즐거워하고 기뻐하는 것이 마땅하다

예수님이 세 가지 비유를 연속적으로 말씀하시게 된 배경을 기억해야 합니다. 당시 종교 지도자들은 하나님을 위해서 '노예처럼 열심히' 수많은 규정과 규례를 지키려고 노력했습니다. 하지만 그 가운데는 하나님이 요구하지 않으시는 것들이 많았습니다. 그들은 아버지의 사랑을 받고 있었지만 고된 노력과 자기 부정을 오히려 선호하며 그 사랑을 거부하는 편을 선택했습니다. 그러고는 하나님이 죄 많은 보통 사람을 하나님의 왕국에 환영하며 맞아들이시자 그 잔치에 동참하기를 거부했습니다. 그러나 하나님은 죄인들이 집으로 돌아온 것을 기뻐하셨고, 심지어 종교 지도자들에게도 그 잔치에 참여하라고 초청하셨습니다. 하지만 그들은 열심히 노력한 자신들에게는 그러한 잔치를 베풀어 주지 않으셨다는 분노와 적개심으로 반응했습니다.

이는 비유 속의 문제로만 그치지 않습니다. 돌아오는 사람을 받아들이

기가 쉽지 않은 경우는 오늘 우리 가운데도 있습니다. 방탕한 삶을 살던 이들이 회개하고 돌아오면 사람들은 종종 미심쩍은 눈길로 바라보기 쉽습니다. 때로는 그들과 공동체의 일원이 되는 것을 달가워하지 않습니다. 하지만 우리는 하나님을 알지 못하던 사람이 뉘우치고 돌아오면 하늘의 천사들처럼 기뻐해야 합니다. 착한 아들의 성실한 삶이 장기적으로 가족 모두에게 더 큰 축복이긴 하지만, 나쁜 아들이 돌아온 것은 일시적으로 더 크게 다가오는 기쁨이기 때문입니다.

　돌아온 둘째 아들로 인해 함께 즐거워하고 기뻐하는 것이 마땅하다고 하는 아버지의 마지막 호소에 큰아들은 과연 어떻게 반응했을까요? 결말을 알 길은 없습니다. 하지만 보다 중요한 것은 "우리가 즐거워하고 기뻐하는 것이 마땅하다"고 하시는 하나님의 간절한 호소에 우리가 어떻게 반응할 것인지입니다. 이 비유를 통해 예수님은 우리에게 말씀하시고 싶어 합니다. 예수님은 어떤 사회적 계층에 소속되어 있는가를 불문하고 '지금' 회개하고 돌아오는 자들을 너무나도 기뻐하신다고 말입니다. 모든 인간은 예외 없이 구원의 대상이요, 사랑의 대상입니다. 차별 없이 받아 주시는 분이 바로 우리 하나님이십니다.

○

하나님은 누구든지 "아들아, 기뻐하는 것이 마땅하지 아니하냐?"는 은혜로운 초청에 책임 있게 응답하는 무리를 당신의 백성으로 회복시키실 것입니다. 부당하게 멀어지고 격리된 모든 관계를 이제는 돌이키고 회복하기를 원하십니다. 그러기 위해 교회는 잃어버린 사람을 찾아 낮은 곳으로 지속적으로 내려가며 자리 이동을 해야 합니다. 그때 하늘 아버지께서 주시는 기쁨, 기도, 감사의 삶을 맛보게 될 것입니다. 누가복음 15장에 나오는 세 비유의 가장 큰 강조점은 '기쁨의 회복'입니다. 앞선 두 비유의 결론도 우리를 향해 "나와 함께 즐거워하자"고 호소하고 있습니다(눅 15:6, 9). 세 번째 비유 역시 "아들아, 기뻐하는 것이 마땅하지 아니하냐?"고 호소합니다. 우리 마음에 이 기쁨이 회복되는 복된 은혜가 있기를 바랍니다.

10.

청지기의 결단 (16:1-13)

///

누가복음 16장에 나오는 세 가지 이야기는 모두 돈과 관련이 있습니다. 주인의 재산을 낭비하다가 파면을 당하는 청지기, 돈을 좋아하는 사람으로 소문난 바리새인, 대문 앞 거지에게 눈길을 주지 않고 매일 잔치를 하는 부자에 대한 이야기입니다. 우리는 돈과 무관한 삶을 상상할 수조차 없는 시대를 살고 있습니다. 돈은 모든 것을 측정하는 기준처럼 거의 전능한 힘을 사람들 가운데 행사하고 있습니다. 신앙도, 사랑도, 우정도, 효도까지도 돈으로 측정하려고 하는 세상입니다. 따라서 오늘날은 재물에 대한 애착을 극복하는 제자도가 반드시 필요한 시대입니다.

본문은 선명하게 두 단락으로 나누어집니다. "또한 제자들에게 이르시되"(눅 16:1)로 시작하는 비유 부분과 "내가 너희에게 말하노니"(눅 16:9)로 시작하는 적용 부분입니다. 적용 부분의 마지막 구절인 "너희는 하나님과 재물을 겸하여 섬길 수 없느니라"(눅 16:13)라는 말씀으로 미루어 볼 때, 예수님은 처음부터 하나님과 인간의 관계를 염두에 두고 주인과 청지기의 관계를 말씀하신 것을 알 수 있습니다.

흔히 이 비유를 '불의한 청지기의 비유'라고 부릅니다. 하지만 청지기가 정직하냐 부정직하냐는 것은 사실 이 비유의 초점은 아닙니다. 그리고 불의한 청지기라고 규정하고 나면 주님이 그를 칭찬하시는 것을 쉽게 이해할 수가 없습니다. 그러다 보면 이 비유는 해석하기 가장 어려운 비유 중 하나로 분류되고 맙니다. 하지만 조심스럽게 살펴보면 탁월한 이야기꾼 예수님을 만날 수 있습니다.

불의한 청지기가 칭찬받은 진짜 이유

본문 1절은 이 비유가 펼쳐지는 상황에 대한 설명입니다. "어떤 부자에게 청지기가 있는데 그가 주인의 소유를 낭비한다는 말이 그 주인에게 들린지라"(눅 16:1). 주인과 청지기 사이에서 발생한 갈등 관계가 기술됩니다. 청지기란 '집사'라고 불리기도 하는, 부잣집에서 여러 가지 일을 책임지고 있는 사람입니다. 이 비유에 등장하는 청지기는 부자의 재정을 관리하는 전반적인 권위를 가진 사람이며, 심지어 주인의 이름으로 계약서를 작성할 수 있는 권한까지 가졌습니다.

이런 위치에 있는 사람은 무엇보다 정직하고 청렴해야 할 것입니다. 그러나 아쉽게도 그는 그렇지 못했습니다. 주인의 소유를 허비하고, 자신의 안락한 생활을 위해서 주인의 돈을 유용한 것 같습니다. 그러다 보면 주인과 청지기 사이에 갈등이 발생하는 것은 예상할 수 있는 일입니다. 하지만 문제는 주인에게서가 아니라 청지기에게서 시작되었습니다. 하나님과 인간 사이의 갈등 관계도 마찬가지입니다. 흔히 하늘이 무심하다고 불평하지만 문제는 항상 인간으로부터 시작합니다.

이 갈등 상황은 어떻게 전개됩니까? 주인과 청지기의 반응을 차례로 살펴봅시다. 주인의 반응은 청지기를 불러 책망하는 데서 나타납니다 (눅 16:2). 주인은 청지기를 소환해 소문이 사실인지 확인하며 진상을 규명합니다. 대답하지 못하는 청지기에게 주인은 사무를 정리하게 하고 마침내 책임을 추궁하여 해고할 뜻을 밝힙니다. 주인의 호출로 인해 불의한 청지기에게 갑작스럽게 일상의 종말이 다가왔습니다. 지금까지는 주인의 돈이지만 잘 먹고 잘 살았습니다. 그런데 주인이 불러서 한마디 말을 하고 난 후에는 위기에 봉착했습니다. 우리의 삶도 마찬가지입니다. 주인의 재산을 낭비하는 불의한 인간의 삶은 단지 하나님의 개입 이전에만 일상적인 것입니다. 하나님이 눈감아 주실 때까지만 불의한 삶은 계속될 수 있습니다.

다행히 비유 속의 주인은 청지기에게 먼저 관련 서류를 정리할 것을 요구했습니다. 그리고 그것은 어느 정도 시간이 걸리는 일입니다. 청지기는 그 시간을 위기에서 벗어날 대책을 세우는 데 활용했습니다. 먼저 그는 생각했습니다. "청지기가 속으로 이르되"(눅 16:3). 성경에는 아주 짧게 기록되어 있지만 실제는 그렇게 짧은 이야기가 아닙니다. 그의 입장이 되어 본다면 온갖 생각이 들 것입니다.

첫째, 그는 스스로에게 물어봅니다. "주인이 내 직분을 빼앗으니 내가 무엇을 할까"(눅 16:3). 잘 보면 바른 판단이 아닙니다. 문제의 발단은 청지기 자신에게 있습니다. 그가 주인의 재물을 갈취해서 그 직분을 그만두게 된 것입니다. 그런데 사람들은 늘 이런 식으로 이야기합니다. 자신이 저지른 불의에 대해서는 뉘우치지 않고, 자신이 당하는 해고에 대해서만 화를 냅니다. 인간은 어릴 때부터 자기의 잘못을 인정하려 들지 않습니다.

둘째, 청지기는 자문하고 나서 자답을 합니다. 그는 청지기직을 잃은 후에 생계를 꾸려 나가기 위한 대책 마련에 부심했습니다. 궁리 끝에 생각한 첫째 대책은 노동이었으나 '땅을 파자니 힘이 없어' 간단히 포기하고 맙니다. 그리고 노동보다 훨씬 불건전한 구걸이라는 대책을 세우지만 이는 그동안 청지기로서 살아온 자신이 감당할 수 없는 대안이었습니다. 구걸하기에는 수치심이 앞섰기 때문입니다.

드디어 청지기는 "내가 무엇을 할까?"에 대한 답을 찾습니다. 그러나 그것은 최악의 대책, 즉 문서 위조라는 일종의 사기극이었습니다. 청지기가 이런 길을 선택하게 된 것은 오직 생계 문제에만 연연했기 때문입니다. "내가 할 일을 알았도다 이렇게 하면 직분을 빼앗긴 후에 사람들이 나를 자기 집으로 영접하리라"(눅 16:4). 바로 이것이 인간의 구차하고 초라한 모습입니다. "사람들이 나를 자기 집으로 영접하리라"라는 말은 그의 계획의 핵심을 암시해 줍니다. '상호 호혜의 법칙'이라고 부를 수 있겠습니다. 아직 청지기의 자리에 있을 때 잘 봐주면 채무를 삭감받은 사람들에게 먹을 것과 기거할 곳을 찾고 일자리를 얻을 가능성도 있으리라고 내다보았습니다.

청지기는 실직 후의 삶을 위해 선택한 최악의 대책을 지체 없이 시행합니다. 본래 죄인은 악을 행하는 데 담대하고 신속합니다. 청지기는 주인에게 빚진 자들을 낱낱이 소환해 문서 위조 작업을 합니다. 비유에는 채무자들이 단지 두 사람만 등장하는데, 이는 대표자 두 사람만 언급한 것으로 볼 수 있습니다. 대표적인 채무자 두 사람이 등장해서 빚진 내용을 말합니다. 그것은 기름과 밀이라는 대표적인 생필품입니다. 청지기는 기름 백 말을 빚진 자에게 오십 말로 고치라며 과감한 사기성을 보이고, 밀

백 석을 빚진 자에게는 팔십 석으로 고치라며 조금 주저하는 모습을 보입니다. 여기까지는 있을 법한 전개입니다. 본래 주인의 재산을 낭비한다는 평판을 듣는 청지기로서는 얼마든지 할 만한 짓입니다.

문제는 이런 것을 훤히 알고도 보이는 주인의 반응입니다. 주인은 불의한 청지기의 마지막까지 불의한 수법을 보고 특이한 반응을 보입니다. 책망하는 대신에 칭찬을 했습니다. 주인은 청지기를 바로 알고 있었습니다. 그래서 불의한 청지기라고 규정하고 다만 이 옳지 않은 청지기가 "일을 지혜 있게 하였으므로"(눅 16:8) 칭찬하였다고 성경은 말씀합니다.

많은 사람이 이 비유를 어렵게 생각하는 이유는 어떻게 주인이 이 불의한 짓을 한 청지기를 칭찬하느냐는 데 있습니다. 그러나 잘 보면 결코 사기 치는 것을 칭찬하지 않았습니다. 그 행위는 불의하다고 선언합니다. 그의 행위는 불의하지만 그가 일을 처리한 방식은 지혜롭다는 것입니다. 오직 '자신의 해고'라는 마지막을 염두에 두고 처신한 행동을 지혜의 핵심으로 칭찬한 것입니다. 그러면서 비유 속 주인은 갑자기 제자들의 주님으로 변신하여 이렇게 말합니다. "이 세대의 아들들이 자기 시대에 있어서는 빛의 아들들보다 더 지혜로움이니라"(눅 16:8). 이 세상 사람들은 자기의 시대에 있어서는 빛의 아들들보다, 신자들보다 더 지혜롭다는 이야기입니다. 종말을 의식하지 못하고 살아가는 신자들보다는 자신의 삶에 끝이 올 것을 생각하고 이에 대비하는 청지기가 지혜롭다는 의미입니다.

우리는 종말을 믿습니다. 최후의 심판을 믿습니다. 그런데도 우리는 살면서 그 최후에 대해서 준비를 잘 하지 못합니다. 그래서 주님이 그렇게 탄식하신 것입니다. 불의한 청지기는 자신의 끝이 얼마 남지 않았다는 것을 생각하고 빨리 준비했습니다. 그에 비해 빛의 자녀들은 자신의 유익과 이득에 대해서는 매우 둔감합니다. 세상에서 주어진 재물을 사용하는 데 있어서 종말을 믿는 사람답게 사용하지 않는 것 같다는 의미입니다. 가난한 자들을 위해서 하나님의 뜻대로 쓰지 않고 전혀 종말을 모르는 사람들처럼 돈을 사용한다는 뜻입니다.

종말과 성경적 재물관의 상관관계

이제 주님은 비유 속의 주인이 아니라 제자들 전면에 등장해 비유적 언어가 아닌 분명한 언어로써 권면하십니다. "내가 너희에게 말하노니 불의의 재물로 친구를 사귀라 그리하면 그 재물이 없어질 때에 그들이 너희를 영주할 처소로 영접하리라"(눅 16:9). 이 단락에서는 세 번씩 반복되는 '재물'이라는 단어를 중심으로(재물과 친구, 재물과 충성, 재물과 하나님) 주님의 교훈을 정리하겠습니다. 종말을 의식하고 사는 성도가 되려면 성경적인 재물관이 필요합니다.

재물에 대한 첫 번째 교훈을 봅시다. "불의의 재물로 친구를 사귀라 그리하면 그 재물이 없어질 때에 그들이 너희를 영주할 처소로 영접하리라"(눅 16:9). 주님은 앞에서 언급한 이 세상 사람들의 지혜를 실례로 삼아서 교훈하십니다. 비유 속의 청지기처럼 불의의 재물로 친구를 사귀는 법을 배우라는 교훈입니다. 불의의 재물이란 무엇입니까? 주님은 세상의 속성을 한 단어로 규명할 때 '불의하다'고 하셨습니다. 영원 전부터 하늘에 계신 그분이 세상에 오셨을 때 제일 먼저 그분의 눈살을 찌푸리시게 한 것은 세상의 불의한 모습이었습니다. 심지어는 재판하는 자리에서조차 불의한 것이 이 세상의 특징이라고 보셨습니다. 그래서 불의한 재물이라는 것은 세상의 재물이라는 뜻입니다. 즉 주님의 말씀은, 세상의 것으로 친구를 사귀면 그 재물이 없어질 때, 즉 종말이 올 때 영원한 처소가 예비되리라는 의미입니다. 세상 사람들이 그 지혜를 활용하듯이 성도들도 종말을 의식하는 지혜로운 삶을 살라는 교훈입니다.

천국에 들어가기 위해서 재물을 사용하는 것이 아닙니다. 그러나 천국의 시민이 되었다면 세상에 있는 것을 가지고 새로운 관계를 만들어 가는 일에, 사랑을 표현하는 일에 사용해야 합니다. 어려움에 처한 이들을 돕기 위해, 다른 사람들이 예수를 믿도록 하는 일에 돈을 사용한다면 우리의 지상에서의 투자는 영원한 이익을 안겨 줄 것입니다. 하나님께 순종하는 사람들은 자신의 재산을 이타적인 데 사용하는 사람들입니다.

두 번째 교훈은 재물과 관련해서 충성에 대한 이야기로 발전합니다. 여기에 재물과 관련된 충성의 법칙을 제시하기 위해 세 가지 대조가 나옵니다. 첫째는, 적은 것과 많은 것의 대조입니다. "지극히 작은 것에 충성된 자는 큰 것에도 충성되고 지극히 작은 것에 불의한 자는 큰 것에도 불의하니라"(눅 16:10). 일반적으로 이 말을 이해하면 '작은 일을 하는 것을 보면 큰일을 하는 것도 알 수 있다'는 뜻으로 생각할 수 있습니다. 오늘의 충성은 내일의 충성을 보여 주고, 현재의 불의는 과거와 미래의 불의를 반영합니다. 그런데 이것이 주님이 말씀하시는 이야기의 전부는 아닙니다. 장차 받을 큰 것과 비교하면 세상에서 우리가 가진 것은 지극히 작은 것에 불과하다는 의미입니다. 지극히 작은 세상의 재물에 신실하지 못하면 큰 것에도 불의할 수밖에 없다는 것이 주님이 하시는 말씀입니다.

둘째는, 불의한 재물과 참된 재물의 대조입니다. "너희가 만일 불의한 재물에도 충성하지 아니하면 누가 참된 것으로 너희에게 맡기겠느냐"(눅 16:11). 이 말씀 역시 '불의한 세상 재물에 충성하지 아니하면 누가 참된 하늘의 보화를 너희에게 맡기겠느냐?'라고 이해할 수 있습니다. 세상의 재물을 주님의 뜻대로 신실하게 사용하면 하나님은 그에게 참된 하늘의 보화를 맡겨 주실 것을 약속하십니다. 문제는 우리의 생각 속에 과연 세상의 재물을 불의한 것으로 여기고 하늘의 것을 참된 것으로 여기는 관점이 남아 있는지입니다. 우리는 너무 세속화되어서 눈에 보이는 세상의 것이 참된 것으로 다가옵니다. 그러나 주님은 세상이 아니라 하늘 지향적이셨습니다. 그래서 "하늘에 둔 바 다함이 없는 보물"(눅 12:33)에 대해서 약속하셨습니다. 당신의 마음이 어디에 집중하고 있는지를 살펴보십시오. 마음이 있는 그곳이 바로 우리의 보물이 있는 곳입니다(눅 12:34).

셋째는, 충성과 관련하여 '남의 것'과 '너의 것'을 대조시킨 것입니다. "너희가 만일 남의 것에 충성하지 아니하면 누가 너희의 것을 너희에게 주겠느냐"(눅 16:12). 우리는 여기서 또 한 번 그리스도인의 물질관을 확립해야 할 주제를 만납니다. 신앙인은 세상 재물은 남의 것이라는 관점을 가져야 합니다. 우리의 것은 장차 하늘에서 주어질 것입니다. 하늘에 있는 기업, 하나님의 백성에게 약속되어 있는 그것이 나의 몫입니다.

세상 물질에 대해서 하나님이 보시기에 신실한 자세를 견지하기 위해서는 세상의 것을 지극히 작은 것으로 여기는 관점을 가져야 합니다. 세상 물질은 우리가 장차 받을 하늘의 상급과 비교하면 정말 지극히 작은 것에 불과하다는 것을 알아야 신실한 삶을 살 수 있습니다. 뿐만 아니라 세상 재물은 본질상 불의한 것이며 하늘 기업이 참된 것임을 알아야 세상을 살면서 이 세상 재물을 가지고 하나님을 기쁘시게 할 수 있습니다. 하늘의 보화가 참된 것임을 보는 안목이 있어야 하늘을 사모할 것입니다. 더 나아가 세상 재물은 본질상 남의 것에 불과하며 우리에게 속한 것이 아님을 알아야 세상 것에 연연해하지 않고 하늘에 보화를 쌓은 성도의 삶을 살 수 있습니다. 지금 하나님이 맡겨 주신 모든 것은 나의 소유가 아니라 하나님의 손에 달려 있다고 고백할 수 있는 사람이 그리스도인입니다. 그런 고백이 나오면 신자다운 사람이 된 것입니다.

하나님과 재물 사이에서 선택하라

마지막으로 예수님은 재물과 관련해서 교훈의 절정을 말씀하십니다. 지금까지 돈은 재물이자 맡겨진 것으로 여겨졌지만, 여기서는 돈이 주인이 될 수 있다고 경고하십니다. 그러면서 분명한 명제를 제시하십니다. 즉 "집 하인이 두 주인을 섬길 수 없나니"라고 선언한 후 그 이유를 두 가지로 제시하십니다. 한 번은 감정적 반응으로, 또 한 번은 지성적인 반응으로 제시하십니다. "혹 이를 미워하고 저를 사랑하거나 혹 이를 중히 여기고 저를 경히 여길 것임이니라." 그러고는 자명한 결론을 내리십니다. "너희는 하나님과 재물을 겸하여 섬길 수 없느니라"(눅 16:13). 한마디로 말해서 하나님과 재물 사이에 선택을 위한 결단이 필요하다고 가르치십니다.

우리 모두는 하나님이냐 재물이냐를 선택해야 합니다. 두 주인을 섬기는 종은 힘들고 괴롭습니다. 주인을 분명하게 정하지 않으면 신자들에게도 돈은 주인이 되고자 소리를 칩니다. 그리고 우리는 너무도 자주 그 요구에 응합니다. 당신의 주인은 누구입니까? 하나님이십니까, 아니면 돈입니까? 우리는 우리의 소속을 밝혀야 합니다. 하나님을 섬기면 재물에서 자유해야 합니다. 재물을 섬기면 하나님에게서 멀어질 수밖에 없습니다. 그런데 우리는 둘 다 하고 싶어 합니다. 간혹 예배에 잘 참석하면 하나님이 물질적으로 축복해 주실지 모른다는 계산을 하고 교회에 나오는 사람이 있습니다. 그러다 별로 나아지지 않으면 교회에 나오던 걸음을 멈춰 버립니다. 이처럼 재물에 굴복하면 하나님을 섬길 수 없습니다.

왜 불의한 청지기가 지혜롭다고 칭찬을 들었습니까? 자신의 파면이라는 종말을 기억하고 처신했기 때문입니다. 당신은 어떻습니까? 언제든지 주인이 와서 "네 하던 일을 셈하라"고 하시면 우리 삶에는 종말이 옵니다. 그 피할 수 없는 마지막 때를 생각하고 하나님과 재물 사이에서 선택하기를 바랍니다. 우리는 종말을 기억하고 살아야 합니다. 그것이 지혜로운 태도입니다. 지혜의 핵심은 여기에 있습니다. 주님은 말씀하십니다. "너희는 하나님과 재물을 겸하여 섬길 수 없느니라"(NIV, "You cannot serve both God and Money"). 여기서 'cannot'은 '할 수 없다'는 의미로, 절대 불가능한 시도라는 뜻입니다. 하나님과 재물을 겸하여 섬기는 것은 있을 수 없는 시도입니다. 불가능한 시도를 하는 어리석은 삶을 청산하기 바랍니다.

○

이 비유는 읽을 때마다 늘 아리송했습니다. 그런데 어느 날 주님이 제 귀에 대고 말씀하시는 것처럼 "너는 종말이 있는 것을 생각하고 살아야 한다"고 말씀해 주셨습니다. 이후로는 세상의 것이 지극히 작다는 것을 깨닫게 되었고, 내게는 큰 것이 있다는 것을 알게 되었습니다. 그러면서 불의한 것에 대한 집착을 끊게 되었고, 남의 것에 대해 더 이상 연연해하지 않게 되었으며, 나에게 주어진 것이 내 몫이라는 것을 알게 되었습니다. 그러고 나니 세상을 사는 것이 얼마나 행복한지 모릅니다. 물질은 사람을 섬기도록 주신 것입니다. 관계를 회복하도록, 사랑을 나타내도록 주신 것이지 거기에 매여 살도록 주신 것이 아닙니다. 우리는 하나님과 재물을 겸하여 섬길 수 없습니다.

11.

돈을 좋아하는 바리새인 (16:14-18)

/

예수님의 말씀에 콧방귀를 뀐 바리새인들

이 장 본문의 첫 부분은 바리새인의 조롱입니다. "너희는 하나님과 재물을 겸하여 섬길 수 없느니라"(눅 16:13)라는 주님의 교훈을 끝까지 들은 바리새인들은 비웃었습니다. 그들은 본문이 밝히는 대로 돈을 좋아하기 때문에 예수님의 교훈을 비웃었습니다. 물론 그들이 스스로 돈을 사랑하며 섬기고 있다는 생각을 했을 리 만무합니다. 오히려 신앙이 좋아서 부자가 되는 복을 주셨다고 믿었습니다. 따라서 하나님과 물질을 대립관계로 두는 예수님의 말씀을 조금도 수긍할 수 없었습니다. 사람들은 생각이 동의되지 않으면 어떤 말도 귀에 들어오지 않습니다. 같은 말을 해도 듣고 싶은 말만 듣습니다. 그들은 '하나님을 잘 믿으면 잘살게 된다'고 굳게 믿고 있었기에 '하나님이냐, 물질이냐'라는 도식을 도무지 받아들일 수 없었습니다. 그래서 비웃은 것입니다. 여기서 '비웃다'라는 단어는 문자적으로 '코를 실룩이다'라는 뜻입니다. 바리새인들은 코를 킁킁거리며 비웃었습니다. 말하자면 콧방귀를 뀌었습니다. 세상에 오신 하나님의 아들, 구원자 예수님에 대해서 오만불손했던 바리새인들입니다.

주님이 그렇게 말씀하셔도 바리새인들에게는 그 나름의 논리가 있었을 것입니다. 그러니 받아들일 수 없었던 것입니다. 그들은 어쩌면 율법과 선지자의 글을 떠올리며 마음속에서 반박했을 수도 있습니다. 아브라함, 다윗, 솔로몬 같은 사람들은 큰 부자였다고 말할 수도 있습니다. 그러나 그리스도의 말씀을 계속해서 들어 보십시오. "그것은 사실이다. 이제까지는 그랬다. 그러나 하나님 나라가 전파되기 시작하면서부터 사정은 완전히 달라졌다. 이제는 가난한 자들, 애통하는 자들, 박해를 받는 자들이 복이 있다"라고 말씀하신 것과 같습니다.

세상을 사랑하는 것만큼 주님의 말씀을 듣지 못하게 하는 것은 없습니다. 오늘날 그리스도인 가운데도 거창한 신앙 고백을 하고, 성경에 관한 지식도 많으며, 기도도 많이 하지만 세상을 사랑하는 것 때문에 마음을 닫고 있는 사람이 많습니다. 그런 이들의 모습은 어떻게 나타납니까? 설교가 귀에 들어오지 않습니다. 선포되는 하나님의 말씀을 마음의 중심에서부터 받아들이지 않는 것입니다.

바리새인, 소위 구별된 사람들이라고 불리던 그들은 메시아를 기다리며 안식일과 십일조 등 율법을 철저히 지키는 사람들로 알려져 있었습니다. 동시에 그들은 믿음이 좋으면 돈도 많이 벌고 출세한다고 생각했습니다. 물질적인 번영을 믿음과 연관 짓는 사람들은 지금도 있습니다. 부귀를 믿음 좋은 사람의 징표로 삼으면 당연히 돈을 좋아할 수밖에 없습니다. 돈이 많은 사람은 믿음이 좋은 사람이고 하나님이 축복하시는 사람이라는 공식이 성립되기 때문입니다.

물론 잘살게 되면 사람들의 선망과 인정을 받습니다. 그리고 자신들의 재물은 하나님이 복 주신 증거라고 생각하기에 스스로 신앙 좋은 사람으로 여길 수도 있습니다. 하나님은 그들의 마음을 아셨고, 그 마음의 사악함을 질책하셨습니다. 잘산다고 해서 자신을 신앙 좋은 사람이라고 생각하는 것은 아주 잘못 된 판단입니다. 사람에게 인정 받고, 높임 받는 것은 하나님 앞에서 미움 받는 것입니다. 하나님은 결코 돈을 보고 우리를 인정하거나 대우하지 않으십니다.

화려한 겉모습은 신앙생활에서 중요한 요소가 아닙니다. 특출한 거룩과 신앙의 모습을 갖추면 사람들은 존경할 수 있습니다. 사흘도 금식해 보지 않은 사람들에게 40일 금식을 했다고 하면 그들은 기가 죽고 맙니다. 우리의 열심은 사람들로부터 남다른 존경을 받게 할 수 있습니다. 마땅히 받아야 하는 비난도 면하게 할 수 있고 오히려 사람들의 박수갈채를 받게 할 수도 있습니다. 그래서 바리새인들의 의견은 신탁처럼, 하나님의 말씀처럼 존중을 받았고, 그들의 지시는 율법으로 인정되었고, 그들의 관습은 범할 수 없는 규례가 되었습니다. 그러나 하나님은 그런 자신들의 위치로 만족하고 그것을 과시하는 무리를 증오하십니다.

사람 앞에서 스스로 옳다고 생각하지 마십시오. 사람들의 인정과 그들로부터 높임 받는 것을 목표로 삼지 마십시오. 신앙생활의 목표는 우리 마음을 아시는 하나님의 인정을 받는 것입니다. 그리고 경건 생활의 목표는 하나님의 사랑을 받는 것입니다. 믿음은 하나님과 나만의 은밀한 관계입니다. 억지로 꾸며서 신앙이 좋은 것처럼 잘 보이려 하는 것은 하나님이 가장 혐오하시는 행위입니다. 기도하는 것, 찬송하는 것, 헌금을 드리는 것, 예배하는 것 모두가 중심에서부터 하나님과 관계되어야 합니다.

그래서 구약의 시인은 소원합니다. "나의 반석이시요 나의 구속자이신 여호와여 내 입의 말과 마음의 묵상이 주님 앞에 열납되기를 원하나이다"(시 19:14). 또한 그것이 바로 사도들의 사역의 자세였습니다. "오직 하나님께 옳게 여기심을 입어 복음을 위탁 받았으니 우리가 이와 같이 말함은 사람을 기쁘게 하려 함이 아니요 오직 우리 마음을 감찰하시는 하나님을 기쁘시게 하려 함이라"(살전 2:4). 하나님은 우리의 마음을 보십니다. 그렇기에 세상 사람들의 의견보다 하나님 앞에서 우리의 책임이 더 중요합니다. 때때로 사람들이 옳다고 하는 것도 하나님이 보시기에는 더럽고 추악한 경우가 많습니다. 그런데도 자신의 도덕적 행위에 흡족해하며 자만심에 빠져서 사람들을 업신여길 수도 있습니다.

바리새인들은 하나님이 맡기신 재물을 어떻게 사용해야 하는지에 대한 주님의 가르침을 무시하고 철저하게 거부했습니다. 주님의 가르침을 들으려는 시도는 조금도 하지 않고 오히려 조롱과 멸시만 보냈습니다. 하지만 우리의 속마음을 보시는 하나님은 그들의 겉모습과 반응에 아무런 감동을 받지 않으십니다. 우리의 추악한 내면을 보시기에 우리의 겉모습에 감동하기는커녕 오히려 증오하고 혐오하십니다. "너희는 사람 앞에서 스스로 옳다 하는 자들이나 너희 마음을 하나님께서 아시나니 사람 중에 높임을 받는 그것은 하나님 앞에 미움을 받는 것이니라"(눅 16:15).

하나님은 지금도 돈을 사랑하는 태도를 미워하십니다. 바리새인의 위선은 언제나 주님의 지탄의 대상이었습니다. "잔과 대접의 겉은 깨끗이 하나 너희 속에는 탐욕과 악독이 가득하도다"(눅 11:39). 그러면서 주님은 도전하셨습니다. "그러나 그 안에 있는 것으로 구제하라 그리하면 모든 것이 너희에게 깨끗하리라"(눅 11:41). 마음이 깨끗하면 하나님이 주신 것으로 어려운 사람을 돕는 일에 동참합니다. 그러나 탐욕과 악독이 가득한 마음은 사람이 보이지 않고 돈만 보입니다. 돈 때문에 영혼은 파괴되고, 육신은 골병이 들고, 사람에게 주신 하나님의 형상은 사라지고 짐승의 모습으로 바뀝니다. 지금 우리는 인간이 짐승처럼 변한 시대를 살고 있습니다.

새 시대, 새 방식으로 살아가기

이제는 새롭게 살아야 할 때입니다. 새로운 시대는 바리새인들만 하나님의 뜻을 안다고 주장하는 시대가 아닙니다. "율법과 선지자는 요한의 때까지요 그 후부터는 하나님 나라의 복음이 전파되어 사람마다 그리로 침입하느니라"(눅 16:16). 율법과 선지자는 사실 요한의 때까지였습니다. 요한은 마지막 선지자입니다. 그때까지 복음은 유대인에게 한정되어 있었고, 바리새인들과 서기관들은 율법과 선지자에 정통한 자들이라는 것 때문에 구원에 대해서 독점권을 가진 것처럼 우쭐댔지만, 세례 요한이 등장한 이후로 하나님 나라가 전파되는 새로운 시대가 펼쳐졌습니다.

세례 요한의 첫 번째 설교가 무엇이었습니까? "회개하라 천국이 가까이 왔느니라"(마 3:2). 이제는 마음을 바꾸어야 합니다. 그는 하나님의 통치에 자신을 내어 맡겨야 한다고 설교했는데, 예수님의 첫 설교와 한 자도 틀리지 않는 같은 말씀이었습니다. 그러나 이제 요한의 등장으로 율법과 선지자가 마지막 권위를 갖던 시대가 물러가고 주님이 오심으로 하나님 나라의 복음이 전파되는 새로운 상황이 도래했습니다. 그리하여 그 복음에 반응을 보이는 새로운 국면이 펼쳐졌습니다. 새로운 시대는 사람들이 율법에 정통하냐에 따라서 평가받는 시대가 아닙니다. 이방인이든 유대인이든 사람마다 하나님 나라의 복음을 받아들이느냐로 결정되는 시대입니다.

예수님은 이 땅에 내려와 전혀 예상하지 못한 계층들에게 복음을 전파하셨습니다. 세리와 죄인들, 당대 사회에서 가장 무시받는 계층에게 복음을 전파하시자 그들이 몰려들기 시작했습니다. 그들이 다가오지 못하도록 바리새인들과 서기관들이 막았지만 사람들이 하나님 나라로 몰려드는 상황을 막을 수는 없었습니다. 예수님의 오심은 바로 새 시대의 도래를 의미합니다. 선포되는 하나님 나라의 통치에 마음을 열면 새로운 나라의 백성이 됩니다. 율법의 조항에 얽매인 시대는 끝나고 이제 하나님과 동행하는 새 시대가 시작되었습니다. 약속의 시대는 끝나고 복음이 성취되는 새 시대가 열렸습니다.

복음이 선포됨으로 하나님 나라의 유익에 들어갈 기회가 제공되었습니다. 메시지를 통해서 모든 사람은 하나님 나라에 들어가도록 강권을 받습니다. 우리는 율법이 요구하고 선지가 예언한 모든 것이 성취되는 시대에 살고 있습니다. 그러나 아직도 옛 종교를 믿듯이 "나 오늘 예배에 참석했어", "나 오늘 헌금을 드렸어" 등 모든 관심이 자기 자신에게 있습니다. 새로운 시대는 하나님께로 시선을 돌리는 것입니다. 새로운 시대는 모든 사람이 그 축복에 참여할 것을 요구합니다. 다만 복을 받기 위해서는 예수님의 말씀을 들어야 합니다. 주님의 가르침을 비웃는 사람은 새 시대의 축복에 들어갈 수 없습니다. 하나님 나라가 온 것을 깨닫고 그 나라에 들어가기를 간절히 소원하는 자들만이 참여할 수 있습니다.

그러므로 하나님 나라에 들어가는 자들은 고통을 참고 시류에 맞서 싸워야 합니다. 가로막는 모든 무리들을 뚫고 가야 합니다. 주님의 오심은 선지자들의 예언이 성취됨을 알리는 것입니다. 그래서 이제부터는 하나님 나라에만 관심을 가져야 합니다. 그것이 예수님이 하신 설교입니다. 하나님의 통치하심, 하나님 나라에 마음을 써야 하는 것입니다. 이제 사람들에게 가장 중요한 것은 하나님 나라에 힘 있게 들어가는 것입니다.

그러나 안타깝게도 바리새인들은 율법과 선지자에 대한 온갖 지식에도 불구하고 하나님 나라를 놓치고 말았습니다. 그들은 예수님이 선포하시는 하나님 나라에 들어갈 아무런 필요를 느끼지 못했기 때문입니다. 요한이 회개의 세례를 전하자 나쁜 삶을 살았던 세리와 죄인들은 요단 강으로 몰려들었습니다. 그러나 유대의 대표적인 종교 지도 계층의 사람들은 아무도 오지 않았습니다. 왜냐하면 자신들은 잘하고 있다고 생각했기 때문입니다. 그들은 성경 말씀, 즉 율법과 선지자를 중시한다고 하면서 돈을 좋아했기 때문입니다. 스스로 옳다 하거나 사람 중에서 높임을 받는 것에 관심을 썼기 때문에 하나님의 인정이나 하나님이 주시는 참된 재물에는 관심이 없었습니다.

하나님 나라의 도래는 율법 기능의 절정

예수님은 혹시라도 율법과 선지자의 가치를 오해하는 일을 방지하기 위해 두 가지 측면에서 율법의 유효성을 주장하십니다. 첫째는, 율법의 한 문자를 천지와 비교하십니다. "율법의 한 획이 떨어짐보다 천지가 없어짐이 쉬우리라"(눅 16:17). 율법의 한 획의 무게가 하늘과 땅을 더한 무게보다 더 무겁다는 것입니다. 율법의 한 획이 없어지는 것보다 천지가 차라리 없어지는 편이 더 쉽다고 말씀하십니다. 구속의 역사가 하나님 나라의 시대로 전진한다고 해서 율법과 선지자가 무효화되지 않음을 이야기하신 것입니다. 하늘과 땅이 존재하는 한 구속사의 전진 가운데서 율법과 선지자는 여전히 유효합니다.

예수님은 하나님 나라가 결코 율법에 종지부를 찍는 것이 아님을 강조하셨습니다. 율법을 폐기하는 것이 아니라, 오히려 율법을 성취하는 것임을 확인하셨습니다. 예수님은 율법의 목표입니다. 모든 구약 약속의 성취입니다. 모든 율법과 선지자의 약속은 주님을 통해서 실현되었습니다. 할례와 같은 규정이나 정한 음식이나 부정한 음식에 관한 규정들은 더 이상 필요하지 않습니다. 예수님이 율법의 마침이 되셨기 때문입니다. 그렇지만 예수님은 율법을 무효화하고자 하는 그 어떤 시도에도 아니라고 강하게 말씀하십니다. 구약 성도들에게 도덕적 삶의 규범인 율법은 신약 성도들에게도 여전히 유효합니다. 율법이 명하고 있는 의무 역시 여전히 의무가 되고, 이는 오늘 우리에게도 율법이 금하고 있는 죄는 여전히 죄입니다. 오히려 율법의 명령들은 복음에 의해 설명되고 강화되며, 한층 더 영적인 모습을 갖게 됩니다.

예수님이 말씀하시는 누가복음 16장 16-17절의 요점은, 하나님 나라의 도래는 율법의 기능의 절정이라는 것입니다. 모든 가치와 도덕은 하나님 나라의 임재에 의해서 결정됩니다. 예수님이 오셔서 선포하고 가르치시는 것은 하나님 나라를 보여 줍니다. 하나님의 뜻을 나타냅니다. 예수님은 그들이 참으로 율법과 선지자를 중시했다면 하나님 나라를 알아보았을 것이라고 말씀하셨습니다. 바리새인들의 치명적인 문제는 기록되어 있는 성경 말씀에는 관심을 두지 않고 소위 전해 내려왔다는 구전 전통을 중시한 것입니다. 예수님은 당신이 옴으로써 율법과 선지자를 완성했다고 강조하셨지만, 그렇다고 해서 더 이상 율법이 유효하지 않다고 말씀하신 것은 아닙니다.

마태복음 5장에서 예수님은 율법이 어떻게 성취되었는지를 자세히 말씀하십니다. "또 간음하지 말라 하였다는 것을 너희가 들었으나 나는 너희에게 이르노니 음욕을 품고 여자를 보는 자마다 마음에 이미 간음하였느니라"(마 5:27-28). 간음하지 말라는 말씀은 율법에 있지만 그것은 잠자리만 같이하지 않으면 된다는 이야기가 아닙니다. 여자를 향해서 정결한 눈으로 바라보지 않으면 그것은 이미 간음한 것이라는 뜻입니다. 마태복음 5장 산상보훈의 설명처럼 주님이 오심으로 율법에 대한 이해가 한층 더 새로워졌습니다. 하나님 나라의 표준은 율법과 선지자의 기준보다 훨씬 더 높은 수준을 요구합니다. 지금까지 듣고 생각한 바와는 달리 새로운 이해를 요구하는 것입니다.

율법의 핵심은 마음과 뜻과 정성을 다해 하나님을 사랑하고 이웃을 내 몸과 같이 사랑하는 것입니다. 하나님처럼 온전하고 하나님의 자비하심처럼 자비해지는 것입니다. 그러나 우리가 어떻게 그 기준에 미칠 수 있겠습니까? 그러므로 희망이 없다는 것을 인정해야 살길이 보이기 시작할 것입니다. 우리는 하나님 나라에 들어가기 위해서 그 기준에 순종하는 것이 아닙니다. 오히려 이미 하나님의 백성이 되었기에 그 기준을 따라 살고자 하는 것입니다. 은혜 받은 자들은 자신을 새로운 백성으로 삼아 주신, 자신에게 새로운 소원을 주신 하나님의 뜻대로 살기 위해서 예배의 자리에 나옵니다. 그러다 보면 교회 계단을 올라가는 것부터가 은혜가 됩니다. '어쩌다 내가 이런 축복을 받게 되었을까?' 하고 은혜에 감격하여 찬송을 부를 때도 한마디, 한마디가 자신의 고백이 됩니다. 기도에 마음이 실립니다.

○

우리는 험한 시대를 살고 있습니다. 말세의 마지막을 살고 있습니다. 돈이 우리 삶의 주인이 되고 세상이 우리의 거처가 되면 우리는 주님의 교훈을 받아들일 수 없습니다. 그러나 성령이 우리 삶의 주인이 되시면 하나님이 원하시는 백성으로 살아갈 수 있습니다.

12.

부자와 나사로 (16:19-31)

재물에 대한 비판적인 글 모음 가운데 마지막 내용은 부자와 나사로의 비유입니다. 이 비유는 한 구절도 생략할 수 없는 완벽한 구성의 이야기입니다. 동시에 극적인 대조와 반전이 비유의 효과를 부각시킵니다. 예수님은 비유에서 부자와 가난한 나사로가 살았던 모습을 대조하면서 생전의 경제적인 삶이 사후의 상태를 결정하지 못한다는 교훈을 말씀하십니다. 이 비유의 의도는 무조건 가난한 자를 비호하거나 부자를 비판하려는 것은 아닙니다. 본문은 어떻게 해야 구원을 얻는지를 말하는 것이 아니라, 하나님이 우리에게 주신 재물을 어떻게 사용해야 할 것인지를 보여 주는 이야기입니다.

부자와 나사로, 대조적인 생전의 모습

　　본문의 첫 세 절(눅 16:19-21)에서는 부자의 호화로운 생활과 나사로의 비참한 생활이 극명하게 대조됩니다. 먼저 부자의 호화로운 삶을 살펴봅시다. 부자의 모습은 두 가지로 묘사됩니다. 첫 번째로 부자는 자색옷과 고운 베옷을 입고 등장합니다. 화학 염료가 없던 시절에는 자색 물감을 얻는 것이 쉽지 않았기에 서양에서는 자주색 하면 왕들이 입는 색깔(royal purple)로 통했습니다. 고운 베옷은 당대 부자들만 입을 수 있던 부드러운 속옷을 말합니다. 두 번째로 묘사되는 부자의 모습은 "날마다 즐겁고 호화롭게 살았다"(눅 16:19, 표준새번역)라는 구절에서 알 수 있습니다. 그는 날마다 산해진미가 넘쳐 나는 풍성한 삶을 살았습니다.

　이와 대비해서 가난한 사람 나사로의 처지를 살펴봅시다(눅 16:20-21). 나사로의 비참함이 아주 처절하게 기술되어 있습니다. 한마디로 질병에 걸린 가난한 거지였습니다. 요즘도 가난한 나라를 보면 아주 잘사는 상류층과 아주 못사는 하류층으로 양분되어 있습니다. 고대 로마 사회도 마찬가지로 중간층이란 없었습니다. 종종 가난한 사람들은 먹고살기 위해서 거지로 전락하기도 했습니다. 그런 처지라면 육체적인 질병을 앓아 헌데 투성이인 나사로가 할 수 있는 일은 아무것도 없었을 것은 당연합니다. 보기만 해도 불결한 자요, 헌데 투성이인 나사로의 몸은 심지어 개들이 와서 핥을 정도였으니 알 만합니다. 그리고 나사로는 경제적으로도 비참하기 그지없었습니다. 문자 그대로 극빈자입니다.

　부자의 대문 앞에 누워 있던 나사로의 유일한 소망은 소박했습니다. 그는 가난했지만 동시에 심령이 가난한 자였기에, 부자의 대문 앞에서 불평하고 울부짖으며 소동을 피운 것이 아니라 부자의 상에서 떨어지는 부스러기로 배불릴 수 있기를 바라며 조용히 얌전하게 누워 있었습니다. 한편, 가난하고 불쌍한 나사로를 향한 부자의 태도는 어떠했습니까? 조용히 무시했고, 동시에 해코지를 했다는 기록도 없습니다.

본문 21절은 "개들까지도 와서, 그의 헌데를 핥았다"(표준새번역)고 기술합니다. 이는 나사로의 비참함을 가중시킨 표현으로 이해할 수 있습니다. 개들이 헌데에서 나오는 피를 핥아 먹음으로 나사로를 죽은 것처럼 표현했지만, 그는 물리칠 힘도 없었고, 그 부잣집에는 개들을 쫓아 줄 만한 사람다운 하인도 없었던 것 같습니다. 아니면 이 표현은 개들이 헌데를 '빨아먹었다'고 하지 않은 것으로 볼 때 개들이 와서 헌데를 핥아 줌으로써 상처의 고통을 완화시켜 주었다는 해석도 가능합니다. 그러면 주인은 냉혹했지만 개들은 주인보다 나사로에게 더 자비했다는 말이 됩니다.

부자와 나사로에게 찾아온 죽음

본문 22절을 보면 부자와 나사로 둘 다 죽었습니다. 죽음은 제왕의 홀과 농부의 삽을 섞어 놓는다는 말처럼, 죽음은 부자나 가난한 자 모두에게 찾아옵니다. 신앙생활을 잘한 사람이나 그렇지 못한 사람에게도 찾아옵니다. 그렇기에 모든 사람은 빈부를 막론하고 죽음을 맞이할 준비를 하고 살아야 합니다. 언제든 죽음이 찾아올 수 있다는 것을 잊지 않으면 하루를 사는 것이 얼마나 행복한지 모릅니다. 생명은 하나님이 주신 특별한 선물임을 알게 됩니다.

다만 나사로는 죽었다고 간단히 기술된 반면 부자는 "죽어 장사되매"(눅 16:22)라고 묘사함으로 호화스러운 장례가 치러졌다는 것을 암시합니다. 가난한 나사로는 살았을 때도 사람대우를 받지 못했는데 죽은 다음 사람대우를 받았을 리 만무합니다. 아무데나 구덩이를 파서 아무런 장례 절차도 없이 나사로의 시신을 거기에 던졌을 것입니다. 그러나 어쨌든 가난한 나사로도 죽고, 이름 없는 부자도 죽었습니다. 이처럼 죽음은 모든 인간에게 동일하게 찾아옵니다. 그래서 모든 인간은 죽음 앞에 동등합니다. 그러고 보면 장례식의 웅장함은 그 사람의 진정한 행복과는 상관이 없다는 것도 진리입니다.

사실 여기까지는 아무도 거부 반응을 보일 필요가 없습니다. 세상은 오늘도 빈부의 차이가 있기 때문입니다. 그리고 두 번째 주제인 죽음의 문제도 이의를 달 이유가 없습니다. 모든 사람은 죽으며, 여기에는 빈부의 차별이 없습니다. 다만 지금부터 펼쳐지는 이야기는 각 사람의 입장에 따라서 달라질 수 있습니다. 이 세 번째 주제를 수용하는 사람은 신앙인이고, 거부하는 사람은 자연인입니다. 신앙인은 죽음 후의 삶을 믿을 뿐 아니라 또한 그 삶은 지금 우리의 삶과 무관하지 않다는 것을 믿습니다. 그 것을 수용하기 힘들면 예수님을 하나님의 아들, 우리의 구원자로 영접하고 주님이 말씀하시는 진리를 오늘부터 믿어야 합니다.

죽음 후의 대조적인 운명

"이에 그 거지가 죽어 천사들에게 받들려 아브라함의 품에 들어가고 부자도 죽어 장사되매"(눅 16:22). 한동안 세상에서 극과 극의 삶을 살다가 앞서거니 뒤서거니 차례로 죽었습니다. 두 경우 모두 '죽어'라는 꼭 같은 단어가 나옵니다. 그런데 죽은 다음부터 거지와 부자의 처지가 달리 설명됩니다. 앞서 언급했듯이 부자는 '장사되매'라는 단어가 부각된 반면에 거지는 그 과정 대신 "천사들에게 이끌려 가서 아브라함의 품에 안겼고"(눅 16:22, 표준새번역)라고 설명되어 있습니다. 아무리 화려한 장례식이라도 천사들에게 이끌려 가서 아브라함의 품에 안긴 것보다 더 영광스럽지는 못합니다. 하나님은 한 천사를 보내어 그를 맞이하신 것이 아니라 일단의 천사들을 파송하신 것이 틀림없습니다.

당신이 소망하는 것은 무엇입니까? 원한다고 잘사는 것도 아니고, 피한다고 못사는 것도 아닙니다. 살 때의 빈부 차이를 우리는 거부할 수 없습니다. 그리고 우리가 소원하든 않든 땅 위에 있는 모든 사람의 삶은 22절로 끝나고 맙니다. 운집한 조문객에 둘러싸여서 죽은 몸이 매장되는 장례식보다 천사들에게 받들려 아브라함의 품에 들어가기를 소원하십시오. 그러면 아브라함의 품에 들어간다는 것은 무슨 의미입니까? 하늘나라의 잔치에 동참했다는 것입니다. 세상에서 마지막 숨을 쉬고 나면 성도들의 영혼은 천사들의 호위 가운데 하늘나라로 안전하게 그리고 영광스럽게 모셔질 것입니다. 세상에서 나사로는 부자의 대문 안에도 들어가는 것이 허용되지 않았지만, 하늘의 궁정에서는 연회장으로 안내될 것입니다.

반면에 부자는 천국 대신 음부에 있습니다. 여기서 음부(陰府)는 '지옥'과 같은 의미로 사용되고 있습니다. 그러면 지옥이란 어떤 곳입니까? 주님은 이 지옥에서 일어난 일을 잠깐 공개하십니다. 세상의 그 누구도 보거나 알 수 없는 상황을 그림처럼 보여 주십니다. 사실 죽음 직후의 대조적인 상황보다 지옥이라는 상황 속에서, 특히 부자와 아브라함의 대화를 통해서 청중의 결단을 촉구하십니다.

죽어서 장사된 후에 부자의 영혼은 음부에서 고민 중에 눈을 들었습니다. 그의 고민을 더 가중시키는 장면이 비록 거리는 있지만 지금 눈앞에 펼쳐지고 있습니다. "눈을 들어 멀리 아브라함과 그의 품에 있는 나사로"(눅 16:23)를 보게 된 것입니다. 세상에서는 쳐다볼 가치도 없다고 여겨서 멸시하고 조소했던 바로 그 나사로가 천국의 복된 잔치 자리에 앉아 있습니다. 그는 나사로를 잔인하게 또는 야만적으로 대했던 것이 생각났을 것입니다. 그런데 지금 나사로의 복된 모습을 보자 그의 비참함은 한층 더 가중되었습니다.

부자와 아브라함의 대화를 들어 보십시오. 부자는 극심한 고통과 아픔을 견딜 수 없어서 거의 비명에 가까운 소리를 지릅니다(눅 16:24). 먼저 그는 "아버지 아브라함이여" 하며 경건한 호칭을 사용해 친분을 과시하려고 합니다. 그날이 오면 세상에서 한 번도 주님이라고 부르지 않았던 자들조차 주님이라고 부르며 애걸하게 될 것입니다. "내가 이 불꽃 가운데서 괴로워하나이다." 하나님의 진노의 불꽃, 그것은 자신을 고발하고 정죄하는 무시무시한 책망의 불꽃입니다. 사실 불로 고통을 받는 것보다 육신에 더한 고통은 없기에 이런 표현을 사용한 것입니다.

또한 그는 "나를 긍휼히 여기사 나사로를 보내어 그 손가락 끝에 물을 찍어 내 혀를 서늘하게 하소서"라고 말합니다. 긍휼의 시대가 끝나면 더 이상 애걸해도 소용이 없습니다. 지난날 나사로를 한 번도 긍휼히 여긴 적이 없는 자가 나사로를 통해 긍휼을 베풀기를 요청합니다. 불공정한 행위이지 않습니까? '손가락 끝에 물을 찍어'라는 말은 표현을 그렇게 한 것이지 실제로는 갈증을 달랠 수 있는 정도의 충분한 물을 요청한 것으로 봐야 합니다. 하지만 부자는 지옥에 가서도 부자처럼 행세하려 듭니다. 여전히 나사로를 자기가 부르면 달려올 정도로, 자기에게 호의를 베풀기 위해서 아브라함의 심부름을 할 정도로만 생각하고 있습니다.

아브라함은 그를 "얘"라고 부르며 그의 요청에 대해서 거부의 대답을 합니다. 이 호칭은 아브라함이 세상에서 너무 잘못 살았던 부자를 안타까운 연민과 슬픔을 가지고 부르는 말처럼 들립니다. 정말 부자는 세상에 살 때 온갖 좋은 것을 누렸습니다. 특히 "네 좋은 것"(눅 16:25, 개역한글)이라는 말은 그가 자신이 선택한 온갖 좋은 것을 마음껏 누렸다는 의미입니다. 아브라함은 부자가 좋은 것을 악용했다고 명시적으로는 말하지 않습니다. 다만 그는 풍성하게 베푸신 하나님께 감사의 인사를 한 적이 없었고, 받은 것에 대해서 보답하거나 그것을 선용한 일은 더더욱 없었습니다. 그는 살았을 때 모든 좋은 것을 원했으나, 장차 내세에서 주어질 더 좋은 것들에는 마음이 없었습니다. 그는 이제 좋은 것들은 모두 지나가고 나쁜 것들만 기다리는 처지에 있습니다.

부자는 세상에서 온갖 것을 다 즐기면서도 나사로와 같은 불쌍한 사람을 돕는 다른 '좋은 것'을 선택할 수도 있었을 것입니다. 하지만 한 끼 먹을 것도 주지 않던 그에게는 한 방울의 물도 허락되지 않습니다. 살았을 때 자신이 하던 방식대로 그것을 돌려받고 있습니다. 심판은 우리가 행했던 대로 받는 것입니다. 반면 나사로는 오직 '고난'만 받았습니다. 나사로에 대해서는 '그의' 고난이라고 말하지 않습니다. 나사로가 당한 불행이 그의 죄나 어리석은 결정의 결과는 아니었기 때문입니다. 그러나 이제 그들의 운명은 역전되었습니다. 나사로는 고통과 굶주림에서 위로를 받는 삶으로 바뀌었습니다(눅 16:25). 기억하십시오. 그날에는 각 사람의 행위대로 보응을 받을 것입니다(살후 1:6-7). 하나님의 공의는 불변합니다. 세상에서 환난을 받던 자들에게 안식으로 갚으시는 것은 하나님의 공의입니다.

왜 한 방울의 물도 허락되지 않는지, 왜 나사로를 보낼 수 없는지에 대해 아브라함의 대답이 이어집니다(눅 16:26). 그들과 부자 사이에는 '큰 구렁텅이가 놓여 있어' 아무도 왕래할 수 없기 때문이라고 설명합니다. 어떤 자비로운 성도도 음부에 있는 이들을 구원하러 갈 수 없고, 어떤 용감한 죄인이라도 그곳을 탈출할 수 없습니다. 죽음 다음에는 바뀌지 않습니다. 궁극적인 운명은 바뀔 수가 없습니다. 한 사람이 죽을 때 하나님이 내리시는 결정은 최종적입니다. 그래서 기독교는 죽은 자들을 위해서 기도하지 않습니다. 그런 이유로 살아 있을 때 복음을 전하기 위해서 최선을 다하는 것입니다. 때로는 무시를 받고 모욕을 당할지라도 운명은 살았을 때 결정되기 때문입니다.

부자는 자신의 부탁이 거절되자 다른 사람을 위한 요청을 합니다. 평생 다른 사람을 부리던 부자는 아직도 나사로를 자기 다섯 형제들에게 심부름꾼으로 보내기를 요청합니다(눅 16:28). 이에 아브라함은 답합니다. "그들에게 모세와 선지자들이 있으니 그들에게 들을지니라"(눅 16:29). 하나님은 성경과 설교자와 전도자를 통해서 사람을 구원하시는 분입니다. 하나님은 죽은 사람을 무덤에서 살려 내어 전도자로 사용하지 않으십니다.

부자는 강퍅한 형제들에게는 체험적 신앙이 필요하다고 말하지만(눅 16:30) 아브라함의 대답은 분명합니다(눅 16:31). 죽은 나사로의 소생에도, 주님의 부활에도 믿음으로 돌아서지 않았습니다. 자기 생활 방식에 집착하는 자들에게는 성경도, 하나님의 아들도 구제불능입니다. "그렇지 않습니다"라고 자신의 생각만 내세우면 절대 구원을 받지 못합니다. 그들을 아집과 독선에서 벗어나게 할 수 없습니다. 회개만이 새로운 시작입니다. "하나님을 사랑하고 이웃을 네 몸과 같이 사랑하라"는 말씀에 순종하지 않으면 희망이 없습니다. "가난한 자에게 관용을 베풀라"는 성경의 가르침에 귀 기울이지 않으면 죽은 자 가운데서 살아난 사람도 도와줄 수 없습니다.

우리는 세 번에 걸친 대화를 통해서 두 가지 중요한 교훈을 얻을 수 있습니다. 첫째는, 사후에는 더 이상 교류가 일어나지 않는다는 것입니다. 갈 수도 없고, 올 수도 없고, 구할 수도 없고, 도와줄 수도 없습니다. 둘째는, 모세와 선지자로 언급되는 성경이 얼마나 중요한지 생각해 보아야 합니다. 성경은 죽은 자가 살아나서 말하는 것보다 중요한 계시의 통로입니다. 이적보다는 말씀이 우선한다는 것입니다. 죽었다 살아나는 사람이 간증하는 것보다 주일마다 선포되는 말씀이 더 권위가 있습니다. 선포되는 말씀을 통해서 하나님은 영광 받기로 작정하셨기 때문입니다.

○

빈부의 차이를 말하거나 만인의 죽음을 보여 주는 말씀은 아무도 거부하지 않습니다. 문제는 천국과 지옥입니다. 지옥은 죽음 뒤의 세계로서 실제적인 공간입니다. 그곳은 말로 표현할 수 없는 고통과 고민이 자리한 곳입니다. 그리고 모든 것이 단절된 곳입니다. 지옥은 세상과 단절된 곳인 동시에 천국과 단절된 곳입니다. 더 나아가 모든 희망이 단절된 곳이라고 주님은 말씀하십니다. 그래서 단테(Dante Alighieri)는 《신곡》을 쓰면서 지옥문에 "이곳에 들어가는 자는 희망을 버릴지어다"라고 새겨 두었습니다. 이처럼 지옥은 하나님의 은혜뿐 아니라 더 이상의 구원도, 전도도 있을 수 없는 절망으로 가득한 장소입니다.

이제 결단하십시오. 우리 모두 고통과 고민이 없는 곳, 안식과 위로의 하늘나라를 소망하기를 바랍니다. 그러려면 이 세상에서 자신이 소유한 것으로 친구를 사귀어야 합니다. 주님은 불의의 재물로 친구를 사귀라고 말씀하셨습니다. 그러면 영원한 곳, 영원한 거처에서 주님이 우리를 맞이하실 것입니다.

13.

제자도의 네 가지 교훈(17:1-10)

/

이 장의 본문은 예수님이 제자들에게 하신 짧은 말씀들로 구성되어 있습니다. 문제는 여기에 나오는 네 가지 교훈이 서로 연관이 있느냐는 것입니다. 만약 서로 연관이 있다면 죄짓게 하는 일에 대한 경고는 용서와 믿음, 섬김에 대한 보다 긍정적인 권면과 대조를 이루고 있다고 볼 수 있습니다. 믿음은 신앙의 형제가 넘어지지 않도록 마음을 쓰는 것이고, 잘못한 형제를 용서하는 것이며, 보상을 바라지 않는 섬김으로 나타납니다.

이런 권면은 예수님의 제자들이나 오늘날 성도들이 교회 공동체를 세워 가는 데 꼭 필요합니다. 신앙은 내가 구원받는 것에 초점을 맞추는 것이 아니라, 이 세상 나라를 하나님 나라로 만드는 데 관심을 두는 것입니다. 그러므로 기독교는 개인적인 신앙 경험을 절대시하지 않습니다. 기독교 신앙은 사적인 문제가 아니라, 가족적이며 공동체적인 것입니다. 그러므로 네 가지 교훈은 서로서로를 세워 가야 하는 가족적인 책임과 연관되어 있습니다. 이 장의 본문은, 신앙인은 아무도 섬처럼 존재하지 않고 서로에게 숭고한 책임을 갖고 있음을 보여 줍니다. 그러므로 신앙 안에서 만나는 모든 사람이나 거기서 일어나는 모든 일을 새로운 시각으로 보아야 합니다.

제자도의 교훈 1
: 죄의 원인을 제공하지 말라

제자도의 첫 번째 가르침은 죄의 원인을 제공하지 말라는 것입니다. 본문 1절에서 주님이 말씀하시는 '실족하게 하는 것', 즉 죄를 짓게 하는 일이란 일차적으로 참된 신앙에서부터 멀어지게 하는 거짓 가르침을 뜻합니다. 가르침이 잘못되어서 잘못된 길로 갈 수도 있고, 우리가 하는 행동과 말이 다른 사람에게 나쁜 영향을 끼칠 수도 있습니다. 타락한 세상에서 근본적으로 타락한 사람들이 서로 관계를 맺고 살기 때문에 서로 죄짓게 하는 일이 없을 수는 없습니다. 그래도 그런 죄를 짓도록 원인을 제공하는 사람은 죄의 책임을 면할 수 없습니다. 면죄는커녕 그 죄가 얼마나 큰지를 예수님은 이렇게 말씀하십니다. "이 작은 자 중의 하나를 실족하게 할진대 차라리 연자 맷돌이 그 목에 매여 바다에 던져지는 것이 나으리라"(눅 17:2).

주님은 주위에 둘러선 사람들을 바라보며 '작은 자'라고 부르고는 당신의 자녀들을 향한 하나님의 관심을 표하십니다. 하나님의 자녀들을 향한 돌봄은 아기를 돌봄과 같습니다. '작은 자'는 하나님의 세심한 돌봄의 대상입니다. 그러기에 주님은 엄숙한 책임을 물으시는 것입니다. 다른 사람들을 잘못된 길로 인도하는 자들이 받을 심판은 두렵습니다. 부모의 눈에는 자기 자녀가 소중합니다. 그러나 그보다 훨씬 더, 하나님의 눈에는 하나님의 자녀들이 소중합니다. 그러기에 주님의 피로 값 주고 사신 자녀에게 잘못된 가르침을 전해서 하나님과의 관계에서 멀어지게 하고 죄악 된 삶에 빠뜨리는 죄악이 그처럼 크다고 선언하신 것입니다. 교인들을 잘못된 집단으로 인도하는 죄를 짓는 사람은 엄숙한 심판 아래 빠질 것이라고 주님은 선언하십니다.

그러므로 엄숙히 경고합니다. 누구든지 자기 생각에 따라서 교인들을 교회 바깥 모임으로 데리고 가서는 안 됩니다. 또한 가자고 해도 따라가지 마십시오. 반드시 공동체의 담당 목사에게 그 사실을 알려서 확인을 받고 행동하십시오. 교회의 성도는 하나님이 교회에 세우신 사역자들의 보호와 관리를 받을 특권이 있습니다. 당신의 백성을 사랑하시는 주님은 그 백성을 잘못된 길로 인도하는 자에게 차라리 목에 연자 맷돌을 매고 바다에 빠지는 편이 장차 받을 심판보다 가볍다고 엄숙히 경고하십니다.

이런 전통은 구약에서도 마찬가지였습니다. 구약성경은 이단을 퍼뜨리는 자를 향해서 긍휼히 여기지 말고 돌로 칠 것을 엄숙히 경고합니다 (신 13:6-10). 교회는 무엇보다 신앙 공동체입니다. 그러므로 신앙의 동질성은 교회의 생명과 같습니다. 같은 신앙을 고백할 때 비로소 형제자매로서 교제합니다. 그 밖의 모든 사람은 육신적으로 어떤 관계에 있든지 바깥 사람, 외인(外人)이라고 말합니다. 그러므로 그 어떤 잘못보다 이단을 퍼뜨리는 사람은 긍휼의 대상이 아니라고 성경은 경고합니다.

제자도의 교훈 2
: 회개하거든 용서해 주라

이어서 예수님은 제자도에 관한 두 번째 교훈으로 회개하거든 용서해 주라고 명하십니다. 경계와 용서에 관한 이 교훈은 형제의 잘못으로 인해 침해를 당한 당사자에게 주시는 말씀이지만, 동시에 당시의 모든 제자뿐만 아니라 오늘날 성도 모두에게 주시는 교훈임이 분명합니다. "만일 네 형제가 죄를 범하거든 경고하고 회개하거든 용서하라"(눅 17:3). 잘못한 형제에게 찾아가서 그의 죄를 분명히 지적하고, 그가 잘못을 뉘우치고 회개하도록 명하라고 하십니다. 그러나 이 경계와 용서는 해도 좋고 안 해도 좋은 권고가 아니라, 반드시 해야 하는 명령입니다.

다음으로 예수님은 "만일 하루에 일곱 번이라도 네게 죄를 짓고 일곱 번 네게 돌아와 내가 회개하노라 하거든 너는 용서하라"(눅 17:4)고 명령하십니다. 여기서 '일곱 번'이란 문자적으로 일곱 번까지라는 뜻이 아니라, 무제한의 용서를 의미합니다. 몇 번을 회개하든지 항상 용서해야 한다는 뜻입니다.

그러나 용서에 관해서 우리가 살펴야 할 것이 몇 가지 있습니다. 첫째, 오늘날 대다수의 신자들은 상대방이 회개하든 회개하지 않든 용서의 의무를 갖고 있다고 믿지만, 이것은 주님의 가르침이 아닙니다. 진정한 회개를 하지 않는 한 문제가 다 풀린 것이 아닙니다. 그러나 회개한다고 말하면 용서하고 나머지는 하나님께 맡기는 것이 좋습니다.

둘째, 주님은 죄를 범한 형제를 꾸짖으라고 말씀하시지만, 그렇다고 모든 사소한 잘못을 범하는 자마다 찾아다니며 꾸짖도록 명하신 것은 아닙니다. 오히려 사랑은 허다한 죄를 덮어 준다(벧전 4:8)고 성경은 말씀하니다. 그러나 하나님의 말씀에 신실하려면 때로는 진지한 책망을 해야 할 때도 있습니다.

셋째, 상대방이 회개했는지 우리가 어떻게 알 수 있습니까? 필요하다면 회개는 배상하는 등 삶으로 입증될 수 있습니다. 그러나 궁극적으로 사람의 마음은 하나님만이 읽으실 수 있습니다. 하지만 우리는 상대방의 회개를 받아들이도록 요구받습니다. 진정한 회개가 아니라면 하나님이 다루실 것입니다.

넷째, 용서는 감정이 앞서는 것이 아니라, 행동이 앞서야 합니다. 실제로는 용서할 기분이 아닐 수도 있습니다. 그러나 그리스도인은 기분대로 따라가는 사람이 아니라, 말씀이 명하는 대로 따라가는 사람입니다. 말씀에 순종하다 보면 기분이 따라갈 수 있습니다.

우리는 이렇게 용서의 네 가지 측면을 살폈습니다. 이제 각자 다음 질문에 답해 보십시오. 당신은 용서를 구해야 할 사람이 있습니까? 당신에게 용서해 달라고 하는데도 용서하기를 거부하고 있는 사람은 없습니까? 용서하기는 했지만 도저히 잊히지 않아 괴로워합니까? 뉘우치기를 거부하는 자에게는 징계를 해야 하지만, 우리는 그 사람을 위해서 계속 기도해야 합니다.

이러한 주님의 가르침에 제자들은 당황했습니다. 특히 일곱 번이라도 용서하라는 교훈은 감당할 수 없다는 느낌을 받은 것 같습니다. 그리하여 그들은 주님께 "우리에게 믿음을 더하소서"(눅 17:5) 하고 호소합니다. 그런 그들에게 주님은 답하십니다. "너희에게 겨자씨 한 알만 한 믿음이 있었더라면 이 뽕나무더러 뿌리가 뽑혀 바다에 심기어라 하였을 것이요 그것이 너희에게 순종하였으리라"(눅 17:6). 즉 그들의 믿음은 이미 충분하다는 답입니다.

제자도의 교훈 3
: 용서의 역량을 갖추라

제자도의 세 번째 교훈은 기도의 능력이 아니라 용서의 역량이라고 주님은 말씀하십니다. 모든 그리스도인은 용서할 믿음의 역량을 갖추고 있다는 뜻입니다. 그들이 이미 소유한 겨자씨 한 알만 한 믿음은 능히 기적을 가져올 수 있다는 의미입니다. "내 명령을 순종할 만한 큰 믿음이 없다고 말하지 마라. 사람을 용서하는 데는 겨자씨 한 알만 한 믿음만 있으면 충분하다"는 것입니다.

그때의 제자들이나 오늘 우리에게 더 큰 믿음이 필요한 것은 아닙니다. 살아 있고 생명이 있는 것이라면 겨자씨 한 알만 한 작은 믿음의 씨앗으로도 충분합니다. 사실 나무를 뿌리째 뽑고 산을 옮기는 것은 우리의 믿음이 아니라 하나님의 능력입니다. 하나님이 함께하시면 작은 믿음으로도 엄청난 기적을 이룰 수 있습니다. 믿음의 크기가 문제가 아니라, 오히려 작은 믿음이라도 누구에게나 나타날 수 있는 하나님의 능력이 더 중요합니다. 그러므로 지금 그들에게 필요한 것은 새로운 믿음을 더하는 것이 아니라, 소유한 믿음에 입각해서 행동하는 것입니다.

우리에게 필요한 것도 또 다른 큰 믿음이 아니라, 겨자씨 한 알만 한 믿음이라도 행사하는 것입니다. 그처럼 작아 보이는 믿음이라도 인간적으로 도무지 불가능한 일을 성취해 낼 수 있다고 주님은 약속하십니다. "아주 작은 믿음이라도 행사하면 이 뽕나무더러 뽑혀서 바다에 심기어라 할 때 그대로 될 것이다." 대부분의 사람들이 나무를 뽑아 보지 않아서 나무를 뽑는 것이 얼마나 힘든 일인지 잘 모릅니다. 다행히 요즘은 장비가 좋아서 잘 옮길 수 있지만, 그런 도구를 사용하지 않고 말로써 뽕나무를 뽑는 것은 기적입니다. 그러나 그보다 더 큰 기적은 그 뽕나무가 바다에 심기는 것입니다. 누가 뽕나무를 뽑아 주어서 옆의 땅에 심는 것은 저도 할 수 있습니다. 그런데 바다에 심는 것은 아무도 할 수 없습니다.

하나님이 이미 우리에게 주신 믿음을 기억하십시오. 자신의 죄가 사함 받았다는 믿음 없이는 아무도 그리스도인이 될 수 없습니다. 믿음은 회개에서 시작합니다. 회개와 용서를 믿을 때 우리는 신앙인의 길을 출발합니다. 그러므로 우리가 신앙인이라면 우리는 이미 다른 사람들을 용서할 충분한 믿음을 소유하고 있습니다. 하나님 나라는 용서할 때 시작하고 확장됩니다. 믿음은 크기나 양보다 그 질적 성격이 중요합니다. 즉 살아 계신 하나님을 믿는 참 믿음이 조금이라도 있다면 엄청난 기적의 사역조차 일어날 것이라고 예수님은 말씀하십니다.

이러한 능력의 행사는 누가복음에서 흔히 병을 고치고 귀신을 내쫓는 일과 관련을 갖지만, 이 문맥에서는 하나님 나라의 백성으로 살아가는 일과 관련이 있습니다. 겨자씨 한 알만큼 작아도 살아 있는 믿음이라면 도무지 불가능해 보이는 동일한 사람을 향한 일곱 번의 용서도 가능한 도전입니다. 그런데 사실 용서를 해 본 사람은 세 번 용서하는 것도 쉽지 않습니다. 그래서 제자들은 하루에 일곱 번 용서하라는 말씀에 도무지 자신들의 힘으로는 불가능하다는 것을 알았기 때문에 "우리에게 믿음을 더하소서"라고 호소했습니다. 현기증을 느낄 만큼 다급해졌기에 믿음을 더해 달라고 요청한 것입니다. 우리가 그리스도의 제자다운 능력 행사뿐 아니라 그리스도의 제자다운 용서의 삶을 사는 데는 더 많거나 큰 믿음이 중요한 것이 아니라, 우리가 가진 믿음을 적극적으로 행사하는 것입니다.

우리와 함께하는 하나님은 위대하십니다. 우리에게 주신 믿음은 하늘로부터 온 것입니다. 그러므로 주님의 요구를 실행하기에 충분합니다. 다른 사람의 삶에 걸림돌이 되지 마십시오. 다른 사람을 용서하는 삶을 살아가십시오. 적극적으로 행사하기만 하면 지금 우리가 가진 믿음으로 그러한 삶을 살기에 부족함이 없습니다.

"우리에게 믿음을 더하소서"라는 요청은 2천 년 전에 하고 끝난 것이 아니라, 지금도 동일하게 요청됩니다. 요즘도 사람들은 "나도 말씀대로 살고 싶어요. 믿음을 더하여 주세요. 큰 믿음을 주세요"라고 말합니다. 그러나 주님은 그들의 마음속에 있는 정곡을 찌르셨습니다.

그들의 근본 의도는 자기중심적이었습니다. 용서와 믿음의 순종하는 삶을 살기 위한 것이 아니라, 하나님을 믿는 믿음을 이용해서 큰 사역을 하고 싶은 욕망일 수도 있었습니다. 그래서 사람들로부터 박수를 받고 존경받는 영광을 누리고 싶었던 것입니다. 그래서 주님은 "너희에게 필요한 것은 더 큰 믿음이 아니다. 겨자씨 한 알만 한 믿음만 있으면 뽕나무가 통째로 뽑혀서 바다 위에 심기는 기적조차 일어날 수 있을 것이다"라고 지적하십니다. 제자들이 자신의 신분을 잊어버리고 하나님의 이름을 이용해서 영광을 누리고자 하는 욕망에 사로잡힌 모양입니다. 오늘 우리라고 이런 유혹에 면역 처리가 되었을 리 만무합니다.

제자도의 교훈 4
: 순종을 당연히 여기라

주님은 본문의 문맥에서 유추할 수 있는 대로, 쉽지 않은 제자의 길을 걷는다고 해서, 제자도에 따른 요구들을 성취했다고 해서 하나님께 무엇인가 요구할 것이 있다고 생각하는 잘못을 교정하기 위해 이 비유를 들고 계십니다. 그러므로 우리는 본문 말미에 실린 주님의 비유에 귀를 기울여야 합니다(눅 17:7-10).

상황은 2천 년 전으로 거슬러 올라갑니다. 어떤 집에 한 종이 있습니다. 그는 그 집에 한 명뿐인 종이기에 뭐든 주인이 시키는 대로 해야 하는 포괄적 책임을 지고 있습니다. 고된 노동을 하고 하루의 해가 넘어갈 무렵 종이 주인의 집으로 돌아옵니다. 그런 그에게 "어서 와서 식탁에 앉아라" 하고 말할 주인은 없습니다. 오히려 말하기를, "너는 내가 먹을 것을 준비해라. 내가 먹고 마시는 동안 너는 허리를 동이고 시중을 들어라. 그런 다음에야 먹고 마셔라" 하지 않겠느냐고 주님은 물으십니다.

2천 년 전 당시 종은 짐승처럼 일하기 위해서 존재하는 자였습니다. 심지어 로마 사람들은 자신들이 사용하는 도구에는 두 가지 종류가 있는데 말할 줄 모르는 도구와 말할 줄 아는 도구라고 말할 정도였습니다. 그러면서 주님은 하나님과 우리의 관계에 대해서 말씀하십니다. 하나님의 백성으로서 우리가 순종해야 하는 것은 제자의 기본입니다. 자신이 맡은 임무를 완수했다고 해서 내세울 것은 아무것도 없습니다. 자기의 위치를 알고 겸손하게 처신해야 합니다.

우리는 흔히 "하나님, 저는 이 일을 할 테니 하나님은 저 일을 해 주세요" 하고 계약을 맺을 때가 많습니다. 그러다가 뜻대로 되지 않으면, 사실은 마주 앉아서 사인을 한 적도 없는데, 계약을 지키지 않으셨다며 하나님께 일방적으로 투정을 부립니다. 하나님과 우리는 동등한 관계에서 계약을 맺은 적이 없습니다. 하나님은 우리의 창조주이고 구원자이시기 때문에 우리는 창조해 주신 것에 감사하고, 사람들 가운데서 하나님을 알게 해 주셔서 감사하고, 하나님을 찬송할 수 있게 해 주셔서 감사해야 합니다. 그래서 하나님의 뜻대로 살겠다고 절대 헌신하는 것이 신앙생활의 첫 출발입니다.

순종하는 것은 하나님을 위한 특별한 선물이 아닙니다. 그리스도의 제자가 되기를 원하는 사람이면 누구나 감당해야 하는 의무일 뿐입니다 (빌 2:3-4). 물론 주님은 이 비유를 통해서 섬김을 무의미하거나 무가치하다고 깎아내리신 것은 아닙니다. 다만 정당하다고 할 수 없는 자만심과 영적인 교만을 비판하실 뿐입니다. 신앙생활은 내가 무엇을 하든지 주님만 기쁘시게 하고 주님만 알아주시면 그뿐, 우리의 섬김이 하늘에서 해같이 빛나게 될 소망으로 하는 것입니다.

○

우리에게 반드시 새로운 큰 믿음이 있어야 하는 것은 아닙니다. 지금 있는 믿음으로 순종하면 놀라운 일들이 일어날 것입니다. 그리고 항상 기억하십시오. 하나님을 섬기는 것은 흥정의 문제가 아니라, 순종의 문제입니다. 충성과 순종은 성도가 마땅히 해야 할 의무의 시작일 뿐입니다. 만약 칭찬과 보상을 바라고 신앙생활을 한다면 하나님이 아니라 자신을 섬기는 것입니다. 당신은 무엇을 기대하며 믿음의 길을 걷고 있습니까? 본문에 포함된 교훈들, 즉 제자의 삶을 사는 데 마땅한 요구들, 하나님 나라를 성취하는 데 필요한 모든 것은 우리의 신분에 적합한 마땅한 의무일 뿐, 이것들을 실천했다고 해서 하나님께 권리를 주장하고 상급을 바라서는 안 됩니다. 오직 하나님께 "내가 할 일을 했을 뿐입니다. 나는 무익한 종에 지나지 않습니다"라고 말하는 것이 제자의 길을 걸어야 하는 우리의 바른 자세입니다.

2부

인자의 오심과
하나님의 임재

14.

그 아홉은 어디 있느냐 (17:11-19)

나병 환자 치유 사역의 이면적 의미

이 장의 본문에서는 나병 환자 열 명이 예수님께 고침을 받지만 오직 한 명만 돌아와서 찬양과 감사를 드립니다. 그는 사회에서 이방인으로 무시당하는 사마리아 사람이었습니다. 사실 누가가 그의 복음서에서 강조하는 주제 중 하나는 바로 이방인들의 놀라운 믿음입니다. 당시많은 유대 종교 지도자들은 예수님을 배척했지만, 수많은 이방인은 주님을 영접했습니다. "그 아홉은 어디 있느냐?"라는 예수님의 질문은 단순히보면 감사하지 않는 나병 환자들에 대한 질책처럼 보이지만, 핵심은 오히려 구원의 찬양과 감사로 충만한 이방인과 대조적으로 유대인들, 심지어나병을 치유받은 자들까지도 믿지 않았다는 철두철미한 불신앙을 탄식하시는 것입니다.

그러면 유대인들의 철저한 불신앙의 이유는 무엇입니까? 그것은 바로 그들이 하나님 나라를 잘못 생각했기 때문입니다. 한번 잘못된 생각을 가지면 계속 말해 주어도 바뀌지 않습니다. 반면 큰 소리로 하나님께 영광을 돌리며 돌아와 예수님의 발아래 엎드려 감사한 사마리아인은 치유를 통해서 하나님 나라를 경험했습니다.

사실 이 장의 본문인 누가복음 17장 11절부터 18장 8절까지는 새로운 부분을 시작하고 있습니다. 주제는 바로 인자의 오심, 하나님 나라의 임재입니다. "나병 환자를 말씀 한마디로 치유하신 분이 함께 있기에 '하나님의 나라는 너희 안에 있느니라'"라고 답하는 셈입니다.

나병 환자를 고치는 일은 단순히 불치병을 고치는 하나의 기적이 아니라, 선지자들이 예언한 메시아가 오신 상징적 사건입니다. 일찍이 주님은 "그러나 내가 만일 하나님의 손을 힘입어 귀신을 쫓아낸다면 하나님의 나라가 이미 너희에게 임하였느니라"(눅 11:20)라고 밝히신 바 있습니다. 그러나 바리새인들은 열 명의 나병 환자를 단숨에 고치신 치유의 사역은 부인할 수 없었으면서도 예수님을 약속하신 구원자로는 받아들이지 않음으로써 자신들 가운데 능력으로 임한 하나님 나라를 알지 못했습니다. 그래서 주님은 "하나님의 나라가 어느 때에 임하나이까"(눅 17:20)라고 묻는 바리새인의 질문에 "하나님의 나라는 너희 안에 있느니라"(눅 17:21)라고 대답하고는 이어서 제자들에게 인자의 날에 대한 교훈을 이어 가십니다. 그리고 이 주제의 마지막 단락에서는 항상 기도하고 낙심하지 말아야 할 것을 비유로 말씀하신 후 "그러나 인자가 올 때에 세상에서 믿음을 보겠느냐"(눅 18:8) 하고 마지막 도전을 하십니다. 이 같은 전체적인 그림을 배경으로 본문의 사건을 살펴봅시다.

나병 환자들의 부르짖음에 응답하신 예수님

11절 하반 절은 이 일이 일어나는 배경을 설명합니다. 먼저 때에 대한 언급이 있습니다. "예수께서 예루살렘으로 가실 때에." 그동안 함께 누가복음을 살펴본 사람이라면 이 말이 심상치 않은 표현이라는 것을 알 것입니다. 누가에 의하면 예수님은 세상 죄를 지고 가는 하나님의 어린양으로 예루살렘에서 제물이 되기 위해 그곳으로 가시는 분입니다. 그래서 9장 51절, 13장 22절에 이어 여기서 다시금 예루살렘으로 가신다고 밝히고 있습니다. 그리고 앞으로 점점 더 자주 예루살렘을 향하고 있다는 사실이 언급될 것입니다.

누가는 때를 밝히고 나서 "사마리아와 갈릴리 사이로 지나가시다가 한 마을에 들어가시니"(눅 17:11하-12상)라고 이 사건이 일어난 장소를 언급합니다. 갈릴리는 유대인 지역이었고, 사마리아는 유대인들이 경멸하는 사마리아인들이 사는 지역입니다. 어쩌면 갈릴리 남부와 사마리아 북부 사이의 경계 지역을 지나가시던 것 같습니다.

그때 사건이 일어났습니다. "예수 선생님이여 우리를 불쌍히 여기소서"(눅 17:13)라는 큰 소리가 들렸습니다. 한두 사람이 아니라 여러 사람이 멀리서 큰 소리를 치고 있었습니다. 왜 그들은 예수를 만나러 가까이 오지 않고 멀리 서서 소리를 높였습니까? 사람들에게 가까이 갈 수 없는 나병을 앓고 있었기 때문입니다. 당시 나병은 오늘날 암이나 에이즈 못지않게 무서운 병이었습니다. 특히 그 전염성 때문에 사람 사는 동네에서 살지 못했고, 사람들에게 가까이 갈 수도 없었습니다. 그래서 그들은 멀리 서서 소리를 높여 고함을 쳤습니다. 다급하고 절박하면 자기도 모르게 소리를 높이게 됩니다. 그렇게 소리칠 만큼 간절한 기도 제목이 당신에게는 있습니까? 성도에게는 절박한 간구의 제목이 있어야 전능하신 하나님을 바라보고 그분께 호소하는 특권을 누리게 됩니다. "예수님, 우리를 불쌍히 여기소서"라고 부르짖을 때 주님이 응답하십니다.

열 명의 나병 환자는 "예수 선생님이여"라고 부르짖었습니다. 달리 말해, 그들에게는 예수님에 대한 믿음이 있었습니다. 그것은, 예수님은 능력이 많은 분이기에 어떤 병이든 예수께서 불쌍히 여기시기만 하면 깨끗하게 나을 수 있다는 믿음이었습니다. 중요한 것은 '예수님이 어떻게 보시느냐'에 있다고 그들은 믿었습니다. 그래서 소리친 것입니다. 그들은 하늘이 내린 벌이라고 하는 자신들의 병조차도 주님이 불쌍히 여기시면 깨끗하게 낫게 하실 것이라고 믿었습니다. 이는 정말 놀라운 믿음이 아닙니까?

예배의 자리에 나아올 때마다 우리는 예수님의 큰 능력을 기억해야 합니다. 예배는 하나님의 위대하심을 인정하는 행위입니다. 예배는 예수님의 전능하심을 믿고 신뢰하며 고백하는 행위입니다. 예수님은 전능하신 하나님이요, 우리 생명의 주인이십니다. 성도의 목숨은 전능하신 하나님의 손안에 있음을 믿어야 합니다. 예수님이 불쌍히 여겨 주시기만 하면 우리의 문제는 해결됩니다. 당신은 열 명의 나병 환자 같은 믿음을 가지고 있습니까? 주님이 눈길을 주시기만 하면 삶이 달라질 수 있다는 것을 믿습니까? 그 믿음을 따라 부르짖는 삶을 살고 있습니까? 많은 사람을 만나 설득하는 것보다 더 중요한 것은 한 분 예수님을 만나는 일입니다. 정말 중요한 것은 예수님이 불쌍히 여기시는 것입니다. 그 사실을 안다면 부르짖는 것은 당연합니다.

모든 것을 내려놓고 부르짖는 기도는 참으로 중요합니다. 체면이나 자존심을 내려놓는 행동이기 때문입니다. 이런 믿음은 소중합니다. 그러나 기도해서 병이 낫고 기도해서 문제가 해결되는 것보다 더 중요한 것이 있습니다. 이제 주님은 부르짖는 나병 환자들을 향해 말씀하십니다. "가서 제사장들에게 너희 몸을 보이라"(눅 17:14). 지금 고쳐 주신 것이 아니라, 고쳐 주실 것을 믿고 제사장에게 가서 보이라는 것입니다. 예수님은 그들에게 무엇인가를 가르치려고 이런 명령을 하신 것입니다. 그 의도가 무엇입니까?

병이 낫는 것보다 더 중요한 것은 예수님의 말씀을 믿고 순종하는 것입니다. 문제가 해결되는 것보다 더 중요한 것은 예수님의 말씀을 따라 살아가는 것입니다. 주님은 열 명의 나병 환자의 믿음을 한 단계 더 끌어올리십니다. 믿음은 말씀대로 믿고 순종하는 것입니다. 믿음은 눈에 보이는 아무런 징조가 없어도 흐르는 물 위에 발을 내딛는 것입니다. 말씀에 순종해서 능력을 경험하면 또다시 말씀에 순종하는 능력을 경험하게 될 것입니다. 주님은 무한한 가능성을 바라보도록 의도하고 계십니다.

그 자리에서 바로 나병 환자를 고쳐 주시는 것과 그들이 자신들의 믿음을 한 번 사용하게 하시는 것에는 많은 차이가 있습니다. 이는 물고기한 마리를 주는 것과 물고기를 잡는 법을 가르쳐 주는 것의 차이와 같습니다. 당장 눈에 나타난 결과가 없어도 말씀만 믿고 계속 나가는 것이 신앙입니다.

수리아 장군 나아만처럼 선지자가 자기 생각대로 행동하지 않는다며 화를 내지 마십시오. 때로는 수로보니게 여인에게 하셨듯이 우리의 요청을 못 들은 체하시는 것이 우리의 믿음을 시험해 보는 동시에 우리가 기대한 그 이상으로 주시는 하나님의 응답일 수 있습니다. 말씀대로 순종하십시오. 그러면 알지 못하는 사이에 우리의 문제가 해결될 수도 있습니다. 당장 응답이 없다고 불평하는 것은 아주 어리석은 일입니다. 열 명의 나병 환자는 예수님의 명령에 순종하며 가다가 무서운 질병이 치료되었습니다.

질병의 치료보다 더 놀라운 구원의 선물

그런데 주님은 왜 가서 제사장들에게 몸을 보이라고 하셨을까요? 당시의 제사장은 오늘날 의사가 건강 진단서를 발부하듯이 나병이 나았는지 여부를 판정했습니다. 열 명의 나병 환자는 제사장에게 가는 길에 병이 나은 것을 알았습니다. 그때 유대인 아홉 명은 자기 갈 길을 갔고, 사마리아 사람 한 명은 예수님께 다시 돌아와 그 발 앞에 엎드려 감사했습니다. 사실 유대인들과 사마리아 사람들은 보통 함께 어울리지 않았습니다. 그러나 신기하게도 몹쓸 질병에 걸린 후에는 그들을 갈라놓았던 사회적 장벽이 사라졌습니다. 이전에 중요했던 신분의 차이는 응급실에서는 더 이상 통하지 않습니다.

하여간 지금 예수님을 찾아온 사람은 그 당시 세상에서 별 볼 일 없던 사마리아 사람입니다. 물론 피상적으로 보면 열 사람 가운데 한 사람만 감사한 것처럼 보이지만, 그랬을 리 만무합니다. 돌아오지 않은 아홉 명도 돌아온 사람만큼 매우 기쁘고 감사한 마음이었을 것입니다. 다만 차이는 감사를 표현할 시간을 내지 않았다는 것입니다. 빨리 가정에 돌아가고 속히 사회에 복귀하는 것만 생각하고 달렸을 것입니다. 그러다 보니 정작 병을 낫게 하신 주님, 기다리고 계시는 그분께로 나아가지 못했을 것입니다. 그래서 주님은 돌아온 한 사람, 사마리아 사람을 향해 물으십니다. "열 사람이 다 깨끗함을 받지 아니하였느냐 그 아홉은 어디 있느냐"(눅 17:17). 이 질문에 어떻게 반응하겠습니까? 우리는 아무런 근거도 없이 돌아온 한 사람과 자신을 동일시하려고 합니다. 그런데 실상 우리는 살면서 하나님이 베푸신 은혜에 감사하는 시간을 갖고 있습니까?

여기 돌아온 사마리아 사람의 행동을 주의 깊게 살펴보십시오. "자기가 나은 것을 보고 큰 소리로 하나님께 영광을 돌리며 돌아와 예수의 발아래에 엎드리어 감사하니"(눅 17:15-16). 나병이 무서운 이유는 감각이 죽어 버리기 때문이라고 합니다. 그렇다면, 그의 병이 치료되었다면 이전처럼 감각이 되살아났을 것입니다. 따라서 그는 병이 나은 것을 자각하고 주님께 감사를 드렸습니다. 이처럼 누구든 나병과 같은 불치의 병이 나으면 감사하는 마음을 가질 뿐 아니라 큰 소리로 하나님께 영광을 돌릴 것입니다. "저는 조용한 성격인데요?", "저는 소심한데요?" 하며 침묵할 수는 없을 것입니다.

보지 못하던 사람이 보게 되고, 걷지 못하던 사람이 걷게 되고, 죽었던 생명을 되찾게 되면 우리는 침묵할 수 없습니다. 하나님께 영광을 돌리는 우리의 태도가 달라질 것입니다. 우리의 표정이 밝아질 것입니다. 우리의 방향이 달라질 것입니다. 우리의 걸음이 빨라질 것입니다. 우리의 심장이 뛸 것입니다. 우리의 찬양이 새로워질 것입니다. 자기도 모르는 큰 소리가 터져 나올 것입니다. 아무도 강요하지 않지만 예수님의 발 앞에 엎드릴 것입니다. 하나님께 영광을 돌리는 것이 남은 삶의 목표가 될 것입니다.

예수님은 당신에게 돌아와 감사하는 것을 하나님께 돌아와 영광을 돌리는 것과 동일시하셨습니다. 사실 예수님은 메시아 시대가 도래한 대표적 표적인 나병을 고침으로 사마리아인이 아니라 동족 유대인이 당신에게 돌아와 하나님께 영광을 돌리기를 기대하셨습니다. 그랬기에 "이 이방인 외에는 하나님께 영광을 돌리러 돌아온 자가 없느냐"(눅 17:19) 하고 탄식하신 것입니다.

하나님께 영광을 돌리기 위해서는 반드시 예수님께 돌아와야 합니다. 예수님은 사람의 몸을 입고 세상에 오신 하나님의 아들이시기 때문입니다. 성전이나 회당으로 가기보다 먼저 병을 고쳐 주신 예수님께 돌아와야 하는 것은 그분이 세상에 오신 약속된 메시아이시기 때문입니다. 그분 안에서 새로운 시대가 열리기 때문입니다.

예수님이 누구라고 생각합니까? 그분을 새로운 시대를 여신 분으로 인정합니까? 그렇다면 우리가 드리는 예배는 달라질 것입니다. 감격과 찬송이 특징을 이룰 것입니다. 큰 소리의 찬양과 기도가 자리할 것입니다. 이런 변화가 있어야 비로소 우리는 그 아홉이 아니라 돌아온 한 사람과 자신을 동일시할 수 있을 것입니다. 예수 그리스도로 인해 삶이 변했습니까? 그렇다면 어디로 가고 있는지 확인하십시오. 당신을 새롭게 하신 분께로 향하고 있습니까? 그분께로 향하는 걸음이기에 빨라지고 있습니까?

우리가 드리는 예배는 놀라우신 하나님을 위한 시간이어야 합니다. 그러므로 우리의 마음, 우리의 생각, 우리의 의지는 주님께로만 향해야 합니다. 마음의 묵상과 입술의 찬양이 오직 주께로 향해야 합니다. 예배 시간은 가장 치열한 헌신의 시간이어야 합니다. 온 마음을 다해서, 뜻을 다해서, 힘을 다해서 하나님을 송축하십시오. 그것이 나병과 같은 죄를 용서받은 자들의 마땅한 바입니다.

주님은 오늘도 우리를 향해서 물으십니다. "열 사람이 깨끗해지지 않았느냐? 그런데 아홉은 어디에 있느냐? 하나님께 영광을 돌리려 되돌아온 사람은 이 이방 사람 한 명밖에 없느냐?" 주님은 비록 돌아온 한 사람으로 인해 기뻐하시지만 그 아홉에 대해서도 관심을 갖고 계시는 분입니다.

크신 은혜를 깨닫고 감사의 예배 자리에 나온 사람들뿐 아니라 크신 은혜로 살아가면서도 예배의 자리를 찾지 않는, 하나님께 영광을 돌리지 않는 사람들을 향해서도 관심을 가지십니다. 주님은 왜 그날 거기서 나병 환자들을 기다리고 계셨습니까? 기적은 예수님의 말씀을 듣고 가다가 일어났습니다. 그러나 주님은 그들에게 육체의 질병이 치료되는 것뿐 아니라 더 놀라운 구원을 주려고 기다리셨습니다. 기도로 치유되고 회복되는 것은 대단한 일임이 틀림없습니다. 그러나 그것이 전부는 아닙니다. 더 큰 은혜의 초청이 있습니다. 더 큰 축복의 자리로 나아갑시다.

주님이 나병 환자들을 기다리신 이유는 감사의 인사를 듣고자 함이 아닙니다. 그들이 자신들에게 일어난 일을 정확하게 이해했는지가 궁금하셨기 때문입니다. 그 일을 정확하게 선포하기를 원하셨기 때문입니다. 감격과 감사로 돌아온 한 나병 환자를 향해 주님은 선언하십니다. "일어나 가라 네 믿음이 너를 구원하였느니라"(눅 17:19). 나머지 아홉 명은 나병에서 고침 받는 선물만 받고 자신들의 길로 가 버렸기에 예수님이 주실 수 있는 구원을 얻지는 못했습니다. 그러나 돌아온 한 사람은 달랐습니다. 비록 성전의 구획을 보여 주는 팻말은 사마리아인인 그를 향해 이방인이라고 규정했지만, 주님은 그의 구원을 선언하셨습니다. 열 명의 나병 환자 가운데 오직 사마리아 사람 한 명만 "구원받았다!"는 선언을 들었습니다. 질병의 치유와 아울러 영혼의 치유까지 받았습니다.

그 사마리아인에게 구원을 가져다준 것은 그의 '믿음'이었습니다. 그의 믿음이 구원의 주체가 아니라 통로였다는 뜻입니다. 그에게 구원을 주신 분은 예수님이십니다. 그러나 주님은 당신을 새 시대를 여시는 분, 하나님과 동일한 분으로 알아본 그의 믿음을 강조하셨습니다. 누가는 아홉 명의 유대인 나병 환자와 대조를 이루는 한 이방인에 불과한 사마리아 사람

142

을 등장시킴으로 구원은 믿음으로 돌아서는 모든 사람을 위한 것임을 보여 줍니다.

○

주님 앞에서 큰 소리로 부르짖어 보십시오. 주님은 들으십니다. 그분은 세상의 구원자이십니다. 새로운 시대를 여신 그분을 만나면 우리의 삶은 달라집니다. 지금 자기 삶에 만족하지 못하고 있다면 한번 큰 소리로 부르짖어 보십시오. 그러면 주님은 반드시 듣고, 우리가 간구하는 것보다 훨씬 더 넘치도록 응답해 주는 분으로 찾아오실 것입니다. 큰 은혜를 입었습니까? 감사하는 시간을 꼭 가지십시오. 감사하면 하나님의 더 큰 은혜를 경험하고 더욱 성장할 수 있습니다. 육신의 회복뿐 아니라 구원받았다는 선언을 통해 영혼까지 회복되는 복된 자리로 나아가는 우리가 되기를 바랍니다.

15.

하나님 나라는(17:20-21)

이제 누가는 바리새인의 질문을 통해서 하나님 나라에 관한 관심을 부각시킵니다. 이 장의 본문은 바리새인들의 질문과 예수님의 대답으로 이루어져 있는데, 본문 두 절 가운데 '하나님의 나라'라는 말이 세 차례 반복해서 강조되고 있습니다. 그리고 예수님은 바리새인들에게 대답하신 후 같은 주제를 가지고 제자들에게 말씀하십니다.

하나님 나라를 다루는 본문을 대하면서 예수님 당시의 세상이 오늘 우리가 살고 있는 세상과는 관심사가 다르다는 사실을 발견합니다. 우리는 믿는 자든 믿지 않는 자든 너무나도 세속적이요, 하나님 나라에 대해서 관심을 두지 않는 시대를 살고 있습니다. 온 세상의 관심은 이 세상 나라지, 결코 하나님 나라나 그 나라에서 받게 될 상급이 아닙니다. 그러나 2천 년 전 사람들의 관심은 하나님 나라와 영적인 일에 있었습니다. 비록 바리새인들이 생각하는 하나님 나라는 잘못된 것이었고 제자들이 생각하는 하나님 나라 역시 불완전했지만, 그래도 그들 모두는 공통적으로 하나님 나라에 대한 관심을 표했습니다.

이러한 당대의 분위기를 파악하고 본문에 등장하는 바리새인들의 질문을 살펴봅시다. 물론 본문에서 하나님 나라의 임함에 대해 주님이 말씀하시게 된 직접적인 계기는 바리새인들의 질문 때문입니다. 그래서 예수님은 먼저 그들의 질문에 대한 대답으로 이미 임한 하나님 나라(눅 17:20-21)에 대해서 말씀하시고, 이어서 다가올 하나님 나라(눅 17:22-37)에 대해서 제자들에게 길게 말씀하십니다.

하나님 나라에 대한 주님의 답변

바리새인들이 예수께 나아와 "하나님의 나라가 어느 때에 임하나이까?"라고 묻습니다. 이 질문을 하는 바리새인들을 향해서 주님은 말씀하십니다. "하나님의 나라는 볼 수 있게 임하는 것이 아니요 또 여기 있다 저기 있다고도 못하리니 하나님의 나라는 너희 안에 있느니라"(눅 17:20-21).

바리새인들은 하나님 나라가 임하는 때와 시기에 대해서 물었습니다. 그런데 예수님의 답변은 마치 동문서답처럼 보입니다. 때와 시기에 관한 것은 없고, 단지 하나님 나라는 볼 수 있게 임하는 것이 아니라고 말씀하시는 것 같습니다. 그러나 자세히 살펴보면 결코 동문서답이 아닙니다. 예수님은 단지 그 질문에 나타난 표면적인 내용에 대해서 답을 하신 것이 아니라, 바리새인들이 마음속에 가지고 있던 실질적인 내용에 대한 답변을 주신 것입니다.

그렇다면 바리새인의 질문의 배후에 숨어 있는 기본 전제는 무엇입니까? 그것은, 하나님 나라는 어느 순간에 갑자기 눈에 보이게 올 수 있다는 것입니다. 곧 하나님 나라는 이스라엘 백성이 눈으로 볼 수 있게, 가시적으로 올 것이라고 생각했기 때문에 물은 것입니다. 바리새인들이 바라는 하나님 나라는 다윗 같은 왕이 나타나서 이스라엘을 부강한 나라로 만드는 것이었습니다. 그들은 어떤 능력 있는 사람이 주동해서 로마 군대를 다 몰아내기를 바랐습니다. 로마의 속박에서부터 정치적으로 독립할 뿐만 아니라 이스라엘이 다른 나라들을 정복하고 다스리는 것이 바로 하나님 나라의 건설이라고 생각했습니다. 말하자면 다윗 왕 때처럼 다시 한번 번영과 영화를 누리는 것이었습니다.

그러나 주님은 무엇이라고 답하십니까? 첫 번째 대답은 "하나님의 나라는 볼 수 있게 임하는 것이 아니요"(눅 17:20)라는 것입니다. 여기서 '보다'라는 단어는 자세히 살펴보는 것을 의미합니다. 그러나 하나님 나라는 눈으로 자세히 살펴봄으로 알 수 있는 나라가 아니라고 주님은 먼저 답하십니다. "하나님의 나라가 어느 때에 임하나이까?"라는 질문에 깔려 있는 기본 전제를 깨뜨리시기 위한 답변입니다. 고대인들은 짐승 한 마리를 잡았을 때의 내장의 모습이나 밤하늘의 별들을 살핌으로써 장차 일어날 일들을 예측하려고 했습니다. 주님은 이런 모든 시도는 부질없는 짓이라고 말씀하십니다.

그런데 신약성경에서 '보다'라는 단어는 '적의를 갖고 바라보다'라는 의미로 일관되게 사용하고 있습니다. 말하자면, 안식일에 예수님이 손 마른 자를 고치시는지(마 12:9-14), 또는 수종병이 든 자를 심어 놓고 예수님이 치유해 주시는지(눅 14:1-6)를 엿보는 경우처럼 말입니다. 그렇다면 주님의 말씀은 악의를 가지고 주님과 그분의 사역을 바라보는 자에게는 결코 볼 수 있는 나라가 아니라는 의미로 생각할 수 있습니다. 이처럼 예수님은 상대방의 질문 속에 숨어 있는 기본 전제를 파악하고 잘못된 것을 바로잡아 주십니다.

그러고 나서 주님은 바리새인의 질문에 대해서 "또 여기 있다 저기 있다고도 못하리니"(눅 17:21상)라고, 또 하나의 부정문으로 두 번째 대답을 하십니다. 그 당시 이스라엘 사람들은 시온 산을 중심으로 새 나라, 즉 하나님 나라가 건설된다고 믿고 있었습니다. 그러나 하나님 나라는 볼 수 없기에 여기 있다고도 할 수 없고, 저기 있다고도 못합니다.

주님은 이처럼 두 개의 부정문으로 답하신 후에 "하나님의 나라는 너희 안에 있느니라"(눅 17:21하)라고 하나의 긍정문을 통해서 설명하십니다. 말하자면 "하나님의 나라가 어느 때에 임하나이까?"라는 바리새인들의 질문에 숨어 있는 또 다른 기본 전제는 하나님 나라가 아직 오지 않았다는 것입니다. 물론 바리새인들이 바라는 하나님 나라(유대인들이 군사적으로 무장해서 로마 군대를 몰아내고 정치적으로 독립하는 것)는 아직 오지 않은 것이 맞습니다. 이것은 사실 바리새인들만의 생각이 아니라, "주께서 이스라엘 나라를 회복하심이 이때니이까"(행 1:6)라고 질문한 제자들이 가진 생각이기도 했습니다.

그러면 우리가 꿈꾸는 하나님 나라는 무엇입니까? 보통 하나님 나라라고 하면 믿는 사람들이 죽어서 가는 하늘에 있는 내세적인 나라를 생각합니다. 죽어서 천당 가는 일만 생각하다 보니 살아서 예수님을 어떻게 믿어야 할 것인가에 대해서는 관심이 없습니다. 그래서 교회가 세상의 소금과 빛의 역할을 해내지 못하는 것입니다. "하나님의 나라가 어느 때에 임하나이까?"라고 묻는 바리새인들에게 긴급히 필요한 것은 장차 올 하나님 나라에 대한 문제가 아니라, 지금 그들 가운데 이미 와 있는 하나님 나라를 인식하는 것입니다.

예수님은 하나님 나라가 임한 새 시대의 표적

우리는 바리새인들의 질문이 성경의 어느 부분에 자리하고 있는지를 잘 보아야 합니다. 본문 앞에는 주님이 나병 환자를 열 명이나 고치신 사건이 있었습니다. 이것은 새로운 시대, 메시아의 시대, 하나님 나라가 도래했다는 하나의 증거였습니다. 그럼에도 바리새인들은 하나님 나라가 언제 임하는지를 주님께 물었습니다. 해가 쨍쨍 비치는 대낮에 "이 동네는 해가 언제 뜨지요?" 하고 묻는 것과 마찬가지입니다.

"너희 앞에 서 있는 왕을 통해서 너희 가운데 계시는 하나님 나라를 영접하라"는 것이 주님의 심정이었습니다. "장차 그 나라가 영광 중에 임할 것이지만, 이미 그 나라는 너희 가운데 시작되었다"는 것이 주님의 말씀입니다. 하나님 나라는 볼 수 있게 임하는 것이 아니기 때문에 찾아다닐 필요가 없다는 설명인 동시에, 하나님 나라는 여기 있다, 저기 있다고도 말할 수 없다며 하나님 나라의 성격을 밝히신 것입니다. "하나님의 나라는 너희 안에 있느니라"라는 말은 너희 가운데, 곧 예수님 안에 오셨다는 의미입니다. 그래서 우리는 그 나라를 찾아 헤맬 이유도 없고, 들어가지 못할까 봐 안달할 이유도 없습니다. 바로 면전에 있기 때문입니다.

주님은 첫 설교에서부터 당신을 통해서 메시아 시대의 날이 임했다고 선포하셨습니다. "주의 성령이 내게 임하셨으니 이는 가난한 자에게 복음을 전하게 하시려고 내게 기름을 부으시고 나를 보내사 포로 된 자에게 자유를, 눈먼 자에게 다시 보게 함을 전파하며 눌린 자를 자유롭게 하고 주의 은혜의 해를 전파하게 하려 하심이라 하였더라"(눅 4:18-19). 사실 바리새인들도 예수님이 당신의 오심으로 주의 은혜의 해가 성취되었다고 주장하신다는 것을 알고 있었습니다. 그래서 그들은 어디에 하나님 나라가 오고 있는지를 물었습니다. 이에 예수님은, 하나님 나라는 당신 안에 임했으며 지금 도래했다고 답하셨습니다. 그런 의미에서 하나님 나라는 철저히 예수님과 더불어 시작하고 완성됩니다. 무슨 표적이 필요한 것이 아닙니다. 예수님 당신이 하나님 나라가 임한 새 시대의 표적이기 때문입니다. 하나님 나라는 사람의 눈에 보이지는 않지만, 통치를 받아들인 사람들 가운데 임한 나라입니다. 그분의 왕 되심을 마음으로 고백한 사람은 이미 하나님 나라에 들어온 것입니다.

본문의 핵심은 장차 나타날 인자의 날에 대한 것이 아닙니다. 바리새인들에게 절실한 문제는 미래가 아닌 현재에 나타난 하나님 나라였습니다. 이미 그곳에 임한 하나님 나라에 대해서 반응을 보이라는 것이 주님의 가르침입니다. 주님을 왕으로 고백하는 모든 사람의 마음과 삶 속에 하나님 나라는 이미 와 있습니다. 하나님 나라가 확장된다는 것은 복음이 많이 전파되어서 예수님을 믿고 하나님의 말씀대로 사는 사람이 많아지는 것입니다. 예수님이 말씀하신 하나님 나라는 이 세상 나라와는 대조되는 개념입니다. 그렇기에 주님은 "여기 있다 저기 있다고도 못하리니 하나님의 나라는 너희 안에 있느니라"라고 말씀하셨습니다.

비록 현재에 임한 하나님 나라는 사람 눈에 보이지 않지만, 이미 하나님 나라의 사람이 된 이들이 있습니다. 그리고 하나님 나라는 믿는 사람들을 통해서 눈에 보이지 않게 확장되고 있습니다. 마치 가루 서 말에 들어간 한 움큼의 누룩처럼 전체를 부풀게 할 것입니다. 하나님 나라는 삶의 모든 영역에 영향을 끼칩니다. 처음에는 우리의 생각을, 다음에는 우리의 감정을 그리고 우리의 의지를 하나님 나라가 장악해 들어갑니다. 그래서 정서까지 하나님의 통치 아래에 내어 드리면 항상 기뻐할 수 있습니다. 자신의 기분대로 사는 것이 아니라 감정까지도 주님이 다스리시는 나라라고 믿는 사람들은 주님이 말씀하시는 대로 순종할 수 있습니다.

복음의 능력이 당신을 변화시키고 있습니까? 그렇다면 기쁨, 기도, 감사의 삶이 당신을 특징지어야 합니다. 복음은 온 삶을 변화시키는 하나님의 능력입니다. 그분의 뜻에 따라 지극히 작은 자 하나를 섬길 때 하나님은 찬송을 받으십니다. 능력을 받은 사람들을 통해서 우리와 이웃한 사람들이 변화해야 할 것입니다.

장차 들어갈 하나님 나라를 믿습니까? 그렇다면 이 세상에서 하나님 나라의 백성답게 살아야 합니다. 하나님 나라는 이미 시작되었고, 주님이 다시 오실 때 완성될 것입니다. 우리의 삶 속에 있는 하나님 나라는 이미 시작되었지만 아직 완성되지 않았습니다. 우리는 우리의 관심을 하나님 나라로 향해야 합니다. 그 나라에 대한 이론적인 관심이 아니라, 우리의 삶 가운데 찾아오신 예수님을 경험해야 합니다. 예수님의 사랑이 우리 가운데 부은바 되면 우리는 하나님이 우리를 사랑하신다는 것을 알게 됩니다.

○

이제 우리 가운데 새로운 능력으로 찾아오시는 주님을 영접하십시오. 더 이상 어두움에 머물러서는 안 됩니다. 하나님의 능력을 믿고 생명을 사모하십시오. 절망에서 소망으로 나아가십시오. 미움에서 사랑으로 나아가십시오. 온 세상에 가득한 생명의 빛 가운데서 주님을 찬양합시다. 세상 모든 나라가 하나님의 통치 아래 들어오기를 소원하십시오. 이미 하나님 나라는 우리 가운데 뿌리를 내렸습니다. 꽃을 피우고 열매를 맺고 있습니다. 한날 공의가 보금자리를 트는 새 하늘과 새 땅이 임할 것입니다.

16.

때가 이르리니 (17:22-37)

///

누가복음 17장 20-21절에서 예수님은 "하나님의 나라가 어느 때에 임하나이까?"라고 질문한 바리새인들을 향해서 이미 임한 하나님 나라에 대해 말씀하셨습니다. 그리고 이어서 다가올 하나님 나라에 대해 제자들에게 길게 말씀하십니다. 바리새인들의 질문을 계기로 하나님 나라의 임함에 대해 폭넓은 교훈을 주시는 것입니다. 그러고 보면 예수님의 주된 관심은 질문을 제기한 몇몇 바리새인들에게 있지 않고, 당신을 믿고 따르는 당시의 제자들뿐만 아니라 오늘도 주님을 믿고 그분의 오심을 사모하는 모든 성도에게 있다고 생각할 수 있습니다.

앞서 주님은 눈에 보이게 임하는 하나님 나라에 대한 바리새인들의 편견을 바로잡아 주다 보니 '이미 임한 하나님 나라'를 강조해서 말씀하신 것이 되고 말았습니다. 하나님 나라는 이스라엘이 군대의 힘으로 모든 나라를 정복하는 나라가 아니라 "지금 너희 가운데 있다"고 선언하신 것입니다. 그러나 예수님은 가르침의 균형을 잡기 위해 다시금 '다가올 하나님 나라'를 제자들에게 상세히 설명하신 것으로 볼 수 있습니다. '어떻게'가 아닌 '언제'를 다루고 계시기 때문입니다.

사실 이 장의 본문인 누가복음 17장 22-37절은 큰 단락인 17장 20절부터 18장 8절까지의 중심 단락을 이루고 있습니다. 그리고 이 단락은 누가복음 21장뿐 아니라 마태복음 24장과 마가복음 13장에서 하신 주님의 감람 산 설교와 평행을 이루는 종말에 관한 집중적인 가르침입니다. 여기서 예수님은 제자들에게 하나님 나라의 완전한 실현이 미래에 있을 것이라고 경고하며 그들도 준비하고 있어야 한다고 교훈하십니다. 이는 하나님 나라가 예고 없이 갑자기 임할 것이기 때문입니다. 그래서 예수님은 "때가 이르리니"라고 관점을 다가올 미래의 날들로 옮기십니다. 그때가 임할 때의 현상들을 설명하십니다.

주님이 말씀하신 '때'

그러면 "때가 이르리니 너희가 인자의 날 하루를 보고자 하되 보지 못하리라"(눅 17:22)라는 말씀은 무슨 뜻입니까? 주님이 말씀하신 '때'는 어떠한 때입니까?

첫째, 극심한 박해 가운데 성도들이 주님을 대망하는 때입니다. 주님의 말씀은 말세에 환난과 박해가 심해져서 예수님의 나타나심을 몹시도 고대하게 될 것을 뜻한다고 볼 수 있습니다. 여기서 '보지 못하리라'라는 말은 제자들의 생전에 주님의 재림을 보지 못할 것이라는 의미로 보아야 합니다. 예수님의 초림과 재림 사이에는 중간 시기가 있을 것입니다. 예수님이 승천하시고 추종자들이 주님의 재림을 기다리는 이 중간 시기에 예수님의 재림을 둘러싸고 온갖 거짓 추측들이 난무할 것입니다.

둘째, 많은 거짓 선지자가 성도를 미혹하는 때입니다. 주님은 수정처럼 분명하게 경고하십니다. "사람이 너희에게 말하되 보라 저기 있다 보라 여기 있다 하리라 그러나 너희는 가지도 말고 따르지도 말라"(눅 17:23). 말세는 거짓 선지자들이 많이 나타나서 미혹하는 때일 것을 예고하고 경계하십니다.

주님이 재림하시기 전에는 반드시 미혹하는 때가 도래할 것입니다. 자신을 빛의 천사로 가장한 영의 활동이 홍왕할 것입니다. 자신을 진리의 사도로 내세우는 거짓 선지자들이 날뛸 것입니다. 어떤 이들은 예수님이 재림하실 정확한 날짜를 예언할 것이고, 어떤 이들은 재림을 믿는다는 이유로 성도들을 조롱할 것입니다. 또 어떤 이들은 자신이 메시아라고 자처할 것이며, 어떤 이들은 예수님이 이미 재림하셨다고 말하며 사람들을 속이고, 그 말을 믿고 따라가는 이들도 있을 것입니다. 이에 예수님은 그들의 말이 아무리 그럴듯하더라도 그들의 주장을 결코 진지하게 받아들여서는 안 된다고 경고하십니다. 메시아가 이미 오셨다는 말을 하는 사람이 있더라도 결코 가지도 말고 따르지도 말라고 경고하며 그 이유를 밝히십니다. "번개가 하늘 아래 이쪽에서 번쩍이어 하늘 아래 저쪽까지 비침 같이 인자도 자기 날에 그러하리라"(눅 17:24). 예수님이 다시 오실 때는 초림하실 때와 달리, 모든 사람이 어느 곳에서든지 보게 될 것이라는 의미입니다. 예수님이 재림하실 때는 천사장의 나팔 소리와 함께 온 세상 사람들이 동시에 오시는 주님을 맞이할 것입니다. 모든 사람이 직접 목격할 것이기 때문에 예수님의 재림 소식을 전파할 필요가 없을 것입니다. 그러므로 재림하신 주를 보기 위해 특정한 장소로 가거나 특정한 집회에 참석할 필요가 없습니다.

하나님이 우리에게 주신 것은 두려워하는 영이 아닙니다(딤후 1:7). 물론 하나님은 우리의 미래에 대해서 지금도 당신의 뜻을 알리실 수 있습니다. 그러나 그 뜻은 분명합니다. 말씀하셨으면 선악 간 그대로 이루십니다. 물론 우리에게 또 한 차례 비극이 닥칠 수도 있습니다. 그러나 그 어떤 경우에도 하나님은 우리를 사랑하시며, 우리에게 당신의 선한 계획을 가지고 계십니다(렘 29:11). 우리를 향한 하나님의 마음은 궁극적으로 평안이요, 미래와 희망을 주는 것입니다.

주님은 친히 말세가 되면 거짓 그리스도들과 거짓 선지자들이 일어나 큰 표적과 기사를 보여 할 수만 있으면 택하신 자들도 미혹할 것이라고 경고하셨습니다. 하늘에서 불이 내려오게 하고 병든 자를 일으키고 죽은 자를 살린다고 해서 그것이 한 사람을 사도로 입증하는 것은 아닙니다. 물론 사도 바울은 "사도의 표가 된 것은 내가 너희 가운데서 모든 참음과 표적과 기사와 능력을 행한 것이라"(고후 12:12)라고 말합니다. 그러나 고린도후서 6장 4-8절에서도 말했듯이, "오직 모든 일에 하나님의 일꾼으로 자천하여 많이 견디는 것과 환난과 궁핍과 고난과 매 맞음과 갇힘과 난동과 수고로움과 자지 못함과 먹지 못함 가운데" 있는 것을 오히려 하나님의 일꾼의 증거로 들이대고 있습니다. 그런 가운데서도 "깨끗함과 지식과 오래 참음과 자비함과 성령의 감화와 거짓이 없는 사랑과 진리의 말씀과 하나님의 능력으로 의의 무기를 좌우에 가지고 영광과 욕됨으로 그러했으며 악한 이름과 아름다운 이름으로 그러했느니라"라고 사도 바울은 고백합니다.

말세에는 자신을 빛의 사자로 가장한 많은 사람이 나타날 것입니다. 이리저리 쏠리며, 이 사람 저 사람에게로 향하지 마십시오. 본문에서만 아니라 주님은 감람 산에서 다시 교훈하셨습니다. "너희는 스스로 조심하라 그렇지 않으면 방탕함과 술 취함과 생활의 염려로 마음이 둔하여지고 뜻밖에 그날이 덫과 같이 너희에게 임하리라"(눅 21:34).

말세의 특징은 양극화입니다. 잘사는 사람들은 엄청 잘살고, 못사는 사람들은 아주 힘들게 지낼 것입니다. 방탕함과 술 취함으로 살아갈 수 있는 여유 있는 계층이 존재하는 동시에, 생활의 염려로 무엇을 먹고살 것인지에 대해 걱정하는 사람들로 나뉠 것입니다. 마음이 둔하여지기는 세상에 빠져 살든지 세상 가운데 걱정하며 살든지 마찬가지입니다. 주님은 말세에 대해 이야기하며, "이날은 온 지구상에 거하는 모든 사람에게 임하리라 이러므로 너희는 장차 올 이 모든 일을 능히 피하고 인자 앞에 서도록 항상 기도하며 깨어 있으라"(눅 21:35-36)라고 말씀하십니다.

이 재림이 있기 전에 먼저 초림하신 예수님은 당신이 많은 고난을 받고 버림받아야만 할 것을 제자들에게 가르치셨습니다(눅 17:25). 영광과 위엄 가운데 놀라운 재림의 사건이 일어나기에 앞서 예수님은 먼저 승천하셔야만 합니다. 그리고 승천에 앞서 반드시 먼저 많은 고난을 받으며 이 세대에게 버린바 되어 십자가에 못 박히셔야 할 것입니다. 그래서 지금 예수님은 예루살렘을 향해 가고 계십니다. 예루살렘에 가면 세상 죄를 지고 가는 하나님의 어린양으로 십자가에 죽임을 당하실 것입니다. 예수님께 고난과 버림, 사형을 주도할 종교 지도자들이야말로 '이 세대'의 주인공들입니다.

영광의 재림에 앞서 백성의 거부와 십자가의 고통이 있습니다. 하나님 나라는 반드시 도래하지만, 먼저 거부의 세력이 지배할 것입니다. 우선은 십자가를 피할 수는 없습니다. 주님께 그러했듯이 그분을 따르는 성도들에게도 고난이 극심한 박해의 때가 도래할 것입니다. 그러나 결국 하나님 나라가 모든 것을 장악할 것입니다. 이 세상은 우리 주와 그리스도의 나라가 될 것입니다. 언제 하나님 나라가 영광 가운데 도래할 것인지는 아무도 모르지만, 먼저는 주님의 고난이 그리고 교회의 복음 전파가 있어야 할 것은 분명합니다. 그러므로 주님의 분명한 가르침을 교회가 붙잡고 있다면 빨리 오지 않으신다고 안달할 이유도, 낙심할 이유도 없습니다.

셋째, 사람들이 세상에 몰입하는 때입니다. 예수님은 다시 마지막 재림 직전의 상황이 어떠할 것인지에 대해 길게 말씀하십니다. 인자가 나타나는 날은 노아의 때 대홍수가 일어나던 날이나 롯의 때 소돔에 불과 유황이 비 오듯 내리던 날과 같을 것입니다. 그들은 멸망이 임하기 전까지 먹고 마시고 장가들고 시집가며, 물건을 사고팔고, 곡식을 심고 집을 지었습니다. 한마디로 그들은 이 세상일에 부지런히 종사하고 있었습니다. 종말 자체를 생각하지 않았습니다.

물론 이런 일들 자체가 나쁜 것은 아닙니다. 하나님을 잘 믿는 성도들도 먹고 마시며 장가가고 시집갑니다. 그러나 문제는 하나님을 전혀 생각하지 않은 채 그저 세상일에만 매달려 빠져 있다는 것입니다. 이처럼 온갖 인간적인 계획과 욕심들이 난무하고 있을 바로 그때 하나님의 심판이 홀연히 임할 것이라고 주님은 경고하십니다.

성도는 세상 사람들처럼 재물의 유혹에 빠져 살아서는 안 됩니다. "그날에 만일 사람이 지붕 위에 있고 그의 세간이 그 집 안에 있으면 그것을 가지러 내려가지 말 것이요 밭에 있는 자도 그와 같이 뒤로 돌이키지 말 것이니라 롯의 처를 기억하라"(눅 17:31-32). 주님이 재림하시면 물건을 가지러 집으로 돌아갈 시간조차 허용되지 않을 것입니다. 예수님 시대의 가옥은 평평한 지붕에 옥외 계단이 있었습니다. 그들에게 지붕은 종종 여분의 생활 공간이기도 했습니다. 그리스도가 재림하시면 물질적인 것이 더는 중요하지 않을 것입니다. 지붕 위에 있는 자들은 무엇인가를 가져오기 위해서 집 안으로 다시 돌아가서는 안 됩니다. 들판에서 일하는 자들은 마을로 돌아가서는 안 됩니다.

그러면서 주님은 당시의 모든 청중이 익히 아는 사건을 말씀하시며 "롯의 처를 기억하라"고 경고하십니다. 분명 천사는 롯과 그의 가족들을 소돔 성에서 인도해 내면서 뒤를 돌아보지 말라고 경고했습니다. 롯의 처는 반강제적으로 악의 도시와 재물이 주던 안위를 철저히 버리고 떠나야 했지만 과거에 대한 미련을 버리지 못했습니다. 소돔 성에 있는 자기 집과 재산들이 불탈 때 그것이 아까워서 뒤를 돌아보았다가 소금 기둥이 되어 버린 그 여인은 오늘날 우리에게 세상을 사랑하는 자의 결국을 보여 주는 표본이 되고 있습니다.

마지막 순간이 도래하면 더 이상 도시와 재물이 주던 안위와 매력에 연연하지 마십시오. 이 세상 것은 다 지나가기 때문입니다. 기억조차 하지 말고 더러움을 피하듯이 멀리하십시오. 물론 이 말씀은 원래 예수님이 재림하시는 그날에 제자들이 취해야 하는 태도에 대해서 이야기하지만, 또한 말세를 살아가는 성도들의 삶의 자세에 대해서도 말합니다. 우리는 이 세상 재물에 마음을 빼앗기지 않고 주님께 마음을 쏟아야 할 신부들입니다.

그러므로 주님은 누가복음 21장에서 다시 한 번 이 시대를 사는 모든 성도에게 경고하십니다. "너희는 스스로 조심하라 그렇지 않으면 방탕함과 술 취함과 생활의 염려로 마음이 둔하여지고 뜻밖에 그날이 덫과 같이 너희에게 임하리라 이날은 온 지구상에 거하는 모든 사람에게 임하리라"(눅 21:34-35). 그날은 세상에서 나그네와 외국인으로 살던 성도들이 갈망하던 날입니다. 그러기에 성도들은 기뻐 뛰며 즐거워할 것입니다. 하지만 우주적 종말에 대해서, 최후의 심판에 대해서 조소하며 살던 자들은 숨 막히는 공포에 사로잡힐 것입니다. 그날이 올 것을 꿈에도 생각하지 않고 살던 자들은 아무런 대응도 하지 못하고 그대로 심판 아래 빠져들 것입니다. 지금은 늦어도 아주 늦지는 않았습니다. 아직 돌아설 기회가 있습니다. 하지만 그때는 더 이상 기회가 없을 것입니다. 이미 늦었기 때문입니다. 모든 것이 지나갔기 때문입니다.

예수님은 이 사건에서 일반적인 교훈을 이끌어 내십니다. "무릇 자기 목숨을 보전하고자 하는 자는 잃을 것이요 잃는 자는 살리리라"(눅 17:33). 이것은 또 한 번의 역설적인 가르침입니다. 자기 목숨을 보존하고자 하는 자는 잃을 것입니다. 이 세상의 재물을 택한다면 결국 재물도, 생명도 잃을 것입니다. 그러나 하나님을 택한다면 영원한 생명을 얻을 뿐 아니라 이 세상을 살아가는 데 필요한 모든 것을 하나님이 공급해 주실 것입니다. 하나님은 당신의 자녀들을 사랑하며 얼마나 세심히 돌보시는지 모릅니다. 순간순간마다 이 사실을 경험하며 살아가십시오. 우리가 마음으로 바라는 것을 입술로 토설한 적이 없어도 우리 하늘 아버지께서는 알고 계십니다.

예수님의 두 비유와 종말의 징조

궁극적인 결단을 촉구하고 나서 예수님은 마지막 날 재림 때에 있을 일에 대해 두 가지 비유를 통해서 말씀하십니다(눅 17:34-35). 이 두 비유는 갑작스러운 재림과 돌이킬 수 없는 분리를 경고합니다. 주님의 다시 오심은 갑작스러울 것이고, 반드시 최후 심판을 모든 사람에게 시행하실 것입니다.

첫째 비유는 두 남자 이야기입니다. 두 남자가 한자리에 누워 잠을 자고 있다가 한 사람은 데려감을 당하고, 한 사람은 버려둠을 당할 것입니다. 둘째 비유는 두 여자 이야기입니다. 누가는 일찍부터 남녀 평등 사상을 가진 듯 보입니다. 두 남자 비유를 했으니 두 여자 비유를 하는 것은 그에게 자연스럽습니다. 두 여자가 함께 맷돌을 갈고 있는데 한 사람은 데려감을 당하고, 다른 사람은 버려둠을 당할 것입니다. 겉으로는 두 남자나 두 여자에게 전혀 다른 점이 없어 보이지만, 단 한 가지 차이 때문에 영원한 분리, 영원한 이별을 하게 될 것입니다. 그것은 바로 예수님이 제공하시는 구원을 받아들였느냐에 달려 있습니다.

주님이 오시면 주님을 하나님의 아들로 믿고 구원자로 영접했는지, 아니면 전혀 관심을 보이지 않았는지, 혹은 온갖 조롱을 퍼부었는지에 따라서 영원한 운명이 결정될 것입니다. 영접하지 않은 자들은 함께했던 사람들이 데려감을 당하고 자신들은 뒤에 버려둠을 당한 사실을 알고 충격에 빠질 것입니다. 그날 주님의 데려감을 당하기를 원합니까? 그때 주님의 품에 안기기를 원합니까? 그렇다면 예수님을 영접하고 예수 믿는 사람답게 살아야 합니다.

예수님의 가르침을 듣고 있던 사람들은 궁금해졌습니다. 이 모든 일이 어디에서 일어날 것인지를 알고 싶었습니다. "주여 어디오니이까?"라는 그들의 질문에 주님이 답하십니다. "주검 있는 곳에는 독수리가 모이느니라"(눅 17:37). 죽은 시체들이 있는 곳에 독수리들이 모여든다는 것은 평범한 진리입니다. 바꾸어 말해, 독수리들이 모여드는 곳은 살육과 심판이 행해졌다는 것을 뜻합니다. 그런데 독수리는 한 장소에만 모여드는 것이 아닙니다. 어디든 주검이 있는 곳에는 독수리가 모여들듯이 살육과 심판도 특정 장소에만 국한되지 않을 것을 보여 줍니다. 이 세상 어디든, 이 우주 어디든 이 세상 재물과 향락에 빠져서 예수님을 믿지 않는 자들에게는 하나님의 무서운 심판이 있을 것입니다.

한 마리의 독수리가 머리 위를 원을 그리며 날고 있다면 큰 의미를 부여할 필요가 없습니다. 그러나 여러 마리의 독수리가 모여든다면 근방에 주검이 있음을 의미합니다. 마찬가지로 종말의 징조가 하나만 있다면 별 의미를 부여할 이유가 없지만, 많은 징조가 나타나고 있다면 재림이 임박했음을 예상해야 합니다. 주님은 재림의 징조들을 여러 번 말씀하셨습니다(막 13:8; 눅 21:11). 심판이 쏟아지기 전에는 징조들이 눈사태처럼 나타날 것입니다.

○

그날을 위해서 주님을 영접하고 늘 깨어서 기도하라고 주님은 명하십니다(눅 21:34-36). 뜻밖의 그날이 덫과 같이 덮치지 않도록, 장차 올 이 모든 일을 능히 피하고 인자 앞에 서기 위해서 항상 기도하며 깨어 있는 성도가 되기를 바랍니다.

17.

밤낮 부르짖는 기도(18:1-8)

주님의 재림을 기다리는 성도의 사명

누가복음 18장에는 얼핏 산발적으로 보이는 몇 가지 비유와 기적과 일화들이 나옵니다. 그러나 잘 살펴보면 하나의 일관된 맥이 흐르고 있습니다. 특히 대조적인 인물들이 등장하는데, 한쪽에는 사회적, 종교적 강자들(재판관, 관원, 바리새인, 어른 등)이, 다른 한쪽에는 약자들(과부, 세리, 어린아이, 장애인 등)이 자리하고 있습니다. 세상에서는 힘 있는 자들이 유리하지만, 하나님 나라의 관점에서 볼 때는 그렇지 않습니다. 이 역전의 중심에는 예수 그리스도가 계십니다.

17장의 종말론적 가르침에 이어서 본문인 18장은 종말의 시대를 살아가는 성도들의 신앙의 자세에 대해서 가르치고 있습니다. 가르침의 초점이 "항상 기도하고 낙심하지 말아야 할 것"(눅 18:1)에 모아지고 있지만, 동시에 그 배경을 이루는 "인자가 올 때"(눅 18:8)라는 종말론적 배경을 염두에 두어야 합니다. 그러므로 기도하고 낙망하지 말라는 명령은 앞 장에서 강조한 하나님 나라의 도래라는 관점에서 해석되어야 합니다. 예수님은 제자들이 불의한 세상에 살면서 그 나라를 기다리는 중간 시기에 어떻게 살아야 할 것인지를 이 장의 비유에서 가르치고자 하십니다.

주님이 택하신 자들은 박해와 고통을 겪고 주의 신원하심을 기다리면서 악의 문제, 고통의 문제, 정의에 대한 요구로 인해 매우 고민하게 될 것입니다. 이런 어려움과 씨름하면서 하늘 아버지를 바라보고 부르짖는 삶을 살아야 할 것입니다. 그러나 그날이 오면 불의는 물러나고 하나님의 궁극적인 승리가 찾아올 것입니다. 하나님이 택하신 자들의 원한을 갚아 주실 것입니다. 그러므로 이 짧은 비유는 하나님 나라의 도래를 강조하는 앞 단락의 결론 역할을 하고 있습니다.

오늘 우리는 인자가 나타날 날을 기다리고 있습니다. 모든 무릎이 주님 앞에 꿇고 모든 입술이 "예수 그리스도는 주님이십니다"라고 고백할 날을 간절히 대망합니다. 그날을 우리는 속히 보게 될 것입니다. 그렇다면 "하나님의 나라는 너희 안에 있느니라"(눅 17:21)라고 선포하신 주님이 승천하고 다시 오실 때까지 그 중간 시기에 우리가 할 일은 무엇입니까? 달리 말해, 그리스도인의 삶의 시작과 우리 삶의 온전한 완성 사이에 해야 할 우리의 사명은 무엇입니까?

우리는 복 받은 자들입니다. 우리는 이 질문에 대한 답을 찾으려고 노력할 필요가 없기 때문입니다. 세상은 우리에게 여기를 보라고, 저기를 보라고 할지 모릅니다. 그러나 주님은 밝히 말씀하셨습니다. "보라 저기 있다 보라 여기 있다 하리라 그러나 너희는 가지도 말고 따르지도 말라"(눅 17:23). 모든 것을 다 아시는 주님은 중간 시기에 우리에게 정확히 무엇이 필요한지를 다 아십니다. 그래서 본문의 이 비유를 제자들에게 들려 주십니다. 이 비유를 가지고 중간 시기를 사는 오늘 우리로 하여금 낙심하지 않고 기도하도록 일러 주십니다. 주님이 오시기까지 밤낮 부르짖기를 요청하십니다.

예수님은 제자들에게 이 비유를 통해서 공의를 구하는 기도를 중단하거나 재림에 대한 소망을 잃지 말 것을 가르치십니다. "내 억울한 것을 갚아 주십시오"라고 호소하는 것을 중단하지 말 것을 그리고 거기에는 반드시 보상이 이루어진다는 사실에 대해서 낙심하지 말 것을 말씀하십니다.

하나님의 백성은 밤낮없이 기도하는 자

비유에는 대조적인 등장인물이 주인공으로 나옵니다. 한편은 하나님도 두려워하지 않고 사람들의 의견도 무시하는 불의한 재판장입니다. 그는 이 세상의 불의한 권력을 대변합니다. 여기에 비해서 억울한 일을 당한 과부는 사회적으로 가장 약한 자를 대변합니다. 적대적인 세상에서 무력해 보이는 성도의 모습이기도 합니다. 두 등장인물 사이에 어떤 공통점을 찾기는 어렵습니다. 만일 재판장이 하나님을 조금이라도 두려워하는 마음을 가졌다면 하나님의 이름 때문에라도 과부의 억울함을 무시하지는 않았을 것입니다. 불의한 재판장이 정의를 호소하는 과부의 간청에 귀를 기울인 이유는 그 과부를 염려해서가 아니라 자기 자신을 염려했기 때문입니다(눅 18:4-5).

6-8절에서 주님은 말씀하십니다. "불의한 재판장이 말한 것을 들으라 하물며 하나님께서 그 밤낮 부르짖는 택하신 자들의 원한을 풀어 주지 아

니하시겠느냐 그들에게 오래 참으시겠느냐 내가 너희에게 이르노니 속히 그 원한을 풀어 주시리라 그러나 인자가 올 때에 세상에서 믿음을 보겠느냐." 여기서 우리는 종말을 살아가는 그리스도인의 기도의 특징을 발견할 수 있습니다. 어떤 의미에서는 땅 위의 모든 사람이 기도합니다. 사람들은 어려운 일을 만나면 나름의 절대자에게 간구합니다. 더 나아가 종교마다 그 나름의 기도가 있습니다. 그렇기에 과연 기독교의 기도에 눈에 띄는 특징이 있는가 하고 묻습니다. 주님은 그 특징을 '밤낮 부르짖는 것'으로 말씀하십니다. 그리스도인은 밤낮 부르짖고 기도합니다. 신앙인은 끈질기게 기도합니다.

하나님의 자녀들은 기도를 하다 말다 하지 않습니다. 그들은 하나님 앞에서 밤낮없이 호소합니다. 땅에 있는 성도들만이 아닙니다. 하늘 제단 아래 있는 하나님의 말씀과 그들이 가진 증거로 말미암아 죽임을 당한 영혼들도 쉼 없이 기도합니다(계 6:10). 성도들은 이 땅에서도, 저 하늘에서도 밤낮없이 기도합니다. 기독교의 기도는 이보다 낮은 수준이 결코 아닙니다.

그러면 밤낮없이 기도한다는 것은 정확히 무슨 의미입니까? 아무 일도 하지 않고 모든 일을 팽개친 채 기도에만 몰두한다는 뜻이 아닙니다. 기도는 결코 게으름으로 빠져드는 도피 행각이 아니기 때문입니다. 그렇다고 정한 시간에만 기도한다는 의미도 아닙니다. 그러면 무슨 뜻일까요? 먼저 우리 자신을 살펴보겠습니다. 우리는 식사를 하기 전에 기도하고, 잠자리에 들면서도 기도합니다. 물론 새벽이나 저녁에 규칙적으로 기도의 자리를 찾는 사람들도 있습니다. 이런 관습적인 기도 말고도 우리는 어려움을 만나면 기도합니다. 그리고 모든 그리스도인의 공식 모임은 대개 기도로 시작합니다.

그러므로 다시 질문합니다. 하나님이 택한 백성의 기도는 어떠해야 합니까? 우리의 기도 관습과 같을까요? 주님이 말씀하시는 기도가 일상적인 기도를 의미하겠습니까? 그럴 리 없습니다. 한마디로 말해서 밤낮 부르짖는 기도는 바로 '성령 안에서 드리는 기도'입니다. 성령이 우리에게 기도할 욕구를 주실 때마다 바로 그 순간 기도하십시오. 때로는 다른 일로 분주할 때도 우리는 기도할 수 있습니다. 성령의 충동을 따라 순간순간 기도하다 보면 우리는 진지한 기도의 욕구에 사로잡힐 것입니다. 기도에 전념할 수 있는 시간과 기도하기에 적절한 장소를 찾아서 기도하게 될 것입니다. 우리가 성령께 순종하면 할수록 우리는 끊임없이 기도하게 될 것입니다. 점차 우리는 더 깊은 기도의 시간을 가질 것입니다.

그리스도인의 기도는 다른 종교의 기도와는 전혀 다릅니다. 그러므로 오직 그리스도인만이 성령 안에서 밤낮없이 기도할 수 있습니다. 바로 그것을 본문 7절이 말씀합니다. "그 밤낮 부르짖는 택하신 자들의 원한을 풀어 주지 아니하시겠느냐." 달리 말해, '그 밤낮 부르짖는 자들'이 바로 택하신 자들입니다. 하나님의 택하신 자들만 밤낮 부르짖을 수 있습니다. '택하신 자'라는 단어가 그리스도인의 기도에 대한 모든 것을 말해 줍니다.

무엇보다 그것은, 끈질긴 기도란 무거운 임무가 아니라는 사실을 우리에게 말해 줍니다. 우리가 누구에게 말하는지를 알면 결코 짐스러운 사역이 될 수 없습니다. 우리를 자녀로 삼아 주신 하나님과의 대화는 우리에게 특권입니다. 하나님께 부르짖으면 삶이 완전히 달라집니다. 하나님께 부르짖기 시작하면 우리의 삶은 완전히 변합니다. 그분을 아버지라고 부르는 것은 사람이 경험할 수 있는 가장 큰 특권입니다.

기도, 하나님의 자녀로서의 사명이자 특권

하나님은 우리를 세상으로부터 선택하셨습니다. 죄로부터 우리를 불러내셨습니다. 하나님은 우리를 당신의 자녀로 삼으려고 부르셨습니다. 우리가 하나님을 부르기 전에 하나님이 우리를 당신께로 부르셨습니다. 사실 하나님이 먼저 우리를 부르셨기에 우리가 응답할 수 있습니다. 우리가 밤낮 그분을 부르짖기 전에 하나님이 먼저 우리를 밤낮 불러 회개하게 하셨습니다. 바로 그것이 은혜입니다. "너희는 은혜로 구원을 받은 것이라"(엡 2:5).

하나님의 은혜야말로 우리가 그리스도인의 삶을 시작한 지점입니다. 하나님의 은혜를 통해서 우리는 그분을 아버지라 부르게 되었습니다. 그러므로 하나님의 자녀 된 택함을 받은 자에게는 밤낮 부르짖는 것이 무거운 짐이 아니라, 땅 위에서 갖는 가장 달콤한 사명입니다. 밤낮 부르짖는 사명은 소위 특별한 은사를 가진 신자들에게만 주어진 것이 아니라, 이 시대를 살아가는 모든 그리스도인에게 주어진 것입니다.

이 모두가 은혜요, 특권입니다. 생각해 보십시오. 죄악 된 본성 때문에 우리는 처벌을 받아야 마땅한 존재입니다. 우리의 죄로 인해 멸망을 받아야 마땅한 자들임에도 긍휼이 풍성하신 하나님은 그 가운데서 우리를 구원해 주셨습니다. 마음에서부터 우리를 사랑하셨습니다. 하나님은 범죄함으로 죽은 존재였던 우리를 그 크신 사랑으로 그리스도와 함께 다시 살리셨습니다. 그것이 바로 은혜입니다. 그 모든 것이 그리스도 예수 안에서 베푸신 은혜입니다. 그분을 통해서 우리 성도들은 아버지 앞에 나아가는 자유를 누리게 되었습니다. 동일한 성령을 통해서 우리 모두는 하나님께 나아갈 자유를 행사할 수 있습니다. 때를 따라 돕는 은혜를 받기 위해서 하나님 앞에 담대히 나아가는 특권을 우리 모두는 갖고 있습니다.

우리는 더 이상 나그네가 아닙니다. 우리는 성도들과 함께 동일한 시민권을 가진 자입니다. 하나님의 가족의 일원입니다. 그러므로 우리는 하나님을 아버지라고 부릅니다. 밤낮 그분께 아뢰는 특권을 행사합니다. 이런 특권은 오직 하나님의 자녀들에게만 주신 것입니다. 하나님의 자녀는 밤낮 부르짖는 이 특권을 행사합니다. 항상 기도하고 낙심하지 않습니다. 이것이 바로 그분이 택하신 자의 특징입니다.

당신의 삶에는 하나님이 택하신 자의 이러한 특징이 있습니까? 하나님의 자녀로서 밤낮 부르짖는, 이 눈에 보이는 특징을 지니고 있습니까? 만약 "그렇다"는 분명한 대답을 할 수 없다면, 자신에게 다음 두 가지 질문을 해 보십시오. 첫째 질문은 "하나님과 나는 생명의 관계를 유지하고 있는가?"입니다. 예배의 자리에 나온 세월이 우리를 하나님의 자녀로 확증하게 하는 것은 아닙니다. 예배의 자리에 아무리 나와 있어도 하나님과의 관계가 없을 수 있습니다. 그리스도인의 삶의 출발은 하나님과 더불어 새로운 관계를 맺을 때 시작합니다. 둘째 질문은 "나의 삶에는 성령을 향한 절대적인 순종이 뒤따르고 있는가?" 하는 것입니다. 그래야 예수 믿는 기쁨을 누릴 수 있습니다. 항상 기뻐할 수 있습니다. 쉬지 않고 기도할 수 있습니다. 범사에 감사할 수 있습니다.

하나님이 택하신 자는 항상 이 특징을 지닙니다. 이 특징은 우리와 하나님 아버지의 살아 있는 관계에서부터 움트는 것입니다. 이 특징은 우리와 하늘 아버지의 내적인 관계에서부터 자라는 것입니다. 이 특징은 하나님의 성령께 순종하는 삶에서부터 꽃피는 것입니다. 왜냐하면 성령은 우리에게 기도하고자 하는 강한 욕구를 주시는 분이기 때문입니다. 기도의 소원은 그리스도 예수 안에 있는 자에게 허락하시는 거룩한 영적인 충동입니다. 포기하지 않고 끈질기게 기도한다는 것, 항상 기도한다는 것의 의미는 날마다 하나님이 응답하실 것을 확신하며 그분 앞에서 자신의 요구를 꾸준히 아뢰는 것을 뜻합니다.

믿음으로 산다는 것은 포기하지 않는다는 의미입니다. 하나님이 응답을 지체하실 수 있지만, 그분이 지체하신다면 항상 합당한 의미가 있을 것입니다. 그리스도인들은 하나님이 지체하신다고 해서 낙심해서는 안 됩니다. 하나님이 우리를 위한 답을 갖고 계심을 믿고 기도해야 합니다. 열심히 기도하는 것은 믿음을 북돋아 주는 것입니다. 열심 있는 기도는 소망을 새롭게 합니다. 열심히 기도하면 사랑으로 살아갈 자양분을 얻게 됩니다.

하나님의 백성은 밤낮없이 기도하는 자, 밤낮없이 부르짖는 자입니다. "하나님, 이 억울함을 풀어 주십시오. 세상을 심판해서 우리의 피를 갚아 주셔야 합니다"라는 한 맺힌 소원이 있어야 성도가 되는 것입니다. 그러므로 성도는 애통하는 자라고 주님은 산상보훈에서 말씀하십니다. 당신은 그런 고통을 가지고 세상에서 들려오는 소식을 대하고 있습니까? 밤낮 부르짖는 자는 한이 있어서 그런 것입니다. 성도는 세상을 살아갈 때 그런 기도의 제목을 가지고 사는 자입니다. 이것이 바로 인자의 오심을 기다리는 하나님의 자녀들의 사명이자 특권입니다.

구약 시대의 하나님의 자녀들을 보십시오. 모세의 기도를 들어 보십시오. "여호와여 돌아오소서 언제까지니이까 주의 종들을 불쌍히 여기소서"(시 90:13). 포로 후에 성도들은 이와 같이 기도합니다. "우리의 표적은 보이지 아니하며 선지자도 더 이상 없으며 이런 일이 얼마나 오랠는지 우리 중에 아는 자도 없나이다 하나님이여 대적이 언제까지 비방하겠으며 원수가 주의 이름을 영원히 능욕하리이까"(시 74:9-10).

요한 역시 환상 가운데 제단 아래 순교당한 영혼들이 큰 소리로 부르짖는 기도를 옮깁니다. "거룩하고 참되신 대주재여 땅에 거하는 자들을 심판하여 우리 피를 갚아 주지 아니하시기를 어느 때까지 하시려 하나이까"(계 6:10). 성경의 맨 마지막 책, 마지막 장에서 그 모든 것을 증거하신 이가 "내가 진실로 속히 오리라"(계 22:20상) 하실 때에 사도 요한은 고백합니다. "아멘 주 예수여 오시옵소서"(계 22:20하). 그뿐 아니라 "아버지의 나라가 오게 하시며 아버지의 뜻이 하늘에서와 같이 땅에서도 이루어지게 하소서"라고 오늘 우리도 기도합니다.

○

마지막 시대를 살아가는 성도들에게는 인자가 오실 것을 바라는 그 믿음이 요구됩니다. 그날이 생각처럼 쉬 오지 아니할 때 그날을 기다리는 신자들은 낙심할 수도 있기 때문입니다. 그래서 낙심하지 않고 항상 기도하는 것은 종말 시대를 사는 성도들의 특징이 되어야 합니다. 아버지의 마음을 움직일 줄 아는 성도들의 끈질긴 믿음의 기도가 세상의 불의와 권력의 벽을 넘어뜨릴 수 있는 힘이 됩니다. 인자가 다시 오시기까지 밤낮 부르짖는 기도에 당신의 목소리를 합하지 않겠습니까? 마라나타! 주님이 가까이 오십니다.

18.

두 사람의 기도(18:9-14)

누가복음 18장에 나오는 두 번째 비유 역시 첫 번째 비유처럼 기도를 다룹니다. 그러나 소재는 같아도 다루는 주제는 두 사람의 기도 내용, 기도하는 자의 마음 상태를 다루고 있습니다. 끈질기게 기도하는 것은 필요합니다. 그러나 동시에 기도하는 태도는 더욱 중요합니다. 이것은 기도의 신학자요, 성령의 신학자인 누가만이 전하는 비유입니다.

교회사를 통해 흐르는 두 부류의 인간

오늘날 교회에서는 서로 다른 두 가지 음성을 듣습니다. 잘 살펴보면 이는 교회사를 통해 언제나 있어 왔던 일이기도 합니다. 단지 때로는 분명하게, 어떤 때는 희미하게 들렸을 뿐입니다. 성경을 잘 읽어 보면 언제나 두 가지 음성을 들을 수 있습니다. 이 장의 본문에도 동일한 성전 안에서 두 가지 서로 다른 음성, 서로 전혀 다른 두 가지 신앙의 모습이 드러나고 있습니다. 누가는 지난 본문에 이어서 또 다른 두 부류의 인물을 등장시킵니다. 앞서는 잘나가는 재판장과 힘없는 과부를 등장시켰고, 여기서는 당대에 가장 신앙이 좋다는 평판을 듣던 바리새인과 당시에 가장 악랄한 죄인으로 취급당하던 세리를 등장시킵니다.

아주 대조적인 두 부류의 사람이 동시에 기도하는 상황이라면 당시 일반적인 사람들의 평가와 기대는 이미 결정되어 있었다고 볼 수 있습니다. 오늘 우리는 바리새인은 나쁜 사람, 세리는 착한 사람이라고 생각하지만, 당시 청중에게는 정반대였습니다.

두 사람이 성전에 올라가고 있습니다. 겉으로 보기에는 동일한 종교적 행위, 즉 기도하기 위해서 성전에 올라가고 있습니다. 서로 다를 바 없습니다. 하지만 주님은 "두 사람이 기도하러 성전에 올라가니 하나는 바리새인이요 하나는 세리라"(눅 18:10)라고 말씀하셨습니다. 그러므로 같은 예배의 자리에 두 그룹의 사람들이 있다는 것을 우리는 예상할 수 있습니다. 즉 예배의 자리에 함께 나아와 앉아 있다고 해서 모두가 같은 마음을 갖고 있지는 않다는 것입니다.

단지 한 바리새인과 한 세리를 비교하는 것이 주님의 궁극적인 목적은 아닙니다. 주님은 이 비유를 통해서 우리에게 말씀하고 계십니다. 같은 교회에서 같은 예배 시간에 앉아 있더라도 하나님께 나아가는 아주 다른 방법이 있다는 것에 대해 생각해 보았습니까? 예수님은 비유를 통해서 하나님께 나아가는 방법이 서로 전혀 다를 수 있다는 것을 말씀하고 계십니다. 그것이 성경적인 분석입니다. 아담과 하와의 가정에 태어난 두 아들이 각각 그 나름의 제사를 드렸지만 하나님은 아벨의 제사만 받으셨습니다. 하나님은 본문뿐 아니라 역사의 마지막까지 두 가지 흐름이 하나님의 교회 안에 있을 것을 내다보셨습니다.

그렇다면 우리는 둘 중 하나일 것입니다. 제3의 선택은 없습니다. 당신은 어디에 속해 있습니까? 바리새인입니까, 아니면 세리입니까? 이 질문은 우리의 바람이 아니라, 우리의 실상을 묻는 것입니다. 장차 어떤 사람이 되고 싶으냐고 질문한 것이 아니라, 지금 어떤 부류의 사람이냐고 묻고 있습니다. 우리 중 아무도 바라지는 않지만, 우리 각 사람은 바리새인일 수 있습니다. 그러므로 우리는 잘 생각해 보아야 합니다.

옛 바리새인과 현대판 바리새인

바리새인은 어떻게 하나님께 나아가고 있습니까? 누가복음 18장 11절을 다양한 번역본으로 살펴보면 다음과 같습니다. "바리새인은 서서 따로 기도하여"(개역개정). "바리사이파 사람은 보라는 듯이 서서"(공동번역). "바리새파 사람은 서서, 혼자 말로 이렇게 기도하였다"(새번역). 번역마다 조금씩 다르지만, 이 짧은 구절은 하나님께 나아가는 그의 태도에 대해서 많은 것을 말해 줍니다. 잘 보면 여기서 주님은 그의 행동을 먼저 기술하십니다. 한 사람의 행동은 한 사람의 말과 같이 중요하기 때문입니다.

바리새인은 왜 따로 서서 기도했습니까? 아마 그는 다른 사람들보다 자신이 더 중요하다고 생각했을지 모릅니다. 어쩌면 기도하기에 가장 좋은 장소는 당연히 자신의 차지라고 생각했기 때문일 수도 있습니다. 바리새인과 세리, 두 사람의 사회적 지위뿐 아니라 기도하는 장소 또한 중요한 요소로 등장합니다. 그들은 다른 곳이 아닌 성전에서 기도합니다. 성전이야말로 바리새인의 영역입니다. 단순히 바리새인의 의로운 행위뿐 아니라 성전을 위한 그들의 열심을 생각하면 누구보다도 유리한 위치에서 기도할 수 있는 사람입니다. 다시 말해, 바리새인이 따로 서서 기도한 이유는 자신이 거룩하다고 생각했기 때문입니다.

바리새인은 자신이 다른 사람들과 함께 기도할 수 없다고 생각했습니다. 흠 없는 삶을 유지하고자 하는 그의 욕심은 자기 의라는 생활 방식으로 굳어졌습니다. 혹시 당신에게는 이런 태도가 없습니까? 다른 사람들과 어울려서 손뼉을 치고 찬송하는 것이 불편한 적은 없습니까? 새벽에 당신이 기도하던 자리에 누군가가 앉아 기도한다면 마음이 어떨 것 같습니까? 혹시 불편할 것 같습니까? 그렇다면 자신의 마음 깊숙한 곳을 살펴야 합니다. 기도하는 사람의 바른 태도는 무엇보다 겸손한 것입니다. 자신의 선한 행위와 열심을 하나님의 은혜와 거래하지 마십시오.

자신은 하나님과 바른 관계를 갖고 있다고 자부하고 남을 무시한다면 우리 자신이야말로 바로 본문에 나오는 바리새인과 동일합니다. 다만 오늘날의 바리새인은 오히려 세리의 말들을 사용하려 듭니다. 그러기에 우리가 사용하는 단어나 찬송하는 내용이나 표현하는 신학적인 입장을 살펴보면 본문의 바리새인과 비슷한 점을 발견하기가 어렵습니다. 그러나 잘 관찰하면 바리새인의 태도와 닮았다는 것을 알 수 있습니다.

오늘날의 바리새인은 옛날 바리새인처럼 단순하거나 순진하지 않습니다. 그러므로 더 이상 "나는 이레에 두 번씩 금식하고 또 소득의 십일조를 드리나이다"(눅 18:12) 하고 동일한 단어로 기도하지 않습니다. 한편 자신이 그렇게 하지 않는 것을 잘 알기 때문입니다. 그러나 여전히 지금 자신의 모습으로 평안하고, 자신이 하는 행동으로 만족합니다. 이들은 '행위로는 구원을 얻지 못한다'는 것을 잘 알고 주장합니다. 선한 행위로 자신을 구원하려 들기에는 너무 영악합니다. 교리에 있어서, 특히 이신득의 교리에 있어서는 너무 영리합니다. 그래서 선한 행위를 하고자 하는 열심도 없는 게으르고 악한 사람으로 남아 있습니다.

그러나 조심하십시오. 그리고 주님이 하시는 말씀을 귀담아 들어 보십시오. "좁은 문으로 들어가기를 힘쓰라 내가 너희에게 이르노니 들어가기를 구하여도 못하는 자가 많으리라"(눅 13:24). 주님이 이 말씀을 누구에게 하셨습니까? 즐겨 말씀을 듣는 자리에 나온 사람들에게 하셨습니다. 이방인이 아니라 외형적으로는 이스라엘 사람, 하나님의 자녀들에게 하신 경고입니다. 지금 자신의 모습으로 만족하지 마십시오. 자신이 다른 사람들과 같은 죄인이 아니라고 하는 사실로 감사하지 마십시오(눅 18:11). 사실 이 바리새인은 여러 가지 면에서 다른 모든 사람과 같지 않았을 것입니다. 말할 것도 없이 그 세리와도 아주 달랐을 것입니다. 하지만 그래서 그는 자신이 죄인이 아니라는 오류를 범했습니다. 그렇기에 그는 자신의 유리한 점들을 열거한 것입니다.

정말 우리는 대책 없는 자들입니다. 사람을 동일한 잣대를 가지고 판단하지 않습니다. 그러다 보니 자신의 유리한 항목을 내세워서 하나님을 설득하려고 합니다. 자신의 유리한 항목을 가지고 자신에게 만족하거나 자신을 내세우지 마십시오. 만약 하나님을 잘 믿고 남보다 착하다고 생각한다면 거룩한 삶에서 그것을 보여 주십시오. 옛 바리새인은 다른 이들과는 다른 무엇인가를 하고 자신이 한 것을 신뢰합니다. 오늘날 바리새인은 아무것도 하지 않고 그것을 자랑합니다. 아주 잘못된 태도입니다. 아무도 자신의 행위로 구원을 받을 수 없습니다. 그러나 예수 그리스도의 보배로운 피로 구원을 받은 자라면 거룩한 삶을 살아야 합니다. 예수님의 거룩한 피가 옛 죄의 사슬에서 우리를 해방시켰기 때문입니다. 그러므로 우리는 거룩한 삶을 살 수 있습니다.

바리새인의 근본적인 문제는 자신은 모두 옳다고 여기는 것입니다. 하지만 그는 외치지 않습니다. 공개적으로 소리치기에는 너무 영리합니다. 오히려 그는 이렇게 말하며 자부합니다. "아직도 여기저기 문제가 남아 있지만 대체로 말해서 나는 괜찮다." 일반적으로 말해서 가정생활에 대해, 신앙생활에 대해, 기도 생활에 대해, 헌금 생활에 대해 꽤 자부심을 갖고 있습니다. 모든 것을 자신이 세운 기준에 따르기에 보기에 부족한 것이 없습니다. 물론 아무도 자신의 기준을 따라 평가한다고 말할 리 없습니다. 성경이 신앙과 행위의 유일한 기준이라고 주장합니다. 그러나 자신에 대한 그들의 평가는 그들의 기준이 자신의 잣대라는 것을 폭로합니다.

우리가 보기에 우리는 항상 옳습니다. 그러나 성경의 지혜는 이렇게 말씀합니다. "미련한 자는 자기 행위를 바른 줄로 여기나 지혜로운 자는 권고를 듣느니라"(잠 12:15). "사람의 행위가 자기 보기에는 모두 깨끗하여도 여호와는 심령을 감찰하시느니라"(잠 16:2).

세리의 기도가 우리의 기도가 되어야

이제 13절에 등장하는 세리를 살펴봅시다. 여기서 주님은 세리의 행동에 대해 길게 설명한 후 기도의 내용은 짧게 전하십니다. 바리새인과 아주 좋은 대조입니다. 사실 바리새인의 경우에는 기도의 내용을 길게 옮기셨습니다. 말이 많은 신앙을 조심하십시오. 바리새인은 감사로 기도를 시작했습니다. "하나님, 제가 저들과 같지 아니한 것을 감사합니다."

기도의 순서로서는 참 좋습니다. 어쩌면 그에게는 바른 순서가 중요할지도 모릅니다. 이제 바른 순서로 긴 기도를 하고 있는 바리새인으로부터 멀리 서 있는 세리에게 초점을 옮겨 봅시다. 두 사람이 서로의 기도 소리를 듣고 있었는지는 관심할 바 아닙니다. 다만 이 비유에서 세리는 기도하기 위해 성전을 찾았고, 자신이 지은 죄를 확실히 알고 있었습니다. 그는 자신을 비천한 존재로 인식하고 있었기에 하나님의 얼굴을 구하며 하늘을 우러러보지도 못했습니다. 그는 가슴을 치며 애통했습니다.

세리는 성전에서 가장 주눅이 들 수밖에 없습니다. 그는 성전 유지를 위해 돈을 내는 사람도 아니고, 성전을 위해 돈을 거두는 사람도 아닙니다. 그는 로마를 위해 돈을 거두는 사람입니다. 사실 어떤 면에서 그는 성전을 허는 사람입니다. 성전에서는 감히 고개도 들 수 없는 사람입니다. 그런 그가 자신을 죄인으로 인정했습니다. 그리고 자신의 죄를 확실히 깨닫고 용서를 구할 수 있는 한 장소, 성전으로 찾아와 하나님이 자비를 베풀어 주시기를 기도했습니다. 다만 그는 "하나님이여 불쌍히 여기소서 나는 죄인이로소이다"(눅 18:13)라고 부르짖을 뿐입니다.

여기 '불쌍히 여기소서'는 신약에서 매우 드물게 나오는 표현입니다. 이는 로마서 3장 25절에 기록된 '화목 제물'이라는 단어와 관계됩니다. 세리가 구할 것은 오직 하나님이 그의 죄를 덮어 그 진노를 옮겨 주시는 것뿐입니다. 세리의 기도는 바리새인의 기도와 아주 대조적입니다. 개역개정에서 바리새인이 '따로' 기도했다는 말은 원문에 '자신을 향하여' 말하는 것을 뜻합니다. 바리새인의 기도는 본질적으로 자신을 향한 송덕송(頌德頌)입니다. 그와 아주 대조적으로 세리는 오직 하나님의 처분에 자신을 맡기는 것 외에 아무것도 주장할 수 없습니다. 바리새인은 스스로의 만족에 도취하게 하는 자신의 의를 자기 앞에 나열하고 자기를 칭송하지만, 세리는 통회하는 마음을 하나님 앞에 바칩니다.

바리새인만이 그런 사람이라고 생각해서는 안 됩니다. 오늘 우리도 예배의 자리에 나와서 얼마든지 그럴 수 있습니다. 예배 시간에 늦게 오는 사람, 졸고 있는 사람을 보면 어떤 생각이 듭니까? 예배의 자리에서도 우리의 예배를 받으실 하나님께 마음을 집중하는 대신, 얼마든지 자기 찬미를 부를 수 있습니다. 우리의 기도가 누구에게 들려야 하는지를 꼭 기억하십시오. 우리의 업적을 읊조리는 기도는 종교적인 기만행위입니다. 하나님은 우리의 그런 기도에 전혀 감명을 받지 않으십니다.

"하나님이여 불쌍히 여기소서 나는 죄인이로소이다"라는 세리의 부르짖는 기도, 하나님을 향한 감사조차 생략된 기도를 바리새인의 잣대로 재면 바른 순서, 바른 기도가 될 수 없습니다. 그러나 주님은 어떻게 판정하십니까? 이 비유의 백미는 사람들의 기대를 뒤엎는 예수님의 판정에 있습니다. 하나님 앞에서 의롭다 하심을 받는 사람은 바리새인이 아니라, 오히려 세리라는 것입니다. 오직 세리만이 하나님 앞에서 의롭다 하심을 받고 집에 내려갔다는 사실입니다.

왜 그렇습니까? 세리는 하나님의 거룩하신 기준에 따라서 자신을 보았기 때문입니다. 그래서 그는 "하나님이여 불쌍히 여기소서 나는 죄인이로소이다"라고 부르짖었습니다. 그는 자신을 성전 바깥에 있는 사람들과 비교하지 않았습니다. 성전 안에 있는 사람들과도 비교하지 않았습니다. 하나님의 법 아래에서 자신의 죄악 됨과 사악함과 처절함을 인식했기 때문입니다. 그러므로 다른 말이 필요하지 않았습니다. 만약 우리가 자신을 하나님의 거룩하신 빛 속에서 본다면 세리의 기도가 우리의 기도여야 합니다. 그의 태도가 우리 것이어야 합니다.

○

마지막 주님의 선언을 들어 봅시다. "무릇 자기를 높이는 자는 낮아지고 자기를 낮추는 자는 높아지리라"(눅 18:14하). 이 말씀은 주님의 영광스러운 약속인 동시에, 주님의 심각한 경고입니다. 만약 누구든지 자신을 높이는 자는 하나님이 낮추실 것입니다. 그러나 만약 누구든지 자신을 낮추는 자는 하나님이 높이실 것입니다. 주님은 선언하십니다. "내가 너희에게 이르노니 이에 저 바리새인이 아니고 이 사람이 의롭다 하심을 받고 그의 집으로 내려갔느니라"(눅 18:14상).

그러므로 여기 마지막 질문과 도전이 있습니다. 둘 중 무엇을 선택하겠습니까? 선택에 따라 무서운 저주와 놀라운 축복이 기다리고 있습니다. 삶과 죽음을 두고 선택을 해야 합니다. 거룩하신 하나님의 기준을 마음에 두십시오. 그러면 한탄스러운 자신의 모습으로 괴로워하고 부르짖을 것입니다. 부디 자신을 낮추십시오. 그러면 하늘 아버지께서 산 자와 죽은 자를 심판하실 그날에 우리를 높이실 것입니다. 모든 사람 앞에서 하나님이 주시는 존귀와 칭찬을 받게 될 것입니다.

19.

어린아이와 하나님 나라 (18:15-17)

누가의 관심을 따라 계속해서 하나님 나라에 어떤 사람이 받아들여지는지를 살펴겠습니다. 특히 이 장의 본문에서는 어린아이들이 중요한 등장인물로 부각됩니다. 사실 어린아이가 하나님 나라에 받아들여진다는 것은 당시 사람들의 일반적인 생각을 뛰어넘는 것입니다. 고대 문화에서 아이들은 눈에 띄긴 했지만 그들의 목소리가 어른들의 귀에는 들리지 않았습니다. 말하자면, 어린아이들은 성인으로서 한몫을 하기까지 주변 인물에 지나지 않았던 것입니다.

이 별 볼 일 없는 존재인 어린아이들에 대해서 예수님이 보여 주신 행동과 들려주신 말씀이 우리에게는 익숙합니다. 하지만 당시로서는 아주 충격적인 사건이었습니다. 그래서 마태, 마가, 누가 등 복음서 기자들은 이 사건을 빠뜨리지 않고 기록했습니다. 이 기록이 세계의 문명사를 바꾸었다는 것을 알고 있습니까? 주님의 이 행동과 말씀이 어린아이들을 받아들이는 문화와 풍습을 만들어 갔습니다.

어린아이야말로 하나님 나라에 합당한 자들

"사람들이 예수께서 만져 주심을 바라고 자기 어린 아기를 데리고 오매"(눅 18:15). 어린아이가 대접받지 못하는 것은 2천 년 전 여느 문명이나 다를 바 없었지만, 그래도 이스라엘은 종교적인 사회였습니다. 그래서 부모들이 어린아이들을 종교적으로 대단한 인물로부터 축복을 받도록 하고 싶은 풍습이 자리하고 있었던 것 같습니다. 특히 대속죄일 저녁에 장로나 율법사에게 자녀들을 데려와 그들을 쓰다듬고 축복하도록 하는 것이 관례였습니다. 그런 사회에서 유명하신 예수님께 어린아이들을 데리고 온 부모의 행동은 이해할 만합니다.

그러나 문제는 그 모습을 바라보는 제자들의 시각입니다. 어린아이들을 주님의 사역을 훼방하는 방해꾼으로 바라보았습니다. 예수님의 시간과 에너지를 낭비하게 한다고 생각했던 것이 분명합니다. 그래서 예수님을 귀찮게 하지 말라고 꾸짖었습니다. 아마도 예수님은 어린아이들을 받아 안고 쓰다듬어 주거나 축복의 말 또는 기도를 하는 등 하찮은 일을 하실 분이 아니라고 믿은 것 같습니다. 2천 년의 세월이 흘렀지만 사람들은 아직도 사람과 사람을 차별하고, 거룩한 일과 속된 일을 구분합니다. 어린아이들을 쓰다듬고 기도해 주는 일보다는 사람들에게 말씀을 전하는 일이 더 중요하다고 생각하고 있습니다.

제자들의 일은 주님을 섬기는 것이지, 주님이 하시는 일을 말리려 들고, 아예 원천봉쇄하려고 하면 선을 넘는 것입니다. 병행 본문인 마가복음을 보면, 주님은 이런 제자들을 향해서 노하셨습니다(막 10:14). 평소에 누구보다 온유한 분이 노하셨다는 데는 특별한 이유가 있었을 것입니다.

그러면 예수님은 어린아이를 무시하는 제자들의 분위기를 거슬러 어떻게 행동하십니까? 예수님은 어린아이들을 반갑게 맞이하셨습니다(눅 18:16상). 어린아이들이야말로 하나님 나라에서는 환영받는 존재라는 것을 보여 주셨습니다. 예수님은 언제나 어린아이들에게 다가서시는 분입니다. 어린아이들이야말로 하나님 나라에 합당한 자들이라는 것을 아셨습니다. 그래서 그들을 통해 하나님 나라가 어떤 곳인지를 보여 주셨습니다. "어린아이들이 내게 오는 것을 용납하고 금하지 말라 하나님의 나라가 이런 자의 것이니라"(눅 18:16하). 주님은 제자들을 위해 어린아이들을 천국을 보여 주는 좋은 모델로 삼아 말씀하십니다.

하나님 나라는 어린아이와 같은 자의 것입니다. 그러므로 어린아이들이 주님께 오는 것을 용납해야 합니다. 결코 금해서는 안 됩니다. 오히려 우리는 어린아이들이 주님께로 가는 길을 언제나 확보해 가야 합니다. 최선을 다해서 열어 놓아야 합니다. 비록 어린아이들의 목소리가 우리 어른들에게까지는 들리지 않겠지만, 우리는 그들을 위한 배려를 소홀히 해서는 안 됩니다. 하나님 나라는 어린아이들을 위해서 항상 열려 있어야 합니다.

어린아이들을 위해서 언제나 시간을 내실 수 있는 주님은 모든 사람을 위해서도 시간을 내어 주실 수 있는 분입니다. 하나님 나라는 결코 어른들만의 것이 아닙니다. 하나님 나라는 모든 연령 계층을 위한 곳입니다. 그러므로 제자들과 달리 우리 주님은 바쁘다는 이유로 어린아이들을 거부하지 않고 그들을 불러 오히려 가까이하셨습니다. 나이를 막론하고 그 누구라도 예수님께 오는 것을 제지해서는 안 될 것입니다.

어린아이와 같이 하나님 나라를 받아들이라

예수님은 간혹 중요한 말씀을 하실 때 '내가 진실로 너희에게 이르노니' 혹은 '진실로 진실로'라는 말을 사용하셨습니다. 여기서 예수님은 제자들을 향한 그리고 오늘날 성도들을 향한 엄숙한 교훈을 발하십니다. 어린아이들이야말로 그때 제자들뿐 아니라 우리 모두를 향한 좋은 모델이기 때문입니다. "내가 진실로 너희에게 이르노니 누구든지 하나님의 나라를 어린아이와 같이 받아들이지 않는 자는 결단코 거기 들어가지 못하리라 하시니라"(눅 18:17).

예수님은 하나님 나라에 들어가는 조건으로 어린아이와 같이 하나님 나라를 받아들여야 한다고 말씀하셨습니다. 물론 항상 어린아이와 같이 유치한 신앙에 머물러 있으라는 뜻은 아닐 것입니다. 이는 하나님의 말씀을 열심히 묵상하고 연구하여 성숙으로 나아갈 필요가 없다는 말이 결코 아닙니다. 어린아이와 같은 순수한 믿음과 어린아이처럼 유치한 믿음은 서로 다릅니다. 성경은 어린아이의 일을 버리고 성숙으로 나아가라고 명합니다(고전 13:11).

교회를 다니기 시작하고 학습을 받기로 서약했다면 그때부터 훈련 받기를 미루지 마십시오. 이미 세례를 받았다고 하더라도 성숙을 향한 훈련, 헌신을 향한 훈련을 받아야 합니다. 지금 그 자리에 머물러 있는 것은 미성숙하고도 교만한 태도입니다. 예수님은 일반적으로 어린아이들은 자기 부모의 가르침을 받아들이고 부모를 믿는다는 것을 아셨습니다. 물론 아이들도 나이가 좀 들면 부모의 가르침을 거역하기도 하지만, 어린아이들일수록 부모를 잘 따릅니다. 어린아이들은 원하는 것이 있으면 거기에 마음을 모두 빼앗깁니다. 그리고 그것을 손에 넣으면 아주 기뻐합니다. 아이들이 자신이 원하는 것에 온통 마음을 빼앗기고 그것이 주어질 때 매우 기쁘게 받아들이는 것처럼 하나님 나라를 받아들이라는 것이 주님의 교훈입니다.

다시 한 번 엄숙한 주님의 교훈을 묵상하십시오. "누구든지 하나님의 나라를 어린아이와 같이 받아들이지 않는 자는 결단코 거기 들어가지 못하리라"(눅 18:17). 어린아이와 같이 하나님 나라를 받아들인다는 표현은 보다 구체적으로, 하나님 나라의 메시지를 받아들이는 것을 의미합니다. 천국의 기쁜 소식을 듣고 기뻐하며 그 진리로 인해서 즐거워하십시오. 자기가 가진 모든 것을 팔아서 보화가 감추어진 밭을 사는 사람처럼 전력투구하십시오. 어린아이가 새 장난감으로 즐거워하듯이 하나님 나라를 받아들이십시오. 지금 그 나라를 받아들이지 않는다면 장차 그 나라에 결코 들어가지 못할 것입니다.

원하는 것을 순수하게, 또 전심으로 취하는 어린아이들의 태도는 어른들의 계산적인 태도와 차이를 보입니다. 전심을 다해서 사모하고 다른 모든 것을 버려서라도 그것을 취하려는 자세가 하나님 나라를 위해서 합당합니다. 그런 어린아이들의 태도를 주님은 여기서 권장하십니다. 그런 어린아이들의 모습처럼 하늘 아버지를 잘 따르도록, 어떤 대가를 치르더라도 순종하도록 요구하십니다. 하나님의 자녀들은 하나님을 신뢰하고 아버지의 돌보심에 자신을 내어 맡겨야 합니다. 때로는 사랑의 채찍조차 수용하려는 자세가 요구됩니다.

어린아이들의 수용적인 태도는 당시 종교 지도자들의 완악한 모습과는 큰 대조를 이룹니다. 바리새인들은 어린아이와 같은 신앙이 아니라, 완악하고 자만심으로 가득해 있었습니다. 당시 종교 지도자들은 그들이 받은 교육과 경험 때문에 오히려 단순한 믿음을 가지지 못했습니다. 오늘 우리에게 주어진 지도자의 자리가 우리의 단순한 믿음의 반응을 막지 못하도록 하십시오. 어린아이와 같은 믿음과 신뢰를 지닌 사람은 나이를 불문하고 하나님 나라를 받아들일 수 있습니다. 어린아이와 같은 믿음은 하나님이 우리의 최선을 아신다는 것을 신뢰하여 무슨 일이 일어나더라도 그분을 믿는 것입니다.

어린아이와 같은 단순한 신앙

그러면 우리는 어떻게 어린아이와 같은 믿음을 가질 수 있습니까? 높은 데서라도 부모를 믿고 그 품에 뛰어내리는 어린아이를 보았습니까? 그런 전적인 신뢰가 필요합니다. 하나님의 말씀이라면 그대로 순종할 수 있는 믿음이 필요합니다. 그렇게 우리가 반응하기 시작할 때 하나님은 그다음을 책임져 주십니다. 그래야 신앙생활을 하는 즐거움과 간증이 나옵니다. 그렇다면 우리는 어떻게 그런 단순한 믿음을 키워 갈 수 있을까요?

무엇보다 먼저 하나님과 동행하는 것을 기뻐하고 그분께 마음을 드리는 기도를 드리십시오. 하나님을 향해 열린 마음으로 하늘 아버지의 음성을 듣도록 하십시오. 개인적으로 말씀하시는 그분과 매일, 매 순간 꼭 동행하십시오. 바쁜 일과 속에서도 집중적으로 성경 말씀을 마음에 담아 두도록 하십시오. 조용한 시간에 성경을 읽고 묵상하는 것은 하나님의 백성으로 살아남기 위해서 반드시 필요합니다. 거룩한 성장을 위해 거룩한 습관을 꼭 배양하십시오. 게으르지 않고 부지런함으로 주님을 기쁘시게 해야 합니다. 항상 기뻐하며 쉬지 않고 기도하고 범사에 감사하는 바른 삶의 태도를 가져야 합니다.

아무리 바빠도 신체적 건강을 위해서는 운동을 해야 합니다. 마찬가지로 영적인 건강을 위해서도 영적인 훈련을 해야 합니다. 유진 피터슨(Eugene Peterson)의 《메시지》를 보면 디모데전서 4장 8절을 매우 실감 나게 번역하고 있습니다. "하나님 안에서 날마다 훈련하십시오. 영적 무기력은 절대 금물입니다! 체육관에서 몸을 단련하는 것도 유익하지만, 하나님 안에서 훈련받는 삶은 훨씬 유익합니다. 그런 삶은 현재는 물론이고 영원토록 그대를 건강하게 해 줄 것입니다."

마지막으로, 어린아이와 같은 단순한 믿음을 키워 가기 위해서 특히 하나님의 약속들을 확실하게 신뢰하십시오. 어린아이들이 부모와의 약속을 기억했다가 "아빠, 토요일에 놀기로 약속하셨잖아요?" 하면 대책이 없는 것처럼, 하나님께도 성경에 나오는 약속대로 "하나님, 하나님을 바라보는 자는 부끄럽게 하지 않겠다고 말씀하셨잖아요?"라고 아뢴다면 하나님이 어떻게 하시겠습니까? 전능하신 하나님도 당신의 약속을 붙들고 나아오면 항복하실 수밖에 없습니다.

○

우리를 사랑하사 당신을 내어 주신 하나님에 대해서 더욱 신뢰하고 자신을 그분께 맡기십시오. 도무지 이해가 되지 않지만, 하나님은 나를 사랑하고 내게 가장 좋은 것을 주시는 분이라는 사실을 믿으십시오. "내가 진실로 너희에게 이르노니." 주님이 힘주어 하신 말씀입니다. "너희가 하나님 나라를 아이처럼 단순하게 받아들이지 않으면 절대로 그 나라에 들어갈 수 없다."

20.

부자와 하나님 나라 (18:18-30)

우리는 앞 장에서 어린아이와 하나님 나라에 대해서 살폈습니다. 이어지는 본문에서는 부유하고 잘나가는 젊은이가 영생에 관한 질문을 가지고 예수님을 만나러 나아온 이야기가 나옵니다. 누가는 주님을 찾아온 젊은이를 가리켜 '어떤 관리'라고, 관직을 가지고 소개합니다. 그러나 마태는 그가 '재물이 많은 청년'이라는 정보를 제공합니다. 그리고 마가는 그때 그 사람의 행동, '달려와서 꿇어 앉아' 질문하는 모습을 우리에게 전해 줍니다.

세 복음서 기자가 전하는 바를 종합하면, 이 젊은이는 유대 사회에서 아주 잘나가는 사람임을 알 수 있습니다. 게다가 주님 앞에 달려와서 꿇어 앉아 영생에 관해 질문하는 것을 보면 내세의 문제에도 남다른 관심을 갖는 괜찮은 젊은이처럼 보입니다. 이 젊은이는 자신이 가진 엄청난 소유 외에 또 다른 것을 소유하기 원했습니다. 그것은 바로 영원한 생명이었습니다. 젊은 나이에 돈도 많고, 그 나이에 관직도 있고, 이제는 영생을 얻기만 하면 된다고 생각한 것 같습니다.

그의 말을 언뜻 보면 마치 젊은 부잣집 아들이 겸손한 자세로 신앙적 질문을 던지는 것 같습니다. 그러나 잘 들어 보면 그가 어떤 사람이며 무엇을 중요하게 생각하는 사람인지가 드러납니다. 그는 선한 행위를 통해서("무엇을 하여야") 영원한 생명을 성취하거나 획득할 수 있다고 생각하는 사람입니다. 이에 필요한 모든 것을 자신이 다 이행하고 있다는 것을 확실히 하고 싶었습니다. 그래서 달려 나와 주님 앞에 무릎을 꿇고 물은 것입니다. 청년은 남들보다 선행을 많이 하면 그 공로로 영원한 생명을 취할 수 있다고 생각하고, 또 무엇이 더 필요하다면 그것도 행할 뜻을 가지고 있었습니다. 자기 능력으로, 자기가 가진 것으로, 아니면 시험을 쳐서 얻을 수 있다면 얼마든지 자신이 있는 젊은이였습니다.

젊은 관리의 문제는 다 가지려 한 것

예수님은 청년의 질문에 바로 대답하지 않고 먼저 그가 당신을 부른 방식에 대해서 이의를 제기하십니다. "선한 선생님이여"라는 말은 특별한 의미를 부여하지 않고, 단순히 듣기 좋으라고 부르는 외교적인 표현이었을 수 있습니다. 그런데 주님은 청년이 사용한 '선하다'라는 단어를 문제 삼아 "하나님 한 분 외에는 선한 이가 없느니라"(눅 18:19)라고 반박하십니다.

'선한 선생님'이라는 칭호가 그분께 적합하지 않다는 의미가 아닙니다. 주님은 당신의 하나님 되심을 부인한 것이 아니라, 오히려 이 칭호의 본래적 의미를 알고 사용하라는 뜻에서 말씀하신 것입니다. 예수님은 하나님이기에 하나님과 같이 선하십니다. 하나님께만 속하는 선함의 차원을 청년이 보지 못하고 있다는 것을 완곡하게 지적하고 계십니다. 만일 청년이 그런 차원에서 "선한 선생님이여"라고 불렀다면 그는 예수님께로부터 무슨 말씀을 들었어도 그 말씀을 따랐을 것입니다. 하지만 결국 그는 자신이 가지고 있던 예수님에 대한 인식 그 이상을 넘어서지 못한 채 예수님으로부터 돌아서고 말았습니다. 그리하여 영생에 대한 그의 관심도 피상적인 것에 지나지 않는 것으로 판명되고 맙니다.

주님은 청년의 질문에 대해 이제 비로소 계명을 지킬 것을 상기시키십니다. 그리하여 십계명 가운데 다섯 가지 계명을 열거하십니다. 모두 인간관계와 관련된 계명이지, 하나님과의 관계를 다룬 처음 네 계명은 전혀 거론하지 않으셨습니다. "간음하지 말라", "살인하지 말라", "도둑질하지 말라", "거짓 증언하지 말라", "네 부모를 공경하라" 등 예수님이 지적하신 이 계명들은 모두 쉽게 확인할 수 있는 것들이었습니다. 그래서 청년은 "이것은 내가 어려서부터 다 지키었나이다"(눅 18:21)라고 대답했습니다.

이 율법들을 문자 그대로 지키는 것은 부유한 유대인 청년에게 상대적으로 어렵지 않은 일이었을 것입니다. 그래서 그는 주저하지 않고 답할 수 있었습니다. 하지만 어려서부터 계명을 다 지켰다는 대답 자체가 그가 계명을 잘못 이해하고 있었다는 반증입니다. 왜냐하면 진정으로 계명을 지키는 자는 그 계명을 외형적으로만 지키면 된다고 생각하지 않기 때문입니다. 예를 들어, "살인하지 말라"는 계명은 당연히 미움이나 분노의 감정과 연결되어 있습니다. 살인만 하지 않는다고 되는 것이 아니라 미움이나 분노의 감정까지도 제거해야 합니다. 그러므로 청년은 율법의 진정한 정신은 하나도 이해하지 못한 채 단지 행동으로 죄짓지 않았다는 것에 만족하고 있었습니다.

율법을 행함으로 구원을 얻으려고 하는 자는 율법을 행하면 행할수록 불가능하다는 것을 깨닫게 됩니다. 왜냐하면 우리 안에 죄의 본성이 자리 잡고 있기 때문입니다. 따라서 "이것은 내가 어려서부터 다 지키었나이다"라는 답은 한 번도 자신의 죄의 본성을 본 적이 없다는 증거입니다. 그러기에 청년은 어려서부터 율법을 다 지켰는데도 불구하고 여전히 자기 삶에 무엇인가 부족한 것이 있다고 느끼고 있었습니다. 이처럼 우리가 모든 계명을 완벽하게 지킨다고 해도 여전히 영생에 대한 확신은 가질 수 없습니다.

그래서 주님은 청년에게 부족한 것이 무엇인지 가르쳐 주십니다. 앞서 살펴본 비유에 등장한 바리새인과 같이 이 관리 역시 자신의 의를 충분히 자랑할 만한 사람입니다. 적어도 소극적 차원에서는 흠 잡을 데 없는 사람입니다. 하지만 예수님의 새 계명은 적극적으로 나타나야 합니다. "네게 있는 것을 다 팔아 가난한 자들에게 나눠 주라"(눅 18:22). 그러나 예수님의 요구 앞에 그는 움츠러들고 말았습니다. 심히 근심하게 됩니다. 자신이 가진 것 위에 더 이상의 것을 가지고 싶어 하는 그에게 자신이 가지고 있는 전제를 철저히 버리지 않으면 따를 수 없는 하나님 나라의 제자도를 제시하셨기 때문입니다.

이 도전은 청년이 영원한 생명을 소유하지 못하도록 막는 장벽이 무엇인지 폭로합니다. 그것은 바로 돈에 대한 사랑입니다. 청년에게 돈은 자신의 성취에 대한 자긍심과 자기 노력의 상징입니다. 역설적으로 그의 태도는 주님이 인용하지 않으셨지만, 십계명 가운데 제1계명("너는 나 외에는 다른 신들을 네게 두지 말라")을 지킬 수 없게 만드는 장애물이었습니다. 어려서부터 율법을 다 지켰다는 청년의 착각과 달리 그는 전심을 다해 하나님을 사랑하지 않고 있었습니다. 실제로 그가 섬기는 것은 많은 재물이었습니다. 그 것을 포기할 수 없다면 가장 중요한 계명인 제1계명을 위반하는 것입니다.

"그 사람이 큰 부자이므로 이 말씀을 듣고 심히 근심하더라"(눅 18:23). 결국 그는 예수님을 "선한 선생님이여"라고 불렀던 것이 자가당착(自家撞着)임을 드러내면서 돌아서고 말았습니다. 예수님이 젊은 관리에게 말씀하신 것이 무엇입니까? 진정으로 영생을 얻으려면 이 세상에 대해서 죽으라는 것입니다. 자랑과 힘이 될 만한 모든 것을 버리고 오직 예수님 앞에 무릎을 꿇고 항복하라는 것입니다.

청년은 영생을 위해 모든 것을 포기하려 하는 구도자가 아닙니다. 오히려 현세의 것도 취하고, 내세의 것도 취하려고 합니다. 따라서 이 세상 것을 다 포기하라고 주님은 명하신 것입니다. 사람이 영생을 구한다는 것은 정치적으로 망명하는 것과 같습니다. 자기가 지금 사는 세상에서 누리는 모든 명성과 특권을 다 버리고 새로운 나라로 떠나는 것입니다. 단순히 재산 포기만이 아닙니다. 세상에 속한 모든 것을 다 버리고 이 세상에 대해서 죽어야 합니다. 빈손으로 예수님께 나와서 항복해야 하는 것입니다.

그러나 예수님은 단지 세상의 부만 포기하라고 하지 않으셨습니다. "네게 있는 것을 다 팔아 가난한 자들에게 나눠 주라 그리하면 하늘에서 네게 보화가 있으리라"(눅 18:22). 이 세상 부를 포기하면 하늘에서 보화가 그에게 있을 것을 약속하셨습니다. 물론 모든 재물을 다 파는 행위 자체가 그 사람에게 영생을 가져다주는 것은 아닙니다. 하지만 그러한 철저한 순종은 구원에 이르기 위한 첫걸음이 될 것입니다. 주님이 하신 요구의 강조점은 파는 데 있는 것이 아니라, 따르는 데 있습니다. 마가복음을 보면 예수님은 이 청년을 "보시고 사랑하사"(막 10:21) 도전의 말씀을 하신 것으로 기록되어 있습니다.

근심할 것인가, 따를 것인가

부자 청년에 대한 예수님의 말씀은 믿음과 순종에 대한 그의 자발성을 시험하기 위한 것입니다. 청년은 자신이 더 많은 행위를 해야 할 필요가 있다고 생각했습니다. 예수님은 그가 할 수 있는 일이 더 많이 있지만 그것이 영생을 얻기 위한 행동은 아니라고 설명하셨습니다. 실제로 그에게 필요한 것은 재물에 대한 태도의 변화였습니다. 그렇게 할 때 비로소 그리스도의 주재권에 겸손하게 복종할 수 있기 때문입니다. 자신의 재물은 하늘에 쌓아 두고 이기심을 버린 후 다른 사람을 섬기는 길을 걷는다면 영생을 확신할 수 있을 것입니다.

그러나 이 도전의 말씀을 들은 청년은 "심히 근심하더라"(눅 18:23)라고 누가는 기록하고 있습니다. 마가는 그의 표정을 살펴서 "슬픈 기색을 띠고 근심하며 가니라"(막 10:22)라고 기록했습니다. 그는 선한 행위를 하기 원하면서도 자신의 재물은 포기하기를 원하지 않았습니다. 예수님이 그에게 하신 말씀은 부자 청년이 원하거나 기대했던 답이 아니었습니다. 그래서 그는 모든 것을 정리하고 제자가 되어 당신을 따르라는 주님의 요구를 거부했습니다.

예수님은 모든 성도들에게 무조건 모든 소유를 다 팔라고 요구하지 않으십니다. 그러나 모든 성도들에게서 하나님보다 더 중요하게 여기는 그 어떤 것을 제거하라고 요구하십니다. 당신의 안전은 어디에 있습니까? 하나님이 아니라면 그 모든 것을 제거해야 예수님을 따를 수 있습니다. 신앙은 하나님을 우리의 모든 것으로 고백하고 살아가는 것입니다.

근심하며 돌아서겠습니까, 기쁨으로 순종하며 주님을 따르겠습니까? 제자의 길에 초대받은 청년은 자신의 재물을 지키는 편을 선택했습니다.

주님은 그를 바라보며 말씀하십니다. "재물이 있는 자는 하나님의 나라에 들어가기가 얼마나 어려운지 낙타가 바늘귀로 들어가는 것이 부자가 하나님의 나라에 들어가는 것보다 쉬우니라"(눅 18:24-25). 이는 유대인의 귀에는 충격적인 말씀입니다. 대부분의 유대인은 재물을 가진 사람이 하나님께로부터 복 받은 사람이라고 생각하고 있었기 때문입니다. 오늘날 대부분의 그리스도인도 마찬가지일 것입니다.

그러나 예수님은 부가 종종 사람을 넘어지게 할 수 있다고 지적하십니다. 왜 그럴까요? 많은 것을 가진 자는 하나님을 갈망하고 찾는 데 필요한 깊은 영적인 굶주림을 알지 못합니다. 돈이 있기에 살면서 부족한 것을 느끼지 못합니다. 부자들은 그 나름대로의 강점이 있고 영향력을 행사합니다. 그러므로 예수님이 요구하시는 겸손과 복종과 섬김의 태도를 갖기가 어렵습니다. 이 세상에서는 돈이 권력과 성공을 의미하기 때문에 그것들이 영원한 생명을 줄 수 없다는 사실을 깨닫지 못합니다. 혹 좋은 일에 돈을 쓸 수는 있지만 하나님 나라는 놓치고 있습니다. 그래서 주님은 당시 통용되는 속담을 인용해 탁월한 과장법을 통해서 강조하십니다. "낙타가 바늘귀로 들어가는 것이 부자가 하나님 나라에 들어가는 것보다 쉽다." 부자가 하나님 나라에 들어가는 것보다는 차라리 팔레스타인에서 가장 큰 짐승인 낙타가 바늘귀로 통과하는 것이 더 쉽다고 말씀하십니다.

그러자 예수님의 말씀을 듣고 있던 자들이 너무 놀라서 "그런즉 누가 구원을 얻을 수 있나이까?" 하고 물었습니다. 그때 주님이 놀라운 선언을 하십니다. "무릇 사람이 할 수 없는 것을 하나님은 하실 수 있느니라"(눅 18:27). 아무리 막강한 권력이나 엄청난 재산을 가져도 자신을 구원할 수는 없습니다. 구원은 오직 하나님으로부터만 오는 것입니다. 그러므로 부자나 가난한 사람 모두 구원을 받을 수 있습니다. 다만 이 일은 하나님만 하실 수 있습니다.

혹시 하나님으로부터 많은 것을 받아 누리고 있습니까? 모든 재물은 하나님으로부터 온다는 사실을 기억하십시오. 부디 재물에 집착하지 말고, 오히려 하나님 나라의 확장을 위해서 기쁘게 사용하십시오. 이는 많이 가진 자만이 할 수 있는 태도는 아닙니다. 핍절한 가운데서도 우리는 동일한 의무를 가지고 있습니다. 부자나 가난한 사람이나 재물에 집착하지 않고 선한 일에 자신의 것을 드리는 것은 쉽지 않습니다. 그러므로 돈은 영생의 주된 걸림돌이 될 수 있지만, 하나님은 모든 인간을 변화시키실 수 있습니다.

주님의 말씀을 듣자마자 베드로가 묻습니다. "보옵소서 우리가 우리의 것을 다 버리고 주를 따랐나이다"(눅 18:28). 그러면서 자신과 다른 제자들이 예수님을 따르기 위해 큰 대가를 지불한 것을 상기시킵니다. 그들 가운데 몇몇은 고기잡이하던 그물을 버려두고, 배와 아버지를 버려두고 예수님을 따랐습니다. 제자들은 부자 청년이 하지 못한 그 결단을 했던 자들입니다. 여기 사용된 '버리다'라는 단어는 부정과거시제로 단회적인 행동을 뜻합니다. 그들은 이전의 삶을 단번에 포기하고 주님을 따라나서는 결단을 내린 사람들입니다.

주님을 믿는 것은 포기하는 것이 전제되어야 합니다. 부자 관리처럼 버리지 못하는 사람은 자신이 가진 것의 한계 속에 살 수밖에 없습니다. 그리고 영생에 관심이 있더라도 그 영생은 그에게서 멀어질 수밖에 없습니다. 그러나 버린 자에게는 새로운 부요함이 주어질 것입니다. 그러므로 제자가 되는 길은 희생만 요구되는 것은 아닙니다. 그로 인한 혜택도 있음을 주님은 베드로에게 상기시키십니다. "내가 진실로 너희에게 이르노니 하나님의 나라를 위하여 집이나 아내나 형제나 부모나 자녀를 버린 자는 현세에 여러 배를 받고 내세에 영생을 받지 못할 자가 없느니라"(눅 18:29-30).

신앙생활을 하기 위해서 포기한 것이 있습니까? 그렇다면 내세뿐 아니라 현세에서도 보상을 받게 될 것입니다. 혈육의 가족으로부터 인정받는 것을 포기했습니까? 그러면 하나님의 가족들의 사랑을 얻게 될 것입니다. 그뿐 아니라 영생을, 바로 그 부자 청년이 원하던 영생을 누리게 될 것입니다. 다만 이 모든 보상은 현세의 것을 버린 자에게 주어지는 것입니다. 우리가 금세에 누리는 이런 축복은 내세에 누리게 될 영원한 축복을 미리 맛보는 것입니다.

사람마다 하나님 나라를 위해서 치러야 할 희생은 모두 다를 것입니다. 내가 가진 것이 많든지 적든지, 치러야 할 희생이 아무리 힘든 것일지라도 영원한 생명을 위해서 필요한 일이라면 기쁘게 희생할 준비가 되어 있습니까? 삶의 모든 영역에서 순종하십시오. 하나님을 배제하고 복을 받을 수는 없습니다. 하나님께 순종하고 따를 때 측량할 수 없는 보상을 받게 될 것입니다. 자신의 삶에 대해서 책임을 지십시오. 우리의 희생, 우리의 섬김은 보상을 받을 것입니다. 우리의 그 섬김이 천국에서 해같이 빛날 것입니다. 이 세상에서뿐 아니라 장차 하늘에서 놀라운 보상을 받게 될 것입니다.

○

누가 진정한 부자입니까? 재물을 버리지 못한 관리는 자기가 가진 것의 한계 속에 갇힌 핍절한 삶을 살다가 죽었을 것입니다. 반면 자기의 소유와 모든 것을 버린 제자들은 무소유 가운데서도 모든 것을 가진 넉넉한 삶을 살다가 하늘의 기업을 누렸을 것입니다. 세상 물질을 섬기는 어리석은 자리에서 신앙 가운데 부요함을 누리는 주의 백성이 되기를 바랍니다.

21.

모든 것이 인자에게 응하리라

(18:31-34)

이 장의 본문은 예루살렘으로의 긴 여행에 관한 이야기에서 마지막 큰 단락을 이루고 있습니다. 예루살렘을 향한 여행을 시작하면서 수난과 부활을 예고했는데, 다시 마지막 수난과 부활을 예고하면서 큰 문단을 마감하고 있습니다. 누가는 첫 번째 수난과 부활에 관한 두 예언을 예루살렘을 향한 여행의 시작 부분에 배치하고(눅 9:22, 43-45), 이 세 번째 수난과 부활에 관한 예언을 여행의 마지막에 배치함으로 예수님이 이 예언들을 성취하기 위해 예루살렘으로 가심을 분명히 보여 주고 있습니다.

예수님은 지금 속죄의 제물로 당신을 드리러 올라가시는 길입니다. 십자가에서 죽으시고 다시 살아나심으로 우리 모든 믿는 자가 하나님의 진노에서 벗어나도록 하는 대속의 길을 나서신 것입니다. 그 길은 스스로 마음을 굳게 결심해야 하는 길이었습니다. 그러나 제자들은 예루살렘이 가까워질수록 당장 예수님이 왕으로 즉위하시고 자기들은 한자리할 생각만 하고 있습니다. 그래서 누가 크냐고 다투며, 주님의 좌우 자리를 두고 청탁하는 상황까지 전개됩니다. 그런 상황을 감지하신 주님은 예루살렘이 가까이 올수록 당신이 예루살렘에서 당할 일을 더 정확하고 분명하게, 자세히 알려 주십니다. 죽음과 부활에 대한 분명한 예언만 해도 세 차례에 이릅니다. 하지만 제자들은 여전히 예수님이 무엇을 말씀하시는지 이해하지 못했고, 이러한 무지는 예수님이 구약의 예언들을 어떻게 성취하셨는지를 부활 후 엠마오 도상에서 직접 설명해 주실 때까지 계속됩니다.

주님이 알아듣지도 못하는 제자들에게 앞으로 곧 닥쳐올 죽음과 부활에 대해서 거듭거듭 일러 주시는 이유는 무엇이겠습니까? 그것은 모욕과 멸시, 십자가의 죽음이라는 그 엄청난 사건이 일어날 때 제자들이 믿음을 잃지 않도록 하시기 위함입니다. 그래서 주님에게 일어날 모든 일은 우연한 사건이 아니라, 하나님의 정하신 뜻에 따라서 일어나는 것임을 알려 주시는 것입니다.

사람들은 자기 앞에 닥칠 일을 모릅니다. 바로 이것이 인간의 한계입니다. 만약 자기 앞에 무서운 죽음이 기다리고 있다면 어떻게 해서든 그 죽음을 피하려고 할 것입니다. 그러나 예수님은 너무나 끔찍한 죽음이 기다리고 있는 줄 알면서도 죽음을 피하지 않고 죽음을 향해 걸어가셨습니다.

하나님의 구원 계획의 '전체적인' 그림

"보라 우리가 예루살렘으로 올라가노니 선지자들을 통하여 기록된 모든 것이 인자에게 응하리라"(눅 18:31). 예수님은 예루살렘을 향해 가면서 열두 제자에게 앞으로 일어날 일의 전체적인 그림을 그려 주십니다. 먼저, 지금 당신이 예루살렘에 올라가서 당할 일(십자가 사건)이 구속사에서 어떤 부분에 해당하는지를 설명하십니다. 하나님의 전체적인 구원 계획으로 보면 최고봉에 해당하는 사건이라고 말씀하시는 셈입니다. 약속된 구원자에 관한 구약의 모든 예언이 지금 성취될 것이라고 선언하십니다. 만일 이 일이 성취되지 않으면 하나님의 모든 구원 계획이 무너지게 될 것입니다. 그러나 이제는 모든 예언의 말씀이 남김없이 다 이루어질 것입니다.

인류 역사의 시작부터 구원자의 오심으로 성취되는 구원 역사에는 주요 흐름이 있습니다. 이 구원 계획은 처음에는 아주 희미하게 공개됩니다. 타락 후 뱀을 저주하는 말속에 어렴풋이 담겨 있습니다(창 3:15). 그러다가 아브라함이 하나님을 믿은 때로부터 인류 전체에 대한 하나님의 구원 계획이 한 가족을 중심으로 구체적으로 나타나기 시작합니다. 그리고 이스라엘 자손들이 애굽에서 집단 탈출을 하면서 한 나라가 됩니다. 그 과정에서 율법이 주어지고, 성막과 제사 제도가 포함됩니다. 결국 이스라엘 역사 전체가 하나님의 구원 계획을 큰 그림으로 보여 줍니다. 그런데 놀랍게도, 이스라엘 자손들이 신앙적으로 쇠퇴하는 단계에서 그리스도에 대한 더 많은 약속이 주어집니다. 장차 오실 그리스도는 하나님의 아들이며 고난의 종이라는 것입니다. 그분이 이스라엘의 구원과 땅끝까지의 구원을 이루시는 메시아라는 것입니다.

그러므로 예수님의 십자가 사건은 구원의 오랜 역사 가운데서 클라이맥스에 해당하는 부분입니다. 결국 이 하나의 사건을 위해 이스라엘의 긴 역사가 필요했습니다. 이 한순간을 위해 성전 제도나 제사 제도가 필요했습니다. 만약 이 한순간이 이루어지지 않으면 하나님의 영원한 구원 계획은 모두 다 무효가 됩니다. 예수님은 이 일을 성취하기 위해 자진해서 예루살렘을 향해 올라가셨고, 마침내 십자가에 당신을 내어 줄 그곳에 거의 다 도착하셨습니다. 예수님은 구약성경의 주체로서 직접 하나씩 성취하셨습니다(눅 9:51, 13:33; 마 21:5, 26:54 참조). 예수님은 성경 예언이 성취되는 것을 다른 어떤 것보다 중요하게 생각하셨습니다.

구약의 제사 제도나 율법은 모두 장차 오실 그리스도를 보여 주는 안내판입니다. 목적지를 보여 주는 길 안내판처럼 십자가 사건이 가까워질수록 구약성경은 더 자세히, 구체적으로 예수님이 당하실 일을 기록하고 있습니다. 구약 예언의 핵심은 무엇입니까? 장차 오실 메시아는 '고난의 종으로 오신다는 것'입니다. 왜 구원자가 오셔서 고난을 받아야 합니까? 우리의 죄를 대신해서 오시기 때문입니다. 하나님의 아들이 대신 처벌받지 않고는 인간의 죄를 해결할 수 없기 때문입니다. 하나님의 어린양 예수님께서 속죄의 피를 흘리셔야 우리의 죄가 용서받을 수 있기 때문입니다.

예수님의 죽음과 부활에 관한 '자세한' 설명

여기서 예수님은 당신이 예루살렘에서 당할 일들을 아주 자세하게 말씀해 주십니다. 당신의 죽음과 부활에 관한 세 번째 언급입니다. 죽음과 부활에 관해 첫 번째로 말씀하실 때는 이스라엘 지도자들이 당신을 배척할 것에 초점을 맞추셨습니다(눅 9:22). 두 번째 수난 예언에서는 일반적인 사람들의 배신의 요소를 추가하셨습니다(눅 9:44). 그러나 이 장의 본문인 세 번째 수난과 부활을 말씀하시면서는 그 모든 것이 선지자의 예언인 것과 이방인들이 이 일에 연루될 것을 말씀하십니다. 말하자면, 예수님은 유대인에게 직접적으로 고난을 받는 것이 아니라, 이방인인 로마인들에게 넘겨져서 무자비한 고문을 당하실 것이라는 내용입니다(눅 18:32-33).

당시 유대 지도자들은 경미한 범죄들에 대해서만 재판권을 행사할 수 있었습니다. 가령 율법을 위반하는 이들을 출교시킬 수는 있었지만, 사형 집행권은 로마의 총독만이 행사할 수 있었습니다. '인자가 이방인들에게 넘겨졌다'는 것은 구체적으로 말하면 로마 총독 빌라도를 가리킵니다. 그가 유대 지역을 다스리는 로마 정부를 대신해서 권한을 행사했기 때문입니다. 그리고 그의 군병들에게 넘겨진 것을 의미합니다. 예수님이 여기서 예언하신 것은 하나도 빠짐없이 모두 실현되었습니다. 희롱, 능욕, 침 뱉음, 채찍질 그리고 죽임 모두 다 실현되었습니다. 달리 말해, 예수님은 예루살렘에서 당신이 당할 일들을 아주 상세하게 알고 계셨습니다. 그분은 다 알면서도 유월절에 예루살렘으로 올라가 십자가를 지셨습니다. 그분은 유월절에 예루살렘에 있어야 할 것과 죽임을 당해야 할 것을 알고 그곳을 향해 가기로 결심하셨습니다(눅 9:51).

그러나 예루살렘에서의 죽음이 이야기의 마지막은 아닙니다. 가장 중요한 것이 맨 마지막에 남아 있습니다. "그는 삼 일 만에 살아나리라"(눅 18:33)라는 말씀입니다. 사람들은 예수님을 고문하고 죽일 것이지만 예수님은 삼 일 만에 죽음에서 다시 살아나실 것입니다. 그러므로 누가복음 9장 51절을 보면 죽음과 부활을 넘어선 "승천하실 기약이 차 가매" 예루살렘으로 올라가기로 결심하셨다고 기록하고 있습니다. 주님은 예루살렘에서 능욕과 죽임을 당하지만 죽음에서 다시 살아나 인간의 모든 운명을 바꾸는 대승리를 가져오실 것입니다. 그러므로 여기서도 고난의 치욕과 두려움을 상쇄하고도 남음이 있는 당신의 부활을 선언하십니다. 주님은 "그 받으실 [십자가의] 고난과 후에 받으실 [부활의] 영광을"(벧전 1:11) 내다보았기에 그 길을 결연히 걸으신 것입니다.

이 이야기를 통해서 우리가 배울 바는 무엇입니까? 우리는 하나님의 말씀의 성취를 위해서 사는 사람들입니다. 우리는 주님이 걸으신 고난의 길을 걷도록 초대된 사람들입니다(벧전 2:21). 우리 성도들에게 주신 은혜는 "다만 그를 믿을 뿐 아니라 또한 그를 위하여 고난도 받게 하심"(빌 1:29)이라고 성경은 말씀합니다. 그러므로 우리가 그리스도인이라면 예수님의 '몸 된 교회'를 위해 받는 고난을 피할 수 없습니다. 바울의 고백을 들어 보십시오. "나는 이제 너희를 위하여 받는 괴로움을 기뻐하고 그리스도의 남은 고난을 그의 몸 된 교회를 위하여 내 육체에 채우노라"(골 1:24).

주님의 고난의 발자취를 따라 이웃을 돌아보기 위해서는 우리의 시간과 물질을 내어야 합니다. 그럼에도 무시당하거나 멸시당할 수 있습니다. 그러나 우리가 그렇게 다가서지 않으면 그들에게는 구원받을 기회가 없습니다. 그들의 구원을 위해서는 주님이 걸으셨던 고난의 발자취를 따라가야 합니다. 이전처럼 편안하게 살아가서는 안 됩니다.

제자들의 캄캄한 '반응'

이제 마지막으로 제자들의 반응을 살펴보겠습니다. 주님이 마지막 고난과 부활에 대한 예언, 그 전체적인 그림과 세부적인 그림을 보여 주셨어도 제자들의 반응은 아주 캄캄했습니다(눅 18:34). 주님의 말씀은 그들에게 완전히 감춰진 말씀에 불과했습니다. 누가는 여기서 삼중으로 제자들의 우매함을 폭로하고 있습니다.

제자들은 왜 이처럼 캄캄했습니까? 예수님이 말씀하신 수난 예고는 그들이 한 번도 생각해 본 적이 없었기 때문입니다. 오히려 주님의 말씀은 메시아와 하나님 나라의 도래에 관해서 그들이 갖고 있던 생각과는 정반대였습니다. 제자들은 주님이 예루살렘에 올라가시면 이방 로마인을 몰아내고 보좌에 앉으실 것을 상상하고 있었습니다. 그때 자신들이 받을 상급 때문에 여기까지 오는 동안 "누가 크냐?"는 다툼이 일어났습니다. 뿐만 아니라 자기 두 아들을 예수님의 좌우편에 앉히고 싶은 어머니의 치맛바람까지 일어날 것입니다.

제자들은 안식일마다 회당에서 랍비들의 가르침을 들었지만, 고난과 죽음을 통해서 무엇인가 성취할 수 있다는 사실을 결코 상상해 본 적이 없었습니다. 메시아만 오시면 평강의 나라, 하나님의 통치가 실현되는 새로운 세상이 온다고 굳게 믿었습니다. 선지자가 예언하던 사자와 어린양이 함께 뒹굴고 어린아이가 독사의 굴에 손을 넣어도 물리지 않는 새로운 세상이 올 것을 꿈꾸었습니다. 그 세상이 오기까지 구원자가 지불해야 하는 대가에 대해서는 생각해 본 적이 없었습니다. 메시아의 영광에 너무 심취한 나머지 메시아의 고난에 관한 예언들은 눈에 들어오지 않았던 것입니다.

수천 년 동안 이스라엘의 선생들은 백성을 그렇게 가르쳤습니다. 그러므로 메시아의 고난에 관한 예언들은 그들의 생각에 맞지 않다고 여겨 배제시켜 버렸습니다. 결국 백성은 반쪽 성경을 읽은 셈입니다. 읽고 싶은 부분만 읽고, 듣고 싶은 부분만 들었기 때문에 그들은 거대한 편견의 늪에 빠져 살았던 것입니다. 제자들 모두는 어쩔 수 없는 유대인이었기에 주님은 그처럼 자주, 때로는 분명하게, 어떤 경우에는 은유적으로 당신을 기다리는 고난과 부활을 말씀하셨지만, 그들은 아무것도 깨닫지 못하고 알아들을 수 없었던 것입니다.

당신은 어떠합니까? 당신이 교회를 다니면서 기대하는 메시지는 무엇입니까? 사실 우리는 제자들을 비난하거나 안타까워할 수 없습니다. 제자들의 무지가 바로 우리의 무지이기 때문입니다. 우리도 같은 위험 앞에 처해 있기 때문입니다. 읽고 싶은 것만 읽고, 듣고 싶은 것만 듣는 것은 건전한 신앙생활이 아닙니다. 성경이 말씀하는 것을, 설교가 말하는 바를 귀담아들어 보십시오. 예수님이 무슨 죄를 지었기에 죽어야 하냐고 질문하지 마십시오. 하나님의 아들이 어떻게 죽을 수 있느냐고 항변하지 마십시오. 자신의 생각을 따라서 주장하지 마십시오. 우리의 생각을 믿으면 안 되고, 성경의 기록을 믿어야 합니다. 내 생각을 고수하지 말고, 매 주일 공급되는 말씀에 귀를 기울이십시오.

우리는 하나님이 하시는 말씀보다 자신이 듣고 싶은 것만 들으려고 하는 죄악에서 떠나야 합니다. 유쾌하지 않은 것도 진리라면 받아들여야 합니다. 그렇지 않으면 본문 마지막 구절이 우리 자신의 처지를 묘사하게 될 수도 있습니다. "제자들이 이것을 하나도 깨닫지 못하였으니 그 말씀이 감취었으므로 그들이 그 이르신 바를 알지 못하였더라"(눅 18:34). 그때나 지금이나 하나님의 말씀을 듣지 않으려고 하는 자에게는 하나님의 말씀이 감취지는 심판이 임합니다. 그러나 듣고자 하는 자에게는 은혜 위에 은혜가 임할 것입니다.

○

우리가 듣는 것은 주님의 말씀입니다. 그러므로 귀담아듣고 실천해야 합니다. 관심을 가질수록 더 많이 깨닫게 되어 있습니다. 성경은 "너희가 어떻게 들을까 스스로 삼가라 누구든지 있는 자는 받겠고 없는 자는 그 있는 줄로 아는 것까지도 빼앗기리라"(눅 8:18)라고 경고합니다. 무엇을 듣는지를 바로 알아야 어떻게 들을 것인지, 우리의 태도가 결정됩니다. 하나님이 주시는 말씀을 모두 깨닫고 온전히 순종하는 복을 받기를 기도합니다.

22.

다윗의 자손이여 (18:35-43)

/////

고난과 부활에 대한 세 번째 예언에도 캄캄했던 제자들의 모습과 대조적으로, 이 장의 본문에는 맹인이지만 예수님이 누구신지를 알고 고백하는 한 걸인이 등장합니다. 맹인이 믿음으로 눈을 뜬 사건은 예수님이 "여리고에 가까이 가셨을 때에"(눅 18:35) 일어났습니다. 즉 마지막 목적지인 예루살렘을 눈앞에 두고 있다는 뜻입니다. 이제 약 30킬로미터만 더 가면 예루살렘에 도착할 만큼, 빨리 걸으면 하룻길로 줄어든 지점입니다.

주님을 향한 맹인의 절박한 부르짖음

맹인이 앉아 있던 곳은 예루살렘으로 가는 순례자들이 지나다니는 길입니다. 그는 많은 사람을 만날 수 있는 길목에서 구걸을 하고 있었습니다. 앞이 보이지 않기에 스스로 일해서 살아갈 수는 없었습니다. 그렇다고 도와줄 친척도 없었던 모양입니다. 그래서 지나가는 사람들의 자선에 의지해서 살아가는 사람이었습니다. 여느 때처럼 길가에 앉아 구걸을 하고 있던 그는 갑자기 보통 때와는 달리 많은 무리가 지나가는 소리를 듣고는 "이 무슨 일이냐?" 하고 물었습니다. 그러자 "나사렛 예수께서 지나가신다"라고 사람들이 대답했습니다.

사람들의 대답을 들은 맹인은 심장이 멎는 것 같았습니다. 그는 나사렛 예수에 대한 소문을 여러 차례 들은 적이 있었기 때문입니다. 이미 그분에 대해 마음속에 내려놓은 결론이 있었던 것 같습니다. 나사렛 예수, 그분은 보통의 위대한 스승이나 엄청난 기적을 일으키는 사람 정도가 아니었습니다. 어떤 병이든 고칠 수 있는 그 사람이 바로 자기 앞에 있는 무리 가운데 계신다는 사실을 알게 된 그는 사람들의 대답을 듣자마자 기다렸다는 듯이 소리를 치기 시작했습니다. "다윗의 자손이여 나를 불쌍히 여기소서"(눅 18:39). 예수님의 소문은 자주 들었지만 가까이서 만나기는 처음이었습니다. 모처럼 찾아온, 결코 놓칠 수 없는 기회였습니다.

지금도 우리 각 사람에게서 멀지 않은 곳에 다윗의 자손 예수님이 지나가고 계십니다. 만약 이 맹인처럼 절박한 필요, 간절한 소망이 있다면 그분을 그대로 보낼 수는 없을 것입니다. 주님의 이름을 부르십시오. 주께 간구하십시오. 그분의 자비와 긍휼을 호소하십시오.

사람들은 '나사렛 예수'라고 소개했지만 맹인은 '다윗의 자손'이라고 고백했습니다. 그는 나사렛 예수에 관한 놀라운 소문을 듣기만 한 것이 아니라, 그분이 메시아시라는 것을 믿고 있었기에 "다윗의 자손 예수여!"라고 소리친 것입니다. '다윗의 자손'이라는 표현은 하나님이 다윗에게 언약하신 그리스도, 하나님이 보내신 구원자, 메시아를 가리킵니다(눅 1:31-33, 68-70). 말하자면, 예수님에 대한 맹인의 신앙 고백인 것입니다.

맹인은 약속을 성취하러 오신 하나님의 구원자께서 마침내 자신의 비참한 삶의 현장으로 가까이 오셨기에 떨리는 마음으로 소리쳤습니다. 모처럼 찾아온 기회를 놓칠 수 없기에 필사적으로 소리를 지르기 시작했습니다. "다윗의 자손 예수여 나를 불쌍히 여기소서"(눅 18:38). 그런데 그 소리를 듣고는 앞서가던 사람들이 꾸짖어 "잠잠하라" 하며 침묵을 강요했습니다. 하지만 맹인은 침묵하지 않았습니다. 더욱 큰 소리로 외쳤습니다. 넘쳐흐르는 강물을 막아선 댐이 무너지면 더 큰 물결이 터져 흐르는 것과 같이 한층 더 크게 소리를 외쳤습니다. "다윗의 자손이여 나를 불쌍히 여기소서"(눅 18:39).

하지만 이처럼 절박한 외침에도 불구하고 사람들은 맹인을 꾸짖어 잠잠하게 하려고 들 뿐입니다. 이 같은 외침에도 불구하고 장애인인 그는 그가 속한 사회에서 항상 2차적, 3차적인 존재로 취급을 받아 왔습니다. 지금껏 그는 그런 취급을 달게 받았을지도 모릅니다. 그러나 지금은 사정이 다릅니다. 침묵할 수 없습니다. 소리치는 것을 멈출 수 없습니다. 더욱 심히 소리를 지릅니다. 그 소리가 닿아야 할 '다윗의 자손'이신 예수님께 자신의 소리가 들리기까지 포기하지 않겠다는 결연한 자세를 취하고 있습니다. 절대 놓칠 수 없는 기회입니다. 그래서 부끄러움도 모르고, 군중의 제지와 압력에도 불구하고 예수님의 관심을 끌려고 소리쳐 부릅니다.

기억하십시오. 신앙생활에는 쉽게 포기하지 않는 끈질김이 필요합니다. 하나님이 주실 때까지 구하는 것을 포기하지 마십시오. 찾아낼 때까지 찾는 것을 중단하지 마십시오. 열릴 때까지 두드리는 것을 멈추지 마십시오. 신앙생활에는 강청함이 요구됩니다. 또한 생명 있는 신앙은 박해

밑에서 더욱 그 위력을 발휘합니다. 세상이 말리고 꾸짖어도 움츠러들지 않고 한층 더 "다윗의 자손이여! 나를 불쌍히 여기소서!"라고 부르짖습니다. 맹인은 걸인이요, 사람들의 눈에는 귀찮은 존재에 지나지 않는 시각 장애인이지만, 그는 대중의 압박을 이긴 담대한 신앙인이었습니다.

만약 그날 우리가 순례길을 함께 가고 있었다면, 소리치는 맹인에 대해서 어떤 입장을 취했겠습니까? 그는 우리에게도 하찮은 존재에 불과하지 않았을까요? 그렇다면 시각 장애인의 고통에 대해서는, 소리치는 맹인의 처지에 대해서는 더더욱 생각해 보지 않았을 것입니다. 그렇다면 단지 "다윗의 자손이여 나를 불쌍히 여기소서"라는 그 소리는 당시 순례자들과 같이 우리에게도 귀찮고 시끄러울 뿐입니다. 하지만 한 시간만 맹인의 입장이 되어 본다면 태도가 달라질 것입니다. 비단 시각 장애인만이 아닙니다. 사회적 약자인 고아나 과부, 알코올이나 약물 의존자들, 전과자들, 파산자들, 집 없는 사람들이 주님을 찾아 나올 때 교회에는 그들을 위한 자리가 있어야 합니다. 교회가 차가운 정죄의 눈초리, 귀찮아하는 표정, 기도의 도움이 절박함에도 불구하고 오히려 자신의 파산 사실을 숨겨야만 하는 비참함, 온갖 뒷말이 무성한 곳이 되어서는 안 됩니다.

그날 앞서가는 자들이 맹인을 꾸짖어 잠잠하라고 했듯이, 소위 먼저 신앙의 길을 걷는다는 이들이 안타깝고 절박한 호소의 기도를 시끄럽다는 이유로 제지하는 입장을 취해서는 안 됩니다. 그렇게 큰 소리로 기도하는 것은 내 취향이 아니라고 꾸짖는 것은 주님의 마음이 아니기 때문입니다. 주님의 귀가 누구를 향해 열려 있는지 기억하십시오. 그분의 귀는 세리의 통회와 탄식을 향해 열려 있습니다. 사람들의 웅성거림 속에서도 절박하게 소리치는 맹인의 부르짖음을 향해 열려 있습니다.

교회는 주님을 떠나서 살 수 없는 사람들의 안식처가 되어야 합니다.

"나는 주님을 떠나서는 살 수 없어요. 주님밖에는 의지할 데가 없어요. 주님 외에는 찾아갈 곳이 없어요"라고 고백하는 사람들의 고향이 되어야 합니다. 교회는 온갖 구박을 하며 쫓아내려 해도 주님을 떠나서는 살 수 없는 사람들의 모임이어야 합니다. 사람들의 멸시를 두려워하지 않고 오직 하나님의 긍휼만을 구하는 자들이 찾아오는 곳이어야 합니다. 더 나아가 주님 안에 머무르려는 열망이 가득한, 마음이 가난한 이들의 모임이어야 합니다.

절규의 소리에 귀 기울이시는 주님

이제 주님의 처신을 눈여겨보십시오. "예수께서 머물러 서서 명하여 데려오라 하셨더니"(눅 18:40). 예수님은 가던 길을 멈추어 서셨습니다. 이때 주님은 어디로 가고 계셨습니까? 주님의 여정을 기억하면 '머물러 서셨다'는 말이 새로운 감동으로 다가올 것입니다. 예수님은 그분 생애의 가장 중요한 순간을 위해, 당신을 십자가에 제물로 드리려고 예루살렘으로 가시는 중이었습니다. 보통 사람이라면 평소에는 친절을 보이다가도 중요한 일로 긴장이 되면 다른 사람들을 돕고 싶은 마음의 여유를 갖기란 어려울 것입니다. 그러나 주님은 예루살렘으로 죽으러 가는 길이었지만 하나님의 택한 백성을 한 명이라도 더 만나기를 간절히 원하셨습니다.

완전한 사람이요, 성숙한 모습의 인간인 주님은 다르셨습니다. 다른 사람을 배려하고 존중하고 사랑하는 건강한 자존감을 가진 분이셨습니다. 그러므로 그분의 완벽한 자비와 연민은 당신의 감정을 우선시하거나 당신의 일정을 앞세우지 않았습니다. 그분은 함께 가는 무리와는 달리 맹인의 절규를 거부하지 않으셨습니다. 그러기에 머물러 서서 그 사람을 데리고 오라고 명하셨습니다.

여기서 '머물러 서셨다'는 말은 헬라어 원문 맨 앞에 강조하는 위치에 있습니다. 그 머물러 서신 모습이 현장에 있던 제자들에게는 인상적이었던 모양입니다. 누가가 그 뉘앙스를 살려 기록함으로 예수님은 특별히 부르짖는 자를 위하여 들어 주기를, 듣는 데 시간 사용하기를 기뻐하신다는 사실을 보여 주고 있습니다. 예수님은 오늘날에도 동일하십니다. 수많은 사람 가운데 예수님이 누구를 바라보시겠습니까? 그분의 눈은 도움을 절실히 필요로 하는 이들을 향해서 열려 있습니다. 그런 심정으로 부르짖는 호소에 주님은 그 귀를 기울이십니다.

예수님은 능력자인 동시에 자비로운 분이십니다. 지금 아버지의 뜻을 성취하려고 십자가를 향해 나아가고 계시지만 주님의 마음은 절박한 처지에 있는 자들에게 열려 있습니다. 주님은 필사적인 호소 앞에 멈추어 서시는 분입니다. 우리의 기도를 들으시는 주님을 바라보십시오. 주님의 귀는 우리의 부르짖는 소리를 무시할 수 없습니다. 지금 어려운 처지에 있습니까? 절박한 도움이 필요합니까? 그러면 소리치십시오. 간절히 호소하는 사람을 지극히 사랑하시는 예수님임을 믿으십시오. 예수님을 만나려면 무리 속에 숨어 있어서는 안 됩니다. 막후의 실세로 처신하지 마십시오. 신비의 여인으로 남아 있지 마십시오. 전면으로 나와서 얼굴을 드러내고 소리쳐 보십시오. 일대일로 주님을 만나 보십시오. 그러기 위해서 부끄러움을 버리고 예수님을 향해 소리치십시오. 기도뿐 아니라 찬송에도 마음을 실어 보십시오.

패니 크로스비(Fanny Crosby)는 시각 장애인으로서 수많은 찬송가를 지은 것으로 잘 알려져 있습니다. 그녀는 주님이 가까이 오셨는데 자기가 앞을 보지 못해서 주님을 놓칠 것을 두려워해 〈Pass me not〉(날 지나치지 마십시오, 새찬송가 279장 〈인애하신 구세주여〉)이라는 제목의 찬송을 지었습니다("주여 주여 내가 비오니 죄인 오라 하실 때에 날 부르소서"). 비록 앞을 볼 수는 없지만 소리쳐 외칠 때 주님이 자신을 그냥 지나쳐 가지 않으시리라는 믿음을 표현한 찬양입니다.

예수님의 순례길에 동참하게 된
맹인이었던 사람

마침내 누군가가 맹인을 주님 가까이로 인도했을 때 주님은 자상히 물으셨습니다. "네게 무엇을 하여 주기를 원하느냐"(눅 18:41상). 어떻게 보면 너무나 뻔한 질문을 하십니다. 맹인이 원하는 것은 당연히 눈을 뜨는 것이 아니겠습니까? 그러나 주님은 그가 자신의 필요를 말로 표현하도록 요청하신 것입니다. 이에 맹인은 조금도 서슴지 않고 대답합니다. "주여 보기를 원하나이다"(눅 18:41하). 우리의 하늘 아버지께서는 우리 마음 깊숙한 소원까지 다 아시는 분입니다. 그러나 그분은 우리가 말로 아뢰기를 원하십니다. 우리가 우리의 입을 크게 열기를 바라십니다. 그래서 "네 입을 크게 열라 내가 채우리라"(시 81:10)라고 약속하십니다.

이 맹인은 살아오면서 눈을 뜨고 싶다는 소원을 얼마나 많이 빌었겠습니까? 아마 수천 번도 넘었을 것입니다. 말로 표현하기를 수백 번도 더 했을 것입니다. 그러나 지금 온 우주에서 유일하게 그 소원을 들어주실 수 있는 분 앞에 처음으로 서게 되었습니다. 그 일이 실제로 이루어질 수 있다는 것을 믿지 않았다면 요청하지 않았을 것입니다. 당시에는 맹인이 눈을 뜬다는 것은 불가능한 일로 여겨졌습니다. 그래서 막상 주님 앞에 나와서 그 말을 하지 못하는 경우도 있었을지 모릅니다. 그러나 그에게는 하나님의 구원자, 메시아가 오면 자신을 고쳐 주실 수 있다는 믿음이 있었습니다.

따라서 예수님이 맹인에게 "네게 무엇을 하여 주기를 원하느냐?"라고 물으신 것은 곧 "너는 나를 누구라고 믿느냐?"라는 질문과 같습니다. 또한 "주여 보기를 원하나이다"라는 담대한 요청은 "당신은 메시아이기 때문에 성경의 약속대로 능히 내 눈을 뜨게 하실 수 있습니다"라는 고백이었습니다. 맹인이 보게 하는 것은 메시아만이 하실 수 있는 역사입니다. 메시아의 시대가 열리면 맹인이 보는 새 세상이 펼쳐질 것을 성경이 예언했기 때문입니다(눅 4:18-19, 7:22).

마지막으로 세 번째 수난과 부활을 예고하시는 예수님을 지금까지 다윗의 자손으로 부른 자는 아무도 없었습니다. 사람들은 그분을 가리켜 '나사렛 예수'라고 말했습니다. 부자 청년은 '선한 선생님'이라고 불렀습니다. 그런데 갑자기 구걸하는 맹인이 "다윗의 자손 예수여 나를 불쌍히 여기소서" 하고 외칩니다. 놀라운 신앙 고백입니다. 그러므로 그의 놀라운 메시아 신앙은 예수님께 청찬을 듣습니다. "보라 네 믿음이 너를 구원하였느니라"(눅 18:42). 온갖 반대에도 불구하고 단지 눈을 뜨고 싶어 끈질기게 시도한 믿음 때문이 아니라, 캄캄했던 제자들을 배경으로 그분이 메시아이심을 알아본 맹인의 믿음은 청찬받기에 합당합니다.

앞 장 마지막 구절을 떠올려 보십시오. "제자들이 이것을 하나도 깨닫지 못하였으니 그 말씀이 감취었으므로 그들이 그 이르신 바를 알지 못하였더라"(눅 18:34). 3년 동안 함께한 제자들조차 당신이 수난의 종으로 왔다는 사실을 거듭 가르쳐 주어도 깨닫지 못하는 상황에서 단 한 번의 가르침도 들은 적 없는 맹인 거지가 "다윗의 자손 예수여 나를 불쌍히 여기소서"라고 소리치는 것은 소름 끼치도록 놀라운 일이 아닙니까? 그러므로 주님은 떨리는 감격으로 그에게 "보라 네 믿음이 너를 구원하였느니라"라고 말씀하셨을 것입니다. 캄캄한 상황 속에서도 그가 메시아를 알아보는 그 믿음으로 구원 받았음을 주님은 선언하셨습니다. 이것이 바로 맹인의 눈이 회복된 첫 번째 열쇠입니다.

사람은 누구나 자기의 소원이 성취되기를 바랍니다. 그러나 결정적인 열쇠는 그 소원을 들어주실 분을 바로 아는 것이요, 그분께 바른 질문을 하는 데 있습니다. 유대 지성의 대표인 어떤 율법사도, 잘나가던 젊은 관리도 "내가 무엇을 하여야 영생을 얻으리이까?"라는 엉뚱한 질문을 던졌습니다. 무엇을 행함으로 영원한 삶을 얻을 수 있는 사람은 아무도 없습니다. '오직 믿음', '오직 예수', '오직 성경'만이 길을 제시합니다. 그들은 모두 행함이 아니라 "나를 불쌍히 여기소서"라고 아뢰었어야 합니다.

맹인의 눈이 회복된 두 번째 열쇠는 "보라"라는 예수님의 명령입니다. 마가가 '가라'(막 10:52)라는 단어를 사용한 대신에 누가는 '보라'를 사용해서 맹인의 믿음의 효력으로부터 예수님의 말씀이 지닌 능력과 권세로 옮겨 갑니다. '보라'라는 예수님의 한마디 말씀이 지닌 권세와 능력이 즉시 분명하게 드러나 맹인은 즉각 보게 되었습니다. 즉각적인 치유는 인간의 믿음에 반응하신 하나님의 능력 때문입니다. 그러므로 하나님의 말씀을 그대로 믿기만 하십시오. 하나님은 병을 치료하기 이전에 그 믿음을 인정하십니다.

하나님이 선물로 주신 믿음을 활용하십시오. 아직 잘 믿어지지 않는다면 예배의 자리, 성경을 배우는 자리를 사모하십시오. 믿음은 들음에서 나옵니다. 믿음은 읽음에서 나옵니다. 듣고 읽은 말씀에 믿음으로 반응하여 하나님의 능력을 경험하면 그 순간부터 하나님을 찬양하고 하나님께 영광을 돌리게 될 것입니다. 전능자께서 명하시면 그대로 이루어집니다. "곧 보게 되어 하나님께 영광을 돌리며 예수를 따르니 백성이 다 이를 보고 하나님을 찬양하니라"(눅 18:43).

앞서 부자 청년은 근심하며 돌아갔으나, 구걸하던 맹인은 영광을 돌리고 기뻐하며 예수님을 따랐습니다. 그는 예루살렘으로 향하는 순례의 무리에 즉시 합류했습니다. 사도들이나 부자 청년처럼 버리고 따라야 할 것이 아무것도 없었기 때문입니다. '하나님께 영광을 돌리며 예수를 따르니'라는 말에는 그가 순례길에 합류한 것은 물론이고 동시에 제자의 길을 따랐다는 의미가 함축되어 있습니다.

주님은 고침 받은 자들, 구원받은 자들이 하나님을 찬양하는 것을 가장 기뻐하십니다. 성경의 하나님은 이스라엘의 찬양 중에, 구원받은 백성의 칭송 가운데 거하시는 분입니다. 시간을 정해서 하나님을 찬양하십시오. 맹인이 하나님께 영광을 돌리며 예수를 따르는 모습을 본 모든 사람은 다 하나님을 찬양했습니다. 즉시 눈을 뜨게 된 그의 찬양은 함께 가는 모든 백성의 찬양을 이끌어 냈습니다. 처음에는 무시하고 방해하던 사람들이 나중에는 함께 찬양하는 사람으로 바뀌었습니다.

○

주님을 만나면 삶이 변합니다. 이전에 보지 못하던 자는 즉시 보게 됩니다. 이전에 불평하던 자는 이제 찬양하게 됩니다. 이전에 주위 사람들의 걸림돌이 되었던 자는 이제 이웃들의 삶에 축복의 디딤돌이 됩니다. 이전에는 하나님 나라를 세워 가는 사역의 걸림돌이었지만 이제는 하나님 나라를 세우는 디딤돌, 모퉁잇돌로 바뀝니다. 우리에게 베푸신 하나님의 은혜를 찬송하는 대열에 함께 서기를 바랍니다. 예수님의 모든 사역은 아버지께 영광을 돌리고 찬양하도록 의도된 것입니다. 백성의 관심을 하나님께 돌리는 것이 주님의 사역입니다. 우리의 생애도, 우리의 삶에 일어나는 모든 일도 우리를 세상에 보내신 하나님을 찬양하는 일에 사용되기를 바랍니다.

23.

한 사람 (19:1-10)

삭개오 한 사람을 통해 들려주시려는 메시지

이제 예루살렘으로 향하는 예수님의 일정은 거의 다 마감되어 가고 있습니다. 누가복음 9장 51절에서 출발한 긴 여정의 마지막 이야기가 펼쳐짐으로 주님의 사역의 절정을 보여 줍니다. 십자가를 며칠 앞둔 시점에 다시 한 번 은혜가 승리하는 실례를 보여 줍니다. 누가는 복음이 사람을 차별하지 않고 누구에게나 주시는 하나님의 선물임을 강조해 왔습니다. 그는 이 장의 본문에서 당대에 가장 멸시받는 죄인의 대표 격인 세리, 그 가운데서도 세리장인 삭개오를 주님이 구원하시는 사건을 통해서 복음의 보편성을 보여 줍니다. 삭개오 이야기는 앞서 살펴본 젊은 부자 관리의 이야기와 뚜렷한 대조를 보입니다. 같은 부자지만, 젊은 관리는 슬픈 표정으로 구원의 주님으로부터 멀어지고, 삭개오는 찾아오신 주님을 기쁨으로 영접했습니다. 그런가 하면, 바로 앞 장에서 이야기한 맹인과도 관련을 갖고 있습니다. 둘 다 여리고라는 지역적 공통성을 갖고 있습니다. 동시에 앞 사건에서는 가난한 맹인 거지가 구원을 받았고, 여기서는 엄청난 부자가 구원의 은혜를 입는 동일한 은혜의 승리를 기록하고 있습니다.

이제 주님이 통과하고 계신 여리고라는 도시를 살펴봅시다. 그러면 한 사람 삭개오를 더 잘 알게 될 것입니다. 여리고는 요르단 계곡에 위치한 곳으로 예루살렘으로 가는 길목인 동시에 요단을 건너 동쪽으로 가는 길목이기도 합니다. 헤롯 1세 때 벌써 '작은 파라다이스'라고 불릴 만큼 빼어난 도시였습니다. 오죽했으면 안토니오가 그 유명한 클레오파트라에게 선물로 이 도시를 주었겠습니까? 뿐만 아니라 여리고는 상당한 수입원이 보장되었기에 권력자들마다 자기 것으로 만들기를 탐한 도시이기도 합니다. 로마인들은 여리고에서 나는 대추와 발삼으로 세계적인 무역업을 하고 있었습니다. 그래서 여리고는 팔레스타인에서 가장 노른자위 세금 징수의 중심지 가운데 하나였습니다. 이 장의 주인공 삭개오는 그 지역 세무 업계에서는 가장 출세한 사람입니다. 달리 말해, 삭개오는 그 지역에서 가장 미움 받는 공적 1호이기도 합니다.

이제 예수님의 발걸음은 그가 사는 여리고를 통과하고 있습니다(눅 19:1). 누가는 계속해서 예수님의 발걸음이 어디를 통과하고 있는지 간간이 말해 줍니다(눅 9:51 참조). 여리고를 지나면 지형적으로 올라가는 길이 시작됩니다. 하룻길을 남겨 놓고 예루살렘을 향한 예수님의 여정은 끝나 가고 있습니다. "예수께서 여리고로 들어가 지나가시더라"라는 서두는 이를 상기시켜 주는 동시에 더 깊은 의미를 담고 있습니다. 누가는 '예수께서 지나가시더라'라는 말로써 우리의 주의를 예수님께 향하도록 합니다. 지금 그분이 하시게 될 놀라운 일을 미리 기대하도록 하는 것입니다. 우리는 우리의 관심을 우리의 예배를 받으시는 예수님께 쏟아야 합니다. 세세토록 찬양을 받으시기에 합당한 예수 그리스도의 아버지, 하나님께 우리 마음이 향해야 합니다.

이번에도 마찬가지로, 잃어버린 자를 찾아 구원하시는 놀라운 사건이 본문에 전개됩니다. 인자가 세상에 오신 목적이 성취되는 순간입니다. "오늘 구원이 이 집에 이르렀으니"(눅 19:9)라는 놀라운 구원 선포가 삭개오에게 이루어지는 순간입니다. 삭개오만을 구원하는 데 주님의 뜻이 있지 않습니다. 주님은 삭개오의 구원 사건을 통해서 구원이 무엇인지를 우리에게 보여 주기 위해 이 사건을 기록하셨습니다. 아니, 잃어버린 자 중에 있는 인생을 지금 찾아 구원하려고 이 사건을 기록하셨습니다.

구원은 교회에서 많이 듣는 말이지만, 한편 많이 오해되고 있는 말이기도 합니다. 우리가 교회에 나오는 목적은 구원받기 위함이요, 그로 인해 하나님께 영광을 돌리고자 함입니다. 그런데 만약 구원이 무엇인지를 오해한다면 이는 중대한 일입니다. 그래서 이 장에서는 '삭개오라 불리는 한 사람'을 통해서 '구원이란 무엇이 아닌가?'라는 문제를 먼저 풀고 나서, '구원의 진수가 무엇인가?'라는 문제를 다음 장에서 살피도록 하겠습니다.

만약 우리가 구원을 알지 못한다면 한날 주님은 엄숙히 선언하실 것입니다. "나는 너희가 어디에서 왔는지 알지 못하노라 행악하는 모든 자들아 나를 떠나가라"(눅 13:27). 주님은 미리 경고하십니다. "너희가 아브라함과 이삭과 야곱과 모든 선지자는 하나님 나라에 있고 오직 너희는 밖에 쫓겨난 것을 볼 때에 거기서 슬피 울며 이를 갈리라"(눅 13:28). 예수님은 늘 교회 밖에 있는 사람들에 관해서보다 오히려 지금 당신의 말을 듣고 있는 사람들에게 관심을 갖고 이같이 말씀하셨습니다. 예수님은 지금 당신에게서 듣고 있는 사람들이 한날 하나님 나라에 들어갈 것인지, 아니면 악한 길을 계속 걸음으로 지옥으로 갈 것인지에 관심을 가지셨습니다. 그들은 말씀을 듣고도 순종하지 않았던 자들입니다. 영원한 후회의 이를 갈기 전에 우리는 주님의 말씀을 잘 듣고 따라야 합니다.

잘못 알고 있는 구원의 정의

본문 2절을 원문으로 보면, '보라'라는 말로 시작합니다. "보라! 삭개오라 이름하는 자가 있으니 세리장이요 또한 부자라." 이로써 누가는 우리의 시선이 주께서 구원하려고 하시는 한 사람을 향하도록 합니다. 그러면서 세상이 흔히 한 사람을 소개하는 방식대로 삭개오를 소개합니다. 세상은 한 사람을 평가할 때 첫째, 이름이 무엇인지, 둘째, 지위가 어떠한지, 셋째, 얼마나 가졌는지 등을 중요시합니다. 아직 그런 기준이 중요하게 느껴진다면 이 장의 내용을 주의 깊게 읽어야 합니다. 그리스도 예수 안에 들어온 사람은 이런 기준에 의해 서로를 평가하지 않습니다. 그리스도 안에 있는 이들은 이런 것들로 자랑하지 않습니다(약 1:9-10, 2:1).

2절은 삭개오라 이름하는 한 사람, 구원받기 이전의 한 사람에 대한 외형적 기술입니다. 본문은 구원받지 않고도 얼마든지 좋은 이름, 높은 지위, 많은 재산의 소유가 가능하다는 것을 보여 줍니다. 하지만 그리스도인이 된 이후에도 그런 것들에 연연하는 것은 크게 잘못된 모습입니다. 더 나아가 구원을 그런 것들의 획득인 양 착각해서는 안 됩니다.

첫 번째, 기독교의 구원은 한 사람이 불리는 이름과 아무런 상관이 없습니다. '삭개오'의 이름 뜻은 '그 의로운 자'인데, 종교적인 이름으로서 거룩한 의미를 담고 있습니다. 그러나 우리에게 알려진 삭개오의 삶은 그 이름과 판이합니다. 그 사람이 무슨 이름으로 불리든지 그 이름과 기독교의 구원은 관련이 없습니다. 세상은 가문이나 배경, 학벌 등을 중요시합니다. 세상은 나와 친척 관계인지, 동문인지, 동향인지에 따라서 사람을 대우합니다. 그러나 예수 그리스도 안에 들어온 사람은 더 이상 그것들이 중요하지 않습니다. 기독교의 구원은 이 모든 범주를 초월하게 만듭니다.

오히려 그리스도인은, 한 사람을 만나면 그가 나와 함께 하늘의 본향을 향해 걷고 있는 자인지 혹은 나를 통해서 새 삶을 누려야 할 자인지를 중요시합니다. 이 세상과 함께 없어질 것은 기독교 구원을 가름하는 척도로 사용될 수 없습니다. 더 나아가 그리스도인이라는 이름도 우리를 구원받은 사람으로 분류시킬 수 없습니다. 천만이 넘는 사람이 자신을 그리스도인으로 분류하고 있지만 그들 모두가 구원을 받았다고 할 수는 없는 것처럼 말입니다. 사람들이 우리를 무엇이라고 부르는지가 우리가 하나님 앞에서 누구인지를 꼭 나타내는 것은 아닙니다.

두 번째, 기독교의 구원은 신분이나 직책과 아무런 상관이 없습니다. 물론 세상에 속한 사람은 여전히 이를 중시합니다. 그들의 눈에는 세무서장인지 세무원인지가 중요시되고 거기에 따라서 사람을 대우합니다. 경찰서장인지 방범대원인지, 대학 학장인지 대학 수위인지에 따라서 사람을 평가하려고 듭니다. 때로 교회 안에도 세상의 사조가 들어와 직함을 따라서 평가하려고 합니다. 목사나 장로, 권사, 집사라는 직분이 구원받은 자라는 보증을 하는 것은 아닙니다. 구원이란 이 같은 것들과 동일시될 수 없습니다. 그러므로 우리가 맡은 직분과 상관없이 구원이 무엇인지를 생각해 볼 필요가 있습니다.

세 번째, 기독교의 구원은 재산 여부로 결정되지 않습니다. 아니, 적극적으로 말하면 재물이 줄 수 없는 어떤 것을 기독교의 구원이 줍니다. 삭개오는 좋은 이름과 높은 지위 그리고 많은 재물을 소유했습니다. 그러나 그는 이것들이 삶에 만족을 줄 수 없다는 것을 너무나 잘 알았습니다. 그는 낭패와 실망을 겪은 뒤에 주께로 나온 부류의 사람은 아니었습니다. 삭개오는 '낙타가 바늘귀로 들어가는 것'처럼 구원받을 여지가 없는 부자였습니다.

모든 것이 자기 수중에 있었지만 그것들이 자기 영혼을 만족시킬 수 없다는 사실 때문에 그는 예수가 누구이신지 만나고 싶어 했습니다. 많은 사람이 어려운 중에 교회에 다니기 시작해서 생활이 나아지는 것과 구원을 혼동할 때가 있습니다. 물론 주님을 잘 믿는 사람들에게 하나님이 세상을 사는 날 동안 물질적인 축복을 주시는 것은 일반적인 사실입니다. 그러나 세상에서 받는 물질적인 축복을 위주로 할 때는 잘못된 것입니다. 교회에 다닌 이후에 더 잘살게 되었다는 것이 꼭 구원을 받은 증거라고 할 수는 없습니다. 엄청난 부자인 삭개오가 주님을 찾아 나온 것을 보면 경제적인 부가 구원의 척도가 될 수 없다는 것을 잘 알 수 있습니다.

적극적으로 생각해 보면, 주님이 주시는 구원은 삭개오가 그때 얻지 못했던 어떤 것입니다. 창조주 하나님을 아버지로 부르기까지 인생은 만족할 수 없습니다. 삭개오는 모든 것을 가졌으면서도 만족할 수 없었기에 "예수께서 어떠한 사람인가"(눅 19:3) 하여 보고자 했습니다. 그러나 그 길은 유월절을 지키려고 예루살렘을 향해 가는 사람들로 가득했습니다. 온 길이 메워지도록 많은 사람들 사이에 예수님이 오고 계셨습니다. 삭개오가 예수님을 만날 가능성은 점점 사라져 갔습니다. 그는 결국 앞으로 뛰어나가서 나무 위로 올라가야만 했습니다.

이 사람들은 누구입니까? 유월절을 지키려고 예루살렘으로 가는 유대 종교인들입니다. 1년에 세 차례 예루살렘으로 올라가야 한다고 믿는 사람들입니다. 유대인이라고 다 순례길을 나서는 것도 아닙니다. 유월절을 비롯한 절기마다 예루살렘으로 올라가는 것은 열심 있는 사람들의 몫이었습니다. 그러므로 네 번째, 기독교의 구원은 종교적 열심과 동일시될 수 없습니다. 진정한 구원을 누린 사람들은 열심이 있기 마련입니다. 그러나 종교적 열심 그 자체가 구원의 보증은 아닙니다. 오히려 자기 나름대로의 열심은 구원의 방해물이 되기도 합니다. "그들이 하나님께 열심이 있으나 올바른 지식을 따른 것이 아니니라"(롬 10:2)라고 바울이 증언했던 유대인처럼 될 수 있습니다. 진리에 부합하지 않는 열심이란 내면 낼수록 구원으로부터 멀어지게 할 수 있습니다.

이러한 사람들은 자기의 자기 된 것으로 만족하기 때문에 더 이상 구원을 추구하지 않습니다. 주님을 인격적으로 만난 적 없이, 주님과 매일 교제하는 기쁨도 없이 자기 나름의 종교 생활을 하며 이미 배불러 있는 사람은 진실로 불행한 자입니다. 거짓을 진리로 알면 아무리 열심을 내어도 구원에서 점점 더 멀리 벗어날 뿐입니다. 그러므로 열심 그 자체는 아무런 보증이 될 수 없습니다.

다섯 번째, 그렇다고 기독교의 구원이 대의명분을 위한 투쟁이나 사회 정의나 사회 복지를 위해 목소리를 높이는 것도 아닙니다. 오늘날 혼돈하고 공허하고 흑암이 깊음 위에 있는 조국의 상황은 여러 가지 측면에서 비판의 여지를 가져다줍니다. 부끄럽게도 교회는 그 본연의 사명을 상실해 빛을 비추기보다는 어두움을 만들어 내는 것처럼 보이기도 합니다. 그렇다고 비판하고 항의하고 이념을 내세우는 것과 기독교가 말하는 구원이 동일한 것은 아닙니다. 이는 7절의 '수군거리는 사람들'과 크게 다르지 않습니다. 자기의 이념이나 주의와 맞지 않을 때 소극적으로 수군거리거나 적극적으로 촛불을 밝힐 수는 있습니다. 그러나 그 참여 의식을 구원받은 증거라고 말할 수는 없습니다. 물론 반대로 모든 사회적, 구조적 악에 대한 침묵 또한 좋은 그리스도인이 되는 길은 결코 아닙니다.

구원을 향해 나아가는 자는 그 구조적 악의 원인으로서 자신의 내면을 보는 자입니다. 자기 안에 모든 사회적 악의 요소가 있음을 알고 그리스도로 말미암은 구원을 찾는 자입니다(롬 7:18-19, 22-23). 탄식하다 결국 "오호라 나는 곤고한 사람이로다 이 사망의 몸에서 누가 나를 건져 내랴"(롬 7:24) 하고 외마디 절규를 하는 자입니다. 이렇게 절규하는 자만이 예수님이 어떤 분인가 하여 보고자 합니다. 보려고 앞으로 달려 나갑니다. 그분을 알아보려고 나무 위라도 올라갑니다.

○

당신의 마음은 주님을 알고 싶은 소원으로 가득한 적이 있습니까? 지금도 주님을 더욱 알고 싶은 소원이 마음속에 자리하고 있습니까? 이미 구원을 맛본 자는 '예수께서 어떠한 사람인가' 하여 알고 싶은 소원이 그 안에 언제나 살아 있습니다. 우리가 주님을 알고자 소원하기만 한다면 주님은 지금이라도 바로 당신 자신을 나타내실 것입니다. "아버지께서 내게 주시는 자는 다 내게로 올 것이요 내게 오는 자는 내가 결코 내쫓지 아니하리라"(요 6:37). 주님께로 나아가십시오. 주님은 결코 우리를 내어 쫓지 않으십니다. 좋으신 하나님은 사모하는 자에게 영생을 선물로 주실 것입니다. "영생은 곧 유일하신 참 하나님과 그가 보내신 자 예수 그리스도를 아는 것"(요 17:3)입니다.

24.

한 부름 (19:5-6)

///

　　유대인 최대의 절기인 유월절을 앞두고 순례자의 발걸음이 예루살렘을 향하고 있었습니다. 이제 예루살렘을 하룻길 남겨 두고 예수님은 여리고로 들어가 지나가다가 삭개오를 만나십니다. 그날 여리고에서 있었던 일은 성도들에게 잊을 수 없는 사건입니다. 삭개오와 함께 동일한 구원을 받은 성도들에게 있어서는 항상 새로운 의미가 담겨 있는 일이 그날 일어났습니다. 이 이야기에 감동하고 있습니까? 이 이야기에 감동하는가 감동하지 않는가가 우리가 누구인지를 말해 줍니다. 왜냐하면 성도들에게 있어서는 주님이 한 사람을 찾아 주셨다는 것만큼 더 감동적인 이야기는 없기 때문입니다. 그러기에 영광의 주님이 잃어버린 한 사람 삭개오를 불러 주셨다는 것은 남의 이야기처럼 흘려들을 수 없습니다.

　　앞 장에서 한 사람 삭개오를 통해 무엇이 구원이 아닌지를 살펴보았습니다. 성경이 말씀하는 구원은 외형적인 데 있지 않고, 내면적인 데서

222

시작합니다. 이 구원은 '예수께서 어떠한 사람인가 하여 보고자' 하는 삭개오 내면의 욕구로부터 배태됩니다. 이 구원은 '보기 위하여 앞으로 달려가는' 자에게 실현됩니다. 이 구원은 '보기 위해서라면 길가에 서 있는 나무 위에라도 올라가는' 자에게 성취됩니다. 그러므로 결정적인 사실은 "예수께서 그리로 지나가시게 됨이러라"(눅 19:4)라는 말씀에 있습니다.

당신에게는 예수님이 누구신가 하여 보고자 하는 소원이 있습니까? 주님을 알고 싶어 하는 마음이 있습니까? 한 번 그 마음을 가졌던 사람은 그 생애의 나날이 이 하나의 소원으로 가득해 있어야만 합니다. "나도 옛날에는 너희처럼 열심을 냈었다"라고 말하는 것은 신자의 바람직한 모습이 아닙니다. 한때 주님으로부터 온 열심을 가졌다면 그 열심은 세상을 사는 마지막 날까지 사라질 수 없습니다. 아니, 천국에 가서 주님을 직접 대면할 때에도 그 소원은 성도의 마음속에 있을 것입니다. 주님을 더 알고자 하는 욕망은 영원할 것입니다.

목마른 인생에 친히 찾아오신 예수님

"예수께서 그곳에 이르사 쳐다보시고 이르시되 삭개오야 속히 내려오라 내가 오늘 네 집에 유하여야 하겠다 하시니 급히 내려와 즐거워하며 영접하거늘"(눅 19:5-6). 이 말씀에 구원의 핵심이 나타나 있습니다. 구원의 핵심은 바로 주님의 찾아오심입니다. 잃어버린 자가 있는 자리에 찾아와 그 이름을 불러 주심이 구원의 핵심입니다. 이 구원의 핵심을 살펴보면서 하나님이 우리에게 하실 말씀에 귀 기울여 봅시다.

여기서 '그곳'은 어디입니까? 좋은 이름으로 만족할 수 없는 인생이 있는 자리에 예수님이 오셨습니다. 높은 지위로는 행복할 수 없는, 인생의 목마름이 있는 곳에 예수님이 오셨습니다. 하나님의 형상대로 지으심을 받았다는 그 놀라운 축복 때문에 하나님이 아닌 어떤 것으로도 만족할 수 없는 한 사람이 있는 곳에 예수님이 오셨습니다. 그 영혼의 갈증을 느끼도록 하신 성령에 의해 이끌림을 받아 나아온 그 자리에 지금 주 예수님이 찾아오셨습니다. 잃어버린 자를 찾아 세상에 오신 구주께서 여리고에 오셨고, 지금 삭개오가 있는 바로 그 나무 아래에 서셨습니다. 그러기에 우리가 어떤 심정으로 매주 예배의 자리에 나오는지는 정말 중요합니다.

왜 예배드리는 자리에 나옵니까? 직분 때문입니까? 축복이라는 경제적 혜택을 바라고 나오는 것입니까? 단지 관습처럼 주일 성수를 위해 나옵니까? 우리에게는 오직 하나의 이유만이 있어야 합니다. '예수께서 어떠한 사람인가 하여 보고자' 하는 이유로 나와야 합니다. 그분을 만나기 위해 나와야 합니다. 대속해 주신 주님의 인애를 간절히 알기 원해서 예배당에 모여야 합니다. 주님은 그런 심정을 가진 자가 있는 곳이면 지금도 지나쳐 가지 않으십니다. 주님은 그런 자들을 만나 주려고 세상에 오신 분입니다. 그렇다면 그때와 마찬가지로 지금도 그런 자들이 모인 곳을 지나쳐 가지 않으실 것입니다. 만나고 싶은 마음을 가진 모든 영혼을 만족시켜 주실 것입니다.

그러기에 사모하는 심정으로 나아와 함께 예배드리는 곳에는 언제나 놀라운 사건이 일어날 수 있습니다. 그 사건이 일어나기를 함께 마음 졸여 기다리는 곳이 바로 예배하는 장소입니다. 교회는 우리 가운데서 역사하실 하나님의 놀라운 구원을 체험하기 위해서, 그 하나님의 영광의 옷자락을 보기 위해서 나아온 사람들이 모인 곳이어야 합니다. 주님은 당신을 바라는 자를 결코 실망시키지 않으십니다(롬 10:11). 주님은 사모하는 자를 불러 주십니다. 주님의 눈은 전심으로 당신을 향하는 자를 찾고 계십니다(대하 16:9).

삭개오와 같은 심정으로 나무 위든지, 군중 속이든지, 혹은 예배당 안이든지, 어디서든지 주님을 보고자 하면 우리를 불러 주시고 함께 하는 분이 바로 우리 구주 예수님이십니다. 하나님은 선지자 이사야를 통해서 지금 우리를 부르고 계십니다. "오호라 너희 모든 목마른 자들아 물로 나아오라 … 너희는 귀를 기울이고 내게로 나아와 들으라 그리하면 너희의 영혼이 살리라 … 너희는 여호와를 만날 만한 때에 찾으라 가까이 계실 때에 그를 부르라 … 그가 너그럽게 용서하시리라"(사 55:1-3, 6-7). 우리는 불신실하지만 하나님은 신실하사 약속을 지키십니다. 하나님이 얼마나 너그럽게 용서하시는지는 그리스도인이라면 누구나 알 것입니다. 바로 나 같은 자를 용서하신 것에서 하나님 아버지의 용서의 넓은 폭을 헤아려 볼 수 있습니다. 그 사랑의 길이, 너비, 높이, 깊이를 경험할 수 있습니다.

눈을 맞추고 그 이름을 불러 주신 예수님

"예수께서 그곳에 이르사 쳐다보시고"(눅 19:5). 예수님은 그곳에 와서 눈을 들어 삭개오를 쳐다보셨습니다. 삭개오는 달려와 나무 위에 올라갔지만 주님이 자기를 쳐다보실 것이라고는 기대조차 하지 않았습니다. 다만 군중 속의 주님을 한번이라도 볼 수 있다면 좋겠다고 생각한 것이 전부입니다. 그러나 하나님은 "우리가 구하거나 생각하는 모든 것에 더 넘치도록 능히 하실"(엡 3:20) 분입니다. 우리의 기도나 소원, 생각, 희망으로도 감히 꿈꿀 수 없는 것을 우리 가운데서 역사하시는 분입니다.

구원의 주도권은 언제나 삭개오가 있는 그 자리에 찾아오신 주님, 그 나무 아래서 쳐다보시는 주님께 있습니다. 주님의 발걸음이 거기로 향하였고, 주님의 발걸음이 그 자리에 멈추었고, 주님의 눈길이 그를 쳐다보았기에 구원의 역사가 시작된 것입니다. 잃어버린 자를 찾아 나서신 구주의 눈과 다가오는 무리 가운데서 예수님을 찾고 있는 삭개오의 눈이 서로 만나는 순간에 구원의 불꽃은 타오르기 시작합니다. 구주 예수 그리스도의 동공 속에 삭개오의 모습이 떠오를 때, 잃어버린바 된 삭개오의 눈망울 속에 주님이 나타나실 때 사랑의 강한 전류가 흐르는 것입니다.

그러나 이 인격적인 만남은 눈과 눈의 만남으로 만족할 수 없습니다. 그래서 주님은 "삭개오야" 하고 부르십니다. 구원은 주님이 먼저 불러 주심으로 전개됩니다. 동산 나무 사이에 숨어 있는 최초의 잃어버린 자, 아담을 향해 "아담아, 네가 어디 있느냐?"(창 3:9 참조) 하고 부르신 하나님입니다. 그 하나님은 우리 한 사람, 한 사람의 이름을 부르셨고, 지금도 부르고 계십니다. 그러니 "주님" 하고 대답합시다. 부르시는 주님의 음성에 "주님, 제가 여기 있습니다" 하고 대답한 사람을 가리켜 성경은 '구원받은 자'라고 합니다.

사도 요한은 증언합니다. "사랑은 여기 있으니 우리가 하나님을 사랑한 것이 아니요 하나님이 우리를 사랑하사 우리 죄를 속하기 위하여 화목 제물로 그 아들을 보내셨음이라"(요일 4:10). 우리가 하나님을 먼저 사랑한 것이 아니라는 말씀입니다. 삭개오의 마음속에 그 좋은 이름으로, 그 높은 지위로, 그 많은 재물로 만족하지 못하도록 하신 분이 누구입니까? 사실 우리 주위의 많은 사람은 삭개오라는 이름이 아니더라도, 세리장이라는 직책이 아니더라도, 그만한 부자가 아니어도 자족하며 살아가고 있습니다. 그러나 왜 삭개오는 그것들을 다 가지고도 '예수께서 어떠한 사람인가 하여 보고자' 하는 마음이 생겼습니까? 그것은 그 안에 성령이 이미 역사하셨기 때문입니다.

인간은 타락한 이후부터 하나님을 등지고 멀리하는데 익숙해 있습니다. 선한 것에 대해서 갈구하는 마음이 없습니다. 그러므로 우리 안에 예수님을 만나고 싶은 소원이 조금이라도 생겨났다면 그것은 이미 성령이 우리 마음에 역사하기 시작하셨다는 증표입니다. 우리는 우리 마음속에 이미 시작된 하나님의 역사에 대해 대답할 책임이 있습니다. 지금 그 하나님의 역사에 대해 순종해야 할 의무가 있습니다. 하나님은 인생을 지으시되 기계로 만들지 않고 응답할 수 있는 인격자로, 책임적 존재로 만드셨습니다. 하나님은 구원의 길을 예비해 두고는 우리를 억지로 이끌지 않고, 우리가 응답하기까지 기다리십니다.

하나님은 당신의 아들 예수님을 세상에 보내셨고, 여리고의 그 나무 아래로 보내셨습니다. 그러나 삭개오는 자기 안에서 역사하신 성령의 인도하심을 따라 달려 나가야 했습니다. 왜냐하면 하나님이 우리를 책임적 존재로 지으셨기 때문입니다. 우리 마음속에 주님을 알고 싶은 소원이 생긴다면 우리는 "예" 하며 순종해야 합니다. 물론 주님을 따르는 길에 때로는 이런저런 어려움이 있을 것입니다. 삭개오처럼 어처구니없이 많은 종교인에 의해서 고난을 겪게 될 수도 있습니다. 참 생명의 구주를 만나 뵙고 싶어 교회당을 찾는 사람들에게 때로는 종교인의 위선이 실망을 주기도 합니다. 그러나 우리는 다른 사람 때문에 실망하고 돌아가서는 안 됩니다. 우리는 다른 사람으로 인해 만족하려고 나온 것이 아니라, 하나님을 만나 영혼의 문제를 해결하기 위해 나온 것이기 때문입니다. 그러니 오직 앞으로 달려 나갑시다. 주님을 만날 수 있는 일이라면 무엇이든지 가리지 않고 해야 합니다. 삭개오처럼 앞으로 달려가기도 하고, 위로 올라가기도 해야 합니다.

삭개오에게 교제의 손길을 내미신 주님

주님은 "삭개오야" 하고 부르고는 "속히 내려오라 내가 오늘 네 집에 유하여야 하겠다"(눅 19:5)라고 말씀하십니다. 왜 속히 내려오라고 하셨을까요? 이야기의 후반부를 보면 주님은 그날 저녁 삭개오의 집에 들어가서 유하시게 됩니다. 그런데 속히 내려와야 하는 특별한 이유가 있었을까요? 하나 주님은 속히 내려오라고 하셨고, 삭개오는 급히 내려옴으로써 응답했습니다. 왜 그랬을까요? 탕자의 비유를 기억할 것입니다. 부모가 잃은 아들을 찾게 되었다면 자녀의 이름을 부르면서 급히 달려가지 않겠습니까? 하늘 아버지께서는 그리스도 예수를 통해 잃은 자를 보셨을 때 빨리 만나고 싶어 하셨습니다. 그러니 빨리 내려오라고 하신 것입니다. 그곳은 네가 있어야 할 자리가 아니라는 말씀입니다.

외롭고 고달픈 인생길에 지친 사람을 보실 때 불붙는 연민의 정으로 가득한 주님은 그를 향해 "속히 내려오라"고 재촉하십니다. 그리고는 "내가 오늘 네 집에 유하여야 하겠다"라고 말씀하십니다. 원문의 의미를 살펴서 번역한다면, "내가 오늘 네 집에 반드시 유하여야 하겠다"가 됩니다. 기필코 하겠다는, 주님의 우기시는 듯한 강한 결단이 담겨 있습니다.

성도는 이 주권적인 사랑에 강권하심을 받은 자입니다. "내가 오늘 네 집에 유하여야 하겠다"는 황공스러운 제의 앞에 "주님, 당신은 어떻게 저와 같은 죄인과 교제하기를 원하십니까?" 하고 놀라워하며 몸 둘 바를 몰라 하는 자가 성도입니다. 아니, "나는 죄인입니다. 나를 떠나 주십시오" 하는 자가 성도입니다. 그래서 "만 입이 내게 있으면 그 입 다 가지고 내 구주 주신 은총을 늘 찬송하겠네"(새찬송가 23장) 하고 노래하는 자가 성도입니다. 우리는 우리를 찾아오셔서 "내가 오늘 네 집에 유하여야 하겠다"고 말씀하시는 주님의 놀라운 제의에 어쩔 줄 몰라 하는 심정으로 나와야 합니다. 거룩하신 하나님이 죄인인 우리에게 오셔서 유하겠다는 이 말씀 속에는 우리 죄를 용서하셨다는 뜻이 담겨 있습니다. 더 나아가 이는 우리와 더불어 사귀시겠다는 의미입니다.

이 주님의 은혜로운 제의를 받은 삭개오를 보십시오. "급히 내려와 즐거워하며 영접하거늘"(눅 19:6). 구원이 무엇이냐고 삭개오에게 묻는다면 '즐거워하며 주님을 영접하는 것'이라고 답할 것입니다. 신앙은 우리를 위해서 죽고 사흘 만에 다시 살아나신 예수님을 영접하는 것입니다. 그분이 하나님의 아들이고 우리의 구주이심을 믿는 것입니다. 영접하고 믿는 자에게는 하나님의 자녀가 되는 특권을 주셨습니다(요 1:12).

주님을 영접한 적이 있다면 그분이 주시는 즐거움을 알아야만 합니다. 예수 믿는 것만큼 기쁜 것은 없다고 고백할 수 있어야 합니다(시 84:10). 눈으로 볼 수 있는 구원받은 자의 증표는 그가 누리는 기쁨에 있습니다. 혹시라도 아직 그 즐거움을 맛본 적이 없다면 구원받았다고 속단하지 마십시오. 오히려 주님 앞에 고백합시다. "오, 주님! 당신을 영접하오니 오셔서 거처를 함께해 주십시오." 그 후에야 주님과 교제하는 즐거움, 사죄의 기쁨을 누리게 될 것입니다. 구원받은 자는 '주님을 기쁨으로 영접한 사람'입니다. 그는 많은 돈이, 높은 지위가, 좋은 이름이 줄 수 없는 하늘의 기쁨을 누립니다.

그러나 한때 그 기쁨을 맛본 적이 있으나 지금은 그 즐거움을 소유하고 있지 못할 수도 있습니다. 그래서 '기쁨 없는 그리스도인'이라는 역설적이고 모순적인 자리에 있을 수 있습니다. 왜 그런 자리에 이르게 되는 것일까요? 누가는 의도적으로 똑같은 말을 두 절에서 반복합니다. "삭개오야 속히 내려오라"(눅 19:5). "급히 내려와"(눅 19:6). 기독교의 구원은 구주를 영접하는 순간에 시작하지만, 주님께 계속해서 순종함으로 완성되어 갑니다. 주님은 사소한 말씀이라 하더라도 구체적인 순종을 통해서 우리의 구원을 완성해 나가십니다. 대부분의 그리스도인의 삶에서 구원의 즐거움을 빼앗아 가는 주 이유는 불순종에 있습니다. 엄청나고 거대한 명령에 대한 거역만이 아닙니다. 극히 사소한 명령이라도 소홀히 여기는 순간 기쁨이 식어 가기 시작합니다. 불순종은 신자에게서 기쁨을 빼앗아 갑니다. 정상적인 신자의 삶은 항상 기뻐하는 것입니다. 신자라면 항상 기뻐할 이유가 있고, 기뻐할 수 있습니다. 그러나 기쁨이라는 불꽃은 순종이라는 산소가 있을 때만 타오릅니다.

○

당신을 찾아 주신 주님을, 당신을 불러 주신 주님을 영접하십시오. 사죄와 교제의 손을 내미신 주님께 순종하십시오. 신앙생활의 첫걸음은 영접으로 시작되고, 신앙생활의 마지막 걸음은 순종으로 완성됩니다.

25.

한 고백 (19:6-8)

여리고에서 일어난 삭개오의 구원 사건은 먼저, 구원은 외형적인 것이 아니라 내면적인 사건임을 우리에게 알려 줍니다. 구원은 인격적인 만남이요, 대화요, 영접이요, 순종입니다. 또한 구원은 사회적인 의미를 지닙니다. 한 사람이 구주를 인격적으로 영접할 때 구원이 시작됩니다. 그러나 구원은 여기서 끝나지 않고 이때부터 구원받은 자의 삶이 시작됩니다. 그리스도 예수를 통해 하나님과의 관계가 회복되면 이웃과의 관계가 새로워집니다. 하나님과의 관계 회복은 항상 이웃과의 관계 회복으로 나아가야 합니다. 이 문제야말로 한국 교회 성도들의 취약점입니다. 이미 구원을 받은 우리에게 있어서 긴급하고도 절실한 고려가 필요한 문제입니다. '어떻게 그리스도인으로 사는가?' 하는 문제는 바로 '교회란 무엇인가?' 하는 문제이기도 합니다.

교회는 주님과 인격적인 만남을 경험한 사람들의 모임입니다. 교회의 본질은 건물도, 조직도 아니라, 성도의 교제입니다. 그러나 여기서 성도가 나누는 교제는 세상을 위한 것입니다. 교회는 세상의 소금과 빛이기에 세상과의 관계 속에서만 존재 이유가 있습니다. 그러므로 하나님의 이름은 '하늘에서와 같이 땅에서도' 존귀히 여김을 받아야 합니다. 하나님 나라는 '하늘에서와 같이 땅에서도' 이루어져야 합니다. 하나님의 뜻은 '하늘에서와 같이 땅에서도' 성취되어야 합니다. 그래서 우리는 '하늘에서와 같이 땅에서도' 아버지의 뜻이 이루어지기를 소원하고, 아버지의 나라가 임하기를 바라고, 아버지의 영광이 선포되기를 주님이 가르쳐 주신 기도를 드릴 때마다 고백하는 것입니다. 신앙은 반드시 삶의 현장에서 확인되어야 합니다. 세 번째로 살펴보는 삭개오 이야기는 이 사실을 그림처럼 분명하게 보여 줄 것입니다.

기뻐하는 삭개오 vs. 불평하는 뭇사람들

본문인 6절과 7절, 두 구절에서 우리는 너무나 대조적인 분위기를 만납니다. 6절에는 '즐거워하며 영접하는' 삭개오가 나오고, 7절에는 불만이 가득 차 '수군거리는 뭇사람'이 나옵니다. 6절이 천국 생활의 시작을 나타낸 것이라면, 7절은 지옥 생활의 모습을 보여 주는 듯합니다. 이처럼 지상에 있는 모든 사람의 삶은 두 갈래로 나누어집니다. 땅 위에 살면서도 천국의 기쁨을 맛보는 사람들이 있고, 같은 땅 위에 살지만 지옥의 고통을 겪는 사람들도 있습니다. 당신의 마음에는 삭개오의 기쁨이 있습니까, 아니면 무슨 일을 보아도 불평불만으로 가득합니까?

주님은 잃어버린 자를 찾아서 구원하려고, 잃어버린 자에게 기쁨을 회복시켜 주려고 세상에 오셨습니다. 우리로 하여금 생명을 얻게 하고 더 풍성히 얻게 하려고 세상에 오셨습니다(요 10:10). 그렇기에 그리스도인은 누구나 주 예수로 말미암는 풍성한 삶을 누릴 수 있어야 합니다. 주님이 우리 한 사람, 한 사람을 부르고 계시기 때문입니다. "수고하고 무거운 짐 진 자들아 다 내게로 오라 내가 너희를 쉬게 하리라"(마 11:28).

지금 수군거리고 있는 사람들은 누구입니까? 유월절 잔치에 참여하고 자 예루살렘을 향해 순례의 길을 걷고 있는 사람들입니다. 계명의 요구에 따라 살려고 하는 열심 있는 종교인들입니다. 그러나 그들의 마음은 불평 불만으로 가득해 있었습니다. 그들이 수군거린 이유는 7절, "저가 죄인의 집에 유하러 들어갔도다"라는 말씀이 설명하고 있습니다. 그들의 종교는 구주께서 죄인의 집에 들어가시는 것을 허용할 수 없었습니다. 그들의 가 치관은 예수님의 행동을 받아들일 수 없었습니다. 그들은 소외당한 자의 외로움에 무감각했고, 그들은 받아들임을 얻은 자의 즐거움에 무감동했 습니다. 또한 그들은 괴로워하는 자의 고민을 알지 못했고, 그들은 기뻐 하는 자와 함께 기뻐할 수 없었습니다. 더 나아가 그들은 주님의 삶으로 부터 배우기를 거절하는 자들이었습니다. 그들의 오만은 주님을 가르치 려고 하는 데서 그 극치에 달했습니다. "어떻게 삭개오와 같은 죄인의 집 에 당신이 들어가십니까?"라고 한 것입니다.

이제 겸손한 마음으로 주님의 행동을 살펴봅시다. 그러면 우리는 모든 상황을 새로운 안목으로 보게 될 것이며, 삭개오와 함께 기뻐하게 될 것 입니다. 그러면 우리는 죄인의 집에 유하러 가시는 주님을 보고 감격해할 것입니다.

구주께서 죄인을 찾아오심은 정말로 감격스러운 사건입니다. 주님이 친히 말씀하셨습니다. "건강한 자에게는 의사가 쓸데없고 병든 자에게라야 쓸데 있나니 내가 의인을 부르러 온 것이 아니요 죄인을 불러 회개시키러 왔노라"(눅 5:31-32). 성경은 한 죄인이 돌아올 때 하늘의 천군 천사가 기뻐 노래한다고 말씀합니다(눅 15:7). 삭개오가 즐거워하며 주님을 영접하는 순간은 하늘의 교향곡이 울려 퍼지는 순간이었습니다. 그러므로 예수 그리스도가 죄인의 집에 유하러 들어가실 때 진정으로 신앙을 가진 자라면 결코 불평하거나 수군거릴 수 없습니다. 하지만 하늘의 천사들이 노래하는 그 순간에 뭇사람들은 수군거리고 있었습니다. 그들은 종교적 열심을 가지고 예루살렘을 향해 가고 있었지만, 하나님께 속한 무리가 아니었던 것입니다. 그들은 주님이 하시는 행동을 보고는 배우려는 대신 비판하기에 빨랐습니다.

혹시 주님을 영접해 기뻐하는 삭개오를 볼 때 불만으로 가득해 있다면 아직 아버지의 기쁨에 동참하지 못한, 몸은 아버지 집에 있으나 그 마음은 잃어버린 큰아들인지 모릅니다(눅 15:32). 하늘 아버지께서는 모두 당신의 기쁨에 동참하기를 원하십니다. 성도는 한 사람이 구원받았다는 것보다 더 기쁜 소식을 알지 못합니다. 성도는 다른 사람이 회개했다는 소식보다 더 기쁜 소식을 들은 적이 없는 사람입니다. 불평 대신 아버지의 기쁨을 나누십시오.

사탄은 그때와 같이 지금도 주님이 우리 마음에 주신 기쁨을 종교인들을 통해 빼앗으려 합니다. 처음 주님을 만났을 때 우리의 마음은 삭개오의 마음처럼 기쁨으로 충만했습니다. 지금도 주님은 기쁨 위에 기쁨이 가득하기를 원하고 계십니다. 만약 그 기쁨을 상실했다면 원인이 무엇인지 살펴보십시오. 사탄이 어떤 사람을 통해서 그 기쁨을 빼앗으려 하더라도 우리는 지켜야 합니다.

이 크나큰 구속의 기쁨이 성도의 마음에 넘칠 때 사탄은 시기하고 안달해 자기에게 속한 소위 열심 있는 신앙인들을 통해서 박해하기 시작합니다. 땅으로 내쫓긴 그 용은 남자를 낳은 여자를 오늘도 박해하고 있습니다. 지금 그 용은 그 여자의 남은 자손, 곧 하나님의 계명을 지키며 예수 그리스도의 증거를 가진 자와 더불어 최후 결전을 하려고 벼르고 있습니다. 그러나 우리의 한마디 말, 한순간의 행동이 이 싸움의 상황을 금세 바꾸어 놓을 수 있습니다.

삭개오의 행동과 서원을 들어 보십시오. 삭개오는 그날 자기를 죄인으로 몰아치는, 아니 생명의 구주 예수 그리스도를 향해 수군거리는 뭇사람 가운데서, 온갖 비난의 화살이 쏟아지는 그 자리에 서서 입을 열었습니다. 그들과 맞대해 싸우거나 분개하지 않고, 그 조롱과 비난, 박해의 와중에 주님을 바라보며 그분을 옹호했습니다. 삭개오는 비난하고 수군대는 지옥 상황을 아름다운 신앙 고백의 장으로 전환시켰습니다. 그의 고백을 들어 보십시오. "주여 보시옵소서 내 소유의 절반을 가난한 자들에게 주겠사오며 만일 누구의 것을 속여 빼앗은 일이 있으면 네 갑절이나 갚겠나이다"(눅 19:8).

그리스도인의 삶의 세 가지 원리

삭개오가 주님께 드린 고백을 통해 그리스도인의 삶의 몇 가지 원리를 살펴보겠습니다.

첫째, 그리스도인의 삶은 '주는 삶'입니다. "내 소유의 절반을 가난한 자들에게 주겠사오며"(눅 19:8상). 삭개오는 부자의 전형적인 근성을 가진 자로서, 이처럼 남에게 자기 재산을 내어놓겠다는 제의를 스스로 입 밖에 내어 본 적이 없는 사람입니다. 마음에 품어 본 적도 없습니다. '내 수입의 절반'도 아니고 '내 소유의 절반'을 내어놓겠다는 엄청난 제의를 하게된 비결이 무엇인지 생각해 보았습니까? 많은 교인이 이 비결을 알지 못한 채 삭개오처럼 시도했다가 실망하고 위선자가 되어 갔습니다. 교회당 건축을 위해 살던 집을 팔아 바치고 나서 불평불만 가운데 지낼 바에는 그런 시도를 할 필요가 없습니다. 결혼반지를 빼어 드린 후에 교회 생활의 기쁨을 잃어버린다면 어리석은 행위입니다.

우리는 삭개오처럼 결단을 내리기 전에 왜 삭개오가 그렇게 했는지를 알아야 합니다. 무엇이 삭개오의 삶을 그렇게 바꾸어 놓았습니까? 6절 마지막 단어가 그 비밀을 공개합니다. '영접하거늘'(받아들이거늘)이라는 사건이 '주겠사오며'라는 결단을 가능하게 한 것입니다. 그리스도인은 먼저 받아들인 다음에 내어 주는 삶을 살아야 합니다. 이것이 기독교와 모든 다른 종교를 구별 짓는 분수령입니다. 모든 종교는 (인간이) 먼저 주고 그 대가로 (신으로부터) 받으려는 이익 종교입니다. 드리는 만큼 신의 축복을 받을 것이라고 생각합니다. 그것은 인본주의 종교요, 세상 종교입니다. 반면 기독교는 먼저 예수 그리스도를 받아들인 것 때문에, 그 즐거움과 감격 때문에 강권받아 내어 주는 종교입니다.

많은 사람이 교회 안에서 거꾸로 신앙생활을 합니다. 헌금을 얼마 하면 그 이상의 축복을 받을 것이라고 생각합니다. 그것은 세상 종교의 계산법이지 기독교가 아닙니다. 기독교의 하나님은 온 우주를 창조하신 분으로서, 무엇이 부족해 사람의 손으로 섬김을 받으시려는 분이 아닙니다. 그분은 친히 만민에게 생명과 호흡을 주시는 분입니다. 우리를 사랑하사 당신의 독생자까지 내어놓으신 분입니다. 우리가 받아야 할 벌을 당신의 아들로 대신하게 하신 분입니다. 그리스도인의 논리는 이 아들까지 아끼지 아니하신 분이 우리를 향해서 그 무엇을 아끼시겠는가라는 것입니다 (롬 8:32). 또한 그리스도인은 그 하나님의 사랑에 감사, 감격해서 그분의 뜻을 이루기 위해 먼저 자신을 그리고 자기 소유를 드리는 삶을 살아야 합니다. 장차 받을 축복을 계산해서 헌금하는 것이 아니라, 이미 받은 은혜에 감사해서 모든 것을 드리는 삶입니다. 그러므로 받아들인 것을 인식하는 모든 신자는 예외 없이 내어놓고 나눌 수 있는 자입니다.

그렇다면 삭개오는 무엇을 받아들였습니까? 삭개오가 누구를 영접했는지 알게 된다면 소유의 절반을 가난한 자들에게 주겠다고 한 그를 이해하게 될 것입니다. 우리가 누구를 영접했는지 기억하면 우리 마음은 한없이 넓어질 것입니다. 영광의 주님을 마음에 받아들인 자는 재물의 애착에서 해방된 자입니다. 헌신은 물질의 굴레에서 해방된 자에게만 가능합니다. 주님의 영광을 본 적이 있습니까? 주님의 부요함을 누린 적이 있습니까? 만약 그렇다면 재물의 속박에서 벗어나야 합니다. 욕망의 굴레에서 풀려나야 합니다. 혹시 아직 그 굴레를 벗어나지 못하고 있다면 조용히 주님의 아름다움을 깊이 생각하십시오. 세상의 것을 움켜쥐고 있으면 영광의 주님을 만날 수 없습니다. 영광의 주님을 모신 자라면 세상의 것에 연연해할 수 없습니다.

삭개오의 경우에 있어서 놀라운 것은 그가 재산의 절반을 종교적인 목적을 위해 희사(喜捨)하지 않았다는 데 있습니다. 그는 재산의 절반을 '가난한 자들'을 위해서 내어놓았습니다. 영광의 주님을 영접한 자의 눈은 가난한 이웃을 발견합니다. 가난한 자를 보는 눈은 신자의 영성의 척도입니다(약 1:27). 하나님을 만난 자들은 이웃, 특히 가난한 이웃을 만난 사람들입니다. 하나님을 마음과 뜻과 힘과 정성을 다해 사랑하는 이들은 이웃을 자기 자신처럼 사랑하게 됩니다.

하나님을 사랑한다고 자타가 인정하는데도 불구하고 이웃을 보지 못하고 산다면 신앙생활의 기초를 재검토해야 합니다. 심지어 공동체 안에서 형제라 불리는 사람이 물질적 어려움에 처해 있는데도 불구하고 그 아픔에 동참하지 못하는 교회라면 교회가 세워진 목적이 무엇인지를 처음부터 다시 살펴야 합니다. 교회가 스스로 세운 목표의 노예가 되어서 하나님의 거룩한 뜻을 저버린다면 이는 현대판 '고르반'입니다(막 7:11). 교회 건축도 좋고 선교사 파송도 좋지만, 현장의 아픔을 무시해서는 안 됩니다. 세례를 받고 직분을 맡은 우리를 통해서 몇 사람의 환난 중에 있는 고아와 과부가 안도의 숨을 쉬게 되었습니까? 세상에서 괄시받던 사람들이 교회를 안식처로 여기고 나왔으나 교회 역시 잘사는 사람들이 우대받고 가난한 사람들이 천시받는다는 것을 알게 되었다면, 그래서 교회로부터 발을 돌리고 하나님께로부터 마음을 닫게 되었다면 그 책임은 누가 질 것입니까(눅 17:1-2)? 당신보다 어려운 이웃을 보십시오. 불리한 조건 가운데 살아가는 당신의 친구들을 보십시오. 보았다면, 그들을 섬기고 싶은 거룩한 소원의 불을 가슴에 담읍시다.

우리 주 예수 그리스도를 보십시오. "그는 근본 하나님의 본체시나 하나님과 동등 됨을 취할 것으로 여기지 아니하시고 오히려 자기를 비워 종의 형체를 가지사 사람들과 같이 되셨고 사람의 모양으로 나타나사 자기를 낮추시고 죽기까지 복종하셨으니 곧 십자가에 죽으심이라"(빌 2:6-8). 당신은 그리스도 예수의 마음을 닮아 살려고 애쓰고 있습니까? 예수님은 당신을 당신이 만든 사람의 대속물로 주기 위해서 이 땅에 오셨습니다. 그분을 섬기는 자들의 삶도 예외일 수 없습니다.

그리스도 예수를 받아들인 사람은 이웃에게 무엇인가를 주는 사람입니다. 만약 손에 가진 것이 없어 물질적으로 주지 못할 때는 빈 두 손을 모아 이웃을 위해 기도할 수 있습니다. 교회가 가장 제구실을 다했을 때는 세상을 향해 이렇게 말했습니다. "은과 금은 내게 없거니와 내게 있는 이것을 네게 주노니 나사렛 예수 그리스도의 이름으로 일어나 걸으라"(행 3:6).

둘째, 그리스도인의 삶은 과거의 잘못을 인정하고 변상하는 삶입니다. "만일 누구의 것을 속여 빼앗은 일이 있으면 네 갑절이나 갚겠나이다"(눅 19:8하). 뭇사람은 삭개오가 죄인이라고 수군거렸습니다. 그리고 삭개오는 그들이 수군거리는 죄가 무엇인지를 구체적으로 고백했습니다. 한글 성경으로 보면 '만일 누구의 것을 속여 빼앗은 일이 있으면'이라는 말이 단순한 가정처럼 들리지만, 원어의 의미는 확실한 사실로서 말하고 있습니다. 즉 삭개오는 "누구의 것을 속여 빼앗은 일에 대해서는 네 갑절이나 갚겠나이다"라고 고백한 것입니다.

용서받은 경험이 있는 자는 그 용서받은 죄를 고백하는 일을 어려워하지 않습니다. 옹호되는 죄는 용서받지 못한 죄입니다. 그러나 고백된 죄는 용서받은 죄입니다. 용서받은 경험은 죄로부터 인간을 해방시킵니다 (요 8:32, 36). 자유함을 누린 삭개오는 잘못을 시인하는 데 그친 것이 아니라, 나아가 보상할 것을 약속했습니다. 참된 구원을 받은 자는 죄악 된 자신의 삶을 변상하는 데까지 나아갑니다.

셋째, 그리스도인의 삶의 가장 핵심적 원리는 그리스도 중심의 삶입니다. 본문의 헬라어 구조는 우리 번역과 어순이 서로 다릅니다. "주께 여짜오되 '보시옵소서, 내 소유의 절반을, 주님, 가난한 자들에게 주겠사오며'라고 되어 있습니다. 결단과 가난한 사람들 사이에 주님을 부릅니다. 본문의 어순에 내포된 진리를 망각하면 기독교는 박애주의, 도덕주의로 변질됩니다. 삭개오의 고백은 사회를 향한 양심선언이 아니라, 주님을 향한 감사와 사랑의 고백입니다. 이 고백이 우리 삶의 원리가 되어야 합니다.

주님 때문에 모든 것을 하십시오. 그렇지 않으면 실망하고 상처받습니다. 이 원리는 성경이 말씀하는 진리입니다(고전 10:31; 빌 1:20). 우리와 이웃 사이에 서신 그리스도를 사랑합시다. 그리고 오직 예수, 그분만을 위해서 살아갑시다. 예수 그리스도만을 위해 사는 삶은 항상 세상에 신선한 충격을 줍니다. 삭개오처럼 아름다운 삶으로 세상을 놀라게 합시다.

○

세상은 진정한 그리스도인의 삶을 이해조차 못할 것이나, 동시에 그런 삶을 사는 성도의 모임은 온 백성에게 칭송을 받을 것입니다. 그때 주께서 구원받은 사람을 날마다 더해 주실 것입니다. 교회다워지고 성도다워질 때 성장하는 것이 바른 징표입니다. 우리는 이 거룩한 소명 때문에 부르심을 받은 자들입니다. 이 부르심을 달성하기 전에는 결코 작은 성취에 만족하지 맙시다. 영광의 주님을 영접했다면 이제 주님의 영광만을 위해서 살아갑시다.

26.

한 선언 (19:9-10)

/⁄

　　구원, 영생, 하나님 나라가 서로 어떤 관계에 있는지 생각해 보
았습니까? 사실은 같은 사건의 다른 표현일 뿐입니다. 마치 계절에 따라
서 그 아름다움을 표현하기 위해 금강산을 봉래산, 풍악산, 개골산으로
부르듯이 성경은 보는 각도에 따라서 같은 사건을 구원, 영생, 하나님 나
라라고 부릅니다.

　세상 나라와 대조되는 하나님 나라는 공관복음이 즐겨 사용하는 표현
입니다. 그런가 하면 일시적인 삶과 대조되는 영원한 생명, 즉 영생은 요
한복음에 자주 등장합니다. 그리고 '이 악한 세대에서 구원을 받으라', '죄
와 허물에서, 혹은 하나님의 진노에서 구원을 받으라' 등으로 표현하는
것은 바울 서신의 특징입니다. 사실 이 세 가지 표현이 누가복음 18장에
모두 나옵니다(눅 18:18, 24, 26). 무엇이라고 표현하든 중요한 사실은 그 현
존적 의미요, 실존적 경험입니다. 이제 누가복음 19장 9절("예수께서 이르시

되 오늘 구원이 이 집에 이르렀으니 이 사람도 아브라함의 자손임이로다")을 중심으로 다시 한 번 삭개오의 구원 사건의 의미를 '한 선언'이라는 제목으로, 주권적 선포라는 측면에서 살펴봅시다.

지금, 하나님 앞으로

영생은 결코 죽음 다음부터 시작하지 않습니다. 구원은 오늘부터 시작해서 영원으로 이어집니다. 그러므로 하나님 나라는 오늘 내 마음속에 임해야 합니다. 하나님과 바른 관계를 맺는 것을 뒤로 미루도록 하는 것은 인생을 지옥으로 몰아넣는 사탄의 전통적 수법입니다. 선포된 진리 앞에 두려움을 느낄 때 결단해야 합니다. 결단해야 하는 순간을 뒤로 미루는 것은 치명적인 결과를 가져옵니다. 삭개오를 향한 주님의 선언은 구원의 결단이 무엇보다 오늘의 문제임을 상기시켜 줍니다.

지금 하나님과 더불어 바른 관계를 맺고 있습니까? 하나님과의 사이에 풀어야 할 매듭은 없습니까? 사소한 매듭이라도 푸는 것이 하나님께 예배드리는 자리에 나오는 바른 태도입니다. 우리 양심에 거리끼는 것이 단지 형제자매와의 사이에서 생긴 문제라고 생각하지 마십시오. 궁극적으로는 그것을 싫어하시는 하나님과의 문제입니다. 그러므로 성경은 "예물을 제단에 드리려다가 거기서 네 형제에게 원망 들을 만한 일이 있는 것이 생각나거든 예물을 제단 앞에 두고 먼저 가서 형제와 화목하고 그 후에 와서 예물을 드리라"(마 5:23-24)라고 말씀합니다. 형제와의 화목을 통해 지금 하나님 아버지와 더불어 바른 관계를 맺으십시오. 그리하여 하나님으로 하여금 우리 한 사람, 한 사람을 향해 "오늘 구원이 이 집에 이르렀으니 이 사람도 아브라함의 자손임이로다"라고 선언하시게 하십시오.

성경은 구원에 관련해서 항상 오늘을 중요시합니다(히 3:7-8, 12-13, 15). "보라 지금은 은혜 받을 만한 때요 보라 지금은 구원의 날이로다"(고후 6:2). 지금 하나님과 바른 관계를 맺으십시오. 지금 그리스도 안에서 기쁨을 소유하십시오. 지금 하나님과 이웃과 더불어 새로운 관계를 맺기 바랍니다. 하나님은 우리의 과거보다 우리의 현재를 중요시하십니다. 기독교는 과거에 머무는 종교가 아닙니다. 기독교는 오늘 우리의 현재를 새롭게 합니다.

앞선 2절은 삭개오의 과거를 소개합니다. 한글 번역은 시제가 분명하지 않습니다. "보라, 삭개오라 이름하는 자가 있었으니 세리장이었고 또한 부자였다"가 시제를 살린 표현일 것입니다. 반면에 본문 9절은 삭개오의 현재 신분을 선언합니다. "이 사람도 아브라함의 자손임이로다." 2절이 삭개오가 누구였는지를 말한다면, 9절은 삭개오가 지금 하나님 앞에서 누구인지를 보여 줍니다.

삭개오는 스스로 보아도 자신의 이름과 어울리지 않는 삶을 살고 있었습니다. 삭개오는 타인의 눈에도 하나님 나라와 관계없는 생활을 하던 사람이었습니다. 삭개오는 주님의 말씀에 의해서 생각해 보아도 부자로서 하나님 나라에 들어갈 가능성이 전혀 없던 자였습니다(눅 18:24-25). 이런 처지에 있던 삭개오를 향해 주님은 "오늘 구원이 이 집에 이르렀으니 이 사람도 아브라함의 자손임이로다"라고 선언하신 것입니다. 앞서 누가복음 18장에서 "그런즉 누가 구원을 얻을 수 있나이까"라고 놀라면서 묻는 제자들을 향해 주님이 하신 말씀을 기억하십시오. "무릇 사람이 할 수 없는 것을 하나님은 하실 수 있느니라"(눅 18:27). 이 하나님의 주권적 역사에 의해서 삭개오는 하나님 나라의 백성으로 선포된 것입니다.

수군거리는 뭇사람의 구원관에 의하면 삭개오는 구원받을 대상으로 여겨지지도 않았지만, 주님은 그를 향해 '아브라함의 자손' 됨을 선포하셨습니다. 혹시 자기 스스로도 용서할 수 없는 죄를 짓고 고민하고 있습니까? 타인이 보기에도 구원의 여망이 없는, 포기된 삶을 살고 있습니까? 하나님의 자비하심을 바라보기에는 너무도 부끄러운 삶을 살아왔습니까? 믿기만 하십시오! 예수님이 당신을 위해 세상에 오셨습니다. 예수님이 당신의 죄를 대신해서 십자가에서 죽으셨습니다. 그분이 십자가에서 운명하면서 남기신 말씀을 들어 보십시오. "다 이루었다"(요 19:30). 직역하면 "내가 다 지불했다"입니다. 예수님이 모든 인생의 죗값을 다 청산하셨습니다.

이제 우리는 우리의 죄악 된 삶을 자신의 죽음으로 청산하기에는 너무 늦었습니다. 이미 그리스도 예수께서 우리를 대신해서 죽으셨기 때문입니다. 그러므로 이제는 내 죄의 대가를 나 자신이 지불할 필요가 없어졌습니다. 때가 이미 지났습니다. 2천 년 전 그리스도가 다 지불하셨습니다. 죄로 인해 고민하는 모든 인생을 살리기 위해서 그분이 오셨습니다. 구원의 길을 열기 위해 그분은 십자가에서 돌아가셨고, 십자가 위에서 우리의 죗값을 청산하셨습니다.

그러니 이제 용서하시는 하나님께로 돌아오십시오! 지금 하나님은 우리를 향해 "이 사람도 아브라함의 자손임이로다" 하고 선포하고 싶어 하십니다. 주 예수께 맡기고 돌아오기만 하면 새 삶이 열립니다. 제발 자기 능력으로 그리스도인의 삶을 살려고 노력하지 마십시오. 불가능합니다. 그 시도는 하면 할수록 실망과 좌절을 안겨 줍니다. 오직 그리스도만이 우리의 과거의 삶을 용서할 수 있는 분이며, 오직 우리의 현재의 삶을 새롭게 하실 수 있는 분입니다. 하나님이 우리를 포기하시기 전에는 우리 자신도 우리를 포기할 수 없습니다. 우리가 주께로 돌아올 때 세상은 자신들의 잘못된 생각을 고칠 것입니다. 하나님의 사랑은 인생의 생각을 초월한다는 것을 보게 될 것입니다. 하나님의 자비는 사람의 생각보다 무한하다는 것을 보게 될 것입니다. 사람의 생각보다 훨씬 깊고 넓은 하나님의 구원 계획을 보고 놀라워하게 될 것입니다.

구원은 포괄적인 동시에 배타적

뉘우치며 돌아서는 자를 향한 하나님의 사랑은 무한합니다. 그 사랑을 체험하기 위해 예배당을 찾아 나온 사람을 '구도자'라고 부른다면, 하늘의 천사도 헤아릴 수 없는 가이없는 사랑을 이미 경험한 자를 '신자'라고 합니다. 우리의 입장은 둘 중에 하나여야 합니다. 예수님 당시에도 많은 사람이 주님을 '즐거워하며 영접한' 경험 없이 종교적 행사 참여에 열심을 내었습니다. 지금도 많은 사람이 동일한 잘못을 범하지 않으리란 보장을 할 수 있습니까? 그때 예루살렘을 향해서 길이 메워지도록 올라가던 사람들이 구원을 몰랐다면, 교회에 나오는 모든 사람이 구원을 받았다는 보장이 어디에 있습니까? 그래서 저는 이 본문을 통해 자신을 점검할 몇 가지 시금석을 제시했습니다. 첫째, 알고자 하는 욕망, 둘째, 기쁨의 영접, 셋째, 구원을 함께 기뻐함, 넷째, 삶의 결단, 다섯째, 이웃의 발견, 여섯째, 과거의 청산 등입니다.

구원받은 적이 없이 구원받았다고 생각하고 살던 자들이 "내가 너희를 도무지 알지 못하니 … 내게서 떠나가라"(마 7:23)라는 주님의 선언 앞에 이를 가는 후회의 날을 상상해 보았습니까? 주님께 순종하는 삶을 살지 않고 입으로만 "주여, 주여" 하던 자들이 받을 영원한 저주의 두려움을 생각해 보았습니까? 여리고에서 "이 사람도 아브라함의 자손이다"라는 선언이 많은 사람의 예상을 뒤엎었듯이, 그날 주님의 보좌 앞에서는 다시 한번 많은 인생의 예상을 뒤엎는 주님의 선언이 선포될 것입니다. "잘하였도다 착하고 충성된 종아 … 네 주인의 즐거움에 참여할지어다"(마 25:21, 23). "악하고 게으른 종아 … 이 무익한 종을 바깥 어두운 데로 내쫓으라"(마 25:26, 30). 우리의 영원한 운명이 선포되는 그 순간에 하나님의 축복의 선언을 받을 확신이 있습니까?

성도는 온 세상이 나를 향해 수군거릴지라도 예수 그리스도의 보혈이 내 죄를 씻어 주었다는 것을 믿는 자입니다. 나는 부족해도 받아 주시는 아버지의 사랑을 신뢰하는 자입니다. 이 확신이 없다면 오늘은 놓치지 마십시오. 주님은 지금 당신을 기다리고 계십니다. 주께로 돌아오면 주님은 당신을 영접하십니다. 속히, 지금 당장이라도 돌아서면 "아브라함의 자손임이로다"라는 선포를 하고 싶어 하십니다.

구원은 사람들의 생각보다 훨씬 포괄적인 동시에, 사람들의 생각보다 훨씬 배타적입니다. 종교적 행사에 참여한 모든 사람이 다 구원을 얻지는 못하기 때문입니다. 다른 사람의 죄악 된 삶을 손가락질할 수 있는 사람이라 할지라도 모두 다 구원을 받을 수는 없습니다. 타인의 잘못을 비난한다는 그 자체가 동일한 잘못을 하지 않았다는 증거는 아닙니다. 또한 함께 남의 허물을 수군거린 사실이 우리를 안전지대로 옮겨 놓는 것은 아닙니다. 오히려 어제 비난한 그 일을 오늘 나 자신이 행하고 있을지 모릅니다. 아니, 성경은 행하고 있다고 선언합니다. "그러므로 남을 판단하는 사람아, 누구를 막론하고 네가 핑계하지 못할 것은 남을 판단하는 것으로 네가 너를 정죄함이니 판단하는 네가 같은 일을 행함이니라 … 이런 일을 행하는 자를 판단하고도 같은 일을 행하는 사람아, 네가 하나님의 심판을 피할 줄로 생각하느냐"(롬 2:1-3).

지금 우리가 이 말씀 앞에 다시 한 번 나아올 수 있는 기회를 갖게 된 것은 바로 하나님의 인자하심이 무궁하기 때문이요, 하나님의 길이 참으심이 무한하기 때문입니다. 이 말씀을 듣고도 그분의 인자하심을 멸시하고, 끝까지 자기 고집을 내세우고, 나는 되었다고 생각한다면 성령은 로마서를 통해 경고하십니다. "다만 네 고집과 회개하지 아니한 마음을 따라 진노의 날 곧 하나님의 의로우신 심판이 나타나는 그날에 임할 진노를 네게 쌓는도다"(롬 2:5).

하나님이 비를 내리시는 이유는 열매를 맺도록 하기 위함입니다. 우리는 이 말씀 앞에 응답할 책임이 있습니다. 지금 응답하십시오. 그러면 곧 생명의 자리로 옮겨질 것입니다. 말씀 앞에 거역하거나 고집을 부려 더 무서운 심판의 자리로 나아가지 마십시오. 또한 말씀 앞에 나아가는 것을 위기로 만들지 말고 축복이 되게 하십시오. 자기 사랑에 도취되어 이를 탐하고 더러운 자기 욕심을 추구하는 자가 받을 심판은 무서운 것입니다.

구원은 예배 처소에 발을 디딘 모든 자의 것이 아닙니다. 주님을 기쁨으로 영접한 사람들만의 것입니다. 그 사랑에 감격해서 새 삶을 사는 자의 것입니다. 그 용서의 확신 때문에 자신의 잘못 살아온 과거를 시인하고, 더 나아가 그것을 청산하는 자의 것입니다. 그들은 더 이상 자기 옛 사람을 따라 살지 않습니다. 그들은 더 이상 더러운 이익을 탐하지 않습니다. 그들은 더 이상 지위가 최고라고, 명예가 전부라고 생각하지 않습니다. 그들은 주님 한 분으로 만족하는 자입니다. 그들은 주님이 자신의 모든 것이 되신다고 고백하는 자입니다. 당신은 이와 같은 고백을 할 수 있습니까?

○

"친척과 재물과 명예와 생명을 다 빼앗긴대도 진리는 살아서 그 나라 영원하리라"(새찬송가 585장). 이것은 과거 종교 개혁자들의 노래였고, 지금은 그 뒤를 따르는 신교도들이 부르는 찬송입니다. 그러므로 개혁주의 노선에 선 모든 성도는 이 노래를 함께 부를 수 있어야 합니다. 오늘 조국 교회는 너무나 쉬운 길로 나아가고 있습니다. 기독교는 십자가의 종교요, 그리스도 예수를 따르는 종교입니다. 장차 오실 영광의 주님을 소망하면서 초림하신 고난의 구주를 뒤따르는 성도가 됩시다. 우리가 현재 서 있는 자리를 바로 인식합시다.

우리의 신앙의 부모들은 친척과 재물과 명예와 생명을 돌보지 않고 이 길을 나선 사람들입니다. 한국 기독교가 3, 4대 된 것이 자랑이 아니라, 우리 자신이 그 신앙 위에 서 있는 것이 확인되어야 합니다. 과연 우리도 "친척과 재물과 명예와 생명을 다 빼앗긴대도 진리는 살아서 그 나라 영원하리라"라고 찬송할 수 있는지 스스로에게 물어봅시다. 이 결단을 내리는 우리 모두를 향해 주님은 "오늘 구원이 이 집에 이르렀으니 이 사람도 아브라함의 자손임이로다"라고 선언하실 것입니다.

27.

한 사명 (19:1-10)

예수님의 사명 선언문

누가복음 19장 10절은 삭개오 사건의 핵심 구절일 뿐만 아니라 누가복음 전체의 핵심 구절입니다. 누가에 의하면 예수님의 구원 사역 그리고 예수님의 잃은 자를 찾는 사역을 보여 주는 매우 중요한 말씀입니다. 그러므로 "인자가 온 것은 잃어버린 자를 찾아 구원하려 함이니라"라는 말씀은 구주로 세상에 오신 예수님의 사명 선언문에 해당합니다. 예수님은 삭개오에게 "오늘 구원이 이 집에 이르렀으니 이 사람도 아브라함의 자손임이로다"(눅 19:9)라는 구원 선언을 하시고, 이어서 메시아로서 당신의 사명 선언을 하신 것입니다. 주님이 세상에 온 목적, 주님이 세상에서 성취할 사역의 목표를 선언하신 말씀입니다.

'인자'란 무엇을 가리킵니까? 예수님은 당신을 칭하면서 종종 인자라

하셨습니다. '인자'(人子)는 '사람의 아들'이라는 뜻입니다. 생각해 보십시오. 우리는 자신을 가리켜 일부러 사람의 아들이라고 말할 필요가 없습니다. 우리는 본래 사람의 아들이기 때문입니다. 그러나 예수님은 본래 하나님의 아들인데 지금 사람의 아들로 세상에 오셨기에 당신을 가리켜 인자, 즉 사람의 아들이라고 부르시는 것입니다. 그러므로 주님이 당신을 인자라고 부르신 것은 당신이 구약에 예언된 메시아임을 암시하는 방편인 동시에 때가 되기까지 당신이 메시아임을 바깥 사람들에게 숨기는 수단으로 사용하신 칭호입니다.

예수님은 당신이 세상에 온 유일한 이유를 밝히기 위해서 '인자가 온 것은'이라는 표현을 사용하십니다. 우리는 이 표현에 관심을 가져야 합니다. 특히 '온 것은'이라는 표현을 할 때마다 주님은 당신의 사명을 선언하시기 때문입니다. 사명 선언이란 한 사람의 생애에 있어서 가장 중요한 일을 나타내는 말입니다. 잠을 자도 깨어 있어도, 밥을 먹어도 밥을 굶어도 이 사명만은 완수해야 하는 것을 가리키는 말입니다. 하늘 영광을 버리고 세상에 오신 주님은 자나 깨나 이 사명을 기억하고 사셨습니다. 때마다 조금씩 표현은 달라도 주님은 당신이 의가 보금자리를 튼 하늘을 떠나 불의한 세상에 온 목적이 무엇인지를 분명히 밝히곤 하셨습니다(눅 5:32; 막 2:17, 10:45). 그리고 본문에서 주님은, 당신이 세상에 온 가장 중요한 목적은 잃어버린 자를 찾아 구원하는 것이라고 선언하셨습니다.

주님의 사명 선언에 나오는 주요한 단어는 모두 목양 문화와 깊은 관련을 갖고 있습니다. '잃어버린 자'라는 표현부터 '잃어버린 양'의 이미지를 연상시킵니다(눅 15:4, 6). 사실 이스라엘은 목양이 주업인 사회입니다. 그러므로 목양 이미지는 구약 시대부터 결코 낯설지가 않습니다. "잃은 양 같이 내가 방황하오니 주의 종을 찾으소서 내가 주의 계명들을 잊지 아니함이니이다"(시 119:176). 그리고 여기서 '찾다'라는 단어 역시 '잃은 양을 찾는' 이미지를 담고 있습니다. 이는 구약의 이스라엘 선지자가 사용하던 이미지이기도 합니다. "그 잃어버린 자를 내가 찾으며 쫓기는 자를 내가 돌아오게 하며 상한 자를 내가 싸매 주며 병든 자를 내가 강하게 하려니와"(겔 34:16). 동시에 누가복음 15장의 비유를 떠올릴 수 있습니다(눅 15:4). 또한 '구원하다'라는 단어 역시 목양하는 이스라엘 백성에게 익숙한 이미지를 떠올리게 하는 단어입니다(겔 34:22). 역시 주님이 친히 하신 말씀에도 나옵니다. "내가 문이니 누구든지 나로 말미암아 들어가면 구원을 받고 또는 들어가며 나오며 꼴을 얻으리라"(요 10:9).

주님은 잃어버린 자를 찾아서 회복시키기 위해서 세상에 오셨습니다. '잃어버린 자'라는 표현은 완료형으로, 그 뉘앙스는 완전히 잃어버린 상태인 동시에 현재도 여전히 잃어버린 상태에 있는 것을 의미합니다. 주님은 죄 가운데 태어난 사람은 하나님으로부터 멀리 떠나 있는 자라고 보셨습니다. 인간은 캄캄한 밤 한가운데, 어두움 속을 헤매는 자라고 말씀하십니다. 죄와 저주 가운데 완전히 죽은 상태에 처해 있습니다. 영적 생명의 불꽃이라고는 전혀 없는 상태에 있기에 '잃어버린 자'라고 부르십니다. 세상에 구주로 오신 예수님은 잃어버린 자라면 어느 누구든 찾아서 구원하기를 원하십니다.

예수님은 그날 여리고에서 나무 위에 있는 삭개오를 찾아내셨습니다. 삭개오가 예수님을 만나려고 세관에서 나왔지만, 달려가서 보기 위해 나무 위에 올라갔지만, 삭개오가 아니라 바로 주님이 그를 찾아 세상에 오시고, 여리고에 오시고, 그 나무 아래 멈추어서 삭개오를 찾아 만나 주신 것입니다. 삭개오의 회개와 구원은 하나님에 의한 주권적 방문하심이요, 긍휼에 따른 용서하심의 결과입니다. 삭개오는 잃은바 되었지만 예수님은 거기에 버려두지 않으셨습니다. 그를 찾아 마침내 구원하시는 것은 그분이 당신의 사명을 완수하기 위해서 세상에 오셨기 때문입니다.

우리는 앞으로 누가복음의 남은 부분을 통해서 살펴볼 것입니다. 이제 며칠 내에 선한 목자 예수님은 삭개오를 포함한 당신의 양들을 위해 목숨을 내어 주실 것입니다. 이 땅에 인자로 오신 예수님의 메시아적 사명을 완수하기 위해 반드시 십자가를 지셔야 할 것입니다. "인자가 온 것은 잃어버린 자를 찾아 구원하려 함이니라"라는 선언처럼 주님은 정확히 죄와 불신앙 가운데 처한 잃은 자를 찾아 구원하는 일, 곧 그 사명을 위해 오셨기에 그 은혜의 기적이 그날 여리고에서 삭개오에게 일어난 것입니다. 그러므로 누가복음의 남은 부분은 찾아내기까지 찾으시는 사랑의 수색을 위해서 가장 고통스러운 십자가 죽음에 이르는 길로 접어드는 기록입니다. 그 길을 통해서만 "인자가 온 것은 잃어버린 자를 찾아 구원하려 함이니라"라는 선언이 이루어지기 때문입니다. 이 놀라운 말씀으로 삭개오의 이야기는 끝을 맺습니다.

잃어버렸다는 것은 잘못된 장소에 있는 경우를 말합니다. 인간이 있어야 할 자리, 하나님이 의도하신 자리를 벗어났다면 그는 잃어버린바 된 것입니다. 누구든지 하나님으로부터 멀리 떠났다면 그는 잃어버린 자입니다. 순종하는 자녀로서 하늘 아버지의 집으로 돌아오도록, 바른 장소로 돌아오도록 하기 위해 주님은 세상에 오셨고, 그 한 가지 목적을 위해서 세상을 살아가셨습니다. 주님이 그 사명을 위해 세상에 오셨다면 우리 역시 이 사명을 위해 지음받았다는 사실을 명심하십시오. 우리가 하나님을 기쁘시게 하는 신앙인이라면 바울처럼 고백할 수 있어야 합니다. "나에게 가장 중요한 것은 하나님께서 시작하신 일을 마치는 것입니다"(행 20:24, 《메시지》).

우리는 사명을 위해 지으심을 받았습니다. 하나님은 지금도 이 세상에서 일하고 계시며, 우리와 함께 하기를 원하십니다. 이 과제를 우리의 '사명'(mission)이라고 부릅니다. 하나님은 우리가 교회 안에서의 사역과 이 세상에서의 사명, 둘 다를 잘 감당하기를 원하십니다. 예수님은 이 땅에서의 당신의 사명을 명확하게 이해하셨습니다. 열두 살 때 예수님은 "나는 아버지의 일을 해야 한다"(눅 2:49, KJV 참조)라고 말씀하셨고, 21년 후 십자가에서 돌아가시면서는 당신의 사명을 "다 이루었다"(요 19:30)라고 말씀하셨습니다. 예수님은 아버지께서 주신 사명을 완수하신 것입니다. 예수님이 이 땅에서 가지고 계셨던 사명은 이제 우리의 것입니다. 우리는 그리스도의 몸이기 때문입니다. 그분이 육신을 입고 하신 일을 우리는 그분의 영적인 몸인 교회로서 계속 이어 나가야 합니다. 그 사명은 무엇입니까? 사람들에게 하나님을 알리는 것입니다. 우리가 그분의 것이 되면, 하나님은 우리를 통해 다른 사람들에게 다가가십니다. 그분은 우리를 구원하셨고, 우리를 보내셨습니다. 우리 역시 '잃어버린 자를 찾아 구원하는 것'을 사명으로 알고 살아가야 합니다.

잃어버린 자를 찾아 구원하는 사명의 중요성

왜 이 사명이 중요합니까?

첫째, 이 땅에서 우리의 사명을 완수하는 것은 하나님의 영광을 위해 사는 것의 본질적인 부분이기 때문입니다. 우리의 사명은 이 땅에서 예수님의 사명을 계속 이어 가는 것입니다. 그분의 제자로서 우리는 예수님이 시작하신 일을 이어 가야 합니다. 그분은 우리를 당신에게로 "오라"고 부르실 뿐만 아니라, 당신을 위해 "가라"고 말씀하십니다. "너희는 가서 모든 민족을 제자로 삼아"(마 28:19)라는 주님의 지상 명령은 예수님을 따르는 모든 사람에게 주어진 것입니다. 우리가 어떤 사람들에게는 그들이 알고 있는 유일한 그리스도인일 수 있습니다. 우리의 사명은 그들에게 예수님에 대해 이야기해 주는 것입니다.

둘째, 우리의 사명은 위대한 특권이기 때문입니다. 이는 비록 무거운 책임이지만, 하나님께 쓰임 받는 엄청난 영광이기도 합니다(고후 5:18). 우리의 사명은 두 가지 큰 특권을 포함하고 있습니다. 하나님과 함께 일하는 것과 하나님 나라를 대표하는 것입니다. 우리는 하나님 나라를 건설하는 데 그분의 파트너가 됩니다. "그러므로 우리는 그리스도를 대신하여 일하는 대사입니다. 하나님께서는 우리를 시켜 여러분을 권하십니다. 이제 그리스도를 대신하여 여러분에게 권합니다. 하나님과 화목하십시오"(고후 5:20, 쉬운성경). 우리는 세상에서 가장 좋은 소식을 알고 있습니다. 영원한 삶을 소유할 수 있는 방법을 이야기해 주는 것은 다른 사람을 위해 할 수 있는 가장 위대한 일입니다. 신앙생활을 오래한 사람들은 그리스도가 없는 삶이 얼마나 절망적인지를 잊고 있습니다. 매우 성공적이고 만족스러운 삶을 사는 것처럼 보이든 그렇지 않든, 누구나 다 예수님을 필요로 합니다. 그리스도가 없는 사람들은 절망 속에서 길을 잃고 하나님과 영원히 분리되어 살게 될 것입니다. "다른 이로써는 구원을 받을 수 없나니 천하 사람 중에 구원을 받을 만한 다른 이름을 우리에게 주신 일이 없음이라 하였더라"(행 4:12).

셋째, 우리의 사명은 영원한 중요성을 갖기 때문입니다. 그것은 다른 사람들의 영원한 운명에 영향을 끼칠 것입니다. 그래서 이 사명은 직업, 성취 그리고 우리가 이 땅에서 이루게 될 목표보다도 중요합니다. 우리의 사명에 대한 결과는 영원히 남을 것입니다. 다른 사람들이 하나님과 영원한 관계를 맺도록 도와주는 것보다 더 중요한 일은 없습니다. "때가 아직 낮이매 나를 보내신 이의 일을 우리가 하여야 하리라 밤이 오리니 그때는 아무도 일할 수 없느니라"(요 9:4). 우리의 삶에서 사명을 수행할 시간이 계속 줄어들고 있습니다. 지금 당장 다른 사람들에게 손을 내미십시오. 하나님은 우리가 어디에 있든 복음을 나누기를 원하십니다.

넷째, 우리의 사명은 삶에 의미를 부여하기 때문입니다. 우리의 삶을 가장 잘 사용하는 방법은 삶보다 오래 남을 수 있는 일에 사용하는 것입니다. 그토록 오래 남는 것은 하나님 나라뿐입니다. 그 밖의 모든 것은 결국 사라질 것입니다. 만일 하나님이 주신 이 땅에서의 사명을 다하지 못하면 우리는 그분이 주신 삶을 낭비하는 것입니다.

다섯째, 역사의 종말에 대한 하나님의 시간표는 우리가 사명을 완수하는 것과 연결되기 때문입니다. 예수님의 재림과 세상의 종말에 대한 관심은 날로 높아지고 있습니다. 예수님이 다시 오실 정확한 시간을 추측하는 것은 공허한 것입니다. 우리가 확실히 아는 것은, 모든 사람이 복음을 듣기까지는 예수님이 재림하시지 않을 것이라는 사실입니다. 더 빨리 재림하시기를 바란다면 사명을 수행하는 데 집중하십시오. 사탄은 우리가 누군가를 천국으로 인도하지 않는 한 모든 좋은 일을 하게 내버려 둘 것입니다. 하지만 우리가 사명에 대해 진지해지는 순간 온갖 종류의 방해 요소를 만들 것입니다.

사명을 완수하기 위해 해야 할 일

그렇다면 사명을 완수하기 위해서 우리는 어떻게 해야 할까요? 우리의 목표, 권리, 기대, 꿈, 계획 그리고 야망을 버리고 우리의 삶에 대한 하나님의 계획을 받아들여야 합니다(눅 22:42). "하나님, 제가 하는 일들이 잘되게 해 주세요"라고 말하는 대신 "하나님, 당신이 기뻐하시는 일을 하도록 도와주세요"라고 기도하십시오. 우리의 서명을 적은 백지를 하나님께 내밀고 나머지를 채워 달라고 기도한다면 성경은 이렇게 답할 것입니다. "또한 너희 지체를 불의의 무기로 죄에게 내주지 말고 오직 너희 자신을 죽은 자 가운데서 다시 살아난 자같이 하나님께 드리며 너희 지체를 의의 무기로 하나님께 드리라"(롬 6:13). 하나님의 왕국을 섬기는 일에 헌신한 사람들을 위해서 하나님이 해 주지 않으실 일은 거의 없습니다. 예수님은 이렇게 약속하셨습니다. "그런즉 너희는 먼저 그의 나라와 그의 의를 구하라 그리하면 이 모든 것을 너희에게 더하시리라"(마 6:33).

만일 우리가 하나님께 쓰임 받기를 원한다면 하나님이 관심을 두시는 것에 관심을 가져야 합니다. 그분이 가장 관심을 두시는 것은 당신이 창조하신 사람들의 구원입니다. 십자가가 그것을 증명합니다. '예수님을 위해 한 사람 더' 찾으려는 노력을 항상 기울이십시오. 그러면 하나님 앞에 서게 되는 날 "임무 완수!"라고 아뢸 수 있게 될 것입니다.

○

예수님은 우리를 구원하셨고, 우리를 보내셨습니다. 우리 역시 '잃어버린 자를 찾아 구원하는 것'을 사명으로 알고 살아가야 합니다. 그러므로 전도는 예수님께서 시작하신 일을 계승하는 것입니다. 전도는 사람이 할 수 있는 일 가운데 최대의 특권입니다. 동시에 전도는 한 사람이 이웃에 대해 할 수 있는 최대의 선행이요, 그 이웃에게 줄 수 있는 최대의 선물입니다. 예수님의 최대의 사명을 계속 수행하는 특권을 꼭 행사하십시오. 소중한 사람들에게 줄 수 있는 최대의 선물을 전달하는 일에 인색하지 마십시오. 사람마다 전하는 방법은 다를 수 있지만, 복음을 전하는 것이 우리의 가장 큰 사명임은 불변합니다. 예수님이 이 땅에서 표현하셨던 "인자가 온 것은 잃어버린 자를 찾아 구원하려 함이니라"라는 사명 선언은 이제 우리의 것입니다.

28.

돌아올 때까지 (19:11-27)

이 장에서는 삭개오의 구원 사건과 맞물려서 주님이 예루살렘으로 올라가시는 여행 기사에 나오는 마지막 비유, 즉 므나의 비유를 살펴볼 것입니다. 주님은 언제, 왜 이 비유를 하셨습니까? 본문 11절에 의하면, 예수님을 따르는 제자들과 함께 있는 주위의 무리들이 "이 말씀을 듣고 있을 때에 비유를 더하여 말씀"하셨다고 밝히고 있습니다. 여기서 '이 말씀'은 삭개오의 구원 선언(눅 19:9)과 주님의 사명 선언(눅 19:10)에 관한 말씀을 가리킵니다. 그러므로 이 비유는 삭개오 사건과 분리되지 않고, 오히려 연관되어 나오는 말씀으로 볼 수 있습니다.

예수님은 곧 예루살렘에 도착하시게 됩니다. 그래서 백성 가운데는 상당한 기대감을 갖고 따라가는 이들이 있었습니다. 누가는 주님이 그 기대감을 누그러뜨리기 위해서 이 비유를 그들에게 추가하시게 되었다고 밝힙니다. "이는 자기가 예루살렘에 가까이 오셨고 그들은 하나님의 나라가 당장에 나타날 줄로 생각함이더라"(눅 19:11). 예수님이 예루살렘에서 당할 일, 곧 십자가에 못 박혀 죽는 일을 계속 생각하고 계실 때, 제자들은 예수님이 예루살렘에 도착하시면 당장 하나님 나라가 임하고 예수님이 유대인의 왕이 되실 줄로 생각했습니다. 그래서 3년이 넘도록 잘 지낸 제자들 사이에 갑자기 누가 크냐는 문제로 다툼이 일어나고, 곧 요한과 야고보의 어머니로부터 청탁까지 들어올 것입니다.

사람들이 기대하는 하나님 나라는 유대인 중심의 세속적인 왕국입니다. 그들은 로마를 물리치고 로마의 지배에서 벗어나게 할 정치적 지도자를 원했습니다. 예수님이 계속 예루살렘을 향해서 올라가신다는 사실은 그분이 로마 정부를 물리치고 하나님 나라를 시작하기 위해서라는 추측을 불러일으켰습니다. 하지만 주님은 하나님 나라를 그렇게 말씀하신 적이 한 번도 없습니다. 그들은 예수님을 따라다니며 말씀을 열심히 들었지만, 주님이 말씀하신 바를 들은 것이 아니라 자기들이 듣고 싶은 바에 귀를 기울였습니다. 그래서 주님은 이 잘못된 생각을 바로잡기 위해 비유를 더하여 말씀하셨습니다.

하나님 나라는 "오늘 구원이 이 집에 이르렀으니"라고 삭개오의 구원 선언을 통해 말씀하신 대로 '이미' 도래했지만, 동시에 '아직' 그 실체가 모두 드러난 것은 아닙니다. 누구든지 예수님을 믿으면 오늘이라도 하나님의 백성이 되며 하나님으로부터 오는 신령한 은혜를 얼마든지 받을 수 있지만, 이 하나님 나라는 아직 모두 완성된 것이 아닙니다. 믿는 사람들을 통해 계속 확장되는 나라입니다. 그러므로 중요한 것은 하나님 나라의 일꾼들이 어떤 자세로 일해야 하느냐는 것입니다. 한날 주님으로부터 평가를 받게 될 것이기 때문입니다. 그래서 주님은 어느 먼 곳으로 왕위를 받으러 가는 귀인에 관한 비유를 베푸셨습니다.

열 므나 비유

"이르시되 어떤 귀인이 왕위를 받아 가지고 오려고 먼 나라로 갈 때에 그 종 열을 불러 은화 열 므나를 주며 이르되 내가 돌아올 때까지 장사하라 하니라"(눅 19:12-13). 오늘 우리의 귀에는 왕위를 받아 오려고 먼 나라로 간다는 것 자체가 잘 이해가 안 되지만 당시 청중은 알아듣는 데 아무런 어려움이 없었습니다. 이 비유는 역사에 근거한 것이기 때문입니다. 당시 유대는 로마의 지배 아래 있었기 때문에 왕이 될 사람은 로마에 가서 로마 황제의 허락을 받아야 했습니다. 헤롯 대제도, 그의 아들 아켈라오도 왕위를 인정받기 위해서 먼 나라인 로마에 갔습니다. 이것은 얼마나 걸릴지 모르는 일이기에, 귀인은 그동안 자기 종들에게 알아서 장사를 하라고 돈을 나누어 주었습니다. 열 명의 종이 각각 받은 한 므나(약 6개월분의 월급)는 한 달란트만큼 아주 큰돈은 아니지만 당시로는 어느 정도 되는 액수였습니다. 밑천이 두둑한 거상은 아니지만, 소상인으로서 장사를 할 수는 있을 것입니다. 종들이 할 일은 주인이 없는 동안 그 돈을 잘 운용하는 것입니다.

그런데 문제가 있었습니다. "그런데 그 백성이 그를 미워하여 사자를 뒤로 보내어 이르되 우리는 이 사람이 우리의 왕 됨을 원하지 아니하나이다 하였더라"(눅 19:14). 이는 헤롯 대왕의 아들 아켈라오가 왕위를 인정받기 위해 로마를 방문했을 때 실제로 일어난 일이기도 합니다. 사실 헤롯 왕가는 유대인과 같은 혈통이 아닙니다. 왕이 되자 처음 맞이하는 유월절에 유대인을 3천 명이나 살해한 아켈라오를 유대인들은 실제로 미워했습니다. 그래서 그가 로마를 향해 떠났을 때 그에게 왕위를 주지 말라고 탄원하기 위해 대표 50인을 보냈습니다. 그래서인지 로마 황제는 아켈라오에게 자신의 영토를 다스리는 권한을 주기는 했으나 왕이라는 직함을 허락하지는 않았습니다. 하지만 그는 그 후에도 전혀 개선의 여지를 보여 주지 않았고, 왕의 직함을 받지 못한 왕이 되었습니다. 이 비유에 나오는 귀인이나 아켈라오는 그들을 미워하여 그들이 왕이 되기를 원하지 않는 원수들을 두었지만, 아켈라오와 달리 귀인은 방해 공작에도 불구하고 왕위를 받아 돌아왔습니다.

왕위를 받아 자기 나라에 돌아온 귀인은 바로 은화를 나누어 주었던 종들을 불러서 어떻게 장사했는지를 물었습니다. 첫째 종은 자신에게 위탁된 돈으로 원금의 열 배를 남겼습니다. 주인은 상당한 금액을 가지고 신실하고 지혜롭게 운용한 첫 번째 종에게 훨씬 더 큰 책임을 맡도록 선언합니다. "잘하였다 착한 종이여 네가 지극히 작은 것에 충성하였으니 열 고을 권세를 차지하라"(눅 19:17)며 주인의 통치에 참여토록 명합니다. 자기에게 맡겨진 일에 충성했기 때문에 받은 보상입니다.

두 번째 종 역시 다섯 배의 이윤을 남겼습니다. 첫 번째 종만큼 많은 이윤을 남긴 것은 아니지만 자신이 맡은 일을 잘 감당했기에 주인에게 칭찬을 받습니다. 이 종도 그 수고한 것에 비례해서 보상을 받습니다. "너도 다섯 고을을 차지하라"(눅 19:19).

문제는 세 번째 종입니다. "주인이여 보소서 당신의 한 므나가 여기 있나이다 내가 수건으로 싸 두었었나이다"(눅 19:20). 그는 주인의 기대치를 만족시키는 데 실패했습니다. 물론 그는 결코 주인의 돈을 훔치거나 허비하지 않았습니다. 그래서 그는 이익을 남기지는 않았지만 손해 본 것도 없다는 변명을 하며 수건에 싸 둔 것을 고스란히 가져왔다는 말로 아무 일도 하지 않은 자신을 정당화합니다. 자신의 게으름을 감추고자 앞뒤 없는 핑계를 둘러댈 뿐입니다.

사실 그는 주인이 엄한 사람이라고 생각해 두려워서 아무 시도도 하지 않았습니다. 자신의 안위만 생각하고 안전하게 사는 방법을 선택했습니다. 위험이 따르는 투자를 두려워한 이 종은 투자하려는 시도를 아예 하지 않았습니다. 그러고는 오히려 므나를 맡긴 주인을 비난합니다. "이는 당신이 엄한 사람인 것을 내가 무서워함이라 당신은 두지 않은 것을 취하고 심지 않은 것을 거두나이다"(눅 19:21). 그러나 주인에게 그 변명은 통하지 않았습니다. (여기서 나머지 일곱 종의 이야기는 생략되어 있지만, 두 부류 중 하나였을 것입니다. 주인의 돈을 잘 관리한 집단이든지, 아니면 세 번째 종처럼 아무런 노력도 하지 않고 원전 그대로 가져온 집단일 것입니다.)

당신이 생각하는 주님은 어떤 분이십니까? 주님은 위험을 무릅쓰고 시도하다가 실패한 일에 대해서는 책망하지 않으시는 분입니다. 그러나 우리가 불충성할 때는 책망하십니다. 주님은 위험을 마다하지 않는 위대한 모험가셨습니다. 그분은 우리의 주가 되기 위해 모든 것을 버리셨습니다. 그리스도를 섬기는 일에서 안전한 길을 추구한다는 것은 기회를 낭비하고 있다는 의미일 수 있습니다.

주인은 세 번째 종에게 매우 화를 냈고, 그 종이 한 말에 따라 심판합니다. "악한 종아 내가 네 말로 너를 심판하노니 너는 내가 두지 않은 것을 취하고 심지 않은 것을 거두는 엄한 사람인 줄로 알았느냐"(눅 19:22). 그러면서 그 종이 그렇게 자신을 두려워했다면 적어도 그 돈을 은행에 맡겨서 적은 액수의 이자라도 받도록 했어야 했다고 꾸짖습니다.

왕은 왜 분노했을까요? 중요한 이유는 세 번째 종이 그 왕국에 대한 주인의 관심을 공유하지 않았기 때문입니다. 그는 주인의 선한 의도를 신뢰하지 않고 자신의 안일만 생각했기에 그 돈을 이용하려는 아무런 노력도 하지 않았습니다. 그래서 왕은 불충성한 종에게서 그 돈을 빼앗아 자신의 일을 충성스럽게 감당한 사람에게 주라고 명합니다. 주위에 서 있는 나머지 종들은 왕의 명령을 이해하지 못했지만, 가장 많은 실적을 올린 자에게 더 많은 자원을 준 것은 지혜로운 행동입니다. 그는 더 많은 양을 받아 계속 더 많은 이익을 남길 것이기 때문입니다. 반면 자신에게 주어진 기회를 전혀 사용하려고 하지 않았기 때문에 결국 자신이 갖고 있다고 생각하는 것조차 잃게 될 것입니다. "무릇 있는 자는 받겠고 없는 자는 그 있는 것도 빼앗기리라"(눅 19:26). 이 비유는 왕에게 적극적으로 반역한 이들에 대한 결정적인 심판으로 마무리됩니다. "그리고 내가 왕 됨을 원하지 아니하던 저 원수들을 이리로 끌어다가 내 앞에서 죽이라"(눅 19:27).

주님이 돌아오실 때까지 열심히 일하라

주님은 이 비유를 통해서 어떤 교훈을 하려고 하신 것일까요? 먼저, 귀인은 타국에 가서 왕위를 받아 와야 하므로 당장 왕이 되는 것이 아니듯이, 주님이 예루살렘에 올라가신다고 바로 왕이 되는 것은 아니라는 것을 교훈하십니다. 하나님 나라는 당장 임하는 나라가 아니라, 그 완성을 기다려야 하는 나라입니다. 당시의 왕이 되고자 하는 이들은 로마의 승인을 받아야 했듯이, 주님이 왕으로 등극하기 위해서는 예수님이 우리 모두를 대신해서 십자가에 못 박혀 죽으셔야 합니다. 예수님이 십자가에서 보혈을 흘려 주지 아니하시면 아무도 구원을 받지 못하기 때문입니다. 그래서 예수님이 예루살렘에서 왕위에 오르시는 것보다 우리의 죄를 용서하는 보배 피를 십자가에서 흘리시는 것이 더 중요합니다. 예수님은 십자가에 죽으시고, 사흘 만에 다시 살아나시고, 사십 일 만에 하늘로 오르사 하나님 보좌 우편에 왕으로 좌정하셨습니다. 그러나 이것으로 끝난 것이 아닙니다. 주님은 전능하신 하나님의 우편에 앉아 왕으로서 다스리는 일을 착수하십니다. 그리하여 어둠에 앉은 백성에게 빛을 비추고 사탄의 포로 된 자들을 구출하십니다.

그리스도는 우리 그리스도인을 통해서 이 구원 역사를 이루고자 하십니다. 이것이 바로 비유에서 말하는 '장사하는 행위'입니다. 이는 곧 주님이 흘리신 피의 대가를 남기는 일입니다. 우리에게 맡겨진 일은 하나님이 주시는 능력을 가지고 온 세상에 복음을 전함으로 하나님께 속한 영혼들을 다 건지는 것입니다. 그러므로 주님이 이 비유에서 강조하시는 바는, 하나님 나라는 당장 시작하는 것이 아니며, 그전에 먼저 당신이 잠시 떠나게 될 것인데, 당신이 없는 동안 제자들은 맡은 일을 열심히 생산적이고 충성스럽게 해야 한다고 가르치고자 하신 것입니다.

예수님은 지금까지 예루살렘에 올라가면 당신이 죽는다고만 말씀하셨지, 제자들이 무엇을 해야 하는지를 말씀하신 바가 없습니다. 성령이 임하시기까지는 할 일도 없고, 할 능력도 없습니다. 다만 성령이 임하시면 땅끝까지 복음을 전해야 하는 책임이 있습니다. 이것이 바로 '복음을 가지고 장사하는 일'입니다.

사실 그리스도인은 모든 삶에서 충성해야 합니다. 모든 것은 주님이 주신 것이기 때문에 주님의 유익을 위해서 사용해야 합니다. 반드시 계산할 시간이 올 것입니다. 모든 인생은 한날 심판대 앞에 서야 합니다. 그날이 언제입니까? 이 비유에서 분명히 말합니다. "내가 돌아올 때까지 장사하라"(눅 19:13). 기회는 항상 있는 것이 아닙니다. 장사할 수 있는 시간은 '내가 돌아올 때까지'로 한정되어 있습니다. 주님의 오심에 비추어 당신의 인생을 재평가해 보십시오. 하나님 나라를 위해 사용하지 않고 허비하는 재능이나 자원은 없습니까? 주님은 우리가 하나님이 주신 자원을 사용해서 이 세상 나라를 하나님과 그리스도의 나라로 만들기를 기대하십니다.

그러면 주님은 왜 아직 돌아오지 않으십니까? 뜻대로 일이 풀리지 않아서 아직 왕위를 받지 못하셨습니까? 왕이 되지 않아서 오지 못하시는 것이 아닙니다. 이미 주님은 왕이 되셔서 전능하신 하나님의 우편에 앉아 다스리고 계십니다. 그런데도 더디 오시는 이유는 다만 우리로 하여금 하나님 나라의 확장 사역에 동참할 시간을 충분히 주시기 위해서입니다. 그러므로 오늘 우리에게 맡겨진 일은 하나님이 주신 기회와 믿음을 잘 사용해서 온 땅에 복음을 효율적으로 전하는 것입니다.

문제는 비유에서 귀인이 왕이 되는 것을 원치 않았던 무리들이 아직도 남아 있다는 것입니다. 아켈라오가 왕이 되는 것을 싫어하는 것 이상으로 예수님이 우리의 왕이 되시는 것을 세상 사람들은 아주 싫어합니다. 그들은 이 세상에 예수님을 전하는 것을 너무 싫어합니다. 세상에 모든 좋은 것이 있다고 믿는 사람들에게 세상을 포기하고 하나님 나라를 사모하라고 권하는 것은 결코 쉽지 않은 일입니다. 그럼에도 불구하고 우리는 뱀처럼 지혜롭게, 비둘기처럼 순결하게 복음을 전해야 합니다. 우리에게 맡겨진 하나님 나라 확장 사업에 전념해야 합니다.

그러므로 우리가 하나님의 백성이라면 세 번째 종처럼 나태하게 살아서는 안 됩니다. 그가 나태했던 진짜 이유는 그리스도와 그분의 나라의 유익에 대한 무관심과 냉담함 때문이라는 것을 명심하십시오. 십자가에서 당하신 예수님의 고통에 무관심하고, 그분이 흘리신 보혈의 공로가 얼마나 소중한지 알지 못하는 자는 안일하게 살아갈 수밖에 없습니다. 하나님이 맡겨 주신 므나에 대해서 무관심하게 살아가지 마십시오. 하나님을 믿고 사랑하는 사람이라면 하나님 나라를 확장하고자 하는 열정이 가슴에 불타올라야 합니다. 사람들이 진리로 나아오고 자유를 누리는 일을 자신의 일처럼 여겨 기도해야 합니다.

○

주님을 위해 전력투구해서 남기는 장사를 하고 있습니까? 받은 직분과 은사를 사용해서 주님을 찬양하고 섬기십시오. 작은 일에 충성하면 하나님이 큰일을 맡기실 것입니다. 거룩하신 주님의 사역을 맡아 무심하게 살아가는 것은 죄악입니다. 감격 없이 주님을 섬기는 것은 범죄입니다. 무슨 일을 하든지 주님을 섬기는 자세를 회복하십시오. 하나님 나라의 일들에 관심과 사랑을 갖고 수고와 희생, 때로는 위험까지 감수하면 비로소 우리 마음에 떠나지 않는 기쁨과 기도, 감사가 자리할 것입니다.

─── 3부 ───

예루살렘아,
예루살렘아!

29.

주의 이름으로 오시는 왕이여

(19:28-40)

앞서가시는 예수님

종려주일의 분위기가 그대로 담겨 있는 본문을 통해 예루살렘으로 들어가시는 예수님의 모습을 살펴봅시다. 첫 번째로, 누가는 '앞서서 가시는 예수님'을 보여 줍니다. "예수께서 이 말씀을 하시고 예루살렘을 향하여 앞서서 가시더라"(눅 19:28). 이 말씀은 "예수께서 이 말씀을 하시고"라고 시작합니다. 곧 당신이 왕으로서 환호를 받으며 예루살렘에 들어가지만, 열 므나 비유를 통해 가르친 대로 즉각적으로 왕위에 오르기 위한 것이 아님을 기억하도록 하는 지문입니다. 그러므로 이 장의 본문은 종들에게 열 므나를 주며 돌아올 때까지 장사하라는 열 므나 비유와 관련이 있습니다. 잘 살펴보면 여기서 나오는 일련의 일들은 예수님의 왕적인 위엄을 보여 주는 동시에 일반적인 왕권의 행사와는 다른 왕으로서의 모습을 분명하게 보여 주기 때문입니다.

그러면 "앞서서 가시더라"라는 말씀의 의미는 무엇입니까? 이는 예루살렘을 향하여 가시는 주님의 단호한 결심을 보여 주는 말로 이해해야 합니다. 왜냐하면 지금 예루살렘으로 가시는 길은 십자가에 당신을 제물로 내어 주시려는 걸음이기 때문입니다. 사실 예수님은 이 길을 나서면서부터 각오하고 출발하셨습니다. 그 분위기를 복음서 곳곳에서 감지할 수 있습니다(눅 9:51; 막 10:32). 이처럼 확고하고도 결연한 주님의 발걸음은 우리의 구속을 위해 당신을 내어 주시는 발걸음입니다.

그러므로 우리를 위한 주님의 발걸음은 주님을 위한 우리의 발걸음을 돌아보게 합니다. 우리는 주님을 믿는 신앙의 길, 헌신의 길을 어떻게 걷고 있는지를 생각해 보게 됩니다. 혹 주님 때문에 희생하는 자리가 오면 잽싸게 피하고, 피할 수 없으면 마지못해 걷고, 반면에 주님 때문에 대접 받는 자리에는 기를 쓰고 참여하려 하고, 혹 빠지면 섭섭하게 생각하는 이율배반적인 삶을 살아서는 안 됩니다. 봄에 열심히 씨를 뿌려야 가을에 거두는 것입니다. 주님이 우리를 위해 달려오신 그 걸음으로 주님을 위해 달려가는 열심 있는 친백성이 되기를 바랍니다. "그가 우리를 대신하여 자신을 주심은 모든 불법에서 우리를 구속하시고 우리를 깨끗하게 하사 선한 일에 열심하는 친백성이 되게 하려 하심이니라"(딛 2:14, 개역한글).

명령하시는 예수님

예루살렘으로 들어가시는 예수님의 두 번째 모습은 '명령하시는 예수님'입니다. 주님의 발걸음은 이제 예루살렘에 거의 도착했습니다.

그때 주님은 감람 산 기슭에서 두 제자에게 맞은편 마을로 가서 아직 아무도 타 보지 않은 나귀 새끼를 "풀어 끌고 오라"고 명하십니다. 하나님께 드리는 제물, 하나님이 쓰시기에 합당한 것들은 순결한 것이어야 했기에, 아무도 타 보지 않은 나귀 새끼를 풀어 끌고 오라고 명하신 것입니다.

이 말씀은 우리에게 예수님은 모든 것을 다 아는 전지하신 분임을 보여 줍니다. 마을에 들어가면 거기에 무엇이 있을 것인지를 미리 알고 계시며, 나귀 새끼를 풀면 주인이 무슨 말을 할지도 내다보셨습니다. 모든 것을 다 보시는 주님은 눈으로 볼 수 있는 것이나 볼 수 없는 것까지도 다 아시는 분으로서, 그분 앞에 만물이 벌거벗은 채로 드러나는 것처럼 말씀하십니다. 주님이 이처럼 전지하신 분이라는 것은 다른 복음서에도 드러나 있습니다. 예수님은 대적들의 생각을 다 읽으셨고(마 12:25), 사람들 속에 있는 것을 모두 아셨으며(요 2:25), 심지어 당신을 팔 자가 누구인지도 처음부터 아셨습니다(요 6:64). 이러한 전지하심은 오직 하나님만의 속성입니다. 이런 구절들을 보면 우리는 예수님이 "만물 위에 계셔서 세세에 찬양을 받으실 하나님"(롬 9:5)이심을 알 수 있습니다.

종교란 우리의 모든 것을 아시는 분께 우리 자신을 있는 그대로 내어 놓는 행위입니다. 특히 성경의 하나님은 만물을 있는 그대로 아시는 분입니다. 예수님의 이런 속성을 인정한다면 우리는 마땅히 자신을 돌아보고 회개의 자리로 나아가야 합니다. 교회의 머리 되신 주님은 당신에게 속한 모든 자를 아시며, 그들의 생각과 행동을 모두 아십니다. 만물의 심판자께서는 우리를 끊임없이 보고 계시며 우리의 모든 길을 살피십니다(욥 34:21-22). 만약 우리가 지하 골방에 들어가 숨어도 주님은 한낮 마당 한가운데 있는 것처럼 우리를 바라보고 계십니다. 몰래 악한 계획을 궁리할지라도 주님께는 처음부터 공개되어 있는 것과 같습니다. 사적으로 조용히 의인을 험담해도 주님은 모두 다 듣고 계십니다.

한평생 계속해서 사람들을 속일 수 있는 능력을 가지고 있다 하더라도 주님은 단 한 차례조차 속일 수 없다는 것을 인정해야 합니다. "하나님이 예수 그리스도로 말미암아 사람들의 은밀한 것을 심판하시는 그날"(롬 2:16)을 우리는 알고 있습니다. 해 아래 영원히 감추어진 비밀은 없습니다. 예수님이 이처럼 모든 것을 다 알고 계신다는 사실은 악한 자를 두렵게 할 수 있는 동시에 진실한 성도들을 위로하고 선한 일에 열심을 갖도록 하기에 충분합니다.

주님의 눈은 언제나 우리에게 머물러 계십니다. 주님은 우리의 삶의 자리를 아시고, 우리의 매일의 시련을 아시며, 우리가 누구와 어울리는지도 아십니다. 주님은 우리의 입의 말을 모르시는 것이 하나도 없으며, 우리의 마음의 생각을 모두 다 알고 계십니다. 사람들이 우리의 신앙을 제대로 평가하지 않아도, 때로는 오해하고 비난해도 속상해하지 마십시오. 베드로처럼 고백할 수만 있다면 아무 문제 될 것이 없습니다. "주님 모든 것을 아시오매 내가 주님을 사랑하는 줄을 주님께서 아시나이다"(요 21:17). 좌우로 치우침 없이 좁은 길을 계속 걸어가기 바랍니다. 성도는 언제나 우리에게 눈길을 주시는 하나님 앞에서 살아가는 자입니다.

주님은 제자들을 보내면서 만약 누가 "왜 남의 나귀를 푸느냐?"고 물으면 "주가 쓰시겠다"라고 대답하라고 일러 주셨습니다. 이 말은 주인과 사전에 약속된 암호가 아닙니다. 제자들은 길게 설명한 것이 아니라, 오직 "주께서 쓰시겠다"라고만 말했는데 주인이 알아듣고 내어 주었습니다. 이것은 나귀의 주인이 '주'가 누구를 지칭하는지를 알았다는 뜻입니다. 그리고 그는 주님이 쓰시는 것에 대해서 조금도 주저하거나 아까워하지 않았습니다.

당신은 어떻습니까? 예수님은 모든 만물의 주인이고 원하는 대로 내 모든 것을 사용하실 수 있다고 고백합니까? 성도는 예수님을 위해서라면 무엇이든지 아끼지 않고 기꺼이 드릴 수 있는 자입니다. 옥합을 깨뜨려 향유를 주님의 발에 부어 드린 마리아는 헌신하는 성도의 아름다운 표상입니다. 주님은 억지로 드리는 것이 아니라 기쁨으로 드리는 헌신을 받으십니다. 주님은 모든 사람의 마음을 손바닥 들여다보듯 훤히 꿰뚫고 계실 뿐 아니라 수중에 넣고 움직이시는 분임을 기억하십시오. 모든 것의 주인께서는 만물을 우리에게 주기도 하시고, 거두기도 하십니다. 재산이나 건강을 가져가기도 하십니다. 내 몸뿐 아니라 내 생명을 가져가실 수도 있습니다. "주가 쓰시겠다"고 할 때 자원하는 마음으로 드리십시오. 무엇이든지 자원하는 마음으로 드릴 때 주님은 기뻐하며 복을 주십니다.

이제 주님의 목적지인 예루살렘이 눈앞으로 다가왔습니다. 그때 주님은 제자들에게 나귀 새끼를 가져오도록 명하셨고, 제자들이 "그것을 예수께로 끌고 와서 자기들의 겉옷을 나귀 새끼 위에 걸쳐 놓고 예수를 태우니 가실 때에 그들이 자기의 겉옷을 길에 펴더라"(눅 19:35-36)라고 누가는 기록하고 있습니다. 구약의 선지자들은 백성이 말로 전하는 메시지를 거부하고 더 이상 받아들이지 않을 때 극적인 행동으로 호소했습니다. 즉 그림처럼 메시지를 전하는 행동 계시를 사용하곤 했습니다. 주님도 지금 나귀 새끼를 타고 입성하는 극적인 행동 계시를 시도하십니다. 이는 당신이 약속된 메시아, 하나님의 기름 부음 받은 자라는 것을 유대인들 중 아무도 부인하지 못하게 하는 너무나 분명한 행동입니다. 유월절 절기를 지키려고 예루살렘으로 올라오는 사람들에게는 너무나 확실한 메시지입니다. 사실 예수님은 더 이상 당신의 정체를 숨기실 수 없는 상황이었습니다. 그래서 주님은 의도적으로 나귀 새끼를 타고 환호와 찬양 가운데 입성함으로 당신이 약속된 왕이요, 구원자임을 보여 주십니다.

사실 요한복음을 보면 이때쯤은 예수님의 목에 현상금이 걸려 있던 시기입니다. "그들이 예수를 찾으며 성전에 서서 서로 말하되 너희 생각에는 어떠하냐 그가 명절에 오지 아니하겠느냐 하니 이는 대제사장들과 바리새인들이 누구든지 예수 있는 곳을 알거든 신고하여 잡게 하라 명령하였음이러라"(요 11:56-57). 그러므로 나귀를 타고 찬송을 받으며 입성하는 것은 한편으로 영광스러운 행동인 동시에, 다른 한편으로는 최상급으로 용기 있는 행동이기도 했습니다.

찬송을 받으시는 예수님

만유의 주인이요, 만물의 통치자께서 지금 나귀 새끼를 타고 예루살렘에 입성하고 계십니다. 새 한 마리가 어떤 나라에서는 길조로, 어떤 나라에서는 흉조로 통하듯이 짐승에 대한 인상은 나라마다 다를 수 있습니다. 팔레스타인에서 나귀는 결코 별 볼 일 없는 비천한 짐승이 아니라 고상한 짐승입니다. 전쟁에 나갈 때는 말을 탔지만 평화 시에 순방을 할 때는 왕이 나귀를 타는 것이 유대의 전통입니다. 그러므로 나귀를 타신 예수님은 무리들이 예상하고 기다리듯이 물질적 번영과 정복을 하는 영웅으로 당신의 백성에게 다가서지 않고, 사랑과 평화 가운데 당신의 백성을 찾는 왕으로서 당신을 드러내신 것입니다. 그러므로 이 장의 본문은 마지막 세 번째로 '찬송을 받으시는 예수님'을 보여 줍니다.

나귀를 타고 들어오시는 주님을 볼 때 군중은 환호했습니다. 그들이 왜 환호했습니까? "이미 감람 산 내리막길에 가까이 오시매 제자의 온 무리가 자기들이 본 바 모든 능한 일로 인하여 기뻐하며"(눅 19:37) 큰 소리로 하나님을 찬양했다고 누가는 기록하고 있습니다. 그들은 '능한 일로 인하여' 기뻐했습니다. 누가복음에 의하면, 예수님은 나병 환자를 고치고, 수종병자를 고치며, 맹인의 눈을 뜨게 하는 능한 일을 행하셨습니다. 게다가 그 악명 높은 여리고의 삭개오를 순식간에 바꿔 놓은 능한 일을 하신 분입니다. 특히 요한복음을 보면, 이때쯤은 나사로를 살리신 능한 일로 인하여 사람들의 관심이 어느 때보다 주님께로 향해 있었습니다. 동시에 나사로를 살리셨다는 소문은 그분이 지금껏 행한 모든 이적을 떠올리게 한 사건이었습니다.

지금 주님은 공적인 입성을 하십니다. 당신의 도성에 공개적으로 입성하시는 순간입니다. 물론 예수님이 예루살렘을 방문하신 것이 이번이 처음은 아닙니다. 첫 번째 기록은 열두 살 때입니다. 그리고 해마다 거의 틀림없이 유월절이면 예루살렘으로 올라가셨을 것입니다. 공사역을 시작하고도 주님은 한 해도 거르지 않고 유월절이면 예루살렘으로 올라가셨습니다. 그럼에도 불구하고 이번에는 달랐습니다. 그뿐만 아니라 예수님의 평소의 처신을 생각하면 이번에는 다른 무엇이 있습니다.

평소에 주님은 군중의 추앙이나 환호를 멀리하셨습니다. '모든 영광을 하나님께', 이것이 그분의 삶의 좌표였습니다. 오히려 당신을 왕으로 삼으려는 무리를 피하여 산으로 가서 밤새워 기도하신 분입니다. 그런데 지금은 당신이 주의 이름으로 오시는 왕이라는 것을 보여 주기 위해 왕 앞에 겉옷을 펴서 깔았던 유대의 풍습을 받아들이셨습니다. 당신이 탈 나귀 새끼 위에 겉옷을 까는 것조차 허용하시고, 거기에 앉아 당신이 가는 길에 깔린 겉옷 위를 마치 붉은 양탄자 위를 걷듯 걸으셨습니다. 종려나무의 환호도 받으셨습니다. 주님은 지금 사람들의 칭송을 받아들이고 계십니다. 예루살렘에 입성하면서는 무리들의 뜨거운 환호를 받으셨습니다. 심지어는 바리새인들의 제재하라는 요청조차 "만일 이 사람들이 침묵하면 돌들이 소리 지르리라"(눅 19:40)라고 단호히 말씀함으로 거부하셨습니다.

그러면 무리들은 어떻게 기쁨과 찬양을 표현했습니까? "찬송하리로다 주의 이름으로 오시는 왕이여 하늘에는 평화요 가장 높은 곳에는 영광이로다"(눅 19:38). '주의 이름으로 오시는 왕이여'라는 말의 뜻은 예수님이 하나님이 세우신 왕임을 인정하는 것입니다. 예수님은 왕으로서 당신의 도읍에 오시는 분입니다. 하늘 권세로 옷 입고 하늘 평화를 전하도록 위임받아 주 하나님의 이름으로 오신 분입니다.

누가는 절기에 순례자들이 축복했음직한 시편 118편 26절을 조금 손질해서 "여호와의 이름으로 오는 자가 복이 있음이여"라는 구절을 "주의 이름으로 오시는 왕이여" 하고 무리들이 부른 것으로 전하고 있습니다. 유대인들은 절기나 안식일에 시편을 노래하곤 했는데, 한날 주님의 이름으로 문안받으실 분이 바로 메시아라는 믿음을 갖고 있었습니다. 그래서 "주의 이름으로 오시는 왕이여"라고 외칠 때 기쁨과 찬양이 터져 나온 것입니다.

주의 이름으로 오시는 분, 하나님이 세우신 왕은 찬양 받기에 합당하십니다. 그분은 영원토록 주의 백성의 찬송을 받으실 분입니다. 그러므로 "하늘에는 평화요 가장 높은 곳에는 영광이로다"라고 찬송합니다. 하늘의 하나님은 예수님의 발걸음을 평탄하고 형통하게 하실 것이기에 하늘에는 평화요, 가장 높은 곳에는 영광이 돌아갑니다. 이와 비슷한 찬양을 기억할 것입니다. "지극히 높은 곳에는 하나님께 영광이요 땅에서는 하나님이 기뻐하신 사람들 중에 평화로다"(눅 2:14). 예수님이 탄생하신 날 밤 베들레헴에 나타난 하늘의 천군과 천사가 부른 찬양입니다. 본문에서는 하늘 시민이 아니라 땅에 사는 백성의 찬양입니다. 두 찬양 모두 지극히 높은 곳에 계시는 하나님께 영광을 돌린다는 점에서 일치합니다. 구약 시대에 나타났던 그 어떤 영광을 능가하는 최고의 영광이 마침내 메시아를 통해 도래한 것입니다. 마침내 천사들의 찬송이 백성의 찬양으로 하나 되었습니다.

그러므로 우리는 종려주일마다 승리의 입성을 축하합니다. 그 옛날 축제를 돌아보면서 궁극적인 성취를 내다봅니다. 그날이 오면 마침내 예수 그리스도가 왕으로 좌정하실 것입니다. 온 세상이 우리 주 하나님과 그리스도의 나라가 될 것입니다. 그날이 오면 모든 인생이 예수님이 통치자이심을 고백하게 될 것입니다. 마침내 임할 하나님 나라를 대망하십시오. 마침내 나타날 지극한 영광을 찬양하십시오. 오랫동안 바라던 왕이 오십니다. 마침내 대망하던 왕이 온 세상 위에 등극하실 것입니다. 성도는 왕으로 등극하실 예수님을 기다리며 사모하는 자입니다. 그날이 오기를 기다리며 찬양합시다.

물론 옛날처럼 원수들은 우리의 찬양을 방해할 것입니다. "무리 중 어떤 바리새인들이 말하되 선생이여 당신의 제자들을 책망하소서 하거늘"(눅 19:39). 그날 주님께 제자들의 찬양을 제지하라고 요청하듯이 말입니다. 그러나 아무도 우리의 기쁨의 찬양을 제지할 수 없습니다. 우리의 찬양을 받으시는 주님이 답하십니다. "내가 너희에게 말하노니 만일 이 사람들이 침묵하면 돌들이 소리 지르리라"(눅 19:40). 그때 주의 백성이 승리의 입성을 하시는 주님을 찬양하는 숭고한 사명을 감당했듯이, 지금도 하늘 보좌 우편에서 다스리시는 주님을 찬양하는 일은 주의 성도들의 고상한 임무입니다. 주님은 구원받은 백성의 찬양 속에 거하시는 분입니다. 이 숭고한 사명을 해 아래 어떤 피조물도 막을 수 없습니다.

○

구원을 경험한 성도라면 마음속에 솟아나는 기쁨을 아무도 막을 수 없을 것입니다. 주님의 다스리심을 내다본 성도들의 찬양이 그날 거리를 뒤덮었습니다. 다시 오셔서 온 세상을 다스릴 주님을 믿는 성도의 마음에는 기쁨이 넘칠 것입니다. 그날 찬양은 대적들의 비난과 박해 가운데 잦아들기도 했지만, 주님이 다시 오실 때 우리에게 넘치는 기쁨은 영원히 계속될 것입니다. 그 찬양을 막으려고 시도할 자가 아무도 없을 것입니다. 그날 모든 무릎이 예수의 이름에 꿇게 될 것입니다. 그날 모든 입으로 예수 그리스도가 주라고 시인하게 될 것입니다(빌 2:9-11). 그날을 사모하면서 사는 주의 백성이 되기를 바랍니다.

30

예루살렘을 향한 눈물 (19:41-44)

누가는 예수님의 생애를 '예루살렘을 향한 여정'으로 소개하고 있습니다. 예루살렘을 향한 여정은 이미 누가복음 9장 51절에서 시작되었고, 이제 거의 끝나 가고 있습니다. 그 발걸음은 점점 예루살렘 가까이 이르렀고, 이제는 예루살렘 시가지가 한눈에 들어옵니다. 수없이 펼쳐진 주택가의 평화로운 모습과 예루살렘의 자랑인 성전이 그 장엄한 위용을 드러냅니다. 그때 예루살렘 성을 바라보시는 주님의 눈에 눈물이 흐르면서 탄식과 함께 예루살렘의 파멸이 선고됩니다.

예루살렘을 향해 탄식하신 예수님

예루살렘을 보고 우는 그분은 누구십니까? 다시 한 번 제자들의 찬양에 귀를 기울여 보십시오. "찬송하리로다 주의 이름으로 오시는 왕이여 하늘에는 평화요 가장 높은 곳에는 영광이로다"(눅 19:38). 예수님은 주의 이름으로 오시는 평화의 왕으로 세상에 오셨습니다. 일찍 선지자 이사야가 예언한 바대로입니다. "이는 한 아기가 우리에게 났고 한 아들을 우리에게 주신 바 되었는데 그의 어깨에는 정사를 메었고 그의 이름은 기묘자라, 모사라, 전능하신 하나님이라, 영존하시는 아버지라, 평강의 왕이라 할 것임이라"(사 9:6). 예수 그리스도는 온 누리에 평화를 주려고 오신 분입니다. 흑암과 죽음의 그늘에 앉은 자들에게 빛을 가져다주고, 그들을 평화의 길로 인도하려고 오셨습니다.

주님이 행하신 큰일을 눈으로 보고 자신의 삶 속에 경험한 이들이 큰 소리로 노래하는 것은 자연스러운 반응입니다. 마음속에 주님이 주신 평화를 경험한 자가 하나님을 향해서 큰 소리로 찬양하는 것은 당연합니다. 그래서 제자들의 온 무리는 자기들이 본 모든 능한 일 때문에 큰 소리로 기쁨의 노래를 부르기 시작했습니다.

주님을 평화의 왕으로 만난 적이 있습니까? 그렇다면 찬송이 달라질 것입니다. 마음 깊숙한 곳에서부터 찬양이 흘러나올 것입니다. 마음 깊은 곳에서 터져 나오는 찬양이 있다면 당신은 그리스도인입니다. 주님이 행하시는 놀라운 행동을 조금이라도 본 적이 있습니까? 그렇다면 기도가 달라질 것입니다. 종교적인 미사여구를 늘어놓는 대신 하늘 아버지께 드리는 대화가 시작될 것입니다. 그분의 놀라운 평화를 마음속에서 체험한 적이 있습니까? 그렇다면 예배의 자리로 나아오는 태도가 달라질 것입니다. 그날 찬양한 제자들처럼 발걸음이 가벼울 것입니다. 예배하는 기쁨으로 예배당에 나와 주님의 말씀을 사모하며 고백하게 될 것입니다. "영생의 말씀이 주께 있사오니 우리가 누구에게로 가오리이까 우리가 주는 하나님의 거룩하신 자이신 줄 믿고 알았사옵나이다"(요 6:68-69).

그런데 왜 주님은 예루살렘을 바라보고 울며 탄식하셨을까요? "너도 오늘 평화에 관한 일을 알았더라면 좋을 뻔하였거니와 지금 네 눈에 숨겨졌도다"(눅 19:42). 주님이 예루살렘을 보고 우신 이유는 예루살렘, 평강의 도시가 평화를 얻을 길을 알지 못했기 때문입니다. 제자의 온 무리는 평화의 왕의 입성을 노래했지만, 정작 예루살렘은 그 위용과 번영을 자랑하면서도 평화의 왕 예수 그리스도를 알지 못하고 거부했기 때문입니다. 예루살렘 사람들은 그 이름이 뜻하는바 '평화의 성읍'에 살면서도 평화를 몰랐기 때문입니다. 예루살렘 성전에는 속죄소-시은좌가 있었지만 그들은 속죄로 말미암는 평화를 알지 못했습니다.

주님은 이미 예루살렘을 향해 경고하신 바 있지만 이제 그 성읍이 눈앞에 전개되자 울며 탄식하셨습니다. 이 기록은 오직 누가복음에만 나옵니다. 크게 기뻐하는 무리와 대조적으로 나귀를 타신 주님은 성읍을 보고 우셨습니다. 그 성읍의 이름은 부분적으로 '평강'(히 7:2)이라는 의미를 갖고 있지만, 그 성의 사람들은 어떻게 해야 평화가 임할 수 있는지를 알지 못했습니다. '평화의 성'에 사는 거민은 '평화의 왕'을 알아보지 못했습니다. 혹시 신앙인이라고 불리면서도 자신이 무엇을 바라보며 무엇을 믿고 사는지 분명하지 않습니까? 그리스도인이라고 불리면서 그리스도를 알지 못하는 비극적인 사람이 아무도 없기를 바랍니다.

그 성읍 거민들이 이날에 진정으로 무슨 일이 일어나고 있는지를 알고 그 진실을 인정했더라면 그들은 평화를 얻을 수 있었을 것입니다. 그러나 유대 지도자들은 그들의 메시아를 거부했습니다. 뿐만 아니라 주님께 큰소리로 찬양하는 제자들을 책망하라며, 그분을 메시아로 인정하는 무리들의 찬양조차 봉쇄하려고 들었습니다. 하나님 당신의 방문을 받았음에도 불구하고 그들은 예수 그리스도를 통한 하나님의 구원 제안을 거부했습니다. 이제 기회는 사라질 것이고, 곧 그 민족은 멸망을 받을 것입니다. 수백 년 동안 하나님의 말씀이 예루살렘 거민에게 전해졌습니다. 그러나 그들은 결국 하나님의 진리를 깨닫지 못했기 때문에 예수님은 그 파멸을 바라보며 눈물을 흘리셨습니다. 지금도 예수님은 기회를 붙잡지 못하는 사람들로 인해서 울고 계십니다.

하나님은 우리를 위해 예수님을 세상에 보내셨습니다. 주님은 우리의 구원을 위해 예루살렘을 향해 길을 나서셨습니다. 그 길은 종교적 행위로서의 성지순례가 아니라 하나님의 어린양으로서 당신을 제물로 드리기 위함이었습니다. 예수님은 단호히 그 길을 걸어가셨습니다. 마지못해서가 아니라 그들을 앞서서 예루살렘을 향해 가셨습니다. 놀랍고 기분 좋은 일들이 그분을 기다리고 있는 것이 아닙니다. 앞 장에서 예수님이 열두 제자에게 일러 주신 말씀을 회상해 보십시오. "인자가 이방인들에게 넘겨져 희롱을 당하고 능욕을 당하고 침 뱉음을 당하겠으며 그들은 채찍질하고 그를 [십자가에] 죽일 것이나 그는 삼 일 만에 살아나리라"(눅 18:32-33). 그렇다면 왜 예수님은 앞장서서 예루살렘을 향해 가셨습니까? 그것은 바로 우리의 죄를 용서하시기 위해서입니다.

예루살렘에는 제단과 제물이 있습니다. 그러나 그 제사가 백성의 죄를 온전히 사하지 못했습니다. 황소와 염소의 피가 능히 죄를 없이하지 못했기에 어린양 되신 주님이 세상에 오셔야 했고, 예루살렘에서 당신을 제물로 드리셔야 했습니다. 주님은 수없이 드려지는 제사를 보면서 거기에 온전한 속죄가 없다는 것을 아셨습니다. 그래서 세상에 임할 때 "하나님이 제사와 예물을 원하지 아니하시고 오직 나를 위하여 한 몸을 예비하셨도다"라고 고백하면서 "두루마리 책에 나를 가리켜 기록된 것과 같이 하나님의 뜻을 행하러 왔나이다"라고 하셨습니다(히 10:5-7). 즉 "사람들이 입고 있는 그 몸을 주시면 제가 그 몸으로 사람들이 준행해야 하는 하나님의 뜻을 이루겠습니다" 하는 것이 세상에 오실 때 주님의 고백이었습니다. 그래서 예수님은 예루살렘으로 올라가셔야 했습니다. 그 피를 통해 우리에게 평화를 주시기 위해서 말입니다. 그러나 주님은 예루살렘 도시를 볼때 우셨습니다. 당신이 주는 평화를 알지 못했기 때문입니다.

주님이 주신 죄 용서받음의 평화

사람들은 평화의 도시라고 불리는 예루살렘에 살면서도 평화를 알지 못했습니다. 여기에 비극의 극치가 있습니다. 예배의 자리에 나오면 사죄의 찬양이 있고, 말씀의 선포가 있습니다. "평화 평화로다 하늘 위에서 내려오네"(새찬송가 412장)라고 찬송하면서 정작 마음속에는 평강이 없습니까? 예루살렘을 바라보시는 주님이 그런 우리를 볼 때 안타까워하실 것입니다. 우리가 하나님의 교회에 나와서 죄 용서를 받지 못한다면 세상 어디에서 죄 용서를 받을 수 있겠습니까?

예루살렘은 지상 최대의 특혜를 입은 도시입니다. 성전과 제사장과 선지자가 있는 곳입니다. 그러나 하나님이 많은 날 동안 평화의 전령사로서 선지자들을 보내셨지만 모두 죽인 죄를 저지른 성읍이기도 합니다. 예루살렘의 죄악의 역사는 그 성의 역사와 같이 깊습니다. 그래서 일찍부터 파멸을 선고받은 성읍입니다(렘 6:6-7, 11, 13-14). "예루살렘아 예루살렘아 선지자들을 죽이고 네게 파송된 자들을 돌로 치는 자여 암탉이 제 새끼를 날개 아래에 모음같이 내가 너희의 자녀를 모으려 한 일이 몇 번이냐 그러나 너희가 원하지 아니하였도다 보라 너희 집이 황폐하여 버린 바 되리라"(눅 13:34-35). 오죽하면 주님이 "선지자가 예루살렘 밖에서는 죽는 법이 없느니라"(눅 13:33)라고 말씀하셨겠습니까? 수많은 선지자의 경고를 무시하고 죽인 성읍에 이제 주님 당신이 다가가고 계십니다. 평화의 왕 되신 주님이 그들에게 가고 계시지만, 그들은 알지 못했습니다. 여기에 비극이 있습니다.

평강의 하나님을 예배하는 당신의 마음속에는 평화가 자리하고 있습니까? 삶에서 이보다 더 중요한 문제는 없습니다. 죄 용서로 말미암는 평화를 경험해야 합니다. 그 평화를 찬양해야 합니다. 예수님이 흘리신 보배 피를 마음으로 믿기 바랍니다. 우리가 짓는 죄는 결국 죽음으로 우리를 인도합니다. 죄인은 살아도 죽을 맛을 보면서 살아갑니다. 그러나 예수님의 피는 괴로운 양심을 자유케 하고, 죄책을 사하고, 죄악을 깨끗게 합니다. 예수님의 보혈은 우리로 하여금 살아 계신 하나님을 섬기게 합니다. 예배의 자리에서 용서의 말씀을 들을 수 있는 것은 우리가 땅에서 맛보는 가장 큰 특권 중 하나입니다. 평화의 말씀을 믿고 죄악의 삶에서 벗어나십시오. 성령이 주시는 생명의 능력을 경험하십시오.

이 세상에는 평화의 복음을 단 한 번도 들어 본 적이 없는 사람이 많습니다. 그러나 하나님은 우리에게 오늘도 평화의 복음을 듣게 하셨습니다. 오늘도 눈물로 호소하시는 주님의 음성에 귀를 기울이십시오. "오늘 네가 평화의 길을 알았더라면 얼마나 좋았겠느냐! 그러나 지금 너는 그 길을 보지 못하는구나." 주님의 백성답게 사는 것, 그리스도께 헌신하는 것을 뒤로 미루지 마십시오. 하나님의 백성으로 주님께 헌신하는 것을 마치 부차적인 일인 양 여기지 마십시오.

아직도 주님을 삶의 주인으로 모시지 않았다면 예수님을 마음에 모시기 바랍니다. 우리는 마음 문을 열고 주님이 내 인생에 들어오시도록 기도해야 합니다. 주님을 영접하고 하나님 나라를 위해서 헌신하는 것을 가장 영광스러운 일로 아는 사람이 그리스도인입니다. 우리는 하나님 없이도 소위 출세할 수 있습니다. 명예와 지위, 부와 권세를 누릴 수 있습니다. 그러나 예수님의 보혈로 사함을 받지 않으면 마음에 평강이 없습니다. "여호와께서 말씀하시되 악인에게는 평강이 없다 하셨느니라" (사 48:22). 하나님이 주시는 평화는 세상이 주는 것과는 완전히 다른, 그 무엇도 빼앗아 갈 수 없는 평화입니다.

주님의 눈물의 호소를 듣고 하나님께로 나아오라

아직 주님이 주신 평화를 알지 못한다면 성경의 권위로 이야기하건대, 지금껏 자신의 욕망을 따라서 살았기 때문입니다. 죄악 된 욕망을 따라서 계속 살아가면 오늘 우리를 기다리는 것은 비참이며, 내일 우리에게 준비된 것은 영원한 파멸입니다. "내 하나님의 말씀에 악인에게는 평강이 없다 하셨느니라"(사 57:21). 하나님의 법은 죄인에게 평안을 허락하지 않습니다. "죄의 삯은 사망"(롬 6:23상)이기 때문입니다. 그러나 여기 좋은 소식이 있습니다. "하나님의 은사는 그리스도 예수 우리 주 안에 있는 영생"(롬 6:23하)입니다. 우리가 그리스도 안에서 누리는 영생은 "오직 성령 안에 있는 의와 평강과 희락"(롬 14:17)입니다.

주님의 음성을 귀담아 듣고 삶을 위한 결단의 자리로 나아가십시오. 주님이 당신을 초대하십니다. "수고하고 무거운 짐 진 자들아 다 내게로 오라 내가 너희를 쉬게 하리라"(마 11:28). 주님은 마지막으로 제자들에게 약속하셨습니다. "평안을 너희에게 끼치노니 곧 나의 평안을 너희에게 주노라 내가 너희에게 주는 것은 세상이 주는 것과 같지 아니하니라 너희는 마음에 근심하지도 말고 두려워하지도 말라"(요 14:27). 이제 당신이 결심할 차례입니다. 멸망의 길에서 평강의 길로 돌아서십시오. 죽음을 맛보는 삶에서 영생을 누리는 자리로 돌아서십시오. 비참과 평화를 두고 선택하십시오. 죽음과 생명을 두고 결단하십시오.

하나님은 우리가 죄악 가운데 머물기를 원하지 않으십니다. 하나님은 생명의 원천인 당신에게로 돌아오기를 바라십니다. 예루살렘을 바라보며 눈물을 흘리는 주님이 호소하십니다. 평화의 왕 예수 그리스도를 영접하고 그분을 위해 살기로 결단하십시오. 당시 예루살렘에 사는 사람들처럼 하나님이 주시는 기회를 지나가게 하지 마십시오. 하나님의 은혜로운 제안을 받아들이십시오. 주께로 가면 죄 용서의 평화가 있습니다. 그분을 위해 살기로 결단하면 하나님이 주시는 기쁨이 삶에 찾아옵니다.

은혜로운 시간을 저버리면 무서운 심판만이 기다린다는 것은 언제나 불변하는 진리입니다. 예수님은 예루살렘에 다가올 재앙을 환히 내다보았기에 눈물을 흘리실 수밖에 없었습니다. 더 이상 하나님이 은혜로 방문하실 일은 없습니다. 평화의 왕 되신 예수님을 통해서 하나님이 주신 은혜로운 기회를 무시하면 무서운 심판만이 남게 될 것입니다(히 10:26-27). 주후 70년, 로마의 티투스 장군은 예루살렘을 주님의 예언 그대로 파멸시켰습니다. 60만 명이 학살되었습니다. 그 옛날 예루살렘에서 60만 명이 죽었다는 것은 어린아이로부터 노인까지 거의 모든 사람이 죽임을 당했다는 것을 의미합니다. "날이 이를지라 네 원수들이 토둔을 쌓고 너를 둘러 사면으로 가두고 또 너와 및 그 가운데 있는 네 자식들을 땅에 메어치며 돌 하나도 돌 위에 남기지 아니하리니 이는 네가 보살핌 받는 날을 알지 못함을 인함이니라"(눅 19:43-44)라는 주님의 말씀이 문자 그대로 이루어졌던 것입니다.

돌아서지 않으면 예루살렘 거민에게 덮쳤던 것과 같은 무서운 재앙만이 우리의 몫이 될 것입니다. 그들을 불쌍히 여기지 마십시오. 주님이 친히 일러 주셨습니다. "예루살렘의 딸들아 나를 위하여 울지 말고 너희와 너희 자녀를 위하여 울라 보라 날이 이르면 …"(눅 23:28-29).

○

하나님의 눈물을 봅니다. 하나님의 탄식을 듣습니다. 하나님의 파멸을 대합니다. 우리의 선택은 둘 중 하나입니다. 삶을 돌아보고 새로운 결단을 하십시오. 그렇지 않으면 지금처럼 계속 살아갈 것입니다. 우리가 우리 마음을 굳게 닫으면 하나님이 은혜의 문을 닫으실 것입니다. 아직 은혜의 문이 완전히 닫힌 것은 아닙니다. 곧 닫힐 것입니다. 심판의 날이 이릅니다. 우리는 아직 은혜의 때를 살고 있습니다. 은혜의 기회를 사용하십시오. 평화를 알지 못하는 우리의 소중한 사람들에게 은혜의 복음을 전합시다.

31.

성전 청결 (19:45-46)

　　예루살렘에 들어선 예수님은 그 발걸음을 옮겨 예루살렘의 중심인 성전에 도착하셨습니다. 예수님의 눈에 비친 성전의 모습은 한마디로 난장판이었습니다. 성전은 본래적인 목적을 상실한 채 시장판이 되어 있었습니다. 예루살렘은 주님이 주신 구원의 기회만 무시한 것이 아닙니다. 예루살렘의 죄악은 기회의 오용으로 그치지 않고 주님이 주신 구원의 기관까지 오용함으로 그 잔을 채운 것입니다. 그래서 주님은 오용된 성전을 깨끗게 하셔야 했습니다.

　　비록 누가는 단 두 구절을 사용해 이 사건을 기록했지만, 우리는 이 사건을 무시해서는 안 됩니다. 사복음서 기자의 눈에 이는 결코 사소한 사건이 아니었기에 그들은 모두 이 사건을 기록했습니다. 물론 요한이 기록한 사건과 공관복음서의 세 기자가 기록한 사건은 시간차가 있습니다. 그러나 진리는 변하지 않습니다. 그들은 모두 이 사건을 기록하지 않을 수 없었습니다. 그러므로 우리 역시 비상한 관심을 가지고 본문을 살펴야 합니다.

오용된 성전에 분노하신 예수님

성전 뜰에는 늘 그래 왔듯이 예배자의 편의를 도모한다는 명목으로 판매되는 제사용 양과 비둘기, 거룩한 곳에는 거룩한 돈을 사용한다는 구실로 일반 돈을 성전 돈으로 바꿔 주는 환전 탁자 등이 있었으며, 이외에도 각양 일들이 벌어져 문전성시를 이루고 있었습니다. 그렇다면 성전은 언제부터 오용되기 시작한 것일까요?

우선 유월절 절기에 예루살렘에 오는 사람들은 반드시 그 형편에 따라 각종 제물을 드려야 했습니다. 예루살렘에 올라가는 이유는 제사를 드리기 위해서입니다. 처음에는 각자 집에서부터 비둘기나 양을 가지고 왔을 것입니다. 하지만 먼 길을 올 때 번거롭기도 했을 것이고, 어렵사리 가져왔는데 제물로 드리기 전에 검사관이 불합격을 선언하면 헛수고로 전락하기도 했습니다. 아마 집에서 가지고 온 제물은 의도적으로 불합격 선언을 해서 성전에서 훨씬 비싸게 판매되는 제물을 강매하는 관행이 자리를 잡은 것으로 보입니다. 자그마치 열다섯 배로 비싸게 팔기도 했으니, 강도면허증을 가진 셈입니다. 그 불의한 돈은 결국 대제사장의 집안으로 흘러갔다고 합니다.

성전이 오용된 또 다른 이유를 살펴보면, 당시 예루살렘에는 온 세계에 흩어져 살던 유대인들이 유월절 절기를 보내기 위해 모여들었기에 여러 가지 돈이 통용되고 있었습니다. 헬라의 돈, 로마의 돈, 두로와 시돈의 돈, 애굽의 돈이 모두 다 사용되었습니다. 그런데 문제는, 물건을 사는 데는 문제가 없었지만 반 세겔의 성전세를 내려면 보통 성전 내에서 사용되는 돈이나 갈릴리 세겔로 바꾸어야 했습니다. 모든 유대인 남자는 한 해에 반 세겔의 성전세를 의무적으로 내야 했기 때문입니다. 물론 유대의 각 마을마다 징수하는 곳이 있긴 했지만, 명절에 예루살렘에 올라가는 사람들은 예루살렘에서 내는 것을 더 선호했다고 합니다. 여기서 반 세겔은 막노동하는 사람의 이틀 치 급료라고 합니다.

단순히 물건을 사고파는 소란스러움이 성전의 엄숙한 분위기를 저해하는 정도가 아니라, 매매와 환전을 통해 예배자들을 조직적으로 착취하는 행위가 저질러졌기 때문에 주님은 지금 성전에 들어가 장사하는 자들을 내쫓으신 것으로 볼 수 있습니다. 그러나 대제사장들의 눈에는, 서기관과 백성의 두목들이 보기에는 극히 일상적인 일들이 벌어지고 있었을 뿐입니다. '예배자의 편의'라는 명목으로 성전의 오용을 조장하던 이들의 눈에는 하등 잘못된 일이 아니었습니다. 돈에 눈이 어두워진 그들은 아무 잘못된 것을 발견할 수 없었습니다.

그러나 거룩하신 분의 눈은 지금 성전에서 행해지는 일들을 도무지 그대로 용인할 수 없었습니다. 본래 목적을 벗어난 성전의 사용을 주님은 간과하실 수 없었던 것입니다. 그래서 그 온유하신 분이 분노하십니다. "내 집은 기도하는 집이 되리라"(눅 19:46)라고 하신 하나님의 본래 목적을 망각했기 때문입니다. 우리 자신의 표준으로 만사를 보면 항상 별문제가 없을 것입니다. 오직 하나님의 거룩한 표준에 따라 볼 때만 우리는 우리 현실의 진상을 보게 됩니다.

'기도하는 집'이야말로 성전의 참 성격을 말해 줍니다. 만약 우리가 본문을 이사야 선지자의 빛 가운데서 보게 되면 중요한 사실을 발견하게 될 것입니다. "내가 곧 그들을 나의 성산으로 인도하여 기도하는 내 집에서 그들을 기쁘게 할 것이며 그들의 번제와 희생을 나의 제단에서 기꺼이 받게 되리니 이는 내 집은 만민이 기도하는 집이라 일컬음이 될 것임이라"(사 56:7). 하나님은 모든 인생으로 하여금 당신을 만날 수 있는 장소로 성전을 지정하셨습니다. 그래서 죄인이 하나님을 뵙기 위해서는 속죄의 제물을 드려야 합니다. 속죄의 제물이 드려져야 우리가 하나님과 교제할 수 있기 때문입니다. 하나님은 그 집에서 당신의 백성을 만나기를 원하셨습니다. 그 집에서 당신의 백성에게 기쁨을 주기 원하셨습니다. 그 집에서 당신의 백성에게 평화를 주기 원하셨습니다. 그들은 마땅히 그 집에서 주님을 알고 섬기는 것을 배워 가야 했습니다. 그 집에서 주님을 앎으로써 기쁨과 평화를 맛보아야 했습니다.

주님은 당신의 백성만 아니라 모든 사람이 함께 참여하도록 "나의 언약을 굳게 지키는 이방인마다 내가 곧 그들을 나의 성산으로 인도하여"(사 56:6-7)라고 약속하셨습니다. 하나님의 의도는 성전이야말로 땅 아래 모든 족속이 똑같이 기쁨과 평화를 누리고 당신을 아는 즐거운 교제를 나누는 장소로 삼으시려는 것이었습니다. 이처럼 성전은 예루살렘의 자랑입니다. 그리고 성전을 향한 하나님의 목적은 분명합니다. "내 집은 기도하는 집이 되리라"라는 것입니다. 그러나 예수님이 성전에 들어가셨을 때 그 본래 목적은 송두리째 망각되어 있었습니다. "내 집은 기도하는 집이 되리라 하였거늘 너희는 강도의 소굴을 만들었도다"(눅 19:46). '기도하는 집'이 '강도의 소굴'로 변한 것이 오용의 진상입니다.

성전을 강도의 소굴로 만든 것은 모두의 책임

그러면 누가 성전을 강도의 소굴로 만들었습니까? 쫓겨난 상인들만의 책임입니까? 예레미야 선지자는 성전을 강도의 소굴로 만든 것은 유다의 공동 책임이라고 선언합니다. "여호와께 예배하러 이 문으로 들어가는 유다 사람들아 여호와의 말씀을 들으라…"(렘 7:2-11). 성전에 찾아와서 "우리가 구원을 얻었나이다"라고 고백하는 동시에, 나가서 모든 가증한 일을 하기에 익숙해 있는 온 유다의 책임으로 규정한 것입니다.

이 사건이 우리에게 주는 의미는 무엇입니까? 예레미야 당시 온 유대인의 잘못에 그치고 만다면, 예수님 당시 상인들만의 잘못이라면 이 사건이 기록될 이유가 없습니다. 이 사건이 여기에 기록된 것은 오늘을 사는 우리를 향해 소리치기 위해서입니다. 오늘 우리는 하나님이 주신 구원의 기관들을 어떻게 사용하고 있습니까? 우선 예배당을 살펴봅시다. 우리는 예배당에 나와서 구원의 주님을 찬송합니다. 그렇다면 예배를 드리고 나가서는 어떤 삶을 살고 있습니까? 만약 전혀 변화 없는 삶을 살고 있다면 우리야말로 예배 처소를 강도의 소굴로 만든 사람입니다. 강도의 소굴이 강도들에게 어떻게 쓰였습니까? 그들은 그곳을 한탕 하고 나서 안도의 숨을 돌리는 처소로 사용했습니다. 혹시 예배의 자리에 와서 "우리는 구원받은 사람이야. 예수의 피가 우리의 죄를 다 씻어 주셨어" 하고 안도의 숨을 쉬고 난 후 교회 밖에 나가서 똑같은 죄를 짓고 산다면 예배당이야말로 강도의 소굴이 됩니다.

또한 강도가 추구하는 바는 물질입니다. 아무리 예배당에 나와서 예배를 드린다 할지라도 우리의 생각을 돈이 지배하고 있다면 무엇이 다르겠습니까? 강도의 소굴이 그 죄악을 계속 유지시키는 장소로서의 기능을 가지듯이, 우리는 예배의 처소를 죄악 된 삶을 계속 영위하는 장소로 쓰고 있지는 않은지를 돌아볼 필요가 있습니다. 우리는 성령이 말씀하실 때, 죄책감을 주실 때 회개하고 삶이 달라져야 합니다. 만약 우리가 아는 죄에 계속 머물러 있는 한, 주일마다 모이는 예배의 행위는 의미가 없습니다. 나아가 여호와, 이스라엘의 거룩하신 자의 눈에는 가증스러운 행위에 지나지 않습니다. "월삭과 안식일과 대회로 모이는 것도 그러하니 성회와 아울러 악을 행하는 것을 내가 견디지 못하겠노라 내 마음이 너희의 월삭과 정한 절기를 싫어하나니 그것이 내게 무거운 짐이라 내가 지기에 곤비하였느니라 너희가 손을 펼 때에 내가 내 눈을 너희에게서 가리고 너희가 많이 기도할지라도 내가 듣지 아니하리니 이는 너희의 손에 피가 가득함이라"(사 1:13-15). 한 주간 어떤 삶을 살았든지 주일 오전에 한 번 예배당에 오면 문제가 없습니까? 만약 우리가 아는 죄를 품고 산다면 하나님의 눈에는 어떤 예배 행위도 아무런 가치가 없습니다.

하나님을 예배하고자 하는 진정한 소원을 가지고 있다면 예배를 준비하는 자세와 참여 태도가 중요합니다. 주일에 예배자로서 예배당에 왔다면, 내일 삶의 자리에서도 하나님을 섬기는 모습을 나타내야 합니다. 한 주간의 직장 생활에서도 살아 계신 하나님을 찾고 그곳이 그분의 도우심을 부르짖는 현장이 되어야 주일의 예배가 의미를 가집니다. 성령은 예레미야를 통해서 우리에게 말씀하십니다. "만군의 여호와 이스라엘의 하나님께서 이와 같이 말씀하시되 너희 길과 행위를 바르게 하라 그리하면 내가 너희로 이곳에 살게 하리라"(렘 7:3). 그러면서 그는 거짓 선지자에게 속지 말라고 경고합니다. "너희는 이것이 여호와의 성전이라, 여호와의 성전이라, 여호와의 성전이라 하는 거짓말을 믿지 말라"(렘 7:4). 우리 시대에도 거짓 선지자는 설칩니다. 교회만 다니면 복을 받는다고 선포합니다. 믿기만 하면 복을 받는다고 속삭입니다. 그러나 하나님은 "너희의 삶과 너희의 행동을 바로 하라!"고 우리 각 사람에게 말씀하십니다. 그래야 우리 삶의 터전이 유지되고 민족이 함께 복을 받습니다.

좀 더 생각해 봅시다. 우리는 신학교를 어떻게 사용합니까? 장사치의 배후에 이권을 쥔 조직이 있었습니다. 성전에서 장사하는 것은 누구에게나 허용된 일이 아닙니다. 대제사장들의 인허를 얻은 자들만 거기서 장사할 수 있었습니다. 어쩌면 장사를 허용할 당시의 의도는 좋았을 수 있습니다. 그러나 제도는 타락한 인간의 손에 오용되기 마련입니다. 처음에는 '예배하는 자의 편의'를 위해 시작했으나 점차 이익을 올리기 위한 장소로 전락해 버린 것입니다. 그 막대한 이권을 가진 대제사장들의 연간 수입을 상상해 보십시오. 부르튼 발로 찾아온 가난한 순례자를 착취해 비대해진 그 조직을 생각해 보십시오. 험상궂게 생긴 사람이 이권을 쥐고 조직의 배후에 도사리고 있다고 생각지 마십시오. 그들은 우리처럼 생겼습니다. 그들은 우리와 같은 사람입니다. 다만 그들은 하나님 앞에 날마다 눈물로 부르짖기를 거부할 뿐입니다. 날마다 자신을 쳐 복종시키지 않을 때 바로 우리가 성전을 강도의 소굴로 만들 수 있습니다. 바로 우리 자신이 '강도의 괴수'가 될 수 있습니다.

신학교를 다니지 않고는 교역자가 될 수 없다는 본래의 취지는 자격 있는 전도자 양성에 있었지만, 날이 갈수록 중세의 상인 조합처럼 이 관문을 통과하지 않은 사람에게는 강단을 허용하지 않는 방향으로 발전할 수 있습니다. 가난한 성도들의 헌금이, 가련한 과부들의 연보가 몇몇 사람의 호의호식의 도구로 전락하면 심판만 있을 것입니다. 아니, 없는 자를 섬기기 위해 준비해야 할 자들이 성적과 학위를 자기 출세의 방편으로 여기게 되면 강도의 소굴은 점점 더 번영하게 되어 있습니다.

신학교가 거룩한 삶을 배우는 장소에서 이익 추구의 장소로 전환되고 말면 그곳에서 배운 자는 한낱 강단에서 배운 도둑질밖에는 할 수 없는 자가 됩니다. 축복권이라는 명목으로 성도의 입을 막고, 헌금을 호주머니로 빼돌리게 됩니다. 그럴 때 가장 거룩한 종교 행위인 우리의 기도는 가장 속된 이익 추구의 방편으로 전락하게 됩니다. 이는 하나님을 섬기는 대신 하나님을 자신의 후견인으로 전락시키는 것입니다. 이러한 일이 지속될 때 한국 교회는 이익 종교가 판을 치고 기복 종교가 성시를 이루게 됩니다.

주님은 오늘도 "내 집은 기도하는 집이 되리라"라고 말씀하십니다. 주님의 이 거룩한 뜻이 이루어지도록 기도합시다. 아직 늦지 않았습니다. 하나님의 말씀에 주의를 기울입시다. 말씀에 주의를 기울이면 하나님이 깨닫게 해 주시고, 더욱 깨닫게 하십니다. 들은 바를 행하면 들은 바를 깨닫게 될 것입니다. 더욱더 행할수록 더욱더 깨닫게 될 것입니다.

말씀에 대한 깨달음이 아직 없다면 실천하기를 시작하십시오. 아주 작은 일이라도 순종하는 마음으로 실천해 보십시오. 그러면 영이 맑아질 것이고, 말씀의 능력을 경험하게 될 것입니다. 우리가 하나님의 성품으로 태어났다면 우리는 하나님을 닮아 가야만 합니다. 수십 년 신앙생활을 했는데도 아직 자신의 모습에 하나님을 아는 영광이 반영되어 있지 않다면 스스로를 돌아보아야 합니다. 영적 생명이 있으면 영적 성장은 보장되어 있는 것입니다. 구원은 점점 깊어 가는 강물처럼 축복마다 다음 축복을 보장하고 있습니다. 그러나 위선자의 말로는 비참합니다. 가졌다고 여겼던 것마저 빼앗깁니다. 계속 깨닫지 못하면 한날 말씀을 듣는 기회마저 상실될 것입니다. 진지하게 듣지 않으면 가졌다고 생각한 피상적 구원마

저도 상실하게 될 것입니다. 그리고 마지막 주님의 선고를 듣게 될 것입니다. "나는 너를 전혀 알지 못한다. 왜냐하면 너는 너의 삶에서 내 말에 주의를 기울이지 않았기 때문이다."

○

주일에 한 번 교회에 오는 것이 전부가 아닙니다. 날이 다가오기 전에 듣는 말씀에 주의를 기울이십시오. 그러면 깨달음과 통찰력을 더욱 주실 것입니다. 왜 우리는 하나님 앞에 나올 때마다 말씀을 듣습니까? 다른 이유는 없습니다. '삶에 적용시키려고' 듣는 것입니다. 듣는 바를 주의하십시오. 하나님은 깨달음을 주고 더 주기를 원하십니다. 말씀에 주의하면 하나님이 은혜 위에 은혜를 주실 것입니다. 말씀을 행하면 하나님이 지혜 위에 지혜를 더하실 것입니다.

32.

날마다 성전에서 (19:47-48)

///

　　우리는 믿음으로 하나님의 거룩한 백성이 되었습니다. 예수님의 보배로운 피로 우리를 깨끗게 하신 것을 찬양합니다. 우리를 새로운 사람으로 만드신 하나님께 예배드리고 싶은 소원을 주신 하나님을 찬양합니다. 그 소원 때문에 하나님의 백성은 예배의 처소를 사랑합니다. 그리고 예배의 자리에 나오면 하나님의 말씀을 듣고자 합니다. 예배는 마치고 돌아가기 위해서 오는 것이 아니라, 말씀을 듣고 새로운 삶을 살기 위해서 나아오는 것입니다.

　　예루살렘을 향한 주님의 발걸음은 이제 목적지에 도달했습니다. 그리고 이 장의 본문은 날마다 성전에서 가르치시는 주님의 모습을 기록하고 있습니다. 바로 앞 사건인 성전 청결 사건처럼 간결하게 기록되어 있습니다. 그리고 이 본문은 주님이 날마다 성전에서 가르치시는 큰 문단 (눅 19:47-21:38)의 시작에 해당합니다. 그래서 큰 문단 전체의 주제를 말하고 있습니다. 누가복음 19장 47-48절과 마지막 부분인 21장 37-38절을 비교해 보면, 문단의 처음과 끝이 한 쌍을 이루는 형식을 볼 수 있습니다. 따라서 누가복음 20장과 21장은 모두 예수님이 날마다 성전에서 가르치신 내용과 백성이 들었던 말씀들을 기록하고 있습니다.

이 장의 본문은 예수님이 예루살렘에 도착해서 가르치는 사역의 시작을 알리는 부분으로 간결하게 요약되어 있습니다. "예수께서 날마다 성전에서 가르치시니"라는 시작 부분은 바로 앞 장 본문에서 성전을 오용하는 장사꾼들을 내쫓으신 주님이 이제 성전을 어떻게 바로 활용해야 하는지를 친히 보여 주시는 내용임을 알려 줍니다. 예수님이 성전에서 날마다 가르치시는 것은 성전을 본래 목적대로 사용하는 좋은 실례를 보여 줍니다.

예수님 당시에 성전 청결이 필요했듯이 오늘날 사회적 지탄을 받고 있는 교회의 부패는 마땅히 척결되어야 합니다. 그러나 더 중요한 것은 교회의 본래적 사명, 곧 사회적 약자를 돌보고 복음을 가르치고 전파하는 일을 잘 감당해야 합니다. 교회의 영광은 축적된 부에 있는 것이 아니라, 청결함과 거룩함에 있습니다. 성도가 받는 복의 특징 역시 축적된 재산에 있지 않고 청결한 양심과 거룩한 삶에 있습니다. 교회가 칭송할 만한 사람은 돈이 많은 사람이 아니라, 선한 사업에 부요한 사람이어야 합니다. 그러므로 성경은 부한 자들에게 "마음을 높이지 말고 정함이 없는 재물에 소망을 두지 말고 오직 우리에게 모든 것을 후히 주사 누리게 하시는 하나님께 두며"(딤전 6:17)라고 명합니다. 그리고 더 나아가 "선을 행하고 선한 사업을 많이 하고 나누어 주기를 좋아하며 너그러운 자가 되게 하라"(딤전 6:18)고 말씀합니다.

하나님을 닮은
하나님 백성의 세 가지 특징

이 장에서는 날마다 가르치시는 주님보다 그 주님께 반응하는 하나님의 백성의 특징을 좀 더 살피려고 합니다. 하나님의 백성은 무엇보다도 주님을 닮은 백성이기 때문입니다.

첫째, 하나님의 백성은 성전을 소중히 여깁니다. 주님은 예루살렘으로 향한 여정을 끝내고 성전 청결을 하신 다음, 날마다 성전에서 가르치는 모습을 통해 성전을 소중하게 여기는 모습을 보여 주십니다. 그러므로 마땅히 하나님의 백성은 주님을 닮아 날마다 그 마음이 주의 성전을 향해야 옳습니다. 비록 날마다 예배의 처소로 발걸음을 옮기지는 않는다 하더라도 그 마음은 하나님의 임재를 사모해야 합니다. 도무지 예배당을 찾기가 불가능한 곳에 있어도 그 마음은 성전이 보여 주는 하나님의 임재를 사모하는 이가 성도입니다. 예루살렘을 향해 창을 열어 놓고 기도한 다니엘처럼 말입니다.

성도는 살아 계신 하나님의 임재를 잊고 세상을 살 수 없습니다. 그래서 새벽마다 예배당으로 향하고, 순간마다 주의 임재를 그리워하는 것입니다. 우리가 세상에 정을 주고 사는 사람이 아니라면 낮에도, 밤에도 다시 오실 주님을 사모하며 살아야 정상적인 주의 백성입니다. 그러므로 날마다 주님의 임재를 사모하십시오. 주일마다 예배의 처소로 나아오십시오. 이 땅에서의 마지막 한 주간 동안 예수님은 날마다 성전에서 가르치셨기에 우리 역시 예배의 자리, 소위 성전을 사모해야 합니다. 그래서 매 주일 예배의 자리에 나오는 것은 아주 중요합니다.

유대교에서는 안식일, 지금의 토요일을 예배일로 지켰습니다. 그리고 초대 교회도 토요일 안식일을 지켰고, 그러다가 점점 '안식 후 첫날'인 일요일에 모임을 가지게 되었고, 그 날을 '주의 날'이라고 불렀습니다. 요한이 계시록을 쓸 때까지 주의 날이라고 불렀는데, 그 후에는 점점 축약된 형태의 단어인 '주일'(主日)로 사용되었습니다. 그래서 오늘 교회는 주님의 부활을 기념하는 주의 날에 예배하는 전통이 확립되었고, 그날을 주일이라고 부릅니다. 그리스도인들에게는 모든 날이 주님이 주신 날이지만, 특히 일요일은 주일(주의 날)이라고 부르면서 그날을 예배일로 지키고 있습니다.

우리가 신앙생활을 할 때 주일이 주님의 날인 것도 모르고 마음대로 사용해서는 안 됩니다. 이날은 주님의 날이지, 친척들의 길흉사를 찾아다니는 날이 아닙니다. 특별히 성도들에게 일요일은 주일, 즉 주님을 예배하는 날이기에 우리를 창조하고 구원해서 오늘을 살게 하시는 하나님께 예배하는 것보다 더 중요한 일은 있을 수 없습니다. 그래서 주일마다 다른 약속을 하지 말라고 하는 것입니다. 그때는 "선약이 있습니다"라고 말해야 합니다. 그리스도인은 주일마다 선약을 가진 사람입니다. 매 주일 예배의 자리에 나오는 것은 그리스도인으로서 아주 좋은 결단을 한 것입니다.

물론 교회에 처음 발걸음을 디딘 사람은 이 사실을 알 수도 없고 바로 받아들여 지킬 수도 없습니다. 따라서 이 같은 규정을 지킬 것을 기대하지 않습니다. 그러나 예수님의 이름을 믿고 성삼위 하나님의 이름으로 세례를 받은 사람은 주일을 잘 지키기로 약속했으므로 주일마다 예배의 자리에 반드시 나와야 합니다.

그런데 예배를 드리려면 예배를 받으시는 분이 누구신지를 알아야 합니다. 그래서 예배 전 첫 찬송은 영광송이 불려야 옳습니다. 영광 받기에 합당하신 하나님, 우리가 예배하는 그분이 어떤 분이신지를 묵상하도록 유도해야 합니다. 그다음 기독교 예배에는 반드시 그분의 말씀, 즉 성경을 읽고 그 택한 부분에 대하여 설명하는 설교를 들어야 합니다. 성경을 통해 우리가 예배하는 하나님이 어떤 분이신지, 그분이 우리를 위해 어떤 일을 하셨는지를 알아야 고개를 숙이고 감사를 표하고 찬송을 드리게 될 것입니다. 또 그분이 무엇을 원하시는지를 알아야 어떻게 그분 앞에서 걸어가며 삶을 살아야 하는지를 알게 될 것입니다. 그래서 하나님의 백성이라면 예수님의 말씀에 귀를 기울이듯이 설교에 귀 기울여야 합니다. 이런 이유로 성도들에게 매 주일 예배의 자리에 나오는 것은 아주 중요합니다.

둘째, 하나님의 백성은 예수님의 말씀에 대한 태도가 남다릅니다. 하나님의 백성은 세상에 오셔서 그 성전에서 날마다 가르치시는 예수님께 긍정적인 반응을 나타냅니다. 외모가 어떻든, 성격이나 심성이 어떻든, 아니면 성장 배경이나 교육 배경이 어떻든, 또한 현재 주어진 직책이나 신분에 상관없이 세상에 오신 예수님에 대하여 긍정적인 반응을 보여야 합니다. 그리고 더 나아가 확실한 신앙의 고백을 할 수 있다면 그는 하나님의 백성임에 틀림이 없습니다. 날마다 성전에서 가르치시는 예수님에 대한 일반적인 반응만 살펴도 그가 어디에 있는지 그의 소속이 밝혀질 것입니다. 간혹 말씀이 선포되는 자리에 한 번만 참석해도 한 사람의 영적 신분이 드러날 수 있습니다. 누구든 기독교에 대한 반응, 교회에 대한 반응, 성경에 대한 태도, 목회자나 성도들에 대한 자세를 보면 그가 누구인지 손쉽게 알 수 있습니다. 신앙인은 누구든 하나님의 교회를 사랑하고 하나님의 사람들을 존경하며 긍정적인 반응을 보입니다. 그러니 하물며 예배의 자리에 나아와 말씀을 듣는 자세를 관찰한다면 그 영적 신분이 드러나지 않겠습니까?

셋째, 하나님의 백성은 예수님의 말씀을 듣고 난 다음 삶의 열매가 다릅니다. 건강한 하나님의 백성은 날마다 성전에서 가르치시는 예수님의 말씀을 귀 기울여 듣고 기뻐하며, 적극적이고 구체적인 반응을 보여 열매를 맺습니다. 물론 들을 때 아무런 긍정적인 반응을 보이지 않는 이들도 있습니다. 게슴츠레한 눈으로 설교자를 향하다가 곧장 눈을 감고 듣는다고 자신을 속이다가 결국 고개를 숙이고 졸기도 합니다. 물론 특별한 일이 있어서 늦게까지 잠을 자지 못한 사람이라면 졸릴 수 있겠으나, 예배 시간마다 습관적으로 졸면 신앙이 병든 것이라고 할 수 있을 것입니다. 예수님의 진단을 들어 보십시오. "아무나 천국 말씀을 듣고 깨닫지 못할 때는 악한 자가 와서 그 마음에 뿌려진 것을 빼앗나니 이는 곧 길가에 뿌려진 자요"(마 13:19). 어떤 말씀도 귀에 들어오지 않고 졸다가 예배가 끝납니까? 누구라도 천국 말씀을 듣고 깨닫지 못할 때는 악한 자가 와서 그 마음에 뿌려진 것을 빼앗아 갑니다. 그런 처지가 자신의 일반적인 모습이라면, 그 상태에 머물러 있지 마십시오. 간절히 부르짖고 발버둥 치면서 그 상태에서 벗어나야 합니다.

말씀을 들을 때 기쁨이 있습니까? 기뻐하고 듣지만 그 기쁨이 오래가지 않습니까? 좀 더 예수님의 설명을 들어 보겠습니다. "돌밭에 뿌려졌다는 것은 말씀을 듣고 즉시 기쁨으로 받되 그 속에 뿌리가 없어 잠시 견디다가 말씀으로 말미암아 환난이나 박해가 일어날 때에는 곧 넘어지는 자요"(마 13:20-21). 아니면 기뻐하며 듣지만 삶에 아무런 변화가 없습니까? "가시떨기에 뿌려졌다는 것은 말씀을 들으나 세상의 염려와 재물의 유혹에 말씀이 막혀 결실하지 못하는 자요"(마 13:22). 말씀을 귀 기울여 듣는 사람은 단순히 들으면서 기뻐하고 끝나지 않습니다. 좋은 땅에 버려진 씨앗이 결실하듯이 들은 말씀으로 삶이 변합니다. "좋은 땅에 뿌려졌다는 것은 말씀을 듣고 깨닫는 자니 결실하여 어떤 것은 백 배, 어떤 것은 육십 배, 어떤 것은 삼십 배가 되느니라"(마 13:23).

야고보의 충고를 가슴에 새기십시오. "너희는 말씀을 행하는 자가 되고 듣기만 하여 자신을 속이는 자가 되지 말라"(약 1:22). 듣고 끝나면 자신을 속이는 자가 되고 맙니다. 그래서 말씀을 들을 때는 어떤 것을 깨달았는지, 깨달은 말씀으로 어떻게 살 것인지에 대해서 결단해야 합니다. 매주 예배의 자리에 나와서 말씀을 잘 듣고 삶이 변화하는 모습을 보면 하나님이 얼마나 좋으시겠습니까? 초목이 자라면서 꽃을 피워도 참 보기가 좋은데, 하나님의 백성이 변화하는 모습이야 말해 무엇하겠습니까? 우리가 말씀을 듣는 유일한 이유는 듣고 그 말씀대로 살기 위해서입니다.

귀 기울여 듣는 주의 말씀

그러면 어떻게 말씀에 귀를 기울여 들어야 합니까? '귀를 기울여 들으므로'라는 표현은 백성이 '그분의 말을 듣는 데 매달렸다', '그분께 매달려서 귀를 기울여 들었다'는 의미입니다. 예수님의 말씀을 듣는 당시 백성의 자세를 표현하는 말입니다. 지금도 말씀을 듣는 자세를 보면 한 사람의 영적인 상태를 짐작할 수 있습니다. 대개 설교를 잘 듣는 사람들은 자세가 바르든지 아니면 몸이 앞으로 기울어집니다. 그러나 잘 듣지 않는 사람은 자세가 뒤로 젖혀지기 쉽습니다. 예배드리는 우리의 자세는 어떠합니까? 하나님은 겸손한 자에게 은혜를 베푸시는 분입니다. 겸손한 자세로 말씀 앞에 나아가십시오. 그러면 말씀의 은혜가 임할 것입니다. 혹 말씀이 은혜가 되지 않습니까? 자신을 돌아보십시오. 하나님은 교만한 자를 멀리하고 미워하십니다. 더 나아가 하나님은 교만한 자를 대적하십니다. 하나님이 우리를 원수처럼 여기고 대적하시는 곳에는 은혜가 있을 수 없습니다.

보십시오. 본문에는 다 귀를 기울여 듣고 있는 백성과는 대조적으로 '대제사장들과 서기관들과 백성의 지도자들'은 듣기는커녕 오히려 예수님을 죽이려고 꾀하고 있었습니다. 서로 다른 길을 가고 있는 백성과 그 지도자들입니다. 긍정적 반응을 보이는 백성과 부정적 반응, 그것도 죽이려고 시도하는 백성의 지도자들 사이의 아주 첨예한 대조를 볼 수 있습니다.

그렇다면 "다 그에게 귀를 기울여 들으므로 어찌할 방도를 찾지 못하였더라"(눅 19:48)라는 말씀은 무슨 의미입니까? 무리들이 예수님의 가르침을 긍정적으로 듣고 반응하는 것이 두려워서 문제를 일으키지 않고 예수를 죽일 방도를 찾지 못했다는 뜻입니다. 그러면 예수님을 죽이려고 하는 자들은 누구입니까? 좀 더 구체적으로 그들의 실체를 밝혀 봅시다. 앞 문장에 그들의 실체가 등장합니다. "대제사장들과 서기관들과 백성의 지도자들이 그를 죽이려고 꾀하되"(눅 19:47).

누가는 복음서의 뒷부분에서 예루살렘의 지도층을 어떻게 묘사합니까? 잘 살피면 놀랍게도 바리새인이라는 말은 등장하지 않습니다. "대제사장들과 서기관들이 장로들과 함께"(눅 20:1), "서기관들과 대제사장들이"(눅 20:19), "대제사장들과 서기관들이"(눅 22:2, 23:10), "대제사장들과 성전의 경비대장들과 장로들에게"(눅 22:52), "백성의 장로들 곧 대제사장들과 서기관들이"(눅 22:66), "대제사장들과 관리들이"(눅 24:20)라고 합니다. 물론 바리새인들은 언제나 예수님께 적대적인 자들이었으나, 궁극적으로 예수님을 죽이려고 음모를 꾸민 지도층 집단에는 속하지 않았다는 것을 암시하는 듯합니다. 그리고 이것은 다른 복음서 기자들의 입장이기도

합니다.

　그러면 백성의 지도자들에는 아마도 정치, 상업, 법률 분야의 부유한 이들이 포함되어 있었을 것입니다. 왜 그들은 예수님을 죽이려고 음모를 꾸몄을까요? 언제나 긴장 관계에 있었던 것은 맞지만, 우리는 특히 하루 전의 사건을 떠올리게 됩니다. 예수님은 장사꾼들을 성전에서 몰아냄으로 그들의 사업에 분명 손해를 끼치셨습니다. 게다가 불의를 경계하는 말씀을 선포하셨으며, 그분의 가르침은 종종 부자들보다 가난한 자들에게 우호적인 내용이었습니다. 나아가 예수님의 대중적인 인기는 로마의 경계심을 초래할 위험이 있었습니다. 이스라엘의 지도자들은 가급적 로마를 자극하지 않는 편을 선호했습니다. 그러나 그들은 자신들의 소원에도 불구하고 아무것도 할 수가 없었습니다. 그들이 죽이려고 하는 사람은 날마다 성전에서 가르치지만 "백성이 다 그에게 귀를 기울여 들으므로"(말씀을 듣기 원하는 간절한 마음으로 예수님께 달라붙어서 그곳을 떠나기를 꺼렸다는 뜻) 그의 가르침의 영향력이 막강했기 때문입니다.

　오늘 우리 시대는 어떠합니까? 하나님이 우리에게도 새로운 영을 부어 주셔서 귀 기울여 듣는 자세로 말씀을 사모하는 때를 주셨으면 합니다. 부흥의 시기마다 그러했듯이 말씀이 선포되는 곳을 떠나는 것을 아쉬워하는 때를 허락하시기를 기도합니다. 그렇게 되면 그리스도인들은 세상이 감당하지 못할 사람들이 될 것입니다. 예수님을 죽이려는 자들이 "어찌할 방도를 찾지 못하였더라" 하고 안타까워했듯이, 세상이 그리스도인들의 영향력 앞에서 '어찌할 방도를 찾지 못하는' 시대가 찾아올 것입니다.

○

마지막 한 주간을 날마다 성전에서 가르치시던 주님을 닮아 하나님의 전, 하나님의 임재를 사모합시다. 예배하는 장소, 예배하는 시간을 귀중히 여깁시다. 하나님의 백성은 예수님께 대한 태도가 다릅니다. 세상은 무시하고 조롱하지만, 주의 백성은 생명보다 주의 인자를 더 소중히 여깁니다. 하나님의 백성은 예수님의 말씀에 대한 태도가 남다릅니다. 듣는 자세와 들을 때의 반응이 다릅니다. 그리고 듣고 난 다음 삶의 열매가 다릅니다. 말씀에 따라 변하는 삶을 관찰해 보십시오. 설교가 끝나고 예배가 폐하면 안도의 숨을 쉬는 대신 아쉬운 탄식이 터져 나오는 새로운 시대를 하나님이 주시기를 기도합니다.

33.

무슨 권위로 (20:1-8)

이제 예수님의 생애는 한 주간으로 줄어들었습니다. 마지막 한 주간 동안 예수님은 낮에는 주로 성전에서 가르치시고, 어두워지면 주로 감람원에서 보내셨습니다. 사람들은 예수님을 만나려고 아침 일찍 성전으로 모여들었고, 예수님은 그들을 가르치며 여전히 하나님 나라의 복음을 전하셨습니다. 예루살렘 지도자들 간의 갈등은 더 치열한 논쟁으로 접어듭니다. 그래서 누가복음 20장은 예수님께 쏟아지는 질문으로 가득합니다. 그럼에도 불구하고 그들과 논쟁을 하는 것이 예수님의 주요 사역이 아니라, 백성을 가르치는 것이 마지막까지 감당하신 주님의 핵심 사역이었습니다.

누가복음 20장에서 주님은 유대 각계각층의 인사들로부터 공격을 당하십니다. 바리새파, 사두개파, 헤롯당원 등 할 것 없이 예수님을 함정에 빠뜨리고자 질문해 옵니다. 그들이 생각하기에는 틀림없이 걸려들 수밖에 없고, 걸려들면 절대 벗어날 수 없는 질문의 덫을 놓았던 것입니다. 여기서는 예수님을 죽이려고 질문의 덫을 놓은 유대 지도자들의 시도와 어떤 상황에서도 해결자로서 활약하시는 예수님의 지혜로운 대응이 부각되고 있습니다. 그래서 번번이 예수님을 죽이려고 놓았던 덫에 자신들이 걸려들어 더 이상 아무 말도 못하고 끝나곤 합니다. 이 장의 본문은 그 일련의 사건 가운데 첫 번째 기록입니다.

"하루는 예수께서 성전에서 백성을 가르치시며 복음을 전하실새"(눅 20:1). 누가는 이 사건이 있었던 때를 주님의 지상 사역, 그 마지막 한 주간의 어느 하루라고만 밝힙니다. 19장 마지막 부분에서 말한 것과 같이 백성을 가르치고 복음을 전하시던 여느 날과 같았다는 뜻입니다. 하나님 나라의 복음을 전하시는 주님의 모습에서 우리는 '하나님 나라의 복음'은 그분의 불변하는 메시지라는 것을 알 수 있습니다(막 1:15; 눅 9:11, 17:21).

앞서 살펴본 대로 예수님을 대하는 예루살렘 사람들은 크게 두 부류로 나눌 수 있습니다. 한 부류는 예수님의 가르침에 '귀를 기울여 즐겨 듣던' 백성이고, 다른 한 부류는 '그분을 죽이려고 꾀하던' 유대인 지도자들입니다. 그러므로 예수님은 세상에서의 마지막 한 주간을 극과 극으로 치닫는 두 분위기에 휩싸여 보내고 계십니다. 그때 예수님의 설교를 즐겨 듣던 사람들은 의도하지는 않았지만 지도자들로부터 예수님을 보호하는 역할을 했습니다. 그래서 유대의 지도자들은 백성을 자극하거나 성난 군중의 분노에 부딪히지 않고 예수님을 제거하기 위해 갖은 지혜를 짜내야 했습니다.

누가는 예수님의 교사로서의 역할을 앞서 19장 47절에서와 마찬가지로 이 장의 본문에서도 강조합니다. 물론 예루살렘 성에 들어오면서 주님은 '왕'으로서 찬양을 받으셨습니다. 성전을 청결하게 하는 '제사장'으로

309

서의 역할도 완수하셨습니다. 이제는 마지막으로 '교사'로서의 역할을 하고 계십니다.

예수님을 함정에 빠뜨리려고 온 유대 지도자들

예수께서 성전에서 백성을 가르치며 복음을 전하시는 바로 그때 '대제사장들과 서기관들이 장로들과 함께' 나타났습니다. 사실 이들은 당시 유대 사회를 실제적으로 주도했던 최고 조직, 산헤드린의 대표들입니다. 그들은 기세등등하게 등장해 명백히 적대적이고 상당히 위압적인 태도로 주님께 질문합니다. "당신이 무슨 권위로 이런 일을 하는지 이 권위를 준 이가 누구인지 우리에게 말하라"(눅 20:2). 도대체 무슨 권위로 일련의 질서를 어지럽히는지를 공적 조사단의 자격으로 질문합니다.

사실 그들의 시각에서 보면 시민들의 찬양을 받으며 나귀 새끼를 타고 예루살렘 성에 입성한 것부터가 공공질서를 어지럽힌 행위입니다. 권한을 부여받아 장사하는 사람들을 내쫓은 것 역시 잘못한 것입니다. 어떤 면에서는 예수님을 향해 이런 질문을 하는 것이 자연스러운 일인지도 모릅니다. 예수님은 아무런 공식적인 훈련을 받으신 적이 없습니다. 출신지도 갈릴리라는 것이 신뢰가 가지 않습니다. 갈릴리는 그 누구도 종교적인 인물이 나올 만한 곳으로 생각해 본 적이 없는 지역입니다. 게다가 예수님은 어떤 랍비 아래서 수학한 적도 없으십니다. 그렇기에 그의 권위가 어디서 나왔느냐는 질문이고, 그 권위를 누가 주었느냐는 질문입니다.

그들이 지적한 '이런 일'은 무엇을 말합니까? 좀 더 소급해서 생각하면 예루살렘 성에 입성하면서 나귀 새끼를 타고 호산나 찬송을 받으신 일부터 유대 지도자들의 심기를 건드린 것이 분명합니다. 그러나 '이런 일'은 우선 바로 앞에 기록된 '날마다 성전에서 가르치신' 것과 '성전에 들어가서 장사하는 자들을 내쫓으신' 일을 가리키는 것으로 볼 수 있습니다. 성전을 관리할 뿐 아니라 성전 안에서 일어나는 모든 일을 감독할 권한을 가진 산헤드린과 그 대표인 대제사장은 예수님께 이런 권한을 부여한 적이 없다는 것입니다.

반면 그들은 순례객들의 편의를 도모한다는 차원에서 장사하는 자들에게 동물을 팔고 돈을 바꾸어 줄 수 있도록 허가를 해 주었습니다. 그렇다면 그들이 허용한 것을 예수님이 불법으로 몰아가신 것이며, 하나님이 그들에게 주셨다고 생각하고 로마의 황제조차 인정해 준 성전 관할권에 주님이 정면으로 도전하신 셈이 됩니다. 그리하여 산헤드린을 구성하는 3대 집단의 대표들이 공적인 현장 심문을 시도하고 있습니다. 속으로 바라기는, 예수님의 입에서 반역적이거나 신성 모독적인 발언을 끌어내기를 기대하고 있습니다. 그래서 그분의 권위의 성격과 그 출처를 묻는 것입니다. 그들이 예수님께 권위를 허락한 적이 없기 때문에 그들의 질문 속에는 '예수님은 무법자'라는 비아냥거림이 숨어 있습니다. 한마디로, "우리가 누군지 알지, 너" 이런 식입니다. 그들은 기세등등하게, 적대적이고 위압적인 태도로 질문합니다. 물론 그들은 예수님의 권위의 성격이나 그 권위의 원천을 진정으로 알고 싶은 것이 결코 아니었습니다. 다만 그분을 고소하거나 비방할 수 있는 근거를 찾는 데 혈안이 되어 있을 뿐입니다.

우리는 어떤 삶을 살고 있습니까? "우리에게 말하라"고 때로 권위를 내세우고 상대방을 코너로 몰아가지만 실제로는 답변을 듣기 전에 미리 결론을 내리고 있지는 않습니까? 정말 들어 보고 공정한 판결을 내리려는 것이 아니라, 이미 내려놓은 결론에 구색을 맞추기 위해서 상대방을 다그치는 일은 없습니까? 우리에게 주어진 권위를 사용할 때는 진지함과 겸손함이 나타나야 합니다. "예"인가 "아니요"인가 하고 다른 사람을 다그치지 말고, 언제나 상대방을 존중하고 배려하는 자세를 배우십시오. 어디에서 누구를 만나도 상대방에 대한 존중은 그리스도인들이 마땅히 취해야 할 태도입니다.

백성은 예수님의 권세 있는 가르침과 행하심을 보고 들으며 기뻐하고 놀라워한 반면, 바리새인들은 분노에 치를 떨었습니다. 하나님의 말씀은 예리한 칼날 같습니다. 선포되는 말씀은 사람들의 진정한 실체를 드러냅니다. 어떤 사람들은 말씀을 듣고 즐거워하지만, 어떤 사람들은 동일한 말씀 앞에 분노하기도 합니다. 그것이 어떤 사람이 하나님의 백성인지, 악한 자에게 속해 있는지를 보여 주는 것입니다. 함께 웃고 함께 우는 공동체가 주님이 바라시는 교회입니다.

본문에 등장하는 많은 학식과 재물을 가진 종교 지도자들, 대제사장들과 서기관들, 장로들은 백성 위에 큰 권위를 행사했습니다. 그러나 예수님은 그들의 권위를 인정하지 않으셨습니다. 오히려 그들의 위선과 교만과 탐욕을 지적하셨습니다. 그 대표단은 예수님의 권위가 산헤드린이나 로마 정부에서 허락된 것이 아님을 잘 알고 있었습니다. 다만 권위의 근거를 제대로 제시하지 못한다면 백성 앞에서 예수님을 납작하게 만들겠다는 기대를 가지고 다가온 것입니다. 그래서 백성을 가르치고 있는 현장에서, 백성이 보고 듣는 자리에서 질문을 던졌습니다.

만약 예수님이 하나님의 권위에 입각해서 행동했다고 주장하면 신성모독죄로 기소할 수 있을 것입니다. 신성 모독죄를 물어 사형으로 몰아가고 싶은 것이 그들의 속내였습니다. 만약 자신의 권위로 그런 일을 했다고 말한다면 미치광이로 철저하게 매도할 수 있고, 백성도 그 사실을 수긍할 수 있으리라고 믿었습니다. 그래서 질문을 던졌습니다. 이쪽도 저쪽도 빠져나갈 길이 없다고 속으로 쾌재를 부르면서 물었습니다.

예수님의 역질문에
모든 계획이 무산되다

그러나 산헤드린의 의도는 무산되고 맙니다. 그들의 질문에 대해서 예수님은 질문으로 맞받으셨습니다. "나도 한 말을 너희에게 물으리니 내게 말하라 요한의 세례가 하늘로부터냐 사람으로부터냐"(눅 20:3-4). 예수님은 그들의 질문에 질문으로 대응하셨습니다. 이것은 당시 유대인 서기관이나 헬라 철학자들 사이에 흔하게 사용되던 논쟁 기법입니다. 이런 식의 반응을 통해서 예수님은 역으로 진리에 도달하기 위한 질문을 던지신 것입니다. 진정한 문제는 예수님이 어떤 권위를 근거로 그런 행동을 하시느냐가 아니라, 그들이 하나님의 말씀을 받아들일 마음의 준비를 하는 것입니다. 그들은 "우리에게 말하라" 하고 다그쳤지만, 예수님은 "내게 말하라" 하고 맞받아치셨습니다. 세례 요한에 대한 그들의 태도가 당신에 대한 그들의 태도를 밝혀 줄 것을 주님은 아셨습니다. 이 질문을 통해서 예수님은 당신의 권위가 세례 요한과 동일한 곳에서 유래되었음을 암시하십니다. 요한은 백성에게 회개를 요청했고, 백성은 자신의 죄를 씻는다는 상징적 행위인 세례를 통해 회개를 표현했습니다.

상황이 순식간에 반전됩니다. "요한의 세례가 하늘로부터냐 사람으로부터냐"라는 주님의 대응 질문에 딜레마에 빠진 그들의 숙의(熟議) 내용과 내어놓은 궁색한 대답을 누가는 짓궂게 기록합니다. "그들이 서로 의논하여 이르되 만일 하늘로부터라 하면 어찌하여 그를 믿지 아니하였느냐 할 것이요 만일 사람으로부터라 하면 백성이 요한을 선지자로 인정하니 그들이 다 우리를 돌로 칠 것이라 하고 대답하되 어디로부터인지 알지 못하노라 하니"(눅 20:5-7). 누가는 종교 지도자들의 위선을 극명하게 드러내는 사적인 의논 장면을 기록하고 있습니다. 그들은 애초부터 예수님의 권위나 진리에는 관심이 없었습니다. 그들이 진정으로 원한 것은 그 질문의 대답이 아니라, 단지 함정에 빠뜨릴 수 있는 단서를 잡고자 한 것이었습니다.

우리는 주님의 지혜를 본받을 필요가 있습니다. 누군가와 신앙의 문제를 두고 맞닥뜨렸을 때 실제로 우리가 강조하고자 하는 내용에 관심이 있는지, 혹은 단순히 논쟁하는 그 자체에 관심이 있는지 진의를 파악하십시오. 그리고 만약 상대방이 실제로 관심을 가지고 있다면 가능한 한 많은 시간과 노력을 투자하십시오. 그 사람의 질문에 성실하게 답해 주십시오. 필요한 정보를 주십시오. 그러나 그 사람이 단순히 논쟁을 원한다면 그 논쟁에 빠져들지 마십시오. 감정적인 문제에 지식적인 반응을 하는 것은 의미가 없습니다. 어리석은 일입니다. 우리가 믿는 기독교가 싫어서 책잡으려고 달려든다면 우리가 아무리 좋고 옳은 이야기를 해도 받아들이지 않습니다. 열린 사고와 더불어 열린 마음을 갖지 않은 사람과 논쟁을 하면 그 사람에게 불신앙만 더욱 깊어지게 할 뿐입니다. 차라리 침묵하는 가운데 하나님이 그 사람의 마음을 준비해 주실 때까지 기다리는 것을 배우십시오(벧전 3:15-16). 하나님이 긍휼히 여기실 그때에 비로소 진리를 보게 될 것입니다.

주님의 맞받아친 질문 하나로 그들의 모든 계획은 무산되고 말았습니다. 자신들의 시도가 어리석었음을 인식했습니다. 이제는 오직 망신을 당하지 않고 그 자리를 벗어나는 것만이 체면을 살리는 상책입니다. 하지만 아무리 살펴봐도 도피할 길이 보이지 않습니다. 그들은 두 가지 방안을 살펴보았습니다. 첫째 방안을 생각해 보니 거기에도 길은 없었습니다. "만일 하늘로부터라 하면 어찌하여 그를 믿지 아니하였느냐 할 것이요"(눅 20:5). 요한의 세례가 하늘로부터 온 것이라고, 하나님의 권세로 사역한 것이라고 대답하면 그들은 요한의 말을 청종하지 않았다는 비난을 스스로 불러들이는 격이 될 것입니다. 요한의 권위가 하나님으로부터 온 것임을 인정하면 회개하기를 거부한 '독사의 자식'으로 평가한 비난을 받아들여야 하고 "보라 세상 죄를 지고 가는 하나님의 어린양이로다"(요 1:29)라고 요한이 그들에게 소개한 인물, 바로 예수님을 그리스도로 받아들여야 할 것입니다.

둘째 방안도 답이 될 수 없다는 것을 알았습니다. "만일 사람으로부터라 하면 백성이 요한을 선지자로 인정하니 그들이 다 우리를 돌로 칠 것이라"(눅 20:6). 요한을 하나님이 보내신 선지자로 인정하지 않고 그의 세례가 사람에게서 왔다고 말한다면 백성이 두려웠습니다. 요한은 그 머리가 쟁반 위에 담겨 비참한 죽음을 당했지만 그즈음 백성은 누구나 요한을 하나님이 보내신 선지자로 인정하고 있었기 때문입니다. 물론 백성의 지도자들은 요한의 세례를 인정하지 않았지만 그렇게 내어놓고 말할 용기는 없었습니다. 백성이 두려웠기 때문입니다. 다른 복음서 기자는 백성이 두려웠다고 표현한 것을, 누가는 그 두려움이 무엇 때문인지를 밝히고 있습니다. "그들이 다 우리를 돌로 칠 것이라." 이스라엘이 갖는 즉결 처형 방법입니다. 율법은 분명히 거짓 선지자를 처단하라고 명하기 때문입니다. 거짓 선지자를 처단하는 것이 하나님 백성의 의무인 동시에, 하나님이 보내신 선지자의 말을 듣지 않는 자도 배척해야 하는 것이 하나님 백성의 의무였습니다. 그래서 그들은 질문에 대답하지 않기로 했습니다.

그러나 그들의 침묵은 오늘까지 많은 것을 말해 줍니다. 그들은 택일하지 않고 모른다고 회피했습니다. "어디로부터인지 알지 못하노라"(눅 20:7)라고 답함으로 그들은 예수님께 답변을 요구할 모든 도덕적인 근거를 상실했습니다. 세례 요한이 누군지를 결단하지 못하는데 어떻게 예수님이 누구신지를 결단할 수 있겠습니까? 그들이 대답을 회피하자 주님도 그들의 본래 질문에 답을 주지 아니하리라고 답하십니다. 그러나 주님의 질문을 제대로 인식하면 답은 분명합니다. 예수님의 배후에 있는 능력은 요한의 배후에 있는 능력과 같습니다. 하나님은 두 사람의 활동 배후에 동일하게 계시기 때문입니다. 예수님이 침묵하기로 하신 것은 예수님의 놀라운 사역 자체가 그분의 배후에 누가 있는지를 말하고 있기 때문입니다. 진리에 침묵하지 마십시오. 그리고 하나님 앞에 겸손하십시오. 그러면 의심을 넘어 예수님이 하나님으로부터 오신 분임을 알게 될 것입니다. 자신의 권위를 내세우지 말고 예수님의 권위에 순복하십시오. 그러면 자신의 죄악 됨을 인정하고 회개하며 죄 사함의 세례조차 수용할 것입니다.

○

"무슨 권위로 이런 일을 하느냐?"라고 한 유대 지도자들이야말로 무슨 권위로 예수님을 코너로 몰고 있습니까? 모든 권위는 하나님으로부터 옵니다. 자신을 겸손한 사람으로 여기는 사람은 남의 말을 듣습니다. 듣는 사람이 겸손한 사람입니다. 더욱이 예배는 존귀하신 하나님의 말씀을 들으려고 나오는 자리입니다. 말씀을 들으려는 자세를 갖추고, 자기에게 주어진 권위를 주신 분을 위해 사용하는 그리스도인이 되기를 바랍니다.

34.
악한 소작인들 비유(20:9-19)

유대인 종교 지도자들과 대결한 후 예수님은 그 갈등 이면에 있는 영적인 실체를 드러내는 악한 소작인들의 비유를 말씀하셨습니다. 비유(比喩)란 예수님을 믿는 사람들, 당신의 제자들에게는 하나님 나라의 비밀을 알려 주는 것이지만, 앞서 등장했던 종교 지도자들처럼 예수님을 믿지 않는 사람들에게는 오히려 진리를 숨기는 역할을 합니다.

악한 소작인들의 비유는 구성이 단순합니다. 어떤 사람이 포도원을 만들었습니다. 그리고 그 포도원을 소작인들에게 세를 주고 먼 나라로 떠났습니다. 때가 되어 포도원에서 생산된 것, 즉 세를 받기 위해서 종들을 보냈습니다. 그러나 농부들은 종들을 때리고 모욕하고 빈손으로 돌려보냈습니다. 두 번, 세 번 종들을 보냈지만 결과는 같았습니다. 방법을 찾던 주인은 아들을 보내기로 결심했습니다. 농부들이 자신의 아들은 공경하리라는 기대에서였습니다. 그러나 농부들은 그가 포도원의 상속자임을 알고 그의 재산을 빼앗기 위해 작당하고 오히려 아들을 죽여 버렸다는 이야기입니다.

사실 이 비유가 무엇을 의미하는지는 단순합니다. 포도원 주인은 '하나님'이십니다. 소작인들은 '종교 지도자들'을 가리킵니다. 종들은 하나님이 이스라엘에 보내신 '선지자들과 제사장들'입니다. 주인의 사랑받는 아들은 메시아이신 '예수님'이며, 다른 사람들이란 '이방인들'을 가리킵니다. 물론 당시 사람들에게는 매우 실감 나는 비유였을 것입니다. 예수님 당시 팔레스타인 땅에는 이와 같은 부재지주(不在地主)들이 많이 있었고, 소작료를 거두는 과정에서 종종 양측의 갈등이 일어나기도 했습니다.

악한 소작인들은 이스라엘의 민족적 운명을 비유

포도를 수확할 때가 이르자 부재지주는 소작료, 즉 소출의 얼마를 거두기 위해 한 종을 보냈습니다. 일반적으로 소작료는 수확량의 4분의 1에서 2분의 1 정도였다고 합니다. 아마 포도가 아닌 포도주로 소작료를 받았을 것입니다. 여기서 차례로 파송을 받은 종들은 앞서 말한 대로 하나님이 오랫동안 이스라엘 민족에게 파송하신 선지자들을 상징합니다. 주인의 종들을 때리고 능욕하며 소작료를 전혀 주지 않은 채 돌려보내는 악한 농부들은 포도원을 관리하도록 위탁받은 종교 지도자들을 가리킵니다. 그들은 선지자들의 말에 귀를 기울이기보다는 오히려 주인이 파송한 종들을 심히 때리고 능욕하며 거저 보내는 만행을 저질렀습니다. 수 세기 동안 이스라엘에 파송되었던 선지자들은 문자 그대로 매를 맞기도 하고 돌에 맞아 죽기도 했습니다. 가장 최근에 파송된 세례 요한은 목 베임을 당했습니다.

부재지주는 최후 방안을 말합니다. "포도원 주인이 이르되 어찌할까 내 사랑하는 아들을 보내리니 그들이 혹 그는 존대하리라"(눅 20:13). 포도원 주인이 자신의 종을 학대한 죄를 물어 소작인들을 아직 벌하지 않았다는 사실은 그가 인내심이 대단히 강한 사람임을 보여 줍니다. 이것은 오랫동안 당신의 백성에 대해 오래 참으시는 하나님의 모습입니다. 결국 주인은 사랑하는 아들을 마지막으로 보냈습니다. 주님은 여기 '사랑하는 아들'이라는 표현을 통해서 그가 누구인지를 암시하십니다. 바로 예수님 당신을 가리킵니다. 요단 강에서 세례를 받으실 때 하나님이 하늘을 가르고 선언하신 아들의 신분입니다. "너는 내 사랑하는 아들이라 내가 너를 기뻐하노라"(눅 3:22). 그뿐 아니라 변화 산에서도 하늘 음성은 예수님이 하나님의 아들이심을, 우리는 그분께 청종해야 함을 선포하셨습니다. "구름 속에서 소리가 나서 이르되 이는 나의 아들 곧 택함을 받은 자니 너희는 그의 말을 들으라 하고"(눅 9:35).

예수님은 이 비유로 당신의 권위의 성격, 그 출처에 대한 종교 지도자들의 질문(눅 20:2)에 간접적으로 대답하셨습니다. 비유에 등장하는 아들처럼 예수님은 아버지를 대신해서 보내심을 받았으므로 성부 하나님의 권위로 사역을 하셨습니다. 예수님은 완악하고 반역적인 이스라엘 민족을 되돌리기 위해 보내심을 받은 분입니다.

당시의 법률은 주인이 사망하면 그것을 소유한 사람에게 재산권이 이전되었습니다. 어쩌면 소작인들은 상속자인 아들이 온 것으로 보아 포도원의 원주인인 아버지는 이미 사망했다고 생각했나 봅니다. 그러므로 그들은 상속자인 아들만 죽이면 포도원에 대해 자신들의 소유권을 주장할 수 있다고 추측했을 것입니다. 그래서 그 아들을 죽였습니다. 예수님은 이 비유의 말씀으로 종교 지도자들이 당신을 죽이려고 한다는 사실을 이미 알고 계심을 밝히십니다. 죽이려는 의도만 아니라 '포도원 밖에 내쫓아 죽였느니라'라는 표현을 통해 그 죽음이 예루살렘 성 밖에서 이루어질 것도 아셨습니다.

"그런즉 포도원 주인이 이 사람들을 어떻게 하겠느냐 와서 그 농부들을 진멸하고 포도원을 다른 사람들에게 주리라 하시니 사람들이 듣고 이르되 그렇게 되지 말아지이다 하거늘"(눅 20:15-16). '주인'이라는 단어는 헬라어로 '큐리오스'인데, '주 하나님'을 가리키는 단어로도 사용됩니다. 주님은 이 단어를 사용함으로 포도원 주인이 누구인지를 의도적으로 암시하셨습니다. 그러면서 "그런즉 포도원 주인이 이 사람들을 어떻게 하겠느냐"라고 질문하십니다. 그리고 청중의 대답을 기다리지 않고 "와서 그 농부들을 진멸하고 포도원을 다른 사람들에게 주리라"라는 자명한 결과를 스스로 답하십니다.

주님은 이스라엘의 운명이 선지자들과 예수님을 대하는 그 태도 때문에 결국 달라질 것을 규명하십니다. 아들을 죽인 이스라엘을 하나님은 버리실 것입니다. 그리고 하나님의 축복은 다른 사람들에게 주어질 것입니다. 이 부분에 있어서 마태복음은 '제때에 열매를 바칠 만한 다른 농부들'에게 줄 것이라고 자세히 밝힙니다. 그러면서 이스라엘이 아니라 다른 백성, 예수님을 믿는 사람들로 이루어질 교회라는 사실을 밝히지만, 누가복음의 비유는 이렇게 발전하지는 않습니다.

이 비유를 얼마만큼 알아차렸는지 모르겠지만 청중은 "그런 일이 일어나서는 안 된다"고 즉각 반응합니다. 그런 일이 일어나는 것은 재앙이기 때문입니다. 지금 예수님은 이스라엘의 민족적 운명에 대해서 말씀하고 계십니다. 하지만 당시 이스라엘의 운명이 하루아침에 달라진다는 것은 상상도 할 수 없는 일이었습니다. 특히 위압적인 질문을 받고 있는 그분께 자신들의 운명이 달려 있다는 것을 아는 자는 아무도 없었습니다. 제자들조차도 이 말씀이 이스라엘의 미래를 갈라놓는 확고한 선언이었음을 전혀 눈치채지 못했을 것입니다.

하여간 그런 일이 일어나서는 안 된다며 사람들은 고개를 흔들었지만, 누가는 예수님이 그들을 '보시며' 말씀하셨다고 전합니다. 그냥 말하는 사람들을 향해 눈길을 돌린 것이 아니라 '똑바로 쳐다보며' 사람들의 기대와는 정반대의 운명이 전개될 것을 단호하게 선언하신 것입니다. "포도원 주인이 … 와서 그 농부들을 진멸하고 포도원을 다른 사람들에게 주리라"라는 사실을 말입니다. 다시 말해, 하나님의 포도원은 이방인에게 소유권이 넘어갈 것입니다. 그리하여 "이방인의 충만한 수가 들어오기까지"(롬 11:25) 구원 역사는 이방인 사이에서 왕성하게 일어날 것입니다.

그러나 하나님은 이스라엘을 완전히 버리신 것은 아닙니다. 늘 그래 왔듯이 남은 자들을 보존하실 것입니다. 당시 메시아를 알아보고 그분의 오심을 기뻐하며 성전에 모여들던 사람들은 그 이야기의 끔찍함을 감지했습니다. 물론 세상에 왔으나 죽임을 당하게 될 아들과의 관계에서 그 운명이 결정되는 것을 다 알지는 못했지만, 그래도 지도자들의 반응과는 완전히 달랐습니다. 종교 지도자들은 그것 때문에 더욱 격분했습니다.

예수님을 모퉁이의 머릿돌로 받아들이라

"그들을 [똑바로 쳐다]보시며 이르시되 그러면 기록된 바 건축자들의 버린 돌이 모퉁이의 머릿돌이 되었느니라 함이 어찜이냐 무릇 이 돌

위에 떨어지는 자는 깨어지겠고 이 돌이 사람 위에 떨어지면 그를 가루로 만들어 흩으리라 하시니라"(눅 20:17-18). 시편 118편 22-23절의 예언이 성취되는 순간입니다. '건축자들'은 이스라엘의 지도부를 뜻하고, 그들이 '버린 돌'은 예수님을 가리킵니다. 그들은 이 돌을 버렸지만 이 돌이 '모퉁이의 머릿돌', 새 건물의 모퉁이의 기준석이 될 것입니다. 건축자들에게는 쓸모없다고 버림받은 돌이 하나님의 계획, 하나님 나라를 세우는 데는 기초석이 될 것입니다.

기독교의 역사는 희망의 역사입니다. 백 세 되도록 아들 하나 없어도 희망을 갖습니다. 앞에는 홍해가 넘실거리고 뒤에는 애굽의 기마병이 추격해도 희망을 버리지 않습니다. 평소보다 일곱 배나 뜨거운 불 가운데서도 주님과 동행하는 희망의 걸음을 걷는 자가 신앙인입니다. 주님은 대표적인 버림받은 자였습니다. 건축자들이 버렸습니다. 십자가 위에서는 하늘 아버지로부터 버림받는 고통을 감내하셨습니다. 예수님의 죽음은 하나님 나라의 확고한 기초석이 될 것입니다. 그럼으로 십자가에 못 박혀죽고 사흘 만에 부활함으로 하늘 아버지의 인정을 받으셨습니다. 십자가의 죽음으로만 끝났다면 철저한 실패자였을 것입니다. 그러나 주님은 부활로 승리자가 되셨습니다. 버림받았다고 느끼는 자리에서도 하늘을 바라보십시오. 온 세상이 조롱하는 소리가 들리더라도 하나님께 호소해 보십시오. 그러면 결코 패배자로 끝나지 않습니다. 반드시 승리자로 서게 될 것입니다.

하나님 나라의 기초석으로 그리스도와 함께하는 신앙인이 되십시오. 주님을 모퉁이의 머릿돌로 받아들이십시오. 그러면 장차 그분과 함께 새 나라의 기초석이 될 것입니다. 그러나 그러하지 아니하면 그날 그리스도는 '산산이 부서뜨리는 돌'로 우리 앞에 나타나시게 될 것입니다. 그분이 지금은 자비와 용서를 베풀고 계시지만 장차 무서운 심판주로 임하실 것입니다. 그 어떤 것도 감히 대항하지 못할 것입니다. 예수님으로 말미암아 세워지는 새로운 건축물, 즉 하나님 나라, 하나님의 교회는 그 어떤 것도 대항할 수 없고 지옥의 권세라도 무너뜨릴 수 없습니다.

돌이 움직여서 개인에게 부딪치는 경우든, 개인이 움직여서 돌에 부딪치는 경우든 충돌은 재앙을 불러옵니다. 그러므로 아들의 편에 서느냐, 아니면 아들을 거스르는 편에 서느냐 하는 것은 사람들의 영원한 운명을 갈라놓습니다. 선택은 우리에게 달려 있습니다. 그분 앞에 스스로 깨어져서 무릎 꿇고 주님을 영접하십시오. 그 이름에 경배하십시오. 그 발에 입맞추십시오. 그렇지 아니하면 그분에 의해 산산이 부서져 멸망당할 것입니다. 쇠몽둥이를 휘두르는 자 앞에서 깨어지는 질그릇같이 파쇄되고 말 것입니다.

서기관들과 대제사장들은 예수님의 비유를 다 이해하지는 못했습니다. 물론 그 비유를 듣던 사람들도 마찬가지였습니다. 앞서 말했듯이 비유란 예수님을 믿는 믿음 위에서만 바르게 이해될 수 있는 것입니다. 예수님과 관련된 것이기 때문입니다. 그러므로 비유는 그들에게 무엇을 알리는 수단이 아니라, 눈으로 보고 귀로 듣는 것까지 가려 버리고 혼란에 빠지게 하는 수단이 되었습니다. 하지만 지도자들은 주님이 그들을 부정적으로 다루신다는 것을 알았습니다. 예수님께 대항해 보았자 망할 뿐이라는 정도는 알아들었습니다. "서기관들과 대제사장들이 예수의 이 비유는 자기들을 가리켜 말씀하심인 줄 알고 즉시 잡고자 하되 백성을 두려워하더라"(눅 20:19). 그 비유를 들은 결과는 극심한 분노를 낳았습니다. 그들을 가리켜 말했다는 것을 알았지만, 그들은 예수님을 죽이고자 하는 충동을 억제하기는커녕 더욱더 결연한 의지를 다졌습니다.

하지만 이 비유로 인해 자기들이 분을 이기지 못하고 있다는 사실 말고는 달리 실제로 예수님을 체포할 만한 어떤 근거도 찾을 수 없었습니다. 더 나아가 말씀을 열정적으로 듣는 군중에 대한 두려움 때문에 그들은 행동으로 옮기지 못했습니다. 현행범으로 체포할 만한 근거 없이 체포하면 소요 사태가 생길 것은 자명하고, 그러면 치안을 유지해야 할 책임을 요구하는 로마 정부에게 책임 추궁을 당해야 하기 때문입니다. 그래서 다만 해소되지 않는 분노가 점점 쌓여만 갈 뿐입니다. 이제 또 새로운 계략을 짜고 새로운 질문거리를 만들어 내기 위해 한 걸음 물러서야만 했습니다.

○

우리는 소작인이며, 그러므로 우리에게는 주인이 있다는 사실을 기억해야 합니다. 신앙인은 우리의 창조주 하나님을 주인으로 고백합니다. 우리의 생명도 주님이 주셨고, 우리의 삶의 터전도 주님이 맡겨 주셨습니다. 그러므로 신앙인은 주인이 맡기신 일이 있다는 사실을 고백하는 자입니다. 그리고 하나님이 세를 요구하시는 것은 결코 무리한 요구가 아닙니다. 모든 것을 우리에게 선물로 주신 하나님은 포도원 주인처럼 우리가 반응하기를 기대하십니다. 하나님이 재산, 재능, 기회를 주셨는데 하나님의 목적을 따라 사용하기를 주저하지는 않습니까? 내어놓지 않으려고 움켜쥐고 발버둥 치는 모습은 없습니까?

하나님이 주신 것을 감사하는 마음으로 아낌없이 하나님께 돌려 드리십시오. 한날 우리 모두는 계산하시는 주인인 하나님 앞에 설 것입니다. 그때 우리 삶의 모든 것을 낱낱이 고하게 될 것입니다. 지금부터 계산할 날을 의식하고 살아가십시오. 그러면 우리의 삶이 보다 신실해질 것입니다.

35.

두 나라 시민의 의무(20:20-26)

이제 예수님은 "우리가 가이사에게 세를 바치는 것이 옳으니이까 옳지 않으니이까"(눅 20:22)라는 책을 잡으려는 질문을 받으십니다. 어느 쪽으로 대답해도 걸려드는 완벽한 함정을 파고 질문했지만 예수님은 "가이사의 것은 가이사에게, 하나님의 것은 하나님께 바치라"(눅 20:25)고 답변함으로 두 나라에 소속된 우리가 어떻게 처신해야 하는지를 말씀해 주십니다.

가이사에게 세를 바치는 것이 옳으니이까

본문의 배경을 살펴보면, 종교 지도자들은 예수님의 지혜에 여지없이 패하면서도 쉽게 포기하지 않습니다. 이번에는 전략을 바꾸어 주님을 옭아맬 수 있는 교묘한 질문을 가지고 다시 찾아옵니다. 로마에 세금을 내야 하는지, 말아야 하는지 양자택일의 질문으로 찾아온 것입니다(눅 20:20). 그러면서 종교 지도자들이 직접 나서지 않고 끄나풀들을 보냈습니다. 또한 "무슨 권위로 이런 일을 하는지 … 우리에게 말하라"(눅 20:2)고 위압적인 질문을 던지는 대신, 선량한 청중으로 위장해서 온갖 아첨하는 말로 다가와 묻습니다. 계속 예수님을 지켜보았으나 뚜렷한 혐의점을 찾지 못하자 자신들이 직접 손을 대는 것보다 로마 총독에게 넘기는 편이 더 쉬운 길이라 생각하고 총독에게 예수님을 고소할 구실을 찾으려고 한 것입니다.

본문 20절의 '스스로 의인인 체하며'라는 말은 신앙이 좋은 사람으로 처신하여 하나님 말씀에 관심이 많고 말씀대로 살려고 애쓰는 자처럼 보이며 질문했다는 것입니다. 선량한 청중으로 위장을 했지만, 마태와 마가는 이들의 신분을 밝힙니다. "이에 바리새인들이 가서 … 자기 제자들을 헤롯 당원들과 함께 예수께 보내어 말하되"(마 22:15-16). "그들이 예수의 말씀을 책잡으려 하여 바리새인과 헤롯당 중에서 사람을 보내매"(막 12:13).

이 사람들은 예수님이 공평하고 믿을 만한 중재자이신 것처럼 그들의 문제를 해결해 주시도록 요청합니다. 하지만 그들의 진정한 의도는 예수님을 함정에 빠뜨려 로마의 총독에게 넘겨 로마의 법으로 죽이려는 것이었습니다. 그러나 아첨하는 말속에도 진리는 있습니다. 원수들도 예수님을 참되며 진리로써 하나님의 도를 가르치시는 분으로 인정합니다. 그리고 아무 꺼리는 일은 물론 사람을 편파적으로 대하는 분이 아니시라고 고백합니다(눅 20:21). 만약 우리가 그리스도의 제자로서 복음을 전하기 원한다면 우리의 이웃으로부터, 때로는 우리를 싫어하는 사람으로부터도 인정받는 일은 꼭 필요합니다. 그러기 위해서 사랑의 봉사와 성결한 삶을 살아야 합니다. 한국 교회는 원수로부터도 인정을 받으셨던 예수님을 따르기 위해 사랑의 실천과 진실한 삶을 살아야 합니다.

예수님의 역공세에 한마디도 못하고 물러난 쓰라린 경험이 있는 그들은 더 이상 그런 방식의 직접적인 답변을 피하고 빠져나가지 못하도록 우선 미사여구를 늘어놓으며 그물을 칩니다. 누군가 추켜세울 때 조심하십시오. 추켜 주면 은근히 기분이 좋은 것은 사실입니다. 그러나 그때 긴장해야 합니다. 온갖 아첨의 말을 하면서 찾아온 종교 지도자들의 끄나풀들이 던진 질문은 결국 세금에 관한 것입니다. 아첨으로 바닥을 확실히 다진 다음에 "우리가 가이사[황제]에게 세를 바치는 것이 옳으니이까 옳지 않으니이까"(눅 20:21-22)라고 물으면 둘 중 하나를 대답하지 않을 수 없을 것이라는 계산을 한 것입니다. 예수님을 죽이려고 나름 악한 머리를 돌려서 "어떻게 하면 예수를 말의 올무에 걸리게 할까 상의하고"(마 22:15) 던진 질문입니다.

만약 가이사에게 세금을 바치는 것이 옳다고 하면 분명 백성이 가만히 있지 않을 것입니다. 하지만 그들이 알고 있는 예수는 이렇게 말할 자가 아닙니다. "바치는 것이 옳지 않다"고 말할 가능성이 더 크다고 보았습니다. 물론 그것이 그들이 기대하는 최선의 대답입니다. 그렇게 되면 황제의 적으로 총독에게 넘길 수 있고, 로마법으로 다스리는 데 어려움이 없을 것입니다. 로마의 입장에서도 세금 문제로 일어나는 민중 봉기에는 충분히 신경이 날카로워 있기 때문입니다. 그렇게만 답하면 손도 대지 않고 코를 푸는 셈입니다. 확실히 예수를 총독에게 넘길 수 있는 묘안으로 생각했습니다.

그러나 예수님은 그들의 생각을 다 아셨고, 전혀 어렵지 않게 그들의 흉계를 벗어나셨습니다. 그리고 부수적으로 이 사건을 계기로 오히려 우리에게 하나님의 뜻, 하나님의 지혜를 가르쳐 주십니다. 주님은, 하나님을 따르는 자들은 하나님과 정부 둘 다에 대해서 감당해야 할 합법적인 의무가 있다고 말씀하셨습니다.

당시 유대인들에게 가장 예민한 문제는 로마에 세금을 바치는 문제였습니다. 하긴 세금 문제는 당시나 오늘날이나 사람들에게 환영받지 못하는 문제입니다. 특히 경제적 형편이 어려웠던 당시에는 더욱 부담스러운 것이었습니다. 게다가 유대인으로서는 단순히 경제적인 문제를 넘어 신앙적인 문제가 달려 있었습니다. 당시 세금은 이방 군주인 로마의 황제 가이사에 의해서 징수되었습니다. 그러므로 세금은 오직 하나님께만 복종하는 자유로운 민족이라는 유대인의 선민의식을 유린하는 것이었습니다. 로마에 세금을 바치는 것 자체를 민족의 자존심이 짓밟히는 문제라고 생각했습니다. 그러므로 유대 종교 지도자들의 끄나풀들이 던진 질문 속에는, 세금을 내는 것은 나쁜 것인 동시에 하나님께 불충하는 것이 아니냐는 암시가 담겨 있었습니다.

가이사의 것은 가이사에게, 하나님의 것은 하나님께

예수님을 둘러선 군중들은 긴장하며 예수님의 대답을 기다렸습니다. 이 질문을 던진 이들로서는 절대 빠져나갈 수 없다고 장담하고 있었을 것입니다. 그러나 주님은 이미 그 간계를 알고 그들의 허를 찔러 그들의 계략을 멋지게 따돌리셨습니다. 예수님의 대답은 핵심을 찌르면서도 지혜가 넘치는 것이었습니다. 하나님의 지혜를 사람이 이길 수는 없습니다. 위장하여 무리 속에 잠입했던 바리새인과 헤롯당원은 예수님의 대답에 결국 아무런 빌미를 잡지도 못하고 입을 다물게 될 것입니다.

예수님은 그들의 질문이 함정임을 알고 이론적으로 혹 이념적으로 분석하여 답변하는 대신, 그들의 삶 속에서 접근하십니다. "데나리온 하나를 내게 보이라"라는 말씀으로, 누구나 보고 알 수 있는 사실을 토대로 풀어가십니다. 한 데나리온은 당시 노동자의 하루 품삯으로 아무리 가난한 품꾼이라도 가지고 다닐 법한 은전입니다. 주님은 그 은전을 가져오도록 하고 스스로 답하게 하십니다. "누구의 형상과 글이 여기 있느냐"(눅 20:24). 이 은전에는 보통 로마 황제의 얼굴이 그려져 있었습니다. 아마 당시의 통치자는 티베리우스 가이사(카이사르) 황제일 것입니다. 은전에는 황제의 형상뿐만 아니라 가이사를 백성의 은인, 신의 대제사장으로 칭송하는 글이 새겨져 있었습니다.

예수님의 질문에 그들은 "가이사의 것이니이다"라고 답합니다. 아무나 화폐를 발행하는 것은 아닙니다. 로마의 영내에서는 로마 황제만이 할 수 있는 권한입니다. 언제, 어디서나 화폐를 발행하는 권한은 곧바로 세금을 부과하는 권한과 동일시됩니다. 그들에게 주님은 무엇이라고 답하십니까? "그런즉 가이사의 것은 가이사에게, 하나님의 것은 하나님께 바치라"(눅 20:25). 데나리온에 황제의 얼굴이 새겨져 있으니 가이사의 돈은 가이사에게 바치고, 하나님의 것은 하나님께 바치라고 말씀하신 것입니다.

예상치 못하게 허를 찌르는 예수님의 대답 앞에 모두들 놀랐습니다. 로마의 은전을 소유하고 있다는 것은 그 동전을 주조한 나라의 일원이라는 의미입니다. 그러므로 시민들은 황제의 권위를 인정하고 황제가 베푼 혜택에 대한 대가를 지불하는 것이 옳다는 말씀입니다. 만약 그들이 세금 납부를 거부한다면 오히려 얻는 것보다 잃는 것이 더 많을 것입니다.

사건의 흐름에서 본다면 예수님은 황제에게 세금을 바치는 것이 옳다고 말씀하신 셈입니다. 그 근거는 데나리온에 새겨진 글과 황제의 얼굴이라는 데 있습니다. 그러나 납세를 한다고 해서 동전에 새겨 놓은 글귀를 수용한다는 것은 아닙니다. 이를 황제의 신성에 대한 주장에 동조한다는 의미로 받아들일 필요는 없습니다. 문제를 불필요하게 확대 해석하면 스스로를 얽어매는 격입니다. 그래서 주님은 있는 그대로의 현실 속에서 답을 찾기 위해 돈을 가져오라고 하신 것입니다. 그들 스스로 실물을 보고 관찰한 후 답하도록 하시려는 것입니다. 황제는 그들에게 세금을 요구할 권리는 있었지만 그들의 영혼에 대한 소유권마저 주장할 수는 없었습니다.

본문에서 예수님의 대답의 핵심은 두 가지 세금을 다 내야 한다는 것입니다. 그 이유는, 하나님의 백성은 한편으로는 하나님 나라에 속했지만, 다른 한편으로는 이 세상 나라에 속했기 때문입니다. 로마가 이스라엘을 지배하는 한 납세의 의무를 거부할 수는 없습니다. 그러나 동시에 그들의 생명과 영원에 대한 소유권을 가지신 하나님께 대한 의무를 저버릴 수도 없습니다. 우리는 두 나라에 속한 백성이고, 세상에 사는 동안은 언제나 복수 국적자이기 때문입니다.

우리가 대한민국에 살고 대한민국이 발행한 화폐를 사용한다면 그리고 대한민국 국민으로 모든 혜택을 누리고 있다면 국가에 대한 의무를 기피할 수 없습니다. 보다 정직한 사람, 좋은 신앙인이 되면 보다 좋은 도시의 시민으로, 대한민국 국민으로 살아야 합니다. 그러므로 신앙인은 양심적이고 헌신적으로 이웃을 돌아보는 시민과 국민이 되어야 합니다. 또한 성도들은 정직해야 하며 다른 사람을 섬기는 일에 앞장서야 합니다.

세상은 정직하면 손해를 본다고 말합니다. 그러나 성경적 가치관이 자리한 문화에서는 정직이 최선의 정책(Honesty is the best policy)이라고 말합니다. 하나님이 계시기 때문에 정직해도 손해 보지 않습니다. 하나님은 우리가 뿌린 씨앗을 움돋게 하며 우리가 베푼 모든 것을 알고 갚아 주시는 분입니다. 지금처럼 반기독교적인 세상에서는 우리의 정직과 선한 행실만이 비난하는 세상 사람들의 입을 막을 수 있습니다. 그러므로 한국 교회는 새로워져야 합니다. 보다 정직하고 보다 헌신적인 성도들이 되어야 합니다. 앞에서 손해를 보아도 뒤에서 보살피시는 하나님을 믿고 끝까지 정직하게 처신해야 합니다.

"가이사의 것은 가이사에게, 하나님의 것은 하나님께 바치라"라는 말씀을 기억하십시오. 좋은 신앙인은 가이사의 것을 무시하고, 정부에 대한 국민의 의무를 부정하고, 세금을 내지 않아야 되는 것이 아닙니다. 오히려 정부에 대한 의무를 다하고, 하나님의 것을 하나님께 적극적으로 바칠 때 우리의 신앙은 성숙해집니다. "하나님의 것은 하나님께 바치라"라는 주님의 말씀과 앞서 말씀하신 악한 소작인들의 비유는 무관하지 않습니다. 포도원 주인에게 바쳐야 할 소출의 몫이 있습니다. "하나님의 것은 하나님께 바치라"라는 명령은 우리가 사는 날 동안 계속됩니다. 또한 그 명령은 우리가 세상을 떠나도 뒤따를 것입니다. "하나님의 것은 하나님께 바치라"라는 말씀을 기준으로 우리는 하나님의 심판대 앞에 설 것입니다.

비록 본문은 납세 문제에서 출발하지만 국가에 대한 신앙인의 의무 전반을 생각할 수 있습니다. 바울(롬 13:1-7)과 베드로(벧전 2:13-17)는 이 문제를 좀 더 분명하게 다룹니다. 물론 두 가지 의무가 서로 상충될 때도 있을 것입니다. 일제 치하에서의 신사 참배와 같은 일입니다. 그럴 때 신앙인은 고민할 이유가 없습니다. 정부에 대한 국민의 의무보다 하나님에 대한 성도의 의무가 우선 되는 것은 너무나 분명합니다. 신앙인은 하나님께 최고의 순종을 해야 하기 때문입니다. 때로는 목숨을 내어놓고라도 하나님의 계명을 지켜야 합니다. 사는 날 동안 우리는 대한민국 국민입니다. 그러나 우리는 살 때나 죽을 때나 하늘나라 시민이기 때문입니다.

어두움의 때, 환난의 때에는 박해를 받을 수밖에 없습니다. 때로는 신앙을 지키기 위해서 순교의 피를 흘리기도 합니다. 일제 치하에서는 신앙의 순결을 지키기 위해서 감옥에 들어가기도 했습니다. 오늘 우리 모두에게 요구되는 순교는 소위 피를 흘리는 적색(赤色) 순교보다는 성결한 삶을 살아가는 백색(白色) 순교라고 믿습니다. 박해의 시대에는 적색 순교가 나옵니다. 그러나 이처럼 풍요로운 시대에는 백색 순교가 필요합니다. 우리의 원수는 우리를 박해하기도 하지만, 때로는 유혹해서 우리의 순결을 더럽히려고 합니다. 요한계시록에 의하면 짐승의 박해와 음녀의 유혹은 언제라도 끊이지 않습니다. 때로는 박해로, 때로는 유혹으로 교회를 넘어뜨리려 합니다.

오늘날 대한민국은 박해의 시대가 아니라 유혹의 시대입니다. 평안하고 풍요로운 대한민국에서는 교회를 유혹해서 타락시킵니다. 성도들의 순결이 사라지고 목회자의 영성이 결핍되어 갑니다. 재력, 정욕, 권력의 유혹 앞에 수없이 무릎을 꿇고 있습니다. 오늘 우리가 드려야 할 가이사의 것은 무엇입니까? 정직한 납세뿐 아니라 정직한 시민 행동입니다. 그렇다면 오늘 우리가 드릴 하나님의 것은 무엇입니까? 순결한 삶이요, 필요하다면 백색 순교의 자리까지 나아가야 합니다. 순결을 위해서라면 목숨도 내어놓는 성도가 되어야 합니다.

O

"가이사의 것은 가이사에게, 하나님의 것은 하나님께 바치라"라는 말
씀을 반드시 기억하며 세상을 향한 사랑의 봉사와 자신을 위한 성결
한 삶을 추구하십시오. 사랑의 봉사와 성결한 삶, 화평함과 거룩함을
추구하는 우리의 삶은 말세에 주님이 바라시는 귀한 예물이 될 것입니
다. "그러므로 형제들아 내가 하나님의 모든 자비하심으로 너희를 권
하노니 너희 몸을 하나님이 기뻐하시는 거룩한 산 제물로 드리라 이는
너희가 드릴 영적 예배니라"(롬 12:1).

36.

누구의 아내가 되리이까 (20:27-40)

/

이 장에서는 "부활 때에 그중에 누구의 아내가 되리이까?"라는 질문에 대한 예수님의 대답을 통해 '현세와 내세, 두 세상의 삶의 차이, 내세의 영광스러움'을 살펴보려고 합니다. 예수님은 이미 두 번씩이나 유대 종교 지도자들의 덫을 피하셨습니다. 그들은 첫 번째로 주님의 권위에 대해서, 두 번째로 로마 정부에 바치는 세금에 대해서 질문해 왔습니다. 첫 번째는 산헤드린의 핵심 구성원들이 직접 질문한 것이고, 두 번째는 그들이 보낸 끄나풀들의 질문입니다.

앞서 주님이 산헤드린의 하수인들을 침묵시키자마자 이번에는 사두개인들이 등장합니다. "부활이 없다고 주장하는 사두개인 중 어떤 이들이 와서"(눅 20:27). 이 문단에서 사두개인들까지 등장하는 것은 이미 유대 종교 지도자들이 예수님을 살해하기 위해서 필사적인 노력을 하고 있음을 보여 줍니다. 서로 간에 사사건건 대립하던 바리새인과 사두개인이 모처럼 의기투합하고 있습니다. 악한 목적을 달성하기 위한 악한 자들의 연합입니다.

그러면 여기 등장하는 사두개인들은 어떤 사람들입니까? 사두개파는 유대 지도부의 핵심 세력으로, 정치·행정·종교 영역뿐 아니라 경제적인 부분까지 장악하고 있었습니다. 그들은 솔로몬 시대에 등장한 대제사장 사독의 후손을 자처했지만, 관심은 종교적 영역보다 사실상 현세적 영역에 있었습니다. 그들의 수효는 바리새파에 비해서 많지 않았습니다. 그러나 아주 부유한 귀족 계층을 이루고 있었습니다. 실제로 제사장들과 귀족 계층은 거의 모두 사두개파였습니다. 지배 계층이요, 기득권을 행사하는 층에 속하다 보니 로마와 협력 관계를 유지하는 입장이었습니다.

그에 비해 바리새파들은 관심이 종교적인 영역에 있는 집단입니다. 특별한 정치적인 야심을 갖지 않았고, 율법을 따라서 살도록 하는 한 어떤 정부와도 협력할 수 있었습니다. 그들은 안식일 법이나 손을 씻는 의식법들을 준수했고 수많은 규례를 지켰습니다. 이런 것을 허용하기만 한다면 어떤 세력이든 저항하려고 하지 않았습니다.

사두개파와 바리새파는 교리적으로 양극단의 입장을 취했습니다. 사두개인들은 모세 오경만 성경으로 받아들이고 구약의 다른 성경은 중요시하지 않았습니다. 그리고 부활도, 영의 존재도, 천사의 존재도 믿지 않았습니다. 창세기에서 신명기에 이르는 오경 어디에도 죽은 자의 부활이 분명히 언급되어 있지 않다고 생각해 부활을 믿을 수 없다는 입장을 취했습니다. 이들과는 달리 바리새인들은 죽은 자의 부활을 믿었고, 천사들도, 영들도 모두 믿었습니다. 또한 사람의 운명은 하나님의 계획과 명령에 따라 펼쳐진다고 믿었습니다. 그리고 물론 구원자 메시아가 오기를 기다렸습니다. 반면에 사두개인들은 메시아의 도래도 믿지 않았습니다.

본문에 등장하는 2천 년 전 사두개인들은 사후 세계를 믿지 않는 회의론자였습니다. 죽음 후의 부활은 가난한 대중이나 집착하는 먼 미래의 꿈에 지나지 않는다고 생각했기 때문입니다. 부활을 굳게 믿는 예수님과 그제자들과 비교할 때 자신들은 확고한 현실주의자라고 생각했을 것입니다.

기독교는 사후의 삶에 대해서 믿습니다. 그러나 사후의 삶에 대한 기독교적 신앙은 그럴듯한 현실 도피를 위한 것이 아닙니다. 그리스도인에게 내세는 현실을 도피하거나 망각하기 위한 수단이 아니라, 오히려 현실을 바로 보고 살도록 하기 위한 신앙입니다. 한 번 죽는 것은 사람에게 정한 것이고 그 후에는 심판이 있다는 사실은 인생을 진지하게 살라는 호소를 담고 있습니다(히 9:27). 모든 사람은 죽습니다. 그리고 죽음 이후에는 거룩하신 하나님 앞에 서게 될 것입니다. 모든 사람은 하나님이 주신 삶을 어떻게 살았는지 반드시 답해야 합니다. 그 냉혹하고 엄숙한 현실을 맞이할 준비를 하고 있습니까? 오늘의 삶을 하나님 앞에서 평가하며 살아가십시오.

사두개인들의 논리 이면의 허점

사두개인들은 부활이 없다고 믿는 자들입니다. 그렇다 보니 자신들의 입장을 확증한다고 생각하는 논리 중 하나는 실천적인 것이었습니다. 그들은 예수님께 신명기 25장 5절에 기록된 모세의 법을 토대로 형님이 결혼을 했다가 자식이 없이 죽으면 그 가산과 기업을 보존하기 위해 시동생이 형수와 결혼하여 형님의 이름으로 가계를 이어 갈 자식을 낳아 주어야 한다고 말했습니다. 이른바 '계대 결혼'(繼代結婚)이라는 이 법은 홀로 남은 미망인의 목숨을 보호하고 가계가 끊어지지 않게 하는 역할을 했습니다.

그들의 논리는 이렇습니다. 만약 모세가 이런 명령을 남겨 놓았다면 부활은 당연히 없어야 한다는 것입니다. 그 여인이 누구의 아내로 부활해야 할지 난감하기 때문이라는 것입니다. 그래서 그들은 자신들이 필승 논법(必勝論法)이라고 생각하는 이 질문을 예수님께 가지고 왔습니다. 그리고 자신 있게 "부활 때에 그중에 누구의 아내가 되리이까?"라고 질문했습니다. 부활을 믿으면 이와 같은 불합리한 일이 벌어진다는 것을 내세워 사후의 삶이란 있을 수도 없고, 있어서도 안 된다는 것이 그들의 논리입니다. 아마도 이 질문을 하면서 사두개인들은 대제사장들, 서기관들, 바리새인들이 했듯이 "예"나 "아니요" 같은 단순한 대답을 기대했던 것 같습니다. 그러나 예수님은 그들의 요구대로 대답하지 않고 전혀 다른 관점에서 답하셨습니다.

사두개인들의 필패 논리(必敗論理)의 전제는 무엇입니까? 그들은 내세를 현세에 기초해서 설명하려고 했다는 것입니다. 현세가 내세를, 땅이 하늘을 설명할 수는 없습니다. 어린아이가 어른을 이해할 수 없는 것처럼 말입니다. 이 세상의 것이 천국을 좌우하는 것이 아니라, 천국의 논리로 세상의 것을 가늠해야 합니다. 주님의 대답을 들어 보십시오. "이 세상의 자녀들은 장가도 가고 시집도 가되 저세상과 및 죽은 자 가운데서 부활함을 얻기에 합당히 여김을 받은 자들은 장가가고 시집가는 일이 없으며 그들은 다시 죽을 수도 없나니 이는 천사와 동등이요 부활의 자녀로서 하나님의 자녀임이라"(눅 20:34-36).

사두개인들의 오해의 핵심은 죽을 이 세상의 인생과 죽지 않을 부활의 삶을 동일선상에서 비교한 것입니다. 죽을 수 없는 천사들과 같은 부활의 존재, 하나님의 자녀의 새로운 삶을 죽을 수밖에 없는 인생의 언어로 설명하려고 했기 때문입니다. 현세의 삶을 주신 하나님은 내세의 삶을 새롭게 주시는 분입니다. 모든 생명을 창조하고 유지하시는 하나님은 죽은 자들을 살리십니다. 그리고 지금 누리는 생명과는 완전히 다른 새로운 생명을 주셔서 새로운 삶을 살게 하십니다.

사두개인들이 혼인에 초점을 맞춘 것은 그들의 관점이 이 세상의 지평에 묶여 있다는 것을 보여 주고 있습니다. 혼인은 이 세상을 위한 제도이지만, 하나님은 부활의 삶에 합당하다고 여기는 자들에게 시집 장가를 가지 않는, 영광스러운 새로운 실존 양식을 주실 것입니다. 장차 새 하늘과 새 땅에서는 더 이상 상속법과 재산권이 필요 없을 것입니다. 천국에서는 더 이상 사망이 없기에 종족 보존을 위한 결혼도 필요하지 않습니다. 거기 하나님 나라에서는 죽음이 설 자리를 잃고 영원히 추방될 것입니다. 죽음이 더 이상 사람들을 해하지 못할 것입니다.

이 말씀을 통해서 예수님은 이 세상의 삶과 앞으로 올 저세상의 삶이 다르다는 사실을 지적하십니다. 저세상에서의 부활의 삶은 단순히 이 세상의 삶의 연장이 아닙니다. 완전히 다른 차원의 삶이 펼쳐질 것입니다. 사두개인의 말을 빌리자면, 장가가거나 시집가지도 않을 것입니다. 물론 사람들은 이 말에 당혹해할 수 있습니다. 이 세상에서 우리가 나누는 가장 친밀하고 가까운 교제는 부부 관계이기 때문입니다. 사랑하는 사람 사이에서 맛보는 놀라운 일체감과 강력한 친밀감, 황홀한 육체적인 느낌은 달리 얻을 수 없는 것이기 때문입니다. 그러나 잘 생각해 보면 그런 느낌은 일시적인 것이요, 영속적인 것은 아닙니다.

천국에서는 영원토록 끝없는 기쁨이 지속될 것입니다. 시들해지는 쾌락이나 기쁨도 없을 것이고, 늙고 병드는 육체도 없을 것입니다. 땅 위에서 현재 맛보는 모든 즐거움은 하늘에서 진정한 깊이를 만끽할 것이며, 여기서 경험하는 관계의 아름다움은 훨씬 더 놀라운 세계로 인도될 것입니다. 죄가 가로막는 장애가 제거되고, 이 땅에서 가장 이상적 부부 관계보다 더 깊고 놀라운 사랑의 관계를 모든 성도와 더불어 나누게 될 것입니다. 생각해 보십시오. 땅 위에서 맛보는 결혼 관계의 만족은 부부 두 사람에게 한정되지만, 천국에서 갖는 성도의 교제는 모든 형제자매에게 열려 있으며 땅에서 맛볼 수 없는 완벽하고 지속적인 만족이 기다리고 있습니다. 새 하늘과 새 땅에서는 육체적인 욕구를 초월하여 살면서 천사들과 같은 불멸의 영화를 누리게 될 것입니다. 물론 거기서도 땅에서 함께 살았던 배우자를 알아보게 될 것입니다. 어찌 되었든 천국을 현재 생활의 연장으로 보거나 현재의 경험으로 천국을 측정해서는 안 된다는 것은 분명합니다.

이 세상에서 우리의 관계는 시간과 공간의 제약을 받습니다. 죄와 죽음의 한계 아래 규정되고 있습니다. 그러나 새 하늘과 새 땅에서는 아무도 죽지 않을 것입니다. 부활의 삶은 죄를 벗어난 삶입니다. 죽음을 정복한 삶입니다. 슬픔과 고통에서 해방된 삶입니다. 불행으로 가득한 이 세상의 삶이 그대로 연장되는 것이라면 얼마나 끔찍하겠습니까? 장차 우리를 기다리는 삶은 완전히 새롭고 다른 차원의 삶입니다.

잘사는 대한민국에서, 모두가 부러워하는 도시에서 사는 사람들은 그 사실을 망각할 위험이 큽니다. 이 땅에서 누리는 삶이 안락하고 풍요할수록 영원에 대한 시야를 상실할 위험이 있습니다. 그리고 그들은 인생을 즐기는 데 초점을 맞추는 경향이 있습니다. 그것이 바로 사두개인의 삶의 문제였습니다. 일곱 남편을 거친 여인에 대한 그들의 질문은 그녀에 대한 연민에서 나온 것이 아닙니다. 내세의 삶에 대한 진지한 질문이 아니었습니다. 단지 부활이라는 것이, 내세라는 생각이 얼마나 우스꽝스러운가를 보여 주기 위한 도구였을 뿐입니다. 우리는 어디에 관심을 쏟으며 살아가고 있습니까? 이 세상에서 누릴 수 있는 좋은 것들에 마음이 가 있습니까, 아니면 내세의 영원한 것에 마음을 집중하고 있습니까? 우리의 이 땅에서의 삶은 다음 세상을 준비하기 위한 기회라는 사실을 기억하십시오.

죽은 자의 하나님이 아니라 산 자의 하나님

예수님은 그들이 인정하는 모세 오경의 한 구절을 사용해서 그들의 오해의 핵심을 밝힘으로 그들 중 아무도 더 이상 감히 거부하지 못하도록 하셨습니다(눅 20:37-38). 하나님은 모세에게 당신을 "아브라함의 하나님, 이삭의 하나님, 야곱의 하나님"(출 3:6)으로 알리셨습니다. 이처럼 하나님은 우리 영혼의 아버지십니다. 그러므로 우리 개개인과 직접적인 관계를 가지십니다. 그래서 우리는 모두 하나님을 각자의 아버지라고 부릅니다. 그런 의미에서 하나님과 인간의 관계는 수직적입니다.

한편 하나님의 자녀들은 이 세상에서 이미 살아 있는 자로 취급을 받습니다. 생명의 주 하나님을 만난 성도들은 이 본질적인 생명, 영원한 생명으로부터 이제 후로는 단절될 수 없습니다. 하나님의 시각으로 볼 때는 언제나 살아 있습니다. 그렇기에 부활의 주께서는 이 족장들과 생명의 관계를 지속적으로 맺고 계십니다. 달리 말하면, 부활의 주님과 맺고 있는 관계 때문에 성도들이 새로운 생명으로 부활하는 것은 필연적입니다. 그리고 부활은 이생의 모든 관계를 초월하고 육체의 한계를 변화시킵니다. 심지어 요한계시록에 나오는 하늘 음성은 "지금 이후로 주 안에서 죽는 자들은 복이 있도다"(계 14:13)라고 선언하며 성령의 화답이 뒤따르고 있습니다.

마지막 날에는 모든 사람이 부활할 것입니다. 그러나 그 부활은 두 종류로 구별됩니다. 생명의 부활과 심판의 부활입니다. 심판의 부활은 하나님의 심판에 따른 영원한 죽음을 뜻하기에 성경적인 의미에서, 진정한 의미에서 부활이라고 부를 수는 없습니다. 심판을 받기 위해서 다시 살아나기 때문입니다. 반면 생명의 부활은 다릅니다. 생명을 누리기 위해서 다시 살아나는 것을 뜻합니다. 하나님이 예비하신 축복과 영생, 영광을 위한 부활에 참여하는 것을 뜻합니다.

하나님은 그런 의미에서 죽은 자들의 하나님이 아니라 산 자의 하나님이십니다. 하나님은 더 이상 생명에 들어가지 못할 사람들의 하나님으로 불리기를 거부하십니다. "하나님은 죽은 자의 하나님이 아니요 살아 있는 자의 하나님이시라 하나님에게는 모든 사람이 살았느니라"(눅 20:38). 비록 세상에서 죽었다 하더라도 하나님은 그들과 생명의 관계를 지속하십니다. 하나님께는 모든 사람이 살았기 때문입니다. 죽음은 사람들을 땅 위에 있는 사랑하는 이들과 분리시킵니다. 그러나 성도들을 하나님과 분리시킬 수는 없습니다.

부활을 믿지 않는 사두개인들은 그 나름 필승의 질문으로 찾아왔습니다. 그들은 예수님의 대답에서 허점을 찾아내 반박하고자 했습니다. 그러나 예수님은 그들의 질문을 저세상에서의 삶을 설명할 기회로 삼으셨습니다. 그 놀라운 대답을 듣고 있던 바리새인은 적어도 감동했습니다. 부활에 관한 한 예수님은 사두개인의 편에 서 계시지 않고 바리새인의 편에 서 계셨습니다. 이 사실을 알아차린 서기관들은 예수님께 "선생님 잘 말씀하셨나이다"(눅 20:39)라고 동조 발언을 합니다. 그러자 사두개인은 아무런 대꾸도 하지 못했습니다. "그들은 아무것도 감히 더 물을 수 없음이더라"(눅 20:40). 예수님의 지혜와 지식을 당할 수 있는 사람은 어디에도 없기 때문입니다.

이것으로 먼저 물어 오는 질문은 소멸되었습니다. 또다시 그들의 계략은 실패했기 때문입니다. 다양한 집단들이 정치와 신학적인 질문으로 예수님을 옭아매려고 했지만 예수님의 지혜가 그때마다 승리했습니다. 완벽한 승리를 거두고 이제는 방어보다 질문으로 당신이 공격하실 차례입니다.

○

내세는 현세와 질적으로 다릅니다. 내세는 우리의 어떤 기대나 상상보다 훨씬 더 영광스러울 것입니다. 어떤 미래를 기다리고 있습니까? 영원한 미래는 마음에도 없고 다만 눈앞에 보이는 현세의 자랑만 추구해서는 안 됩니다. 신앙인의 궁극적인 소망은 천국에 있습니다. 기독교는 내세 지향적 종교입니다. 그러나 결코 현세를 부정하거나 도피하지 않습니다. 오히려 이 내세의 소망이 오늘을 사는 우리의 삶을 다듬어 갈 것입니다.

37.

어찌하여 그리스도를 (20:41-44)

///

지상 생애 마지막 한 주간 동안 예루살렘의 심장인 성전에서 날마다 가르치시는 주님을 만나고 있습니다. 예수님의 권위를 짓밟으려고 하는 유대 지도자들의 도전은 계속되었지만, 벌써 세 차례에 걸친 그들의 도전을 예수님은 잘 막아 내셨습니다. 그들은 처음에는 권위에 대해 정면으로 도전하면서, 다음에는 정치적인 각도에서, 그다음에는 종교적인 각도에서 질문했습니다. 하지만 주님은 어떤 각도에서 날아오는 공이라도 완벽한 선방을 하신 셈입니다. 그러나 공격이 최선의 방어라는 말이 있듯이, 이 장의 본문에서는 주님이 그들에게 질문을 함으로 공격의 주도권을 잡고, 그로써 사실상 공격하던 이들을 완전히 침묵시키셨습니다. 그리하여 결정적으로 전세를 역전시키십니다.

예수님은 다윗의 자손인가,
다윗의 주이신가

예수님은 바리새인들과 사두개인들, 서기관들의 도전에 직면하신 후 몇 가지 통찰력 있는 질문으로 그들의 불신앙의 천박함을 폭로하기로 전략을 바꾸셨습니다. "예수께서 그들에게 이르시되 사람들이 어찌하여 그리스도를 다윗의 자손이라 하느냐"(눅 20:41). 이 질문의 핵심은 '그리스도가 누구신가'입니다. 말하자면, "그리스도가 다윗의 자손이냐, 아니면 다윗의 주님이냐?"라고 물으신 것입니다. 이 질문을 통해서 주님은 메시아에 대한 당시 종교 지도자들의 생각이 편향적임을 지적하십니다. 그들은 오실 메시아에 대해서 성경이 무엇이라고 말씀하는지를 충분히 생각해 보지 않았습니다.

예수님의 이 질문을 잘 이해하기 위해서는 당시 사람들의 일반적인 생각을 살펴보아야 합니다. 당시 사람들은 메시아가 다윗의 후손일 것이라고 생각했습니다. 그래서 그들에게 가장 익숙한 메시아의 칭호는 '다윗의 자손'이었습니다(눅 18:38-39; 마 21:9). 그들은 어떤 의미로 이 칭호를 사용했을까요? 대부분의 1세기 유대인들은 메시아가 다윗의 후손으로 정치적인 영웅이며 정복하는 왕이라고 생각했습니다. 시편 2편이 그리는 왕의 모습으로 메시아를 생각하는 것이 일반적인 상황이었습니다. 앗수르와 바벨론, 헬라와 로마에 의해서 차례로 짓밟혀 온 이스라엘 사람들로서는 메시아가 오셔서 정치적, 군사적으로 강국이 되어 이스라엘이 열방을 다스리는 시대를 꿈꾸는 것이 당연할지 모릅니다.

하지만 어떻게 그런 황금시대가 펼쳐질지에 대해서는 여러 가지 입장이 있었습니다. 그중 가장 유력한 입장이 바로 다윗의 후손 가운데 위대한 장군이요, 위대한 왕이 한 분 오신다는 것이었습니다. 그러면 이스라엘에 굴복하지 않는 열방은 "네가 철장으로 그들을 깨뜨림이여 질그릇같이 부수리라"(시 2:9)라는 말씀대로 풍비박산이 난다는 것입니다. 그러므로 주님이 던지신 질문 속에는 이러한 그들의 불완전하고 왜곡된 생각을 교정하고 보완하려는 의도가 분명히 담겨 있습니다. 일반적인 사람들뿐만 아니라 당시의 바리새인들도 이런 메시아관에는 크게 차이가 없었기 때문입니다.

예수님은 지금 질문을 사용해 새로운 가르침의 운을 떼십니다. "너희가 생각하듯이 만약 그리스도가 다윗의 자손이라면 어떻게 시편에는 다윗이 메시아, 즉 그리스도를 주라고 부르느냐?"고 질문하십니다(눅 20:41-44). 예수님은 시편 110편 1절을 인용해서 다윗은 메시아가 인간인 동시에 신적인 존재라는 사실을 알았다는 것을 보여 주셨습니다. 바리새인들은 다윗과 솔로몬 시대에 누린 이스라엘의 영광을 회복시켜 줄 인간 통치자를 기다리고 있었습니다. 그래서 예수님은 시편 110편 말씀을 인용해 종교 지도자들이 알아야 할 메시아에 대해서 설명하셨습니다.

"주께서 내 주께 이르시되"(눅 20:42). 다윗은 '주'라는 표현을 두 번 사용하는데, 첫 번째 '주'는 성부 하나님을 가리키는 히브리어 이름인 '여호와'이고, 두 번째 '주'는 히브리어로 '아도나이', 헬라어로는 '퀴리오스'입니다. 다윗은 오실 메시아를 자신의 '주'로 불렀습니다. 예수님은 전통적으로 다윗이 쓴 것으로 인정하는 이 시편에서 다윗 왕이 다른 사람을 자신의 왕이요, 주라고 부르는 이상한 현상을 인용해 청중의 주의를 환기시키십니다. 정상적인 경우라면 다윗의 후손들이 다윗을 '주'라고 부르는 것이 마땅하기에, 여기에는 설명이 요구됩니다.

예수님은 이 시편의 첫 번째 행만 인용하신 것이 아니라 마지막 부분도 계속해서 인용하십니다. 이 시편이 메시아에 관한 것임을 보여 주시기 위함인 것 같습니다. 하나님은 분명히 다윗의 후손으로 이루어지는 다윗 왕가와 함께하겠다고 약속하셨지만, 그 약속의 결정적인 성취는 오직 메시아의 왕국이 도래해 메시아의 통치가 시작될 때 있을 것입니다. "내 우편에 앉았으라"(눅 20:43)라는 말씀은 메시아가 하나님 나라에서 가장 높은 위엄과 권위의 자리인 하나님의 보좌 우편에 앉으실 것을 의미합니다. 고대 왕궁에서 왕의 보좌 우편은 왕을 대신해서 권한을 행사할 수 있는 사람의 자리로서, 존귀와 영향력이 최고인 자리를 얻는 것을 의미합니다(왕상 2:19; 시 45:9). 누가는 이 본문을 예수님이 죽음과 부활을 통과해서 하나님의 우편의 영광으로 나아간다는 관점으로 파악하고 있습니다. 그래서 사도행전에서 더 분명하게 인용해, 하나님이 오른손으로 예수를 높이셔서 그들이 십자가에 못 박은 예수를 주와 그리스도가 되게 하셨다고 선언합니다 (행 2:33-36).

"내가 네 원수를 네 발등상으로 삼을 때까지"(눅 20:43)라는 말씀은 죄와 악에 대한 최후 정복을 묘사합니다. 고대 중동 지역에서 전쟁에 패한 왕은 패배와 복종의 표시로서 승리한 왕의 발아래 목을 밟혔습니다. 말하자면, 패배한 왕의 목은 승리한 왕의 발을 올려놓는 발등상 역할을 하는 것입니다. 패배자의 굴욕의 극치요, 승리자의 확실한 증명이 바로 '원수를 네 발의 발등상으로' 삼는 것입니다.

이 시편을 인용하신 예수님은 당신의 논지를 이어 가십니다. "그런즉 다윗이 그리스도를 주라 칭하였으니 어찌 그의 자손이 되겠느냐"(눅 20:44). 자신의 후손으로 온 메시아를 '주'라고 부르는 것은 전혀 이치에 맞지 않기 때문에 이 예언을 이해하기 위해서는 메시아를 단순한 인간 이상의 존재로 보는 방법밖에 없습니다. 다윗은 메시아를 단순히 자신의 자손으로

만 생각하지 않았습니다. 오히려 다윗은 성령의 영감으로 메시아가 자신의 주요, 하나님이시라고 고백했습니다. 예수님은 본문 서두에서 당신의 정체성을 밝히는 도전적 질문을 던진 후 당신이 스스로 답하신 셈입니다. "너희는 메시아를 다만 다윗의 자손으로만 생각한다. 물론 다윗의 자손이 맞다. 그러나 메시아는 다윗의 자손보다 훨씬 높은 분이시다. 그는 다윗의 주가 되신다"라고 밝히신 것입니다.

성경은 메시아가 "이새의 줄기에서 한 싹이 나며 그 뿌리에서 한 가지가 나서 결실할 것이요"(사 11:1)라고 다윗의 자손으로 오실 것을 분명히 예언했습니다. 그리고 이 약속의 성취에 대해 "우리를 위하여 구원의 뿔을 그 종 다윗의 집에 일으키셨으니"(눅 1:69)라고 기록하고 있습니다. 그래서 앞서 살펴본 대로 여리고의 맹인도 "다윗의 자손 예수여"(눅 18:38-39)라고 소리치고, 예루살렘의 주민도 "호산나 다윗의 자손이여"(마 21:9) 하며 종려 가지를 들고 환호했습니다. 그렇다면 다윗은 어떻게 시편에서 성령의 감동으로 메시아를 주라고 불렀겠습니까? 예수님은 그들이 메시아가 다윗의 자손 그 이상임을 깨닫기를 원하셨습니다. 다시 한 번 이사야의 예언을 살펴봅시다. "이는 한 아기가 우리에게 났고 한 아들을 우리에게 주신바 되었는데 그의 어깨에는 정사를 메었고 그의 이름은 기묘자라, 모사라, 전능하신 하나님이라, 영존하시는 아버지라, 평강의 왕이라 할 것임이라"(사 9:6).

바울은 로마서에서 예수님에 대해 분명히 밝힙니다. "그의 아들에 관하여 말하면 육신으로는 다윗의 혈통에서 나셨고 성결의 영으로는 죽은 자들 가운데서 부활하사 능력으로 하나님의 아들로 선포되셨으니 곧 우리 주 예수 그리스도시니라"(롬 1:3-4). 왜 예수님은 육신을 입고 다윗의 혈통으로 오셨을까요? "율법이 육신으로 말미암아 연약하여 할 수 없는 그것을 하나님은 하시나니 곧 죄로 말미암아 자기 아들을 죄 있는 육신의 모양으로 보내어 육신에 죄를 정하사"(롬 8:3). 주님은 우리를 대신해서 죽기 위해 다윗의 자손으로 오셨습니다. 하나님이신 메시아가 인간의 몸을 입고 이 땅에 오셨습니다. 오셔서 지금 그들 가운데 서 계십니다. 예수님은 하나님으로서는 다윗의 주이십니다. 그러나 사람으로서는 다윗의 자손이십니다. 그러므로 요한계시록이 말하는 대로 이 땅에 오신 메시아 예수님은 "다윗의 뿌리요 자손"(계 22:16)이십니다. 인성으로 보면 예수님은 틀림없는 다윗의 자손이십니다. 그러나 신성으로 보면 예수님은 다윗의 뿌리이십니다. 다윗의 존재, 다윗의 출생과 삶, 다윗이 받은 온갖 은혜는 뿌리 되신 그리스도 예수로부터 공급을 받습니다.

인생의 핵심 질문, "그리스도가 누구신가?"

본문에서 예수님이 던지신 질문은 우리 인생에 가장 중요한 질문입니다. 예수님은 마지막 순간까지 유대 지도자들을 진리로 돌이키기 위해 최선을 다하셨습니다. 그분을 메시아로 믿지 않는 그들이 진리를 깨닫도록 하기 위해 "사람들이 어찌하여 그리스도를 다윗의 자손이라 하느냐?" 하며 질문을 던지셨고, 시편의 증거를 들이대면서 "그런즉 다윗이 그리스도를 주라 칭하였으니 어찌 그의 자손이 되겠느냐?"라고 재차 물으셨습니다. 여러 가지 방법으로 진지하게 생각해 보도록 재촉하고, 당신을 거부하는 어두움 가운데 머물러 있지 않도록 독촉하셨습니다.

예수님은 주변 사람들에 대해서 무관심하시나 박해하는 자들에게 냉혹하셨던 분은 아닙니다. 도성 예루살렘을 바라보며 눈물을 흘리시고, 그곳에 사는 지도자들의 완고함과 백성의 무지함을 탄식하셨습니다. 때로 혹독하게 책망하신 까닭도 끝까지 돌이키기 위한 목적 때문이었습니다. 예수님은 결코 그들이 하나님의 심판 아래 빠져드는 것을 바라거나 즐기는 분이 아니십니다. 그들의 운명으로 인해 눈물을 흘리셨고, 그들을 어리석음에서 건지려고 온갖 노력을 다하셨습니다.

예수님 당시의 청중은 다윗의 자손인 메시아를 다시 생각해야 할 필요가 있었습니다. 메시아는 다윗의 자손인 동시에 다윗의 주였기 때문입니다. 오늘날 사람들은 기독교의 창시자, 4대 성인 중 한 사람 그리스도가 아니라, 하나님의 아들, 우리의 구원자 예수님을 다시 만나야 합니다. 인생에서 핵심 관건은 '예수님을 누구로 믿느냐'는 것입니다. 예수님이 누구신지 그분의 정체성을 먼저 수용하고 믿기로 결단하지 않으면 다른 영적인 문제들은 큰 의미가 없습니다. 예수님을 세상에 오신 구원자로 믿고 따르지 않으면 기독교를 통해서 도덕적인 삶을 살든, 심리적인 위안을 받든, 그 가르침을 따라 사랑을 베푸는 사회적 기여를 하든 그것은 크게 중요하지 않습니다. 예수님 당시나 오늘이나 사람들은 예수님의 정체성에 대해서 계속 혼란스러워합니다. 차이가 있다면, 당시는 '예수님이 누구신가' 하는 것이 누구에게나 살아 있는 중요한 이슈였다면, 지금은 더 이상 사람들의 관심에서 사라져 버린 주제라는 점만 다를 뿐입니다.

예수님을 다윗의 자손으로만 생각하는 사람은 유대인 나라의 번영이 궁극적인 목표입니다. 그러나 예수님을 다윗의 주로 믿는 사람은 하나님 나라를 원하며, 이 세상 모든 나라를 우리 주 하나님과 그리스도의 나라로 만드는 사람입니다. 예수님을 4대 종교인 기독교의 창시자로 생각하는 사람은 종교의 기능이 인간의 수양에 있다고 생각합니다. 그러나 예수님을 하나님의 아들, 우리의 구원자로 생각하는 사람은 종교의 역할이 이 땅에 한정되지 않고 새 하늘과 새 땅에까지 연장된다고 믿습니다. 이 세상이 의가 보금자리를 트는 새 하늘과 새 땅으로 변할 것을 소망합니다.

○

예수님을 당신의 생각대로 믿지 마십시오. 성경이 가르치는 예수님의 모습을 믿기 바랍니다. 하나님을 너무 작게 생각하지 마십시오. 사람들은 항상 하나님을 자기 수준으로 끌어내리려고 합니다. 예수님을 자기 수준으로 작게 만들려고 합니다. 그리하면 하나님의 영광, 하나님의 위엄, 하나님의 능력을 경험하지 못합니다. 위대한 이야기를 만들기 원하는 사람이라면 예수님을 바로 알아야 합니다. 그분은 다윗의 자손인 동시에 다윗의 주님이십니다. 다윗의 열매인 동시에 다윗의 뿌리이십니다. 위대하신 예수님을 바로 알고 바로 경험하는 삶이 되기를 바랍니다.

38.

위선을 멀리하라 (20:45-47)

지상에서 보내는 마지막 한 주간 동안 예루살렘 성전에서 사두
개인들을 침묵시키신 후, 주님은 당신의 제자들에게 율법을 가르치는 서
기관들의 위선을 멀리하라고 경고하십니다. 겉으로는 신앙이 좋은 척하
지만 비윤리적 행동, 끔찍한 죄를 짓는 데 앞장서는 그들을 조심하라고
명하십니다. 당신의 제자들을 향한 경고의 말씀이지만 둘러싼 청중들도
듣는 가운데 주신 경고의 말씀입니다. 은밀하게 하신 경고가 아니라 공개
적으로 하신 경고입니다. "모든 백성이 들을 때에 예수께서 그 제자들에
게 이르시되"(눅 20:45). 사실 서기관들을 조심하라는 주님의 말씀은 시대
를 초월해서 모든 지도자가 조심해야 할 것들을 가르쳐 줍니다. 교만, 위
선, 탐욕은 아직도 지도자들을 떠나지 않는 특징적 죄악이기 때문입니다.

그러면 주님이 조심하라고 말씀하신 서기관들의 특징은 어떠합니까?
"긴 옷을 입고 다니는 것을 원하며 시장에서 문안받는 것과 회당의 높은

자리와 잔치의 윗자리를 좋아하는 서기관들을 삼가라"(눅 20:46). 서기관이라는 직함이 암시하듯이, 그들은 백성을 하나님의 진리로 인도하는 사람들로서 누구보다 정직하고 공정해야 합니다. 하지만 그들은 자기 직위로 인한 특혜를 더 사랑했습니다. 그러다 보니 직분에 어울리지 않는 행동, 사람들이 기대하는 것과는 정반대로 행했습니다. 결국 경건한 척하지만 사회적 약자에 대한 동정과 사랑이 결핍된 행동을 하며 살았습니다.

겉치레를 중시한 서기관들의 위선

예수님은 그들의 일상적인 행동을 몇 가지로 열거하십니다. 먼저, '긴 옷을 입고 다니는 것을 원하며 시장에서 문안받는 것을 좋아하는 서기관들'이란 무슨 의미입니까? 어떤 이는 '긴 옷'을 순결을 상징하는 흰옷으로 보고 종교적인 직무를 행할 때 입는 옷이라 해석합니다. 그렇다고 하면 이 옷을 입고 안식일도 아닌 평일에 시장 바닥을 헤집고 다니는 것은 크게 어울리지 않습니다. 또 어떤 사람은 '긴 옷'을 스스로의 지위를 과시하기 위한 높은 직분을 나타내는 호화로운 옷으로 생각합니다. 사람들의 이목을 끌기 위해 시장과 같은 공개적인 장소에서 그처럼 화려한 옷을 입고 인사를 받는 것은 주님이 이어서 말씀하신 '회당의 높은 자리와 잔치의 윗자리를 좋아하는 것'과 일맥상통합니다.

그렇다면 긴 옷이 성결을 나타내는 흰옷이든, 높은 지위를 과시하는 화려한 옷이든 서기관으로서의 지위를 드러내어 사람들에게 인정받기 위해서 입은 옷임에 틀림이 없습니다. 또한 이 긴 옷은 사람들 사이에서 단연 그들을 돋보이게 해 그들을 권위 있는 인물로 부각시켜 공손하게 예를 갖추도록 강요합니다. 과거 우리나라도 마찬가지지만, 2천 년 전 유대 사회는 입은 옷으로 사람의 신분이 확연히 드러났을 뿐만 아니라 그 옷이 사람들의 이목을 끌어당기는 기능도 했습니다.

이처럼 자신을 과시하고 싶은 마음은 당시 서기관들에게만 한정된 허위의식은 아닙니다. 우리는 종교 지도자인 서기관들이 긴 옷을 입고 다니는 것을 원하며 시장에서 문안받는 것을 좋아한다고 하면 속물이라는 느낌이 확들지만, 우리 자신이 명품을 걸치는 것은 상상만 해도 즐겁습니다. 사람이란 얼마나 이중적인지 모릅니다. 물론 백성을 진리로 가르치는 일을 주 임무로 하는 이들이 그렇게 처신하는 것은 가중 처벌법에 해당하지만, 우리라고 해서 면죄된다는 법은 없습니다. 전통적으로 "같은 값이면 다홍치마"라는 표현이 나온 것을 봐도 알 수 있습니다. 우리는 스스로가 꽤 공정하다고 생각하지만, 사실은 꽤 편파적입니다. 당시 서기관들의 모습은 그럴듯한 옷을 입음으로 자랑하는 오늘 우리네의 심정과 다를 바가 없습니다.

예수님은 당시 서기관들의 또 다른 특징을 지적하십니다. 그들을 '회당의 높은 자리와 잔치의 윗자리를 좋아하는' 자들로 규정하십니다. 그러나이 특징은 앞의 것과 다를 바 없습니다. 서기관들이 이렇게 처신하는 것은 물론 허영심 때문입니다. 사실 겉으로 나타나는 양상은 걸친 옷에서 앉는 자리로 옮겨 갔지만, 마음속에 자리한 동기는 똑같습니다. 긴 옷을 입고 사람들이 모인 자리에서 인사 받는 것을 즐기는 사람이기에 당연히 높은 자리와 윗자리를 좋아하는 것입니다.

유대인 회당의 높은 자리는 두루마리 성경이 놓인 상좌 앞에 있는 자리로, 일반 회중과 마주 대하고 있다고 합니다. 잔치에서 윗자리라는 것은 일반적으로 주인과 가장 가까운 자리로서 초대받은 손님들 가운데 가장 돋보이는 자리입니다. 심지어 음식을 먹을 때도 특별한 대우를 받았다고 합니다. 기차도 특실이 있고, 비행기도 특별석이 있습니다. 일반석 대신 특별석에 앉으면 모든 것이 달라집니다. 비행기의 일반석, 그것도 맨 뒷자리에 앉았을 때는 사람들이 쳐다보기를 기대하지 않지만 어쩌다 특별석에라도 앉았을 때 지나가는 사람들이 부러운 눈으로 쳐다볼 것을 기대한다면 '회당의 높은 자리와 잔치의 윗자리를 좋아하는' 자들과 다를 바가 무엇이 있겠습니까? 주님은 분명 그때 제자들뿐 아니라 오늘 우리를 포함해서 교훈하고 계십니다. 이는 시대를 초월해 모든 지도자들에게 하신 경계의 말씀임에 틀림없습니다.

길게 기도하는 서기관들의 위선

예수님은 서기관들의 결정적 위선을 지적하는 일을 계속하십니다. "그들은 과부의 가산을 삼키며 외식으로 길게 기도하니 그들이 더 엄중한 심판을 받으리라"(눅 20:47). 여기서 주님이 지적하신 그들의 위선의 극치는 두 가지로 요약할 수 있습니다. 하나는 일상다반사에서, 또 하나는 종교적 행위에서 표현됩니다. 겉으로 보기에는 거룩한 것 같지만, 주님은 그들이 실제로 저지르는 대표적인 비행을 먼저 지적하십니다.

우선 서기관들을 향한 과부의 가산을 가로챘다는 비판은 어찌 된 일입니까? 종교의 지도자요, 백성의 선생이라는 지위를 이용해서 공동체 가운데 가장 연약한 구성원의 재산을 가로채는 일을 말합니다. 그들은 겉으로 보기에는 거룩하고 신앙심이 깊은 것 같았는데, 실제로는 이중적이며 타락한 삶을 살고 있었습니다. 어떻게 이런 일을 하게 되었습니까? 누구든 선포된 말씀으로 자신의 삶을 변화시키지 않고 다른 사람들에게만 그 기준을 들이대면 이런 위선의 자리에 빠져들게 되어 있습니다.

율법의 전통 아래 살던 과거 유대인들처럼 유교의 영향 아래 사는 우리 나라 사람들은 종교에 상관없이 겉으로 나타나는 모습을 중요시합니다. 때로는 종교인이라는 사회적 평판을 이용해서 오히려 사람들을 쉽게 속이는 행동을 상습적으로 범하기도 합니다. 겉모습이 그럴듯하다고 속마음도 그럴듯해지는 것은 아닙니다. 사람의 마음속에는 죄악 된 본능이 도사리고 있습니다. 교회를 다니는 사람들과 주로 접촉한다고 해서 우리의 본성이 착해지는 것은 아닙니다. 이는 좋은 포장지에 싸여 있다고 해서 좋은 물건이라고는 할 수 없는 것과 같습니다. 정말 서기관들의 포장지는 좋았습니다. 그러나 실제로는 과부의 재산을 삼키는 행위를 다반사로 했습니다.

서기관들의 위선을 제대로 알기 위해서는 당시 그들의 위상을 살필 필요가 있습니다. 당시 서기관들은 백성의 신뢰와 존경을 한 몸에 받았습니다. 그들은 백성을 가르치거나 돕는 일에는 급여를 전혀 받지 않았기에 경건한 유대 신앙인들의 호의에 의존해서 생활했습니다. 랍비들은 이스라엘 백성에게 서기관을 돕는 것이 매우 경건한 행동이라고 가르쳐 왔습니다. 그러면서 자신들은 부모보다 더 위에 있는 계층이기에 부모를 돕는 일보다 랍비를 돕는 일이 먼저라고 세뇌했습니다. 가르치는 자를 존경해야 하는 것은 자식이든 아비든 모두가 해야 하는 의무이기 때문이라는 것입니다. 또한 아비는 자식을 이 세상에 태어나게 하는 일을 도왔지만, 랍비는 사람을 저세상에 태어나게 하는 일을 하기 때문이라는 것입니다. 그래서 아비와 랍비가 동시에 위험에 빠진 것을 보면 랍비를 먼저 구출해야 한다는 논리였습니다.

이렇게 존경받는 계층을 대표하는 서기관들인데 왜 주님은 과부의 가산을 삼키는 자들이라고 폭로하며 그들을 조심하라고 하십니까? 당시 종교인들 가운데는 자신들의 평판이나 지위를 이용해서 어리석은 자들을 대상으로 사기를 치는 자들이 있었습니다. 심지어 백성 중에는 이 서기관들에게 자신의 모든 재산에 대한 관리를 맡기는 경우도 있었습니다. 특별히 그들을 존경하는 과부들은 말할 것도 없습니다. 서기관들은 종종 오늘날의 국선 변호사로서 과부들의 가산을 관리하기 위해 고용되기도 했습니다. 그중 어떤 이들은 성전을 위해 그 재산을 위탁받은 후 개인적으로 착복하기도 했습니다. 그래서 예수님은 지금 그들의 대표적 죄악으로 '과부의 가산을 삼킨 것'을 지적하신 것입니다.

사실 율법은 과부들을 법적으로, 경제적으로, 사회 구조적으로 보호받아야 하는 대상으로 규정하고 있습니다. 그들에게는 보장된 수입이 없었고, 그렇다고 법적으로 보호를 받을 수도 없었기 때문입니다. 율법이 외롭고 힘없는 과부를 특별히 사회적 돌봄의 대상으로 지명한 것은 결코 우연이 아닐 것입니다. 오죽하면 야고보 사도가 진정한 경건의 핵심은 어려운 처지에 있는 과부를 돌보는 것이라고 지적했겠습니까(약 1:27). 율법을 가르치는 서기관이 어려운 처지의 과부를 무시하는 죄를 지어서도 안 되겠지만, 과부들을 압제하고 착취하는 주범이 되어서야 되겠습니까? 그러나 현실은 자신들의 평판을 이용해서 사회적으로 가장 취약한 계층을 갈취하고 있었습니다. 그들은 속수무책인 과부들에게 사회적 안전망 노릇을 한 것이 아니라, 과부들의 재산과 생명을 노리는 사악한 덫의 역할을 했던 것입니다. 오죽하면 주님이 모든 사람이 듣는 자리에서 그들의 대표적 죄악으로 '과부의 가산을 삼키는 것'이라고 지적하셨겠습니까?

그런데 서기관들은 사회적 약자인 과부들의 재산을 삼키는 죄를 상습적으로 행하면서도 기도 하나는 길게 했던 모양입니다. "외식으로 길게 기도하니 그들이 더 엄중한 심판을 받으리라"(눅 20:47하). 주님은, 그들의 장황한 기도는 단순히 기만에 불과하다고 지적하십니다. 그들의 긴 기도는 하늘 아버지와의 깊은 대화가 아니라, 사람들이 자신들을 특별히 거룩한 존재라고 믿게 하려는 술책에 지나지 않았기 때문입니다. 아마도 그들은 긴 기도를 통해서 사람들이 자신의 경건을 흠모하고, 자신에게 삶을 위탁하는 또 다른 희생자가 걸려들기를 바라고 있었을 것입니다. 삼킬 가산을 노리고 길게 기도하는 것은 정말 쇼에 지나지 않는 술책임을 주님은 아셨습니다. 서기관들은 기도를 불쌍한 과부들을 유인하는 유인책으로 사용한 셈입니다. 그런 자들을 향해서 주님이 어떻게 엄숙한 경고를 발하지 않으시겠습니까?

위선적 종교인들이 받을 심판은 더욱 가혹할 것입니다. 백성의 선생으로 백성이 믿음을 견고히 가지도록 도울 책임이 있는 자들이지만 오히려 백성을 억압하고 잘못된 길로 인도했기 때문입니다. 그들은, 자신들은 탐욕스럽고 기만적으로 살면서도 백성에게는 세세한 법으로 무거운 짐을 지웠습니다(마 23:2-7). "그들이 더 엄중한 심판을 받으리라"라는 예수님의 경고는 동생 야고보에게 영향을 미쳤던 것이 분명합니다. 그는 야고보서에 이렇게 기록했습니다. "내 형제들아 너희는 선생 된 우리가 더 큰 심판을 받을 줄 알고 선생이 많이 되지 말라"(약 3:1).

위선욕에서 벗어나는 길

주님은 종교 지도자들의 교만, 위선, 탐욕을 엄히 경고하십니다. 그들이 자신들의 내적인 마음 상태를 돌아보지 않고 외적인 모양에 치중하는 것을 혐오하십니다. 사람들이 어떻게 볼까에 관심을 쏟고 나면 우리의 삶을 세세히 살피시는 하늘 아버지에 대해 무관심해질 수밖에 없습니다. 우리에게 살아가는 에너지는 한정되어 있기 때문입니다. 세상을 살아가면서 하나님의 선하심과 인자하심만을 묵상하십시오. 그러면 세상의 그 많은 문제가 커 보이지 않습니다. 그러나 세상 사람들과 세상 문제들을 바라보는 일에 온갖 에너지를 쏟다 보면 주일에 교회에 나와도 속은 텅 비어 있을 수밖에 없습니다. 특별히 정의와 자비에 대한 종교 지도자들의 철저한 무관심은 하나님이 보시기에 가증스러운 것이었습니다. 사회적으로 가장 취약한 계층의 재산을 삼키면서도 동시에 사람들 앞에서는 인정받고 싶어 하고, 사람들 앞에서 기도할 기회가 주어지면 길게 기도하는 이들의 위선을 주님은 지적하지 않으실 수 없었습니다.

오늘 우리는 어떠한 삶을 살고 있습니까? 현대 사회는 복지를 중시합니다. 취약 계층의 복지뿐 아니라 보편적 복지까지 주장하는 좋은 세상입니다. 그러나 아무리 보편적 복지를 부르짖어도 법적인 사회 안전망의 보호를 받지 못하는 외로운 계층들은 언제나 우리와 함께 있습니다. "가난한 자들은 항상 너희와 함께 있거니와"(마 26:11)라고 예수님이 말씀하신 대로입니다. 그러기에 우리는 그 기회를 사용해야 합니다. 주님이 가난한 자들을 항상 이 땅에 남겨 두시는 것은 가난한 사람들이 계속 고통당하는 것을 원하시기 때문이 아니라, 주님을 사랑하는 당신의 백성으로 하여금 주님 대신 그들을 섬기도록 하시기 위해서입니다. 가진 사람들이 조금만 배려하면 세상은 살 만한 곳이 됩니다. 우리의 모든 것을 내어놓아야 하는 것은 아닙니다. 조금만 돌아보면 절망에 빠진 이들을 건져 낼 수 있습니다.

교만, 위선, 탐욕에서 벗어나는 길은 적극적인 대안을 세우는 것입니다. 사회적 약자를 섬기는 일에 시간을 들여 보십시오. 그들을 돌아보는 일에 팔을 걷어 보십시오. 그러면 긴 옷을 입고 거드름을 피울 겨를이 사라질 것입니다. 낮은 자리로 내려가서 돌볼 사람들을 찾아보면 회당의 높은 자리와 잔치의 윗자리에 마음이 가지 않을 것입니다. 상습적으로 쓰레기를 버리는 곳에 "이곳에 쓰레기를 버리지 마세요"라는 팻말을 세워 놓는 것만으로는 상황을 개선할 수 없습니다. 서기관들의 교만과 위선과 탐욕을 지적하는 것으로는 우리의 삶이 달라지지 않습니다. 우리 안의 교만과 위선과 탐욕은 사라지지 않습니다. 그래서 긍정적이고 적극적인 대안을 마련해야 합니다. 동네 사람들이 몰래 쓰레기를 버리는 곳을 꽃밭으로 만들면 달라지는 것처럼 말입니다.

우리가 죄의 유혹을 이기기 위해서는 순간순간을 하나님 앞에서(Coram Deo) 살아야 합니다. 하나님 앞에서 정직하게 자신을 아뢰고 조금도 숨기지 않아야 합니다. 하나님이 숨길 수 없는 분이심을 인식하면 자신의 교만과 위선과 탐욕의 탈을 벗게 됩니다. 교만과 위선과 탐욕을 벗어나는 유일한 길은 오직 성령과 동행하는 삶을 사는 것입니다.

○

사람들의 인정과 칭찬을 받는 것을 멀리하십시오. 명예와 지위와 권위를 내세우는 것을 좋아하지 마십시오. 그러다 보면 하나님께 신경 쓸 여가가 없어집니다. 사람들의 관심을 끄는 데 눈길을 돌리지 말고 그들을 섬기는 길을 추구하십시오. 자신의 마음을 살피고 행동을 조심하십시오. 당대의 서기관들처럼 교만과 위선과 탐욕이 자리하지 않도록 조심하십시오. 스스로를 중요하다고 생각하고 주어진 기회를 악용하는 사람은 스스로 중요하다고 생각하고 살았기에 가중 처벌법을 따라서 심판을 받을 것입니다.

39.

두 종류의 헌금 (21:1-4)

///

　앞서 예수님은 "가이사의 것은 가이사에게, 하나님의 것은 하나님께 바치라"(눅 20:25)라고 명하신 바 있습니다. 그러나 무엇이 하나님의 것이며 얼마나 하나님께 바치라는 것인지 사람들은 궁금해했을 수 있습니다. 이에 주님은 바로 앞서 제자들에게 서기관들의 탐욕, 심지어 과부들의 가산을 삼키는 탐욕에 대해 경고한 후 이러한 부정적 지도자상에 대조해서 가난한 과부를 특별한 믿음의 모범으로 제시하십니다. 과부의 보잘것없는 두 렙돈은 부자들의 많은 헌금과 비교할 수 없지만, 그녀는 극한 가난 가운데도 최선을 다해 헌금을 드렸습니다. 그녀는 하나님이 자신의 필요를 채워 주실 것을 믿으며 주님을 섬기기 위해서 자신이 가진 전부를 바쳤습니다. 얼마나 대조적인 모습입니까? 서기관들은 '과부의 가산'을 삼키고 있었지만, 이 과부는 '가진 모든 것'을 하나님께 바칠 기회를 찾고 있었습니다.

주님은 우리의 삶을 유심히 보신다

자기가 가지고 있는 생활비 전부를 드린 가난한 과부를 향한 예수님의 칭찬에 비추어 우리의 신앙을 평가해 봅시다. 무엇보다 먼저, 이 장의 본문은 우리의 모든 삶을 유심히 보시는 분이 있다는 사실을 보여 줍니다. 종교란 사람의 시선을 사물로부터 자신을 돌아보게 하는 역할을 해야 합니다. 그러나 궁극적으로는 사람의 시선을 자기 자신으로부터 하나님을 바라보게 하는 역할을 해야 합니다. 보십시오. 세상에 오신 하나님의 아들, 예수님은 며칠 남지 않은 마지막 주간을 보내며 그 눈을 들어 주변을 바라보고 계십니다. 주님은 세상에서 보내는 그 마지막 주간에 주로 성전에서 많은 시간을 보내면서 가르치고, 복음을 선포하고, 종교 지도자들과 대결하셨습니다. 이제 완벽한 승리를 거둔 후 잠시 숨을 돌리는 조용한 순간을 맞이하셨습니다. 그러나 그분은 주변을 바라보며 눈에 들어오는 한 장면을 관찰하고 계십니다. 지금 그분이 계신 성전의 바깥 영역, 소위 여인들의 뜰이라고 불리는 곳에서 사람들이 성전의 헌금함에 헌금을 넣는 모습을 지켜보고 계셨습니다.

관심을 가지고 눈을 들어 주변의 사물을 바라보십시오. 우리의 시야가 미치는 범위 안에서 일어나는 모든 일을 유심히 살펴보십시오. 하나님이 주변에 두신 소중한 사람들을 발견해 보십시오. 하나님이 우리로 하여금 섬기기 원하시는 사람들을 찾아보십시오. 그러나 어디서 무엇을 보아도, 우리를 바라보고 계시는 분을 항상 의식하기 바랍니다. 우리가 무엇을 보고 어떤 일을 하든 우리에게서 시선을 떼지 않고 항상 우리를 바라보고 계신 하나님 앞에서 살아가기 바랍니다. 하나님 앞에서(Coram Deo) 사는 것, 그것이 신앙생활의 출발입니다.

하나님 앞에서 살아가는 것이 신앙생활의 출발점이라면, 하나님 앞에서 가난한 자들에게 베푸는 것은 신앙생활의 핵심 요소 중 하나입니다. 보이지 않는 하나님을 섬기는 사람은 눈에 보이는 어려운 사람들을 돌보는 사람이어야 합니다. 가난한 자들을 돌아보는 구제는 2천여 년간 교회가 참여해 온 일입니다. 주님이 위탁하신 가난한 자들을 주님을 섬기듯이 보살피는 사명이 교회에는 항상 있습니다. 그러므로 주님은 기회가 있을 때마다 이 일을 칭찬하고 권장하셨습니다(마 26:11). 그러기에 우리는 그 기회를 사용해야 합니다. 구제 혹은 복지는 결코 전도나 선교를 위한 징검다리 사역이 아닙니다. 그 자체가 하나님이 받으시는 향기로운 삶입니다. 이웃을 돌아보는 것은 교회의 본질적 사역입니다.

예수님은 사람들이 성전의 헌금함에 헌금 넣는 것을 지켜보셨습니다. 여인들의 뜰이라고 불리는 마당 곳곳에는 헌금함이 설치되어 있었는데, 이 헌금함은 입구가 나팔처럼 되어 있어 동전을 넣으면 소리가 잘 나게 되어 있었다고 합니다. 그래서 실제로 사람들은 그 헌금함을 '나팔'이라고 불렀습니다. 여인들의 뜰에 비치된 열세 개의 '나팔' 가운데 일곱 개의 헌금함은 성전세를 바치는 상자였습니다. 그리고 남은 여섯 개의 궤는 여인이 바친 것과 같은 낙헌제의 예물을 모으는 상자입니다. 특히 유월절과 같은 절기에는 많은 돈이 성전의 헌금함에 모였습니다.

여기서 '눈을 들어 … 보시고 … 보시고'라는 표현을 좀 더 관찰해 보십시오. 주님은 먼저 "부자들이 헌금함에 헌금 넣는 것을 보시고" 이어서 "어떤 가난한 과부가 두 렙돈 넣는 것을 보시고" 관찰한 바에 근거해서 깨달을 바를 말씀하십니다. 마가가 병행 본문에서 부자들이 많은 액수를 헌금했다고 언급한 것에 비해(막 12:41), 누가는 별도의 언급 없이 부자들이 헌금함에 헌금 넣는 것을 주님이 보셨다고만 기록한 것을 보면 부자들이

낸 헌금이 그들의 부에 비해 그리 큰 것은 아니라고 확신한 것 같습니다. 그들이 부자인 것은 옷차림으로 확실히 구별되었을 것입니다. 당시 부자들은 금화 하나나 은전 몇 개를 내지 않고 일부러 낮은 액수의 동전을 바꾸어 많은 동전이 헌금함에 떨어질 때 내는 요란한 소리를 즐겼다고 합니다.

그때 어떤 가난한 과부가 와서 매우 적은 금액인 두 렙돈을 헌금함 속에 떨어뜨렸습니다. 가난한 과부라는 형편도 그녀의 옷차림을 통해서 드러났을 것입니다. 비록 부자들이 한 많은 금액의 헌금과는 비교할 수 없이 적은 액수였지만 주님은 그녀가 드린 헌금을 귀히 여기십니다. 그래서 주님은 어떤 가난한 과부가 두 렙돈 넣는 것을 보시고 이어서 그 여인을 칭찬하십니다. 두 렙돈은 품꾼이 한 시간 일하고 받는 품삯의 4분의 1에 해당한다고 하니 우리 돈으로 환산하면 3천 원도 채 안 될지 모릅니다. 그렇지만 주님은 과부가 넣은 두 렙돈에 더 큰 의미를 부여하십니다. "내가 참으로 너희에게 말하노니 이 가난한 과부가 다른 모든 사람보다 많이 넣었도다"(눅 21:3).

주님은 우리의 헌신을 보신다

그러므로 이 장의 본문은 우리의 모든 삶을 보실 뿐 아니라 우리가 드리는 헌금을 저울질하는 분이 계시다는 것을 보여 줍니다. 이러한 평가 기준은 결코 그녀가 드린 헌금의 액수가 아닙니다. 예수님은 헌금 액수가 아니라 전체 소유 가운데서 바친 비율이 어느 정도인지를 기준으로 그녀가 드린 헌금을 평가하셨습니다. "저들은 그 풍족한 중에서 헌금을 넣었거니와 이 과부는 그 가난한 중에서 자기가 가지고 있는 생활비 전부를 넣었느니라"(눅 21:4).

주님은 결코 적은 액수를 드렸다고 과부를 칭찬하신 것이 아닙니다. 가진 바 전부를 드린 그녀를 칭찬하셨고, 믿음으로 드린 것을 칭찬하셨습니다. 부자들은 그들의 삶의 풍성한 여분 가운데 팁을 주듯이 돈을 넣었지만, 과부는 자신의 삶 전부를 드렸습니다. 말하자면 그녀가 헌금함에 넣은 것은 돈이 아니라 그녀의 희생적인 마음입니다. 의무적인 헌금이 아니라 하나님께 드리는 자원하는 예물입니다. 그녀는 기쁜 마음으로 자신이 가진 모든 것을 드렸고, 하나님이 자신을 돌보실 것을 믿었습니다.

예수님은 힘에 넘치도록 믿음으로 드린 과부를 칭찬하셨습니다. 결코 꾸짖거나 좀 더 지혜로울 것을 충고하지 않으셨습니다. 두 렙돈이 가진 돈의 전부라면 자기 처지에 어울리게 한 렙돈만 넣고 나머지 한 렙돈은 생활비로 쓰라고 권면하지 않으셨습니다. 그러니 가난하게 사는 것이 아니냐고 힐난하지 않으셨습니다. 성전 운영에 대해서 마음에 부담을 갖지 말고 처지에 어울리게 연보를 하라고 권면하신 것이 아닙니다. 오히려 하나님의 영광을 위해 힘에 넘치도록 가진 생활비 전부인 두 렙돈을 넣은 것을 칭찬하셨습니다.

제발 가난한 자들의 귀한 헌신과 비교할 때 자신의 인색함이 드러나기에 그들의 헌신을 비웃지 마십시오. 지혜롭지 못한 결정이고 뒷감당도 못하는 감정적인 헌신이라고 책망하지 마십시오. 가진 용돈을 다 헌금하고 돌아갈 차비가 없다고 찾아올까 봐 지레 겁을 내 어린 신앙인에게 핀잔을 주지 마십시오. 이 과부는 자신이 생계를 유지하는 데 사용해야 할 것을 모두 바쳤습니다. 십일조처럼 수입의 일정한 비율을 드리기만 해도 자랑하는 많은 사람 가운데 그녀는 가진 것 전부를 드렸습니다. 자신의 것을 조금도 아끼지 않고 희생적으로 드린 과부이기에 주님께 칭찬을 받았습니다.

그 가난한 중에서 자기가 가지고 있는 생활비 전부를 넣는 결단을 하는 사람은 결코 생각이 모자라거나 감정적이라서가 아닙니다. 오히려 삶의 모든 것을 하늘 아버지께서 책임지신다는 사실을 믿기 때문입니다. 이 과부는 자기가 가진 생활비 전부를 넣었습니다. 그러면 무엇을 먹고삽니까? 그녀는 하나님이 또 채워 주신다는 것을 믿고 하나님 앞에 빈손으로 나오지 말라는 율법에 순종해서 감사하는 마음으로 바친 것입니다.

우리가 예배하는 하나님이 어떤 분이신지 생각해 보았습니까? 그분이 우리에게 무슨 일을 하셨는지, 무엇을 주셨는지 기억하고 있습니까? 하나님은 우리에게 생명을 주신 분이요, 지금도 그 생명을 연장시켜 주시는 분입니다. 아니, 모든 좋은 것을 아낌없이 주시는 분입니다. 그 하나님 앞에 나아오면서 빈손을 보이는 것은 감사하는 성도의 마땅한 바가 아닙니다. 헌금의 액수는 중요하지 않습니다. 하나님은 우리가 드린 적은 헌금으로도 놀라운 일을 행하실 수 있는 분입니다. 지금도 그분은 행하고 계십니다. 때로는 북쪽의 배고픈 동족의 고통을 덜어 주시고, 때로는 개울물보다 더 더러운 흙탕물을 마시던 남미의 주민들이 콸콸 솟아나는 펌프물을 마시게 하시고, 밤마다 뜯기던 모기로부터 보호를 받아 말라리아 걱정 없이 편안한 잠을 잘 수 있는 모기장을 마련해 주기도 하십니다.

본문에 나오는 과부와 견줄 만한 과부의 이야기가 구약에도 나옵니다. 한 과부가 집에 남은 마지막 가루와 기름으로 떡을 구워서 아들과 나누어 먹고 죽으려고 하는 중 엘리야 선지자가 나타나서 "청하건대 네 손의 떡 한 조각을 내게로 가져오라"고 말했습니다. 그러자 그녀는 "나와 내 아들을 위해 음식을 만들어 먹고 그 후에는 죽으려고 했습니다"라고 고백하면서도 순종했습니다. 그랬더니 여호와께서 엘리야를 통해 "그 통의 가루가 떨어지지 아니하고 그 병의 기름이 없어지지 아니하리라"라고 하신 말씀대로 이루어져 그들은 가뭄의 시기에 살아남을 수 있었습니다 (왕상 17:8-16).

하나님을 사랑하는 성도들은 힘이 닿는 대로, 아니 힘에 지나도록 즐거운 마음으로 하나님께 드립니다. 한편 가난한 과부의 재산까지 넘보는 사람은 결코 하나님께 후한 헌금을 하지 않습니다. 힘에 넘치도록 드리는 것은 누구보다 먼저 하늘 아버지를 기쁘시게 합니다. 그리고 하늘 아버지를 기쁘시게 하는 일을 하면 우리 마음에 기쁨이 찾아옵니다. 그것이 전도든 연보든 마찬가지입니다. 의지할 데 없는 과부의 보호자로 일찍 당신을 나타내신 하나님이 먼저 전부를 기쁘게 드린 자에게 풍성한 복을 선언하실 것입니다. 힘에 넘치도록 기쁘게 연보하는 자에게 하나님은 풍성하게 갚아 주십니다. 모두를 드린 과부의 모범을 따라 하나님께 드리십시오. 희생적인 자세로 헌신하십시오.

하나님은 가진 것에 비해서 우리가 드린 것을 평가하십니다. 그리고 드린 후에 남은 것을 보고 우리가 바친 것을 평가하십니다. 바치면서 하나님을 기뻐하고 의지하는 우리의 마음을 중요하게 보고 평가하며 칭찬하십니다. 당신의 헌금 생활은 어떠합니까? 드린 연보 때문에 당신의 평안한 생활과 안전이 위협을 받을 정도입니까? 자신들의 평안한 생활과 안전을 기꺼이 포기할 수 있을 정도로 힘에 지나도록 하나님께 드리는 것을 주님은 칭찬하신 것입니다.

물론 돈만을 말하는 것이 아니라 시간이나 재능도 마찬가지입니다. 남보다 많이 드리고도 받은 것에 비하면, 아직도 남은 것에 비하면 별로 많이 드린 것이 아닐 수 있습니다. 우리 가운데 어떤 이들은 정말 빠듯한 시간 가운데서도 이웃을 위해 시간을 드립니다. 저러다가 건강의 위협을 받을 텐데 하는 걱정을 할 만한 처지에서도 남을 위해 희생하는 사람이 많습니다. 하나님이 바라시는 헌신은 남는 일부를 드리는 것이 아니라, 소중한 전부를 드리는 것입니다.

○

구원받은 성도의 헌신의 목표는 자신을 전부 드리는 것입니다. 구원받은 성도의 연보의 목표는 가진 것을 전부 드리는 것입니다. 하나님이 우리에게 바라며 칭찬하시는 삶은 오늘 가진 모두를 드리고 하나님께 내일을 의존하는 것입니다. "오직 너희를 위하여 보물을 하늘에 쌓아 두라 거기는 좀이나 동록이 해하지 못하며 도둑이 구멍을 뚫지도 못하고 도둑질도 못하느니라 네 보물 있는 그곳에는 네 마음도 있느니라"(마 6:20-21). 우리 마음이 하늘에 있기를 바랍니다.

40.

어느 때에, 무슨 징조가 (21:5-11)

이 장의 본문부터 시작하는 미래에 대한 주님의 가르침은 누가복음 19장 47절부터 시작한 성전에서 베푸신 가르침의 절정에 해당하며, 누가복음에 나오는 어떤 가르침보다 중요합니다. 우선 그 길이가 다른 가르침에 비해 길다는 점이 눈에 띕니다. 동시에 동일한 기사들이 마태복음과 마가복음에 기록되었음에도 불구하고 해석이 쉽지 않다는 것이 또 다른 특징입니다. 그 어려움의 핵심은 이 문단이 다루는 주제가 성전 파괴에만 관련된 것인지, 아니면 세상 끝과도 연관된 것인지입니다. 성전 파괴에만 관련을 지어서 생각하기에는 우주적 현상과 인자의 오심에 대한 가르침을 달리 설명할 방도가 없기 때문입니다. 또한 주님이 너무나 분명하게 세상 끝 날 당신의 오심에 대해서 말씀하시기 때문입니다.

이런 이유로 저는 이 문단을 해석할 때, 특히 누가복음은 다른 복음서와 달리 성전 파괴와 밀접한 관련을 갖고 있다는 사실을 인정하면서도 세상 끝에 대한 교훈 또한 동시에 말하고 있다는 입장을 취할 수밖에 없습니다. 소위 '선지자적 착시 현상'이라고 부르는 예언의 방법이 여기서도 등장한다고 말할 수 있습니다. 비록 그때 성전에서 주님의 말씀을 듣는 사람들의 입장에서는 성전 파괴와 세상 끝 날을 구별해서 이해할 수 없었겠지만, 오늘 우리는 다릅니다. 성전 파괴는 이미 일어났으나 아직 세상 끝 날은 다가오지 않았기 때문입니다. 그래서 때로는 성전 파괴와 세상 종말에 대한 경계가 모호하고 어느 것을 말하는지 구별이 잘 안 될 수 있습니다. 그러나 우리는 두 사건을 혼동해서는 안 됩니다. 누가는 두 사건을 서로 구분해서 보여 주기 때문입니다.

넓게 보면 24절까지는 예루살렘의 파멸을, 그 후로는 주님의 다시 오심을 주로 다루고 있다는 것을 알 수 있습니다. 그러나 앞서 언급했듯이 구약의 예언자들처럼 일어날 일들을 말하는 것이 우선적이지, 언제, 어떤 시간 간격을 두고 일어나느냐는 주 관심사가 아니기에 24절까지 예루살렘의 파멸을 말하는 가운데도, 뒤에 나오는 세상 종말을 말하는 가운데도 두 사건에 대한 언급이 혼재할 수 있습니다. 그리고 도시 예루살렘의 파멸은 세상의 종말을 미리 보여 주는 또 하나의 현상이기도 합니다. 그러므로 본질적으로 서로 무관할 수 없습니다. 그뿐만 아니라 심판하시는 하나님의 성품은 불변합니다. 예루살렘의 죄악을 탄식하며 그 종말을 선언하시는 하나님은 이 땅의 죄악을 미워하고 마지막 심판을 시행하시는 분입니다.

화려함이 주는 거짓 안전감에 속지 말라

누가는 "어떤 사람들이 성전을 가리켜 그 아름다운 돌과 헌물로 꾸민 것을 말하매"(눅 21:5)라고 간단하게 말하지만, 마태는 "예수께서 성전에서 나와서 가실 때에 제자들이 성전 건물들을 가리켜 보이려고 나아오니"(마 24:1)라고 제자들의 의도를 좀 더 자세히 설명합니다. 그러나 마가는 종합해서 자세하게, "예수께서 성전에서 나가실 때에"라고 밝힌 후 제자 중 하나가 했던 말을 그대로 옮겼습니다. "선생님이여 보소서 이 돌들이 어떠하며 이 건물들이 어떠하니이까"(막 13:1). 그들은 모두 아름다운 돌과 헌물로 꾸민 웅장한 건물을 바라보며 감탄해서 질문했습니다.

당시 성전은 정말 대단했습니다. 성전의 외양은 금박을 입었고, 정면 현관과 회랑의 모든 기둥은 각기 하나의 돌로 깎은 13미터 높이의 흰 대리석으로 되어 있어 정말 '아름다운 돌'이라고 불릴 만했습니다. 헌물들 가운데 가장 유명한 것은 포도나무 모양이 새겨진 것인데, 포도송이 하나가 사람 키만큼 컸다고 합니다. 아마 당대 사람들의 눈으로 본 그 위용과 아름다움은 정말 감동하지 않을 수 없었을 것입니다. 태양 빛에 감싸인 성전 건물의 아름다움은 사람들의 혼을 빼앗을 만했을 것입니다. 떠오르는 태양 빛을 받은 건물뿐 아니라 성전을 나설 때 지는 석양을 배경으로 한 건물도 무척이나 아름다웠을 것입니다. 멀리서 보면 하얀 눈으로 덮인 설산처럼 보였을 법합니다.

이처럼 사람들이 성전의 아름다움과 그 성전에 바쳐진 장식물에 관심을 빼앗기고 있을 때 예수님은 그 성전이 파괴될 날이 이를 것을 선언하십니다. "너희 보는 이것들이 날이 이르면 돌 하나도 돌 위에 남지 않고 다 무너뜨려지리라"(눅 21:6). 그 파괴의 정도가 얼마나 심한지, 돌 하나도 돌 위에 남지 않고 다 무너뜨려지리라고 말씀하십니다. 그들에게 얼마나 충격적인 선언이었을지 상상해 보십시오. 사람들은 듣고 싶은 것만 듣고, 듣고 싶지 않은 것은 들어도 기억하지 않습니다. 사실 누가는 예루살렘 파괴에 대한 예수님의 예고를 앞서 두 차례나 언급했고, 이 장의 본문은 세 번째 기록입니다(눅 13:34-35, 19:41-44). 언제나 보살핌을 받는 날을 외면하면 심판의 날을 맞이해야 하는 것입니다. 경고를 귀 기울여 듣지 않는 자에게 복음은 남아 있지 않습니다.

예루살렘 성전의 화려함에 정신을 잃고 있었던 당대 유대인들에게 그 건물의 파괴란 생각할 수 없는 일이었습니다. 아직도 건축 중인 그 화려하고 웅장한 건물과 아름다운 장식들은 사람들의 관심을 사로잡았고, 또한 그 성전에서 제사를 드리는 자들은 하나님과 좋은 관계를 맺고 있는 것처럼 여겨져 안심했을 것입니다. 하나님을 공경하는 마음으로 드린 헌물들로 화려하게 꾸며진 성전의 웅장함은 오히려 백성에게 잘못된 생각을 갖게 했을 수 있습니다. 하나님과 세상의 모든 것이 다 잘되어 가고 있다는 잘못된 인상을 심어 줄 수 있기 때문입니다.

그러나 실제로는 모든 일이 잘되어 가고 있는 것이 아니었습니다. 성전은 화려하게 지어져 가고 있었지만 그 본래의 기능대로 쓰이지 않았습니다. 주님은 성전이 '만민의 기도하는 집'이 될 것을 의도하셨지만, 그들은 이미 성전을 '강도의 소굴'로 만들어 버렸습니다. 진정한 성전 되신 하나님을 만날 수 있는 중보자 예수 그리스도가 오셨지만 그분을 십자가에 못 박는 악행을 계획함으로 겉만 성전일 뿐이었기에, 그 성전이 무너져 내려야 하는 것은 너무도 당연한 일이었습니다.

선지자 예레미야 시대에도 마찬가지였습니다. 예레미야는 이스라엘 백성에게 "돌이키라. 돌이키지 않으면 멸망할 것이다"라고 선언했습니다. 그러나 거짓 선지자들은 "이곳은 여호와의 전인데 망한다고? 여호와의 전은 절대 몰락하지 않는다"라고 하며 백성을 향해 사기를 쳤습니다. 결국 예레미야 시대의 성전은 참혹하게 무너졌습니다. 본문에서 사람들이 바라보면서 감탄하고 있는 성전은 예수님 당시로부터 40여 년 전에 새로 짓기 시작한 소위 헤롯 성전입니다. 그 성전은 계속해서 지어지다 주후 70년에 행해진 예루살렘의 파멸이 있기 몇 년 전에 완성되었습니다. 그러나 완성되자마자 다시 무너져 버리고 말았습니다.

백성이 그처럼 자랑스러워했던 성전은 예레미야 시대의 성전에 임했던 것과 같은 운명 아래 빠져들고 있었습니다. 여기서 기억할 것은, 그릇된 안전 의식은 어느 시대, 누구에게나 매우 위험하다는 것입니다. 예레미야 시대의 성전은 하나님을 참으로 공경하지 않는 삶을 살아가는 사람들이 하나님 앞에서 그릇된 안전 의식을 갖도록 해 주었습니다. 화려한 건물의 외양이 사람들로 하여금 모든 것이 잘되고 있다는 거짓 평안을 안겨 주었기 때문입니다. 생각해 보십시오. 파괴된 성전 앞에서는 사람들이 이 같은 거짓 안전감을 가지지 않습니다. 오히려 본문의 상황처럼 화려하고 웅장한 건물을 보면서 갖기가 쉽습니다. 힘들고 어려운 상황에서 갖는 것이 아니라, 잘 성장하는 교회 분위기 속에서 가질 수 있는 것입니다. 이는 교회뿐 아니라 우리의 삶에서도 마찬가지입니다. 사업이 어려운 가운데서는 그 누구도 거짓 안전감을 갖지 않습니다. 오히려 그럴 때는 자신을 돌아보기도 하고, 때로는 근거 없는 자책감에 빠지기도 합니다. 그러나 거짓 안전감은 작년보다 올해의 성장이 눈에 띄게 나아질 때 찾아옵니다.

소위 일이 잘 풀리는 것을 우리와 하나님의 관계가 정상적인 양 착각할 수 있습니다. 자녀들에게 아무런 문제가 없고 사업도 순조롭다고 해서 하나님이 우리를 기뻐하시는 증표라고 쉽게 생각하지 마십시오. 주님은 가장 화려한 건물을 보면서도 그 건물의 파괴를 선언하셨습니다. 오늘날 현대 문명에는 다른 어떤 시대보다 더 감탄할 만한 발전을 이룬 영역들이 있습니다. 그렇다고 해서 우리 시대를 하나님이 기뻐하신다고 손쉬운 결론을 내리는 것은 위험합니다. 조금만 들여다보면 우리가 사는 시대가 진정한 문명 시대가 맞는가 하는 의문이 들지 않습니까? 타인에 대한 배려가 없고, 많이 가질수록 자신의 욕망과 쾌락을 따라 사는 이 시대의 모습이 과연 문명인가 하는 의구심이 듭니다.

예루살렘은 하나님이 파송하신 구원자 예수님을 거부했습니다. 백성의 지도자들은 이제 며칠 후면 예수님을 십자가에 못 박을 것입니다. 그와 같은 죄악을 범한 결과, 성전은 수십 년 안에 파괴될 것입니다. 달리 말해, 그 성전은 하나님 앞에서 기쁨의 대상이 되지 못하고 오히려 심판의 대상으로 전락되었다는 것을 주님은 분명히 알고 계셨습니다. 성전인 당신을 거부하고 십자가로 몰아가는 그들의 죄악이 있는 한 가시적인 성전은 영원히 남아 있을 수 없었던 것입니다.

성전이 있다는 것은 하나님이 이 백성과 함께하고 계신다는 것이기에 그들은 성전에서 하나님의 이름을 부름으로 자신들이 하나님의 자녀라는 자각을 했어야 했습니다. 그러나 성전의 본래 기능은 사라진 지 오래요, 강도들의 소굴로 전락하고 말았습니다. 그러므로 철저하게 무너져야 했습니다. 골고다 십자가에서 그분의 살이 찢어질 때 지성소와 성소를 가로막는 휘장이 찢어졌습니다(눅 23:45). 이제는 누구나 예수의 이름을 힘입어 하나님 아버지께 담대히 나아갈 수 있는 새로운 시대가 열렸기에 성전에는 더 이상의 기능이 없습니다. 마치 600년 전에 예레미야가 예루살렘과 성전이 멸망하기에 앞서 예언했던 것처럼 역사는 한층 더 큰 규모로 되풀이될 것입니다. 600년 전에 성전은 허물어졌습니다. 주후 70년에 성전은 허물어졌습니다. 그리고 큰 성 바벨론으로 대표되는 세상 문명은 다시 한 번 초토화될 것입니다.

종말 도래의 징조

그 선언을 듣자 제자들은 주님께 "선생님이여 그러면 어느 때에 이런 일이 있겠사오며 이런 일이 일어나려 할 때에 무슨 징조가 있사오리이까"(눅 21:7)라고 묻습니다. 제자들이 징조를 구한 이유는 주님이 하신 말씀에 대한 의심 때문이 아니라, 다만 그 일이 일어날 때를 알아챌 수 있는 실마리를 얻기 위해서입니다. 제자들의 질문은 두 가지로 구분됩니다. 이런 일이 어느 때에 일어날지와 이런 일이 이루어지려 할 때 무슨 징조가 있을지입니다.

제자들은 메시아가 곧 왕국의 서막을 여실 것을 기대하면서 그 왕국이 나타날 것을 알리는 징조를 알고 싶어 했습니다. 그 일을 위해서라면 자신의 몸을 던지고 싶어 했습니다. 그들은 성전 파괴를 단순히 하나님의 영광스러운 새 성전을 짓기 위해 옛 성전을 허무는 것으로만 생각했습니다. 그러므로 그들은 예수님이 하신 말씀의 진정한 의미를 이해하지 못했습니다. 정말 당시 유대인들에게 성전 파괴는 들어도 이해할 수 없고 상상조차 안 되는 사건이었습니다.

하지만 예수님은 먼저 시대의 종말과 왕국의 도래에 대한 제자들의 두 번째 질문에 대답하셨습니다. 이런 일들이 일어나기 전에 어떤 징조가 있을지를 답해 주신 것입니다. 그 첫 번째 징조로 거짓 그리스도가 나타날 것을 경계하라고 일러 주십니다. "미혹을 받지 않도록 주의하라 많은 사람이 내 이름으로 와서 이르되 내가 그라 하며 때가 가까이 왔다 하겠으나 그들을 따르지 말라"(눅 21:8).

역사는 주님이 승천하신 후 20년 안에 자신이 재림한 예수라고 주장하는 수많은 거짓 메시아가 나타났음을 증언합니다. 그래서 신약성경을 잘 읽어 보면 그 악한 영들의 활동을 기록한 구절들을 볼 수 있습니다. 많은 사람이 스스로를 그리스도라고 주장하거나 예수님이 재림하실 시기를 정확히 알고 있다고 주장했습니다. 심지어 그러한 사람들은 오늘날까지도 끊이지 않고 있습니다. 물론 그들 중 그리스도였던 자는 한 명도 없습니다. 그리고 재림의 시기를 말했던 자들 가운데 한 사람도 그 예언이 맞은 적이 없습니다. 예수님은 그런 자들을 조심하라고 당부하면서 "그들을 따르지 말라"고 분명히 말씀하셨습니다.

성경에 따르면, 그리스도의 재림에 대한 한 가지 확실한 징조는 모든 사람이 볼 수 있도록 구름을 타고 나타나실 주님의 모습입니다. "그때에 인자의 징조가 하늘에서 보이겠고 그때에 땅의 모든 족속들이 통곡하며 그들이 인자가 구름을 타고 능력과 큰 영광으로 오는 것을 보리라"(마 24:30). "볼지어다 그가 구름을 타고 오시리라 각 사람의 눈이 그를 보겠고 그를 찌른 자들도 볼 것이요 땅에 있는 모든 족속이 그로 말미암아 애곡하리니 그러하리라 아멘"(계 1:7).

그러므로 어떤 이가 메시아일지 궁금해할 필요가 전혀 없습니다. 예수님이 재림하시는 날, 그분은 모든 사람이 볼 수 있도록 오실 것이기 때문에 성도들은 아무 어려움 없이 메시아를 알아보게 될 것입니다. 그러므로 주님은 거짓 그리스도를 따르지 말라고 경고하십니다. 여기저기를 기웃거릴 필요가 전혀 없습니다. 건강한 교회를 출입하는 사람들은 다른 곳을 기웃거려서는 안 됩니다.

그러면서 예수님은 재림과 초림 사이에 많은 시간이 경과할 것이며, 그 시간에 당신의 백성이 어려움을 겪을 것을 미리 일러 주셨습니다. 그것이 바로 전쟁과 혁명에 관한 언급입니다. "난리와 소요의 소문을 들을 때에 두려워하지 말라 이 일이 먼저 있어야 하되 끝은 곧 되지 아니하리라"(눅 21:9). 정치적 소요 사태가 징조이기는 하지만, 결코 그 자체가 종말 도래의 징조는 아니라고 하십니다. 하나님 나라는 예수님이 죽음을 당하신 바로 그 주간이나 부활하신 직후에도 도래하지 않을 것입니다. 심지어 예루살렘이 파괴된 직후에도 도래하지 않을 것입니다.

주님은 '끝은 곧 되지 아니할 것'이기에 성도들에게 두려워하지 말라고 말씀하십니다. 하나님은 결코 당신이 창조한 피조계에 대한 통제력을 잃어버리지 않으실 것입니다. 하나님은 당신의 약속을 반드시 이루어 가실 것입니다. 그 어떤 상황에서도 주님은 우리를 고아처럼 버려두지 않으실 것입니다. 재림을 기다리는 당신의 백성을 위해서 영광과 권능으로 오실 것입니다.

사람들은 항상 어느 때에 무슨 징조가 있을 것인지 궁금해합니다. 세대마다 전쟁의 소문과 주님 재림의 징조들이 나타날 것입니다. 그런 일을 통해서 세대마다 오실 주님에 대한 경각심을 일깨워 주어야 하기 때문입니다. 우리가 사는 세상은 신자와 비신자를 막론하고 주님의 재림과 심판에 대한 의식이 희박해 있습니다. 그러므로 재림을 준비하는 일은 더욱 희귀해집니다. 세상 종말에 대한 추측보다 주님이 당신의 세대에 하신 질문을 되새겨 봅시다. "인자가 올 때에 세상에서 믿음을 보겠느냐"(눅 18:8). 주님의 이 질문에 대한 대답이 우리의 신분을 보여 줄 것입니다.

○

주심의 오심을 사모하며 살아가고 있습니까? 어느 때에, 무슨 징조보다 더 중요한 것은 언제라도 주님을 맞이할 준비를 하고 살아가는 것입니다. 오늘이라도 주님이 오시면 기쁘게 맞이할 수 있는 준비를 하고 살아갈 때 항상 기뻐할 수 있습니다. 쉬지 않고 기도할 수 있습니다. 범사에 감사할 수 있습니다. 예루살렘의 멸망이 필연적이었듯이 지구촌의 멸망도 운명적입니다. 때를 헤아리는 것보다 그때에 합당한 삶을 살아가는 것이 더 중요합니다. 오실 신랑을 기다리는 신부답게 마지막 때를 살아갑시다.

41.

종말, 어떻게 준비할 것인가

(21:10-19)

///

    예수님은 예루살렘 성전 파괴 사건에 앞서 거짓 메시아들의 출현뿐 아니라 세계 정세의 불안이 있을 것을 말씀하셨습니다. 그러나 끝은 곧 되지 않을 것이기에 성도들은 두려워하지 말아야 한다고 하셨습니다. 그리고 이어지는 이 장의 본문인 누가복음 21장 10-11절에서는 "민족이 민족을, 나라가 나라를 대적하여 일어나겠고 곳곳에 큰 지진과 기근과 전염병이 있겠고 또 무서운 일과 하늘로부터 큰 징조들이 있으리라"라고 말씀하셨습니다.

    예수님은 예루살렘 성전 파괴로부터 온 지구상에 종말이 임할 것이며 하나님 나라가 도래하기까지는 시간적 간격이 있을 것을 암시하셨습니다. 먼저 지상에서 전쟁이나 민족들과 왕국들 간의 분쟁을 포함한 고난이 마치 생활의 일부처럼 일상적으로 일어날 것이며, 많은 자연재해가 일어날 것입니다. 실제로 예루살렘 파멸을 앞두고 지진, 기근, 전염병이 창궐

했습니다. 주후 61년에는 브루기아에 무서운 지진이 있었고, 주후 79년에는 베수비오 산이 폭발하여 거대한 도시 폼페이가 화산재에 묻혔습니다. 글라우디오(클라우디우스) 황제와 네로의 재위 기간에는 로마 제국 전역을 기근이 휩쓸기도 했습니다. 유대 역사가 요세푸스(Flavius Josephus)와 로마 역사가 타키투스(Publius Cornelius Tacitus)에 의하면, 주후 66년과 70년 사이 유대인과 로마 간 전쟁 시기에는 혜성이 며칠 밤 날아다니는 등 이상한 징조들이 하늘에 나타나기도 했다고 합니다. 고대 세상에서 혜성의 출현은 불길한 징조로 여겨졌는데, 이러한 일들은 역사가 하나님이 계획하신 유일하고 최종적인 목표, 즉 새 하늘과 새 땅의 도래를 향해 진전하고 있음을 의미합니다.

주님은 지금 지구 종말이나 주님 재림에 대한 지적 호기심을 가진 사람들을 위해서 이 말씀을 하고 계시는 것이 아닙니다. 주님은 예루살렘 성전의 파멸로 나타나기 시작한 종말의 때를 맞이할 그때 당신의 제자들 그리고 장차 마지막 종말을 맞이할 오늘 우리를 위해서 이 말씀을 하시는 것입니다. 큰 항아리에 금이 가기 시작하면 부딪히고 부딪히다 언젠가는 깨지는 것처럼, 예루살렘의 성전 파멸은 이제 막 금이 가기 시작했음을 의미합니다. 그래서 이 사건은 마지막 지구의 종말과 관련되어 있는 것입니다.

앞서 주님은 유혹을 받을 위험에 대해서 말씀하셨고, 이 장의 본문에서는 박해 때문에 굴복할 위험을 경고하십니다. 유혹을 받는 것도 문제지만 박해 때문에 움츠러드는 것도 문제입니다. 어느 쪽으로 넘어지든 우리의 대적은 상관하지 않습니다. 우리가 넘어지기만 하면 자기의 목적을 달성한 것이기 때문입니다.

마지막 때에 제자들이 당할 위험들

　　마지막 때에 예수님의 제자들이 당하게 될 첫 번째 위험은 체포되고 법정에 서게 되는 것입니다(눅 21:12-15). 그러나 이 일은 제자들에게 그들의 신앙을 증거할 기회가 될 것입니다. 하지만 그런 상황을 용기와 지혜를 가지고 맞이해야 합니다. 다행히 예수님이 용기와 지혜를 주실 것입니다. 주님은 그분의 이름을 위해 고난당하는 자를 돕겠다고 약속하셨습니다. 두 번째 위험은 가까운 이들로부터 배신당하고 일반 사람들로부터 미움을 받게 되는 것입니다(눅 21:16-19). 이런 배신과 미움은 몇몇 제자들로 하여금 죽임까지 당하게 할 것입니다. 그러나 주님은 그런 상황조차도 그들을 실제로 조금도 해할 수는 없을 것이라고 약속하십니다. 불변하는 인내심은 결국 부활의 생명을 가져다줄 것이라고 보장하십니다.

　종말적 현상이 나타나기 전에 먼저 제자들은 잔인한 박해의 때를 직면할 것입니다. 그러나 예수님은 조금도 망설임 없이 단호하게 당신의 제자들은 고난을 피할 수 없을 것이라고 설명하십니다. 달리 말하면, 제자 공동체에 대한 박해가 먼저 있을 것을 말씀하신 것입니다. 주님이 거부당하신 그 길목에서 제자들을 향한 박해가 뒤따를 것입니다. 제자들을 향한 박해는 난리를 비롯한 다른 어떤 징조들보다 예루살렘 성전에 임하게 될 심판으로 귀착되는 일련의 사건들 속에서 더 한층 근본적인 징조일 것입니다. 다시 말하면, 전쟁과 혁명들, 땅에서 일어나는 큰 지진과 곳곳에 찾아오는 기근과 전염병, 하늘로부터 발생하는 심상찮은 현상들은 모두 중요한 징조들이지만, 그러한 징조들보다 더 일찍 시작되고 좀 더 근본적으로 중요한 것은 제자 공동체에 대한 박해라는 것입니다.

　여기서 예수님이 무시무시한 박해와 하늘로부터의 도우심을 대칭적으로 서술하신 것은 하늘의 도우심이 그 어떤 땅의 박해보다 더 강력한 것임을 보여 주시기 위함입니다. 그러므로 하늘로 올라가신 예수님은 아무도 변박할 수 없는 능력 있는 말을 제자들에게 주실 것입니다. 비록 제자 중 몇몇은 죽임을 당할 것이지만, 신앙을 지키는 제자들을 향한 하나님의 보호하심은 확실할 것입니다.

예수님을 따르는 자들은 이 모든 일이 일어나기 전에 체포당하고 박해를 받을 것입니다. 누가는 그 사실들을 사도행전에 많이 기록해 두었습니다. '너희에게 손을 대어'라는 말은 예수님을 믿는다는 이유로 동족 유대인들이 '회당과 옥에 넘겨줄 것'을 가리킵니다. 예루살렘의 산헤드린뿐만 아니라 지방 마을 회당에서도 법정이 열렸습니다. 회당은 규모가 작아도 사법권을 행사했습니다. 물론 큰 사건은 예루살렘 산헤드린이 직접 다루었지만 사소한 일들은 회당에서도 다루었습니다. 그들은 때로 혐의자들을 채찍으로 때리기도 했습니다. '회당과 옥에 넘겨주는 것', 즉 감옥에 가두는 일은 고대 사회의 처벌 수단 중 하나였습니다. 더 이상 구체적인 언급은 없지만, 이런 연유로 인해서 제자들은 유대교와 결별하게 되었을 것입니다.

사실 그 자리에서 예수님의 말씀을 듣고 있던 제자들 가운데 베드로와 요한은 예수님이 부활하신 지 얼마 지나지 않아 산헤드린 공의회 앞에서 심문을 당할 때(행 4:1 이하) 주님의 이 말씀을 떠올렸을 것입니다. 70여 명의 유대 지도자가 모인 곳이 산헤드린입니다. 그들이 베드로와 요한을 불러서 심문을 하는데 워낙 말을 잘해서 감당이 되지 않았습니다. 질문을 던지면 그들이 변명할 기회를 주는 것밖에 되지 않아서 당황해 어찌할 바를 몰랐습니다. 주님이 베드로와 요한에게 변박할 수 없는 말을 입에 넣어 주겠다고 하셨기 때문입니다.

그리스도의 교회는 첫 번째 박해가 도래하기 전에 세워진 것이 아닙니다. 예수 믿는 사람들을 박해해서 그들이 회당에 모일 수 없어 따로 모이게 된 것입니다. 이런 분위기 가운데 다소 사람 사울은 믿는 자들을 박해하고 체포해서 유대 당국자들의 손에 넘겼습니다. 그리고 요한의 동생 야고보는 헤롯 왕에게 죽임을 당했습니다(행 12:1-2). 그리고 베드로는 감옥에 갇혔으나 초대 교회 성도들의 기도 응답으로 풀려났습니다. 회심한 바울도 다른 그리스도인들과 함께 이방의 통치자들과 재판장 앞에 끌려갔습니다. 회당에서 박해를 당하기도 하고, 폭행을 당해 죽은 줄 알고 버려지기도 했습니다.

이 모든 말세의 박해의 현상들은 유다와 로마 간의 전쟁이 일어났던 주후 60년과 70년 사이에 일어났습니다. 모두 성취된 것입니다. 예수님의 제자들은 유대인들과 충돌했을 뿐만 아니라 바울처럼 이방인 '임금들과 집권자들 앞에' 끌려가 심리를 당하기도 했습니다. 왜 그랬습니까? 그것은 예수님에 대한 제자들의 믿음 때문이었습니다. '예수님의 이름으로 말미암아' 당하는 수난이었습니다. 그러나 이 모든 박해는 주님이 말씀하신 대로 증거의 기회가 되었습니다. 구원자 예수님을 증거하고 그분을 통한 하나님의 구원을, 약속된 메시아를 증거하는 기회 말입니다. 이 모든 일을 기록한 것이 사도행전입니다.

시련의 시기를 보낼 때 취할 자세

주님은 이러한 시련의 시기를 위해 미리 대책을 일러 주십니다. "그러므로 너희는 변명할 것을 미리 궁리하지 않도록 명심하라 내가 너희의 모든 대적이 능히 대항하거나 변박할 수 없는 구변과 지혜를 너희에게 주리라"(눅 21:14-15). 안으로는 회당과 밖으로는 이방인 관원들 앞에서 당하는 모든 시련은 제자들에게 주님의 이름을 전할 기회가 되었습니다. 그러므로 그들은 자신을 변호하는 일로 염려할 필요가 없습니다. 오히려 어떤 상황에서나 복음을 선포하는 일에 집중해야 할 것입니다. 예수님이 친히 도와주겠다고 약속하셨기 때문입니다. 실제로 주님은 박해자들이 놀랄 정도로 대항할 수도, 변박할 수도 없는 구변과 지혜를, 특별히 말의 지혜를 주셨습니다. 바울은 천부장 루시아 앞에서 그리고 헤롯 아그립바 왕과 새로 부임한 총독 벨릭스 앞에서 그리스도에 대해 증거할 수 있는 기회를 가졌습니다. 사도행전에 그때 바울이 했던 설교가 길게 기록되어 있습니다.

이런 위기에 성도들은 불안해할 필요가 없습니다. 우리가 통제할 수 없는 위기의 자리에 처했을 때 우리를 그 자리에 서게 하신 주님이 할 말을 주실 것입니다. 변호할 말을 잘 준비하는 것이 아니라, 예수님의 대변인이 되고자 하는 마음 자세가 중요합니다. 그것은 강력한 증언을 하게 만들고, 가장 완악한 대적자들조차 대항도, 반박도 하지 못하는 증언을 하게 할 것이라고 주님은 약속하셨습니다. 물론 가르치거나 해야 할 말을 미리 준비해 두어야 합니다. 잘 준비하는 것이 잘 가르칠 수 있는 기본이기 때문입니다. 그러나 예기치 못한 순간에는 예상치 못한 은혜가 주어질 것을 우리는 기대할 수 있습니다.

예수님이 지금 어떤 법정에 서게 되어도 무죄로 풀려날 것이라고 약속하시는 것이 아니라는 사실을 꼭 기억하십시오. 때로 제자들은 목숨으로 값을 치르기도 합니다. 지금 예수님의 말을 듣고 있던 제자들 가운데 하나인 야고보는 믿음을 지키다가 죽임을 당했습니다. 주님이 친히 말씀하신 대로입니다(눅 21:16-19). 이 말씀은 법정 상황으로부터 예수를 믿는다는 이유로 가족과 친척으로부터 배신을 당하는 상황으로 그리고 신앙 때문에 모든 사람으로부터 일반적인 미움을 받는 상황으로 진전합니다. 주님은 가족과 친척과 벗의 배신으로 인해 때로 그들 가운데 몇몇은 죽음을 맞이하기도 할 것을 미리 말씀하셨습니다.

우리가 아는 대로, 당시의 유대인과 이방인의 박해로 요한을 제외한 모든 사도가 순교를 당했고, 특히 주후 64년 로마에 살던 많은 그리스도인은 로마 황제 네로에 의해 잔인하게 고문당하고 순교했습니다. 그런 상황에서 심지어는 가족이나 친척, 친구들조차 예수를 믿는다는 이유로 배신하고 고발해서 죽임을 당하도록 했습니다. 유대인들로서는 십자가에 못박힌 예수를 메시아라고 믿는 것이 신성 모독으로 여겨졌기 때문입니다. 이러한 이유로 유대인이 기독교로 개종한다는 것은 미움을 받고 유대 사회에서 추방되는 것을 의미했습니다.

예수님의 말씀은 거기서 끝나지 않습니다. 주님은 또한 그리스도인들에 대한 사람들의 증오심이 더 심각해질 때를 예고하고 계십니다. 오늘날은 예수 믿는 사람들을 박해하고 그것도 모자라 예수의 이름에 함부로 욕을 하는 말세의 현상이 나타나고 있습니다.

성도들을 향한 미움은 그리스도를 향한 미움이고, 죄가 극에 달하면 어떤 나라나 문명이라도 심판을 받습니다. 이방인들의 입장에서는 그리스도인들이 자기들처럼 행동하지 않기 때문에 싫어하는 것입니다. 모든 잔혹한 행동에 참여하지 않았고, 모든 부도덕하고 야만적인 관습을 멀리했고, 여러 가지 이방 제사 행위에 동참하지 않았고, 특히 황제 숭배를 멀리했기 때문입니다. 당시의 제자들은 예수 이름에 충성하고 그 이름을 찬양했기에, 물에 기름처럼 유대인들과 동화되지 않았기에 세상에서 미움을 받았습니다(요 15:19).

그때뿐 아니라 오늘도 우리가 세상에 속하지 않는 한 우리는 세상의 미움을 받을 수밖에 없습니다. 우리가 그리스도께 속했다는 것 때문에 미움을 받는다면 그것은 지불해야 하는 대가입니다. 그러나 우리의 잘못된 행실 때문에 비난과 미움을 받아서는 안 될 것입니다. "너희가 이방인 중에서 행실을 선하게 가져 너희를 악행한다고 비방하는 자들로 하여금 너희 선한 일을 보고 오시는 날에 하나님께 영광을 돌리게 하려 함이라"(벧전 2:12). 베드로의 충고는 당시보다 오늘 더욱 절실합니다. 이 시대가 그리스도인을 미워하는 것은 말세적 징조임이 분명합니다. 그러나 동시에 우리는 자신을 돌아보아야 합니다.

제자 됨의 대가를 치르고 있습니까? 믿음과 구별된 생활 방식 때문에 친구를 잃었습니까? 승진 기회를 박탈당했습니까? 심지어 가족과의 관계가 단절되는 아픔을 겪었습니까? 결코 홀로 당하는 아픔이 아닙니다. 시대마다 하나님의 백성은 믿음을 지키기 위해 엄청난 손해와 상실을 경험했습니다. 예수님은 심지어 이런 일들이 일어날 것이라고 예언하기까지 하셨습니다. 물론 믿음으로 인해 조롱과 노골적인 증오의 대상이 될 때 상처를 받을 수도 있습니다. 그러나 꼭 기억하십시오. 우리는 수많은 다른 성도, 심지어 예수님과 동일한 경험을 하고 있는 것입니다. 세상의 배척은 우리를 주님과 하나 된 사람으로 확인하는 도장일 것입니다(요 17:14).

이런 상황 가운데 우리에게 필요한 주님이 주신 마지막 약속을 확인합시다. "너희 머리털 하나도 상하지 아니하리라 너희의 인내로 너희 영혼을 얻으리라"(눅 21:18-19). 극심한 박해는 주님을 증거할 기회가 되지만, 배신과 미움을 참고 견디는 자에게는 궁극적인 구원의 기회가 될 것입니다. 비록 신체적인 고통과 죽음을 당하지만 하늘 아버지의 보호의 손길에서 벗어나지는 않을 것입니다. 아버지 하나님의 뜻을 벗어나는 일은 세상에 일어나지 않습니다. 참새 한 마리도 아버지의 허락 없이는 땅에 떨어지지 않습니다. 모든 일은 하나님의 자녀들의 유익을 위해서, 하늘 아버지의 영광을 위해서 일어납니다.

이 사실을 아는 주의 백성은 결코 낙심하지 않습니다. 우리의 머리털 하나도 상하지 않을 것이라는 주님의 말씀은, 우리의 영혼은 언제나 우리를 사랑하시는 아버지의 손에 있음을 보증하신 말씀입니다. 우리의 대적은 땅에 속한 우리의 몸은 죽일 수 있어도 우리의 영혼은 해할 수 없습니다. 그러므로 주님은 친히 일러 주십니다. "몸은 죽여도 영혼은 능히 죽이지 못하는 자들을 두려워하지 말고 오직 몸과 영혼을 능히 지옥에 멸하실 수 있는 이를 두려워하라"(마 10:28). 이 진리를 알아야 배신과 미움이 난무하는 세상에서 믿음으로 승리할 수 있습니다.

○

거짓 선지자들에게 속아서 이리 기웃, 저리 기웃하지 마십시오. 박해를 두려워해서 움츠러들지 마십시오. 오히려 주님을 증거할 기회로 삼기 바랍니다. 배신과 미움 가운데 있습니까? 때로는 생명의 위협도 있을 것입니다. 그러나 끝까지 주님을 사랑하는 자들은 영광스러운 구원을 얻을 것입니다.

42.

징벌의 날 (21:20-24)

주님은 예루살렘 파멸에 앞서서 그보다 먼저 일어날 사건들을 말씀해 주셨습니다. 그리고 이 장의 본문에서는 예루살렘 파괴 과정과 그 때 제자들이 어떻게 해야 할지를 생생하게 일러 주십니다. 예수님은 하나님이기에 전지전능하시고, 그 전지전능으로 미래를 환히 내다보시기에 여기 기록된 말씀은 거의 40년 후에 일어날 예루살렘의 멸망에 관한 묘사임에도 너무나 생생합니다. 등골이 오싹할 정도로 두려움을 느끼게 합니다.

"너희가 예루살렘이 군대들에게 에워싸이는 것을 보거든 그 멸망이 가까운 줄을 알라"(눅 21:20). 주님은 예루살렘이 군대들에 의해서 포위당할 것이며, 이는 그 도시와 성전의 끝이 가까웠음에 대한 징조가 될 것이라고 예언하십니다. 비록 포위 기간이 길어질 수도 있겠지만, 결국 예루살렘 성은 함락될 것이기 때문입니다.

하나님은 긍휼을 베푸실 때와 마찬가지로 심판을 시작하실 때도 한 번

387

시작하면 반드시 그 끝을 보신다는 것을 기억해야 합니다. 하나님의 은혜가 우리를 집요하게 추적하기에 그 은혜로부터 피해 갈 자는 아무도 없으나, 동시에 하나님의 심판 역시 시작되면 그것을 피해 갈 자가 없습니다. 하나님의 심판 도구들에 저항해 보아야 소용이 없습니다. 심판이란 반역과 불순종의 역사의 정점에서 일어나는 것이기 때문입니다. 이미 도끼가 나무뿌리에 놓였으니 좋은 열매를 맺지 않는 나무마다 찍혀 불에 던져질 것입니다(마 3:10). 부디 하나님의 긍휼의 대상이 되기를 바랍니다. 그러면 우리를 향한 하나님의 선하심과 인자하심은 영원할 것입니다. 제발 하나님의 심판의 대상이 되지 마십시오. 결코 진노와 파멸을 피할 수 없을 것입니다. 사랑하는 자에게 하나님의 인애가 영원함과 같이, 미워하는 자에게는 하나님의 진노가 끝이 없기 때문입니다.

멀리서 들려오는 전쟁과 난리의 소문들이 아니라, 그들의 눈앞에서 이방 군대들이 예루살렘 도성을 포위하는 모습은 도성 파괴와 더불어 성전 파괴가 임박했음을 보여 주는 최후의 신호가 될 것입니다. 그러므로 이 말씀은 7절, "선생님이여 그러면 어느 때에 이런 일이 있겠사오며 이런 일이 일어나려 할 때에 무슨 징조가 있사오리이까"라는 질문에 대한 대답이라고 볼 수 있습니다.

멸망 징조가 보이거든 취해야 하는 대처법

예수님은 여기서 멸망의 최종 징조가 무엇인지를 말씀하신 후 그때는 어떻게 행동해야 하는지를 이야기하십니다. 마치 위기 대처 매뉴얼처럼, 각자가 서 있는 위치에서 구체적으로 어떻게 행동해야 하는지를 말씀해 주십니다. "그때에 유대에 있는 자들은 산으로 도망갈 것이며 성내에 있는 자들은 나갈 것이며 촌에 있는 자들은 그리로 들어가지 말지어다 이날들은 기록된 모든 것을 이루는 징벌의 날이니라"(눅 21:21-22). 주님은 당신을 사랑하는 자들의 안전을 염려해서 상세히 일러 주십니다. 그때 어디에 있는가에 따라서 취할 세 가지 간결한 행동 지침입니다. 많은 주석가는, 예수님의 명령을 따랐던 제자들은 베뢰아에 있는 펠라라는 곳에 모여서 예루살렘 멸망의 재앙을 피했다고 말합니다. 그러나 다른 주석가들은 역사적으로 입증할 수 없는 주장이라고 반박하기도 합니다. 두 가지 입장을 취하는 이들의 논쟁은 언제 끝날지 모릅니다. 그러나 분명한 것은, 예수님은 미래에 관해서 정확히 알고 계셨고, 뿐만 아니라 예수님은 당신의 백성을 무척이나 배려하셨다는 사실입니다.

예수님은 이 땅에 온 하나님의 아들이십니다. 그러므로 예수님이 하나님이심을 믿는다면 그분이 미래를 꿰뚫고 있었다는 사실에 대해서 의심해서는 안 됩니다. 그분은 우리의 미래도 한 치의 오차 없이 알고 계십니다. 우리가 우리의 인생을 주장하는 것 같습니까? 우리의 발걸음을 옮기도록 하는 분은 하나님이십니다. 우리로 하여금 가게 하는 분도, 멈추게 하는 분도 하나님이십니다. 그 주님은 알고 계실 뿐만 아니라 당신의 백성의 유익을 위해 역사의 흐름을 움직여 가시는 분입니다.

비록 세상은 하나님의 뜻을 거스르고 대항하기를 원하지만, 역사는 하나님의 뜻이 실현되는 광장임을 믿으십시오. 그러면 전쟁과 소요 사태가 번질 때도 평안을 유지할 수 있습니다. 현상을 바라보고 위축되는 대신, 시편 기자처럼 오히려 세상의 시도를 비웃을 수 있습니다. "어찌하여 이방 나라들이 분노하며 민족들이 헛된 일을 꾸미는가 세상의 군왕들이 나서며 관원들이 서로 꾀하여 여호와와 그의 기름 부음 받은 자를 대적하며 우리가 그들의 맨 것을 끊고 그의 결박을 벗어 버리자 하는도다"(시 2:1-3). 어떤 상황 가운데서도 신앙인이 평안을 맛보는 이유는 역사를 주관하시는 하나님을 믿기 때문입니다. 역사는 반항하는 인생에 의해서 좌우되는 것이 아니라, 하늘 보좌에 앉은 이가 주장하시는 것입니다. "하늘에 계신 이가 웃으심이여 주께서 그들을 비웃으시리로다"(시 2:4).

예루살렘이 멸망당하는 재앙이 임하면 주님이 말씀하신 세 가지 지침을 따라야 합니다. 첫째, 유대에 있는 자들은 산으로 도망가야 합니다. 둘째, 성안에, 오늘 말로는 도시에 사는 자들은 밖으로 나가야 합니다. 셋째, 도시 밖에 있는 자들은 성안으로 들어가서는 안 됩니다. 사실 이 지침은 전쟁이 일어날 때 통상적인 지혜와는 반대되는 것입니다. 사람들이 왜 성을 쌓습니까? 일반적으로 위기의 순간에 피신하기 위해서입니다. 그런데 성을 버리고 떠나라, 성으로는 들어가지 말라는 명령은 일반적인 상식과는 맞지 않습니다. 주님은 왜 그런 명령을 하셨을까요? 예루살렘은 멸망받기로 작정되어 있어 그 어떤 보호도 제공해 줄 수 없기 때문입니다. 또한 일단 성이 포위되고 나면 성 밖으로 피신하기에는 이미 때가 늦을지 모르기 때문입니다. 무엇보다 예루살렘은 더 이상 안전한 곳이 아니라, 오히려 가장 위험한 곳, 하나님의 진노의 가마솥이 부어지는 곳이 될 것이기 때문입니다.

예루살렘은 선지자들을 죽이고 그들에게 파송된 자들을 돌로 치는 죄를 범했습니다. 뿐만 아니라 그들을 위해 오신 하나님의 아들을 십자가에 못 박는 죄를 범했습니다. 하나님은 "암탉이 그 새끼를 날개 아래에 모음같이"(마 23:37) 끊임없이 그 백성을 돌보려고 하셨지만 그들은 마지막 호소마저 저버렸습니다. 그 결과 예루살렘은 하나님의 징벌의 대상이 되는 운명에 빠져들었습니다. 도성 예루살렘의 멸망은 궁극적으로 큰 성 바벨론의 멸망의 예표이기도 합니다. "무너졌도다 큰 성 바벨론이여"(계 14:8, 18:2). 여기서 '큰 성 바벨론'은 이 세상을 상징하는 암호입니다. 그러므로 주님의 말씀을 소중히 여기는 자들은 곧 멸망받을 도성을 떠나야 합니다.

진노 중에도 긍휼을 잊지 않으시는 주님

이 말씀은 주후 70년 예루살렘의 함락을 앞두고 제자들이 어떻게 처신해야 하는지를 알려 주시는 주님의 행동 지침입니다. 그러나 그 성이 왜 멸망받는지를 기억한다면 오늘날 우리 역시 따라야 할 윤리 지침이요, 신앙 지침으로 생각해야 합니다. 그러므로 하나님의 백성은 지금도 거기서 나오라는 하늘 음성에 귀를 기울여야 합니다. "또 내가 들으니 하늘로부터 다른 음성이 나서 이르되 내 백성아, 거기서 나와 그의 죄에 참여하지 말고 그가 받을 재앙들을 받지 말라 그의 죄는 하늘에 사무쳤으며 하나님은 그의 불의한 일을 기억하신지라"(계 18:4-5).

"내 백성아, 거기서 나오라"라는 하나님의 명령에 순종하십시오. 하나님이 버리신 도성에 들어가려고 안달하지 마십시오. 우리는 천성을 향해 나아가는 순례자들입니다. 말세의 징조가 대세를 이루는 세상에서 세상 사람처럼 살면 세상 사람들이 받을 징벌을 받을 수밖에 없습니다. 장차 망할 세상에 계속 집착하면 함께 망하고 맙니다. 하나님이 저주하신 일에 집착하면 결국 그 재앙을 받고 말 것입니다. 장차 최후 재앙에서 벗어나는 길은 지금 세상 죄에 참여하지 않는 것입니다. 오늘 우리가 처한 상황은 어떻습니까? 떠나야 할 곳에 머물러 있는 사람은 없습니까? 아니, 일찍 떠난 그곳을 돌아보고 있는 사람은 없습니까? 세상 문명은 마지막을 향해 달리고 있습니다.

예수님은 "이날들은 기록된 모든 것을 이루는 징벌의 날이니라"(눅 21:22)
라고 말씀하셨습니다. 그동안 구약의 선지자들이 누누이 말했던 징벌의
날이 도래한 것입니다. 유대인들은 이날들에 끔찍한 참화를 당할 것입니
다. 선지자들의 모든 경고가 이제는 이루어지는 것입니다. 구약의 모든
순교자들의 피는 이제 신원을 받아야 합니다. 하나님이 오랫동안 참으셨
던 나날들을 무시한 자들에게 이제 징벌의 날이 올 것입니다. 구약의 순
교자들뿐 아니라 이 땅에 오신 구원자 예수님을 십자가에 못 박은 죗값도
치러야 합니다. "그 피를 우리와 우리 자손에게 돌릴지어다"(마 27:25)라고
소리쳤던 그들은, 유대인 역사가 요세푸스의 기록에 의하면 백만 명 이상
이 죽임을 당하고 9만 7천 명 가까운 사람이 포로가 되면서 예루살렘 성
안팎은 유대인의 씨가 말라 버렸습니다. 이날의 멸망은 대단할 것입니다.
하나님의 이 백성에 대한 진노가 크시기 때문입니다.

본문을 통해서 찬란하게 나타나는 사실이 있습니다. 먼저, 주님은 죄인
의 파멸을 기뻐하지 않으신다는 것입니다. 비록 주님은 여기서 징벌의 날
을 선언하시지만, 그것을 즐거워하지는 않으십니다(겔 33:11). 우리가 믿는
성경의 하나님은 죄인이 죄 가운데 멸망받는 대신, 죄에서 돌이켜 사는
것을 기뻐하시는 분입니다. 또한 본문에는 징벌의 날, 전쟁의 때에 위험
에 가장 쉽게 노출될 수밖에 없는 계층에 대한 주님의 따뜻한 마음이 표
현되어 있습니다. "그날에는 아이 밴 자들과 젖 먹이는 자들에게 화가 있
으리니 이는 땅에 큰 환난과 이 백성에게 진노가 있겠음이로다"(눅 21:23).
전쟁이 일어나면 하나님의 진노는 누구에게나 예외 없이 큰 환난으로 임
할 것입니다. 승리자나 패배자나, 아군이나 적군이나 죽는 자들이 속출하
고 다치는 자들이 나올 것입니다. 그러나 그날 가장 힘들어하는 계층은

따로 있습니다. 전쟁의 날 가장 취약한 계층은 여인들, 특히 그 가운데서 아이 밴 자들과 젖 먹이는 자들입니다. 그들을 언급하시는 말씀에서 주님의 따뜻한 마음을 읽을 수 있습니다. 그러나 어찌 아이 밴 자들과 젖 먹이는 자들만 배려하시겠습니까? 동일한 짐을 지고 있는 모든 사회적 약자에 대한 마음이 주님의 마음입니다.

우리는 이러한 주님의 모습을 만나면 스스로를 돌아보게 됩니다. 주님은 지금 중대한 일, 한 민족의 최후 파멸에 대해 말씀하시면서도 그 일이 일어날 때 당하게 될 취약 계층들의 고통에 대해 언급하십니다. 우리는 어떻습니까? 우리는 생각하는 것이 우리를 구원하신 주님을 닮아야 합니다. 행동하는 것이 우리를 사랑하사 당신의 목숨을 주신 주님을 닮아야 합니다. 우리 역시 우리가 사는 도시의 사회적 취약 계층을 기억해야 합니다. 아무리 햇볕이 밝게 내리쪼여도 세상에는 또 다른 짙은 그림자가 있습니다. 그러므로 시대마다 사회적 약자에 대한 배려가 있어야 합니다. 하나님은 우리가 이 땅에서 가장 많은 눈물을 흘리고 있는 계층을 보듬어 주기를 원하시기 때문에, 이 일을 교회가 해야 합니다. 이것은 시대적인 부름이기 때문입니다.

하나님은 그 백성을 절대 포기하지 않으신다

전쟁은 승자나 패자, 누구에게나 비참한 것입니다. 그러나 패배자에게는 더없이 비참합니다. 세상에 오신 하나님의 아들, 예수님을 거부한 유대인들의 운명은 둘 중 하나입니다. 칼날에 죽임을 당하거나 쇠사슬에 끌려 포로로 잡혀가는 것입니다. 예수님은 여기서 예루살렘의 멸망은 하나님의 징벌이자 진노라고 강조하십니다. "이날들은 기록된 모든 것을 이루는 징벌의 날"(눅 21:22)이며, "이는 땅에 큰 환난과 이 백성에게 진노가"(눅 21:23) 있을 것인데, "예루살렘은 이방인의 때가 차기까지 이방인들에게 밟히리라"(눅 21:24)라고 말씀하십니다. 여기서 '이방인의 때'란 하나님의 도성이 이방인의 발에 짓밟히는 것을 의미합니다. 예수님의 예언은 무섭고 정확하게 성취되었습니다. 그들은 구원하려고 오신 주님의 발걸음을 거부하고 오히려 그분을 죽여서 십자가에 매달았던 죗값을 치렀습니다.

지금은 이방인이 득세하는 시대입니다. 하지만 이방인의 시대라고 해서 하나님의 진리가 전혀 활동하지 않는 것은 아닙니다. 겉으로 보기에는 여호와 하나님 대신에 이방인 황제가 세상을 지배합니다. 그러나 실제로는 그 안에서 하나님의 말씀이 더 왕성하게 전파되어 온 세상을 복음으로 변화시킵니다. 예루살렘이 바벨론에 망했을 때 하나님 나라는 끝이 난 것처럼 보였습니다. 온 세상을 바벨론 왕 느부갓네살이 통치했습니다. 그러나 하나님은 바벨론을 통해 온 세상에 여호와를 아는 지식을 퍼뜨리셨습니다. 그래서 흩어진 유대인들이 가는 곳마다 회당을 세웠고, 이는 하나님의 말씀의 증거가 되었습니다.

주후 70년 예루살렘 멸망으로 열방에 흩어진 사람들이 가는 곳마다 복음을 전해 이방이 복음화되고 있는 시대가 오늘 우리 시대입니다. 우리는 이방인들이 구름 떼와 같이 하나님께로 돌아오고 있는 시대에 살고 있습니다. 겉으로 보기에는 이방인의 황제가 이 세상을 통치하며 성도들에게 우상 숭배를 강요하고 불의한 방법이 판을 치지만, 가루 서 말에 들어간 누룩처럼 온 세상이 바뀌어져 가는, 이방인들에게 복음이 본격적으로 증거되는 시대이기도 합니다.

그러므로 어떤 일을 당하더라도 하나님은 우리를 지켜보고 계신다는 사실을 믿으십시오. 우리가 느끼는 상실과 고통과 두려움을 지켜보며 돌보신다는 것을 믿으십시오. 예루살렘은 이방인의 때가 차기까지 버림당할 것입니다. 그러나 그때가 차면 예루살렘은 회복될 것입니다. 하나님은 그 백성을 완전히 포기하지 않으십니다. 그러므로 우리도 포기하지 않으십니다.

○

미래를 꿰뚫는 예리한 지식과 제자들을 향한 따뜻한 배려가 있으신 주님 때문에 우리는 행복합니다. 크고 무서운 일을 예언하시는 주님의 마음에 사건만 담겨 있는 것이 아니라 사람에 대한 따뜻한 마음, 그것도 취약 계층을 향한 배려가 있어서 주님이 좋습니다. 철저한 파멸을 선언하면서도 남겨 두신 은혜로 인해서 주님을 사랑합니다. '이방인의 때가 차기까지' 짓밟힐 것이지만, 예루살렘을 영원히 포기하지 않으시는 하나님이 우리를 긍휼히 여기십니다. 진노 중에라도 긍휼을 잊지 않는 분(합 3:2)이 우리가 예배하는 하나님이십니다. 종말을 믿는다면 성도답게 살아야 합니다. 종말을 믿기 때문에 거룩한 삶을 살아야 합니다. 종말을 믿기 때문에 아직도 하나님을 믿지 못하는 사람에게 전도해야 합니다. 하나님은 당신이 준 기회를 잘 활용할 수 있는 기도하는 성도들에게 복을 주실 것입니다.

43.

종말의 날 (21:25-28)

　　예루살렘의 징벌의 날에 이어 이 장에서는 전 세계적인 규모로 확장되는 우주적 심판의 날, 인류 종말의 날, 예수님의 재림의 날에 대해 살펴보겠습니다. 하나님의 계획의 마지막 장면은 인자의 재림으로 시작할 것입니다. 누가는 항상 이 마지막 날, 인자의 날을 강조해 왔습니다. 생각지도 않은 때에 인자가 오리라고 경고했습니다(눅 12:40, 18:8). 인자가 다시 오시는 그날은 온 세상의 마지막 날입니다. 인자가 다시 오시는 종말의 날을 앞두고 온갖 우주적인 징조들이 동반될 것입니다. 그 징조들은 종말을 준비하지 못한 사람들에게는 기절할 만큼 무서운 공포로 엄습할 것입니다. 그러나 그분의 재림을 고대하던 성도들에게는 소망의 날이 될 것입니다. 그날이 우리에게 마지막 구원의 날이요, 구속의 완성이요, 속량의 날이라는 것을 잊지 말아야 합니다.

　　그러면 종말의 날은 어떻게 임합니까? 앞서 7절에서 제자들이 종말에 어떤 징조가 있을 것인지 주님께 질문했습니다. 그들의 질문은 성전 파괴와 이스라엘의 파멸에 초점을 맞춘 것이지만, 지금 주님은 온 세상의 종말에 대해서 말씀하십니다. 묻는 제자들에게 있어 예루살렘의 멸망은 모든 것의 끝이었습니다. 그러나 예수님은 그렇게 말씀하시지 않았습니다. 그런 면에서 보면 질문보다 더 분명하고 풍성하게 답하시는 주님의 모습을 볼 수 있습니다. 저는 이런 주님이 참 좋습니다. 우리가 질문했던 것보다 더 정확하게 대답해 주시는 주님은 우리가 간구한 것보다 훨씬 더 풍성하게 응답해 주실 분입니다(엡 3:20).

주님이 재림하시는 날 일어날 징조

"일월성신에는 징조가 있겠고 땅에서는 민족들이 바다와 파도의 성난 소리로 인하여 혼란한 중에 곤고하리라"(눅 21:25). 예루살렘의 몰락을 앞두고는 "곳곳에 큰 지진과 기근과 전염병이 있겠고 또 무서운 일과 하늘로부터 큰 징조들이 있으리라"(눅 21:11)라고 말씀하셨지만, 우주적인 종말을 앞두고는 천체의 이변으로 말미암아 모든 사람이 혼란과 공포 아래 던져질 것입니다. 이전에는 경험하지 못했고 설명할 수 없는 이변, 경고의 징조가 해와 달과 별들에 나타날 것입니다. 해와 달과 별들이 모두 경고하는 일에 동원되는 것을 보면 이 종말은 한 도시에 한정된 것이 아니라 우주적인 것임을 분명히 알 수 있습니다.

마태와 마가는 각각 이렇게 기록합니다. "그날 환난 후에 즉시 해가 어두워지며 달이 빛을 내지 아니하며 별들이 하늘에서 떨어지며 하늘의 권능들이 흔들리리라"(마 24:29). "그때에 그 환난 후 해가 어두워지며 달이 빛을 내지 아니하며 별들이 하늘에서 떨어지며 하늘에 있는 권능들이 흔들리리라"(막 13:24-25). 달리 말해, 이는 하늘의 권능들이 흔들림으로 인해서 일어나는 현상입니다. 종말의 징조로 해와 달과 별들이 동원된 것은 구약 예언에 깊이 뿌리를 내리고 있습니다(욜 2:10-11). "보라 여호와의 날 곧 잔혹히 분 냄과 맹렬히 노하는 날이 이르러 땅을 황폐하게 하며 그중에서 죄인들을 멸하리니 하늘의 별들과 별 무리가 그 빛을 내지 아니하며 해가 돋아도 어두우며 달이 그 빛을 비추지 아니할 것이로다"(사 13:9-10). 사도 요한은 예수님이 여기에 묘사하신 말씀을 환상 가운데 보고 들은 후 계시록에 기록했습니다. "내가 보니 여섯째 인을 떼실 때에 큰 지진이 나며 해가 검은 털로 짠 상복같이 검어지고 달은 온통 피같이 되며 하늘의 별들이 무화과나무가 대풍에 흔들려 설익은 열매가 떨어지는 것같이 땅에 떨어지며 하늘은 두루마리가 말리는 것같이 떠나가고 각 산과 섬이 제자리에서 옮겨지매"(계 6:12-14).

구약 예언에 뿌리를 두고 신약의 마지막 책인 요한계시록에 영향을 끼친 주님의 말씀이 보여 주는 전체적인 그림은 아주 분명합니다. 갑자기 해가 캄캄해집니다. 그러면 당연히 해의 빛을 반사하는 달은 더 이상 보이지 않습니다. 그리고 해와 달이 지구에 정상적인 영향을 주는 일을 멈추면 당연히 바다의 조류가 영향을 입습니다. '바다와 파도의 성난 소리'는 지구의 이 끝에서 저 끝까지 들릴 것입니다. 그때는 자연계가 총체적인 혼돈 상태에 빠져들 것입니다. 그리고 세상 사람들은 자연계의 재앙으로 인해 크나큰 비탄에 잠길 것입니다. 오죽하면 주님이 "사람들이 세상에 임할 일을 생각하고 무서워하므로 기절하리니"(눅 21:26)라고 말씀하셨겠습니까?

그러나 동일한 자연계의 총체적인 혼돈 상태를 대할 때 성도들의 반응은 달라야 합니다. 이런 이변이 일어나는 것을 볼 때 메시아의 재림이 임박했음을 감지해야 합니다. 메시아의 정의와 평화의 통치를 기대할 수 있음을 깨달아야 합니다. 로마의 평화가 물러간 자리에 하나님의 공의가 보금자리를 트는 새로운 세상이 열릴 것입니다. 그러므로 성도들은 세상에 일어나는 이변들로 인해 공포에 사로잡혀 기절할 것이 아니라, 천체까지 흔들 수 있는 사건인 주님의 재림을 확신 가운데 기다려야 합니다(벧후 3:12; 계 21:1).

그리스도인들은 종말론(終末論)을 믿습니다. 우리는 태초에 하나님이 천지를 창조하셨음을 믿는 동시에 처음 하늘과 처음 땅은 사라지고 새 하늘과 새 땅으로 끝이 오리라는 종말론을 믿는 사람들입니다. 요즘은 워낙 사람들이 아는 것이 많아서 여러 가지 지식 가운데 하나를 내어놓아도 관심을 두지 않습니다. 그러나 정말 중요한 것은 알아야 합니다. 그것은 바로 태초에 하나님이 천지를 창조하셨다는 것, 하나님이 타락한 인류를 위해 구세주를 보내 주셨다는 것, 세상은 새 하늘과 새 땅으로 종결지어진다는 것입니다. 이것은 우리가 날마다 뉴스를 보는 가운데서도 잊어서는 안 되는 사실입니다. 중요한 것을 붙드는 사람이 지혜로운 사람입니다.

하나님이 천지를 창조하셨다는 것을 어떻게 알 수 있습니까? 예수님이 십자가에 돌아가신 것을 어떻게 알 수 있습니까? 새 하늘과 새 땅이 임한다는 것을 어떻게 알 수 있습니까? 성경이 그렇게 말씀하기 때문입니다. 하나님이 보시기에 아름다웠던 첫 창조의 세상은 인간이 타락함으로 가시와 엉겅퀴가 돋아났습니다. 인간의 삶은 저주 아래 놓여서 가시와 엉겅퀴가 괴롭히는 땅에서 농사를 짓고 여러 가지 공해에 시달리는 산업 현장에서 일하고 있지만, 그날에는 변화할 것입니다. 다시 창조의 아름다움으로 땅이 회복하게 될 것입니다. 새 하늘과 새 땅이 임할 것입니다. 그때 우리의 얼굴에서 흘렀던 땀방울이 보석과 같이 빛나게 될 것입니다. 이것이 기독교의 종말론입니다.

그날은 바다와 파도의 성난 소리뿐 아니라 하늘이 큰 소리를 내면서 떠나갈 것입니다. 처음 피조계에 속한 물질은 뜨거운 불에 풀어질 것입니다. 그리하여 본래의 아름다움을 상실한 지금의 하늘과 땅은 물러나고 새 하늘과 새 땅이 그 자리를 대신할 것입니다. 우리는 세상의 종말을 믿습니다. 그러므로 성경은 우리에게 종말을 믿는 성도답게 살도록 권면합니다. "이 모든 것이 이렇게 풀어지리니 너희가 어떠한 사람이 되어야 마땅하냐 거룩한 행실과 경건함으로 하나님의 날이 임하기를 바라보고 간절히 사모하라 그날에 하늘이 불에 타서 풀어지고 물질이 뜨거운 불에 녹아지려니와 우리는 그의 약속대로 의가 있는 곳인 새 하늘과 새 땅을 바라보도다 그러므로 사랑하는 자들아 너희가 이것을 바라보나니 주 앞에서 점도 없고 흠도 없이 평강 가운데서 나타나기를 힘쓰라"(벧후 3:11-14).

성경에 의하면, 종말에는 네 가지 변화가 일어날 것입니다. 만물이 뜨거운 불에 풀어진 후에, 만물이 새로워지고, 인간 자아가 실현되며, 모든 것이 조화를 이루게 될 것입니다. 그날 만물을 새롭게 하기 위해서 주님이 다시 오실 것입니다. "그때에 사람들이 인자가 구름을 타고 능력과 큰 영광으로 오는 것을 보리라"(눅 21:27). 하늘 우편에 올라가신 그리스도는 극심한 종말적인 스트레스 상황 가운데서 하나님의 영광과 위엄 가운데 인자로서 오실 것입니다. 그때는 모든 사람이 자신의 눈으로 볼 수 있을 것입니다(계 1:7). 해와 달과 별들, 땅과 바다에 이변이 나타나고 그 후에 사람들이 인자가 구름을 타고 능력과 큰 영광으로 오시는 것을 볼 것입니다. 예수님의 재림은 한 치의 오차도 없이 성취될 것입니다. 예수님은 이미 누가복음 17장 23-24절에서 당신의 재림을 모든 사람이 알게 될 것이라고 말씀하셨습니다. 인자가 능력과 큰 영광으로 구름을 타고 오시는 모습은 일찍이 다니엘이 예언한 그대로입니다(단 7:13-14).

예수님은 산헤드린에서 심문을 받을 때 당신 스스로 밝힌 바대로 오실 것입니다. "네가 찬송 받을 이의 아들 그리스도냐"(막 14:61)라고 대제사장이 다시 질문했습니다. 주님의 대답에 따라 그분의 운명이 결정될 것입니다. 주님은 거짓을 말하기보다는 진리를 말씀하시고 당신의 생명을 내어 주셨습니다. "내가 그니라 인자가 권능자의 우편에 앉은 것과 하늘 구름을 타고 오는 것을 너희가 보리라"(막 14:62).

갑작스럽게 등장하는 인자와 함께하는 능력과 큰 영광은 아들을 향한 아버지의 기쁨을 보여 줍니다. 한때 "멸시를 받아 사람들에게 버림받았으며 간고를 많이 겪었으며 질고를 아는 자"(사 53:3)께서 이제는 공의의 심판자로 당신을 드러내십니다. 땅에서 하늘로 승천할 때와 마찬가지로, 하늘에서 땅으로 재림할 때도 구름 가운데 오실 것입니다. 유대인들에게 구름은 하나님의 임재를 상징하는 배경입니다. 예수님은 하나님의 영광스러운 아들의 모습으로 오시기에 '인자가 구름을 타고 능력과 큰 영광으로' 오시는 것은 당연합니다. '인자가 구름을 타고 능력과 큰 영광으로' 내려와 당신의 백성을 만나실 것입니다. 그때 택함을 받은 성도들은 공중으로 들림을 받아 주님을 만날 것입니다. '인자가 구름을 타고 능력과 큰 영광으로' 오셔서 택한 자들을 박해하는 무리를 심판하실 것입니다.

그날에 대한 성도의 자세

임박한 환난과 자연의 재앙에 대한 그림은 세상 사람들에게는 우울하고 비관적입니다. 하지만 성도들에게는 궁극적으로 큰 기쁨의 원천이 되어야 할 것입니다. 곧 성도들을 위한 구원이 완성될 것이기 때문입니다. 25-26절에 묘사된 일들은 세상 모든 사람의 마음에 공포를 가져다주고 심지어 기절하게 만들겠지만, 그때 그리스도를 따르는 이들에게는 임박한 구원의 서광이 될 것입니다. 천둥 번개를 동반한 폭풍우 가운데 세상 사람들이 두려워할 때 성도들은 폭풍우 후에 나타날 푸른 하늘과 일곱 색깔 무지개를 떠올릴 수 있어야 합니다. 땅에서는 민족들이 바다와 파도의 성난 소리로 인해 혼란한 중에 곤고해할 때 하늘에 속한 백성은 박해와 고통의 날이 끝난다는 사실 앞에 희망을 갖습니다.

물론 아무도 언제 주님이 오실지, 그때를 정확하게 알 수 없습니다. 하지만 하나님의 자녀들은 마지막 환난의 때가 길지 않다는 것을 미리 알고 있습니다. 곧 영광스러운 주님의 재림이 나타날 것이기 때문입니다. 주님이 다시 오시면 우리 몸은 영광스러운 변화를 경험할 것입니다. 그때는 우리의 모든 육체적인 한계를 뛰어넘는 영광의 몸, 주님의 몸을 덧입게 될 것입니다. 세상에서는 제대로 걸을 수 없던 사람들도 그날에는 사슴과 같이 뛰게 될 것입니다. '만물을 자기에게 복종하게 하실 수 있는 자'의 그 크신 능력이 우리의 낮은 몸을 그분의 영광의 몸의 형체와 같이 변하게 하실 것입니다(빌 3:20-21). 사실 우리의 몸만 변하는 것이 아닙니다. 그때는 자연계 자체가 변화를 경험할 것입니다. 인간의 타락으로 인해 가시와 엉겅퀴가 났던 땅이 새로워질 것입니다. "보라 내가 만물을 새롭게 하노라"(계 21:5)라고 보좌에 앉으신 이가 말씀하십니다.

그러므로 우리는 주님의 권면을 마음에 새겨야 합니다. "이런 일이 되기를 시작하거든 일어나 머리를 들라 너희 속량이 가까웠느니라"(눅 21:28). 이 권면은 제자들을 향해서 주님이 처음 주신 말씀입니다. 그러나 제자들은 모든 시대마다 신실한 주님의 백성의 대표요, 마지막 시대에 끝까지 신실한 성도들의 표상입니다. 이 모든 예언된 일들이 일어나기 시작할 때 주님은 제자들에게 용기와 믿음을 가지고 "일어나 머리를 들라"고 말씀하십니다.

'머리를 들라'는 말은 '얼굴을 들라, 고개를 들라'라는 말로 이해할 수 있습니다. 금메달을 딴 선수가 두 손을 공중으로 번쩍 들고 얼굴을 치켜들듯이, 어떤 경우라도 승리했거나 축하할 일이 생기면 사람들은 얼굴을 듭니다. 반대로 패배하거나 슬퍼할 일이 있으면 안색이 어두워지고 고개를 떨어뜨립니다. 예수님은 이러한 시대의 징조들이 나타날 때 "너희 속량이 가까웠느니라"라는 이유로 서서 머리를 들어야 한다고 말씀하십니다. 그러한 징조 자체는 무섭고 공포스러운 것이겠지만, 그리스도인들은 두려움으로 움츠러들며 낙담할 필요가 없습니다. 장차 그러한 징조들을 만나면 기억하십시오. 그것들은 다만 우리가 믿고 사랑하며 순종하던 왕의 재림이 가까웠음을 알리는 역할을 할 뿐입니다.

주님이 가까이 오고 계십니다. 처음 오셔서 세상의 구원을 선포하신 분이 다시 오실 때는 세상의 심판을 선언하실 것입니다. 미천한 구유에 오셨던 분이 심판주의 큰 권능과 영광으로 오실 것입니다(살전 4:16). 다시 주님이 오시면 세상 사람들에게는 심판이 기다리지만, 주의 백성에게는 구원이 완성될 것입니다. 재림과 함께 우리의 구속이 실현될 것입니다. 이것이 "너희 속량이 가까웠느니라"라는 주님의 말씀의 의미입니다.

우리는 이미 속량을 맛본 사람들입니다. 예수 그리스도가 십자가 죽음으로 "다 이루었다"(요 19:30)라고 선언하셨기에, 그날 이후 주님의 말씀을 믿는 자들은 "속죄함 속죄함" 하고 노래를 부릅니다. 이처럼 우리의 마음에는 구원의 기쁨이 있지만, 아직도 여전히 우리의 육신은 시달리고 있습니다. 신앙이 좋은 사람도 며칠씩 잠을 자지 못하면 피곤해지고, 질병이 걸리면 차라리 하나님이 불러가 주셨으면 좋겠다고 생각할 만큼 낙망하기도 합니다. 그러나 그날에는 우리의 눈에 눈물이 없을 것입니다. 다시는 아프지 않을 것입니다. 다시는 죽음이 없을 것입니다. 이미 우리의 영혼이 맛본 속량이지만 그날에는 우리의 몸까지도 참여하게 될 것입니다. 이미 세상을 떠났던 하나님의 자녀들과 함께 속량함을 누리게 될 것입니다. 그들의 영혼도 놀랍게 변화된 육체와 연합할 것입니다. 그리고 공중에서 주를 만나기 위해 들림을 받을 것입니다. 어떤 현상을 바라보아도 세상 사람처럼 겁을 먹지 않는 사람이 신앙을 가진 사람입니다. 어떤 천재지변이 일어나도 두려워하지 않는 사람이 신앙인입니다. 그런 신앙으로 세상을 사는 사람은 그날 들림을 받을 것입니다.

○

사람들이 세상에 닥칠 일들을 예상하고 무서워서 기절을 할 때에도 우리는 머리를 들고 곧 오실 주님을 대망해야 합니다. 하늘의 세력이 흔들릴지라도 그것은 다만 우리의 구원이 가까워지고 있는 징조일 뿐입니다. 곧 "주께서 호령과 천사장의 소리와 하나님의 나팔 소리로 친히 하늘로부터 강림"하실 것입니다. 그때 "그리스도 안에서 죽은 자들이 먼저 일어나고 그 후에 우리 살아남은 자들도 그들과 함께 구름 속으로 끌어 올려 공중에서 주를 영접"할 것입니다(살전 4:16-17). 주님이 구름 타고 큰 권능과 영광으로 다시 오시면 헌옷처럼 이 세상 삶을 벗어버리고 새로운 영광의 삶으로 나아갈 것입니다.

44

하나님의 나라가
가까이 온 줄을 알라 (21:29-33)

종말의 징조를 읽고 있는가

팔레스타인에서 여름이 오는 증거는 무엇보다 무화과나무를 통해서 알 수 있습니다. 주님이 무화과나무를 필두로 모든 나무를 언급하신 이유는, 팔레스타인의 여름은 예고 없이 갑자기 오기 때문입니다. 겨울이 지나 봄이 오는 듯하다가, 남풍이 불면서 날씨가 갑자기 더워지기 시작합니다. 이때 갑작스러운 더위가 올 것을 알아차리는 방법이 바로 무화과나무 잎을 관찰하는 것입니다. 아직 날씨가 여름처럼 더워지지 않았지만 무화과나무 잎이 연해지면 바로 무더운 여름이 다가온다는 것을 알아야 합니다. 그래서 이 장의 본문에는 무화과나무와 함께 모든 나무가 등장합니다.

"무화과나무와 모든 나무를 보라 싹이 나면 너희가 보고 여름이 가까운 줄을 자연히 아나니"(눅 21:29-30). 주님이 초목의 변화를 통해서 여름의 도래를 언급하신 까닭은 긴히 교훈할 말씀이 있어서입니다. "이와 같이 너희가 이런 일이 일어나는 것을 보거든 하나님의 나라가 가까이 온 줄을 알라"(눅 21:31)라는 말씀은 제자들이 앞서 7절에서 물었던, "선생님이여 그러면 어느 때에 이런 일이 있겠사오며 이런 일이 일어나려 할 때에 무슨 징조가 있사오리이까"라는 질문에 대한 대답입니다.

7절에 기록된 제자들의 질문은 두 가지로 나눌 수 있습니다. 첫 번째 질문은 어느 때에 이런 일이 있겠냐는 것이고, 두 번째 질문은 그때 무슨 징조가 있겠냐는 것입니다. 주님은 제자들의 두 가지 질문을 받고, 앞서 8-28절에서 두 번째 질문에 먼저 길게 답하신 셈입니다. 그리고 나서 이제 비로소 '때'를 묻는 제자들의 첫 질문에 대한 답을 본문인 31절에서부터 시작하십니다. 그리고 주님은 예루살렘의 파멸의 때만 아니라 당신의 재림에 대해서까지 말씀하심으로 그들의 질문에 대해서 더 완벽한 대답을 해 주십니다.

주님은 자연계의 변화를 보고 여름이 오는 것을 알 수 있듯이, 앞서 8-28절에서 길게 언급한 일들이 일어나는 것을 보거든 하나님 나라가 가까이 온 줄을 알라고 하십니다. 겨울의 메마른 상태를 뒤로하고 생명의 흔적이 나뭇가지에 보이면 새로운 계절이 온 것을 사람들이 알아채듯이, 이런 일들이 일어나는 것을 보거든 세상의 마지막이 오는 것을 알아야 한다는 의미입니다. 그리고 예수님은 34절부터 마지막 날들을 어떻게 준비하며 살아야 할지를 자세히 일러 주실 것입니다. 그러나 본격적으로 종말을 기다리는 삶의 자세를 교훈하기 전에 다시 한 번 종말 자체의 확실성에 대해서 강조하신 말씀이 이 장의 본문입니다. 당신의 청중들로 하여금 종말이 분명히 온다는 사실을 뇌리에 심어 주고 나서야 거기에 대비한 삶을 어떻게 살아야 할지를 교훈하실 수 있었기 때문입니다.

　팔레스타인 사람들이 무화과나무 잎이 연해지는 것을 보면서 여름이 덮칠 것을 알아채듯이 이 시대에 나타나는 종말의 징조들을 읽고 있습니까? 사람들은 여러 가지 종말의 징조를 언급합니다. 천체에 나타나는 징조뿐 아니라 기상 이변으로 인한 자연재해도 언급되고 있습니다. 우리는 그보다 더 가까이에서 일어나는 사회적인 변화를 감지해야 합니다. 오늘 우리는 인류 역사 수만 년 동안에 통용되던 도덕과 상식이 무너지는 시대를 살고 있습니다(롬 1:20-32). 사람들의 생각이 온통 먹고 마시고 즐기는 것에 열중하는 것을 보면서 종말이 성큼 다가왔다는 것을 알아야 합니다(마 24:37-39).

　그래서 신앙의 선배들은 이 세상을 장차 망할 도성, 장망성(將亡城)으로 여겼습니다. '장망성'은 존 버니언(John Bunyan)의 《천로역정》에 처음 등장한 개념이 아닙니다. 그 이전에 세상을 살던 성도들이나 그 이후에 세상을 사는 성도들이 모두 공유한 믿음입니다. 그러나 이제는 세상을 바라보는 관점이 달라졌습니다. 이 편한 세상에서 건강하게 오래 살려고, 떠나지 않으려고 몰두합니다. 하지만 주님은 우리로 하여금 이 세상에 매몰되지 않도록 자주 그리고 길게 종말에 대한 교훈을 하셨습니다. 지금 우리가 살피는 누가복음 21장에서도 전체를 할애해서 종말에 대한 교훈을 하십니다.

　예루살렘의 멸망은 그 자체로도 분명한 성취를 보여 주지만, 동시에 마지막 파멸을 비춰 주는 그림자이기도 합니다. 구약의 선지자들처럼 예수님은 두 사건을 동시에 바라보고 계십니다. 등산을 하다 보면 만나게 되는 일고여덟 개의 산이 겹쳐 보이는 전망 좋은 곳을 떠올려 보십시오. 그리고 마치 그 산 하나가 종말에 대한 예고라고 생각해 보십시오. 선지자들은 거기에 있는 것을 다 말했으나, 산과 산 사이가 얼마나 가까운지에 대해서는 언급하지 않았습니다. 이처럼 예루살렘 멸망과 우주적인 현상들은 모두 하나님 나라가 가까이 왔음을 말하고 있습니다.

"이와 같이 너희가 이런 일이 일어나는 것을 보거든 하나님의 나라가 가까이 온 줄을 알라"(눅 21:31). 주님은 여기서 하나님 나라를 아직 도래하지 않은 것으로 말씀하십니다. 하지만 누가복음 앞부분에서는 하나님 나라가 이미 도래한 것으로 몇 차례 말씀하시기도 했습니다(눅 10:11, 11:20, 17:21). 누가가 기록한 주님의 교훈을 살피면 하나님 나라는 두 가지 측면이 있습니다. 하나는 그 나라의 초기 단계로 이미 현존하는 측면이고, 다른 하나는 궁극적으로 아직 도래하지 않은 측면을 포함하고 있습니다. 말하자면 하나님 나라는 이미 왔다고도 할 수 있고, 곧 올 것이라고 할 수도 있습니다. 하나님 나라의 완성은 주님이 주신 약속의 궁극적 성취를 포함하고 있습니다. 우리가 대망하는 것이 그때 실현될 것입니다. 그때 주님이 약속하신 모든 것이 완벽하게 성취될 것입니다(사 11:6-9).

그러므로 표적을 찾아 헤매는 오늘의 현상은 건강하지 못한 증상입니다. 누가복음 21장뿐 아니라 신약성경의 다른 구절들도 모두 이런 시류를 경고하고 있습니다. 실제로 2천 년 교회의 역사는 이런 관심에 사로잡힌 사람들의 모든 시도가 실패로 돌아간 것을 보여 줍니다. 꼭 어리석고 무지한 사람만 말려드는 것이 아닙니다. 우리 모두는 주님의 재림에 대한 지나친 관심을 주의해야 합니다. 재림은 분명히 있지만, 주의 날은 '밤에 도둑같이' 임할 것입니다(살전 5:2). 도둑은 집주인이 예상하지 못하는 순간에 침입합니다. 재림 역시 아무도 알지 못하는 순간에 성취될 것입니다.

우리가 할 수 있는 최선의 방법은 깨어서 주님의 오심을 준비하는 것입니다. 그래서 주님은 교회를 향해 깨어 있으라고 부탁하면서 당신의 돌아올 것을 준비해야 한다고 일러 주셨습니다. 그러므로 재림의 정확한 일시를 안다는 사람은 반드시 잘못된 사람입니다. 예수님도 겸비하게 아버지만 아신다고 말씀하셨습니다. "그러나 그날과 그때는 아무도 모르나니 하늘에 있는 천사들도, 아들도 모르고 아버지만 아시느니라"(막 13:32). 그러므로 우리는 주님이 다시 오실 때까지 하나님을 신실하게 섬기고 복음을 전하는 사명을 감당해야 합니다. 또한 우리가 스스로를 위해 노력해야 하는 일은 주님의 은혜 안에 자라 가는 것입니다.

'이 세대'란 무엇이며, 종말은 언제 도래하는가

이제 예수님의 재림은 매우 가까이 왔습니다. 아주 임박한 사건입니다. 예루살렘의 파멸에 대한 예언이 일찍이 성취되었기에 우주적인 종말에 대한 예언도 장차 성취될 것입니다. 그러므로 예수님은 제자들에게 더없이 분명한 어조로 재림의 확실성을 강조하십니다. "천지는 없어지겠으나 내 말은 없어지지 아니하리라"(눅 21:33). 하나님이 사람들에게 가장 엄숙한 말씀을 하실 때 등장하는 것이 바로 천지입니다. 하늘과 땅을 증인처럼 세우시는 것입니다(신 4:26, 30:19-20). 이런 맥락에서 보면 33절은 주님이 발하신 최상급 교훈입니다.

사실 주님의 재림을 믿음으로 고백하는 데는 어려움이 없습니다. 문제는 32절입니다. "내가 진실로 너희에게 말하노니 이 세대가 지나가기 전에 모든 일이 다 이루어지리라." 도대체 '이 세대'가 무엇을 의미하느냐는 것입니다. 얼핏 보면 이 세대란 지금 주님 앞에서 말씀을 듣고 있는, 동시대에 살고 있는 사람들을 가리키는 것 같습니다. 누가가 '세대'라는 표현을 가끔 그와 같은 의미로 사용했기 때문입니다(눅 7:31, 9:41, 11:29-32, 51, 17:25). 그런데 이 말을 32절에 대입할 때 우리가 생각해야 할 것이 있습니다. 주님의 이 말씀을 들은 세대는 이미 지나갔다는 사실입니다. 주님은 주후 30년대에 이 말씀을 하셨고, 누가복음은 아무리 빨라도 주후 60년대에 기록되었습니다. 그러므로 '이 세대'를 주님과 동시대 사람으로 본다면 무리가 있습니다.

또 하나의 선택이 있습니다. '이 세대'라는 말에는 자주 부정적인 의미가 담기기도 했습니다. 즉 '악한 세대'라는 의미입니다. 그러면 32절은 악한 인류는 이런 재난이 닥칠 때 심판을 피할 수 없으리라는 의미가 되고, 그렇게 되면 '이 세대'는 지구 종말을 경험할 사람들만을 가리키는 뜻으로 해석이 됩니다. 악한 인간들은 하나님 앞에서 피해 갈 수 없다는 일반적인 말이 되는 것입니다.

또 다른 선택은 이것입니다. "일월성신에는 징조가 있겠고 땅에서는 민족들이 바다와 파도의 성난 소리로 인하여 혼란한 중에 곤고하리라 사람들이 세상에 임할 일을 생각하고 무서워하므로 기절하리니 이는 하늘의 권능들이 흔들리겠음이라"(눅 21:25-26). 여기서 말하는 우주적인 현상과 함께 종말의 시작이 도래하면 그 세대가 지나가기 전에 인자가 돌아온다는 뜻으로 보는 것입니다. 그렇게 보면 누가가 분명히 말하는 가까운 사건인 예루살렘의 파멸과 멀리 있는 사건인 우주적인 종말 사이의 간격이 없어집니다. 32-33절이 강조하는 '이 세대'라는 말은 예루살렘의 멸망과 종말의 사건을 동시에 강조하는 것이므로 예루살렘의 파멸과 우주적인 종말을 동시에 가리킨다고 보는 것입니다. 예루살렘의 파괴 자체가 마지막 종말의 요소들을 포함하고 있으므로 예루살렘의 심판이 최후 심판의 전조 역할을 하는 것입니다.

그런 면에서 예수님은 구약의 선지자들의 입장을 공유하고 계십니다. 구약의 모든 선지자는 주님의 초림과 재림을 동시적으로 예언했습니다. 선지자들은 자기 세대를 향해 예언한 것이 결국은 종말의 사건을 위한 예언이라는 것을 알고 있었습니다. 자신의 시대에 하나님의 목적의 성취와 하나님의 궁극적인 목적의 성취를 구분하기가 때때로 분명하지 않습니다. 게다가 선지자들이나 주님 당신도 자주 종말론적인 언어를 의도적으로 사용하셨습니다. 마치 그것들이 함께 일어나는 것처럼 말씀하기도 했습니다. 물론 그런 사건들은 원리적으로는 서로에게 결합되어 있는 것이 분명합니다. 그러나 연대기적으로는 상당한 시간 간격이 있는 사건들입니다. 하지만 구약의 선지자들이나 누가가 전한 예수님의 가르침도 동일한 방법으로 다루고 있습니다. 분명히 시간이 아주 많이 차이 나는 사건들을 일련의 단일한 과정 속에서 일어나는 하나의 사건처럼 묘사하기 때문입니다.

종말은 분명히 전 세계적일 것입니다. 하늘과 땅 전부가 관련된 우주적인 격변과 이변들이 나타날 것입니다. 심지어 사람들이 불변의 것으로 여겨 왔던 하늘과 땅조차도 더 이상 그 불변함이 당연한 것으로 여겨질 수 없게 될 것입니다. 그러나 모든 것의 와중에도 오직 한 가지, 영속적이고 지속적인 의미를 갖는 것은 주님의 가르침입니다. 모든 것은 변하고, 결국 모든 것은 없어질 것입니다. 그러나 한 가지 진리는 절대적이고 영원할 것입니다. 그것은 바로 예수님의 말씀은 결코 없어지지 않으리라는 것입니다. 주님이 말씀하신 모든 것은 결국 성취될 것입니다.

○

우주적인 징조를 동반하는 인자의 오심은 하늘과 땅의 영속성보다 더 확실합니다. 하늘과 땅은 사라져도 종말은 반드시 실현된다고 주님은 말씀하십니다. 세상이 아무리 편해져도 분명한 사실은 하나님 나라가 가까이 오고 있다는 것입니다. 이 세상의 모든 것이 마감되는 순간이 다가오고 있습니다. 이 세상의 모든 재물이나 위대한 업적은 삶을 마감하는 순간 모두 사라지고 말 것입니다. 세상 풍조는 바다의 파도처럼 항상 변합니다. 세상이 아무리 중요시하는 것들도 일시적일 뿐입니다. 주님의 말씀에 근거한 것이 아니라면 무가치할 뿐입니다. 천지가 없어져도 영원히 남는 것에 관심을 집중하십시오. 주님의 말씀도 불변하고, 주님 말씀대로 살아온 우리의 삶도 영원할 것입니다. 주 안에서 가꾸어 온 관계도 영원할 것입니다.

45.

항상 기도하며 깨어 있으라 (21:34-38)

///

예수님은 청중들로 하여금 종말이 분명히 온다는 사실을 뇌리에 먼저 심어 주시고, 이 장의 본문인 누가복음 21장 34절부터는 마지막 날들을 어떻게 준비하며 살아야 할지, 종말적 삶의 구체적인 매뉴얼을 본격적으로 일러 주십니다. 어떤 의미에서는 이 실제적인 교훈을 하기 위해서 누가복음 21장 전체를 통해 종말의 도래를 예언하시고 "천지는 없어지겠으나 내 말은 없어지지 아니하리라"(눅 21:33)라고 엄숙히 선언하셨다고 보아도 좋습니다.

역사는 방향 없이 흘러가지 않고, 정해진 목적을 향해서 나아가고 있습니다. 역사는 의미 없는 순환이 아니라, 목적 지향적입니다. 또한 우리가 아는 것은, 예수 그리스도는 역사의 주인이요, 만주의 주시라는 사실입니다. 우리는 이 사실을 알고 있으며, 이 사실은 우리가 알아야 할 모든 것입니다. 성도들은 영원한 거처에 산다는 착각을 해서는 안 됩니다. 이 세상 어느 곳에도 영원한 도시는 없습니다. 그러므로 성도들은 항상 하늘 본향을 기다리며 사는 사람들입니다. 거기서 만나 뵐 하늘 아버지를 기다리고, 그분의 아들 예수 그리스도, 우리 구주께서 오시는 것을 기다리며 사는 사람들입니다. 2천 년 전 데살로니가 성도들뿐 아니라 오늘 우리도 "장차 닥쳐 올 진노에서 우리를 건져 주실 예수께서, 하늘로부터 내려오시기를 기다리는"(살전 1:10, 표준새번역) 사람들입니다.

예수님의 재림에 대한 관심은 성도들의 마음에서부터 사라진 적이 없으며, 항상 성도들의 입술에서 고백되고 있습니다. 우리는 "나는 전능하신 아버지 하나님, 천지의 창조주를 믿습니다. 나는 그의 유일하신 아들, 우리 주 예수 그리스도를 믿습니다. 그는 … 하늘에 오르시어 전능하신 아버지 하나님 우편에 앉아 계시다가, 거기로부터 살아 있는 자와 죽은 자를 심판하러 오십니다"라고 고백합니다. 재림을 약속하신 주님은 "천지는 없어지겠으나 내 말은 없어지지 아니하리라"라고 말씀하셨습니다. 그러므로 천 년의 세월이 두 번이나 흘러가도 우리 성도들은 주님의 약속을 붙잡고 주님의 재림을 기다리고 있습니다.

세상에 빠져 사는 삶의 두 가지 특징

그러나 이 영광스러운 약속의 성취가 언제 일어날지는 아무도 모르기 때문에 마지막 날들을 어떻게 준비하며 살아야 할지를 주님은 말씀하십니다. 주님의 재림을 기다리는 성도들에게 종말적 삶의 매뉴얼을 구체적으로 들려주시는 것입니다.

"너희는 스스로 조심하라 그렇지 않으면 방탕함과 술 취함과 생활의 염려로 마음이 둔하여지고 뜻밖에 그날이 덫과 같이 너희에게 임하리라"
(눅 21:34). 주님의 오심을 기다리는 성도의 삶은 깨어 있는 삶입니다. 스스로 조심하는 삶입니다. 오늘 우리가 처해 있는 위험은 무엇입니까? 그것은 우리가 예상하지 않았고 준비되지도 않은 때에 종말이 온다는 사실입니다. 우주적인 종말인 주님의 심판의 날뿐 아니라 죽음이라는 개인적인 종말 역시 예고 없이 닥칩니다. 온 세상 사람과 함께 맞이하는 우주적인 종말이나 개인적으로 홀로 맞이하는 죽음이나 본질적으로는 꼭 같이 주님을 만나는 일입니다. 예상하지도, 준비되지도 않은 때에 '뜻밖에 그날이 덫과 같이' 임하지 않도록 준비하십시오.

그러면 우리는 어떻게 비극적 최후를 피할 수 있습니까? 세상에서 살아가되 세상에 빠져들지 않아야 합니다. 세상에 빠져드는 삶은 어떤 것입니까? 정신을 차리지 않고 사는 것입니다. 주님은 그것을 가리켜 '방탕함과 술 취함과 생활의 염려'라고 꼭 집어 말씀하십니다.

세상에 빠져 사는 삶의 첫 번째 특징은 세상을 즐기는 것입니다. 세상을 즐기는 대표적인 현상이 방탕함과 술 취함입니다. 방탕함은 죄악 된 본성이 좋아하는 것과 감각적인 쾌락에 빠져드는 것입니다. 사람들은 대개 무절제하게 먹고 마시는 것 때문에 몸도 마음도 망칩니다. 의사요, 목사였던 마틴 로이드 존스(Martyn Lloyd Jones)의 전기를 읽어 보면, 신사의 나라 영국의 가장 정상급 인사들이 병원을 찾는 주원인은 '너무 많이 먹고 너무 많이 마신' 결과였다고 기록하고 있습니다. 방탕함과 술 취함은 양심을 둔하게 만들어 가장 민감해야 할 일들에 대해서 마음이 무감각해지게 만듭니다.

세상에 빠져 사는 삶의 두 번째 특징은 세상에 대한 염려입니다. 가진 사람들의 문제가 방탕함과 술 취함이라면, 갖지 못한 사람들의 문제는 생활의 염려라고 주님은 지적하십니다. 사람들은 많이 주면 방탕함과 술 취함에 빠져서 마음이 둔하여지고, 반대로 형편이 어려우면 '무엇을 먹을까, 무엇을 마실까, 무엇을 입을까' 하는 생활의 염려에 빠져서 마음이 둔하여지고 맙니다. 결과적으로 모두 '뜻밖에 그날이 덫과 같이' 임하게 됩니다. 그러므로 주님은 정신 차리고 살라고 권면하십니다. 주님은 여기서만 세상에 빠져서 사는 삶을 '방탕함과 술 취함과 생활의 염려'라고 지적하지 않으십니다. 앞서 씨 뿌리는 자의 비유에서도 이미 지적하셨습니다. "잡초 밭에 떨어진 씨는, 말씀을 듣지만 세상 사는 일로 내일을 염려하면서 돈 벌고 즐기느라, 씨가 자리 잡지 못해 아무 소득이 없는 사람이다"(눅 8:14, 《메시지》).

산상보훈에서 주님은 갖지 못한 청중들을 향해서 말씀하십니다. "그러므로 염려하여 이르기를 무엇을 먹을까 무엇을 마실까 무엇을 입을까 하지 말라 이는 다 이방인들이 구하는 것이라 너희 하늘 아버지께서 이 모든 것이 너희에게 있어야 할 줄을 아시느니라"(마 6:31-32). 동시에 사도들도 성도들을 향해서 권면합니다. "우리가 세상에 아무것도 가지고 온 것이 없으매 또한 아무것도 가지고 가지 못하리니 우리가 먹을 것과 입을 것이 있은즉 족한 줄로 알 것이니라"(딤전 6:7-8).

혹시 부자가 되고 싶어 하는 사람에게 권면합니다. "그러나 부자가 되기를 원하는 사람은, 유혹과 올무와 여러 가지 어리석고도 해로운 욕심에 떨어집니다. 이런 것들은 사람을 파멸과 멸망에 빠지게 합니다"(딤전 6:9, 표준새번역). 돈만 있으면 행복해 보이는 세상에서 이생의 염려와 재리(財利)와 일락(逸樂)에 초연해서 살기란 쉽지 않습니다. 그러므로 성도답게 맑은 정신으로 살아가려면 부자가 되고 싶은 유혹을 물리쳐야 합니다. 오히려 가진 것을 선한 일을 위해서 사용해야 합니다. "그대는 이 세상의 부자들에게 명령하여, 교만하지도 말고, 덧없는 재물에 소망을 두지도 말고, 오직 우리에게 모든 것을 풍성히 주셔서 즐기게 하시는 하나님께 소망을 두라고 하십시오. 또 선한 일을 하고, 좋은 일을 많이 하고, 아낌없이 베풀고, 즐겨 나누어 주라고 하십시오"(딤전 6:17-18, 표준새번역).

주님의 백성의 정신을 빼앗는 것은 방탕하고 술 취하는 것뿐만 아니라 이 세상의 먹고사는 문제에 온 마음을 빼앗기는 것입니다. 그렇게 되면 '뜻밖에 그날이 덫과 같이' 임하게 됩니다. "이날은 온 지구상에 거하는 모든 사람에게 임하리라"(눅 21:35)라고 주님은 엄숙히 선언하십니다. 오직 땅의 일만 생각하고 하늘과 아무런 소통이 없는 자들에게 그날은 당연히 덫과 같이 임할 것이기 때문입니다(전 9:12). 사람들은 언제 어떤 일이 자기에게 닥칠지를 알지 못합니다. 그물에 잡히는 물고기처럼, 올가미에 걸리는 들짐승처럼 사람들은 누구나 갑자기 재앙을 만나 내리덮이는 죽음의 덫 속으로 똑같이 빠져들어 갑니다. 그날은 그들에게 두려운 날이자 멸망의 날이 될 것입니다. 그날은 준비되어 있지 않은 자들에게 말로 표현할 수 없는 무서운 순간일 것입니다.

마지막 날을 어떻게 준비해야 하는가

"이날은 온 지구상에 거하는 모든 사람에게 임하리라"라는 말씀은 하늘과 땅은 사라져도 반드시 성취될 주님의 말씀입니다. 세상 모든 사람이 아무도 피해 갈 수 없는 날입니다. 모든 사람은 다 심판자 되시는 주님 앞에 호출되어 서게 될 것입니다. 바울은 선언합니다. "하늘에 있는 자들과 땅에 있는 자들과 땅 아래에 있는 자들로 모든 무릎을 예수의 이름에 꿇게 하시고 모든 입으로 예수 그리스도를 주라 시인하여 하나님 아버지께 영광을 돌리게 하셨느니라"(빌 2:10-11).

그러므로 계속되는 주님의 말씀에 귀를 기울입시다. "이러므로 너희는 장차 올 이 모든 일을 능히 피하고 인자 앞에 서도록 항상 기도하며 깨어 있으라 하시니라"(눅 21:36). 주님은 이 큰 날을 위해서 준비하라고 명하십니다. 주님이 미리 마지막 심판의 계획을 공개하는 이유는 제자들로 하여금, 성도들로 하여금 깨어 있도록 하시기 위함입니다.

우리의 목표는 무엇이어야 합니까? '장차 올 이 모든 일을 능히 피하고 인자 앞에 서도록' 하는 것입니다. 그러면 어떻게 '장차 올 이 모든 일을 능히 피하고 인자 앞에 서도록' 할 수 있을까요? 이 일은 성도들의 삶이 오직 주님께만 순종할 때 가능합니다. 주님의 말씀을 마음에 새기고 오실 그분을 대망하며 깨어 경계하고 기도할 때 인내할 수 있습니다. 주님의 말씀을 마음에 새기는 것은 순종하며 따르는 것입니다. 대망하는 것은 기대하는 눈빛을 가지고 주님의 돌아오심을 기다리는 것입니다. 우리를 데려가기 위해 다시 오실 주님께 집중하는 것입니다. 또한 기도는 주님이 우리에게 믿음으로 걸어갈 힘을 주실 것을 바라보며 의존하는 것입니다. 하나님을 바라보면 아무리 상황이 어려워져도 하나님이 우리를 돌보신다는 것을 알 수 있습니다.

그렇다면 우리의 일차적인 목표는 '장차 올 이 모든 일을 능히 피하는 데' 있습니다. 하나님의 심판이 악한 세상에 퍼부어질 때 그 혹독한 심판으로부터 면하는 데 있습니다. 세상 사람들이 당하는 재앙을 우리는 당하지 않고, 다른 사람들의 운명이 우리의 운명이 되지 않도록 죽음의 날에 그 사망의 독침, 곧 하나님의 진노와 지옥의 저주를 피하게 되는 것이 우리의 일차적인 목표입니다. 그러려면 하늘의 음성에 순종하는 삶을 살아야 합니다. "내 백성아, 거기서 나와 그의 죄에 참여하지 말고 그가 받을 재앙들을 받지 말라"(계 18:4). 그 죄는 이미 하늘에 사무쳤으며 하나님은 그의 불의한 일을 모두 기억하고 계십니다. 그러므로 죄에서부터 벗어나야 재앙으로부터 벗어나게 될 것입니다.

우리의 궁극적인 목표는 '장차 올 이 모든 일을 능히 피하고 인자 앞에 서도록' 하는 것입니다. 우리의 재판장이신 그리스도 앞에서 무죄 방면을 받고 그리스도의 날에 담대함을 얻는 것입니다. 이뿐 아니라 우리 주님이신 그리스도 앞에 모셔 서는 것입니다. 그분의 보좌 앞에 늘 서서 그분의 성전에서 밤낮으로 그분을 섬기는 것입니다. 천사들과 함께 항상 그분의 얼굴을 뵈옵는 것입니다(계 7:15-17).

하나님은 성도들 안에서의 은혜의 선한 역사를 통해 그들을 이러한 복을 받기에 합당한 자들로 만드시고, 성도들을 향한 은혜의 선한 뜻으로 말미암아 성도들을 이런 복을 받기에 합당한 자로 여기십니다. 그리고 그러한 주님 앞에서 성도들은 자신의 무가치함을 인정하고 항상 고백합니다. 이 목표를 위해서 우리는 무엇을 해야 합니까? 주님은 "항상 기도하며 깨어 있으라"(눅 21:36하)고 말씀하십니다.

우리는 이 명령에 항상 순종해야 합니다. 일생 동안 꾸준히 "항상 기도하며 깨어 있으라"는 명령 아래 살아야 합니다. 그렇게 해야 하는 이유는 스스로를 지키기 위해서입니다. 죄를 짓지 않도록 깨어 있어야 합니다. 해야 할 일을 다 하고 모든 선한 일을 할 수 있는 기회를 놓치지 않기 위해 우리는 항상 기도하며 깨어 있어야 합니다. 오실 주님을 대망하며 항상 깨어 있어야 합니다. 우리에게는 항상 주님을 맞이할 준비된 상태에서 살기 위해 "항상 기도하며 깨어 있으라"는 명령이 필요합니다. 동시에 우리는 하나님과의 교통을 계속 유지하기 위해 "항상 기도하며 깨어 있으라"는 명령에 늘 순종해야 합니다.

그러기 위해서는 기도하는 것이 습관이 되어야 합니다. 하루 중 어떤 일보다 기도하는 일을 우선해야 합니다. 그리고 모든 일에 기도해야 합니다. 혹 삶의 다른 문제로 인해 기도의 시간을 갖기가 망설여진다면 기도하라고 말씀하신 주님의 명령에 순종하기로 결심하십시오. "내가 시간의 주인이 아니며 내 삶의 주인은 주님이기 때문에 주님이 시키시는 대로 하겠습니다" 하며 순종하십시오. 우리는 마치 하루 일과를 세세히 부모님께 아뢰는 착한 자녀처럼 살아야 합니다. 그러면 하늘 아버지께서 무척 기뻐하십니다. 이 세상에서 기도의 삶을 사는 자가 되십시오. 그러면 저세상에서 찬양의 삶을 살기에 합당한 자로 여김을 받게 될 것입니다. 여기서 기쁨, 기도, 감사의 삶을 살면 거기서도 기쁨의 찬양을 하면서 살게 될 것입니다.

이제 누가복음 21장의 마지막 두 절을 살펴봅시다. "예수께서 낮에는 성전에서 가르치시고 밤에는 나가 감람원이라 하는 산에서 쉬시니 모든 백성이 그 말씀을 들으려고 이른 아침에 성전에 나아가더라"(눅 21:37-38). 이 말씀은 주님이 나귀를 타고 예루살렘으로 승리의 입성을 하신 때로부터 그분이 붙잡히신 밤까지 며칠간 어떻게 보내셨는지를 기록하고 있습니다. 주님은 마지막 순간까지 낮에는 성전에서 가르치셨습니다. 안식일만 아니라 평일에도 가르치셨습니다. 주님은 대적자들의 면전에서도 담대히 가르치셨습니다. 당신을 죽일 빌미를 찾고 있던 자들 앞에서도 가르치기를 중단하지 않으셨습니다. 이처럼 주님의 복음에 대한 열정은 마지막 순간까지 그분으로 하여금 가르치는 일을 쉬지 않으시도록 했습니다. 그러고는 밤에는 성을 빠져나가 감람원이라 하는 산에서 쉬셨습니다. 하나님 아버지와의 교제는 세상 어디서도 얻을 수 없는 힘을 항상 공급합니다. 하나님 아버지와의 은밀한 교제, 은밀한 기도의 시간은 이른 아침부터 모여드는 백성에게 가르칠 힘을 얻는 원천이기도 했을 것입니다.

다음 날 주님이 다시 예루살렘 성안으로 돌아오셨을 때는 이미 모든 백성이 그분의 말씀을 듣기 위해 이른 아침부터 모여 있었습니다. 주님도 열정적으로 가르치셨지만 백성도 열심히 몰려들었습니다. 진지하고 진솔한 가르침은 재치 있고 학식 있는 자들, 권세 있는 자들의 연설보다 백성을 끌어당기는 힘이 있습니다.

○

재림에 대한 주님의 말씀은 반드시 성취될 것입니다. 모든 사람은 반드시 주님을 만나게 됩니다. 아무도 예외가 없습니다. 가장 좋은 대비책은 항상 기도하고 깨어 있는 것입니다.

4부

십자가 고난과
영광스러운 부활

46.

음모와 배신(22:1-6)

누가복음 22장부터는 본격적으로 예수님의 마지막 날들에 대한 기록이 시작됩니다. 달리 말해, 누가가 기록한 예수님의 수난 이야기가 펼쳐지는데, 22장은 유대 종교 지도자들의 살해 음모와 유다의 배신 그리고 예수님의 송별 식사가 주 내용을 이루고 있습니다. 23장은 예수님의 수난의 절정인 십자가 사건으로 치닫고, 마지막 24장은 부활을 주제로 삼고 있습니다.

유월절 어린양은 거스를 수 없는 하나님의 뜻

유대의 종교 지도자들은 처음부터 예수님을 미워했습니다. 그럴 수밖에 없었던 것이, 예수님이 나타나시기 전에는 그들이 표준이었기 때문입니다. 신앙생활은 그들처럼 해야 인정을 받았고, 그들처럼 행동해야 의로운 사람으로 여김을 받았습니다. 그런데 주님이 나타나시면서부터 그들의 위선적인 삶이 폭로되었기 때문에 예수님을 미워하게 된 것입니다. 그들은 예수님의 사역 초기부터 예수님이 안식일에 병을 고치시는가 엿보며 건수를 잡으려고 들었습니다. 안식일을 지키지 않는 자라는 혐의를 씌워서 매장하려 한 것입니다(눅 6:7). 그런 분위기는 계속해서 이어졌고, 19장에 도달하면 그들은 더 이상 살의를 감추지 않습니다(눅 19:47-48). 예수님의 지상 생애의 마지막을 앞두고 그들의 적의는 한층 더 격렬해졌습니다.

본문은 "유월절이라 하는 무교절이 다가오매"(눅 22:1)라는 말씀으로 시작합니다. 본문의 배경을 이해하기 위해서는 유대의 두 가지 절기를 알아야 합니다. 유월절과 무교절입니다. 유월절은 출애굽을 하는 전날 밤 문설주와 인방에 양의 피가 발린 집은 천사들이 장자를 죽이지 않고 넘어간 일을 기념하는 절기입니다. 그래서 한문으로 '踰越節'(유월절)이라고 합니다. '뛰어넘다', '넘어가다'라는 의미가 담긴 절기입니다. 율법에 따르면 열두 살 이상의 모든 유대인 남자는 유월절이 되면 의무적으로 예루살렘으로 가야만 했습니다.

유월절 이후에는 무교절이라고 부르는 축제가 7일간 이어집니다. 무교절 역시 출애굽과 관련된 절기입니다. 이스라엘 백성이 애굽에서 급하게 탈출하던 사건을 기념하는 절기입니다. 그때 그들은 밀가루에 누룩(효모)을 넣고 반죽을 부풀린 다음 떡을 구울 만한 여유가 없었습니다. 그래서 누룩을 넣지 않은 떡을 먹는 절기, 무교절이라고 부릅니다. 그 맛없는 떡, 무교병을 먹으면서 이스라엘 백성이 애굽에서 종살이를 하던 고난을 기억하고 마침내 하나님의 도우심으로 해방된 것을 기념하는 절기입니다.

유월절은 하룻밤 한 끼 식사로 기념 의식이 끝나지만, 무교절 축제는 일주일 동안 계속되었습니다. 결과적으로 그 8일(유월절 1일과 무교절 7일)에 이르는 기간을 본문처럼 '유월절이라 하는 무교절'이라고 부르게 되었습니다. 두 절기는 서로 다른 것을 기념하는 절기지만 일반적으로 유월절이라고 불리기도 했습니다.

이제 누가복음 22장에서는 예수를 죽이려는 유대 종교 지도자들의 살해 음모가 무르익고 있습니다. 이스라엘 민족이 생명을 건진 출애굽을 기념하는 축제를 앞두고 노골적으로 예수를 살해하려고 모의하는 것은 참으로 역설적입니다. 그러나 그들에게는 만만찮은 고민거리가 있었습니다. 그것은 백성에 대한 두려움이었습니다(눅 22:2). 백성이 아침 일찍부터 예수님의 설교를 들으려고 부지런히 몰려드는 모습을 보고 폭력을 행사하기가 부담되었습니다.

종교 지도자들은 예수님의 인기가 치솟고 있었기 때문에 그를 죽여야만 한다고 생각했습니다. 그래서 지속적으로 살해할 계획을 모의해 왔습니다. 그들은 예수님을 함정에 빠뜨리려고 덫을 놓았지만 그분은 그들의 질문에 모두 답하셨고, 오히려 그들이 예수님의 질문에 대답하지 못함으로써 공개적으로 망신을 당해야 했습니다. 대제사장들과 서기관들은 예수님을 대적할 수 있는 방법을 전혀 찾지 못하고 있었습니다. 물론 바리새인들이 예수님의 주된 대적이었지만, 여기서는 실제로 정치적인 영향력과 힘을 가진 대제사장들과 서기관들이 그 일에 주도적으로 나서고 있습니다. 서기관들은 대제사장들이 예수님을 고소할 명분을 찾는 데 필요한 법률 전문가들입니다. 그래서 병행 본문인 마가복음을 보면 "이틀이 지나면 유월절과 무교절이라 대제사장들과 서기관들이 예수를 흉계로 잡아 죽일 방도를 구하며 이르되 민란이 날까 하노니 명절에는 하지 말자 하더라"(막 14:1-2)라고 기록되어 있습니다.

그들은 축제일이 지난 다음 몰려든 순례자들이 고향으로 돌아간 뒤에 시도하기로 결론을 내렸습니다. 백성의 인기를 한 몸에 받는 선생인 예수를 체포한다면 폭동도 불사할 불같은 성격의 갈릴리인들이 무리 가운데는 많이 있었습니다. 그래서 축제가 끝나 민중 봉기의 위험이 사라진 이후에 어떤 방법으로든지 예수를 죽이려고 결정했던 것입니다.

그러나 하나님의 섭리는 그들의 계획과는 달랐습니다. '하나님의 어린양' 예수님이 유월절 희생양이 되도록 하시는 것이 하나님의 뜻이었습니다. 마치 그 옛날 어린양의 피가 문 인방과 문설주에 발라진 집을 천사가 넘어갔던 것처럼, 하나님의 어린양 예수님이 유월절 희생양으로 피를 흘리셔야 백성을 구원하실 수 있기 때문입니다. 그래서 대제사장들과 서기관들의 결정, "민란이 날까 하노니 명절에는 하지 말자"라는 계획은 아무런 소용이 없었습니다. 그 경위를 누가는 이렇게 기록합니다. "열둘 중의 하나인 가룟인이라 부르는 유다에게 사탄이 들어가니"(눅 22:3).

왜 유다에게 사탄이 들어갔는가

그런데 성경은 이 음모와 배신에 사탄이 개입하고 있다고 말씀합니다. 그러므로 예수님의 십자가 처형 사건은 일부 종교 지도자들의 질투심에서 비롯된 그리고 야망과 환멸을 느낀 한 제자의 배신 이상의 것과 관련이 있습니다. 예수님이 광야에서 마귀의 시험을 다 이기신 후 마귀는 얼마 동안 떠나 있었습니다(눅 4:13). 그러나 여기 예루살렘에서의 마지막 일들이 진행되는 동안에는 마귀가 아니라 그 대장 사탄이 직접 개입합니다. 사탄은 지금 그리스도의 사업을 망쳐 놓으려고 직접 나섰습니다. 우리를 통해서 예수님이 당신의 역사를 이루어 가시듯이, 사탄도 인간을 통해서 자기 뜻을 성취하려 듭니다.

그런데 유다는 '열둘 중에 하나'입니다. 즉 그는 고귀한 숫자 열둘에 포함되어 있는 인물입니다. 우리의 신분이 우리가 받을 유혹을 면제시켜 주지는 않습니다. 열두 제자 중 하나인 유다에게 사탄이 들어갔다면, 우리 중 누가 유혹을 받지 않을 수 있겠습니까? 그러므로 우리는 깨어 기도해야 합니다.

그러면 왜 유다는 사탄이 자기에게 들어오도록 허용했을까요? 우리의 마음은 빗장이 안에 있는 구조물과 같습니다. 예수님도 문밖에 서서 문을 열어 달라고 두드리십니다(계 3:20). 우리는 우리 마음의 빗장을 누구에게 열어 주어야 할까요? 성령입니까, 악령입니까? 그리스도입니까, 사탄입니까? 불행히도 유다는 사탄에게 그 마음의 문을 열어 주었습니다. 왜 그랬을까요?

여러 가지 추측이 있습니다. 예수님이 승리의 입성을 한 후 지상의 보좌에 앉으려 하지 않고 오히려 죽음에 대해서 말씀하시는 것에 대해 배신감을 느꼈다고 보기도 합니다. 아니, 한 걸음 더 나아가 주님을 코너에 몰아서 스스로 당신이 메시아임을 밝히실 수밖에 없도록 몰아가려 했다고 보기도 합니다. 혹은 예수님의 사명을 이해하지 못한 유다가 주님이 메시아시라는 것을 더 이상 믿지 않게 되었다고도 생각할 수 있습니다. 그리고 요한은 유다가 돈을 좋아하는 자였다고 밝힙니다.

그 외 유다의 의도가 무엇이었든 간에 사탄은 예수님의 죽음이 그분의 사역을 강제 종료시키고 하나님의 계획을 저지하게 될 것이라고 생각했습니다. 유다처럼 사탄 역시 예수님의 죽음과 부활이 하나님이 계획하신 가장 중요한 부분이라는 것을 알지 못하기는 마찬가지였습니다. 사탄은 주님의 사역을 완전히 망치려고 들었지만 실패로 돌아갈 것입니다. 머리를 부수려고 들지만 발꿈치만 깨물 뿐입니다.

사탄은 사람으로 하여금 의심하고, 불안하게 만들고, 서로 미워하도록 충동질합니다. 물론 이런 충동을 느꼈다고 해서 사탄이 그 사람에게 들어갔다고 말할 수는 없습니다. 사탄이 들어갔다는 말은 악한 생각으로 충만해서 더 이상 다른 사람의 말이 귀에 들리지 않고 오직 그 일에 사로잡혀 있는 것입니다. 성령의 감동이 마음을 가득 채워서 조금이라도 악한 생각이나 나쁜 것이 틈타지 않고 온전한 기쁨과 은혜 가운데 있는 성령 충만과는 정반대의 상태입니다.

어떻게 가룻 유다가 예수님을 배신하게 되었을까요? 요약하면 실망과 두려움 때문이었을 것입니다. 유다가 지금까지 예수님을 따라온 이유는 하나님 나라에 대한 기대 때문이었습니다. 즉 예수님이 그 능력과 진리로 분명히 이스라엘을 회복하실 것이라고 믿었습니다. 그러나 그가 기대한 것은 영적인 이스라엘이 아니라, 정치적인 유대 나라의 회복이었습니다. 그런데 예수님이 죽음을 굳게 결심하셨다는 사실을 알게 되었을 때 그의 기대는 산산조각이 났습니다. 결국 유다는 예수님께 실망했던 것입니다.

뿐만 아니라 예수님의 말씀대로 예수님이 체포되어 사형을 당하시게 된다면 제자들 역시 체포될 것이 분명했습니다. 유다 역시 붙들려서 처형될 것이 확실했습니다. 십자가에 처형당하는 것만은 도무지 자신이 없었기에 배반을 통해 살길을 찾아보려고 한 것일 수도 있습니다. 그러므로 사탄이 유다에게 들어갈 계기를 제공한 것은 유다 자신입니다. 자기 생각에 사로잡혀서 안쪽 빗장을 열어 준 셈입니다. 그러기에 사탄이 유다에게 들어갔다는 사실이 예수님을 배신한 유다의 책임을 결코 면제해 주지 않습니다.

당신은 예수님의 제자입니까? 하나님을 믿는 사람입니까? 그렇다면 주님의 일을 할 때 자기 생각에만 사로잡히지 마십시오. 그리고 옆에 있는 다른 성도의 말에 귀를 기울이십시오. 주일마다 선포되는 설교에도 귀를 기울이십시오. 자기 관점만 언제나 옳다고 생각하면 상대방은 항상 틀릴 것입니다. 어떤 시각으로 바라보더라도 마음에 기쁨을 잃지 말고, 어떤 분석을 하더라도 기도하고, 어떤 현상을 바라보더라도 감사하기를 바랍니다. 이것이 우리를 향한 하나님의 뜻입니다(살전 5:16-18). 기쁨, 기도, 감사가 우리 삶의 특징이 되어야 시험에 들지 않고, 예수님을 팔아넘기는 대열에서 벗어날 수 있습니다.

우리의 주인이 누구이신지를 기억하라

"이에 유다가 대제사장들과 성전 경비대장들에게 가서 예수를 넘겨줄 방도를 의논하매"(눅 22:4). 열둘 중 하나인 유다가 예수님을 배반하고 산헤드린과 거래를 시작합니다. 이에 유다는 자기 발로 대제사장들과 성전 경비대장들을 찾아갔습니다. 여기 경비대장들은 성전 지역 내부와 주변에 대한 경비 책임을 맡은 유대인들, 아니면 레위인들로 구성된 파견 부대의 책임자들을 말합니다. 성전의 경비와 질서를 유지하는 임무는 이들이 맡았고, 대제사장들은 이들을 감독하는 관계입니다.

유다가 찾아오자 그들은 기뻐하여 돈을 주기로 약속합니다(눅 22:5). 예수님을 죽일 방도를 찾고 있던 지도자들은 당연히 예수님의 제자 한 사람의 뜻하지 않은 배신에 크게 기뻐할 수밖에 없었을 것입니다. 예기치 않은 순간에 뜻밖의 기쁜 소식을 가져온 유다로 인해서 상황은 달라졌습니다. 결국 유다는 스승을 배신한 대가로 돈을 받기로 계약을 체결했습니다. 복음서 기자 가운데 계수에 밝았던 세리답게 마태만 유일하게 그 액수를 밝히고 있습니다. "내가 예수를 너희에게 넘겨주리니 얼마나 주려느냐 하니 그들이 은 삼십을 달아 주거늘"(마 26:15). 그리고 이 시간 이후로 유다는 무리가 없을 때 예수님을 넘겨줄 기회를 찾았습니다(눅 22:6). 유다는 내부 인사로서 예수님의 일정을 알고 있었을 것입니다. 아니면 베드로와 요한을 통해 어렵잖게 예수님의 동선을 알아냈을 것입니다. 그는 군중이 없는 장소, 그리하여 폭동이 일어날 가능성이 없는 시간을 기다렸다가 예수님을 넘겨줄 기회를 노렸습니다.

이렇게 해서 유다는 역사상 가장 악한 사람이 되었습니다. 유다라는 이름은 배신과 반역, 불신의 동의어가 되었습니다. 그러나 우리 중 누구든 자신의 내면에 유다가 될 가능성을 갖고 있습니다. 그러기에 항상 깨어 기도할 필요가 있습니다. 우리는 누구에게 마음의 문을 열어 줄 것인지를 선택해야 합니다. 시시때때로 결단해야 합니다. 우리의 주인이 누구신지를 잊지 마십시오. 우리는 우리의 욕망을 이루기 위해서 세상을 사는 자가 아닙니다. 주님의 뜻을 이루어 갈 때 우리의 삶은 의미를 갖습니다.

본래 종교 지도자들은 예수님을 잡는 시기를 유월절 이후로 계획했습니다. 그러나 유다의 예상치 못한 반가운 제안으로 그 계획을 앞당기게 되고 그리하여 결국 하나님의 섭리의 때를 맞추게 됩니다. '세상 죄를 지고 가는 하나님의 어린양'은 유월절에 죽임을 당하셔야 하기 때문입니다. 예수님이 이렇게 넘겨지는 것은 비록 그분을 죽이려는 음모에 부합한 유다의 배신에 의한 것이지만, 결과적으로는 하나님의 뜻을 이룰 뿐입니다. 예수님 당신도 이런 상황의 흐름을 정확히 내다보셨다는 것을 꼭 기억하십시오. 선악 간 행동은 하나님의 뜻을 벗어날 수 없습니다. 물론 악한 의도를 가지고 나서면 그에 대한 책임을 져야 합니다. 그러나 선한 의도를 가지고 생각하고 실행하면 반드시 그 상급이 기다리고 있습니다.

우리의 생각과 행동은 하나님의 뜻을 결코 무너뜨릴 수 없습니다. 다만 자기 자신의 의도를 살피십시오. 혹자는 말합니다. 가룟 유다가 없었으면 하나님의 뜻이 성취될 수 없었을 것이라고 말입니다. 하지만 가룟 유다는 자기의 동기에 따라서 하나님의 선한 뜻이 성취되도록 자신을 사탄에게 파멸로 내어 준 것이 아닙니다. 자기의 어리석고 악한 뜻을 성취하려는 의도로 '대제사장들과 성전 경비대장들에게 가서 예수를 넘겨줄 방도를 의논'했습니다. 그러므로 그 이름은 영원히 파멸될 것입니다.

○

하나님 앞에서 자신을 정결하게 하십시오. 진실한 기도를 통해서, 눈물의 회개를 통해서 하나님의 통치 아래 사는 자의 특징이 나타나는 삶을 살기 바랍니다. 하나님 나라, 하나님의 통치 아래 살면 그 모습은 오직 성령 안에서 의와 평강과 희락입니다(롬 14:17). 어디에 있든지 의와 평강과 희락이 우리 삶의 특징이 되도록 기도에 전념하기를 바랍니다.

47.

거룩한 만찬 (22:19-20)

/

　　이 장에서는 주님이 제정하신 거룩한 만찬인 성만찬의 의미를 살펴보도록 하겠습니다. 무슨 방도로 예수를 죽일까 궁리하던 대제사장들과 서기관들의 음모에 가룟 유다가 동조합니다. 열둘 중 하나인 가룟 유다는 이제 군중들이 없을 때 스승 예수를 넘겨줄 기회를 찾습니다. 그리고 바로 유월절 양을 잡는 무교절이 되었습니다. 주님은 당신의 동선을 공개하지 않기 위해 가장 신뢰하는 두 제자를 먼저 보내 유월절을 준비하셨습니다. 곧 유월절 축제를 하는 시간이 되어서 모든 제자가 식탁 자세로 앉았습니다.

　　복음서 기자들 가운데 누가가 제일 식탁 교제를 즐긴 것 같습니다. 누가복음에 기록된 일곱 번째 식탁이고, 어쩌면 가장 드라마틱한 식탁이기도 합니다. 앞으로 누가복음에는 두 번 더 식탁 교제가 등장할 것입니다. 밥을 같이 먹는 것은 어느 문화든지 서로 간의 친밀감을 나누는 자리입니다. 그러나 그 밤의 식탁은 화기애애한 자리가 아니라, 엄숙함이 감도는 자리였습니다. 예수님이 제자들에게 마지막 말씀을 전하시는 자리였기 때문입니다.

이 유월절 식탁에서 주님은 입을 열어 "내가 고난을 받기 전에 너희와 함께 이 유월절 먹기를 원하고 원하였노라"(눅 22:15)라고 당신의 깊은 마음을 열어 보이셨습니다. 예수님은 유월절 식탁에서 당신의 사역을 계승할 자들에게 유언의 말씀을 하려고 벼르셨기 때문입니다.

예수님의 이 유월절 만찬은 모든 유대인처럼 과거의 사건을 기념하는 것이지만, 동시에 십자가에서 이루실 당신의 사역을 내다보는 사건입니다. 주님은 흠 없는 하나님의 어린양으로 곧 당신 자신을 내어 주실 것입니다. 그리하여 장차 당신께 속한 자들과 함께 하늘에서 영화로운 잔치에 참석하시게 될 것입니다. 그러므로 예수님은 "이 유월절이 하나님의 나라에서 이루기까지 다시 먹지 아니하리라"(눅 22:16)라고 말씀하시며, 하나님의 계획이 완성될 때까지 유월절을 더 이상 땅에서는 기념하지 않을 것이라고 하셨습니다. 따라서 이 만찬 자리는 격한 감정이 가득한 자리처럼 보입니다. 자세히 살피면, 그 식탁에서는 예수님이 잡수시지는 않고 다만 함께 참석해 계십니다. 게다가 주님은 여느 유월절 만찬의 식탁을 당신의 마지막 만찬 자리로 만들고 계십니다.

유월절 만찬에 속한 잔을 가지신 주님은 "이것을 갖다가 너희끼리 나누라"(눅 22:17)라고 하십니다. 그러면서 당신의 입장을 다시 한 번 밝히십니다. "내가 너희에게 이르노니 내가 이제부터 하나님의 나라가 임할 때까지 포도나무에서 난 것을 다시 마시지 아니하리라"(눅 22:18). 이런 표현은 주님의 생각이 지금 어디로 향하고 계시는지를 보여 줍니다. 미래의 회복을 위한 당신의 각오에 대한 강렬한 감정이 배어나고 있습니다. 하나님 나라가 임할 그날, 나라와 권세와 영광이 가시적으로 그리고 영원토록 하나님께 속할 것입니다.

지금 주님은 마음속으로 하나님 나라의 완성을 내다보며 그날을 사모하고 계십니다. '이제부터 하나님의 나라가 임할 때까지'가 그 마음의 지평에 펼쳐지고 있습니다. 그 영광의 날이 오면 주님이 다시 오시어 당신의 성도들을 가시적으로 다스리실 것입니다.

성찬의 떡
: 우리를 위하여 주신 예수님의 몸이라

주님은 유월절 만찬 자리를 최후의 만찬 자리로 바꾸어 새로운 제도를 세우셨습니다. 유월절 떡을 먹고 포도주를 마시면서 주님을 기념하는 성만찬이라는 새로운 제도를 세우셨습니다(눅 22:19). 예수님은 유월절 축제를 위해 준비된 무교병을 가져다 떼어 제자들에게 주면서 말씀하십니다. 그리고 그와 동시에 이 유월절 의식에 전혀 없는 새로운 의미를 부여하십니다. "이것은 너희를 위하여 주는 내 몸이라 너희가 이를 행하여 나를 기념하라"(눅 22:19). 유월절이 애굽에서 해방된 것을 기념한다면, 이제 주님의 만찬은 그리스도의 죽음을 통해 우리가 죄에서 해방된 것을 기념하는 것입니다. 주님은 언어의 대가이십니다. 비유적 진리를 표현하기 위해 자유자재로 일상적 용어를 활용하십니다.

마치 떡이 사람에게 자양분을 제공하듯이, 주님이 지금 찢어 나누어 주시는 떡은 성도들이 받을 영적인 자양분을 주는 음식과 같습니다. 그 떡은 예수님을 따르는 자들을 위해 죽음에 내어 주신 예수님의 몸을 의미합니다. 그날 밤 예수님은 다가올 당신의 수난의 유익들을 미리 맛보는 방식으로 제자들에게 떡을 떼어 주셨습니다. 더 이상 지상 사역 속에서 함께하지 아니하실 예수님은 제자 공동체에게 스스로를 항상 새롭게 나타낼 것을 엄숙히 약속하셨습니다. 그리고 그때마다 당신의 죽음의 유익들을 미리 맛보도록 오늘날까지도 계속해서 우리를 그 자리로 초대하십니다. 그런 측면에서 성찬은 항상 우리의 시각을 뒤를 향해 돌아보도록 요구합니다. 우리는 성경의 많은 가르침을 잊어버리기도 하지만, 주님에 관련한 단 하나의 사건은 잊지 말아야 할 것을 요구하십니다.

성찬의 떡을 떼고 잔을 부어 나눌 때 우리는 우리 죄를 위한 예수님의 고난과 죽으심을 항상 기억해야 합니다. 성찬을 통한 이런 반복된 행위는, 그렇게 하지 않으면 과거 속으로 사라질 것을 현재 우리들 곁으로 가져오게 될 것입니다. 지금껏 해 온 기념으로서 유월절 만찬은 이제 예수님의 구원 성취와 관련해서 새로운 시야를 여는 방안으로 활용될 것입니다.

성만찬을 행할 때마다 우리는 주님과의 인격적인 관계를 확인합니다. 성만찬을 행할 때마다 주님은 당신의 제자들과 함께하겠다는 언약을 지키실 것입니다. 십자가의 죽음을 통해서 그분의 몸을 주심으로 우리에게 새로운 생명이 주어질 것입니다. 주님이 십자가에서 그 몸을 상하게 하심으로 하나님께 나아갈 길이 활짝 열렸습니다. 우리의 죄를 사함 받은 근거는 십자가 위에서의 주님의 희생입니다. 그러므로 주님은 성찬의 떡을 떼어 나눌 때마다 우리가 당신의 사랑을 기억하기를 원하셨습니다.

성찬의 잔
: 주님의 피로 세우신 새 언약

예수님은 당신의 사명을 완수하기 전까지는 두 번 다시 포도주를 마시지 않겠다고 맹세한 후 잔을 들고 설명하십니다. "저녁 먹은 후에 잔도 그와 같이 하여 이르시되 이 잔은 내 피로 세우는 새 언약이니 곧 너희를 위하여 붓는 것이라"(눅 22:20). 앞서 간략히 살핀 대로 무교병에 새로운 의미를 부여하시듯, 주님은 지금 유월절 만찬의 포도주 잔에도 새로운 의미를 부여하십니다.

새로운 언약은 신약 시대의 주요 주제 중 하나입니다. 일찍부터 선지자들은 이 새로운 언약이 체결될 것을 예언했습니다. 그 가운데 예레미야가 대표적입니다. "여호와의 말씀이니라 보라 날이 이르리니 내가 이스라엘 집과 유다 집에 새 언약을 맺으리라"(렘 31:31). 그 언약은 옛 언약과 같지 않을 것입니다. 옛 언약처럼 더 이상 파기 가능한 것이 아닙니다. 이제 짐승의 피로써 인 쳐지던 옛 언약이 종료되고 당신의 피로 세우는 새 언약이 시행되는 순간입니다. 마태의 기록을 보면 "이것은 죄 사함을 얻게 하려고 많은 사람을 위하여 흘리는바 나의 피 곧 언약의 피니라"(마 26:28)라고 설명됩니다. 새 언약은 때로 아버지의 약속이라고 불리기도 했습니다 (눅 24:49).

예수님은 당신의 피를 당신을 따르는 자들을 위해서 흘리십니다. 그러므로 교회는 그 피로 값 주고 산 것입니다(행 20:28). 이제 주님의 십자가로 새로운 시대의 기초가 놓였습니다. 새롭고 신선한 희생 제물을 통해서 새로운 성취의 시대가 활짝 열렸습니다. 새로운 시대는 예수님의 죽음과 성령의 베풀어 주심으로 개막되었습니다.

잔으로 묘사되는 예수님의 죽음을 이해하는 두 가지 열쇠가 있습니다. 첫째, 예수님의 죽음은 우리의 죗값을 지불한 죽음입니다(롬 3:20-26). 누가의 글에는 다만 암시적으로 기록되어 있는데, 사도행전에서는 "하나님이 자기 피로 사신 교회"(행 20:28)라고 밝혔습니다. 둘째, 예수님은 당신의 피로써 새로운 언약의 체결을 완성하셨습니다. 언약이란 항상 피 흘림을 통해서 체결되기 때문입니다(히 8-10장).

이제 예수님은 최후의 만찬 자리에 앉아 왜 당신이 떠나가야 하는지를 밝히실 것입니다. 성령이 오시는 새 시대를 열기 위해 당신을 새로운 언약의 제물로 내어 주셔야 하기 때문입니다.

"이 잔은 내 피로 세우는 새 언약이니 곧 너희를 위하여 붓는 것이라"(눅 22:20). 피는 구약에서 폭력적으로 사람을 죽이는 것을 말하기에 임박한 폭력적 죽음을 암시합니다. 짐승의 피와 달리 그분의 피는 이 새로운 언약 아래 그분을 믿는 모든 사람의 죄를 실제로 제거해 줄 것입니다. 그러므로 피를 붓는다는 말은 예수님의 십자가 죽음을 암시하는 것입니다. 당신의 백성을 죄로 인한 사망의 형벌에서 구원하기 위해 하나님의 흠 없는 어린양의 피가 부어질 것입니다.

동시에 주님이 피로 세운 잔을 강조하신 이유는 새 언약의 책임을 강조하기 위함입니다. 추도 예배나 기념 예배에서 종종 "제가 이 말을 하는 이유는 돌아가신 분이 그렇게 해 주기를 원했을 것이기 때문입니다"라고 하는 말을 들어 본 적이 있을 것입니다. 성만찬을 행하는 것도 마찬가지입니다. 주님의 죽으심을 그리고 주님의 다시 오심을 기념하는 자리는 반드시 주님의 뜻을 따라 살기로 다짐하는 자리여야 합니다.

○

성만찬은 십자가에 당신을 내어 주신 주님, 사흘 만에 살아나신 주님이 오늘 우리와 함께하며 당신을 우리에게 내어 주시는 자리입니다. 그렇다면 우리는 당신을 내어 주신 예수님의 사랑과 긍휼에 일치하는 방법으로 예배해야 할 것입니다. 우리의 생각이 그분의 생각을 따르고, 우리의 행동이 그분의 행동을 본받는 자리여야 합니다. 주의 만찬의 자리에 참여할 때 그분을 기념하며 사는 방식이 어떠해야 할지를 진지하게 검토해야 할 것입니다.

48.

섬기는 지도자(22:24-30)

이 장의 본문은 예수님이 예루살렘에서 마지막 유월절을 보내시는 장면을 배경으로 합니다. 유월절 잔치이기도 하고 최후의 만찬 자리이기도 한 이곳에서 제자들은 앞서 "누가 예수를 팔 자인가?" 하는 논쟁을 하다가 바로 이어서 "누가 크냐?"는 논쟁으로 이어졌습니다. 앞 문맥인 유월절 만찬의 자리에서 유다의 배반에 대한 말씀이 나온다면, 이 장의 본문인 뒤 문맥에는 베드로의 부인을 미리 말씀하시는 장면으로 이어집니다. 본문의 구조는 세 장면으로 이루어져 있으며, '섬기는 지도자'라는 주제로 살펴보겠습니다. 눈앞에서 다투는 제자들을 바라보고 계시는 주님이 마음속에 그리던 제자들의 내일의 모습은 섬기는 지도자일 것이라 믿기 때문입니다. 그렇다면 섬기는 지도자란 어떤 사람입니까?

섬기는 지도자는 다투지 않는다

비록 지금 제자들은 "누가 크냐?" 하며 싸우고 있지만, 그것은 주님이 바라시는 지도자의 모습이 아닙니다. 이같은 서열 다툼은 제자들 사이에서 꽤 자주 등장합니다(눅 9:46). 누가 크냐는 명제는 두 사람 이상이 모인 곳에는 언제나 있어 온 관심사입니다. 가정에서도 일어납니다. 부부 사이에만 아니라 부모 자식 간에도 있습니다. 유교는 아예 그 싹을 자르기 위해 세상의 기본 원리 중 하나로 장유유서(長幼有序)를 못 박았습니다. 주일에 예배하는 교회에서도, 그리스도인을 맞이하는 월요일의 일터에서도 누가 크냐는 질문은 일어납니다.

하지만 "제자 중에서 누가 크냐"(눅 9:46) 하는 변론은 인류의 보편적인 관심사인 동시에 제자들이기에, 아니 지금 주님의 발걸음이 예루살렘으로 향하기 때문에 일어나는 특수적인 관심이기도 합니다. 이 주제를 두고 첫 번째 다툼이 일어난 직후 성경은 그 배경을 이렇게 말씀합니다. "예수께서 승천하실 기약이 차 가매 예루살렘을 향하여 올라가기로 굳게 결심하시고"(눅 9:51). 결코 그들이 받은 제자 훈련이 시원찮아서 일어난 일이 아닙니다. 인류 가운데 가장 탁월하신 분으로부터 일주일에 168시간씩 거의 3년간 제자 훈련을 받은 자들 사이에서 제자 중에 누가 크냐는 변론이 일어났기 때문입니다. 그러므로 "누가 크냐?" 하는 다툼은 인류 보편적인 관심이라기보다는 하나님 나라에 대한 그들의 오해 때문입니다. 하나님 나라가 예루살렘에 곧 건설될 것이고 주님이 왕으로 등극하신다는 잘못된 생각 때문입니다.

사람의 편견은 쉽게 고쳐지지 않습니다. 주님이 수난에 대해서 몇 차례 알아듣도록 말씀하셨지만 제자들은 전혀 깨달음이 없었습니다(눅 18:34).

그 결과 스승이 뭐라고 말해도 그들의 관심사는 오로지 주님이 왕으로 등극하신 후 첫째 자리를 누가 차지하느냐에 있었습니다. 한두 제자의 관심사가 아니라 그들 모두의 관심사였습니다. 제자 훈련 수료식을 앞둔 그들 모두의 생각은 세속적이었습니다. 이미 유다는 배신의 길로 나갔고, 나머지는 그들 중에 가장 큰 자가 되려고 다투고 있습니다. 주님은 제자들을 위해서 당신의 몸을, 새 언약을 위해서 당신의 피를 쏟아 붓는 교훈을 하셨으나 제자들은 "누가 파느냐?"는 토론에서 "누가 크냐?"는 논쟁으로 열을 올리고 있을 뿐입니다. 그래서 주님은 필연적으로 섬김의 제자도를 말씀하셔야 했습니다.

섬기는 지도자는 주님의 말씀을 듣는다

"예수께서 이르시되 이방인의 임금들은 그들을 주관하며 그 집권자들은 은인이라 칭함을 받으나"(눅 22:25). 세상은 그때나 지금이나 변하지 않습니다. 소위 세상의 왕들은 백성을 지배하고 그 위에 군림합니다. 힘으로 다른 사람을 통치하면서도 그 통치를 받는 사람들이 은인이라고, 시혜자(施惠者)라고 불러 주기를 바랍니다. 그래서 이미지를 조작해서 자신의 잔혹하고 추악한 실체를 세탁하려고 합니다. 사실 '은인'이라는 단어는 그리스나 로마 사회에서 공로가 있는 사람들, 특히 왕에게 부여된 영예의 칭호로 자연스럽게 사용되었습니다. 하지만 세상의 권세자들은 남들이 불러 주기를 기다리지 않고 오히려 그렇게 불리기를 추구했습니다. 어디 왕들만의 위선이겠습니까? 바리새인과 서기관들의 위선이기도 했습니다(눅 11:43, 20:46). 그러므로 주님은 제자들에게 이런 모습을 강하게 금하십니다. 그리고 이처럼 세상의 지배 방식을 설명한 후에 그와는 대조적인 하나님 나라의 권위를 설명하십니다.

"[그러나] 너희는 그렇지 않을지니 너희 중에 큰 자는 젊은 자와 같고 다스리는 자는 섬기는 자와 같을지니라"(눅 22:26). 예수님은 세상의 가치관과는 반대되는 새로운 하나님 나라의 가치관을 제시하십니다. 하나님의 통치 아래 사는 자들은 달리 살아야 합니다. 세상은 가진 자가 큰소리를 치고 군림하며 존경을 받으려 들지만, 하나님 나라의 지도자는 스스로 낮아진 자리에서 없는 자와 약한 자를 섬겨야 합니다. 주님은 이렇게 가르친 후 그 가르침을 이해시키려고 그들의 풍습과 상식에 호소하십니다. "앉아서 먹는 자가 크냐 섬기는 자가 크냐 앉아서 먹는 자가 아니냐"(눅 22:27상). 그때만 아니라 지금도 식탁에 앉아 있는 사람은 서서 시중드는 사람보다 사회적인 지위가 높습니다.

예수님은 앞에서는 교훈으로, 뒤에서는 모범으로 하나님의 통치 아래 사는 자들의 삶을 가르치고 보여 주십니다. 섬김을 받기에 합당한 분이 우리를 섬기러 세상에 오셨습니다. 인간의 몸을 입고 오심 자체가 낮아짐이요, 섬김입니다. 섬김의 삶이 주님의 삶의 좌우명이었습니다. "인자가 온 것은 섬김을 받으려 함이 아니라 도리어 섬기려 하고 자기 목숨을 많은 사람의 대속물로 주려 함이니라"(막 10:45). 섬김의 삶을 살다가 마침내 당신을 대속물로 드리는 것이 주님의 최후 목표입니다. 그러기에 하나님 나라의 지도자들은 주님의 섬김의 교훈과 섬김의 삶을 본받아야 합니다. 세상은 대우받고 인정받고 군림하지만, 하나님 나라는 섬기고 자신을 희생하는 곳입니다.

"그러나 나는 섬기는 자로 너희 중에 있노라"(눅 22:27하). 주님은 섬김을 받기 합당한 분이지만 섬기는 자로 제자들 가운데 있다고 선언하십니다.

제자들의 발까지 씻기고 마지막 만찬을 섬기셨지만, 사실 함께한 3년 모두가 섬김의 본을 보이신 삶입니다. 스승인 예수님이 섬기셨다면, 제자들은 당연히 스승의 가르침을 배우고 스승을 닮아야 합니다. 공자의 제자가 되어서는 안 됩니다. 공자가 말하는 예절은 장유유서요, 군신유의(君臣有義)입니다. 가진 자와 힘센 자 위주의 삶의 규율입니다. 그러나 우리가 예수님의 이름으로 세례를 받았다면, 우리는 예수님의 제자가 되어야 합니다.

섬기는 지도자는 감격하는 삶을 산다

놀랍게도 서로 다투는 제자들을 바라보시는 예수님은 여전히 따뜻한 시각으로, 하나님 나라의 관점에서 말씀하십니다. 섬기는 지도자가 되기 위해서는 주님의 감격스러운 말씀을 귀담아들어야 합니다. 일단 주님의 말씀이 귀에 들어오면 우리는 감동하고 감격합니다. 눈앞에서 제자들은 서로 누가 크냐고, 누가 제일 잘났느냐고 다투고 있습니다. 그런 제자들을 향해서 가르침을 포기하지 않는다는 것은 쉬운 일이 아닙니다. 주님은 자상하게 세상의 리더십과 하나님 나라의 리더십이 어떻게 다른지를 잘 설명하실 뿐 아니라 격려까지 하십니다.

"너희는 나의 모든 시험 중에 항상 나와 함께한 자들인즉"(눅 22:28). 다른 할 말씀이 왜 없었겠습니까? 하지만 주님은 제자들을 책망하는 대신에 격려하십니다. 더 넓은 시각에서 제자들을 바라보고 평가하십니다. 상대방을 어떻게 보느냐에 따라서 우리의 행동이 달라집니다. 한 사람을 볼 때 그 사람이 살아온 길을 본다면 남을 향해 쉽게 손가락질을 할 수 없을 것입니다. 주님은 제자들을 어떻게 이해하십니까? 3년씩이나 가르쳤어도 서로 싸우는 대책 없는 이들이라고 보지 않으십니다. 제자들을 향한 따뜻한 시각은 그들에 대한 새로운 기대를 하게 합니다.

그런데 여기서 '나의 모든 시험 중에'란 무슨 뜻입니까? 광야의 시험으로부터 시작해서 십자가를 피해 가도록 하는 계속되는 시험입니다. 예수님이 받으신 그 모든 시험의 길에서 지금까지 제자들이 보여 준 충성심을 인정하신 것입니다. 주님을 따르던 제자들 중 많은 사람이 가르침이 어렵다고 불평하며 떠나갈 때 "주여 영생의 말씀이 주께 있사오니 우리가 누구에게로 가오리이까"(요 6:68) 하고 고백한 베드로처럼 신실한 자로서 제자들을 평가하십니다.

예수님이 낮아져서 시험을 받으실 때 당신은 어디에 있습니까? 주님 안에 계속해서 머무는 자리에 있습니까? 그리하면 주께서는 시험 중에 함께한 자로 우리를 인정하실 것입니다. 주님은 당신이 낮아져서 시험을 받는 동안 신실하게 동참한 자로 제자들을 바라보며 그들을 장차 왕적인 통치에 참여할 자들로 보십니다. 주님은 당신의 제자들을 믿어 주고 격려함으로 앞으로 받게 될 고난에도 변함없이 신실하게 충성할 것을 기대하십니다.

"내 아버지께서 나라를 내게 맡기신 것같이 나도 너희에게 맡겨"(눅 22:29). 주님은, 지금은 다소 부족하더라도 제자들에게 놀라운 말씀을 들려주십니다. 섬김을 요청하신 동시에 약속을 주십니다. 하나님 아버지께서는 하늘과 땅의 모든 권세를 예수님께 맡겨 주셨습니다. 그리고 주님은 이 하나님 나라의 통치권을 제자들에게도 맡긴다고 말씀하십니다. 당시 예수님의 제자들뿐만 아니라 오늘날의 성도들에게도 주님은 그와 같은 왕권을 맡겨 주셨습니다.

"적은 무리여 무서워 말라 너희 아버지께서 그 나라를 너희에게 주시기를 기뻐하시느니라"(눅 12:32). 예수님은 오늘도 신실한 무리들에게 그 나라를 주기를 기뻐하시는 분입니다. 끝까지 주님과 함께 견디는 자들에게 상급으로 그 나라를 주기를 기뻐하십니다. 하나님 나라는, 처음에는 아버지께서 예수님께 맡겨 주셨고, 그다음에는 예수님이 제자들에게 맡겨 주셨습니다. 하지만 그 나라는 군림하는 나라가 아니라 섬기는 나라입니다.

주님이 우리에게 약속해 주시는 나라, 상급으로 주시는 나라는 무엇입니까? "너희로 내 나라에 있어 내 상에서 먹고 마시며 또는 보좌에 앉아 이스라엘 열두 지파를 다스리게 하려 하노라"(눅 22:30). 비록 제자들은 지금 "누가 크냐?"라는 다툼 중에 있지만, 한날 성령으로 충만하게 되면 하나님 나라를 땅끝까지 세워 갈 것입니다. 이 말씀은 장차 하늘 잔치에 참석할 것을 암시합니다. 동시에 오늘 우리는 영광스러운 주님의 통치에 부르심을 받은 자들입니다. 미래적인 소망이 있기에 현재의 섬김의 삶을 감당할 수 있습니다.

고대 근동의 보좌는 왕이 홀로 앉는 보좌보다는 넓은 거실에 여러 사람이 함께 앉는 소파를 연상하는 편이 좋습니다. 여기서 '보좌'는 전쟁에서 큰 공을 세운 장수를 왕의 넓은 보좌 옆에 앉게 하고, 이를 통해서 왕권의 일부를 상으로 부여하는 것을 상징적으로 보여 줍니다. 하지만 그 나라의 왕권을 맡은 자들은 세상 사람들과 달라야 합니다. 권력을 휘둘러 남을 주관하는 대신에 다른 사람의 연약함과 필요를 섬기는 역할을 해야 합니다. 하나님 나라는 큰 자가 작은 자를 섬기는 나라이기 때문입니다. 섬기는 지도자야말로 하나님 나라의 왕권을 행사하는 자입니다.

O

하나님 나라의 위대함은 제자들의 발을 씻기시는 예수님의 모습에서 확인할 수 있습니다. 섬기는 지도자의 모습은 지위나 경력이 아니라, 섬기는 태도에 달려 있습니다. 오늘도 주님은 성도들의 일관됨을 주목하십니다. 배신자와는 달리 시련의 순간에도 늘 동행했고, 박해 가운데서도 택한 자와 함께 굳게 섰던 것을 인정하십니다. 하나님은 예수님께 나라를 주셨고, 이제 그 권세는 제자들의 것이 되었습니다 (마 28:18-20). 그래서 이미 주님이 소유하신 역할을 제자들에게 수여하겠다고 약속하십니다. 이는 왕의 식탁 교제와 통치 참여를 의미합니다. 주님과의 연합은 지금 여기서부터 그분의 통치에 참여하는 것을 의미합니다. 주님과 함께 할 내일이 우리를 기다리고 있음을 알면 오늘 주님의 고난을 받아들일 수 있습니다. 주님은 섬기는 지도자를 기다리고 계십니다. 우리가 속한 나라는 세상 나라와 다르기 때문입니다.

49

시련의 때가 오리니 (22:31-34)

앞 장 본문에서 주님은 모든 시험 중에 함께했던 제자들에게 장차 높임을 받게 될 영광스러운 약속을 하셨습니다. 하지만 당장 제자들 앞에는 사탄이 밀 까부르듯 하는 어려운 때가 기다리고 있습니다. 특히 그 순간 베드로가 예수님을 부인할 것이라고 주님은 경고하십니다. 여기서는 먼저 시련의 때를 앞두고 주님이 하신 말씀과 시련의 때를 지나고 베드로가 해야 할 일 그리고 마지막으로 주님의 말씀에 대한 베드로의 반응을 자세히 살펴보겠습니다.

방심하지 말라

"시몬아, 시몬아, 보라 사탄이 너희를 밀 까부르듯 하려고 요구하였으나 그러나 내가 너를 위하여 네 믿음이 떨어지지 않기를 기도하였 노니 너는 돌이킨 후에 네 형제를 굳게 하라"(눅 22:31-32). 이 말씀은 물론 주님이 베드로에게 하신 것이지만, 사탄이 밀 까부르듯 하려고 '너희를' 요구했기 때문에 그때의 제자들 중 아무도 예외가 없듯이, 오늘의 신자들 중 아무도 사탄의 시험에서부터 면제된 사람은 없습니다. 누구든지 예수 님과 연합하는 순간, 사탄의 공격에 노출됩니다. 우주적인 싸움은 예수님 과 사탄 사이에만 일어나지 않습니다. 예수님을 믿고 주님을 섬기기로 작 정하면 사탄의 공격 목표가 되는 것을 피할 수 없습니다.

'까부르는 것'은 곡식을 키질하는 것을 의미합니다. 키질을 하면 키 안 에 담긴 곡물은 밀이든 보리든 정신없이 올려졌다 내려졌다를 반복하게 됩니다. 따라서 '사탄이 너희를 밀 까부르듯 하려고 요구하였다'라는 말은 정신을 못 차리게 사탄이 우리를 공격하려고 요청하는 것을 의미합니다. 비록 예수님을 믿고 그분을 주님으로 섬기기로 작정하면 사탄의 공격 목표가 되는 것을 피할 수 없지만, 다행히 사탄은 자기 뜻대로 우리를 괴 롭힐 수 없습니다. 우리는 하나님의 백성이기에 하나님께 요청하고 그분 의 허락을 받아야 합니다. 이런 상황을 우리는 욥기 1-2장에서 만나 볼 수 있습니다(욥 1:8-12). 사탄은 욥에게 하듯이, 성도들이 하나님께 헌신하는 데 흠을 잡으려고 안달을 합니다. 하지만 하나님의 허락 없이는 어떤 공 격도 마음대로 할 수 없습니다. 그렇기에 주님은 "보라 사탄이 너희를 밀 까부르듯 하려고 요구하였으나"라고 말씀하신 것입니다. 《메시지》는 사 탄이 "너희 모두를 내게서 떼어 놓으려고 안간힘을 썼다"고 번역하고 있 습니다.

사탄은 제자들 모두를 괴롭히며 이리저리 던지고 흔들 것입니다. 그 래서 배신감과 패배감을 안겨 주고, 또 믿음의 부족을 정죄함으로 파멸에 이르게 하려고 발악을 할 것입니다. 특히 지금 사탄은 그 공격의 초점을 베드로에게 향하고 있습니다. 베드로만 붕괴되면 나머지 사도들은 낙심하고 말 것이라고 믿었던 것 같습니다. 지금도 사탄의 전략은 불변합니다. 제자들 가운데 지도자적인 위치에 있는 베드로에게 집중 포화를 퍼붓는 것처럼, 오늘도 공동체의 지도자를 향해서 유별난 공격을 멈추지 않습니다. 그러므로 성도들은 지도자들, 담임목사를 위한 기도의 지원을 아끼지 않아야 합니다.

"내가 너를 위하여 네 믿음이 떨어지지 않기를 기도하였노니"(눅 22:32). 사탄의 시도는 필연적으로 붕괴됩니다. 주님이 사도들, 특히 베드로를 위해서 기도하시기 때문입니다. 하나님은 당신의 백성을 결코 시험이 없는 무풍지대(無風地帶)에 두지 않으십니다. 그래서 예수님은 지금 베드로를 위해 '시험을 당하지 않도록' 기도하지 않으십니다. 다만 그 시험 가운데서 베드로의 '믿음이 떨어지지 않도록' 기도하십니다.

그때 베드로를 위해서 기도하신 주님은 오늘도 살아 계셔서 우리를 위해 기도하고 계십니다. "그러므로 자기를 힘입어 하나님께 나아가는 자들을 온전히 구원하실 수 있으니 이는 그가 항상 살아 계셔서 그들을 위하여 간구하심이라"(히 7:25). 주님은 우리의 죄를 위해 십자가에서 죽으시고, 우리의 새로운 삶을 위해 다시 살아나셨습니다. 그리고 영원히 살아 계셔서 항상 우리를 위해 기도하십니다. 우리가 하나님의 백성인 이상 사탄의 공격을 피할 수는 없습니다. 그러나 우리를 위해서 항상 기도하시는 주님이 계시기에, 때로는 베드로처럼 넘어지기도 하지만 우리의 믿음은 바닥나지 않을 것입니다.

주님은 베드로를 위해 기도하셨습니다. 베드로가 시험을 당하지 않도록 기도하신 것이 아니라, 시험 후에 베드로의 믿음을 회복하도록 기도하셨습니다. 분명히 주님은 베드로가 실수할 것을 아셨습니다. 순간적으로 부인할 것을 아셨습니다. 그렇지 않다면 '돌이킨 후에'라는 표현을 사용하지 않으셨을 것입니다. 주님은 베드로를 위해서 기도하셨고, 기도를 통해 베드로가 실수하고 순간적으로 부인할 것을 아셨고, 동시에 돌이킴을 확신하셨습니다. 그러므로 이 시련을 겪은 후에 "네 형제를 굳게 하라"고 명하십니다. 우리가 아는 것처럼 베드로는 결코 실패와 무관한 사람이 아닙니다. 그러나 예수님은 기도의 확신 가운데, 베드로가 실패한 자리에 머물러 있지 않을 것이라고 분명히 선언하십니다. 주님은 베드로를 위해서 기도하셨고, 그 기도의 응답으로 돌이켜 다른 동료들의 힘이 되어 주라고 그를 격려하셨습니다.

동료들을 도와주라

자신을 돌이켜 바로 서지 못하면 다른 사람을 도울 수 없습니다. 그러므로 자기 믿음을 바로 세운 후에야 다른 동료들을 돕는 자리로 나아갈 수 있습니다. 베드로가 다시 처음에 가졌던 믿음으로, 제자리로 돌아올 때 그가 다른 형제의 믿음을 굳게 할 수 있었던 것과 같습니다.

우리는 간혹 시험 가운데 넘어지곤 합니다. 유혹을 거뜬히 이겨 내기에는 우리의 힘이 부족합니다. 우리 모두는 죄 가운데 태어나고, 우리 속에는 죄의 성향이 자리하고 있습니다. 뿐만 아니라 할 수만 있으면 우리의 대적은 우리를 넘어뜨리려 합니다. 그리고 우리가 넘어지기만 하면 그는 우리를 짓밟아 버리려고 합니다. 다시는 일어나지 못하도록 수치심과 패배감을 안겨 줍니다. 거룩하신 주님을 배반한 행동에만 우리의 시선을 고정

시켜 우리 믿음의 부족을 정죄함으로 우리를 영원한 파멸로 몰아갑니다.

어떤 실수를 했습니까? 어떤 부끄러운 짓을 했더라도 주님을 바라보십시오. 베드로를 통해서 무엇인가 새롭게 배우기를 바랍니다. 비록 실수는 참담한 느낌을 안겨 주지만, 거기에 머물러 있지 마십시오. 곧바로 일어나지 못해도 넘어진 자리에서 하늘을 바라보고 부르짖기 바랍니다. 눈물로 부르짖으면 회복의 순간이 찾아옵니다. 지금 눈앞이 캄캄하고 앞날이 불안하고 심판이 두렵습니까? 그래도 하나님은 우리 아버지십니다. 일생 동안 단 한 번이라도 그분의 사랑을 경험한 적이 있다면 다시 한 번 아버지께 매달리십시오.

자신이 제일 크다고 믿고 주장한 베드로의 부인은 비참한 실패입니다. 주님을 전혀 모른다고, 그것도 세 번씩이나 철저하게 부인한 자신을 용서할 수 없었을 것입니다. 더러운 실수를 한 자신을 용납하기 어렵습니까? 그런 자신을 바라보는 대신에 주님을 바라보기 바랍니다. 아니, 세 번 닭이 우는 그 순간에 베드로를 바라보시는 주님의 눈길을 기억하기 바랍니다. 실패의 자리에 머물러 있지 마십시오. 오히려 실패로부터만 배울 수 있는 값비싼 교훈을 발견하십시오. 최상의 교훈은 우리의 실패를 돌이켜 생각할 때 얻어집니다. 그러므로 실패를 대충 넘겨서는 안 됩니다. 아직도 숨을 쉬고 지금도 생명이 남아 있다면 실패를 직시하고 주의 자비를 구하십시오(시 51:1-3, 7-9, 10-12).

실패로부터 얻을 수 있는 교훈이 마음속에 자리하게 하십시오. 성도는 추악한 실패의 자리에서도 최선의 교훈을 배울 수 있기 때문입니다. 그때 주님이 말씀하시는 새로운 사명이 우리에게 들릴 것입니다. "시몬아, 네가 굴복하거나 지쳐 쓰러지지 않도록 내가 특히 너를 위해 기도했다. 네가 시험의 시기를 다 통과하거든 네 동료들이 새 출발을 할 수 있도록 도와주어라"(눅 22:31-32,《메시지》).

주님이 우리를 회복시키시는 이유는 공동체를 위한 사명 때문입니다. 우리의 믿음이 회복되면 거기에 합당한 사명이 기다리고 있습니다. 특히 성도들을 세우는 데 그 믿음을 사용해야 합니다. 우리의 회복된 믿음은 우리의 것이 아니라 주님이 주신 선물이기 때문입니다. 부디 실패의 자리에서 일어나 영광의 빛 가운데로 나아오십시오. 그리하여 새로운 사명의 사람이 되십시오(시 51:12-13).

우리가 실패의 자리에서 일어서면 그때 주님이 베드로를 위해 기도하신 것처럼 연약한 형제를 위해, 넘어진 형제를 위해 기도하게 될 것입니다. 그들이 굳게 서도록 섬기는 사명을 감당하는 날이 올 것입니다. 어떤 면에서는 실패해 본 자만이 실패한 자를 도울 수 있습니다. 거센 물결을 통과한 자만이 물에 빠진 자를 구할 수 있습니다. 상처받은 치유자가 됨으로 연약한 형제들을 세울 수 있습니다. 시험을 통과한 자이기에 박해와 유혹 가운데 있는 성도들을 도울 수 있습니다.

시험을 당할 때 가장 힘든 이유는 "하나님, 왜 나에게만 이런 고난을 주십니까?" 하는 의문 때문입니다. 동서양을 막론하고 이런 고통 속에서 괴로워합니다. 하나님께 이런 의문에 대해 소리치는 것은 성도들의 공통적인 고백입니다. 그러나 사도는 말합니다. "세상에 있는 너희 형제들도 동일한 고난을 당하는 줄을 앎이라"(벧전 5:9). 우리가 당하는 고난은 우리만이 받는 것이 아닙니다. 우리가 받는 시련은 우리만이 겪는 것이 아닙니다. 비록 이유를 알지 못하고 고통받을 때가 있지만, 그런 자리에 들어간 것은 흠과 주름 잡힌 것이 없는 하나님의 사랑받는 자녀로 세워지기 위해 누구나 한 번은 겪어야 하는 과정일 수 있습니다. 죄 없이 태어난 예수님도 아버지의 뜻을 당신의 삶에 수용하기 위해서는 고통스러운 통곡의 밤을 지새우셔야 했습니다. 하물며 우리는 어떻겠습니까.

지금 어떤 자리에 있어도 우리를 향한 예수님의 시선을 기억하십시오. 그리하여 새롭게 추스르기를 바랍니다. 그리고 주님의 뜻대로 살고자 하는 거룩한 소원을 마음에 가득 채우십시오. 거짓 신자는 넘어지면 진리에서 떠납니다. 하지만 참된 성도들은 비록 순간적으로 넘어져도 일어납니다. 다시 주님께로 돌아옵니다. 친자식이라면 매를 맞아도 부모의 품으로 들어옵니다. 사탄은 성도를 유혹해서 넘어뜨리고 멸망시키려 하지만, 주님의 백성은 넘어짐을 통해서 자신의 연약을 새롭게 배웁니다. 그리하여 겸손한 신앙과 순전한 믿음을 회복합니다. 성도다운 정결한 삶을 갈망합니다.

주님을 위해서라면

이제 주님의 가르침에서 베드로의 반응으로 시선을 옮겨 봅시다. 주님이 방심하지 말라고 아무리 일러 주셔도 베드로는 전혀 듣지 않습니다. 그의 마음속에는 계속해서 "누가 크냐?"는 논쟁의 불씨가 사라지지 않고 있습니다. 주님이 "시몬아, 시몬아"라고 간절히 부르며 그의 연약을 일깨우셨지만, 베드로는 자만심의 소리가 너무 커서 아무것도 그 귀에 들리지 않았습니다. 그래서 "누가 크냐?"는 허세를 부리고 있습니다. "주여 내가 주와 함께 옥에도, 죽는 데에도 가기를 각오하였나이다" (눅 22:33)라고 허풍을 떨고 있습니다. 하지만 잘못된 자기 신뢰와 확신은 정작 결정적인 순간에는 작동되지 않습니다. 몇 시간 후면 베드로의 호언장담(豪言壯談)은 물거품으로 사라질 것입니다. 그러므로 이 사실을 내다

보신 주님은 베드로를 향해 정곡을 찔러 말씀하십니다. "베드로야 내가 네게 말하노니 오늘 닭 울기 전에 네가 세 번 나를 모른다고 부인하리라" (눅 22:34). 주님은 내가 나를 아는 것보다 나를 더 잘 아시는 분입니다. 그러므로 그분이 말씀하시면 듣는 것이 성도의 도리입니다.

열두 제자 중에서 베드로는 주님이 어떤 분이신지 제일 먼저 고백했던 제자입니다. "주는 그리스도시요 살아 계신 하나님의 아들이시니이다"(마 16:16). 그리하여 그는 주님의 칭찬과 베드로라는 이름을 받았습니다(마 16:17-18). 물론 지금도 베드로는 큰소리를 치지만, 주님은 선명하게 말씀하십니다. 오늘 닭 울기 전에 세 번 주님을 부인하리라고 말입니다. 우리는 몇 시간 후에 정확히 그대로 된 것을 알고 있습니다.

하지만 그것이 이야기의 끝이 아니라는 것 또한 잘 알고 있습니다. 베드로가 믿음을 회복한 후에 초대 교회 지도자로서 성도들을 굳세게 하는 사명을 잘 감당했다는 사실을 말입니다. 그러므로 "주여 내가 주와 함께 옥에도, 죽는 데에도 가기를 각오하였나이다"라는 베드로의 고백은 단기적으로 보면 허풍으로 끝났지만, 장기적으로 보면 결코 허풍으로 끝나지 않았습니다. 이런 베드로의 고백이 있었기에 회복된 후의 베드로의 삶이 있는 것입니다. 사도행전 12장은 베드로가 헤롯의 박해로 감옥에 갇힌 사건을 기록하고 있습니다. 사실 그는 천사의 도움으로 기적적인 구출을 받지 않았다면 죽임을 당했을 것입니다. 그러므로 그의 이 고백은 결코 허풍이나 호언장담만으로 치부할 수 없습니다.

베드로는 그의 서신에서 "굳게 하라"라는 말을 수차례 사용함으로써 자신의 뼈아픈 실패를 성도들이 경험하지 않기를 권합니다. 한때는 닭 울음소리를 듣고도 소스라치게 놀라곤 했을 베드로였지만, 이제 성도들을 집어삼킬 듯이 맹렬한 기세로 포효하는 사자의 울음소리도 두려워하지 말라고 권하는 믿음의 용사로서 등장합니다. "근신하라 깨어라 너희 대적 마귀가 우는 사자같이 두루 다니며 삼킬 자를 찾나니 너희는 믿음을 굳건하게 하여 그를 대적하라 이는 세상에 있는 너희 형제들도 동일한 고난을 당하는 줄을 앎이라"(벧전 5:8-9).

○

예수님 당시 제자들을 밀 까부르듯이 한 사탄은 오늘도 하나님을 믿고 섬기는 우리를 어김없이 흔들 것입니다. 때로는 넘어지기도 할 것입니다. 하지만 흔들리고 넘어지는 것보다 더 주목할 것이 있습니다. 그것은 주님이 흔들린 이후의 우리의 삶을 보고 계신다는 사실입니다. 기억하십시오. 그 흔들림 속에서 자신을 바로 세워 가는 것이 중요합니다. 흔들림과 넘어짐보다 더 중요한 것은 주님의 중보 기도의 효력입니다. 주님께 우리의 연약을 내어 맡길 때 주님은 우리의 연약함과 실패조차 동료들을 세우는 일에 귀하게 사용하실 것입니다. 주님의 말씀을 듣고 겸손하게 주께 의탁할 때 상처받은 치유자처럼 형제들을 위해 기도하는 중보자의 삶을 살게 될 것입니다. 귀담아 주의 말씀을 들으십시오. 시험에 들지 않게 기도하십시오. 자신을 위해서, 더 나아가 연약한 형제를 위해서 기도하십시오. 지금 어떤 처지에 있더라도 주께서 귀하게 사용하실 것입니다. 돌이켜서 주님을 찾으면 희망이 있습니다.

50.

완성되는 제자 훈련 (22:35-38)

/

     이 장의 본문은 예수님의 다락방 유월절 만찬의 마지막 장면입니다. 이후 예수님과 제자들은 감람 산으로 가서 기도를 합니다. 그리고 그곳에서 예수님은 제자 유다의 배신으로 로마 군인들에게 체포되십니다. 물론 감람 산에서도 기도에 관한 짧은 가르침이나 베드로가 대제사장의 종의 귀를 칼로 베었을 때 주셨던 가르침이 있기는 하지만, 어쩌면 제자들에게 주시는 예수님의 마지막 가르침의 장소는 다락방에서의 유월절 만찬 자리라고 할 수 있습니다. 그러므로 본문은 예수님의 제자 훈련 마지막 수업 시간이라고 할 수 있습니다.

  본문의 구조와 내용은 이렇습니다. 35절에서 예수님은 과거에 제자들을 전도 여행으로 파송할 때 주셨던 말씀과 그 말씀에 순종했을 때 제자들이 경험한 바를 추억하게 하십니다. 그러나 곧이어 36절에서는 전혀 상반된 가르침을 주십니다. 분위기는 반전되었고, 예수님의 가르침은 근엄합니다. 37절은 36절의 이유와 배경이 되는 말씀으로서, 예수님 당신의 사역의 완성과 그로 말미암아 제자들이 겪어야 할 고난에 대한 내용입니다. 하지만 제자들은 여전히 예수님의 가르침을 제대로 이해하지 못합니다. 38절에는 예수님의 심각하고 근엄한 가르침을 허무하게 만드는 제자들의 반응이 나오고, 결국 예수님은 제자들과의 마지막 수업, 제자들과의 대화를 서둘러 중단하십니다.

이 장 본문의 배경이 중요한데, 앞 장에서 살펴보았듯이 사탄의 시험이 있다는 것입니다(눅 22:31). 그러므로 35절과 36절의 전혀 상반된 예수님의 요구가 어떻게 가능한지 조금 이해가 됩니다. 그리고 37절도 본문을 이해하는 데 하나의 배경이 됩니다. "내가 너희에게 말하노니 기록된 바 그는 불법자의 동류로 여김을 받았다 한 말이 내게 이루어져야 하리니 내게 관한 일이 이루어져 감이니라." 이는 이사야 53장 12절을 직접 인용하신 말씀으로서, 예수 그리스도의 사역에 있어서 그 마지막이 되는 죽음과 관련된 예언의 말씀입니다.

즉 예수님은 불법자, 곧 죄인과 같은 취급을 받아 십자가에 달려 죽으심으로 대속의 사역을 완성하신다는 말씀입니다. 그리고 이로 인해 제자들 또한 예수님과 같이 죄인으로, 불법자로 취급받게 된다는 것입니다. 예전에는 많은 사람으로부터 환대받고 격려받았던 그들이 이제는 도망다니는 신세로 뒤바뀐다는 것입니다. 아무것도 가지고 가지 않아도 부족함을 전혀 느끼지 않았던 그들이 이제는 손수 무엇인가를 챙기지 않으면 안 되는 상황이 된다는 것입니다. 이렇게 완전히 달라진 상황 가운데 처하게 될 제자들은 이전과는 다른 모습을 가져야 한다는 것입니다. 그렇다면 예수님은 유월절 만찬 자리에서의 마지막 가르침을 통해 제자들에게 무엇을 가르쳐 주려고 하셨을까요?

본문을 통해 예수님의 제자 훈련, 그 완성을 보고자 합니다. 어쩌면 제자 훈련은 실패처럼 보이고, 유월절 만찬 자리에서의 가르침은 제대로 전달된 것이 없는 듯하지만, 그러나 예수님의 제자 훈련은 완성을 향해 나아가고 있습니다. 예수님의 사역은 이제 막바지로 치닫고 있습니다. 이제 곧 예수님은 제자들과 함께 감람 산으로 가서 기도하실 것이고, 그곳에서 체포되어 심문받고 십자가 처형을 당하시게 될 것입니다. 물론 제자들은 아직도 정신을 차리지 못하고 서로 "누가 크냐?" 하며 논쟁하고, 베드로는 얼마 가지도 않아 곧 실패하게 될 호언장담을 서슴지 않습니다.

사실 본문에서도 제자들은 예수님의 말씀을 제대로 이해하지 못한 모양입니다. 예수님이 말씀하신 검이 무엇인지 제대로 알지도 못하고, 예수님이 근엄하게 마지막을 이야기하시는데 기껏 하는 행동이라고는 자신들 가운데 있는 검 둘을 찾아 내밀면서 "여기 검 둘이 있나이다"라고 말하는 것뿐입니다. 이런 제자들을 바라보시는 예수님의 마음은 착잡했을 것 같습니다. 3년의 제자 훈련은 다 마쳐져 가고, 이제 곧 십자가는 기다리고 있는데, 기껏 가르쳐 놓은 제자들이라고는 그저 철없는 어린아이와 같은 모습뿐입니다. 그러나 저는 본문을 통해 오히려 예수님의 제자 훈련, 그 완성이 어떻게 이루어져 가는지를 보기 원합니다.

주의 손길을 경험하는 전적 의지

"그들에게 이르시되 내가 너희를 전대와 배낭과 신발도 없이 보내었을 때에 부족한 것이 있더냐 이르되 없었나이다"(눅 22:35). 예수님은 지금 제자들로 하여금 주님 한 분만으로 모든 것을 만족했던 경험을 추억하게 하십니다. 이 말씀은 열두 제자 파송과 칠십 인 제자 파송을 그 배경으로 하고 있습니다(눅 9-10장). 예수님은 지금 제자들로 하여금 이전에 그들이 직접 경험했던, 지금도 그날의 흥분이 채 가시지 않은 날들을 기억하라고 하십니다. 그날 제자들은 거추장스러운 모든 것을 제거하고 최소한의 준비만으로 떠난 전도 여행이었지만 그 어느 것 하나 부족하지 않았고, 특별히 주의 이름이면 귀신들도 그들에게 항복하는 경험을 했습니다.

예수님은 곧 어려운 고난의 시절을 맞을 제자들이지만, 다시 한 번 생생하게 그때의 도움, 은혜, 손길을 기억하도록 만드십니다. 이제 곧 이전과는 전혀 다른 시절이 오고, 고난의 때가 와서 그런 경험을 다시 하는 것이 잠시 동안은 어렵겠지만, 그러나 제자 훈련의 첫 단추로서 주님을 전적으로 의지하고, 주님을 의지함으로써 모든 것에 부족함을 느끼지 못했던 경험을 절대로 잊어버려서는 안 됩니다. 그러므로 성도에게 있어서 가장 먼저 요구되는 것은 주님을 전적으로 의지하고 모든 것을 주님께 맡기는 훈련입니다. 온 몸의 힘을 빼고 주님께 편안히 기대는 것입니다. 여호와를 나의 목자로 고백하고, 나는 그저 그분의 어린양이 되어서 목자이신 그분의 음성을 들으며 그 뒤를 따를 때 부족함이 없는 푸른 초장, 쉴 만한 물가를 경험하게 되는 것입니다.

주님을 전적으로 믿고 의지합니까? 모든 것이 주님의 이름만으로 가능하다는 것을 확신 합니까? 그렇다면 모든 것을 주님께 맡기십시오. 우리의 기도는, 우리의 신앙 고백은 모든 것을 주님께 맡길 때 응답될 것입니다.

세상은, 하늘 높은 줄 모르고 높아지는 세상 학문은, 세상의 많은 사이비 종교들은 모두 인간에게 희망을 둡니다. 인간의 지식, 인간의 과학 발전, 인간의 가치가 세상을 바꿀 것으로 기대합니다. 그렇게 가르치고 우리의 머리에 각인시키려 합니다. 그러나 성경은 인간의 전적인 타락과 부패, 인간의 전적 무능을 말씀합니다. 그리고 모든 것이 하나님으로부터 나오고, 하나님께로 말미암고, 하나님께로 돌아간다고 말씀합니다. 구원을 이루시는 분도 하나님이며, 상급을 주시는 분도 하나님이며, 은사를 그 필요에 따라 나눠 주시는 분도 하나님이라고 말씀합니다. 그러므로 우리는 하나님을 전적으로 의지하며 믿고 순종해야 합니다. 하나님으로부터 공급되는 무한한 사랑과 은혜 그리고 보호하심에 대한 믿음으로 하나님만을 바라보고 전적으로 나아가야 합니다. 이것이 바로 제자 훈련의 첫 단추이며 제자 훈련이 완성되는 한 축입니다.

고난의 때를 이겨 내는 믿음과 용기

하나님을 전적으로 신뢰하는 것을 다른 말로 하면, 하나님과 사람 앞에서의 충성, 곧 성실함입니다. 우리는 예수님을 전적으로 의지하는 동시에 그 누구보다 성실한 자여야 합니다. 이는 본문의 배경이 되는 사탄의 키질과 예수 그리스도의 십자가 죽음 이후 교회와 성도들이 맞이하는 고난 때문입니다. 물론 제자들은 주님을 전적으로 의지하고 나아갔을 때 전혀 부족함을 느끼지 못했습니다. 이것은 분명한 경험이며 진실입니다. 그러나 이제는 상황이 바뀌었습니다. 사탄의 키질로 명명되는 사탄의 시험과 유혹이 교회와 성도를 어지럽힐 것이며, 예수님의 죽음 이후 교회를 향해 거세게 밀려오는 세상 권력과 악한 영의 박해 또한 교회와 성도를 지치게 만들 것입니다.

그러므로 제자들은 그리고 성도들은 그 누구보다 믿음과 용기가 필요합니다. 그저 수동적으로 앉아 기다리는 것에서, 이제는 일어나 스스로의 힘으로 그 고난에 맞서 싸워야 합니다. "이르시되 이제는 전대 있는 자는 가질 것이요 배낭도 그리하고 검 없는 자는 겉옷을 팔아 살지어다"(눅 22:36). 새롭게 전개되는 고난의 때에 제자들은 자기 혼자만의 힘으로 모든 것을 감당하는 사람처럼 준비하고 행동해야 했습니다. 앞서 주님을 전적으로 의지하는 사람으로서의 경험과 훈련이 분명히 필요하지만, 고난 가운데 있는 성도로서 제자들은 철저한 준비와 적극적인 행동이 필요했습니다.

물론 여기서 말하는 철저한 준비가 외형적인 준비만을 의미하지는 않습니다. 실제로 전대와 배낭을 준비하는 것이 아닙니다. 이전과는 다른 새로운 상황, 즉 고난의 때를 맞이하는 성도의 자세로서 용기와 믿음이 필요합니다. 그리고 누구보다 충성스러운 성실함이 요구됩니다. 우리는 종종 하나님께 모든 것을 맡기고 기도하는 것에 대해서 오해합니다. 하나님께 기도하면 다 된 것으로 여기고, 이제 우리가 할 일은 그저 하늘만 바라보는 것이라고 생각하는 것입니다. 그러나 우리 믿음의 선배들 중 그 누구도 그렇게 살지 않았고, 그렇게 가르치지 않았습니다. 주님만이 모든 것을 하실 수 있다며 그분께 맡기고 기도했던 믿음의 선배들은 또한 누구보다 성실한 사람들이었습니다. 기도로 모든 것을 주님께 맡겼다면, 주님을 전적으로 의지한다면, 그러한 제자 훈련을 잘 받았다면 이제는 가장 성실한 모습으로 열심히 일하는 훈련이 필요합니다(롬 12:7-8, 11). 사도 바울은 주님을 전적으로 의지하는 사람이었으며, 모든 것이 하나님의 것이라고 고백하는 사람이었습니다(롬 11:33, 36). 하지만 바울은 누구보다 부지런하고 성실한 사람이었습니다. 그는 하나님께 모든 것을 맡겼기에 더욱 성실하게 자신의 사역을 감당했습니다.

　이것이 제자 훈련의 또 하나의 축입니다. 하나님께 모든 것을 맡기고 전적으로 의지했다면, 이제는 누구보다 더 성실하게 맡은 일을 감당하는 것입니다. 새로운 시대, 변화된 시대, 고난과 역경의 시대에 걸맞은 용기와 믿음 그리고 인내를 가지는 것입니다. 각각의 시대에 맡기신 사명을 따라 적절하게 복음을 전하고 교회를 세우고 섬기는 것입니다. 그러므로 36절은 주님이 새로운 상황을 맞이할 제자들에게 주시는 말씀이면서, 동시에 오고 오는 모든 교회와 성도들에게 주시는 메시지입니다. 하나님을 전적으로 의지하는 자로서, 하나님께 모든 것을 맡긴 자로서 오히려 더 자유롭게, 더 힘차고 성실하게 그리고 당당하게 주의 일을 감당하라는 말씀입니다. 그러므로 제자 훈련은 고난의 시절을 통해 누구보다 성실하고 충성스러운 모습으로 완성되어 가는 것입니다.

　물론 두 가지 제자 훈련의 축은 무엇보다 균형이 중요합니다. 주님께 모든 것을 맡기는 전적 의지와 스스로의 힘으로 모든 것을 하겠다는 성실함은 서로의 영역을 존중하고 서로 보완하면서 하나가 되어야 합니다. "그러나 내가 나 된 것은 하나님의 은혜로 된 것이니 내게 주신 그의 은혜가 헛되지 아니하여 내가 모든 사도보다 더 많이 수고하였으나 내가 한 것이 아니요 오직 나와 함께하신 하나님의 은혜로라"(고전 15:10). 누구보다 열심이었던 바울은 그럼에도 하나님의 은혜를 고백했습니다. 하나님이 아니었으면 모든 것이 불가능했음을 인정한 것입니다. 이처럼 예수님의 제자 훈련은 주님을 향한 전적 의지와 그 어떤 시련에도 맞서는 용기와 성실함으로 완성되고 있습니다.

예수님의 제자들을 향한 무한 신뢰

이제 마지막으로 본문을 통해 완성되는 제자 훈련의 또 한 측면을 보고자 합니다. 어쩌면 앞서 살펴본 두 가지 제자 훈련의 모습만으로도 우리는 예수님의 제자 훈련이 충분히 완성되고 있음을 알 수 있습니다. 그러나 본문 마지막 절인 38절은 그야말로 우리에게 많은 숙제를 남겨 줍니다. 과연 38절은 그저 가볍게 살피고 넘어가도 되는 말씀일까요? 제자들을 향한 예수님의 책망 또는 비웃음, 나아가 포기하는 듯한 뉘앙스의 말씀으로 보고 넘어가면 되는 것일까요?

38절에서 검 두 자루를 찾아서 예수님 앞에 내미는 제자들을 향해 "족하다"라고 대답하신 말씀의 뜻은 여러 가지로 해석되고 있습니다. 대부분의 주석가는 예수님의 말씀을 제대로 이해하지 못하는 제자들의 둔감함에 예수님이 서둘러 대화를 중단하시는 것으로 해석합니다. 물론 대화를 중단하시는 예수님의 말씀을 제자들을 향해 책망에 가까운 무안을 주시며 "아직도 깨닫지 못하느냐? 칼 이야기는 그만 하자"는 식으로 이해할 수도 있으며, 제자들의 말을 임의로 중단시키시는, 그야말로 무시하시는 모습으로 생각할 수도 있습니다. 그리고 어떤 주석가는 예수님이 제자들의 "검 둘이 있나이다"라는 말에 대해서 그 정도면 충분하다는 의미로 긍정적으로 해석하기도 합니다. 즉 우리가 불법자의 동류로 취급당하기 위해서는 검 두 자루면 충분하다는 의미로서 예수님의 "족하다"라는 말씀을 이해합니다.

그러나 이것이 끝일까요? 제자들은 예수님의 말씀을 전혀 이해하지 못하고 있고, 예수님은 책망이든 무시든 제자들과의 대화를 서둘러 중단하시는 것으로 본문은 끝나는 것일까요? 너무나도 중요한 마지막 시간인 다락방에서의 유월절 만찬 자리를 이렇게 마쳐도 될까요? 과연 예수님은 이러한 제자들을 바라보면서 어떤 생각을 하셨을까요? 과연 '이번 훈련은 실패했구나'라고 생각하면서 무거운 발걸음으로 제자들과 함께 감람 산으로 기도하러 가셨을까요?

이 말씀을 묵상하다가 예수님의 제자 훈련의 완성, 클라이맥스가 생각났습니다. 제자들은 지금 검이 무엇을 의미하는지, 전대와 배낭과 신발이 무엇을 의미하는지 도무지 알지 못하는 모습이지만, 그들을 바라보시는 예수님의 눈에는 그런 제자들의 모습 속에서도 무엇인가 희망이 보인다는 것을 깨달았습니다. 예수님을 전적으로 의지함으로 모든 것을 공급받는 제자들의 믿음 그리고 고난에 맞서는 용기와 믿음을 포함한 성실한 제자의 모습이 완성되는 제자 훈련의 중요한 두 축을 이루었다면, 이제 완성되는 제자 훈련의 마지막은 다름 아닌 예수님의 제자들을 향한 무한 신뢰라는 것입니다. 이는 곧 제자들의 모습을 가장 정확하게 바라보고 계시는 예수님의 확신에 찬 시선입니다. 주님은 지금의 모습으로는 상상도 할 수 없는 한 방을 미리 내다보고 계십니다. 이것은 심지어 제자들을 밀 까부르듯 시험하여 넘어뜨리려는 사탄도 예상하지 못한 모습입니다.

사실 제자들이 들고 있던 검 두 자루가 누구의 것이냐고 할 때 학자들은 열심당원이었던 시몬이 한 자루의 주인이며 나머지 한 자루는 분명히 베드로의 것이라고 말합니다. 실제로 베드로는 그 검으로 대제사장의 종의 귀를 베어 버렸습니다. 아직도 주님의 말씀을 제대로 이해하지 못한 베드로의 모습이 그대로 드러납니다. 그러나 베드로를 바라보시는 주님의 눈길은 전혀 그렇지 않습니다. 그가 돌이킨 후에 형제를 굳게 할 것을 주님은 믿으셨습니다. 주님은 돌이킨 후에 형제를 굳게 하는 베드로의 모습을 벌써부터 보고 계신 것입니다. 이것이 제자 훈련의 완성, 곧 스승 예수님의 제자들을 향한 무한 신뢰입니다.

예수님은 제자들이 "누가 예수님을 팔 것인가?"를 서로 이야기하는 중에도 그리고 그들 가운데 깊이 자리 잡은 욕망인 "누가 크냐?"는 논쟁이 벌어졌을 때에도 책망보다는 친절한 가르침과 위로와 격려의 말씀을 아끼지 않으셨습니다. 왜 그렇게 하신 것일까요? 무엇 하나 제대로 갖추지 못한 것 같은 제자들의 모습에도 불구하고 예수님은 왜 그처럼 그들을 향해 무한 신뢰와 기대의 시선을 거두지 않으신 것일까요? 그것은 바로 예수님이 제자들의 현재의 모습이 아니라 부활 이후, 성령 강림 이후의 모습을 미리 내다보고 계시기 때문입니다. 주님은 완성될 그들의 모습을 충분히 아셨습니다. 베드로를 향해 돌이킨 후에 형제를 굳게 하라는 예수님의 말씀은 그저 그렇게 되기를 바라신다는 단순한 희망사항이 아닙니다. 이는 분명한 결과를 내다보시는 주님의 명령이며 확신입니다.

그러므로 예수님의 제자 훈련은 결코 실패하지 않았습니다. 예수님의 제자 훈련은 이렇게 완성되어 가고 있습니다. 예수님 안에는 제자들을 향한, 그 누구도 알지 못하는 아주 날카로운 한 방이 있었습니다. 사실 모두가 비웃었을 것입니다. 사탄은 자신의 밀 까부르듯 하는 유혹과 시험의 키질이 성공했다고 외쳤을 것입니다. 반대로, 예수님의 제자 훈련은 처참하게 실패했다고 조롱했을 것입니다. "그렇게 열심히 따라다니던 제자들은 다 어디로 갔냐?" 하며 소리 높여 조롱했을 것입니다. 그러나 예수님은 제자들을 향한 무한 신뢰, 그들의 현재가 아니라 장차 가지게 될 놀라운 변화와 참된 제자로서의 모습에 대한 기대와 확신이 있었습니다. 그러므로 주님은 지금 그들과의 대화를 군이 더 끌고 가지 않으셔도 되는 것입니다. 지금 구태여 그 검이 무엇을 의미하는지 다시 길게 설명하실 필요가 없습니다. 조금 지나면 제자들도 예수님의 말씀이 무슨 뜻인지를 알게 될 것이기 때문입니다.

우리에게도 예수님을 전적으로 의지하고 모든 것을 그분께 맡기는 믿음과 그 믿음에 어울리는 용기와 성실함이 필요합니다. 아무것도 없지만 주님께 모든 것을 공급받는 경험을 해야 합니다. 아울러 누구보다 성실하게 모든 일을 감당하는 열심이 우리에게 있어야 합니다. 그리고 주님이 우리를 바라보시는 시선을 회복해야 합니다. 지금 우리의 모습이 전부라고 단정해서는 안 됩니다. 또한 지금 옆에 있는 지체의 모습이 그의 전부라고 단정하고 정죄해서도 안 됩니다. 현재 우리의 모습이 주님이 디자인하신 우리의 마지막 완성의 모습이 아니라는 것을 기억하기 바랍니다. 주님은 현재 우리의 모습이 아니라 그 너머의 모습을 보고 계십니다. 언제 그랬느냐는 듯이 한순간에 변화되어 새사람이 되는 놀라운 역사를 주님은 내다보고 계십니다.

○

우리를 향한 주님의 무한 신뢰를 기억하십시오. 택한 자들을 끝까지 사랑하는 주님이십니다. 지금 우리의 부족한 모습을 넘어 완성되는 제자의 모습을 바라보시는 주님의 따뜻한 시선을 느끼십시오. 이처럼 형편없는 오합지졸도 멋진 사도로 만드시는 주님의 제자 훈련에, 주님의 놀라운 일하심에 자신을 맡기기 바랍니다(렘 33:2; 빌 1:6).

51.

기도하라 (22:39-46)

///

습관을 따라 기도하신 주님을 본받아

이 장의 본문은 감람 산에서 기도하시는 예수님을 소개합니다. "예수께서 나가사 습관을 따라 감람 산에 가시매 제자들도 따라갔더니"(눅 22:39). 유월절 만찬에서 시작해 최후의 만찬으로 이어지는 다락방에서 나오신 예수님은 '습관을 따라 감람 산에' 가셨습니다. 낮에는 성전에서 가르치시고, 밤에는 감람 산에 가서 쉬시는 것이 고난주간을 앞둔 예수님의 일과였습니다(눅 21:37). 물론 기도가 예수님의 생활 습관이자 삶의 방식이었던 것은 성도라면 누구나 인정할 것입니다. 그러나 여기 '습관을 따라'라는 기록은 예수님의 일반적 생활 습관이나 삶의 방식을 가리키는 것이라기보다는 마지막 예루살렘 성에서의 사역, 특히 유월절을 앞둔 것이라고 보아야 정확할 것 같습니다. 그 마지막 날들을 감람 산에서 기도함으로 보내셨다는 말씀을 통해서 우리는 생의 마지막 순간까지도 기도의 삶을 사신 예수님의 모습을 확인할 수 있습니다.

사실 누가는 어떤 제자보다 예수님의 기도 생활을 강조한 복음서 기자임에 틀림이 없습니다. 누가는 다른 복음서 기자가 관심을 쏟지 않은 예수님의 기도하시는 모습과 기도에 관한 그분의 교훈을 여러 차례 기록으로 남겼기 때문입니다. 그러면 우리는 어떻게 기도로 연단된 삶을 살 수 있을까요? 시험을 이길 수 있는 유일한 방법인 기도로 하나님께 나아가는 것은 오늘 우리에게도 마찬가지로 필요합니다. 보십시오. 예수님은 죽음을 앞둔 순간까지 이 습관을 유지하고 계셨을뿐더러 시험을 이길 수 있는 원동력으로 삼으셨습니다.

모든 습관은 반복된 행동의 결과입니다. 기도의 습관도 마찬가지입니다. 기도의 습관을 가지고 싶다면 먼저 반복된 기도 생활을 해야 합니다. 무엇보다 먼저 기도하는 시간과 장소를 정하십시오. 유월절을 앞둔 예수님은 감람 산에서의 밤 시간과 새벽 시간을 활용하셨을 것입니다. 이를 추측할 수 있는 것은 복음서에 기록된 주님의 모습 때문입니다. "새벽 아직도 밝기 전에 예수께서 일어나 나가 한적한 곳으로 가사 거기서 기도하시더니"(막 1:35). "이때에 예수께서 기도하시러 산으로 가사 밤이 새도록 하나님께 기도하시고"(눅 6:12). 그러므로 우리가 갖는 밤과 새벽의 특별 기도 시간은 성경적 전통을 따른 것입니다. 시간뿐 아니라 장소에 대한 예수님의 선호도도 확인할 수 있습니다. 시끄러운 곳보다는 조용한 곳, 그런 면에서 산은 그런 조건을 갖춘 곳입니다.

기도를 생활 습관으로 갖고 싶다면 먼저 기도하는 시간과 장소를 확보하십시오. 40일 넘도록 계속해서 기도하십시오. 그러면 기도가 생활 습관으로 뿌리를 내릴 것입니다. 그리고 그 생활 습관은 새로운 삶의 방식으로 꽃을 피우게 될 것입니다. 삶에 기쁨과 감사가 가득할 것입니다. 간혹 예수님을 처음 믿을 때는 참 좋았는데 오래 예수님을 믿어 보니 그냥 그렇다고, 교회 일에 너무 가까이 가면 상처받는다고 말하며 핑계를 대는 성도들이 있습니다. 기독교를 종교로 만났기 때문에 그런 말을 하는 것입니다. 우리 주님은 섬기면 섬길수록 더욱 귀한 분이십니다. 하나님은 "나는 나를 가까이하는 자 중에서 내 거룩함을 나타내겠고 온 백성 앞에서 내 영광을 나타내리라"(레 10:3)라고 말씀하셨습니다. 하나님은 가까이 갈수록 더 거룩하신 분이고, 더 좋으신 분이고, 더 함부로 대할 수 없는 존귀하신 분이라는 의식이 있는 사람이 바로 살아 계신 하나님을 만난 사람입니다.

주님은 예수님을 부인하게 될 위험에 빠진 제자들을 위해서 기도할 뿐 아니라 그들에게 기도하라고 두 번씩이나 명령하셨습니다. 당신의 기도의 자리로 나아가며 하신 첫 말씀입니다. "유혹에 빠지지 않게 기도하라"(눅 22:40). 그리고 주님은 당신의 기도가 끝난 후에 슬픔으로 인하여 잠든 제자들을 보고 두 번째로 말씀하십니다. "어찌하여 자느냐 시험에 들지 않게 일어나 기도하라"(눅 22:46).

두 번 반복되는 "기도하라"라는 말씀에서 이 기도는 강렬하고도 특별한 목적을 가지고 드리는 기도입니다. 다가올 유혹에 맞서기 위해 지금 제자들에게는 그런 기도가 필요합니다. 스승을 버리고 도망하거나 그분과의 관계까지 부인하게 될 유혹입니다. 특히 날이 샌 후 예수님이 십자가에서 처형당하시는 모습을 목격하게 될 때 여전히 그분을 메시아라고 생각할 수 있을 것인지, 자신들이 기만당했다는 생각을 이겨 낼 수 있을 것인지가 관건입니다. 기도로 하나님께 나아가는 것만이 시험을 이길 수 있는 유일한 방법이기에 주님은 두 번이나 반복해서 "기도하라"라고 명령하셨습니다.

야고보 선생이 흩어진 열두 지파에게 보낸 그의 편지에서 맨 먼저 다룬 주제가 '시험과 유혹'이었던 것처럼, 지금 우리가 사는 세상에도 시험과 유혹이 도처에 도사리고 있습니다. 그러므로 기도는 마땅히 우리의 삶의 방식과 생활 습관이 되어야 합니다.

제자들에게 기도의 모범을 보여 주신 예수님

"그들을 떠나 돌 던질 만큼 가서 무릎을 꿇고 기도하여"(눅 22:41). 이제 예수님은 제자들에게 기도하라고 명하신 다음 당신이 기도하는 모습을 보여 주십니다. 먼저 주님은 제자들을 떠나 '돌 던질 만큼' 가셨습니다. 그 거리가 몇 미터인지 궁금해하는 사람이 있습니다. 귀를 기울이면 옆 사람의 소리도 들을 수 있는 거리, 하지만 기도에 몰입하면 더 이상 들리지 않는 이상적인 거리가 바로 '돌 던질 만큼'의 거리입니다.

그러나 여기서 정말 우리가 관심을 기울일 부분은 '무릎을 꿇고 기도'하신 주님의 기도 자세입니다. 당시 일반적인 유대인의 기도 자세는 서서 기도하는 것임을 알아야 우리는 이 구절의 의미를 파악할 수 있습니다. 예수님은 지금 무릎을 꿇고 기도함으로 당시의 전통을 깨셨습니다. 왜 그러셨을까요? 주님은 당신이 가진 기도의 부담이 너무 무거워서 무릎을 꿇으실 수밖에 없었습니다. 달리 도움을 구할 수 없는 간구자의 자세입니다. 스스로 어떻게 할 수 없는, 의지할 곳 없는 간절한 기도자의 자세입니다. 누가가 쓴 사도행전을 보면 특별히 집중적인 기도를 드릴 때 무릎을 꿇고 기도하는 것을 볼 수 있습니다. "무릎을 꿇고"(행 7:60). 첫 번째 순교를 당한 스데반의 기도 자세입니다. "무릎을 꿇고"(행 9:40). 다비다를 살린 베드로의 간절한 기도 자세입니다. "무릎을 꿇고"(행 20:36). 선교 여행에서 마지막 작별을 하던 바울의 간절한 기도 자세입니다.

이제 본문의 핵심을 이루는 주님의 기도를 들어 봅시다. "아버지여 만일 아버지의 뜻이거든 이 잔을 내게서 옮기시옵소서 그러나 내 원대로 마시옵고 아버지의 원대로 되기를 원하나이다"(눅 22:42). 예수님은 당신을 기다리고 있는 하나님의 진노의 잔을 마시지 않을 수 있는지, 몸을 사리는 기도를 드리십니다. 물론 태어난 순간부터 그분의 길에는 십자가의 그림자가 드리워져 있었습니다. 그분은 끔찍한 죽음을 향해 가고 있다는 것을 언제나 의식하고 사셨습니다. 하지만 이제 그 시간이 다가오고 있습니다. 두려움은 죽음에 대한 것뿐만이 아닙니다. 정말 그분이 두려워하신 것은 세상 죄를 위해 경험해야 하는 쓴잔이었습니다. 하나님과의 완전한 분리를 맛보셔야만 했기 때문입니다. 영원 전부터 항상 누렸던 아버지와의 교제로부터의 단절을 직면하셔야 했기 때문입니다. 그래서 주님은 기도하셨습니다.

죄 없으신 주님이 우리를 구원하기 위해 죄가 되셔야 했습니다(고후 5:21). 그렇기에 그분은 결국 아버지의 뜻을 기꺼이 수용하기로 기도하셨습니다. 예수님은 정말 아버지의 진노의 잔을 피해 가기를 원하셨으나, 그분이 그보다 더 열망했던 것은 아버지의 뜻을 행함으로 아버지를 기쁘시게 하는 것이었습니다. 이 기도는 당신의 뜻을 아버지의 뜻 아래 내려놓겠다는 고백이요, 어떤 상황에서라도 아버지를 신뢰하겠다는 믿음의 고백입니다. 숙명적인 수용이 아니라 기쁨의 결단이 되기 위해 존재 전체를 건 기도의 투쟁입니다.

주님은 당신을 뛰어넘어 아버지의 뜻을 받아들이기로 기도하셨습니다. 이처럼 기도는 나의 소원과 욕망을 관철시키는 것이 아니라, 하나님의 열망과 의지를 확인하고 거기에 나를 맞추는 것입니다. 두려워하거나 피하지도, 분노하거나 관조하지도, 물러서거나 절망하지도 않고 담담히 아버지의 뜻을 받아들이는 것입니다. 달리 말해, 기도는 우리의 뜻을 하나님의 뜻에 맞추는 작업입니다. 하나님의 뜻은 우리의 뜻보다 더 선하고 지혜롭습니다. 하나님의 뜻은 완전무결합니다. 그러므로 기도함으로 하나님의 계획을 신뢰하고, 거기에 당신의 삶을 맡기는 평안과 기쁨을 맛보기 바랍니다.

그 긴박하고 간절한 기도의 순간, "천사가 하늘로부터 예수께 나타나 힘을 더하더라"(눅 22:43)라고 성경은 기록하고 있습니다. 한 천사가 하늘로부터 내려와 예수님께 힘을 공급해 주었습니다. 히브리서 기자는 "모든 천사들은 섬기는 영으로서 구원받을 상속자들을 위하여 섬기라고 보내심이 아니냐"(히 1:14)라고 말했습니다. 예수님의 기도의 응답으로 하늘 아버지께서 천사를 보내신 것입니다. 아마도 "미안하다, 아들아. 너는 반드시 이 잔을 마셔야만 해. 하지만 여기 보낸 천사를 통해 그 임무를 수행할 힘을 공급하겠다"라고 하시는 듯싶습니다. 그러면서 천사의 등장을 통해 예수님의 고난의 길이 사탄과의 영적 전쟁임을 부각시키십니다. 어두움의 권세는 일시적으로 승리하지만, 궁극적인 승리는 감람 산에서 기도로 승리하신 주님의 것입니다. 천사의 등장은 자신의 소명을 감당하기 원할 때 하늘이 우리 곁에 있다는 것을 보여 줍니다. 기도할 때 우리를 휩싸는 개인적인 고뇌와 갈등은 다시 우리를 붙들어 주시는 하나님의 손길과 하나님의 위로로 바뀝니다.

본문에 나타난 천사의 등장은 누가에게 생소한 것이 아닙니다. 탄생 기사를 시작으로 천사가 자주 등장합니다. 마가는 광야의 시험 장면에서도 천사의 수종을 말하고 있습니다(막 1:13). 광야의 유혹보다 더 심각한 현장에 하나님이 천사를 보내심은 너무나 당연합니다. 동시에 때로 처절한 고뇌를 겪어야 할 우리에게는 감격적인 장면입니다.

어떻게 보면 제자들에게 배신당하기 전에, 십자가의 긴긴 고통을 겪기도 전에 예수님은 기도에 당신을 모두 소진하셨습니다. 그러기에 역설적으로 이 당신을 다 쏟아 부은 기도가 그분을 버티게 하는 힘의 원천이 되었습니다. 그리하여 예수님은 "힘쓰고 애써 더욱 간절히 기도"(눅 22:44)하는 자리로 나아가 당신을 새롭게 아버지의 뜻에 내어 맡기는 기도를 드리셨습니다. 기도는 하나님의 계획과 뜻에 자신을 내어 맡기는 것입니다. 자신의 욕망보다 아버지의 뜻에 자신을 내어 드리는 것입니다. 고통이든 죽음이든 받아들이는 것입니다.

기도할 줄 아는 사람은 자기의 소원을 이루는 도구로서 기도를 쓰지 않습니다. 아버지의 뜻을 받아들이는 통로로서 기도하는 것입니다. 그렇지 않다면 기도는 알라딘의 요술 램프 속 요정 지니를 불러내는 것과 다를 바가 없습니다. 무엇인가 필요가 있을 때만 주님을 불렀습니까? 전능하신 하나님, 거룩하신 하나님을 그렇게 대하지 마십시오. 하나님의 뜻을 깨닫고 받아들이게 된다면 그 뜻이 슬픔이든 고통이든 죽음이든 우리에게 똑같은 의미를 주는 것입니다. 기도를 통해 어려운 일이 풀려서 기뻐하면 안 됩니다. 주님이 그 일에 관여하고 계신다는 사실에 기뻐해야 합니다. 그렇기에 지속적인 건강 회복도 감사의 제목이지만, '끝이 다가오고 있구나'라고 생각하며 담담히 받아들일 수도 있어야 합니다. 하나님의 뜻이 우리의 삶에서 이루어질 수 있다면 그것이 고통이든 회복이든 받아들일 수 있는 기도의 자세가 회복되어야 합니다.

기도를 통해서 우리는 하나님과의 교제의 깊은 자리로 나아갑니다. 그 간절한 기도의 장면을 누가는 "예수께서 힘쓰고 애써 더욱 간절히 기도하시니 땀이 땅에 떨어지는 핏방울같이 되더라"(눅 22:44)라고 기록합니다. 누가는 주님이 힘쓰고 애써 더욱 간절히 기도하신 장면을 '땀이 땅에 떨어지는 핏방울같이 되더라'라고 실감나게 표현했습니다. 누가는 우리에게 우리의 연약과 상처를 동일시할 수 있는 분으로 예수님을 그립니다. 그날 밤 기도는 결코 쉬운 일이 아니었습니다. 영적인 치열한 전투였습니다. 하지만 유혹의 어두운 시간을 환한 승리의 시간으로 바꾸어 주었습니다.

이제 본문의 마지막 장면으로 가 봅시다. "기도 후에 일어나 제자들에게 가서 슬픔으로 인하여 잠든 것을 보시고 이르시되 어찌하여 자느냐 시험에 들지 않게 일어나 기도하라 하시니라"(눅 22:45-46). 제자들은 주님이 말씀하신 대로 일어나 기도하지 못합니다. 하지만 '슬픔으로 인하여 잠든' 제자들이라는 누가의 표현을 통해 예수님의 따뜻한 마음이 전달됩니다. 그들은 앞으로 일어날 일에 대한 불안과 두려움이 슬픔으로 증폭되어 기진맥진해 견디지 못했던 것입니다. 겨우 자정이거나 자정이 조금 넘은 시간이었을 것입니다. 하지만 긴긴 하루였기에 피곤했을 것이고, 예수님의 죽음이 임박했다는 사실로 인해 감정적으로 완전히 소진되어 있었기에 기도하기는커녕 잠을 잤습니다.

그 모습을 보신 주님은 안타까워 다시 한 번 시험에 들지 않게 일어나 기도하라고 말씀하십니다. 앞으로 닥칠 시험을 견딜 만한 제자는 아무도 없었습니다. 그러기에 물론 당시 제자들 역시 '일어나' 기도해야 하지만 오늘 우리도 '일어나' 기도해야 합니다. 주님은 우리 역시 상황과 여건에 휘둘리지 않고 '깨어나' 기도하기를 바라십니다.

○

승리하기 원한다면 기도의 자리로 반드시 나아오십시오. 시험에 들지 않도록 정신을 똑바로 차리고 기도의 자리로 나아오십시오. 우리는 어떻게 살아야 하는지를 알지 못해 실패합니다. 그러나 어떻게 살아야 하는지를 알고도 시험에 허우적거립니다. 소원하지 않아서가 아니라, 기도하지 않아서입니다. 기도를 통해서 하늘 능력을 공급받지 않으면 우리는 승리할 수 없습니다. 그러기에 기도의 연단은 승리의 삶을 살기 위한 선택이 아니라 필수입니다. 기도의 자리를 지킴으로 예수님의 생활 습관이자 삶의 방식을 자신에게 이식시키는 그리스도인이 되기를 바랍니다.

52.

예수님의 체포(22:47-53)

본문의 앞뒤를 살펴보면, 앞 문단에서는 주님이 제자들에게 기도하라는 권면을 하셨고, 54절부터 시작하는 뒤 문단에는 베드로의 부인 사건이 나옵니다. 본문은 모두 세 장면으로 구성되어 있습니다. 첫 장면은 유다가 앞장선 한 무리의 등장입니다. 두 번째 장면은 졸다가 깨어 우왕좌왕하는 제자들의 모습입니다. 마지막 장면은 마지막 순간에도 위엄을 잃지 않고 호령하시는 주님의 모습입니다. 장면마다 주님의 말씀이 중심을 이루고 있습니다.

첫 장면
: 유다가 앞장선 한 무리의 등장

한 단어, 한 단어를 기록에 남긴 누가의 입장에서 본문을 관찰해 주십시오. "말씀하실 때에"(눅 22:47). 예수님이 언제, 무슨 말씀을 하실 때일까요? 이 장의 본문은 제자들이 슬픔으로 인하여 잠든 것을 보시고 "어찌하여 자느냐 시험에 들지 않게 일어나 기도하라"고 '말씀하실 때'로 연결됩니다. 그때 분위기를 깨는 '한 무리'가 등장합니다. 누가는 '백성'이라는 단어와 '무리'라는 단어를 구분해서 사용합니다. 백성이라고 할 때는 하나님의 백성이라는 뉘앙스를 싣고 있는 데 반해 무리라고 할 때는 하나님의 뜻과는 상관이 없는 떼거리를 뜻합니다. 하나님의 백성은 귀한 시간을 하나님의 뜻을 대적하는 일에 사용하지 않습니다. 하나님의 백성은 한 걸음, 한 걸음, 하나님의 뜻을 이루기 위해서 움직입니다. 한마디, 한마디, 하나님의 뜻을 성취하기 위해서 입을 엽니다.

병행 본문인 요한복음에 의하면, 사람들이 예수님을 붙잡기 위해서 등과 횃불을 들고 나왔습니다(요 18:3). 이를 통해 아직도 어둠이 짙게 깔린 이른 새벽 시간이라는 것을 알 수 있습니다. 어두운 시간이지만 자세히 살펴보십시오. 우리가 아는 얼굴이 등장하지 않습니까? 그 무리에서 앞장을 선 사람을 자세히 살펴보면 '열둘 중의 하나인 유다라 하는 자'가 주님께로 다가가고 있다는 것을 알 수 있습니다. 사실 유다는 '열두 제자 중의 하나'였습니다. 그러나 누가는 그냥 '열둘 중의 하나'라고, 더 이상 '제자'라는 호칭을 사용하는 것을 피하는 듯합니다. 배신을 기록하는 자리에 '제자'라는 칭호는 어울리지 않습니다.

그뿐만 아닙니다. 우리는 유다라는 이름의 뜻이 '찬송'이라는 것을 알고 있습니다. 하나님과 그분의 사역을 찬송해야 할 유다가 아이러니하게도 "찬송받을 이의 아들"(막 14:61)을 배신하고 있습니다. 우리는 어떠합니까? 이름과 신분에 걸맞은 삶을 살고 있습니까? 앞장을 선다고 되는 것이 아닙니다. 목사든 장로든, 권사든 집사든, 그 직분에 걸맞은 삶이 요구됩니다. 목사가 되었어도 이전의 삶에서 달라지지 않고, 장로가 되었어도 이전의 모습과 다르게 변화하지 않는다면 자신을 살피기 바랍니다.

예수님께 가까이 온다고 다 옳은 것은 아닙니다. 어떤 자들이 '무리'입니까? 예수님의 말씀에 아무런 반응을 보이지 않는 사람들입니다. 주일마다 선포되는 말씀을 듣고도 변화하려고 노력하지 않는 사람들입니다. 오히려 적대감을 품고 있었던 사람들이요, 지금도 품고 있는 사람들입니다. 교회에 올 때 열심 없이 그저 그 모습 그대로 돌아가는 것은 의미가 없습니다. 반드시 교회 계단을 내려갈 때 '나는 오늘 어떻게 예배를 드렸는가?', '하나님은 나에게 무엇을 말씀하셨는가?', '한 주간을 살 때 어떤 부분이 변화되어야 하는가?'를 생각하며 집으로 돌아가야 합니다.

사람 사이에서 가장 친밀한 사랑과 존경의 표시인 입맞춤을 배신의 도구로 선택한 유다의 위선을 따라서는 안 됩니다. 아름다운 것은 아름답게, 사랑스러운 것은 사랑스럽게 활용해야 합니다. 우리 때문에 세상이 조금 더 아름다워지게 만듭시다. 우리로 인해서 좋은 관계가 파괴되면 우리는 차라리 나지 아니한 것이 더 낫습니다(막 14:21). 우리가 걸어왔기에 광야에 좀 더 나은 길이 나고, 우리가 지나갔기에 길을 가로막는 가지들이 치워지고, 우리가 살았기에 땅 위에 꽃 하나라도 더 피어나고, 우리가 같이 이웃했기에 한숨과 눈물이 줄어든다면 우리는 의미 있는 삶을 사는 것입니다.

주님은 무리들을 "앞장서 와서 예수께 입을 맞추려고 가까이하는" 한

때의 제자를 향해서 그 양심에 마지막 호소를 하십니다. "유다야 네가 입맞춤으로 인자를 파느냐"(눅 22:48). 이 말에는 유다의 잘못을 지적하는 동시에 진심 어린 회개의 촉구가 담겨 있습니다. 조금이라도 양심이 살아 작동했다면 그 한마디에 뒤로 주춤했어야 합니다. 그러나 유다의 양심은 이미 화인(火印)을 맞았습니다. 악한 자의 손에 놀아났습니다(눅 22:3). 그 이름에 합당한 제자였다면, 아니 하나님의 백성이었다면, 예수님의 마지막 호소에 반응해 잘못된 걸음을 돌이켜 올바른 길로 돌아서야 했을 것입니다. 그는 말씀을 들었지만 그 말씀을 거부한 채 자기의 길을 선택했습니다.

허풍을 떨던 베드로를 기억합니까? 닭 우는 소리를 듣고 깜짝 놀라 정신을 차리고 보니 주님이 자신을 바라보고 계셨습니다. 그 후 베드로는 밖으로 나가서 통곡했다고 성경에 기록되어 있습니다. 제자는 시험에 들지 않는 사람이 아니라, 시험에 들 수 있지만 주님이 말씀하시면 자신을 땅에 내던지듯이 통곡하며 돌아올 수 있는 자입니다. 주일에 교회에 와서 말씀을 듣는다면 집으로 돌아가는 마음속에 단 한 가지라도 다짐이 있어야 합니다. '내가 다음 주에 교회에 오기까지 오늘의 말씀을 들으면서 마음의 양심에 가책을 느꼈던 것 하나를 고쳐 보겠습니다.' 그래야 하나님의 백성이 예배하는 공동체가 새로워질 수 있습니다.

우리는 누구나 선택할 수 있는 의지를 가지고 있습니다. 그러므로 무슨 말도, 무슨 행동이라도 선택할 수 있습니다. 그렇지만 성령의 인도를 받은 언행이라야 하나님을 기쁘시게 하고 그 결과로 자신의 마음에 기쁨이 자리합니다. 날마다 잠자리에 누워서 하루를 돌아보십시오. 때로는 소원하는 일이 이루어지기도 하고, 때로는 이루어지지 않기도 했을 것입니다. 그러나 하나님의 뜻이 이루어지는 것을 삶의 좌표로 삼으면 날마다 기뻐하고 감사할 수 있을 것입니다. 하루의 일들을 생각해 보면 때로는 기쁜 기억도 있지만 쓰라린 고통도 있습니다. 기쁨과 기도와 감사가 사라졌다면 우리 마음에 누가 들어왔는지 살펴봐야 합니다. 왜냐하면 오직 성령의 열매는 사랑과 희락과 화평과 오래 참음과 자비와 양선과 충성과 온유와 절제이기 때문입니다(갈 5:22-23).

두 번째 장면
: 졸다가 깨어 우왕좌왕하는 제자들

졸다가 일어난 제자들은 비로소 상황을 접수하고 주님께 묻습니다. "주여 우리가 칼로 치리이까"(눅 22:49). 위급한 상황을 해결하려고 미리 준비했던 칼을 떠올린 것입니다. 앞서 "주여 보소서 여기 검 둘이 있나이다"(눅 22:38)라고 답했던 제자들을 기억할 것입니다. 그러므로 여기서 그들의 질문은 엉겁결에 한 말이요, 지나가는 말에 불과합니다. 그렇지 않다면 주님의 대답을 기다려야 합니다. 하지만 그들은 대답을 기다리지 않았습니다. 무엇을 해야 할지를 안다고 자신하는 사람은 주님의 대답을 기다릴 이유가 없을 것입니다. 물론 설교도 귀에 들어올 리 없고, 마음에 남아 있을 리 없습니다.

우리의 기도는 어떠합니까? 기도는 하나님께 묻는 것입니다. 기도하고 있습니까? 그렇다면 하나님이 그 기도에 어떻게 응답하시는지 자신을 살펴보십시오. 묻고 나서 답도 듣기 전에 하고 싶은 대로 하는 것은 무례한 일입니다. 우리가 드리는 기도가 하나님께 드리는 통보가 되지 않게 하십시오. "하나님, 내 상황을 다 말씀드렸습니다" 하고 바로 일어서는 수준이 되지 않기를 바랍니다. 한 목사님이 이런 말을 했습니다. "10분을 기도했으면 단 1분이라도, 20분을 기도했다면 단 2분이라도 기다리라"고 말입니다. 잠잠히 기다리는 미학을 배우십시오.

"기도하라"는 주님의 권면을 듣지 않고 잠들었던 제자들 가운데 한 사람은 그 성격대로 칼을 휘두릅니다. "그중의 한 사람이 대제사장의 종을 쳐 그 오른쪽 귀를 떨어뜨린지라"(눅 22:50). 답변을 기다리지 않는 제자들은 묻지 않는 제자들보다 더 나은 것이 없습니다. 질문해 놓고도 자신의 생각대로 칼을 휘두르는 모습은 마치 오늘 우리의 자화상 같습니다. 줄기차게 기도는 하지만 행동은 조금도 변화하지 않습니다. 은혜롭게 찬양을 부르는데도 삶은 영향을 미치지 못합니다. 이를 위해서는 기도해야 합니다. 말씀을 들을 때는 진짜 신앙생활을 열심히 하겠다는 다짐을 누가 안 해 보겠습니까? 그러나 막상 삶의 자리에서 부딪히면 내 성질 대신에 주님처럼 침묵하고 미소 짓고 입술을 내어 맡기기가 어렵습니다. 그러기 위해서는 주님 같은 기도가 필요합니다.

칼도 두 자루나 있고 주님을 따르는 제자로서, 그것도 수제자로서 가만히 있는다는 것은 상식적이지 않습니다. 그래서 어쩌면 그는 예수님의 대답이 떨어지기도 전에 행동으로 들어갔을 것입니다. 당연히 그가 할 수 있는 행동을, 스승을 보호하기 위한 행동을 개시합니다. 그러나 예수님은 베드로의 행동을 수긍하지 않으십니다. 그래서 "이것까지 참으라"라고 말씀하십니다. 그리고 "그 귀를 만져 낫게 하시더라"라고 누가는 밝힙니다(눅 22:51). 앞서 "그 오른쪽 귀를 떨어뜨린지라"라는 기록이나 여기 "그 귀를 만져 낫게 하시더라"라는 표현은 모두 누가만이 기록한 것입니다. 손상된 부위를 정확하게 기록하고 어떻게 치료했는지를 밝히는 것은 의사 누가의 직업적 관심입니다.

주님이 그 귀를 만져 낫게 하신 기적은 원수를 위한 것입니다. 우리가 믿고 흠모하는 주님의 모습을 생각해 봅시다. 배신의 도구로 사용하는 제자의 입맞춤도 거부하지 않으신 주님이 여기서는 당신을 잡으러 온 원수까지 사랑하는 모범을 보여 주십니다. 어떤 상황에서도, 그처럼 긴박한 순간에도 사람을 치료하시는 참다운 의사의 모습입니다. 그 귀를 만져 낫게 하신 것은 예수님이 세상에 오셔서 행하신 마지막 기적입니다.

"너희 원수를 사랑하라", "너희를 미워하는 자를 선대하라"고 말하면 세상은 이해하지도, 수용하지도 않습니다. 그러나 그리스도인은 그래야 한다고 수긍합니다. 수긍할 뿐 아니라 기도의 능력을 경험한 그리스도인들은 그렇게 살았습니다. 엎드리는 성도들은 오른 뺨을 때리는 자에게 왼 뺨을 돌려 대었습니다. 그러므로 주님을 사랑하는 성도들은 원수를 사랑하고 미워하는 자를 선대하라는 주님의 말씀을 흘려듣지 않습니다. 그러므로 원수를 사랑하는 능력을 간구합니다. 그때 미워하는 자를 선대하는 새로운 맛을 보는 차원으로 들어갑니다.

마지막 장면
: 위엄을 잃지 않고 호령하시는 주님

예수님은 당신을 잡으러 나온 대제사장들과 성전의 경비대장들과 장로들을 질책하며 그들의 위선을 꼬집으십니다. "너희가 강도를 잡는 것같이 검과 몽치를 가지고 나왔느냐 내가 날마다 너희와 함께 성전에 있을 때에 내게 손을 대지 아니하였도다"(눅 22:52-53상). 그들은 백성이 소요를 일으킬까 두려워하여 낮에 성전에서 가르치시는 예수님을 건드리지 못했습니다. 이제 밤의 어두움을 이용해서 비밀리에 예수님을 잡으려고 시도합니다. 체포할 만한 정당한 근거가 없었기 때문입니다. 하지만 주님은 지금 이른 새벽에 지켜보는 백성이 없어서 잡히시는 것이 아닙니다. 하나님이 허락하신 시간이 도래했기 때문에 그들은 예수님을 체포할 수 있었습니다. 잡히시는 순간이나 장차 십자가에 달리시는 순간까지 상황을 지배하는 분은 하나님이셨습니다. 그러므로 주님은 "이제는 너희 때요 어둠의 권세로다"(눅 22:53하)라고 선언하십니다.

비록 사탄이 날뛰고 어두움의 세력이 상황을 접수한 듯 보이지만 모든 것이 하나님의 뜻에 따라 진행되고 있습니다. 예수님의 체포 상황을 실제로 주도하는 인물은 유다가 아니라 예수님 당신임이 분명합니다. 어두움의 세력은 일시적인 승리를 얻을 뿐 궁극적인 승리, 영원한 승리는 하나님께 있습니다. 우리의 삶에도 원수가 승리하는 것처럼 보이는 상황이 있지만 그 승리는 일시적이고 제한적일 뿐입니다. 어둠은 물러가고 찬란한 태양이 떠오를 것입니다.

밤이 가장 어두워지면 새벽이 가깝습니다. 아무리 추워도 겨울은 지나가고 봄은 반드시 옵니다. 시련의 때는 아무리 힘들어도 반드시 끝이 있습니다. 최악의 순간에도 하나님이 모든 상황을 다스리고 계심을 믿기 바랍니다. 하나님의 말씀을 붙들고 '어둠의 때, 어둠의 권세'를 이겨 냅시다. 영원한 승리는 우리 주 예수 그리스도께 속했습니다. 그리스도를 통해서 영원한 승리를 보장하신 하나님은 이 땅에서 살아갈 동안 우리의 소망이 주님께 있음을 깨닫게 하려고 때로는 어둠의 때, 어둠의 권세를 허용하십니다. "주님이 주인이시지요? 내 생명의 주인은 주님 한 분이십니다" 하고 내려놓을 수 있어야 신앙인입니다.

○

하나님은 시작과 마지막이십니다. 창조주요, 심판주이십니다. 모든 역사는 하나님의 손안에 있습니다. 최후의 승리는 주의 백성의 것입니다. 그러므로 예상치 못한 상황에서도 우리의 모든 것을 주님께 맡기는 훈련이 필요합니다. 어둠이 판을 치는 시대에도 주님이 다스리심을 믿는 은혜를 누리기 바랍니다.

53.

베드로의 부인 (22:54-62)

/

따라가는 베드로

본문의 긴박감을 가지고 누가의 기록을 따라갑시다. 앞서 예수님의 체포 상황을 살폈습니다. 정말 상황이 급박하게 돌아가고 있습니다. 예수님을 중심으로 사건들이 급히 소용돌이를 칩니다. 이 장의 본문은 예수님의 체포에서 베드로의 부인 장면으로 옮겨 갑니다. 그러므로 본문은 베드로의 움직임을 따라서 살피는 것이 좋겠습니다. 첫 장면을 봅시다. 붙잡혀 가시는 예수님을 따라가는 베드로를 우선 만나 보십시오. "예수를 잡아 끌고 대제사장의 집으로 들어갈새 베드로가 멀찍이 따라가니라"(눅 22:54). 그들은 마치 현행범처럼 예수님을 감람 산에서부터 잡아 끌고 대제사장의 집으로 들어갔습니다.

사실 당시는 오늘 우리 시대처럼 비정상이 정상화된 시대입니다. 52절에서 그 사실을 확인할 수 있습니다. 주님을 잡으러 온 두목들의 명단 첫 자리에 '대제사장들'이 나옵니다. 원래 율법에 따르면, 대제사장은 종신 직입니다. 그러므로 두 명의 대제사장이란 마치 두 명의 아내라는 말처럼 성경적이지 않습니다. 안나스는 9년 정도 대제사장으로 봉직하다가 로마 제국에 의해서 강제 퇴위당합니다. 그리고 로마에 우호적인 사위 가야바 가 그 자리를 이어받아 18년간 대제사장 노릇을 합니다. 안나스가 백성 의 지지를 받는 전직 대제사장이라면, 가야바는 로마 당국의 지지를 받는 현직 대제사장입니다. 다른 복음서를 보면, 체포된 예수님은 전직 대제사 장 안나스에게 그리고 현직 대제사장 가야바에게 끌려가서 불법적인 심 문을 차례로 받으십니다. 주님은 그중 한 사람의 거처, 곧 대제사장의 직 함에 어울리게 높은 벽으로 둘러싸인 뜰이 있는 대저택으로 끌려 들어가 셨습니다. 거기서 심리가 열리는 것은 전례가 없긴 하지만, 급하게 회의 를 소집하기에는 아마도 가야바의 집이 제격이었을 것입니다.

그런데 대제사장의 집으로 끌려 들어가시는 예수님을 베드로가 멀찍이 따라간다는 설명이 무엇인가 심상치 않은 실마리를 던지고 있습니다. 그 래서 '멀찍이 따라간다'는 표현 속에서 베드로의 실패를 예고하는 불길한 생각이 든다면 무엇인가 행간을 읽을 줄 아는 것입니다. 하지만 이 표현 은 우선 '안전한 거리를 두고 뒤따라갔다'는 것이 일차적인 뜻입니다《메시 지》. 멀찍이 따라가는 베드로에게 배신의 불길한 예감이 든다고 해서 너 무 심하게 비난하지 마십시오. 그때 이미 대부분의 제자는 줄행랑을 쳤기 때문입니다.

그러면 왜 베드로는 예수님을 멀찍이라도 뒤따라가고 있었을까요? 누 가는 설명하지 않지만 마태는 "그 결말을 보려고"(마 26:58) 따라 들어갔다 고 밝히고 있습니다. 예수님을 따라 옥에도 들어가고 죽음도 불사하겠다고 큰소리쳤던 베드로였습니다. 예수님을 잡으러 온 사람들을 향해 칼을 뽑고 설치던 것도 베드로입니다. 그러나 지금은 한껏 움츠러들어 멀찍이 따라가고 있습니다. 몇 시간 전에 가졌던 그 패기와 용기는 이미 사라져 버려 두려운 마음으로 무리들 속에 슬며시 끼어 앉아 있습니다. 당신은 주님의 제자로서 어떻게 살아가고 있습니까? 예수님이 인기를 얻을 때는 무엇이든 다 할 수 있을 것 같다가 주님이 체포되시자 모든 것에 자신이 없고 두려워진 베드로의 모습이 당신에게는 없습니까? 베드로 옆에 불을 쬐며 불안하게 앉아 있는 또 하나의 인물은 없는지 자신을 살펴보십시오.

주님의 제자입니까? 그렇다면 가까이, 좀 더 가까이 그분을 따라가리라 결심해 보십시오. 때로는 십자가 짐 같은 고생길이지만, 천국과 세상에 양다리를 걸치고 불안하게 사는 것보다 성도답게 살기로 결단하십시오. 그러면 "숨질 때 되도록 늘 찬송하면서 주께 더 나가기 원합니다"(새찬송가 338장)라고 노래하게 될 것입니다. 주께로 날마다 더 가까이 가고자 하는 성도의 소원이 있습니까? 그렇다면 구체적인 행동과 실천이 있어야 합니다. 주께로 더 가까이 나가고 싶으면 먼저 그분의 말씀에 귀를 기울이십시오. 그분 앞에 매일 엎드려야 성도답게 살 수 있습니다. 주님과 함께하는, 주님과 나만의 시간과 장소를 정해야 합니다.

성경은 너무 감사하게도 우리에게 시간이나 장소에 대해서 지정하지 않았습니다. 그 부분은 우리 각자의 상황에 따라서 정할 수 있습니다. 주님은 우리에게 우리 스스로 결정할 수 있는 자유를 주셨습니다. 단지 쉬지 말고 기도하라고 명하셨습니다. 기도에 항상 힘쓰라고 말씀하셨습니다. 어떻게, 어디에서, 언제는 우리에게 달려 있습니다. 자신이 생각하는 가장 좋은 시간과 장소를 확보하고 찬송을 한두 곡 정한 다음 앞서간 성도들의 소원을 입술에 담아 찬송해 보십시오. 하루에 한두 곡이라도 마음을 담아 찬송을 불러 보면 우리의 모습은 어제보다 더 아름답고 거룩해질 것입니다.

부인하는 베드로

우선 대제사장의 집 안으로 우리도 들어가 봅시다. "사람들이 뜰 가운데 불을 피우고 함께 앉았는지라"(눅 22:55상). 팔레스타인의 봄철은 일교차가 매우 심하기 때문에 밤중에 바깥에는 불을 피워야 했습니다. 새벽 추위를 피하기 위해 대제사장의 집 뜰에 모닥불을 피워 놓고 사람들이 둘러앉아 있는 모습을 상상해 보십시오. 그 자리에 있는 모든 사람의 화제의 중심은 예수님 체포 사건입니다. 그들 중에 "베드로도 그 가운데 앉았더니"(눅 22:55하)라고 누가는 밝힙니다.

그들 틈에 불빛을 향해서 앉아 있는 베드로를 한 여종이 유심히 쳐다보기 시작합니다. 가끔씩 불어오는 바람에 불길이 혀를 날름거릴 때마다 베드로의 얼굴이 드러났습니다. 그를 뚫어지게 바라보던 여종은 드디어 확신을 가지고 입을 엽니다. "이 사람도 그와 함께 있었느니라"(눅 22:56). 그러자 베드로가 바로 부인합니다. "이 여자여 내가 그를 알지 못하노라"(눅 22:57).

베드로는 멀찍이 따라가며 대제사장의 집에 들어가면서도 어둠의 장막 뒤편에 숨어 있기만 하면 되리라고 생각했을 수 있습니다. 그러나 팔레스타인의 봄의 일교차가 문제입니다. 추위 때문에 자기도 모르게 불 가까이 다가갔고, 불빛 때문에 정체가 드러난 것입니다. 모든 것은 빛 가운데 드러나기 마련입니다. 조금 있다가 또 다른 사람이 베드로를 알아보고 말합니다. "너도 그 도당이라"(눅 22:58상). 그러나 베드로는 딱 잡아뗍니다. "이 사람아 나는 아니로라"(눅 22:58하). 불안한 한 시간이 흐릅니다. 베드로는 한 시간이 그렇게 긴 시간일 수 있다는 것을 새롭게 경험합니다. 힘든 한 시간이 지난 후에 또 한 사람이 더 강한 어조로 아주 단호하게 말합니다. "이는 갈릴리 사람이니 참으로 그와 함께 있었느니라"(눅 22:59). 그러나 끝까지 물러서지 않는 베드로를 보십시오. "이 사람아 나는 네가 하는 말을 알지 못하노라"(눅 22:60상).

아무리 벗어나려고 발악을 해도 한 여종이 던진 말 한마디가 일파만파가 되어서 이제는 걷잡을 수 없는 사태를 불러왔습니다. 아니라고 강변해도 아무도 믿어 줄 분위기가 전혀 아닙니다. 예수님을 부인하는 베드로의 마지막 말이 끝마쳐지기도 전에 닭이 어둠 속 고요를 깨뜨렸습니다. "아직 말하고 있을 때에 닭이 곧 울더라"(눅 22:60하). 그때 베드로가 정신을 차리고 주님 쪽을 바라보니 주님이 고개를 돌려 베드로를 바라보고 계셨습니다.

통곡하는 베드로

이제 베드로 이야기의 마지막 장면으로 가 봅시다. "주께서 돌이켜 베드로를 보시니 베드로가 주의 말씀 곧 오늘 닭 울기 전에 네가 세 번 나를 부인하리라 하심이 생각나서 밖에 나가서 심히 통곡하니라"(눅 22:61-62). 우리는 어이없이 넘어지는 존재입니다. 큰 바위에 부딪혀 넘어지는 것이 아니라, 길에 박힌 조그만 돌부리에 걸려 넘어집니다. 주님이 곁에 계신다 싶으면 자기 솜씨도 생각하지 않고 칼을 휘두릅니다. 하지만 자기를 주시하는 수많은 눈길만 의식하면 우리는 제대로 설 수가 없습니다.

남자든 여자든, 젊은이든 늙은이든, 인간은 세상의 거대한 악의 세력 앞에 너무나 무력한 존재일 뿐입니다. 아무리 많은 눈물을 흘려도, 아무리 많은 땀을 흘려도, 우리의 고귀한 피를 아무리 많이 흘려도 우리는 한 송이 꽃조차 피울 수 없는 연약한 인간에 지나지 않습니다. 다만 지면을 온통 새롭게 하시는 예수님의 바람이 불어야 얼어붙은 겨울 땅이 녹습니다. 그분의 영에 감동된 새로운 바람이 불어야 세상은 달라집니다.

창조주 하나님이 개입하지 않으시고는 도무지 세상이 달라지지 않습니다. 전능자의 능력이 아니면 한 뼘의 세상도 바뀌지 않습니다. 비열한 베드로의 마음조차 우리는 바꿀 수 없습니다. 보십시오. 베드로의 변화는 어디에서부터 시작합니까? "주께서 돌이켜 베드로를 보시니." 복음서 기자 가운데 유일하게 누가만 이 표현을 씁니다. 인간의 변화는 주님의 시선이 우리에게 꽂힐 때 비로소 시작합니다. 주님은 지금 한 영혼을 돌이키기 위해 몸을 돌이키십니다. 닭 울음소리와 더불어 조용히 바라보시는 주님의 눈길을 통해서 한 영혼이 달라집니다.

주님의 시선은 어떠했을까요? 실망과 배신과 증오하는 눈빛이었을까요? 결코 아닙니다. 그런 눈빛으로는 사람을 변하게 할 수 없습니다. 단지 주님은 말없이 그를 바라보십니다. 몸을 돌이켜 베드로를 보신 주님은 용서와 사랑의 시선을 주십니다. "그래, 알아. 이해해. 너의 연약함과 실수를 다 알아. 내가 너를 위하여 네 믿음이 떨어지지 않기를 기도한 것 알지? 사랑한다, 베드로야." 베드로가 변한 것은 주님의 사랑의 눈빛 때문입니다. 오직 사랑만이 사람을 변화시킵니다. 예수님의 사랑의 눈빛을 의식하면 모두 다 변합니다. 주변을 둘러싼 그 무서운 눈빛, 정죄의 눈빛은 우리로 하여금 거짓말을 하게 할 뿐입니다.

또 누가는 놀라운 표현을 합니다. "주께서 돌이켜 베드로를 보시니 베드로가 주의 말씀 곧 오늘 닭 울기 전에 네가 세 번 나를 부인하리라 하심이 생각나서"(눅 22:61). 사람을 바꾸는 것은 주님의 말씀입니다. 주님의 말씀이 기억날 때 베드로는 회개의 길로 방향을 바꾸었습니다. 사람은 기적이나 이적을 통해서 변화되지 않습니다. 오직 말씀만이 사람들을 돌이키고 변화시킬 수 있음을 누가는 의도적으로 강조하는 것 같습니다. 마태나 마가는 닭 울음소리에 베드로가 변화된 것처럼 서술하고 있지만, 누가는 그때 베드로의 마음속에 주님의 말씀이 기억났다고 강조합니다.

그러므로 하나님의 말씀을 듣는 자리에 나아오는 일에 열심을 내십시오. 실수하고 넘어져도 우리를 하나님께 돌이키도록 하는 방편은 그분의 말씀이요, 그 말씀을 기억하는 것입니다. 우리 모두는 우리에게 인자와 긍휼을 보이시는 주님 때문에 변했습니다. 그러기에 우리는 모였다 하면 주님을 찬송합니다. 주님을 떠올리면 기뻐합니다. 주님이 하신 일들로 감사합니다. 어떤 종교인이든지 이웃을 사랑하는 일은 한계가 있습니다. 우리 마음에 부은바 된 아버지의 사랑만이 우리를 변화시킵니다. 그분의 눈길이, 그분의 숨결이 세상을 변화시킵니다.

"여호와의 인자와 긍휼이 무궁하시므로 우리가 진멸되지 아니함이니이다 이것들이 아침마다 새로우니 주의 성실하심이 크시도소이다"(애 3:22-23). 주님은 우리의 승리의 순간에 기뻐하십니다. 하지만 우리의 실패의 순간에도 같이하십니다. 처절한 실패의 현장에 있을 때에도 여전히 우리에게 사랑의 눈길을 보내십니다. 주님의 시선을 의식하십시오. 주님의 말씀을 떠올려 보십시오. 그리하면 다시 일어날 수 있습니다. 사람들은 우리가 가진 것이 많고 높은 지위에 있을 때와 실패하고 빈털터리가 되었을 때 대하는 태도가 다릅니다. 그러나 하나님은 우리를 그렇게 대하지 않으십니다.

예수님의 눈길이 모닥불 주위에 앉아 있는 그 어떤 사람들이 아니라 베드로를 향했듯이, 이 땅에 70억의 사람이 살지만 예수님의 눈길은 우리 한 사람, 한 사람을 향하고 계십니다. "여호와의 눈은 의인을 향하시고 그의 귀는 그들의 부르짖음에 기울이시는도다"(시 34:15). 예수님은 우리를 끝까지 사랑하시는 분입니다. "유월절 전에 예수께서 자기가 세상을 떠나 아버지께로 돌아가실 때가 이른 줄 아시고 세상에 있는 자기 사람들을 사랑하시되 끝까지 사랑하시니라"(요 13:1).

그 주님의 눈길을 기억하고 자신의 내면을 살펴보십시오. 유다처럼 멸망의 길로 치닫지 않고 베드로처럼 돌아서야 합니다. 하나님으로부터 멀리 떠났습니까? 더 이상 새롭게 돌아설 마음조차 식었습니까? 예수님을 부인한 자리에 머물러 있지 마십시오. 정리되면 돌아서겠다는 마귀의 속삭임을 듣지 마십시오. 주님의 말씀이 기억난 베드로는 나가서 통곡하는 반응을 보였습니다. 어떻게 그 집을 빠져나왔는지 베드로는 기억조차 할 수 없을지 모릅니다. 하지만 그가 밖에 나가서 심히 통곡한 것은 분명합니다. '심히 통곡하다'라는 단어는 주님의 시선이 자기에게 꽂히자 심장이 찢어질 정도로 큰 아픔을 가지고 큰 소리로 울었다는 표현입니다. 성도는 눈물이 마르면 영혼이 죽습니다. 범죄자의 눈에서 흐르는 눈물은 죽은 영혼을 새롭게 합니다. 우리를 살리는 것은 베드로와 같은 진정한 회개와 통곡의 눈물입니다. 베드로는 심히 통곡하는 시간을 통해서 다시금 사명을 확인했습니다.

예수를 믿은 지 많은 시간이 흘렀다고 자랑하지 마십시오. 그 세월이 지났기에 우리 눈에서 눈물이 흐르지 않는다면 건강한 신자라고 말할 수 없습니다. 얼굴에 눈물이 흐르고 있어야 주님의 교회를 위해서, 자신이 세워진 위치에서 제 역할을 할 수 있습니다. 기도의 자리에서 몸부림을 치기 시작하면 우리의 인생이 송두리째 변합니다.

○

베드로의 이야기는 세 차례 부인으로 끝나지 않았습니다. 실패한 자리에서 끝이 아니라 "주의 말씀 ⋯/이 생각나서 밖에 나가서 심히 통곡하니라"(눅 22:61-62)라는 말씀으로 계속됩니다. 실수는 누구나 할 수 있습니다. 연약한 인간은 언제라도 넘어질 수 있습니다. 그러나 넘어진 자리에 머물지 마십시오. 중요한 것은 범죄한 후에 자신의 죄인 됨을 인정하고 철저한 회개의 자리, 심히 통곡하는 자리로 나아가는 것입니다. 실패의 자리가 우리 이력서의 마지막 줄로 기록되지 않게 하십시오. 베드로는 예수님을 부인했지만 철저한 회개를 통해서 돌아섰습니다. 그리하여 제자들의 믿음을 굳게 하고 초대 교회의 중심 기둥의 역할을 할 수 있었습니다. 눈물로 회개하고 주님께 돌아가기만 하면 우리 생애에 가장 아름다운 꽃이 활짝 피어날 것입니다. 새롭게 주의 말씀을 기억하고 아름답게 회복되는 그리스도인이 되기를 기도합니다.

54.

조롱당하신 예수님 (22:63-65)

이 장의 본문을 잘 이해하기 위해서는 누가가 쓴 복음서의 22장이 누가복음 전체 중에서 거의 끝부분에 와 있다는 것을 알아야 합니다. 9장에서 시작한 예루살렘으로 향하시던 예수님의 발걸음은 이미 예루살렘에 도착했습니다. 22장을 펼치면 제자 중 한 사람인 유다의 배신, 감람 산에서의 예수님의 치열한 기도 그리고 밤중의 체포, 베드로의 부인에 이어서 이제 조롱당하신 예수님의 이야기로 이어집니다. 상황이 점점 더 나빠지고 있습니다. 더 이상 베드로나 그 외의 제자들은 등장하지 않습니다. 말하자면 친구들은 모두 도망치고, 원수들은 조롱하는 장면입니다.

희롱과 조롱을 당하신 예수님

주님은 대제사장들과 성전의 경비대장들과 장로들이 보낸 무리들에 의해서 체포되셨습니다. 다른 복음서에 의하면, 체포된 밤중에 대제사장 가야바의 집에 모여 있던 유대 산헤드린에 의해서 예수님은 비공식적으로 정죄를 받으십니다. 하지만 누가는 그 사건을 기록하지 않고 "지키는 사람들이 예수를 희롱하고 때리며"(눅 22:63)라는 말씀으로 바로 넘어갑니다. 여기서 예수님을 '지키는 사람들'은 대제사장의 종들을 가리킬 것입니다. 간밤에 한잠도 주무시지 못한 주님을 그들은 단 한순간도 쉬도록 내버려 두지 않습니다. 곧 있을 공식 재판에 대비해서 마음을 가다듬고 준비할 여유도 주지 않습니다.

비록 그분을 희롱하고 매를 때리며 잔인한 놀이의 대상으로 삼는 이들은 '지키는 사람들', 즉 아랫사람들이었지만, 이 일은 덕망 높은 산헤드린 회원들의 묵인과 승인으로 자행되고 있는 것임을 능히 짐작할 수 있습니다. 어쩌면 그들은 희롱당하는 예수님을 바라보며 대리 만족하고 있을지 모릅니다.

예수님을 인류의 4대 성인으로 간주하든, 아니면 '나의 주, 나의 하나님'으로 고백하든 지금 조롱당하시는 그분에 대해 생각해 보십시오. 사적인 삶을 사신 30년이나 공적인 삶을 사신 3년을 통틀어 이런 취급을 당할 만한 일을 한 번도 하신 적이 없습니다. 특히 지난 3년 동안은 식사할 겨를도 없이 타인을 섬기는 삶을 사셨지만, 주님은 당신이 그처럼 사랑하고 섬기려 했던 사람들에 의해서 지금 조롱을 받고 계십니다.

여기서 '희롱하다'라는 말은 '무엇을 가지고 놀다'라는 뜻입니다. 마치 예수님을 노리개 삼아 장난을 쳤다는 말입니다. 그리고 '때리다'라는 말은

'가죽을 벗기다', '매질하다'라는 뜻으로 사용되었습니다. 이 말들은 예수님이 대제사장의 종들에 의해서 어떤 조롱과 모욕을 당하셨는지를 짐작하게 합니다. 아예 짐승을 다루듯이 비인격적인 취급을 당하신 것입니다. 그뿐만이 아닙니다. 그들은 예수님의 눈을 가린 다음 심하게 때리고 "선지자 노릇 하라 너를 친 자가 누구냐"(눅 22:64) 하며 인격을 모독하는 말을 내뱉습니다. 이미 예수님을 때리고 모욕한 그들의 상전인 종교 지도자들을 흉내 낸 것이라고 마태와 마가는 밝힙니다(마 26:67-68; 막 14:65).

예수님께는 복합적인 고통이 동시에 주어졌습니다. 곧 신체적인 학대와 모욕적인 말로 정신적인 학대를 받으신 것입니다. 더 나아가 영적인 능력에 대해서도 조롱을 당하셨습니다. 그들은 당시 아이들이 하던 놀이를 흉내 내서 '그의 눈을 가리고' 갈대 껍질로 얼굴을 때리고는 누가 때렸는지 알아맞힐 때까지 놀이를 계속했습니다. 여기서 갈대 껍질로 친 것은 신체적인 고통이 아닌 조롱을 위한 것입니다. 하지만 그들의 이러한 행동 중에 어떤 것도 주님께 두려움을 안겨 주지는 못했고, 생지옥과 같은 상황에서도 우리 주님은 아무 말도 하지 않고 모든 것을 참으셨습니다.

이런 모욕을 당하심은 예언자의 예언을 성취하기 위함인 동시에 예수님 당신이 말씀하신 예언을 성취하기 위함이기도 합니다. "인자가 이방인들에게 넘겨져 희롱을 당하고 능욕을 당하고 침 뱉음을 당하겠으며"(눅 18:32). 찬송을 받으실 분께 이보다 더한 수모가 없었을 테지만, 이것들은 단지 그분이 당하신 많은 수모 가운데 한 예에 지나지 않습니다. 그래서 마지막 구절은 "이외에도 많은 말로 욕하더라"(눅 22:65)라는 말씀으로 본문을 마감하고 있습니다. 여기 '욕하다'라는 말은 '모독하다'라는 의미를 가졌는데, 하나님이나 신성한 것에 대해 마땅히 가져야 할 경외심을 갖지 않고 의도적으로 모욕하는 행위를 나타내는 표현입니다. 누가는 이

의도적인 단어를 사용함으로 대제사장과 하속들, 즉 성전 경비대원들이 예수님을 향해 행한 희롱과 모욕은 신성 모독과 같은 것임을 부각시킨 것입니다. 신성 모독을 했다고 예수님을 정죄한 그들이야말로 가장 흉악하게 신성 모독을 서슴지 않고 행한 자들임을 은근히 드러냅니다.

동시에 이 일은 예수님이 구약에 예언된 고난받는 메시아이심을 암시합니다. 지금 이 장면이 펼쳐지기 수백 년 전에 선지자 이사야는 마치 눈으로 보는 것처럼 예언했습니다. "나를 때리는 자들에게 내 등을 맡기며 나의 수염을 뽑는 자들에게 나의 뺨을 맡기며 모욕과 침 뱉음을 당하여도 내 얼굴을 가리지 아니하였느니라"(사 50:6). 사람들의 조롱에도 불구하고 주님은 한마디 말씀도 하지 않으시고, 험한 표정은 그만두고 한순간의 일그러진 표정도 보이지 않으셨습니다.

주님이 모욕을 참으신 이유

하나님의 영광스러운 아들을 사람들이 이처럼 무시하고 조롱하고 함부로 취급했다는 사실은 소름 돋는 끔찍한 일이 아닙니까? 그런데 왜 주님은 그런 모욕과 조롱과 학대를 당하고만 계셨을까요? 인류의 역사는 늘 가진 자, 힘 있는 자가 상대방을 무시하고, 그것도 별로 대단해 보이지 않으면 더더욱 무시합니다. 본문의 사건은 세상에서 당하는 수모를 우리 주님이 다 겪으셨다는 것을 보여 줍니다.

무시당하고 조롱당하고 학대받는 것은 바로 우리가 날마다 겪는 현실입니다. 그러다 보면 누가 우리를 함부로 대하기도 전에 미리 주눅이 들어서 누가 조금만 잘해 주어도 반신반의합니다. 우리는 사람들을 너무 쉽게 보이는 대로 평가합니다. 예언자가 이미 말한 대로, 이런 취급은 영광스러운 하나님의 아들 예수님도 수없이 당하셨습니다. 대표적인 예언은 이사야 53장 2절입니다. "그는 주 앞에서 자라나기를 연한 순 같고 마른 땅에서 나온 뿌리 같아서 고운 모양도 없고 풍채도 없은즉 우리가 보기에 흠모할 만한 아름다운 것이 없도다." 예언만이 아니라 현실도 그러했습니다. 요한복음 8장 57절은 유대인들이 예수님께 한 말입니다. "네가 아직 오십 세도 못 되었는데 아브라함을 보았느냐." 험한 삶을 살면 실제 나이보다 더 늙어 보이는 것이 일반적 현상입니다. 주님은 유대인으로부터 '사십도 못 되었는데'가 아니라 '오십도 못 되었는데'라는 평가를 받았는데, 당시 주님의 나이는 30대 초반이었습니다.

이처럼 주님은 온갖 모욕을 당하셨습니다. 이스라엘의 잘난 사람들과 아랫사람들까지 온갖 무례한 짓을 다 했습니다. 조롱하고 욕설을 퍼부었을 뿐 아니라, 뺨과 얼굴을 손바닥과 주먹으로 때리기도 했습니다. 얼굴에 침을 뱉기도 했습니다. 일상생활을 하면서 무시를 당하거나 욕설을 듣는 경우는 있을 수 있겠지만, 침 뱉음을 당하고 뺨을 맞고 주먹으로 얼굴을 가격당하는 경험은 우리에게 일상적이지 않습니다. 아마 그랬다면, 우리가 아무 잘못 없이 당했다면 우리는 길길이 날뛰고 잠도 자지 못했을 것입니다. 하지만 꼭 기억하십시오. 찬송 받으실 하나님의 아들, 예수님이 우리의 죄악을 대신 담당하기 위해서 온갖 모욕을 다 겪으셨습니다.

그러므로 앞으로 어떤 수모를 당하더라도 조롱당하신 예수님을 기억하십시오. 그리고 예수님이 하신 말씀을 기억합시다. "나는 너희에게 이르노니 악한 자를 대적하지 말라 누구든지 네 오른편 뺨을 치거든 왼편도 돌려 대며"(마 5:39). 결코 말씀대로 사는 것이 쉽지는 않겠지만, 주님이 우리에게 주신 기준을 떨어뜨려서는 안 됩니다. 예수님은 그 상황에서도 조용히 그리고 위엄 있게 그들의 질문과 조롱에 단 한마디도 입을 열지 않으셨습니다. 우리를 위해 대신 당하신 모욕이고 고통입니다.

우리의 고통에만 눈길을 집중하면 우리는 세상에서 가장 고통스러운 사람이 됩니다. 우리가 받는 모욕만 마음에 새기면 우리는 짐승처럼 날뛰게 되겠지만, 찬송 받기에 합당한 분인 예수님의 조롱받으심을 기억하면 우리가 당하는 모욕과 고통을 한결 받아들이기가 쉬워집니다. 물론 집에서는 배우자에게, 직장에서는 동료들에게 아는 것만큼 행하는 것이 쉽지는 않습니다. 그래서 성경은 "쉬지 말고 기도하라"고 명합니다. "기도에 항상 힘쓰라"고 요구합니다. 그 길 외에는 성도답게 사는 것이 불가능하기 때문입니다. 정답을 안다고 되는 것이 아닙니다. 정답대로 행동하기 위해서는 능력이 필요합니다. 기도에 항상 힘쓰거나 쉬지 않고 부르짖지 않으면서 그리스도의 삶을 산다고 말한다면 위선자입니다. 전능하신 하나님의 아들도 밤을 새우면서 통곡을 하지 않고는 그 수모를 견딜 수 없다고 하셨는데, 하물며 우리겠습니까? 그래서 주님은 반복해서 기도할 것을 강조하십니다(눅 11:9-10).

○

영광스러우신 하나님의 아들을 폭행한 세상은 아직도 달라지지 않았습니다. 자신의 욕망을 십자가에 못 박지 않으면 결국 주님을 십자가에 못 박게 됩니다. 자신의 욕망을 못 박기 싫어하는 세상은 "그를 십자가에 못 박게 하소서 십자가에 못 박게 하소서" 하고 계속해서 외칠 것입니다. 결국 그들의 외침이 이겼고, 이길 것입니다. 그래서 주님은 조롱당함을 참고 당신을 십자가에 내어 주셨습니다. 그럼으로 오늘날 우리를 위한 새로운 삶의 길을 마련하셨습니다.

55.

심문받으신 예수님 (22:66-71)

마태, 마가, 누가, 요한, 네 사람의 복음서 기자가 기록한 내용을 종합해서 예수님이 고난을 당하신 전체 그림을 그려 보겠습니다.

1) 맨 먼저 백성 사이에 영향력을 여전히 행사하고 있는 전직 대제사장 안나스 앞에서 예비적인 심문을 받으십니다(요 18:19-23). 2) 현직 대제사장 가야바와 몇몇 산헤드린 공의회원으로부터 또 한 차례의 예비적인 심문을 한밤중에, 밤 1시에서 3시 사이에 받으십니다(마 26:57-68). 그리고 이 장의 본문은 세 번째 사건으로, 3) 전체 공의회원 앞에서 공적인 심문을 받으십니다(눅 22:66-71). 이후 23장에서는 4) 빌라도 앞에서, 5) 헤롯 앞에서 각각 심문을 받으실 것입니다. 복음서마다 모든 사건을 자세히 기록한다면 길이가 만만찮을 것입니다. 그래서 기자들이 그 가운데서 자기의 의도에 따라 선택한 사건들을 기록하다 보니 같은 사건을 두고도 강조점이 다르고, 길이도 서로 다르리라는 것을 예상할 수 있습니다.

누가가 기록한 본문의 사건, 산헤드린이라는 유대인 의회로부터 심문 받으신 예수님에 관한 내용은 복음서 가운데서 아주 짧은 기록입니다. 예수님이 유대인 의회로부터 죄인 취급을 받으실 때 겪은 수모와 고통을 압축적으로 기록하고 있습니다. 구조를 살펴보면, 66절은 서론입니다. 본론인 67-70절은 두 쌍으로 된 질문과 대답으로 구성되어 있습니다. 말하자면 유대인 의회와 예수님이 두 차례 주고받은 질의응답에 관한 기록입니다. 그리고 마지막 71절은 결론입니다.

공회 앞에 재판받으시는 예수님

그 밤에 예수님을 지키던 사람들은 주님을 향해 온갖 종류의 욕설을 퍼붓고, 인격을 무시하고, 불경스러운 말들을 내뱉었습니다. 언어폭력을 시작으로 급기야는 신체적인 폭력까지 서슴지 않았습니다. 그 와중에 예수님은 한마디도 항거하지 않으셨습니다. 표정 하나 바꾸지 않으셨습니다. 조용하고 위엄 있는 모습으로 그 입술에서는 한마디의 대답도 나오지 않았고, 그들의 비열한 짓거리를 다 받아들이셨습니다. 그리고 이 장의 본문인 "날이 새매"(눅 22:66)라는 말씀으로 이어집니다. 유대인의 법에 따라서 밤에는 재판을 할 수 없습니다. 말하자면, 공무 집행은 날이 밝아야 가능하고, 밤중에 한 것은 무효이기 때문입니다. 그래서 그들은 다음 날 날이 샐 때까지 예수님을 불법 구금해 두었습니다. 그리고 지금 날이 새자 백성의 지도자들, 대제사장들과 율법의 선생들이 즉시 모였습니다. 보십시오. 그들은 철저하게 불법적인 재판을 하면서 율법의 사소한 부분에는 집착하고 있습니다. "하루살이는 걸러 내고 낙타는 삼키는도다"(마 23:24)라고 예수님이 일찍이 지적하신 대로입니다.

이미 산헤드린 회원들과 예수님 사이에는 갈등이 심화되어 있었습니다. 단지 예수님이 백성의 절대적인 지지를 받고 계셨기에 어찌하지 못했을 뿐입니다(눅 19:47-48). 하지만 간밤에 감람 산에서 은밀하게 예수님을 붙잡아 옴으로써 백성의 눈치를 더 이상 볼 필요 없이 예수님을 심문할 수 있게 되었습니다. 그들이 바라고 바라던 기회가 찾아온 것입니다. 그래서 대제사장들과 서기관들과 백성의 지도자들은 모두 모인 다음 예수를 그 공회로 끌어들였습니다.

드디어 피고로서 예수님이 그들 앞에 불려 오셨습니다. 비록 간밤에 두 차례의 불법적이고도 예비적인 심문이 있었지만 '날이 새매' 백성의 지도자들이 모여서 정식적인 절차를 따른 심리를 해야만 합니다. 이날 모임에는 유대인 최고 회의의 구성원 전원이 참석한 것으로 보입니다. 예수님에 관한 문제는 수 주일 동안 논의의 중심 주제였고, 이제 그를 심리할 수 있는 기회가 찾아왔기 때문입니다. 물론 형식적인 절차이고 통과 의례에 불과합니다. 왜냐하면 예수님을 어떻게 처리할 것인지, "그를 죽이려고 꾀하되"(눅 19:47)라는 목표가 이미 설정되어 있었기 때문입니다.

당시 유대는 로마 제국의 통치 아래에 있는 나라였습니다. 비록 로마 당국에 의해서 유대인 최고 회의인 산헤드린이 일정한 자치권을 인정받긴 했지만 사람을 사형시킬 독자적인 권한은 갖고 있지 못했습니다. 그래서 당시 그 지역을 다스리는 책임을 로마로부터 위임받은 총독 빌라도가 사형을 언도할 만한 적절한 구실을 찾아내야 했습니다. 지금 그 구실을 찾기 위해 모여서 예비적인 심문을 수행하고 있는 것입니다. 성전에 대한 범죄를 제외한 그 밖의 다른 범죄들은 유대 율법이 아니라 로마의 사고방식에 맞춰서 재판을 받아야 합니다. 비록 행정과 사법 양쪽의 자치권을 어느 정도 가진 유대 최고의 의결 기관이지만, 이 심문에서 예수의 유죄 또는 무죄를 확정지을 수는 없습니다. 예수님을 없애고자 하는 유대 지도층의 모의의 연속입니다. 어떻게 하면 예수님을 총독 빌라도 앞에 세울 수 있느냐가 관건이었습니다.

"내가 그라"고 답하신 예수님

이제 본론으로 들어가 봅시다. 67절은 어떻게 보면 그들이 진상을 살핀다는 인상을 주지만, 사실은 오직 예수를 칠 증거를 잡는 데만 관심이 있다는 것은 의심할 여지가 없습니다. 첫 번째 형식적인 질문을 들어 봅시다. "네가 그리스도이거든 우리에게 말하라"(눅 22:67상). 헬라어인 '그리스도'는 히브리어로 '메시아'로서, 구원자라는 뜻입니다. 모든 인간 문제에 대한 해결자라는 의미입니다. 물론 오늘날은 더 이상 종교적인 그리스도나 메시아를 찾는 시대가 아닙니다. 세속 도시에 사는 현대인은 정치적, 경제적 해결사를 찾습니다. 하지만 2천 년 전 세상은 달랐습니다. 하나님이 보내 주실 구원자를 바라는 것은 유대 민족의 특징이었습니다. 수백 년간 나라를 잃고 유리방황하면서도 메시아가 오면 모든 문제를 해결해 줄 것이라고 철저히 신봉했습니다. 당시 그들을 압제하는 로마 제국으로부터 해방시켜 줄 것이라고 믿었던 세상입니다.

"네가 그리스도이거든 우리에게 말하라"라는 질문에 그들이 가장 바라는 대답은 예수님 스스로 당신이 그리스도라고, 메시아라고, 유대인의 왕이라고 공회 앞에서 고백하는 것입니다. 그래서 로마의 평화를 깨뜨리는 위험인물이라고 자처하는 것입니다. 그래서 사형 언도를 받도록 하는 것이 그들이 바라는 최선의 시나리오입니다. 하지만 예수님은 직설적인 대답을 주지 않으십니다. 예수님은 그들의 질문에 숨은 함정이 무엇인지를 잘 알고 계셨습니다. 그러므로 "내가 말할지라도 너희가 믿지 아니할 것이요"(눅 22:67하)라고 대답하십니다. 당신의 입장에서는 함정을 피해 갈 대답인 동시에, 그들이 가진 그리스도에 대한 잘못된 생각 때문에 단순히 "예", "아니요" 식의 답변을 하실 수 없었습니다.

유대인의 공의회는 예수님을 그들의 메시아로 받아들일 의향이 전혀 없다는 것은 이미 분명합니다. 동시에 그리스도라고 대답해도 그분이 누구이며 어떤 일을 하실 것인지에 대한 편향적인 생각 때문에 받아들이려 하지 않을 것입니다. 그들은 로마의 압제에서 해방시켜 다윗 왕조의 영광을 회복시킬 구원자를 바라고 있었기 때문입니다.

편견에 사로잡힌 그들과는 대화가 불가능합니다. 하지만 예수님은 진리를 말하지 않으실 수 없었습니다. "그러나 이제부터는 인자가 하나님의 권능의 우편에 앉아 있으리라"(눅 22:69). 이 말은 그들의 질문에 대해서 당신이 그리스도라고 답하신 것과 같습니다. 당신은 하늘에서 가장 높은 자리에 앉을 분이며 거기서 장차 심판하실 분이라고 밝힌 것이기 때문입니다. 시편 110편 1절에 의하면, 하나님의 아들은 하나님의 우편에 앉을 권한을 부여받으셨습니다. 우리의 고백에 의하면, 예수님은 "하늘에 오르시어 전능하신 아버지 하나님 우편에 앉아 계시다가, 거기로부터 살아 있는 자와 죽은 자를 심판하러 오십니다". 반드시 예수님은 하나님의 아들인 당신을 고소한 자들을 심판하기 위해서 지금 앉아 계신 하나님 아버지의 우편에서부터 다시 오실 것입니다. 그렇다면 지금 그들은 자신들의 심판주를 처형하기 위해서 건수를 잡아 고발한 것입니다. 얼마나 엄청난 일들을 저지르고 있는 것입니까!

예수님은 "그러나 이제부터는 인자가 하나님의 권능의 우편에 앉아 있으리라"(눅 22:69)라는 선언으로 당신이 누구이며 무슨 일을 하는 자인지를 분명하게 표현하십니다. "그러면 네가 하나님의 아들이냐 대답하시되 너희들이 내가 그라고 말하고 있느니라"(눅 22:70). 이 선언이 의미하는 바를 바로 파악한 공의회원들은 "그러면 네가 하나님의 아들이냐"라고 물었고, 주님은 "너희들이 내가 그라고 말하고 있느니라"라고 답하셨습니다. 이것이 두 번째 질의응답의 내용입니다.

"내가 그라고 너희가 말하고 있느니라"라는 말씀을 달리 번역하면 "너희는 내가 그라고 말하고 있는 것이냐?"라는 도전의 말로, 그들의 질문에 대한 대답이 아니라 질문의 형식으로 바꾸어 답하신 것으로 이해할 수 있습니다. 하지만 그들은 이 질문에 대답할 준비가 되어 있지 않았습니다. 예수님은 그리스도라는 '죄목'을 결코 부정하지 않으셨습니다. 다만 당신을 심문하는 자들에게 한 번 더 재고할 기회를 던지신 셈입니다. 주님은 "내가 그라"라고 그들의 질문에 동의하십니다. 예수님은 유대인들에게 익숙한 "내가 그라"라는 표현으로 당신을 하나님과 동일시하셨습니다.

나에게 예수님은 누구신가

이제 결론으로 가 봅시다. 71절에서 득의양양 외치는 유대 지도자들의 소리가 들리지 않습니까? "그들이 이르되 어찌 더 증거를 요구하리요 우리가 친히 그 입에서 들었노라 하더라"(눅 22:71). 공의회는 예수님의 선언이 무엇을 의미하는지를 알았고, 더 이상의 증거가 필요 없음을 깨달았습니다. 달리 말해, 예수님은 당신을 스스로 고발하신 셈입니다.

그들은 자신들의 목적을 달성하기에 충분한 자백을 예수님의 입술로부터 친히 들었습니다. 더 이상 무슨 심문 과정이나 절차가 필요하지 않았습니다. 그들은 이제 자신들이 원하는 것을 손에 넣게 된 것입니다. 그들의 논리는 이렇습니다. "예수는 하나님의 아들이 아니다. 자신이 결코 하나님이 아니면서 하나님이라고 주장하는 것은 신성 모독이다." 그래서 그분의 입에서 하나님과 동일하다는 주장만 나오면 된다고 생각했던 것입니다.

다른 사람이 그런 주장을 하면 신성 모독입니다. 하지만 지금 예수님의 주장은 엄연한 사실입니다. 그리스도인은 이 사실을 믿습니다. 예수님은 결코 당신이 하나님의 아들이라고 주장하신 적이 없습니까? 다만 후대의 추종자들이 날조한 것입니까? 그렇지 않습니다. 분명 이 장의 본문인 누가복음 22장 70절에서 주님의 주장을 직접 들었습니다. "내가 그라."

산헤드린 공의회가 예수를 사형에 처하는 데 찬성표를 던진 이유가 무엇입니까? 예수님은 당신이 하나님의 아들이라고 주장함으로 그들의 분노를 자처하셨습니다. 그때뿐 아니라 지금도 마찬가지입니다. 이제 우리 모두가 답해야 할 차례입니다. 세상은 아직도 예수가 4대 성인 중 한 사람이라고 말하는데 아무런 시비도, 반대도 하지 않습니다. "그러면 네가 하나님의 아들이냐?"라고 세상은 묻습니다. 주님은 오늘도 대답하십니다. "너희의 말과 같이 내가 그라." 주님은 "내가 그라"라는 이 한마디에 당신의 목숨을 거셨습니다. 초대 교회 성도들은 "가이사가 아니라 예수가 그리스도라"라는 한마디에 그들의 목숨을 내어놓았습니다. 로마 황제가 아니라 예수님이 삶의 모든 문제와 영원의 문제에 대한 유일한 대답이시라고 믿었습니다.

기독교는 2천 년간 이 진리에 목숨을 건 순교의 종교입니다. 그러므로 웨스트민스터 소요리문답과 더불어 개신교에서 가장 영향력 있는 신앙 고백으로 여기는 하이델베르크 신앙 고백 첫 질문과 답에서 이 문제를 다루며 그리스도인의 생사관, 사명관을 선명하게 밝힙니다. "질문: 당신의 유일한 위로는 무엇입니까?" "답: 생사 간에 유일한 위로는 나는 나의 것이 아니요, 몸도 영혼도 나의 신실한 구주 예수 그리스도의 것입니다. 그리스도께서는 그의 보혈로 나의 모든 죗값을 완전히 치르고 나를 마귀의 모든 권세에서 해방하셨습니다. 또한 하늘에 계신 나의 아버지의 뜻이 아니면 머리털 하나도 땅에 떨어지지 않도록 나를 보호하시며, 참으로 모든 것이 합력하여 나의 구원을 이루도록 하십니다. 그러하므로 그의 성령으로, 그분은 나에게 영생을 확신시켜 주시고, 이제부터는 마음을 다하여 즐거이 그리고 신속히 그를 위해 살도록 하십니다."

지금 우리는 예수님에 관한 원 자료에 근거해서 예수님이 누구신지에 대해 살펴보고 있습니다. 앞서 언급한 대로 세상에 오신 예수님은 볼품없는 분이셨습니다(사 52:3). 나사렛 출신 예수는 정녕 그들에게 무명의 사람이었습니다. 예수님은 당신이 분명히 그리스도, 메시아, 우리의 구원자, 우리 삶의 해결자, 우리 문제의 유일한 답이라는 것을 알고 계셨고, 목숨을 걸어서 선언하셨습니다. 그러나 유대의 지도자들은 그것을 근거로 예수님을 빌라도에게 넘겼습니다. "여호와의 이름을 모독하면 그를 반드시 죽일지니 온 회중이 돌로 그를 칠 것이니라 거류민이든지 본토인이든지 여호와의 이름을 모독하면 그를 죽일지니라"(레 24:16). 그들은 자신들이 유대인의 율법을 수호한다고 믿었습니다.

말이 통하지 않는 관계, 말이 통하지 않는 세상은 아직도 우리의 비참한 현실입니다. 죄 가운데 태어난 우리가 관계를 가꾸어 가기에 가장 큰 장애는 선입견입니다. 편견이 인류의 구원자를 십자가에 못 박았고, 그것이 오늘도 가장 가까운 관계들을 파괴하고 있습니다. 하나님이 선물로 주신 소중한 관계를 자신의 편견으로 인해서 파괴하지 마십시오. 상대방의 말을 귀 기울여 듣는 것은 사랑의 관계를 가꾸어 가는 첫걸음입니다. 또한 그런 자세야말로 편견으로 구주를 십자가에 못 박은 죄악에서 벗어나는 길입니다. 우리는 경청할 줄 알고, 배려할 줄 알고, 권위에 대해서 순종하는 자세를 배워야 합니다.

○

예수님은 아직도 "내가 그라" 하고 말씀하십니다. 그렇다면 우리는 어떻게 답해야 할까요? "그리스도라 하는 예수를 내가 어떻게 하랴"(마 27:22)라는 질문은 그때 빌라도만의 것이 아닙니다. 우리 역시 이 질문으로 영원한 운명을 판가름 받을 것입니다.

56.

재판을 받으신 예수님 (23:1-5)

빌라도의 재판에 회부된 예수님

이제부터 살필 누가복음 23장은 예수님의 수난의 절정인 십자가 고난이 기록된 장입니다. 유대의 종교 지도자들은 이미 예수님을 체포해서 수중에 넣었고, 불의한 판결을 통해서 고발할 준비를 다 갖추었습니다. 하지만 예수님을 제거하기 위해서 마지막으로 넘어야 하는 장애물이 있었습니다. 이미 유대인의 종교 법정은 예수님의 정직한 고백을 근거로 해서 하나님을 모독하는 자로 예수님을 정죄했지만 실제로는 죽일 수 있는 권한을 갖고 있지 못했습니다. 로마의 법정에서 총독이 판결하지 않고서는 사형에 처할 수 없었기 때문입니다.

이것은 이미 오래전부터 기획한 일들이기는 합니다. 일찍이 누가복음 6장부터 분위기가 심상치 않았으나, 항상 예수를 따르는 백성이 문제였습니다. 그래서 밤중에 비밀리에 체포하고, 날이 새기가 무섭게 유대인 공의회는 사형을 선고했지만, 사형은 로마의 허락을 받지 않고는 집행될 수 없었습니다. 그래서 유대의 지도자들은 이제 "예수를 빌라도에게 끌고"(눅 23:1) 갑니다.

만약 예수를 처형하지 않으면 로마의 지역 행정 책임자이자 호민관인 총독으로서의 앞날이 밝지 못하다는 위협을 은근히 담은 고발을 접수시킴으로, 유대 지도자들과 빌라도 총독 사이의 밀고 당기는 과정이 본격적으로 시작됩니다. 사실 이 같은 매우 중요한 범죄 행위를 다루는 일은 로마의 총독으로서 정한 자리에서 이루어져야 합니다. 유대의 지도자들은 반드시 죽여야 하는 신성 모독죄를 범한 예수를 자기들이 어떻게 할 수 없다는 것을 알고 총독에게로 모두 달려간 것입니다. 물론 그날은 재판이나 심리가 열리는 날이 아닌데도 예수님을 빌라도에게로 끌고 가서 고발하기 시작했습니다.

빌라도 앞에서의 재판은 그 모양새로 볼 때 특별한 것은 아닙니다. 누가의 기록은 당시 세 단계의 절차를 밟는 로마의 재판 방식을 보여 줍니다. 먼저 고발이 있고, 다음에는 심문 절차가 있고, 마지막은 평결을 하는 세 단계입니다. 먼저 예수님을 제거하기 위한 복잡하고도 치밀한 고도의 계산을 하고 고발하는 그들의 고발 항목을 보십시오. "그들은 말했다. '우리가 보니 이 사람은 우리의 법과 질서를 허물고 황제께 세금 바치는 것을 방해하고, 스스로 메시아 왕이라고 말했습니다'"(눅 23:2, 《메시지》).

세 가지 항목 가운데 어느 정도 사실에 근거한 고발은 단 하나밖에 없습니다. 그것은 바로 "우리가 이 사람을 보매 우리 백성을 미혹하고"라는 첫 번째 고발 항목입니다. 《메시지》에는 "이 사람은 우리의 법과 질서를 허물고"라고 번역된 구절입니다. 말하자면, 유대인의 법과 유대인의 정치적인 관점에서 볼 때 이 고발 내용은 어느 정도 근거가 있습니다. 이 고발을 잘 살펴보면 두 가지 사실이 드러납니다.

첫째로, 유대 지도자들은 예수님을 불편해하며 무시하고 있다는 사실을 눈치챌 수 있습니다. 그러다 보니 예수님의 이름을 부르지 않고 경멸적인 용어인 '이 사람'이라고 지칭하고 있습니다. 당시 백성의 평가와는 아주 동떨어진 정서입니다. 물론 함정을 파 놓고 유인하기 위한 접근이었지만, "선생님이여 우리가 아노니 당신은 바로 말씀하시고 가르치시며 사람을 외모로 취하지 아니하시고 오직 진리로써 하나님의 도를 가르치시나이다"(눅 20:21)라는 말씀에 설명된 내용이 당시 일반적인 정서에 부합한 평가입니다.

둘째로, 유대 지도자들은 예수님을 유대 전통과 사회를 위협하는 인물로 간주하고 있다는 사실입니다. 하지만 예수님은 오히려 유대 사회를 향해 "믿음이 없고 패역한 세대여"(눅 9:41) 하며 안타까워하셨고, 마땅히 새로워져야 하고 하나님께로 돌이키는 일이 반드시 일어나야 하는 것으로 보셨습니다. 그래서 "회개하라 천국이 가까이 왔느니라"(마 4:17)라고 갈릴리에서부터 선포하셨습니다.

2천 년 전에도 세상을 바라보는 시각은 서로 달랐습니다. 예수님은 유대 사회를 향해 "믿음이 없고 패역한 세대여" 하며 안타까워하셨지만, 유대의 지도자들은 예수야말로 '우리의 법과 질서를 허무는' 사람으로 바라보았습니다. 세상을 보는 시각이 다르면 행동 방식이 다를 수밖에 없습니다. 물론 백성을 미혹하고 기존 법과 질서를 흔드는 일은 유대의 지도자들뿐만 아니라 빌라도 총독의 입장에서도 조금도 바라는 일이 아니었습니다. 유대 종교를 뒤흔드는 일은 어느 때라도 정치적 불안과 연결될 수 있기 때문입니다.

두 번째 고발 항목을 살펴봅시다. "가이사에게 세금 바치는 것을 금하며"(눅 23:2). 이 내용은 분명히 거짓입니다. 주님이 하신 말씀을 기억해 보면, 주님은 그것을 금하신 적이 없습니다. "그런즉 가이사의 것은 가이사에게, 하나님의 것은 하나님께 바치라"(눅 20:25)라고 하셨습니다. 그러나 두 번째 고발 항목의 내용은 교묘합니다. 총독으로서 빌라도의 주요 책임은 로마를 위해 세금을 거두는 일이기 때문입니다. 세금은 그때나 지금이나 민감한 문제입니다. 특히 세금의 액수야말로 빌라도가 충성하는지, 불충하는지를 평가할 수 있는 지표이기도 합니다. 가이사에게 세금 바치는 것을 금하는 자를 눈감아 준다면, 그래서 로마의 고위 관리로서 황제에게 불성실한 사람이라는 평가를 받으면 황제의 측근으로 남아 있을 수가 없습니다.

세 번째 고발 항목은 무엇입니까? "자칭 왕 그리스도라 하더이다"(눅 23:2). 이 문제라면 총독 빌라도가 그냥 두고 볼 일은 아닙니다. 자기 코앞에서 반역의 음모를 꾸미는 자를 살려 둔다는 것은 있을 수 없는 일입니다. 그래서 근거가 있든 없든 예수님을 위험한 혁명가로 고발합니다. 혁명이나 소요를 일으키지 못하도록 하는 것이 총독 빌라도의 숭고한 의무이기 때문입니다. 이런 빌라도의 책무를 생각할 때 고발 항목들이 과대 포장되기는 했지만, 지금 유대의 지도자들이 로마의 안위를 내세우며 고발하고 있다는 점을 눈치채면 지나칠 수 있는 문제는 아니었습니다. 정치적으로나 개인적으로나 그 문제를 반드시 다루어야만 합니다. 그러므로 빌라도는 예수님을 심문하게 됩니다.

빌라도의 무죄 판결에도 불구하고

이 장면에 대한 누가의 기록은 아주 간략합니다. 빌라도는 왕이라는 예수님의 주장에만 초점을 맞춥니다. 첫 번째 고발 항목은 실제로 빌라도에게 중요하지 않습니다. 빌라도는 유대인이 아니기 때문입니다. 두 번째 고발 항목은 사실 세 번째 고발 항목인 왕이냐, 아니냐는 질문과 긴밀한 관련이 있습니다. "자칭 왕 그리스도"라는 주장이 근거가 있어서 '로마 황제의 경쟁자인가'를 살펴야 할 것입니다. 그래서 사도 요한은 이 문제를 요한복음 18장 33-38절에서 길게 다룹니다. 거기서 예수님은 분명히 "나는 세상이 생각하는 그런 왕이 아니다"(요 18:36, 《메시지》)라고 밝히십니다. 하지만 누가는 이와 대조적으로 "빌라도가 예수께 물어 이르되 네가 유대인의 왕이냐 대답하여 이르시되 네 말이 옳도다"(눅 23:3)라고 기록합니다. 《메시지》는 빌라도가 "네가 유대인의 왕이라는 이 말이 사실이냐?"라고 묻고, 예수님은 "그것은 내 말이 아니라 네 말이다"라고 대답하신 것으로 번역하고 있습니다.

그들의 세 번째 고발 항목에는 일말의 진리가 있지만, 유대 지도자들의 고발에 담긴 것처럼 예수의 말과 행동이 로마의 평화에 직접적인 위협은 되지 못한다고 판단해 심문을 마친 빌라도는 무죄 판결을 내립니다. "내가 보니 이 사람에게 죄가 없도다"(눅 23:4). 《메시지》는 이를 조금 부드럽게 번역합니다. "나는 아무 잘못도 못 찾겠소. 내가 보기에 이 자는 죄가 없는 인물 같소."

그렇다면 마땅히 재판은 종결되고 예수님은 석방되셔야 합니다. 누가는 여기서 예수님이 무죄한 희생 제물이셨음을 계속 밝히고 있습니다. 만약 공의로운 세상이었다면 체포에서 풀려나셔야 하며, 예수님의 사역은 다시 계속되어야 합니다. 그러나 하나님의 아들 예수님은 공의에 따라 취급되지 않으셨습니다. "무리가 더욱 강하게 말하되 그가 온 유대에서 가르치고 갈릴리에서부터 시작하여 여기까지 와서 백성을 소동하게 하나이다"(눅 23:5). 그들은 예수님의 처형을 요구했습니다. 분명히 빌라도는 예수님께 죄가 없다고 판결하고도 결국 사법적인 관심에 따라서가 아니라 정치적인 편의에 따라서 사형을 선고하고 내어 주게 될 것입니다.

그때도 사법적인 판단 위에 정치적인 판단이, 정치적인 판단의 밑바닥에는 자기 개인이나 집단의 이익이 도사리고 있었습니다. 그래서 예수님을 법정에 세웠지만, 그 자랑스러운 로마의 공의는 무시되었습니다. 그래서 2천 년 동안 그리스도인들은 고백합니다. 법적 책임을 진 "본디오 빌라도에게 고난을 받아 십자가에 못 박혀 죽으시고"라고 말입니다. 물론 그 실제적인 책임은 유대의 지도자들에게 있었습니다. 그들은 계속해서 예수가 백성을 미혹하는 자라고 주장했습니다. 그들의 소리가 이길 때까지 소리칠 것입니다.

세상은 본질적으로 변한 것이 없습니다. 비록 우리가 입고 걸치는 옷이나 집은 바뀌었을지라도 2천 년 전 세상이 지금의 세상이고, 그 안에 살고 있는 사람은 전혀 바뀌지 않았습니다. 그때의 세상도 불의한 세상이었고 지금의 세상도 불의한 세상이라는 사실을 알아야 합니다. 본래 세상은 불의했습니다.

○

우리는 그동안 한 번도 생각해 본 적 없던, 생각해 봐야 막연히 생각했을 예수님의 이야기를 살폈습니다. 우리가 알고자 하는 그분, 우리가 믿는 예수님은 역사적인 분이십니다. 그 어떤 소위 4대 성인의 이야기도 이렇게 구체적으로 기록되어 있지 않습니다. 부디 피해 갈 수 없는 역사적인 진실로부터 외면하지 마십시오. 예수님은 우리와 같은 세상에서, 한마디로 불의한 세상에서 고발당하고 '평화를 위협하는 인물'로 헤롯에게 넘겨지실 것입니다.

예수를 믿습니까? 당신이 아는 모든 역사적인 기록을 가지고 평가한다면 예수는 누구입니까? '평화를 위협하는 인물'로 생각합니까, 아니면 '평화의 왕'으로 오신 분으로 믿습니까? 불의한 재판장인 로마의 총독조차 무죄를 선언한 예수님이 평화의 왕이심을 믿는다면 분명한 고백, 분명한 찬양이 우리의 것이어야 합니다. "찬송하리로다 주의 이름으로 오시는 왕이여 하늘에는 평화요 가장 높은 곳에는 영광이로다"(눅 19:38). 이제부터 평화의 왕을 위하여, 그 나라의 평화를 위하여 살아갑시다.

57.

침묵하시는 예수님 (23:6-12)

예수를 보고 기뻐한 헤롯 안티파스

계속해서 예수님의 마지막 발걸음을 따라가고 있습니다. 밤중에 감람 산에서 체포를 당하시고, 대제사장의 집 뜰에서 군병들의 조롱을 당하시고, 날이 새자 종교 지도자들의 심문을 받으시고, 그들로부터 기소를 당하여 총독 빌라도의 재판을 받으신 예수님을 차례로 살폈습니다. 그들의 기소를 따라 심문을 한 총독 빌라도가 무죄를 선언하자 대제사장들과 율법학자들은 어렵사리 잡아 둔 제물을 놓칠까 봐 맹렬하게 소리를 쳤습니다. "그가 온 유대에서 가르치고 갈릴리에서부터 시작하여 여기까지 와서 백성을 소동하게 하나이다"(눅 23:5). 이때 '갈릴리에서부터'라는 말이 나오자, 자신의 뜻과 유대 지도자들의 뜻 사이에서 진퇴양난에 빠진 빌라도는 예수님의 사역이 갈릴리에서 시작되었다는 것을 빌미로 삼아 당시 갈릴리를 다스리던 헤롯 왕에게 예수님을 보냄으로 책임을 회피하려고 합니다.

갈릴리는 사람들이 경멸하는 지역입니다. 그러므로 예수님을 멸시하려는 의도로 갈릴리를 들고 나온 것입니다. 마치 갈릴리 촌뜨기인 양 예수님을 부각시키고 있습니다. 게다가 갈릴리는 민족주의자들, 무력으로 로마를 전복시키기를 꿈꾸는 열혈당원들의 본거지입니다. "빌라도가 어떤 갈릴리 사람들의 피를 그들의 제물에 섞은 일"(눅 13:1)을 우리는 이미 알고 있습니다. 빌라도의 명령으로 몇몇 갈릴리 사람이 살해당한 사건입니다. 유대 종교 지도자들은 갈릴리를 거론함으로 예수님을 모멸하는 동시에, 빌라도의 지역감정을 부추겨 반역의 본거지에 속한 사람인 예수님에 대해 자신들이 원하는 바인 사형 언도를 얻어 내려고 합니다.

그러나 일은 자주 그렇듯이, 미리 작성한 시나리오대로 전개되지 않았습니다. 빌라도는 '갈릴리'라는 단어만 붙잡고, 그곳은 지금 자신이 다스리는 지역이 아니라 분봉왕 헤롯 안티파스의 관할령임을 떠올렸습니다. 여기서 '분봉왕'이란 한 나라의 4분의 1만 다스리는 왕이라는 뜻입니다. 헤롯의 통치권을 인정하는 척하면서 이 곤혹스러운 일을 갈릴리를 다스리는 헤롯 안티파스에게 넘기면 좋겠다고 생각한 것입니다. 그래서 빌라도는 "그가 갈릴리 사람이냐?"라고 묻습니다. 헤롯의 관할에 속했음을 파악한 그는 예수님을 바로 헤롯에게 보냈습니다. 그런데 하필 그때는 유월절 절기였기에 헤롯 왕은 지금 예루살렘에 와서 절기를 지키고 있었습니다. 재판은 피고가 살고 있는 장소에서 열릴 수도 있지만 범죄가 일어난 곳에서 열리는 것이 일반적인 관례입니다.

헤롯은 세례 요한과 대면한 적이 있는 인물입니다. 그는 요한의 회개하고 믿으라는 메시지를 분명히 들었습니다. 비록 헤롯은 파티의 흥을 돋우기 위해서 요한을 죽였지만, 예수님에 대한 소문을 들었을 때 요한이 다시 살아난 것이라고 생각해 불안해했습니다. 그래서 예수님을 만나는 일에 남다른 관심을 갖고 있었습니다. 여기에 등장하는 헤롯 안티파스는 헤롯 대제의 아들입니다. 헤롯 대제는 예수님이 태어나실 당시 유대 전역을 다스리던 왕이며, 유대인의 왕으로 태어나신 아기 예수님을 죽이려고 하던 자입니다. 그는 동방의 박사들을 보고 "그 아이를 찾으면 나에게도 알려 주십시오. 나도 경배를 해야겠습니다"라고 말하면서도 그 아이를 죽일 생각을 이미 머릿속에 품고 있었습니다. 결국 속았다는 사실을 알게 된 그는 화나 나서 그 지역에 있는 두 살 아래의 아이들을 모두 죽이고 맙니다. 그리하여 헤롯은 영아 학살의 원조가 되었습니다.

하지만 이러한 헤롯 대제의 화려한 위풍이 아들인 헤롯 안티파스에게는 별로 남아 있지 않습니다. 아버지와 같은 용기와 결단력은 없지만, 그나마 남아 있는 것이 있다면 아버지 헤롯 대제의 사악함입니다. 헤롯 안티파스는 더 비열하고 무절제하고 방탕하고 경박한 사람이었습니다. 헤롯 대제가 나름 사자와 같은 기개를 가졌다면, 그 아들 헤롯 안티파스는 주님이 정확하게 지적하신 대로 여우에 불과합니다(눅 13:32). 게다가 헤롯 안티파스는 악한 여인인 헤로디아에게 휘둘리는 불행한 남자의 대표이기도 합니다. 이러한 헤롯은 쾌락을 사랑하고 자신을 사랑하는 사악하고 경박한 자이기에 한 나라의 4분의 1만 다스리는 일도 그에게는 과분한 것입니다.

한때는 이런 인간에게도 상당히 종교적인 모습이 있었습니다. 마가복음에는 "헤롯이 요한을 의롭고 거룩한 사람으로 알고 두려워하여 보호하며 또 그의 말을 들을 때에 크게 번민을 하면서도 달갑게 들음이러라"(막 6:20)라고 기록되어 있습니다. 어쩌면 세례 요한의 설교가 그의 양심을 일깨운 결과였지만, 오래 지속되지는 않았습니다. 동생의 아내를 자기 아내로 삼는 그의 인륜과 상식을 벗어난 행동을 세례 요한이 꾸짖자 그를 감옥에 처넣었습니다. 그리고 잔치 자리에 나온 손님들 앞에서 약속을 지킨다는 어처구니없는 발상으로 세례 요한의 목을 베었습니다.

한때는 신앙적인 영향을 받았지만 하나님을 두려워하다가 팽개친 사람과 함께 산다는 것은 언제나 위험한 일입니다. 양심을 거슬러 행동하는 사람에게는 시간이 흐르면 양심의 가책이 더 이상 남아 있지 않기 때문입니다. 혹시 헤롯과 같은 마음 상태로 어느 날은 은혜를 받았다며 잊을 수 없다고 하지만 다시는 동일한 은혜를 경험하지 못하는 사람은 없습니까? 쓸데없는 호기심은 많지만 마음이 날로 굳어지는 사람은 없습니까? 교회를 다니지만 말씀을 통한 은혜를 받아 삶이 변화되지는 못하고 이런저런 쓸데없는 이야기들만 바깥으로 나르는 사람은 없습니까? 말씀을 통한 유익은 얻지 못하고 예배당을 카페 드나들듯이 하는 사람은 없습니까?

갈릴리 지역을 다스리는 자로서 그동안 예수님에 대해 들은 바가 많았기에 헤롯이 "예수를 보고 매우 기뻐하니"(눅 23:8)라고 누가는 그의 반응을 기록합니다. 예수님의 사역은 사람들이 누구나 말하던 화젯거리였습니다. 그뿐 아니라 헤롯은 세례 요한에게서도 분명히 예수님에 관해서 들었을 것입니다. 그 외에도 헤롯 안티파스의 주변에는 일찍부터 예수님을 따르던 이들이 있었습니다. "헤롯의 청지기 구사의 아내 요안나"(눅 8:3)도 예수님의 사역을 재정적으로 후원하던 주님을 잘 섬긴 여인들의 목록 첫 자리에 나오는 사람입니다. 아마도 헤롯은 자기의 청지기 구사를 통해서도 예수님에 대해서 들었을 것입니다.

그뿐 아니라 사도행전 13장 1절을 보면 안디옥교회의 선지자들과 교사들의 명단이 나옵니다. 그들 중 '분봉왕 헤롯의 젖동생 마나엔'은 '분봉왕 헤롯의 유모의 아들 마나엔'이라는 뜻입니다. 이처럼 헤롯 왕은 예수님에 대해서 들을 수 있는 누구보다도 유리한 위치에 있었습니다. 어떤 경로를 통해서든 예수님에 관해서 들을 기회가 있다는 것은 좋은 일입니다. 이런 호기심의 결과로 헤롯은 "예수를 보고 매우 기뻐하니"(눅 23:8)라고 반응합니다. 부활한 다음 안식 후 첫날 저녁에 "너희에게 평강이 있을지어다"라고 말씀하시고 손과 옆구리를 보이시니 제자들이 주를 보고 기뻐했다는 말씀이 기억납니다(요 20:19-20).

하지만 헤롯이 예수를 보고 매우 기뻐하는 것은 제자들과는 다릅니다. 고상하고 영적인 의미로 매우 기뻐한 것이 아니라, 그동안 궁금했던 호기심이 충족되리라는 천박한 수준의 기쁨에 지나지 않았습니다. 다만 자신의 갈급한 호기심이 충족되리라는 기대가 전부였습니다. 헤롯은 마침내 예수를 보고 심히 기뻐했지만, 불행히도 이미 그를 향한 은혜의 창은 닫힌 지 오래입니다. 여자가 낳은 최고의 선지자를 통해서 더없이 분명한 말씀을 듣고, 한때 그 마음속에 감동이 있었음에도 불구하고 결국 그는 양심에 따라서 뉘우친 것이 아니라 그렇게 말하는 설교자를 죽이고 말았습니다.

마르틴 루터가 필리프 멜란히톤(Philipp Melanchthon)에게 한 충고를 기억하십시오. "당신의 설교를 듣고 청중들이 자신의 죄를 미워하지 않으면 그렇게 설교하는 당신을 미워할 것이오." 이 말은 불변의 진리입니다. 그러므로 누구든 설교를 듣는다는 것은 스스로 위기의 자리로 나아가는 것입니다. 순종하여 복을 받든지, 불순종하여 저주 아래 나아가기 때문입니다. 더욱 헤롯에게 좋지 못한 징조는 한때 약간의 양심의 고통을 겪다가 이미 양심이 무뎌져 버렸다는 것입니다. 요한이 살아난 것이 아닌가 하여 한동안 예수를 두려워하다가 이제는 그마저도 잦아들고 말았습니다.

헤롯이 지금 바라는 것은 예수가 자기 앞에서 기적을 행하는 모습을 보는 것입니다. 헤롯 같은 인간에게는 경박한 욕구 외에는 없습니다. 하루는 두려워하다가 다음 순간에는 불평을 늘어놓습니다. 한순간 기뻐서 좋아하다가도 다음 순간 조롱으로 끝나는 부류의 사람입니다.

헤롯 앞에서 침묵하신 예수님

예수님이 헤롯 앞에 도착했을 때 그는 여러 가지 질문을 퍼부었지만 예수님은 한마디 대답도 하지 않으셨습니다. 어떤 질문을 퍼부었는지는 다행히 기록되어 있지 않습니다. 예수님은 아무런 대답도 하지 않으셨고, 헤롯의 호기심을 만족시키려는 아무런 기적도 행하지 않으셨습니다. 예수님은 길가에 앉은 맹인 거지라도 "보기를 원합니다!"라고 소리치면 거절해 본 적이 없는 분이십니다. 하지만 호기심을 만족시킬 양으로 헤롯이 이적을 요구했을 때는 단호히 거절하셨습니다.

주님의 주요 활동 무대는 갈릴리였습니다. 헤롯이 원했다면 예수님의 말씀을 날마다 듣고 때로는 기적을 볼 수도 있었을 것입니다. 하지만 그때는 무관심하다가 이제 순전한 호기심으로 이적들을 보고 싶어 하는 것입니다. 하지만 이적들은 그의 눈에 이미 감추어 있습니다. 왜냐하면 그는 주께서 권고하시는 날을 알지 못했기 때문입니다. 헤롯은 지금 예수님이 묶인 채로 그의 수중에 있기 때문에 이적을 행하도록 명령할 수 있는 위치에 있다고 생각했습니다. 하지만 이적은 그렇게 값싼 것이 아니며, 세상에서 가장 큰 권력자라도 전능하신 분을 좌지우지할 수는 없습니다 (잠 26:4; 마 7:6). 그날 헤롯은 여러 말로 물으나 아무 말도 대답하지 않으시는 예수님을 이상하게 생각했을 것입니다. 만약 헤롯이 밤에 찾아온 니고데모처럼 진지한 의문을 가졌다면 주님은 즉각 대답해 주셨을 것입니다. 상한 마음으로 질문했다면 즉각 치료의 답변을 들려주셨을 것입니다. 주님은 헤롯이라는 인간은 비천하고 간교하고 인정이 없는 여우라는 것을 아셨기에 절대 침묵을 지키셨습니다. 때로 침묵은 열렬한 웅변보다 더 많은 말을 하고 사람들에게 더 깊은 인상을 심어 줍니다. 예수님이 아무 말도 대답하지 않으시는 순간이 우리에게는 없기를 바랍니다. 부자와 나사로의 비유에서 밝히신 주님의 입장은 분명합니다. "모세와 선지자들에게 듣지 아니하면 비록 죽은 자 가운데서 살아나는 자가 있을지라도 권함을 받지 아니하리라 하였다"(눅 16:31).

예수님이 아무 말도 대답하지 않으시자 종교 지도자들은 점점 초조해졌습니다. 재판에 대한 자신들의 시나리오가 통하지 않고 있습니다. 밤을 새워 가며 예수를 이른 아침부터 빌라도의 법정에, 또 헤롯의 법정에 예수를 세웠습니다. 무엇 때문입니까? 유월절 절기가 시작되기 전에 빌라도에게서 바로 사형 선고를 받아 내기 위해서입니다. 그래야 가장 중요한 유대인의 절기인 유월절에 자신들의 종교적 의무를 수행할 수 있기 때문입니다. 그래서 지금 "대제사장들과 서기관들이 서서 힘써 고발하더라"(눅 23:10)라고 누가는 기록하고 있습니다. 그들이 앉아서도 아니고 '서서' 힘써 고발하는 내용은 무엇이었을까요? 2절과 5절에서 볼 수 있는 같은 거짓말이라도 더 많은 증거를 들이대며 고소했을 것입니다. 그리하여 헤롯의 마음이 흔들려 빌라도의 것과 동등한 효력을 가지는 선고를 받아 내기를 원했습니다.

예수님이 아무 말도 대답하지 않으시자 종교 지도자들은 점점 초조해졌을 뿐만 아니라 정작 헤롯 왕은 은근히 무시당한 느낌 때문에 노골적으로 그 군인들과 함께 예수를 업신여기기 시작합니다. 기적은 고사하고 자신의 질문에 대답하는 것조차 거부하자 화가 난 헤롯은 '위대한 선지자이며 훌륭한 선생이며 놀라운 기적을 일으키는 사람'으로 인정을 받고 있는 예수를 업신여기며 조롱하는 것으로 분을 풀었습니다. 그리고 이제 자칭 왕이라고 하는 예수의 주장을 조롱하기 위해 '빛난 옷을 입혀' 빌라도에게 돌려보냅니다(사 53:3-4 참조).

틀림없이 '빛난 옷'은 그 순간을 위해 급히 조달한 것은 아닐 것입니다. 그렇다면 당대 최고의 솜씨 있는 장인이 만든 작품일 것입니다. 어떤 사람은 이 왕복의 색깔이 자주색이라고 추측하지만, 저는 '빛난 옷'이라는 단어에 담긴 의미를 놓치지 않아야 한다고 생각합니다. 이 옷은 당시 은을 넣어서 직조한 옷감으로 만든 흰색 옷을 말한다는 청교도들의 관찰에 동의합니다. 당대의 잘나가는 사람들은 자주색 옷이나 빛난 옷을 입었던 것을 역사적으로 알 수 있습니다. 그 결과 "헤롯과 빌라도가 전에는 원수였으나 당일에 서로 친구가 되니라"(눅 23:12)라고 누가는 기록합니다. 헤롯은 유대 종교 지도자들의 기소를 심각하게 받아들이지 않았기에 석방도, 평결도 없이 빛난 옷을 입혀서 다시 빌라도에게 돌려보내는 것으로 마무리를 짓습니다.

○

헤롯의 수많은 질문 앞에 한마디도 대답하지 않고 침묵하시는 예수님을 보며 무슨 생각이 들었습니까? 당신의 질문에는 주님이 반응을 보이십니까? 그간 주님은 "다윗의 자손 예수여 우리를 불쌍히 여기소서"라고 소리치면 걸인이든 나병 환자든 침묵하지 않고 말로, 행동으로 반응하셨습니다. 예수님은 우리의 주님이 되기 위해서 온갖 모욕을 당하신 분입니다. 더 이상 주님이 우리에게 주신 은혜의 기회를 무시하지 마십시오. 지금이라도 진지한 마음으로 하나님의 말씀 앞에 나아오면 주님은 우리에게 당신의 음성을 들려주십니다. 오늘도 주님은 우리의 절박한 기도에 반응하시는 분입니다. 성경을 날마다 가까이하십시오. 순간마다 은혜의 보좌 앞에 나아가십시오. 그러면 우리의 삶은 기쁨, 기도, 감사의 나날이 될 것입니다.

58.

군중의 소리가 이기다 (23:13-25)

이 장의 본문에는 예수님에 대한 빌라도의 최종 선고가 나옵니다. 그래서 그리스도인은 그의 책임을 물어서 지금도 신앙 고백을 할 때마다 "본디오 빌라도에게 고난을 받아"라고 고백합니다. 이제 "본디오 빌라도에게 고난을 받아"라는 구절의 경위를 살펴봅시다.

첫 장면
: 무죄 선고

본문의 첫 부분인 누가복음 23장 13-16절을 살펴보면, 13절은 배경 설명이고, 나머지 세 절은 모두 빌라도의 선언으로 이루어져 있습니다. 빌라도는 기소를 당한 예수님에 대한 자신의 입장을 단숨에 설명합니다. 헤롯이 예수님을 되돌려 보낸 것을 또 다른 근거로 그분에게는 죄가 없다는 것을 강조하면서 타협안으로 매질을 해서 석방하겠다고 합니다 (눅 23:16). 여기서 누가는 '관리들'이라는 표현을 처음 사용하고 있습니다. 게다가 대제사장들과 나란히 관리들이 등장하는 경우는 더욱 흔하지 않습니다. 이는 대제사장들이나 산헤드린 회원뿐 아니라 다른 예루살렘의 지도층 인사들과 일반 백성을 불러 모았다는 의미입니다. 그것은 빌라도가 예수님 사건에 대한 마지막 공적인 선언을 하기를 원하기 때문입니다. 물론 여기에 나오는 '백성'은 지도층과 상당히 입장을 같이하는 무리입니다.

그런 면에서 수난 기사의 전환점이 여기에서 시작합니다. 지금까지는 일반 백성이 지도층의 적대적인 의도에 맞서서 예수님의 방패막이 구실을 해 왔습니다. 그러나 여기서부터는 백성의 태도가 바뀌어 오히려 총독 빌라도가 예수를 석방하려는 것을 그들이 나서서 거부하고 있습니다. 지금까지와는 사뭇 분위기가 달라집니다.

이제 빌라도는 유대의 지도자들과 백성을 소집하고 선언합니다. 빌라도의 입에서 나온 말을 《메시지》로 읽어 봅시다. "여러분은 이 사람이 평화를 어지럽힌다고 해서 나에게 데려왔소. 내가 여러분 모두가 보는 앞에서 그를 심문해 보았으나 여러분의 고발을 뒷받침할 만한 것을 하나도 찾지 못했소. 헤롯 왕도 혐의를 찾지 못해 이렇게 무혐의로 돌려보냈소. 이 사람은 죽을 만한 일은 고사하고 아무 잘못도 없는 것이 분명하오. 그러니 조심하라고 경고해서 이 사람을 풀어 주겠소"(눅 23:14-16). 빌라도는 헤롯마저 무혐의 처분을 내린 셈이니 이제 석방하는 일만 남았다고 생각했습니다. 하지만 사형에 처할 만한 아무런 혐의가 없다는 것을 확신하면서도 즉각 석방해서 자유를 부여하지는 않습니다. 나름 정치적인 이유가 있었을 것입니다. 죽이든 살리든 결정권은 여전히 총독인 자신에게 있는데도 말입니다.

빌라도는 국가 전복, 납세 거부, 폭동 선동 등 그들이 기소한 죄목에 대해서는 아무런 증거를 찾지 못했다고 선언합니다. 심지어 그가 왕으로 자처한다는 죄목에 대해서도 특별한 혐의를 찾지 못했다고 선언합니다. 단순히 과대망상에 빠진 불쌍한 사람이라고 보았는지는 몰라도, 하여간 무죄하다는 사실은 분명 알고 있었습니다. 그러므로 사형이나 구금을 당할 만한 죄를 짓지 않았다고 단호하게 선언한다면 즉시 석방해야 합니다. 그뿐만 아니라 노한 무리로부터 보호하는 임무를 수행했어야 합니다. 오히려 온갖 죄명을 뒤집어씌워 고발한 무리를 무고죄로 다스렸어야 하지 않을까요?

빌라도는 자신이나 헤롯이나 예수가 사형을 받을 만한 죄가 없다는 것을 확신하고는 타협안을 제시합니다. 왜냐하면 그를 고발한 사람들이 예수를 죽이기를 요구해 왔기 때문입니다. 《메시지》의 "그러니 조심하라고 경고해서 이 사람을 풀어 주겠소"라는 번역은 상당한 의역입니다. 오히려 개역개정 성경의 "그러므로 때려서 놓겠노라"가 훨씬 깔끔한 번역입니다. 다만 여기에 '때리다'라는 의미가 무엇인지만 설명된다면, 《메시지》의 의역보다는 "그러므로 때려서 놓겠노라"라는 번역이 본래 의미에 훨씬 가깝습니다.

그러면 어떻게 때리는 것이 빌라도가 의미한 바일까요? 아비가 자식을 징계하는 것처럼, 스승이 제자를 훈계하는 것처럼 관리가 태형을 집행하는 수준일까요? 아니면 십자가 처형을 앞두고 매질을 하는 수준, 말하자면 초주검이 될 만큼 때리겠다는 의미일까요? 어느 쪽을 의미했든 빌라도가 내놓은 타협안은 성난 무리를 만족시킬 수 없었습니다. 비록 당시 유대의 총독인 빌라도는 속국 이스라엘 인민에 대한 생사여탈권을 황제를 대신해서 가진 사람이지만, 그날은 조금도 말이 먹히지 않았습니다.

둘째 장면
: 무리의 요구

황제를 대신해서 속국 이스라엘 인민에 대한 생사여탈권을 가진 빌라도의 타협안은 그날 성난 군중에게 휘발유를 끼얹은 역효과만 가져왔습니다. 예수님을 죽이려는 유대 지도자들 사이에서 완충 역할을 했던 백성이 이제 지도자들과 목소리를 합하여 '일제히' 소리를 칩니다. "이 사람을 없이하고 바라바를 우리에게 놓아 주소서"(눅 23:18). 빌라도는 유월절 선물로서 백성이 요구하는 죄수를 석방해 주는 관례에 따라 예수를 놓아 주려고 시도했습니다. 하지만 유월절 특별 사면으로서 예수를 때려서 놓겠다는 총독의 공적인 제안에 사람들은 일제히 이 사람을 없이하라고 소리치며, 대신 바라바를 놓아 달라고 요구합니다. 어정쩡한 총독의 입장과 대조적으로 명확하고 구체적인 대안을 가지고 일제히 소리칩니다.

로마의 총독 빌라도의 제안과 유대 지도자들의 제안 사이에서 군중은 같은 민족이라는 것을 더 중시했을까요? 쉽게 말해 동지애가 발동해서일까요, 아니면 바라바에 대한 당시 군중의 인기 때문이었을까요? 지금 우리가 판단할 만한 정보는 별로 없습니다. 아쉽게도 "이 바라바는 성중에서 일어난 민란과 살인으로 말미암아 옥에 갇힌 자라"(눅 23:19)라는 본문의 기록만이 우리가 아는 바라바에 대한 정보의 전부입니다.

지금 그 자리에 모인 군중이 원하는 사람은 예수님이 아니라 처형을 기다리는 죄수 바라바였습니다. 그는 어쩌면 로마에 대항한 그의 행적이나 반란 때문에 유대인들 사이에서 영웅처럼 추앙을 받았을지 모릅니다. 그러나 그는 지금 로마의 감옥에 갇혀서 사형을 기다리는 중이었습니다. 반역과 혁명을 시도한 것은 바로 바라바였고, 심지어 그는 살인을 저지르기까지 했습니다. 종교 지도자들이 예수님을 죽이려고 그분에게 뒤집어씌운 온갖 죄목을 모두 갖춘 바라바를 하필 선택해서 그를 석방해 달라고 일제히 소리치고 있습니다.

사람들은 욕망이 앞장서면 더 이상 논리적인 행동을 하지 않습니다. 그들은 예수님을 죽이는 일에 급급한 나머지, 그를 죽이기만 한다면 어떤 일도 마다하지 않겠다는 태세로 일제히 소리를 칩니다. 법을 중시하는 로마 총독의 입장에서는 한 사람의 행동에 죄가 있는지, 없는지가 중요했지만, 유대인의 관점에서 그것은 중요한 이슈가 아니었습니다. 유대 지도자들의 입장은 더 말할 것도 없습니다. 게다가 이미 군중은 더는 예수님에 대한 우호 세력이 아닙니다. 벌써 유대인 지도자들을 통해 들은 예수님에 대한 잘못된 정보가 군중의 생각을 돌아서게 했을 수 있습니다. 분위기가 바뀌자 다수는 침묵으로, 상당수는 방관으로, 일부는 변절로 치닫고 있습니다. 특히 변절로 탈바꿈한 군중은 대제사장들과 고위 관리들의 선동에 휩쓸렸습니다.

군중은 자신의 욕구와 감정에 따라 이기적으로 움직입니다. 자기 얼굴과 자기 이름으로 살다가도 자신의 욕구와 이익에 따라 움직이는데, 하물며 얼굴 없는 군중이나 이름 없는 무리에게서 무엇을 기대하겠습니까? 정말 그렇습니다. 사람은 개인으로 있을 때보다 군중으로 있을 때 쉽게 흥분합니다. 얼굴을 마주 대하면 할 수 없는 행동도 무리 속에서는 과감하게 합니다. 군중, 아니 사람들은 하나님의 사랑의 대상이요, 은혜의 대상일 뿐입니다. 군중이란 연약하고 변덕스러우며 특정 경험, 지역 정서, 이기심, 피상적인 느낌이나 감정에 따라서 요동치는 무리입니다. 그래서 한때는 예수님을 따라다니며 "호산나"를 외치다가도 다음 순간 "이 사람을 없이하고 바라바를 우리에게 놓아 주소서"라고 외칠 수 있습니다. 그러다가 곧 돌아서서 가슴을 치며 후회하기도 합니다(눅 23:48).

그러므로 우리는 사람들을 사랑해야 하지만, 의지해서는 안 됩니다. 하나님의 형상대로 만들어졌기에 가능성은 있지만, 죄를 범한 타락한 사람이기에 온전하게 신뢰할 수는 없습니다. 그러므로 하늘 아버지께서는 우리에게 경고하십니다. "무릇 사람을 믿으며 육신으로 그의 힘을 삼고 마음이 여호와에게서 떠난 그 사람은 저주를 받을 것이라 그는 사막의 떨기나무 같아서 좋은 일이 오는 것을 보지 못하고 광야 간조한 곳, 건건한 땅, 사람이 살지 않는 땅에 살리라"(렘 17:5-6). 그러므로 하나님 아버지께서는 권면하십니다. "여호와께 피하는 것이 사람을 신뢰하는 것보다 나으며 여호와께 피하는 것이 고관들을 신뢰하는 것보다 낫도다"(시 118:8-9).

물론 오해하지는 마십시오. 사람들을 믿지 말라는 말이 아닙니다. 사람들을 멀리하라는 말도 아닙니다. 사람은 사람들과 더불어 살도록 창조되었습니다. 하나님이 사람이 혼자 사는 모습을 좋지 않게 보신 것은 창조의 동산에서만이 아닙니다. 사는 날 동안 우리는 더불어 사랑하며 돕고 살아야 합니다. 서로 사랑하고 서로 돕는 것이 하나님이 바라시는 삶입니다. 우리는 사는 날 동안 사람들을 사랑하고 섬겨야 합니다. 삶은 사랑하고 섬기는 기회일 뿐입니다. 하지만 베풀었다고 조금도 기대하지 마십시오. 나를 따른다고 해서 그들에게 목을 매어서는 안 됩니다. 사람들은 이해관계에 민감하기에 쉽게 등을 돌리기도 합니다. 그러다가 필요하면 뜻밖의 미소로 다가오기도 합니다. 어떻게 나오든지 신앙인들은 따뜻한 미소와 열린 마음으로 다른 사람을 받아들여야 합니다. 사랑을 베풀고 사람을 신뢰하는 일에 망설이거나 인색해서는 안 됩니다. 그러나 다른 사람을 의지하고 그들로부터 보호를 바라서는 안 됩니다. 기대지는 말고, 사랑하십시오. 결코 쉽지 않지만, 그것을 배우는 것이 인생 수업입니다. 그리고 본문에서 만난 무리로부터 배우는 진리 중 하나입니다.

많은 사람의 말이라고 꼭 진리를 대변하지는 않습니다. 여론은 꼭 진리를 따라가지 않는다는 것은 역사를 통해서 수없이 배울 수 있는 진리입니다. 게다가 2천 년 역사를 기억한다면 세상의 여론은 신실한 성도와 교회에 대해서 항상 호의적이지는 않았습니다. 그러므로 하나님의 교회와 성도들은 다수의 지지가 아니라 구원의 감격과 약속에 대한 소망으로 살았습니다. 때로는 하나님을 거부하고 교회를 대적하는 이들이 승리하는 것처럼 보이기도 합니다. 성난 고함 소리가 우리를 움츠러들게 합니다. 그러나 교회는 무너지지 않습니다.

보십시오. 여전히 본문의 무리는 집요하게 일제히 자기들의 주장을 내세웁니다. 하지만 빌라도 역시 예수를 놓고자 하는 생각 때문에 다시 그들에게 말합니다. 그러나 군중의 소리는 더욱 거세집니다. "그를 십자가에 못 박게 하소서 십자가에 못 박게 하소서"(눅 23:21). 앞서 '이 사람을 없이하라'는 무리의 요구의 핵심이 이제 드러납니다. 가장 고통스러운 죽음인 십자가를 반복해서 요구합니다. 그러나 빌라도 역시 쉽게 물러서지 않습니다. 세 번이나 무죄 방면하겠다고 이야기합니다. 하지만 빌라도의 세 번째 시도마저 맥없이 무산되고 맙니다. 오히려 세 번째 시도가 더 큰 함성을 불러일으켰습니다. 큰 소리로 재촉하여 십자가에 못 박기를 구하는 그 함성 앞에 빌라도의 정의는 맥없이 무너져 내렸습니다. 군중들의 아우성이 걷잡을 수 없이 커지자 로마의 정의, 그 알량한 빌라도의 법의식은 맥을 추지 못합니다. 누가는 그 사실을 "그들의 소리가 이긴지라"(눅 23:23)라고 함축적으로 기록합니다. 군중의 소리가 광장을 덮으면 진리도, 정의도 사라지는 것은 어제오늘의 일이 아닙니다.

마지막 장면
: 예수님의 정죄와 바라바의 석방

결국 빌라도는 그들의 요구를 수용합니다. "이에 빌라도가 그들이 구하는 대로 하기를 언도하고"(눅 23:24). "자기를 왕이라고 주장하는 자를 놓아 주면 당신은 황제의 충신이 아니오"라는 협박에, 그렇지 않아도 황제가 위태하게 보고 있는 팔레스타인 지역을 다스리는 총독이기에, 빌라도는 그런 이야기가 황제의 귀에 들어가면 자신의 정치적 생명은 끝난다는 것을 알았습니다. 그렇기에 다른 복음서를 보면 기껏 한 일이 물을 떠서 손을 씻고는 자기와는 무관하다고 한 것뿐입니다(마 27:24).

누가는 그 사실을 분명하게 정리합니다. "그들이 요구하는 자 곧 민란과 살인으로 말미암아 옥에 간힌 자를 놓아 주고 예수는 넘겨주어 그들의 뜻대로 하게 하니라"(눅 23:25). 그 결과 주님이 일찍이 말씀하신 대로 성취되었습니다. "내가 너희에게 말하노니 기록된 바 그는 불법자의 동류로 여김을 받았다 한 말이 내게 이루어져야 하리니 내게 관한 일이 이루어져 감이니라"(눅 22:37).

섣불리 오해하지 마십시오. 세상은 협상의 승자가 차지하는 것이 아닙니다. 군중의 함성이 차지하는 것도 아닙니다. 주님이 일찍 예언하신 대로, 세상은 아버지의 뜻이 성취되는 현장입니다. 얼핏 보기에는 대제사장에게서 총독에게로, 총독에게서 헤롯에게로, 헤롯에게서 다시 총독 빌라도에게로 넘겨지지만 한마디 변명도, 항의도 하지 않고 침묵하고 계시는 주님이 중심축에 계시다는 것을, 주님을 향한 아버지의 뜻이 역사의 중심축을 이루고 있다는 것을 보는 믿음의 눈을 가지십시오. 예수님을 닮아 구차한 변명 대신에 자신을 향한 아버지의 선하신 뜻을 바라보는 온전한 믿음을 가지고 불의한 세상에서 때로는 침묵으로 살아가십시오. 아무 존재감이 없어 보이는 예수님의 모습 자체가 하나님의 뜻이 온전히 이루어지기를 바라는 하나님께 대한 깊은 신뢰의 표현입니다. 온갖 세상의 고함에 안절부절못하고 있습니까? 조금도 불안해하지 마십시오. 슬퍼하거나 화내지 마십시오. 하나님이 허락하신 일이기에 하나님의 때에 성취될 것입니다. 이제부터 하나님께 최종 심판권을 넘기는 믿음으로 주어진 인생길을 묵묵히 걸어가기 바랍니다.

더할 나위 없이 불의한 재판 자리에서도 하나님은 침묵하고 계신 것 같고 숨어 계신 것 같습니다. 그래서 악의 승리로 끝났습니까? 악한 군중의 욕구가 충족되어 주님의 생명이 던져지고 끝났습니까? 비열한 종교 지도자들의 집요함 앞에 소신 없는 빌라도가 굴복한 것이 이야기의 전부입니까? 그렇지 않습니다. 하나님은 최악의 재판을 통해서도 최선의 결과를 이루시는 분입니다. 하나님은 당신의 거룩한 일을 성취하기 위해서라면 우리에게는 도무지 용납할 수조차 없는 억울한 일도 사용하십니다.

그렇다면 불의한 세상 한가운데서 성도의 모습은 어떠해야 합니까? 부디 하나님의 뜻을 이해하려고 들지 말고 하나님을 신뢰하십시오. 선하고 인자하신 하늘 아버지를 앙망하십시오. 하나님이 하시는 일이 이해되지 않을 때도 그분을 하나님으로 인정하십시오. 그때야말로 하나님을 하나님으로 신뢰할 때입니다.

이 장의 본문에서는 군중의 소리가 점점 커지며 더 집요하고 비열하게 악의 극치를 향합니다. 군중의 뜻이 최고 재판관의 뜻을 짓밟고 그의 선고를 뒤집었습니다. 불의한 재판의 결과로 사형수 바라바에게는 생명이, 예수님께는 죽음이 찾아왔습니다. 하나님의 아들 예수님의 사형 선고로 인해 사람의 아들 바라바가 새 생명을 얻은 것처럼, 사람의 아들들이 예수님의 무죄한 죽음을 통해서 새로운 생명의 수혜자가 되었습니다.

왜 예수님은 사형을 받을 일을 범하지 않았다고 세 차례나 빌라도의 입을 통해서 선고되고 헤롯조차도 동의했는데 성경은 "민란과 살인으로 말미암아 옥에 갇힌 자를 놓아 주고 예수는 넘겨주어 그들의 뜻대로 하게 하나라"(눅 23:25)라는 아이러니한 기록을 하고 있습니까? 세상은 자주 사형 선고를 받은 자는 놓아 주고 무죄한 자는 사형 선고에 넘깁니다. 왜 이런 일들이 심심찮게 일어날까요? 왜 불의한 세상에서 억울하게 당해야 합니까? 불의한 세상에서 억울하게 당한 주님의 발자취를 따르는 자들이 신앙인이기 때문입니다(벧전 2:19-23).

○

비록 억울한 재판과 판단을 받더라도 우리 주님의 모습, 우리 주님의 발걸음을 따릅시다. 그러므로 악랄한 고함소리, 어떠한 간교한 음모에도 두려워하지 마십시오. 우리가 당한 문제가 어떻게 전개되든 그 모든 것은 하나님의 뜻을 이루는 기회요, 하수인에 지나지 않습니다. 악이 치열하게 날뛸 때도 최후 승리는 하늘 아버지께 있습니다. 그분의 계획이 온전히 성취될 것입니다. 세상 모든 일은 사람의 생각이 아니라, 하늘 아버지의 뜻대로 될 것입니다.

59.

처형장을 향하여 (23:26-32)

///

첫 장면
: 처형장으로 향하시는 예수님과 두 행악자

주님이 처형장으로 향하시는 그날의 장면을 살펴봅시다. 군중의 소리가 승리하여 예수님은 곧바로 처형장으로 끌려가십니다. "그들이 예수를 끌고 갈 때에"(눅 23:26상). 여기서 '그들'은 누구일까요? 23절에서 26절까지 이어지는 문장에 세 차례나 나오는 '그들'은 예수님께 등을 돌린 백성이요, 대제사장들과 관리들과 백성 모두를 지칭할까요?

당시의 역사적 상황을 조금이라도 안다면 그런 결론을 내릴 수 없습니다. 로마의 속국인 유대에는 그들의 최고 의결기구인 산헤드린에도 사형을 언도하거나 집행할 수 있는 권한이 없습니다. 그래서 그날 새벽부터 몇 차례 자기들끼리의 모임에서 예수님을 죽이기로 결의하고 나서도 빌라도와의 밀고 당기는 과정이 필요했던 것입니다. 따라서 식민지 유대의 상황을 안다면 대제사장들과 관리들과 백성 모두가 26절의 '그들'이라고 할 수 없습니다. 엄연히 팔레스타인의 실세인 로마 총독의 군사들이 예수님을 끌고 처형장으로 가고 있다고 보아야 합니다. 의심할 여지없이 그들은 로마의 군인으로 보는 것이 옳습니다.

로마의 군인들이 예수님을 끌고 가는 장면을 떠올려 보십시오. 이를 상세하게 말한다면 예수님께 십자가를 지워서 소위 고통의 길, 비아 돌로로사(via dolorosa)를 가도록 했을 것입니다. 그런데 그날 예수님의 발걸음이 심상치 않습니다. 지금 십자가를 지고 가시는 예수님의 발걸음 속도로는 정해진 시간에 형을 집행하기가 어려울 것으로 보입니다. 이후의 상황을 누가는 "시몬이라는 구레네 사람이 시골에서 오는 것을 붙들어 그에게 십자가를 지워 예수를 따르게 하더라"(눅 23:26하)라고 기록합니다. 당시 길 가는 사람을 잡아 십자가를 대신 지게 했다는 기록은 흔한 일상사에 지나지 않았습니다. 로마 군인은 언제라도 그런 일을 자행할 수 있었습니다.

그러면 왜 예수님은 십자가를 지고 가면서 비틀거리셨을까요? 우리는 주님이 체포되고 정죄받아 처형장으로 가신, 주님의 수난의 마지막 날 하루를 되살려 보아야 합니다. 전날 최후의 만찬을 나누고 기드론 시내를 건너 찬양하며 겟세마네 동산을 올라가던 밤을 기억할 것입니다. 주님은 다른 제자들은 아예 멀찍이 남겨 두고 세 제자를 데리고 가시다가 그들로부터 더 나아가 깊은 밤에 홀로 기도의 씨름을 하셨습니다(눅 22:44). 3년을 함께했던 제자들까지 세 차례나 주님이 오셨지만 알아채지 못하고 모두 잠들어 있던 그 깊은 밤에, 대제사장들과 성전의 경비대장들과 장로들에게서 파송된 무리가 검과 몽치를 가지고 와서 예수님을 기습 체포했습니다. 백성의 눈을 피해 캄캄한 밤중에 거사를 행했습니다. 그러고는 예수님을 잡아 대제사장의 집으로 끌고 가서 희롱하다가 날이 샐 때쯤 공회에 세워서 재판하며 "네가 그리스도냐?" 하고 다그쳤습니다.

이후 아침이 환히 밝아 오자 무리가 다 들고일어나 예수님을 총독 빌라도에게 끌고 가서 그가 백성을 유혹하고, 황제에게 납세를 금하며, 자칭 왕이라고 주장한다고 고발했습니다. 총독은 예수님이 갈릴리 사람이라는 것을 알고, 마침 그때 예루살렘에 머무는 헤롯에게 보내기도 했습니다. 물론 주님은 무료한 군인들의 장난감처럼 희롱과 채찍질을 당하셨습니다. 감정적으로 슬픔에 휩싸이기도 하시고, 정신적으로 모욕을 당하기도 하시며, 육체적으로 먹지도, 자지도 못하고 심한 채찍질까지 수차례 당하셨습니다. 이때 상황을 마태는 누가보다 좀 더 자세히 전하고 있습니다. "예수는 채찍질하고 십자가에 못 박히게 넘겨주니라"(마 27:26). 십자가 처형을 앞두고 하는 채찍질은 사람을 초주검이 되게 합니다.

총독의 병사들은 관저에서 군인들을 모두 모으고 온갖 희롱을 하면서 가시로 엮은 관을 씌우기도 했습니다. 희롱과 모욕의 가시관은 예수님의 얼굴을 사정없이 할퀴어 피를 쏟게 했습니다. 이렇게 계속되는 고문으로 인해 기진할 즈음에, 예수님은 처형장을 향해 그 무거운 십자가를 지고 떠나셨습니다. 비록 예수님은 목수 출신의 건장한 청년이지만, 십자가를 지고 버틸 수 없는 자리에 이미 도달하신 것입니다. 그래서 결국 시몬이라는 구레네 사람이 시골에서 오는 것을 붙들어 그에게 십자가를 지워 예수를 따르게 했던 것으로 우리는 추측할 수 있습니다.

그러면 시몬의 입장에서 생각해 봅시다. 비틀거리고 때로는 쓰러지기도 하며 고통의 길을 가고 계셨던 예수님과 우연히 마주쳤을 뿐입니다. 이 일을 알고 돕겠다며 발걸음을 재촉했던 사람이 아닙니다. 로마 군인의 눈에 띄어 예수님의 십자가를 지게 되었을 뿐입니다. 우리의 삶은 어떻습니까? 우리의 삶에서도 자신이 선택하지 않은 십자가를 져야 할 때가 있습니다. 십자가가 없는 삶이란 존재하지 않기 때문입니다. 때로는 예수님처럼 자신이 택한 십자가를 지기도 하지만, 때로는 시몬처럼 예상치 못한 십자가를 지고 예수님을 따르게 되기도 합니다. 그때 우리는 어떻게 해야 할까요?

비록 억지로 진 십자가이기는 해도, 선하신 하나님이 영광스러운 십자가로 바꾸신 것을 봅니다. '시몬이라는 구레네 사람'이라고 이름이 기록된 것을 보면 오늘날 우리는 몰라도 누가복음의 처음 독자들은 아는 사람이었을 것이라고 짐작할 수 있습니다. 마가복음에서 "알렉산더와 루포의 아버지"(막 15:21)라고 밝힌 것을 보면 초대 교회에 알려진 인물입니다. 또한 로마서에서 "루포와 그의 어머니에게 문안하라"(롬 16:13)고 바울이 밝힌 것을 보면 그의 어머니도 로마교회에 알려진 인물로 추측할 수 있습니다. 그렇다면 구레네 시몬은 이 십자가를 지고 주님을 따른 사건을 계기로 자신과 온 식구가 주님을 믿고 이방인의 교회들에 알려진 인물이라고 볼 수 있습니다. 억지로 진 십자가조차도 영광스러운 십자가로 변했다고 말할 수 있습니다. 십자가는 자원해서든, 억지로든 지고 예수님의 뒤를 따를 때 복을 받습니다. 이 특별한 경험은 시몬에게 예수님의 참된 제자로서의 길을 걷게 했기 때문입니다.

여기에 자신이 선택한 십자가가 아니라 지워진 십자가로 힘들어하는 성도들을 위한 위로가 있습니다. 하나님 나라를 위해서 겪는 그 모든 고통은 결코 잊히지 않을 것입니다. 예수님의 이름을 위해서 묵묵히 견디고 있는 그 고통을 하나님은 잊지 않으실 것입니다. 장차 천국에서 해같이 빛날 것입니다.

둘째 장면
: 여인들을 권면하시는 예수님

　　주님은 그동안 내내 침묵하셨습니다. 불의한 유대인의 법정에서 한 차례 그리고 총독 빌라도의 질문에 한 차례 답하고는 계속 침묵하셨습니다. 주님은 헤롯 왕의 질문에는 한마디도 반응하지 않으셨습니다. 당신의 운명을 두고 밀고 당기는 흥정을 하는 총독 빌라도와 백성의 지도자들을 보면서도 마치 입이 없는 듯 침묵하셨습니다. "이 사람을 없이 하라!"고 일제히 소리를 지르고, "그를 십자가에 못 박게 하소서!"라고 큰 소리로 재촉하는 함성을 들으면서도 입을 열지 않으셨습니다.

　　이사야의 예언이 떠오를 것입니다. "그가 곤욕을 당하여 괴로울 때에도 그의 입을 열지 아니하였음이여 마치 도수장으로 끌려가는 어린양과 털 깎는 자 앞에서 잠잠한 양같이 그의 입을 열지 아니하였도다"(사 53:7). 주님은 마치 타인의 운명에 대한 소동인 것처럼 관심을 표하지 않으셨습니다. 마침내 십자가에 못 박기를 구하는 그들의 소리가 이겨 막다른 자리에 이르렀어도 주님은 계속 침묵하셨습니다. 비틀거리고 쓰러지면서 나온 신음조차 누가는 기록하지 않습니다.

　　그러나 이제 몸을 돌이켜 "그를 위하여 가슴을 치며 슬피 우는 여자의 큰 무리"(눅 23:27)를 향해 주님은 당신의 입술을 움직이십니다. 누가는 가난한 사람, 이주 외국인들, 당시 사람대우를 받지 못하던 여자들에 대한 주님의 특별한 관심을 여기서도 놓치지 않고 기록합니다. 예수님 때문에 유대의 여인들이 눈물을 흘렸다는 기록조차 누가만 남겼습니다.

　　사실 뒤를 따라서 형장으로 향하는 모든 사람이 예수님이 사형당하기를 원한 것은 아닙니다. 이른 아침, 빌라도의 관저 밖에 모인 군중 가운데 종교 지도자들의 선동에 휩쓸린 사람들만 예수님의 죽음을 소리쳤습니다. 나머지 사람들은 순식간에 사형 언도를 받아 처형장으로 향하시는 예수님을 안타까워했을 것입니다. 특히 따라오며 그분을 위하여 가슴을 치며 슬피 우는 여자의 큰 무리는 말할 것도 없습니다.

바로 그 순간까지 세상을 향한 모든 촉수를 닫은 것처럼 내내 수동적으로 행동하시던 주님이 이제 마침내 침묵을 깨고 입을 여십니다. 힘은 바닥나고 오히려 도움이 절박한 순간이지만, 하다못해 동정의 눈빛과 격려의 말 한마디가 필요한 시점이지만, 주님은 군중을 향하여 뒤를 돌아보면서 당신의 운명을 두고 가슴을 치며 슬피 우는 여자의 큰 무리를 향하여 굳게 다물었던 입을 열고 말씀하십니다. "예수께서 돌이켜 그들을 향하여 이르시되 예루살렘의 딸들아 나를 위하여 울지 말고 너희와 너희 자녀를 위하여 울라 보라 날이 이르면 사람이 말하기를 잉태하지 못하는 이와 해산하지 못한 배와 먹이지 못한 젖이 복이 있다 하리라"(눅 23:28-29).

'가슴을 치며 슬피 우는' 여인들은 유대 관습에 따라서라기보다는 마음으로 슬퍼하는 이들입니다. 그러기에 주님은 굳게 다문 입을 열고 그들을 향한 안타까운 마음으로 자상하게 설명하십니다. 정말 슬퍼할 일은 예수님의 고난과 죽음이 아니라, 예수님을 거부하고 심판을 받을 그들의 운명이라는 것을 말입니다. '예루살렘의 딸들아'라고 부르는 말은 선지자들의 예언을 떠올리게 합니다. "시온의 딸아 크게 기뻐할지어다 예루살렘의 딸아 즐거이 부를지어다"(슥 9:9).

몸을 돌이키시는 것은 중요한 발언을 앞둔 주님의 행동입니다(눅 7:9, 14:25; 막 8:33). 주님은 마침내 굳게 다물었던 입을 열고 그들의 결정적 잘못을 교정하십니다. 정작 무엇을 두고 울어야 하는지를 지적하십니다. 사람의 문제는 지적인 것만이 아닙니다. 감정조차 잘못 사용하기도 합니다.

예수님은 "예루살렘의 딸들아"라고 부르시지만 이스라엘 민족 전부를 향해서 교훈하십니다. "나를 위하여 울지 말고 너희와 너희 자녀를 위하여 울라"(눅 23:28). 우리도 여유가 있을 때는 이웃에 대한 관심을 표할 수 있습니다. 하지만 예수님은 이때 당신의 십자가도 질 수 없는 완전히 지친 상태에서 예루살렘을 두고 그 도성의 백성을 향해 권면하셨습니다. 주님의 발이 땅을 딛고 있을 때의 마지막 권면입니다. 정작 울고 슬퍼해야 할 대상은 처형을 앞두고 계시는 예수님이 아니라, 예수님을 거절함으로 임할 심판을 앞둔 그들임을 지적하십니다. 불과 40년도 되지 않아 예루살렘은 멸망하고 철저히 파괴될 것입니다. 예루살렘 성은 허물어지고, 성전은 불타며, 시민은 살육을 당하는 무시무시한 날을 내다보고 권면하신 것입니다.

이런 사실을 보면 우리에게 미래를 내다볼 수 있는 눈이 없다는 것이 얼마나 큰 축복인지 모릅니다. 미래를 안다는 것은 고통스러운 일입니다. 주님도 고통스러우셨습니다. 이 여인들을 만나기 전 성으로 들어가면서 예루살렘 성이 눈앞에 보일 때 주님이 그 성을 향해서 통곡하셨던 사실이 누가복음 19장에 나와 있습니다. 우리 주님은 어쩔 수 없이 형장으로 가시는 분이 아닙니다. 하늘 아버지의 뜻을 이루기 위해서 한 걸음씩 처형장으로 가고 계십니다. 아니, 정확히 말하면 보기에는 끌려가는 것 같으나 수동적으로 당하는 것이 아니라, 능동적으로 모든 것을 주관하고 계십니다. 여전히 그분이 모든 것을 통제하십니다.

주님은 간밤의 겟세마네 기도를 통해서 십자가의 고통을 미리 맛보고 이제는 아버지의 뜻을 이루는 승리의 길로 담담히 나아가고 계십니다. 하늘 아버지의 뜻에 온전히 순종함으로 죽음을 통과하여 영광으로 이르는 당신의 길을 담대히 걷고 계십니다. 그러므로 애곡의 대상은 예수님이 아니라, 그 여인들과 그들의 자녀입니다. 예수님은 이미 예루살렘 성을 바라보고 울며 한탄하셨습니다(눅 19:41). 이제 여자들도 자신과 자녀들을 위해서 울라고 권면하십니다. 예루살렘에 무시무시한 날이 다가오고 있기 때문입니다.

"보라 날이 이르면 사람이 말하기를 잉태하지 못하는 이와 해산하지 못한 배와 먹이지 못한 젖이 복이 있다 하리라"(눅 23:29). 주님은 구원자로 세상에 오셨기에 그분의 구원을 거부하는 자마다 피해 갈 수 없는 심판의 날이 찾아옵니다. 그날은 반드시 도래할 것입니다. 심판의 날이 온다는 것은 누가복음에도 몇 번 반복된 기독교의 핵심 진리의 하나입니다. 그날은 반드시 옵니다. 그날이 오면 모든 것이 역전될 것입니다. 장차 찾아올 재앙 속에서는 현재의 자연스러운 가치들이 곤두박질을 칠 것입니다. 축복과 저주가 뒤바뀔 것입니다. 주님은 그날이 오면, 수태를 못하는 것이 일상적인 상황에서는 저주에 해당하지만, 예루살렘에 닥칠 심판이 너무나 무섭고 끔찍하기에 자녀를 갖지 않는 것이 차라리 복으로 여겨질 것이라고 말씀하십니다. 여인들에게 자식이 죽는 것을 바라보는 고통보다 더큰 고통은 없습니다. 어머니의 자식 사랑은 정말 무섭습니다. 그날이 오면 심판으로 자식이 고통을 당하며 죽는 것을 바라보는 것보다 자식이 없는 것이 더 낫다고 말할 것입니다. 차라리 아이를 갖지 않은 여인들이 스스로를 복되다고 여기게 될 것입니다.

주님은 산헤드린에서 선명한 선언을 하셨습니다. "이제부터는 인자가 하나님의 권능의 우편에 앉아 있으리라"(눅 22:69)라고 당신이 참된 심판자임을 밝히셨습니다. 그러므로 예수님을 거부하는 것은 자신을 하나님의 무서운 심판 아래 내던지는 행위입니다. 하나님의 구원을 거부하면 남는 것은 저주의 심판밖에 없습니다. 약속된 구원자를 살해한 민족이 지불해야 하는 대가는 참담할 뿐입니다. 그러므로 주님은 당신을 위하여 가슴을 치며 우는 여자들을 향해 "나를 위하여 울지 말고 너희와 너희 자녀를 위하여 울라"고 호소하셨습니다.

두 번째 권면
: 심판을 경고하시는 예수님

"그때에 사람이 산들을 대하여 우리 위에 무너지라 하며 작은 산들을 대하여 우리를 덮으라 하리라"(눅 23:30). 여기서 '그때에'라는 말을 '보라 날이 이르면'이라는 문구를 받는 것으로 보면 굳이 두 번째 권면으로 보지 않아도 될 것입니다. 권면의 연속으로도 볼 수 있습니다. 하지만 처음에는, 비록 의미는 민족 전체를 가리키나 형식상 초점이 여인에게 맞추어져 있는 "예루살렘의 딸들아"라고 부르셨다면, 30절은 일반적인 '사람'들을 향하고 있고 그 내용도 일반적이고 전반적이기에 두 번째 권면이라고도 볼 수 있습니다.

하여간 하나님이 보내신 구원자를 거부하고 십자가에 처형한 죄에 대한 심판은 끔찍할 것입니다. 오죽하면 사람들이 산들이 위에 무너지고 작은 산들이 자신들을 덮을 것을 요청하겠습니까? 우리는 몇 초간만 땅이 흔들려도 기겁을 하는데 얼마나 무서우면 스스로 흙더미에, 산더미에 파묻히기를 원하며 절규하겠습니까? 엄청난 고난의 때에 차라리 죽음을 통해서 공포와 고통으로부터 벗어나기를 소원하는 군중의 모습을 그려 보십시오. 그날의 엄청난 고통으로부터 벗어나는 유일한 수단으로 죽음을 갈망할 것이지만 "그날에는 사람들이 죽기를 구하여도 죽지 못하고 죽고 싶으나 죽음이 그들을 피하리로다"(계 9:6)라고 요한계시록은 증언합니다.

진노하신 어린양의 눈길로부터 벗어나고자 하는 간절한 소원이 산들과 작은 산들에게 도움을 청하며 그들에게 자신들을 가려 줄 방패 구실을 요청할 것입니다(계 6:16-17).

"푸른 나무에도 이같이 하거든 마른 나무에는 어떻게 되리요"(눅 23:31). 주님의 마지막 경고의 말씀은 속담처럼 들립니다. 불은 푸른 나무보다 마른 나무를 쉽게 태웁니다. 그런 의미에서, 의로운 자에게도 고통이 있다면 하물며 불의한 자에게는 더 말할 나위가 없습니다. 하나님이 그분의 사랑하는 아들까지 아끼지 아니하셨다면 반역적이고 마음이 완악한 유대 민족이 심판을 면하게 하는 일은 더욱 하실 리 만무합니다. 하나님이 용서의 길을 열기 위해 그분의 유일하신 아들을 심판 아래 두셨다면 그분의 구원의 제의를 거부한 자들에게 퍼부을 진노를 상상해 보십시오. 푸른 나무도 불이 태워 버리거든 마른 나무야 얼마나 쉽게 타고 말 것인지를 상상해 보십시오.

비극은 예수님의 십자가 죽음이 아니라, 구원과 용서의 삶을 거부하는 이스라엘의 행동입니다. 스스로 저주의 심판을 선택하는 어리석음입니다. 바른 선택을 거부하면 중대한 결과를 직면해야 합니다. 최후 심판을 믿습니까? 모든 사람은 그날의 심판을 피할 수 없습니다. 그 무서운 심판의 맹렬함을 상상해 보았습니까? 예수님은 지금 당신의 죽음을 이 재앙의 시작으로 보고 계십니다. 그러므로 "푸른 나무에도 이같이 하거든 마른 나무에는 어떻게 되리요"라고 물으십니다. 당신의 선택은 무엇입니까? 어떤 눈물을 흘리고 있습니까? 지금은 자신과 자신의 자녀들을 위해서 울어야 마땅합니다. 웃고 즐기며 하루하루를 보낼 때가 아닙니다.

처형장으로 향하시는 주님을 보십시오. 당신에게 닥칠 일을 두고 조금도 두려워하지 않으시는 주님은 손톱 끝만큼의 자기 연민도 없으십니다.

오히려 흔들리지 않는 확신 가운데 하늘 아버지의 뜻을 이루는 길을 향해 나아가십니다. 예수님에 대한 우리의 태도는 영원한 운명을 가를 것입니다. 날마다 그분을 귀히 여기며 그분과 교제하고 있습니까? 그분을 사랑하면 그분을 생각합니다. 그분의 말씀을 가까이합니다. 하나님이 내게 말씀하시면 나도 응답합니다.

○

최후의 심판은 다가오고 있습니다. 그날을 위해 준비하며 살고 있습니까? "내 백성아, 거기서 나와 그의 죄에 참여하지 말고 그가 받을 재앙들을 받지 말라"(계 18:4). 우리 중에 아무도 그가 받을 재앙들에 동참하고 싶은 사람은 없을 것입니다. 그렇다면 거기서 나와야 합니다. 지금 세상 사람처럼 살아가고 있는 그 자리에서 나와야 합니다. 그의 죄에 참여하지 않고, 마치 하나님이 없는 것처럼 살아가는 대열에서부터 나와야 합니다. 그리스도인답게 웃어야 할 때를 아는 사람, 그리스도인답게 눈물 흘려야 할 자리를 아는 사람이 됩시다.

60.

용서하여 주옵소서 (23:32-38)

이 장 본문의 핵심은 누가복음 23장 34절입니다. "아버지 저들을 사하여 주옵소서 자기들이 하는 것을 알지 못함이니이다." 예수님은 당신을 십자가에 못 박는 자들을 향해 소리치지 않으셨습니다. 사실 말씀 한마디면 모두 다 도망갔을 법합니다. 겟세마네 동산에 무리가 체포하러 왔을 때 "내가 그니라"라는 단 한마디의 말에 그들은 뒤로 물러가서 땅에 쓰러졌다고 성경은 기록하고 있습니다(요 18:6). 말씀 한마디로 천지를 창조하신 주님은 단 한마디의 말씀으로도 그들을 다 쓰러뜨리거나 도망가게 만드실 수 있었을 것입니다. 그러나 주님은 당신을 방어하기 위해서는 단 한마디의 말씀도 하지 않으셨습니다.

이렇게 기도하실 법도 합니다. "아버지여, 저들이 당신의 사랑하는 자에게 어떻게 하는지 기억해 주십시오. 자기들을 사랑하는 자에게 저지른 악행을 잊지 말아 주십시오. 자기들을 위해서 모든 것을 다 베푼 자에게 저지른 이런 배은망덕한 행위를 하나님이 심판해 주십시오." 그러나 그분의 입에서는 단 한마디도 그러한 말이 나오지 않았습니다. 이사야 선지자의 예언대로 "이는 그가 자기 영혼을 버려 사망에 이르게 하며 범죄자중 하나로 헤아림을 받았음이니라 그러나 그가 많은 사람의 죄를 담당하며 범죄자를 위하여 기도하였느니라"(사 53:12)라는 말씀이 성취된 장면입니다. 그분의 입술은 움직였지만 한마디의 비난도, 원망도 없으셨습니다. 항변도 할 법한 상황에서 부드러운 책망조차도 하지 않으셨습니다. "아버지 저들을 사하여 주옵소서"라고 간청하셨지, "내가 너희를 용서한다"고도 말씀하시지 않았습니다. 그분은 지금 당신의 위엄을 내려놓고 십자가에 달리셨습니다. 그러므로 사죄를 베푸는 높은 자리가 아니라, 간구자의 낮은 위치에서 부르짖으십니다. 예수님은 간청하는 기도의 자리에서 당신을 죽이는 자들을 위해 하늘 아버지께 호소하셨습니다. 진정 찬송을 받기에 합당하신 분입니다.

주님을 죽음으로 내몬 것은 우리의 죄악

이 장에서는 주님이 십자가 위에서 하신 첫 번째 말씀을 살피려고 합니다. 비록 우리가 그 참혹한 현장에 있거나 주님을 죽음으로 내몰지는 않았다고 해도 잘 생각해 보면 그분을 죽음으로 내몰아 갔던 것은 우리의 죄악이라는 것을 인정하지 않을 수 없습니다. 우리야말로 영광의 주를 십자가에 못 박은 자들입니다.

무엇보다 먼저 우리의 과거를 돌아보면 우리야말로 범죄한 자들이었습니다. 죄 용서를 받은 우리, 어린양의 보혈로 씻음을 받은 우리야말로 무슨 짓을 하는지 알지 못하고 살아왔던 자들입니다. 사탄의 권세 아래 살았을 때 우리는 모두 자신을 섬겼고, 무지해서 죄를 짓던 자들이었습니다. 우리야말로 죄가 무엇인지를 바로 알지 못했습니다. 죄가 무엇을 뜻하는지 다 알지 못했기에 한때는 죄를 짓는 것을 자랑처럼 생각했습니다. 그것이 얼마나 큰 잘못인지 그리고 잘못의 결국이 무엇인지를 알거나 보지 못했기에 잘못하는 것을 두려워하지도 않았습니다. 죄가 하나님을 반역하는 끔찍한 일이며 하나님을 멸시하는 잘못임을 알지 못했습니다. 우리의 행동이 하나님의 지혜를 무시하고, 하나님의 능력을 우습게 여기고, 하나님의 사랑을 멸시하는 죄악임을 알지 못하고 살았습니다.

우리야말로 하나님의 크신 사랑을 다 알지 못한 자들입니다. 우리는 하나님이 세상을 짓기 전에 우리를 사랑하사 우리를 택하셨다는 이야기를 생각해 본 바가 없습니다. 그리스도가 나를 대신하여 죄를 지고 값을 주고 사셨다는 것을 알지 못했습니다. 그리스도가 우리를 사랑하사 우리와 같은 자들을 당신의 사랑하는 자로서 받아 주셨다는 사실을 알지 못했습니다. 우리와 영원히 하나 되고 사랑하셨다는 것을 생각한 적이 없었습니다. 지금 하나님의 사랑을 깨달은 우리 모두가 그때는 그것을 알지 못했습니다.

죄악이란 영원한 하나님의 사랑을 저버리는 것이요, 무한한 자비를 멸시하는 일임을 알지 못했습니다. 우리가 행한 모든 것이 그리스도를 거역하는 것이요, 주님을 슬프시게 하는 일임을 알지 못했습니다. 우리는 주님이 하나님이심을 부인했습니다. 그렇지 않았다면 우리는 그분께 경배했어야 옳습니다. 우리는 그분의 사랑을 무시했습니다. 그렇지 않았다면 우리는 주님께 돌아서야 했습니다. 우리의 이러한 행동 하나하나가 바로 주님을 십자가에 다시금 못 박는 행위임을 그때는 알지 못했습니다. 알았더라면 우리가 영광의 주님을 십자가에 못 박지는 않았을 것입니다. 우리가 하는 일들이 잘못된 것임을 알지 못했습니다. 우리가 망설이고 주저하는 것이 무엇을 의미하는지 알지 못했습니다. 때로는 주님께로 돌아서야 한다고 머뭇거리다가 다시 옛 어리석은 죄악으로 돌아가곤 했습니다. 그것이 바로 주님을 거부하는 것이요, 주님 대신 세상을 택하는 것입니다.

우리가 머뭇거리는 순간이 바로 주님을 십자가에 다시 못 박는 순간임을 알지 못했습니다. 우리가 주저하는 순간이 바로 성령을 슬프시게 하는 순간이요, 우리를 사랑하고 언제나 복 주시는 주님 대신 세상을 선택하는 창녀 같은 행위임을 깨닫지 못했습니다. 우리는 완고한 자들이며 기도 없이 살던 자들입니다. "이 일만 끝나면 주님을 잘 섬기겠습니다"라고 수없이 반복하면서 우리의 좋은 날들을 다 보내 버렸습니다.

이전에 우리는 자기의 의를 신뢰하던 자들입니다. 우리야말로 스스로에 만족하던 자들입니다. 주일마다 교회에 나오고, 시간마다 교회당을 찾았습니다. 어릴 때는 유아 세례를 받았고, 철 들어서는 입교 문답을 했습니다. 우리는 식사 때마다 기도를 드렸고, 밤에도 한 장, 아침에도 한 장씩 성경을 읽었습니다. 우리야말로 잘못한 것이 별로 기억나지 않을 만큼 자랑스러운 신앙생활을 해 왔습니다. 다른 사람이 보기에도 그렇고, 자신이 생각하기에도 모범적인 신앙생활을 해 왔습니다. 다만 거기에 안주하고 사는 것이 우리의 문제일 뿐입니다.

한 주간 특별 기도회를 가져도 통회할 만한 죄는 기억나지 않고, 하나님의 자비의 보좌 앞에 엎드릴 만한 간곡한 소원도 떠오르지 않습니다. 우리는 그런 대로 좋은 교회에 어울리는 착한 신자라고 여깁니다. 다만 그것이야말로 그리스도께 대한 최대의 모욕임을 알지 못할 따름입니다. 오직 주님의 자비에 자신을 맡겨야 할 만큼 죄인이 아니라면, 주님의 자비에 우리 자신을 맡기지 않고는 희망이 없다는 것을 인정하지 않는다면 우리야말로 주님의 십자가 죽으심에 대해 무시하는 자들입니다. 세상 죄를 위해 십자가에 못 박히신 주님은 착한 우리와 별 상관이 없으십니다.

자신의 의로써 하나님께 나아갈 수 있다면 왜 주님이 세상에 오셔서 우리의 의를 이루기 위해 애쓰셨을까요? 우리가 스스로 충분히 의롭다면 십자가에서 당한 속죄의 죽음은 무의미합니다. 쓸데없는 피를 흘리고, 괜한 고통을 당하고 당신의 생명을 내어 주신 것입니다. 물론 우리는 주님의 의를 무시한다고 생각해 보지는 않았습니다. 다만 우리의 열심 있는 신앙 생활이 하나님을 기쁘시게 하는 것이라 생각해 왔을 따름입니다. 하지만 그것이야말로 그리스도가 하신 일을 무시하고 쓸모없는 것으로 여기는 끔찍한 행동입니다. 우리의 삶에 그리스도가 절실히 필요하지 않은 듯 여기는 것만큼 주님을 무시하는 행동은 없습니다. 구원자로서의 주님의 위치와 그 영광을 도둑질하는 것입니다.

어쩌면 주님은 지금도 말씀하실 것입니다. "아버지 저들을 사하여 주옵소서 자기들이 하는 것을 알지 못함이니이다"(눅 23:34). 조용히 당신의 옛날을 생각해 보십시오. 죄악과 어두움 속에서 영적 맹인으로 살던 시절을 기억해 보십시오. 그렇다면 우리가 알지 못하고 범한 잘못이 떠오를 것입니다.

알지 못한 죄까지도 용서를 구하신 주님

또 하나, 우리는 우리가 알지 못했다는 것을 가지고 변명할 수 없다는 사실을 기억해야 합니다. 물론 주님이 "자기들이 하는 것을 알지 못함이니이다"(눅 23:34)라는 말씀으로 우리의 무지를 하늘 아버지께 용서해 달라는 호소의 근거로 사용하고 계시지만, 그것을 내세워서 우리 자신의 무죄를 주장할 수는 없습니다. 우리가 한 바를 알지 못했다 해도 그것이 무죄를 주장할 근거는 조금도 못 됩니다. 생각해 보십시오. 법은 무지를 항변의 근거로 허용하지 않습니다. 어느 나라 법이라도 몰랐다고 해서 용서해 주지 않습니다. 혹 정상 참작은 받을지 모르지만, 결코 몰랐다는 것으로 면죄가 되지는 않습니다.

하나님은 우리에게 율법을 주셨습니다. 우리는 그것을 지켜야만 합니다. 알지 못하고 율법을 어겨도 죄는 여전히 죄입니다. 모세의 율법에도 알지 못하고 범한 죄를 처리하는 규정을 따로 주셨습니다. 부지중에 범한 죄에 대해서도 특별한 제물을 드리도록 명하셨습니다. 이 장의 본문에서도 그 점을 분명히 합니다. 몰랐다고 해서 죄가 되지 않는다면 주님이 그와 같은 탄원을 하지 않으셨을 것입니다. 주님은 알지 못하고 지은 잘못에 대해서 사하여 달라고 탄원하십니다.

우리는 알지 못했다고 내세우는 대신, 알았어야 했습니다. 특히 매 주일 교회에 나와서 말씀을 듣는 자라면 더욱 그러합니다. 선포되는 말씀에 주의를 기울여야 합니다. 우리는 언제나 펼칠 수 있는 성경을 가지고 있습니다. 하나님의 말씀을 읽을 수도 있고, 들을 수도 있습니다. 하나님의 말씀의 빛 가운데서 우리의 행동을 살폈다면 죄악에 대해서 좀 더 많이 알았을 것입니다. 그리스도의 사랑에 대해서도 훨씬 더 알았을 법합니다. 주님을 거절하고 그분께 나아가지 않는 것이 배은망덕한 일임을 훨씬 더 잘 깨달았을 것입니다. 마찬가지로 생각해 본 적이 없다는 것이 변명의 구실이 될 수 없습니다. 우리는 마땅히 생각해야 합니다. 톱질을 해서 나무를 자르기 전에 무엇을 만들 것인지 먼저 생각해 보아야 합니다. 만들고 나서 어떻게 톱질하고 자를 것인지 계획을 세우는 것은 어리석은 자의 행동입니다. 인생을 다 살고 나서 어떻게 살 것인지를 계획하면 이미 늦습니다. 젊은 날 마땅히 계획을 세워야 합니다. 젊은 날 좀 더 충분히 생각했다면 지금보다 주님을 훨씬 더 많이 알고 있을 것입니다.

사람들은 결혼을 앞두고도 누구를 배우자로 맞이할 것인지 생각합니다. 사업을 시작하기 전에도 충분히 생각합니다. 하다못해 휴대폰 하나를 구입해도 어느 것을 살 것인지 사양이나 가격이나 가성비 등 여러 가지를 비교 검토하면서 생각을 합니다. 하지만 주님이 요구하시는 말씀에 대해서는 충분히 생각하지 않습니다. 지극히 높으신 분의 요구에 대해서 귀담아듣지 않습니다. 그러므로 알지 못했다는 것은 악한 것이고 변명할 여지가 없는 것입니다.

물론 알지 못하고 범하는 잘못도 있지만, 때로는 알고 범하는 잘못도 많습니다. 생각해 보면, 안 되는 줄 알면서도 행한 일이 수없이 많습니다. 처음부터 잘못이라는 것을 알면서 범한 일도 많이 있습니다. 우리는 그것을 하면 얻을 것처럼 보이는 이익 앞에서 자신의 영혼을 팔아치우는 행동을 했습니다. 뻔히 잘못인 줄 알면서도 양심을 거슬러 행동한 적도 있었습니다. 하나님의 성령을 슬프시게 한 일도 가끔 있었습니다. 그러므로 이제 조용히 하나님 앞에 엎드려 주님이 하신 말씀을 들어 보십시오. "아버지 저들을 사하여 주옵소서 자기들이 하는 것을 알지 못함이니이다." 우리는 여기에 덧붙여서 고백해야 옳습니다. "주님, 알고도 범한 죄까지도 용서하여 주옵소서"라고 말입니다.

만약 어떤 사람이 무엇을 마땅히 해야 하는지 알지 못한다면 그는 어떻게 해야 옳습니까? 알기까지는 행동하지 않아야 합니다. 그러나 문제는 알지 못하고도 행동한다는 것입니다. 암중모색하기를 멈추지 않는다는 것이 우리 인생의 비극입니다. 죄인인 것은 버려두면 알 수 있습니다. 방치된 땅에서는 우연히 보리나 밀이 자라서 들판을 채우지 않습니다. 아무쓸모없는 것들이 자랄 뿐입니다. 우리 마음은 악하기에 바르게 살려고 노력하지 않고는 선한 열매를 거둘 수가 없습니다.

무지한 인생은 대책이 없습니다. 빛이 비쳐도 눈을 감으면서 어둡다고 소리치는 자들입니다. 목이 말라도 생수를 마시지 않습니다. 주님의 십자가를 바라보십시오. 우리를 위해서 돌아가신 하나님의 어린양을 바라보십시오. 죄를 고백하고 주님이 흘리신 보혈을 신뢰하십시오. 아직도 우리를 위해 간구하기를 멈추지 않는 복되신 주님을 찬송하십시오.

가장 고통스러운 순간에 하신 중보 기도

이제 우리를 위해서 호소하시는 복되신 주님에 대해서 좀 더 살피려고 합니다. 주님은 언제 이 호소를 하셨습니까? 그들이 주님을 못 박고 막 돌아설 때입니다. 주님을 십자가에 못 박고 그 십자가를 땅에 막 세운 직후입니다. 그 구덩이에 십자가를 세웠을 때 거기 달리신 주님의 모든 뼈가 뒤틀릴 때입니다. 시편 기자는 이때의 상황을 다음과 같이 묘사합니다. "나는 물같이 쏟아졌으며 내 모든 뼈는 어그러졌으며 내 마음은 밀랍 같아서 내 속에서 녹았으며 내 힘이 말라 질그릇 조각 같고 내 혀가 입천장에 붙었나이다 주께서 또 나를 죽음의 진토 속에 두셨나이다"(시 22:14-15).

이러한 순간에 주님은 입을 열어 소리치거나 탄식하지 않고 "아버지 저들을 사하여 주옵소서 자기들이 하는 것을 알지 못함이니이다"라고 고백하셨습니다. 주님이 먼저 자기가 하는 일이 무슨 짓인지도 모르는 자들을 향해서 용서해 달라고 아버지께 호소하신 것입니다. 그들의 손이 주님을 죽인 피로 흥건히 젖어 있을 때입니다. 바로 그 순간, 주님은 그들을 위해 기도하셨습니다. 주님이 우리를 사랑하신 그 크신 사랑을 생각해 봅시다. 주님은 현행범으로 죄를 짓는 자리에 있는 자들을 위하여 용서의 기도를 드리셨습니다. 로마서는 이 사실을 웅변적으로 증거합니다. 하나님은 대책 없는 우리를 사랑하셨다고 말합니다(롬 5:6). 하나님은 우리가 여전히 죄인 되었을 때에 우리를 사랑하셨습니다(롬 5:8, 10).

우리 자신이 우리를 위해서 기도하기 전에 주님은 우리를 위해 기도하셨습니다. 당신을 십자가에 못 박는 바로 그 순간에 주님은 우리 인생을 위해서 기도하셨습니다. 주님은 우리를 위해 당신의 아들 됨을 걸고 호소하셨습니다. 그리스도의 아들 됨은 엄청난 특권이요, 영광입니다. 우리는 하나님을 아버지라고 부르지만 그리스도를 통해서 입양된 자녀들입니다. 그러나 주님은 본래부터, 영원 전부터 하나님의 아들이셨습니다. 빛 가운데 빛이시요, 참 하나님이십니다. 그분이 지금 부르짖으십니다. "아버지 저들을 사하여 주옵소서." 양손과 양발에 못이 박혀 고통 중에 죽어가며 부르짖으시는 기도입니다. 어떤 아버지가 그 참혹한 상황에서 마지막 애원하는 소원을 들어주지 않겠습니까?

우리는 주님이 십자가 위에서 부르짖은 기도의 응답으로 하나님의 백성이 되었습니다. 이제 우리가 얻은 구원으로 함께 기뻐하며 노래합시다. 이제 우리는 지금 여기서 기뻐하며 살게 되었습니다. 앞으로 거기서 영원히 살아갈 새 희망을 얻게 되었습니다. 그리스도가 우리에게 베푸신 용서로 말미암는 새 생명을 노래합시다. 우리의 죄가 완전히 사함 받은 것을 마음 깊이 믿기 바랍니다. 왜 그렇습니까? 아들이 우리를 위해서 지금도 기도하시기 때문입니다. 아들이 죽는 순간에 고통받으면서 우리를 위해서 용서의 기도를 드리셨기 때문입니다. 우리가 우리 자신의 영혼을 돌아보지도 않았을 그때, 우리가 우리 자신을 생각하지도 않았을 그때, 우리가 우리 자신을 위해서 기도해 본 적이 없을 그때 주님은 우리를 위해 고통 가운데서 숨을 거두면서도 기도하셨던 것입니다.

죄인이 받는 모든 용서는 주님의 십자가 위의 기도 응답입니다. 우리의 유일한 소망은 주님의 간구하심에 있습니다. 그리스도가 우리의 죗값을 치르셨기에 우리는 결코 죗값을 다시 지불할 이유가 없습니다. 그러니 이제 더는 알지 못하여 죄를 짓지 않도록 해야 합니다. 우리가 주님을 사랑하는 것을 주님을 닮아 가는 삶을 통해서 보여 주어야 합니다. 우리는 주님의 어떤 부분을 배워야 할까요? 바로 십자가 위에서 원수를 위해 기도하신 그 기도의 모습을 배워야 할 것입니다. "주님이 이미 멋진 기도를 드리셨으니 저는 대충 살겠습니다"라고 말하는 사람이 하나님의 백성이 맞습니까? 비록 우리 손에 못을 박는 것 같은 고통을 주는 사람이라 하더라도 십자가에 달리신 예수님의 기도를 아는 사람이라면 "아버지 저들을 사하여 주옵소서" 하는 마음으로 용서해야 합니다. 우리는 다르게 살아야 하는 사람들입니다.

주님의 십자가의 용서의 기도를 들은 적이 있다면 어떻게 기도해야 옳습니까? "아버지 저들을 사하여 주옵소서 자기들이 하는 것을 알지 못함이니이다"라고 기도해야 합니다. 우리는 정말 그렇게 하고 싶은 소원이 있습니다. 그런데 왜 그렇게 하지 못하는 것일까요? 실상 주님은 이 기도를 드리시기 전날 밤 겟세마네에서 땀이 땅에 떨어지는 핏방울같이 되는 기도의 씨름을 하셨습니다. 주님은 기도를 통해서 승리자로서 서 계신 것입니다. 그리스도를 죽음에서 살리신 부활의 능력이 우리 안에서 역동할 때 우리도 주님처럼 용서의 기도를 드릴 수 있습니다.

그런데 우리는 맨 정신으로는 그렇게 할 수 없습니다. 누가 나의 오른 뺨을 때리면 나는 두 뺨 다 때려 주고 싶어 합니다. 이유 없이 내 겉옷을 빼앗아 가면 그 사람의 속옷까지 다 벗겨 놓고 싶은 것이 우리의 심정입니다. 우리가 어떻게 주님처럼 살 수 있습니까? 주님처럼 살기 위해서는 주님의 마음에 충만했던 그리스도의 영이 찾아오셔야 합니다. 그 영광의 힘을 좇아서 모든 능력으로 능하게 될 때, 예수 그리스도를 죽음에서부터 살려 내신 그 하나님의 능력이 역사할 때 우리도 우리를 모욕하는 자들, 우리에게 상처를 입히는 사람들, 아니 우리를 죽이려고 달려드는 사람들을 향해서 기도할 수 있습니다.

○

그리스도를 죽음에서 살리신 부활의 능력이 우리 안에서 약동하기 바랍니다. 그때 우리는 주님처럼 용서의 기도를 드릴 수 있을 것입니다. 하나님은 우리를 통해서 새 하늘과 새 땅을 만들어 가기를 원하시는데, 우리는 우리의 집이라는 상자 속에 갇혀 사랑하고 관심을 가져야 할 사람들이 원수가 되어 있습니다. 스스로 묶여 있는 고통의 사슬에서 벗어나십시오. 그 사람은 우리가 미워해야 할 자가 아니라, 사랑해야 할 자입니다.

61.

나와 함께
낙원에 있으리라 (23:39-43)

//

　　주님이 십자가 위에서 하신 첫 번째 말씀은 용서이고, 두 번째
말씀은 구원입니다. 이 두 번째 말씀은 죽어 가는 강도의 부탁에 대한 대
답이었습니다. 영광의 주님이 두 강도 사이에서 십자가에 달리신 것은 우
연이 아닙니다. 하나님이 다스리시는 세상에 우연이란 있을 수 없습니다.
하물며 그 특별한 날, 바로 그 사건과 관련해서는 어떤 우연도 개입할 여
지가 없습니다.

　　그러면 왜 하나님은 당신의 사랑하는 아들을 두 범죄자 사이에서 십자
가에 달리도록 정하셨을까요? 온전히 낮아진 것을 보여 주기 위해 가축들
에 둘러싸여 탄생하신 분이 지금 말할 수 없는 수치를 당하고 흉악한 강
도들 사이에서 최후를 맞이하고 계십니다. 그분은 마땅히 우리가 서야 할
수치의 자리, 범죄자의 자리, 죽을 수밖에 없는 죄인의 자리에서 죽으시
는 것입니다.

주님이 좌우의 두 강도 중앙에 못 박히셨기 때문에 이는 한 편의 드라마와 같은 구원을 보여 줍니다. 그중 한 강도는 주님을 영접하고, 다른 강도는 주님을 거절했다는 사실 앞에 바로 하나님의 주권을 목도할 수 있습니다. 그날 골고다 언덕에서만 아니라 오늘날에도 꼭 같은 일들이 일어나고 있습니다. 아주 동일한 상황에서 한 사람은 무심하게 흘려듣고, 다른 사람은 자신을 보고 하나님의 자비를 갈구합니다(마 11:25-26).

하나님은 모든 은혜의 하나님이시며, 구원은 전적으로 하나님의 은혜에 달려 있습니다(엡 2:8). 우리의 구원은 은혜가 시작하고, 은혜가 지탱하며, 은혜가 절정을 이룹니다. 다소 사람 사울을 구원한 것도 바로 이 은혜였고, 십자가의 강도를 구원한 것도 하나님의 은혜였습니다. 박해자 사울은 회심한 후 열정적인 사도 바울로 모범적인 삶을 살았습니다. 그러나 이 강도는 다릅니다. 회심 전의 삶은 악했고, 회심 후에는 구원받은 성도답게 주님을 섬길 기회도 갖기 전에 처형을 당하고 말았습니다. 그러므로 그가 구원을 받았다면 하나님이 주신 선물, 은혜였다고 결론을 내릴 수밖에 없습니다.

강도의 꾸짖음

달린 행악자 중 하나가 주님을 비방하여 말합니다. "네가 그리스도가 아니냐 너와 우리를 구원하라"(눅 23:39). 그러자 다른 강도가 그를 꾸짖어 말합니다. "네가 동일한 정죄를 받고서도 하나님을 두려워하지 아니하느냐 우리는 우리가 행한 일에 상당한 보응을 받는 것이니 이에 당연하거니와 이 사람이 행한 것은 옳지 않은 것이 없느니라"(눅 23:40-41). 지금

이 고백을 하는 강도는 마태복음에 의하면 역시 십자가 위에서 예수님을 함께 욕했던 자입니다. 회개하고 믿기 이전에 두 강도 사이에 근본적으로 다른 점이 없었다는 것은 매우 중요합니다. 그래야 우리는 인간의 부패함과 하나님을 향한 태생적 적개심을 밝히 볼 수 있기 때문입니다. 그때 비로소 이 강도의 회심을 거기에 배치하신 하나님의 의도를 파악할 수 있기 때문입니다.

우리 안에도 꼭 같은 부패한 본성이 유전되었고, 하나님의 은혜가 승리하지 않았다면 우리 마음속에도 하나님과 그리스도를 대적하는 동일한 적개심이 있었을 것입니다. 거짓이 없는 하나님의 말씀은 인간의 타고난 마음 상태가 만물보다 거짓되고 심히 부패하다고 선언합니다(렘 17:9). 따라서 자신의 절망적인 상태를 깨달아야 구원자가 필요하다는 것을 인정할 것입니다. 먼저 자신을 강도라고 인정해야 하나님의 자녀가 될 수 있습니다.

하나님은 우리의 의로운 행위가 아니라 오직 그분의 긍휼함을 가지고 구원하기로 작정하셨습니다(딛 3:5). 강도가 지금 무엇을 할 수 있습니까? 그는 의의 길을 걸을 수도 없습니다. 두 발에 못이 박혔기 때문입니다. 그는 어떤 선한 일도 할 수 없습니다. 두 손에 못이 박혔기 때문입니다. 그런 그에게는 자기의 시도를 중단하고 죄로 가득한 자신을, 무력한 자신을 깨닫는 것이 무엇보다 필요합니다. 이처럼 지금껏 해 오던 생각을 바꾸는 것이 바로 회개이며, 이는 구원을 위해 그리스도께 나아가기 위한 유일한 전제 조건입니다.

조금 전만 하더라도 함께 예수님을 비난했던 그에게 성령이 역사하시어 이제 그의 양심은 하나님 앞에 살아 움직입니다. "벌을 두려워하지 아니하느냐"가 아니라 "하나님을 두려워하지 아니하느냐"라고 합니다. 그는 하나님을 심판자로 깨달았습니다. 그러고 나서 그는 자신이 범죄자이며 죽음을 죄의 대가로 당연히 받아야 한다고 인정합니다.

하나님께 죄를 솔직히 고백한 적이 있습니까? 죽음을 응당 받아야 할 것이라고 인정할 준비가 되어 있습니까? 죄를 변명하거나 얼버무리는 것은 그리스도로부터 자신을 차단하는 일입니다. 그리스도는 자기가 죄인임을 자처하는 사람, 자기를 잃었고 끝장난 죄인이라고 여기는 이들을 구원하려 이 세상에 오셨습니다.

십자가 위에서 이 강도는 하나님을 향한 회개를 합니다. 그가 마음으로 믿고 입으로 시인하기에는 용기가 필요했을 것입니다. 가운데 십자가에 매달린 이에게 모든 눈이 쏠려 있고, 주위의 모든 사람으로부터 악의에 찬 조롱이 쏟아지고 있습니다. 그러나 갑자기 상황이 변합니다. 참회한 강도가 이제 그리스도에게 빈정대는 대신 십자가 주위에 모인 구경꾼들 앞에서 드러내 놓고 자신의 동료를 꾸짖습니다. "이 사람이 행한 것은 옳지 않은 것이 없느니라"(눅 23:41). 그렇게 함으로써 그는 모여 선 사람들뿐 아니라 유대 민족 전체를 책망했습니다. 그러나 거기에서 끝나지 않았습니다. 그는 그리스도의 죄 없으심을 증거할 뿐만 아니라 그분의 왕 되심을 고백했습니다. 한마디의 말로 동료뿐 아니라 둘러선 군중 모두의 눈 밖에 나 버렸습니다.

오늘날도 그리스도의 증인이 되는 데 용기가 필요하다고 말하지만, 그날 죽어 가는 강도가 보여 준 용기 앞에서 무색해지고 맙니다. 이 강도의 회심은 겉으로 보기에 그리스도가 자신은 물론 다른 사람도 구원할 능력을 완전히 상실했을 때 일어났습니다. 이처럼 어려운 상황 가운데 십자가에 매달린 분을 구원자로 받아들였다는 사실은 은혜의 기적입니다. 잘 생각해 보면 사실 모든 구원은 은혜의 기적이요, 승리입니다.

강도의 요청

이 강도는 은혜로 그리스도의 왕 되심을 고백했습니다. 그래서 "당신의 나라에 임하실 때에"라고 말했습니다. 겉으로는 모든 상황이 그분의 왕 되심과 모순되게 보였습니다. 그럼에도 불구하고 죄패에 기록된 대로 그분은 왕이셨습니다. 믿음은 항상 기록된 말씀에 근거를 둡니다. 그는 지금 그리스도의 나라의 도래를 기대하고 있습니다. 그는 현재를 뛰어넘어 미래를 내다보았고, 고난 너머에 있는 영광을 보았습니다.

강도는 죽음이 기다리는 그날 이전에 그리스도를 본 적은 없었겠지만 그리스도에 대한 소문은 들었을 수 있습니다. 그런 그가 '유대인의 왕 예수'라는 패를 읽었고, 성령은 그것을 믿게 하셨습니다. 비록 손과 발은 사용할 수 없었지만 그는 자신의 마음과 입을 사용했습니다. 마음과 입으로 자유롭게 믿고 고백할 수 있었습니다(롬 10:10).

그는 그리스도의 왕 되심을 증거하고 나아가서는 하나님 되심을 고백합니다. 그러면서 "나를 기억하소서"라고 말합니다. 정말 믿기 어려운 말입니다. 예수님은 유대인들에게는 증오의 대상이요, 폭도들에게는 비웃음의 대상으로 지금 십자가에 못 박혀 계십니다. 그러나 이 강도는 육신의 눈으로 보는 것이 아니라, 믿음으로 감동받아 가운데 십자가에 매달려 고난을 받는 자가 왕이요, 하나님이심을 인정하고 고백합니다. 그리하여 소박한 기도를 드립니다. '그저 저에게 눈길이라도 한번 주소서'라는 의미로 "나를 기억하소서"라고 요청합니다.

사실 기억해 달라는 말은 충분하고도 적절한 고백입니다. 그리스도의 마음을 얻는 것은 그분의 모든 유익을 얻는 것을 의미합니다. 더구나 이 말은 그의 상황에 적절한 고백입니다. 그는 사회에서 버려진 존재였습니다. 식구들조차도 집안의 수치거리였던 그를 잊었을 것입니다. 그러나 감히 "나를 기억하소서"라고 간청할 수 있는 분이 가까이 계셨습니다.

주님의 응답

이 강도의 요청을 받고 주님은 어떻게 응답하십니까? "오늘 네가 나와 함께 낙원에 있으리라"(눅 23:43). 주님의 응답을 살펴보면 정말 우리 주님은 우리의 구하는 것이나 생각하는 것보다 훨씬 넘치도록 하시는 분임이 드러납니다(엡 3:20). 강도는 주님의 나라에 임하실 때 기억해 달라고 간청했지만, 주님은 바로 그날이 지나가기도 전에 '나와 함께 있을 것'이라고 확실하게 선포하셨습니다. 하나님의 은혜는 언제나 인간의 기대를 능가합니다.

주님의 대답을 통해서 우리는 육체가 죽고 나서 영혼이 살아 있다는 것을 알 수 있을 뿐 아니라, 믿는 자는 죽음과 부활 사이의 중간 기간 동안에도 주님과 함께 있다는 것을 알 수 있습니다. 이 진리를 확실히 하기 위해서 "내가 진실로 네게 이르노니"라고 주님은 약속하십니다.

믿는 자들은 죽고 나서 그저 무덤에 의식 없이 누워 재림을 기다리는 것이 아니라, 무덤에 있는 것은 육체이고 우리의 영은 죽는 순간 그리스도와 함께 낙원에 있게 됩니다. 그러나 이 모든 약속은 오직 성도들에게만 해당합니다. 믿지 않는 영혼들은 낙원에 가는 대신에 누가복음 16장에서 주님이 분명히 가르치신 대로 고난을 받는 곳으로 갑니다. 만약 오늘 죽는다면 우리의 영혼은 어디로 가겠습니까? 사탄은 성도들에게 이 복된 소망을 숨기려고 고군분투합니다. 그러나 본문은 우리에게 완벽한 대답을 주고 있습니다. 강도는 십자가에서 곧바로 낙원으로 갔습니다. 죄인은 믿는 순간에 바로 "빛 가운데서 성도의 기업의 부분을 얻기에 합당하게"(골 1:12) 됩니다.

예수님의 말씀 가운데 '함께 있으리라'라는 말은 복된 사귐을 의미합니다. 사귐보다 더한 은혜는 없습니다. 하나님은 "그의 아들 예수 그리스도 우리 주와 더불어 교제하게"(고전 1:9) 하려고 우리를 부르셨습니다. 구주와 사귀면서 우리는 은혜의 극치와 온전한 특권을 누립니다. 천국이 성도들의 마음을 가장 설레게 하는 수많은 이유 중 가장 좋은 것은 그리스도와 함께 있는 것입니다. 믿는 자들이 마음으로 바라고 갈망하는 것은 그리스도와 함께하는 것입니다(시 73:25).

그러나 '함께 거하는 것'은 성도들만 사모하는 것이 아닙니다. 우리 주님도 마찬가지이십니다. "내 아버지 집에 거할 곳이 많도다 그렇지 않으면 너희에게 일렀으리라 내가 너희를 위하여 거처를 예비하러 가노니 가서 너희를 위하여 거처를 예비하면 내가 다시 와서 너희를 내게로 영접하여 나 있는 곳에 너희도 있게 하리라"(요 14:2-3)라고 주님은 말씀하셨습니다. 십자가 위에서 주님이 하신 구원의 말씀의 진수가 바로 여기에 있습니다. '항상 주와 함께 있는 것'이 우리 소망의 목표인 동시에, 바로 주님의 간절한 소원이요, 기대입니다.

○

주님이 십자가에서 하신 두 번째 말씀의 진수는 무엇입니까? "나와 함께 낙원에 있으리라." 이 약속을 붙들고 험한 세상을 살아가십시오. 그러면 어떤 상황도 우리를 위협할 수 없습니다. 아무도 이 약속을 빼앗지 못합니다.

62.

내 영혼을 아버지의 손에 부탁하나이다 (23:44-49)

우리를 사랑하사 십자가에 달리신 주님

이 장의 본문은 누가복음에 나오는 마지막 주님의 말씀인 동시에, 십자가 위에서 하신 주님의 마지막 일곱 번째 말씀이기도 합니다. 주님이 십자가에서 남기신 최후의 말씀에 귀 기울이며 복되고 엄숙한 시간이 되기를 원합니다. "때가 제 육 시쯤 되어"(눅 23:44상). '제 육 시'는 우리 시간으로 정오를 말합니다. 그날 예수님은 아침 9시에 십자가에 달리셨습니다. 정오가 되었을 때 해가 빛을 잃고 온 땅에 어둠이 임하여 제 구 시까지 계속하며 성소의 휘장이 한가운데가 찢어졌습니다(눅 23:44하-45). 하나님이 예루살렘 성소에 있는 휘장을 찢음으로 더 이상 하나님과 사람 사이에 막힘이 없어졌다는 것을 선언하십니다. 그리고 "예수께서 큰 소리로 불러 이르시되 아버지 내 영혼을 아버지 손에 부탁하나이다 하고 이 말씀을 하신 후 숨지시니라"(눅 23:46)라고 기록되어 있습니다. 주님은 운명하기까지 모두 6시간을 십자가에 달려 계셨습니다.

이 모든 일을 지켜본 백부장은 "그 된 일을 보고 하나님께 영광을 돌려 이르되 이 사람은 정녕 의인이었도다"(눅 23:47)라고 고백합니다. 마태복음에는 "이는 진실로 하나님의 아들이었도다"(마 27:54)라고 기록되어 있습니다. 이런 고백을 한 로마의 백부장은 누구입니까? 바로 십자가 처형을 책임진 전속 장교입니다. 그동안 수없는 십자가의 처형을 지켜본 사람입니다. 그러나 그날 처형당한 죄수는 달랐습니다. 무엇이 그로 하여금 이런 고백을 하게 만들었을까요?

백부장은 십자가 위에서 주님이 하신 일곱 가지 말씀을 다 들었습니다. "아버지 저들을 사하여 주옵소서 자기들이 하는 것을 알지 못함이니이다"(눅 23:34)라는 용서의 말씀을 바로 십자가 밑에서 들었습니다. 십자가 처형을 받는 자들은 자기를 죽이는 자들을 용서해 달라는 말을 하는 법이 없습니다. 또한 그는 십자가에 달린 강도를 향한 "내가 진실로 네게 이르노니 오늘 네가 나와 함께 낙원에 있으리라"(눅 23:43)라는 확신의 말씀을 들었습니다. 그는 십자가 위에서 죽어 가는 죄수들의 이런 대화를 들어 본 적이 한 번도 없습니다. 그뿐 아니라 그 극심한 고통의 한가운데서 어머니 마리아와 제자 요한을 향한 사랑의 말을 들었습니다(요 19:26-27). 타인을 배려하는 말을 하는 것이 항상 쉬운 일은 아니지만, 특히 이런 상황에서는 더욱 어렵습니다. 정말 독특한 죽음이었습니다. 그리고 그는 마지막에 예수님이 큰 소리로 "아버지 내 영혼을 아버지 손에 부탁하나이다" 하고 부르짖으시는 소리를 들었습니다. 십자가에서 처형당한 수많은 사람을 보았지만 아무도 그렇게 숨진 경우는 없었습니다. 그러므로 백부장은 "이 사람은 정녕 의인이었도다", "이는 진실로 하나님의 아들이었도다"

라고 고백하지 않을 수 없었습니다.

예수님은 우리 모두에게 어떻게 죽어야 하는지 모범을 보여 주셨습니다. 우리는 한 사람도 예외 없이 모두 죽는다는 것을 알고 있습니까? 예수님은 죽지 않으려고 발버둥 치지 않으셨습니다. 죽어야 할 시간임을 알았지만 죽는 것을 두려워하지 않으셨습니다. 화를 내거나 불평하거나 저주하지 않으셨습니다. 어디로 가는지를 알았기에 평화로운 임종을 맞이하셨습니다. 또한 그분은 세상에서 못다 이룬 일이 없다는 것을 아셨습니다. "다 이루었다"(요 19:30)고 선언하고 당신의 미래를 아버지께 부탁하셨습니다. 당신의 목숨을 자원해서 내려놓으셨습니다. 아무도 그분의 목숨을 빼앗은 것이 아닙니다. 당신의 생명을 스스로 내어 주셨습니다. 정확히 말하면, 주님의 생명을 빼앗은 것은 로마의 군인들도 아니고, 유대의 지도자들도 아니고, 성난 군중들도 아닙니다. 심지어 우리의 죄도 아닙니다. 주님이 당신의 생명을 내려놓으셨습니다. 그분을 십자가에 매단 것은 거기에 박힌 굵은 못이 아니라, 우리를 향한 뜨거운 사랑입니다(요 10:15, 18). 주님은 당신의 목숨을 성 금요일에 내려놓으시고, 사흘 후인 부활의 주일 새벽에 다시 얻으셨습니다. 주님은 마지막 순간까지 완벽하게 상황을 통제하십니다. 그분의 허락 없이는 아무도 어떤 일도 할 수 없습니다. 그때뿐 아니라 오늘도 주님이 세상을 통제하십니다. 이 사실을 아는 것이 얼마나 큰 위로인지 모릅니다.

예수님은 당신의 생명을 경외심을 가지고 내어놓으십니다. 지금 그분의 입술에서 나오는 말씀은 성경을 인용한 것입니다. "내가 나의 영을 주의 손에 부탁하나이다"(시 31:5). 이 말씀은 유대인들이 매일 밤마다 잠자리에 들면서 드리는 기도입니다. 사실 우리에게는 잠들고 나면 다시 깨어난다는 보장이 없지 않습니까? 지금 십자가 위에서 주님은 당신의 고통에 사로잡히신 것이 아니라, 하나님의 말씀에 집중하고 계십니다. 자원한 신앙의 결단인 동시에 확신 가운데 목숨을 내어놓으신 것입니다. 그리고 지금 주님은 마지막 말씀을 하십니다. "아버지 내 영혼을 아버지 손에 부탁하나이다"라고 큰 소리로 고함을 치십니다.

일반적으로 말하면 마지막 말은 조용한 어조입니다. 때로는 입술이 말라서 무슨 소리인지 알아듣기도 힘든 속삭임입니다. 그래서 입 모양으로 짐작하기도 합니다. 임종의 순간 고함치는 것은 일반적이지 않습니다. 십자가에서 처형당하는 사람도 예외는 아닙니다. 소리칠 힘이 남아 있지 않습니다. 그러나 예수님은 큰 소리를 치셨습니다. 그러나 분노의 고함이거나 절망의 큰 소리는 아닙니다. 패배의 절규도 아닙니다. 오히려 확신과 용기를 가진 흔들림 없는 승리의 외침입니다.

그날 이후 성도들은 2천 년 동안 위기의 순간에, 임종의 순간에 "내 영혼을 아버지 손에 부탁하나이다"라고 고백하고 있습니다. 이 땅은 안전지대가 아닙니다. 그러므로 우리는 마지막 순간에 무슨 기도를 드려야 할 것인지를 알고 살아야 합니다. 살아 있는 동안에는 배우자와 자녀, 나라, 온 세상을 위해 기도할 수 있습니다. 그러나 마지막 순간에는 단 하나의 기도만 필요합니다. 오직 "내 영혼을 아버지 손에 부탁하나이다"라고 기도해야 합니다. 이 기도의 훈련이 되어 있으면 우리는 어떠한 위기 상황에도 흔들리지 않을 수 있습니다. 이 고백에 포함된 네 가지 흔들릴 수 없는 진리를 반드시 기억하기 바랍니다.

주님의 마지막 말씀에 담긴 네 가지 진리

주님의 마지막 말씀은 첫 번째로, 하늘 아버지는 우리를 사랑하신다는 진리를 보여 줍니다. 캄캄한 어두움 가운데서도 우리에게는 하늘 아버지가 계십니다. 또한 그분은 우리를 극진히 사랑하며 우리를 위한 선한 계획을 갖고 계십니다. 예수님은 이 놀라운 고백을 어떻게 시작하십니까? "아버지 내 영혼을 아버지 손에 부탁하나이다." 예수님은 다시 하나님을 아버지라고 부르십니다. 인류를 대신해서 십자가 위에서 심판을 받으실 때는 아버지라고 부르지 않고, "엘리 엘리 라마 사박다니 … 나의 하나님, 나의 하나님 어찌하여 나를 버리셨나이까"(막 15:34)라고 부르짖으셨습니다. 이제 십자가 위에서 죗값을 다 치르셨기에 우리를 향한 온전한 용서와 아버지와 더불어 온전한 화해가 이루어졌습니다. 그리하여 주님은 다시금 사랑과 친밀한 언어로 하나님을 아버지라고 부르십니다.

하나님을 아버지로 만났습니까? 때로 육신의 아버지는 믿을 수 없고, 일관성이 없고, 별것도 아닌 것으로 화를 내고, 이기적일 수 있습니다. 그러나 하늘 아버지는 다르십니다. 하늘에 계신 아버지는 가장 친밀한 분이시고, 일관성 있는 분이시고, 유능한 분이시고, 우리를 불쌍히 여기는 분이십니다. 그분은 모든 것을 다 보시고, 모든 것을 다 보살피시며, 무엇이든 다 도와주실 수 있습니다. 믿기만 하면 반드시 도와주십니다. 무엇이 우리를 가장 복되게 할지 우리 자신보다 더 잘 알고 계십니다. 우리보다 더 놀라운 계획, 탁월한 계획을 갖고 계십니다(시 103:13). 그래서 주님은 하나님을 다시 아버지라고 부르시고, 무슨 일이 일어나도 우리를 완벽하게 사랑하는 분임을 무엇보다 먼저 기억하게 하십니다.

주님의 마지막 말씀은 두 번째로, 하늘 아버지는 신뢰할 만한 분이시라는 사실을 기억하게 합니다. 무슨 일이 일어나도 우리에게는 하늘 아버지가 계심을 기억하십시오. 그분은 우리를 사랑하기만 하는 분이 아니라 우리가 믿을 만한 분이십니다. 인생의 가장 중대한 문제는 결국 누구를, 무엇을 신뢰하느냐는 것입니다. 그 문제에 대한 답이 우리의 삶을 복되게 할 수도 있고, 비참하게 할 수도 있습니다. 성공하게할 수도 있고 실패하게할 수도 있습니다. 생을 의미 있게 살게도 하고, 처절히 낭비하게도 만듭니다.

누군가에게 우리의 삶과 미래를 맡기려면, 그 사람은 마음 깊은 곳에 우리를 향한 관심이 있어야 하고, 모든 것을 다 알아야 하며, 완벽해야 하고, 거짓을 행하지 않아야 합니다. 이 조건에 맞추어 우리의 삶을 맡길 수 있는 분은 하나님 외에는 달리 없습니다. 아무도 우리를 향해 진리만 말하지는 않을 것입니다. 그럴듯하게 말은 할 수 있습니다. 하지만 꼭 들어야 하는 진리는 다 말하지 않습니다. 우리에게 필요한 것은 진리입니다. 진리가 사람을 자유롭게 하기 때문입니다. 거짓은 우리를 속박합니다. 물론 진리는 우리를 궁극적으로 자유롭게 만들지만, 처음에는 비참하게 느끼게도 합니다. 우리는 생각처럼 진리를 좋아하지 않기 때문입니다. 고집과 자아로 인해서 종종 우리는 잘못된 선택을 합니다. "여호와의 말씀은 정직하며 그가 행하시는 일은 다 진실하시도다"(시 33:4). 하나님이 말씀하시면 그 말씀은 우리가 받아들이든, 받아들이지 않든 진리입니다.

"아버지 내 영혼을 아버지 손에 부탁하나이다"에서 '부탁하나이다'라는 헬라어 단어는 '맡기다', '양도하다', '위탁하다'라는 뜻입니다. 비밀번호를 걸어 물품을 안전하게 보관하는 금고를 떠올리면 됩니다. 우리의 소중한 것을 다 맡겨 놓는 금고처럼 하나님은 우리에게 안전한 피난처십니다. 신앙인은 삶과 영혼을, 아니 전부를 다 하나님께 위탁한 자들입니다. 오늘 하늘 아버지께 맡겨 드릴 일은 없습니까? 걱정거리가 있다면 무엇이든 하늘 아버지께 위탁하십시오. 하나님의 사랑의 금고에 다 맡기십시오. 염려는 실천적 무신론입니다. 염려하는 것은 하나님이 계시지 않는다는 것을 실제로 보여 주는 행동입니다. 그러므로 염려는 불신앙이요, 염려의 해독제는 위탁입니다. 이제 주님께 내어 맡기십시오(딤후 1:12).

주님의 마지막 말씀은 세 번째로, 하늘 아버지는 우리가 볼 수 없는 일을 하신다는 사실을 기억하게 합니다. 우리 삶에는 현상적인 삶 뒤편에 펼쳐지는 우리의 눈이 볼 수 없는 영역이 있습니다. 하늘 아버지는 우리의 고통 한가운데 우리가 보지 못하는 영역에서 우리를 위해 일하시는 분입니다. 그러기에 우리는 "아버지 내 영혼을 아버지 손에 부탁하나이다"라고 고백합니다. 우리는 눈으로 볼 수 있는 신체적인 존재가 전부는 아닙니다. 육신의 눈이 다 볼 수 없는 영적인 존재입니다. 우리의 몸이 죽고 나면 우리의 영은 즉각 주님과 더불어 교제하는 영역으로 옮겨집니다. 그러므로 죽음은 끝이 아닙니다. 한날 우리의 심장이 멈추면 우리의 영혼은 영원으로 옮겨집니다. 하나님과 더불어 영원을 보내든지, 하나님으로부터 분리되어 영원을 보내든지 우리는 선택해야 합니다. 우리의 영혼을 두고 볼 수 없는 영역에서 싸움은 오늘도 계속되고 있습니다.

고통 가운데 고뇌하던 욥은 고백합니다. "그러나 내가 가는 길을 그가 아시나니 그가 나를 단련하신 후에는 내가 순금같이 되어 나오리라"(욥 23:10). 하나님은 지금 힘든 과정에 있는 우리 모두를 순금같이 깨끗하게 만들기를 원하십니다. 그러므로 때로 우리는 도무지 깨닫지 못하는 단련의 과정에 던져지기도 합니다. 바울은 고백합니다. "우리가 잠시 받는 환난의 경한 것이 지극히 크고 영원한 영광의 중한 것을 우리에게 이루게 함이니"(고후 4:17). 달리 말해, 오늘 우리의 삶에 부딪히는 사소한 사건 사고도 하나님의 커다란 계획 가운데 한 부분이라는 것을 믿기 바랍니다. '왜 나에게 이런 일이 일어났지?'라고 묻게 하는 일 또한 하나님의 완벽한 계획 속에 있다는 것을 믿으십시오. 그러므로 바울은 "우리가 주목하는 것은 보이는 것이 아니요 보이지 않는 것이니 보이는 것은 잠깐이요 보이지 않는 것은 영원함이라"(고후 4:18)라고 말합니다. 하나님은 오늘도 우리 삶의 막후에서 일하고 계십니다.

주님의 마지막 말씀은 네 번째로, 하늘 아버지는 우리가 맡겨 드린 모든 것을 선하게 이루신다는 사실을 기억하게 합니다. 고통의 순간을 통과할 때 꼭 기억해야 할 명제입니다. 하나님은 우리의 의혹이나 불평이나 고통조차도 선하게 다루십니다. 그러므로 우리는 "아버지 내 영혼을 아버지 손에 부탁하나이다"라고 간구합니다. '아버지 손에', 이 얼마나 복된 말씀입니까? 우리의 모든 것을 의탁하는 '아버지 손'은 돌봄, 안전, 신뢰의 손입니다. 그러므로 하늘 아버지의 손은 정말로 커다란 손입니다. 그 손 안에 모든 세상을 담고 있습니다. 그 손안에 온 우주가 달려 있습니다. 그분의 크고도 놀라운 손을 날마다 알아 가는 것은 우리의 특권입니다.

그래서 우리는 매일 성경을 통해 하나님이 어떤 분이신지를 묵상해야 합니다. 물론 지금도 하나님을 알지만, 그것은 대양 가운데 한 방울의 물에 지나지 않는 분량입니다. 좋으신 하나님을 날마다 더 알아 간다면 기쁨, 기도, 감사의 삶을 살아갈 수 있습니다. 하늘 아버지의 크신 손은 우리 모두를 축복하기에 능하십니다. 예수님은 가끔 복을 주기 위해 사람들에게 손을 얹기도 하고 손을 대기도 하셨습니다. 그러므로 시인은 고백합니다. "주님께서 나의 앞뒤를 두루 감싸 주시고, 내게 주님의 손을 얹어 주셨습니다"(시 139:5, 새번역성경).

주님의 손은 잊을 수 없는 상처의 자국을 남긴 손입니다. 예수님의 못 박힌 손의 상처는 영원합니다. 새 하늘과 새 땅에 남을 유일한 상처는 주님의 손과 발의 상처입니다. 우리는 온전한 몸을 가질 것입니다. 아무런 상처도, 흔적도 없는 온전한 몸을 갖게 될 것입니다. 천국에 남아 있는 유일한 상처는 주님께 있을 것입니다. 그 손의 못 박힌 자국이요, 그 옆구리의 창 자국이며, 그 얼굴에 가시로 찢긴 상처요, 발등에 남은 못 자국입니다. 왜 주님의 상처의 흔적은 남아 있을까요? 우리를 결코 잊지 않으시는 사랑의 증표입니다.

그러므로 성경은 말씀합니다. "어머니가 어찌 제 젖먹이를 잊겠으며, 제 태에서 낳은 아들을 어찌 긍휼히 여기지 않겠느냐! 비록 어머니가 자식을 잊는다 하여도, 나는 절대로 너를 잊지 않겠다. 보아라, 예루살렘아, 내가 네 이름을 내 손바닥에 새겼고, 네 성벽을 늘 지켜보고 있다"(사 49:15-16, 새번역성경). 우리가 하나님께 얼마나 소중한 존재인지 알고 있습니까? 하나님은 우리의 이름을 "내 손바닥에 새겨 놓았다"라고 말씀하십니다. 혹 지금 어려운 시기를 지나고 있다면 반드시 기억하십시오. 주님은 결코 우리를 잊지 않으십니다. 주님 손의 상처는 날마다 우리를 기억나게 합니다. 그 큰 손은 또한 우리를 영원히 안전하게 지키십니다. 우리의 삶을 하나님의 손에 내어 맡기면 아무도 빼앗을 자가 없습니다(요 10:28-29). 부활은 아버지의 손에 모든 것을 맡긴 아들에게 주신 하나님의 선물입니다(고후 1:8-9).

○

어린아이에게 어둠 속 잠자리에 드는 것이 무서운 것처럼, 사람들은 죽음을 두려워합니다. 그러므로 우리의 영을 주께 맡기는 훈련을 거듭하면 어떤 상황에서도 죽음을 두려워하지 않게 될 것입니다. 힘들고 외롭고 부끄럽고 후회스러울 때도 우리의 삶을 모두 주님의 손에 내어 맡깁시다. 주님의 가장 마지막 기도야말로 우리의 남은 삶 동안 해야 할 기도입니다. "아버지 내 영혼을 아버지 손에 부탁하나이다"(눅 23:46). "내가 나의 영을 주의 손에 부탁하나이다"(시 31:5). 신앙은 모든 것을 주께 맡기는 것입니다. 그리고 주께서 모든 것을 지키실 줄 믿는 것입니다(딤후 1:12).

63.

예수께서 장사되시다 _(23:50-56)

주님은 "아버지 내 영혼을 아버지 손에 부탁하나이다"(눅 23:46)라는 마지막 기도를 드리고 십자가에서 운명하셨습니다. 그리고 그 현장에 있던 사람들의 반응을 누가는 간결하게 기록하고 있습니다. 먼저, 형을 집행한 백부장은 예수님의 운명을 지켜보고 "이 사람은 정녕 의인이었도다"(눅 23:47) 하고 하나님께 영광을 돌렸습니다. 다음으로, 구경하러 모인 무리의 반응입니다. 그들도 그 된 일을 보고 다 가슴을 치며 하나둘씩 집으로 돌아갔습니다. 마지막으로, 예수님을 아는 자들과 갈릴리로부터 따라온 여자들의 반응입니다. 누가는 그들 모두 "다 멀리 서서 이 일을 보니라"(눅 23:49)라고만 기록했습니다. 서슬 시퍼런 형 집행의 불똥이 튈까봐 그랬는지 모두 다 멀리 서서 바라보기만 했습니다. 십자가형은 집행되었고 예수님은 숨을 거두셨지만, 그 시신을 거둘 사람은 주변에 아무도 보이지 않는 황당한 상황에서 이 장의 본문이 이어집니다.

숨어 있던 예수님의 제자, 아리마대 사람 요셉

"공회 의원으로 선하고 의로운 요셉이라 하는 사람이 있으니"(눅 23:50). 좀 갑작스러운 느낌이 드는 구절입니다. 사실 헬라어 원문에는 "자, 보라"라고 번역할 수 있는 접속 구절이 있지만, 이를 부드럽게 연결하기 위해 번역자들이 생략한 듯 보입니다. 보십시오. 지금 범죄자로 형이 집행된 사형수가 숨을 거두었지만 수습할 사람이 가까이에 아무도 없습니다. 몇 시간 후 밤이 찾아오면 안식일이 시작됩니다. 그런데 이 막막한 상황에 한 사람이 등장합니다. 누가는 50절과 51절 두 절을 할애해서 그를 소개합니다. 마치 "보라! 요셉이라는 사람을!" 하고 소리치는 것 같습니다.

이처럼 난감한 상황에 하나님이 준비하신 사람이 있습니다. 그의 이름은 요셉이고, 유대인의 최고의결기관 70인 가운데 한 사람인 공의회 의원입니다. 유대 권력의 핵심 인물 중 하나입니다. 사복음서가 예수님의 장례를 치른 이 사람을 소개할 때 모두 '아리마대 사람'이라고 하지만, 누가는 유독 '선하고 의로운 사람'이라고 그를 소개합니다. 마태와 요한은 그를 가리켜 '예수의 제자'라고 소개하고, 마가와 누가는 '존경받는 공회원', '공회 의원'으로 각각 소개하는 동시에 둘 다 '하나님의 나라를 기다리는 사람'으로 소개합니다. 그러나 오직 누가만 '선하고 의로운 사람'이라고 그를 소개합니다. 그리하여 누가의 이야기를 듣고 있는 청중이 예수님의 탄생 이야기에 나온 '선하고 의로운 사람'들을 떠올리게 합니다.

예수님의 생애에 있어 중요한 시점인 그분의 탄생과 죽음을 배경으로 누가는 의인들을 등장시킵니다. 하나님의 역사는 항상 의롭고 경건한 사람들을 통해서 전개되나 봅니다. 그때나 지금이나 마찬가지입니다. 예수님의 탄생을 배경으로는 '하나님 앞에서 의인'이었던 사가랴와 엘리사벳, '의롭고 경건한 자' 시므온, '주야로 금식하며 기도함으로 섬겼던' 선지자 안나를 기억할 수 있습니다. 의롭고 경건한 사람들이 예수님의 탄생을 전후해서 주님을 맞이하는 일을 한 것처럼, 예수님의 장례를 받드는 인물도 선하고 의로운 요셉이라는 것은 캐스팅에 있어서 신의 한 수라고 고백해도 좋습니다.

특히 여기서 누가는 '선하고 의로운 사람'이라고 아리마대 요셉을 소개하면서도 마태가 소개한 '부자'라는 사실은 말하지 않습니다. 하지만 요셉은 부자였음이 틀림없습니다. 개인 무덤을, 그것도 바위를 파서 준비할 수 있을 만큼 엄청난 부를 가진 사람입니다. 늘 약하고 가난한 사람들에게 따뜻한 마음을 갖고 있던 누가는, 지위와 부를 가진 요셉이었음이 틀림없지만, 그의 지위와 부를 드러내지 않고 오히려 그의 고귀한 품성을 더 강조해서 '선하고 의로운 사람'이라고 소개하고 있습니다.

아리마대 사람 요셉의 특이점은 사실 그가 가진 부에 있지 않습니다. 잘나가던 그의 신분에도 있지 않습니다. 그것은 바로 그가 가진 것을 모두 아낌없이 주님을 섬기는 일에 사용하고 있다는 사실입니다. 그는 자기 신분을 사용하여 예수님의 장례를 위해 발 벗고 나섰습니다. 누가는 "이 사람이 빌라도에게 가서, 예수의 시신을 내어 달라고 청하였다"(눅 23:52, 새번역성경)라고 기록했지만, 요한복음을 보면 "아리마대 사람 요셉은 예수의 제자이나 유대인이 두려워 그것을 숨기더니"(요 19:38)라고 기록되어 있습니다. 그동안 요셉은 유대인을 두려워해서 자신의 신앙을 드러내지 못한 숨은 제자였습니다.

이제 그는 의회의 결정과 처사에 찬성하지 않으면서도 제자의 신분을 숨기고 처신하던 자리에서 자신이 예수님의 제자라는 사실을 밝히기로 결심했습니다. 하나님 나라를 기다려 온 산헤드린의 숨은 제자 요셉은 이제 예수님의 장례를 치르기 위해 "당돌히 빌라도에게 들어가 예수의 시체를 달라"(막 15:43)고 요청합니다. 비록 그가 마음으로 따르던 예수님이 십자가에서 처형되셨지만, 오히려 그는 이 사건 이후에 자신이 그분의 제자임을 당당히 드러냅니다. 거짓 신앙은 자신의 기대가 어긋나면 움츠러들고 실족합니다. 그러나 참된 신앙은 자신의 기대가 비껴가도 하나님께 더욱 자신을 의탁합니다. '그리 아니하실지라도'라는 표현은 신앙의 진수를 드러내는 말입니다(단 3:17-18; 에 4:16; 합 3:17-18).

사복음서 모두 아리마대 요셉의 담대한 모습을 같은 어조로 기록하고 있습니다. 죄인으로 언도되어 십자가에 처형되신 예수님의 시체를 달라고 요구하는 것은 자신의 신앙과 소속을 드러내는 행동이며, 그로 인해 자신에게 돌아올 불이익을 달게 받아들이는 자세입니다. 지금껏 제자로서 그의 처신은 누가 보아도 칭송받을 만하지 못했습니다. 그러나 아무도 선뜻 나서지 않는 이 절박한 상황에서 그는 공의회 의원이라는 자기의 신분을 사용해 장례를 위해 나섰습니다. 그뿐만 아니라 자기가 가진 엄청난 재산조차 선뜻 내어놓습니다.

아리마대 사람 요셉이 나서지 않았다면 예수님의 시신은 어떻게 되었을지 상상해 보십시오. 어두움이 깔리면 십자가에서 내려지긴 했을 것입니다. 비록 처형당한 죄수의 시신이지만 밤에 나무 위에서 이슬을 맞도록 하는 것은 식민지 유대 문화를 거스른 것이었기 때문입니다. 게다가 뒷날은 유대인들에게 성스러운 안식일이자 유월절이었으니 십자가에 시신을 매달아 둔 채 예배하도록 방치할 수는 없었을 것입니다. 군병들을 시켜서 시신을 내려 거적으로 싸 어딘가에 내던져 두었을지도 모릅니다. 임시방편으로 공동묘지에 가매장하듯이 취급되었을지도 모릅니다. 만약 그러했다면 다음 날 새벽에 주님의 몸이 다시 살아나셨다 한들 부활로 인정되지 못했을 것입니다. 시신이 없으니 부활했다고 주장하는 것은 설득력이 없기 때문입니다.

이런 상상을 통해서 우리는 아리마대 요셉의 헌신이 얼마나 시의적절하고 소중한지를 어느 정도 짐작할 수 있습니다. 비록 한때는 숨어 있던 제자였지만 그를 향해서 과연 누가 비난의 돌을 던질 수 있을까요? 어떤 제자도 엄두를 낼 수 없던 소중한 사역을 아리마대 사람 요셉은 감당했습니다.

왕의 장례로 치러진 주님의 장례

"이를 내려 세마포로 싸고 아직 사람을 장사한 일이 없는 바위에 판 무덤에 넣어 두니"(눅 23:53). 이 기록을 좀 더 자세히 살펴봅시다. 누가는 이 부분을 다른 어떤 복음서보다 간결하게 기록하고 있습니다. 하지만 '그가 시신을 십자가에서 내려서'라는 기록에 대해서 좀 더 생각해 보아야 합니다. 이 부분을 꼭 문자적으로 해석해서 아리마대 요셉이 혼자 예수님의 시신을 십자가에서 내렸다고 생각해서는 안 됩니다. 혼자 힘으로 십자가에 달린 사람을 내린다는 것은 물리적으로 불가능합니다. 어쩌면 로마의 군병들이, 아니면 그의 개인 일꾼들이 십자가에서 예수님의 시신을 내리는 데 힘을 합했을 것으로 보아야 타당합니다.

십자가에서 내린 후에 삼베로, 아니면 세마포로 싸기 전에 피로 얼룩진 시신을 깨끗이 씻는 일도 생략할 수 없는 순서입니다. 그러고 나서 비로소 천으로 싸는 절차가 뒤따릅니다. 누가의 본문은 간략하게 언급하지만,

요한복음에 의하면 삼베로만 싼 것이 아니라 엄청난 분량의 향품을 넣어 삼베로 쌌다고 보아야 합니다. "또 전에 예수를 밤중에 찾아갔던 니고데모도 몰약에 침향을 섞은 것을 백 근쯤 가지고 왔다. 그들은 예수의 시신을 모셔다가, 유대 사람의 장례 풍속대로 향료와 함께 삼베로 감았다"(요 19:39-40, 새번역성경). '백 근쯤'은 약 32.5킬로그램으로 엄청난 분량입니다. 이 분량은 왕의 장례식에 사용되던 향품의 양이라고 합니다. 요셉에 의해서 치러진 예수님의 장례는 예수님의 죽음이 죄인의 치욕스러운 죽음이 아니라, 고귀한 왕의 죽음이었음을 드러낸다고 볼 수 있습니다. 하나님은 한평생 사랑과 섬김의 삶을 사신 분을 그 죽음과 장사까지 왕같이 대우하십니다. 마지막에 걸쳤던 옷 한 벌, 한 방울의 피까지도 세상을 위해서 드리신 분이기에 죄수의 죽음에서 왕의 장사로 예우하십니다.

더 나아가 요셉의 이런 적극적인 행위는 예수님의 시신이 신명기의 율법을 어기지 않도록 한 것입니다. "사람이 만일 죽을죄를 범하므로 네가 그를 죽여 나무 위에 달거든 그 시체를 나무 위에 밤새도록 두지 말고 그 날에 장사하여 네 하나님 여호와께서 네게 기업으로 주시는 땅을 더럽히지 말라 나무에 달린 자는 하나님께 저주를 받았음이니라"(신 21:22-23). 요셉은 시신을 다루는 일이 안식일과 유월절을 앞둔 자신을 더럽히는 행동임에도 불구하고 신실하게 잘 감당하는 섬김의 은사를 보여 줍니다. 비록 자신은 부정해지더라도 자기 외에는 할 사람이 없는 절박한 섬김으로부터 도피하지 않는 것이 바른 신앙인의 모습이요, 섬김의 기쁨을 맛보는 지름길입니다.

이제 유대 사람의 장례 풍속대로 향료와 함께 삼베로 감은 주님의 시신은 무덤으로 옮겨집니다. 누가는 예수님의 시신을 모신 무덤에 관해서 몇 가지 정보를 제공합니다.

첫째, 그 무덤은 바위를 파서 만들었다는 사실입니다. 당대에 바위를 파서 만든 무덤은 엄청난 부를 가진 사람만이 소유할 수 있었습니다. 그러기에 이사야의 예언 성취를 떠올리게 됩니다. "그는 폭력을 쓴 일도 없고 거짓말을 한 적도 없었지만 세상이 그를 죄인들과 함께 처형하고 그 묘실이 부자와 함께 되었도다"(사 53:9, 저자 사역).

둘째, 그 무덤은 아직 아무도 묻힌 적이 없다는 사실입니다. 아무도 묻힌 적이 없는 바위를 파서 만든 새 무덤에 주님의 시신을 안치함으로 주님의 부활은 더 분명히 확증될 것입니다. 아무도 장사한 일이 없는 곳이기에 다른 사람이 아닌 예수님의 부활이 확실하며, 바위를 판 무덤이기에 다른 통로가 전혀 있을 수 없습니다. 예수님의 무덤은 그 입구를 연자 맷돌 같은 돌로 된 문으로 막고 군병들이 지켰으니 예수님의 시체는 도둑맞을 수도 없고, 처음으로 묻혔으니 다른 시체와 바꿔치기를 할 수도 없는 것이 분명합니다.

예수님의 부활의 확실성을 입증하기에 바위를 파서 만든 무덤은 안성맞춤입니다. 부활을 부인하는 이들의 말이 근거 없음을 보여 주고, 예수님의 시신이 왕과 같이 존귀하게 안치되었음을 알 수 있습니다. 이 거룩한 장례는 마치 예수님의 출생이 그 어머니 마리아만의 독점 사역이었듯이, 아리마대 요셉의 독점 사역이었습니다. 한때 숨어 있었다고 해서 그를 비난하는 것이 온당치 못한 것처럼, 혹 지금 우리 기준으로 볼 때 마음에 들지 않는 신자를 비난하는 것은 온당하지 못합니다. 대주재 하나님이 언제, 어디에 그를 들어 쓰실지 우리는 모릅니다. 오늘 우리의 눈에 흡족하지 못해도 그는 언젠가 우리 중 누군가도 할 수 없는 일을 위해 주께서 남겨 두신 카드일 수 있습니다. 남을 판단해서는 안 됩니다.

여인들은 계명대로 안식일에 쉬었다

이제 본문의 마지막 문단을 살펴보겠습니다. 본문의 처음 네 절이 요셉에 대한 설명과 요셉의 사역에 대한 기록이었다면, 나머지 세 절은 여자들의 처신과 마무리 준비에 대한 기록입니다. 이 문단의 첫 구절인 54절과 끝 구절인 56절에서 '안식일'이라는 단어가 반복됩니다. "그 날은 준비일이고, 안식일이 시작될 무렵이었다"(눅 23:54, 새번역성경). "여인들은 계명대로 안식일에 쉬었다"(눅 23:56하, 새번역성경). 안식일이라는 시간 배경이 반복 언급되어서 강조되고 있습니다. 그러므로 '그날은 준비일'이라는 언급도 안식일과 관련한 준비일로 보는 것이 자연스럽습니다. 그리고 그 시간은 안식일 준비로 바쁜 시간입니다. 이제 막 해가 질 것이고 이어서 안식일이 시작될 것이기에 서둘러 장례를 집행해야 합니다.

유대인들은 해가 넘어가고 서쪽 하늘에 별이 뜨면 새 날이 시작하는 것으로 간주합니다. 그렇다면 주님이 십자가에 처형되고 십자가에서 내려지신 금요일 시간은 이제 얼마 남지 않았습니다. 그러므로 54절은 긴박하게 장례를 진행했던 요셉의 행동을 설명해 줍니다. 그리고 동시에 이어지는 여인들의 바쁜 행동을 설명해 줍니다. 긴급하게 필요한 모든 일을 해질 때까지 남아 있는 짧은 시간 안에 다 마쳐야 했습니다. 본문의 요셉과 여인들은 모두 이 준비일을 준비일답게 보내고 있습니다. 유대인들에게 준비일은 안식일에 안식하기 위해 준비하는 날입니다. 하지만 이들은 자신들의 안식일 준비에 그날을 사용하지 않고, 참된 안식을 주시는 예수님을 위해서 이날을 준비하는 일을 위해 사용하고 있습니다.

마지막 문단에 등장한 여인들은 누구이며 그들의 역할은 무엇입니까? 누가는 "갈릴리에서부터 예수를 따라다닌 여자들"(눅 23:55, 새번역성경)이라고 기록합니다. 본문 바로 앞 절인 49절에도 동일한 표현이 나옵니다. 사도행전의 표현을 빌리면, 사도의 천거 기준으로 "요한의 세례로부터 우리 가운데서 올려져 가신 날까지"(행 1:21)를 들고 있습니다. 어쩌면 그 남자들에 맞먹는 기준이 바로 '갈릴리에서부터 예수를 따라다닌 여자들'이라고 볼 수 있습니다. 이 여인들은 갈릴리에서부터 예수님을 따라서 여기까지 온 사람들입니다. 예수님의 십자가의 죽음을 지켜봤고, 요셉이 어떻게 예수님의 시신을 모셨는지를 지켜본 여인들입니다. 요셉의 뒤를 따라 그 무덤과 그분의 시체를 어떻게 두었는지를 보고 돌아가서 그 짧은 남은 시간 안에 향품과 향유를 준비한 재빠른 여인들입니다(눅 23:55-56).

여인들은 안식일이 지나고 새날 이른 아침에 예수님의 시신에 정성껏 준비한 향품과 향유를 드리려고 준비했습니다. 부활에 대한 기대가 애당초 조금도 없었던 그들로서 정성껏 향품과 향유를 준비하는 것은 매우 중요한 마지막 예를 표하는 일이었을 것입니다. 제자들이 도망친 자리에 '갈릴리에서부터 예수를 따라다닌 여자들'을 등장시킨 것을 통해 우리는 누가의 따뜻한 시선이 여인들에게 향하고 있음을 알 수 있습니다. 여인들은 제자들이 도망간 그 자리를 지키고 있습니다. 사실 복음서의 많은 기록은 여인들의 눈이 관찰하고 여인들의 입이 전해 준 결과로 남아 있습니다. 탄생 이야기만 해도 마태복음은 요셉의 시각에서 본 사건입니다. 그러나 누가복음은 마리아의 입이 전해 준 사건을 이야기하고 있습니다.

이제 서쪽 하늘에 별이 반짝입니다. 이제는 안식일이 시작되었습니다. 그래서 누가는 "여인들은 계명대로 안식일에 쉬었다"(눅 23:56, 새번역성경)라고 기록합니다. 예수님에 대한 사랑을 나타내고 싶은 뜨거운 마음은 있었지만 하나님의 율법 또한 범하지 않으려는 여인들의 모습에서, 진리 안에서 사랑을 말하고 계명 안에서 사랑을 실천하는 자세를 배워야 할 것입니다. 우리의 간절함이 솟구칠 때도 하나님은 당신의 말씀의 범위 내에서 실천하기를 원하십니다. 우리의 욕망의 크기가 아니라 말씀의 범위가 행동의 지침이어야 합니다. 아무리 급해도 하루 해가 뜨면 꼭 해야 하는 일이 있는 사람이 성숙한 그리스도인입니다. 아무리 급박해도 하나님이 금하신 선을 넘어가지 않는 사람이 선하고 의로운 사람입니다. 가장 의로우신 주님을 묵상해 보십시오. 모든 것을 아버지께 맡기고, 지옥의 고통까지 맛보고 무덤에 머물러 죽음을 맛보셨습니다. 오로지 하나님만 기다리고 아버지의 일하심을 바랄 뿐입니다. 우리도 모든 것을 다 할 수는 없습니다. 하나님을 기다리는 것밖에 할 수 없는 순간이 찾아옵니다.

○

여기 죽을 수 없는 분이 죽임을 당하셨습니다. 하지만 하나님은 존귀한 자처럼 시신을 다루도록 하시어 부자의 무덤에 장사되게 하셨습니다. 그 모든 절차에도 율법의 세세한 부분까지 구약의 예언을 성취하십니다. 기록된 하나님의 말씀은 우리의 구원을 위한 완벽한 계획서입니다. 앞으로 일어나는 모든 우주적인 종말과 마지막 구원까지 성경대로 이루어질 것입니다. 아무것도 두려워하지 마십시오. 난리와 난리의 소문이나 지진과 온갖 천재지변도 두려워하지 마십시오. 아버지의 계획을 넘어가는 일은 하나도 일어나지 않습니다. 여인들은 하고 싶은 일도 밀쳐 두고 계명대로 안식일에 쉬었습니다. 율법을 따라 사는 것이 가치 있는 삶입니다. 마지막 기록, "여인들은 계명대로 안식일에 쉬었다"는 것을 삶의 기준으로 삼기 바랍니다. 이 기록은 여인들에 대한 누가의 찬사입니다. 계명대로 주일을 지키는 복된 자리로 나아가 하나님의 칭찬을 듣는 그리스도인이 되기를 바랍니다.

64.

말씀을 기억하라 (24:1-12)

부활의 새벽은 이미 밝았다

부활의 첫 새벽, 정성껏 예비한 향품을 손에 들고 종종걸음으로 무덤을 향해서 가고 있는 여인들이 있습니다. 열린 무덤 안으로 들어가면서도 예수님의 시체를 찾고 있는 사람들입니다. 부활의 첫 새벽에도 그들의 마음은 예수님의 시체에 있습니다. 무덤이 열린 것을 보면서도 예수님의 말씀을 기억하지 못하고 있습니다. 열린 무덤 안으로 들어가면서도 계속 주님의 시체를 찾고 있습니다. 하지만 이 여인들의 사랑과 정성을 아무도 비난할 수 없습니다. 갈릴리에서부터 주님의 사랑 때문에 함께 올라온 이들이고, 비록 십자가에서 그들의 소망과 기대가 무너져 내렸지만, 이스라엘을 구속할 자라고 바랐던 예수님에 대한 사랑을 아직 그 가슴에 품고 있는 자들이기 때문입니다. 사랑 때문에 극진한 정성으로 향품과 향유를 마련하고 지금 이 순간을 기다렸습니다. 마음 같아서는 빨리 가서 향품과 향유를 예수님의 시체에 바르고 싶었지만, 계명을 좇아 안식일에 쉬었던 여인들입니다. 그래서 지금 새날이 밝아 오기가 무섭게 그 무덤을 향해서 가고 있습니다.

누가는 여기서 의도적으로 안식일과 안식 후 첫날을 대조시키고 있습니다. "계명을 따라 안식일에 쉬더라"(눅 23:56). "안식 후 첫날 새벽에"(눅 24:1). 누가는 좀 더 꼬집어 주기 위해서 "돌이 무덤에서 굴려 옮겨진 것을 보고 들어가니 주 예수의 시체가 보이지 아니하더라"(눅 24:2-3)라고 기록했습니다. '예수의 시체'도 아닌, 하필 '주 예수의 시체가 보이지 아니하더라'라고 말함으로 여인들의 행동을 생각해 보도록 합니다.

신약성경을 보십시오. 죽은 자들 가운데서 능력으로 하나님의 아들로 선포되신 분을 묘사하는 칭호가 '주'(主)입니다. 권능으로 재림하심을 묘사하는 예수님께 쓰는 호칭이 '주'입니다. '주'라는 호칭은 '능력을 가지신 분', '전능하신 분'이라는 뜻입니다. 그러므로 '주'라는 말과 '시체'라는 말은 서로 어울리지 않습니다. 그가 죽음에 사로잡혀 시체가 되었다면, 그는 주가 될 수 없습니다. 이처럼 누가는 여인들이 찾고 있는 것이 '주 예수의 시체'였다고 말함으로써 그들이 하고 있는 행동이 그들이 믿고 있는 것과 그들이 들었던 복음과 일치하지 않는다는 것을 꼬집고 있습니다. 그래서 "어찌하여 살아 있는 자를 죽은 자 가운데서 찾느냐 여기 계시지 않고 살아나셨느니라"(눅 24:5-6)라는 천사의 선언을 위한 배경으로 이 부분이 등장한 것입니다.

누가는 여인들의 앞뒤가 맞지 않는 행동을 은근히 노출시켜 주고 있습니다. 안식 후 첫날 새벽인데도 무덤을 찾아가고, 돌이 굴러간 열린 무덤, 그 빈 무덤에서 지금 주 예수의 시체를 찾고 있는 이 안타까운 여인들을 먼저 그리고 있습니다. 저는 이것이 조국 교회와 너무나 걸맞은 모습이라고 생각합니다. 부활의 신앙을 고백하면서도, 주 예수의 이름을 부르면서도 아직 주 예수의 시체에 바를 향품 준비에 몰두해 있는 모습입니다. 부활의 첫 새벽 그 여인들처럼 열심과 애정, 정성에는 조국의 성도들을 능가할 사람이 아무도 없는 것 같습니다. 그러나 상식을 초월한 정성과 열심이 문제입니다.

부활의 새벽이 이미 밝았습니다. 예비한 향품을 바를 시체는 이미 없습니다. 주님은 다시 사셨습니다. 죽은 종교, 옛 종교, 세상 종교는 정성을 다하라고 가르칩니다. '지성이면 감천'이 그들의 신조입니다. 기독교는 그런 종교가 아닙니다. 내 정성을 따라서가 아니라, 하나님이 베푸신 사랑과 은혜를 내가 깨닫고 예배의 자리에 나와서 그 영광을 찬송하는 것입니다. 하나님이 다 하셨기 때문에 우리는 그 일을 행하신 하나님을 향해서 감사의 찬송을 부르는 것입니다. 그러므로 산 종교를 죽은 종교 섬기듯이 섬겨서는 안 됩니다. 부활하신 예수 그리스도를 따르는 공동체는 살아 계신 주님을 섬기는 공동체입니다. 이제 부활하신 주님에 의해서 이룩된 신앙의 공동체인 형제자매를 위해서 예비한 향품을 사용할 때입니다. 주님이 우리에게 맡기신 가난한 자들을 위해서 사용해야 합니다. 주님은 우리에게 가난한 자들은 항상 너희와 함께 있을 것이라고 말씀하셨습니다(마 26:11). 이 세상에는 부자와 가난한 사람이 섞여 사는 것이 하나님의 섭리입니다. 가난한 사람들을 주님을 섬기듯 섬기는 것이 하나님이 우리에게 맡기신 사명입니다.

예수님은 십자가 위에서 요한에게 "보라 네 어머니라"(요 19:27) 하며 어머니 마리아를 맡기셨습니다. 예수님은 당신의 사랑하는 백성을 우리가 섬기도록 남겨 두셨습니다. 이제야말로 삼백 데나리온이 넘는 향유를 가난한 자들을 위해서 마음껏 사용할 때입니다. 더 이상 열린 무덤 속에서 주 예수의 시체를 찾지 마십시오. 오늘날 조국 교회가 들어야 할 메시지는 "어찌하여 살아 있는 자를 죽은 자 가운데서 찾느냐" 하는 것입니다. 주님은 이미 살아나셨습니다. 이미 안식 후 첫날이 되었습니다. 이 시대는 더 이상 의문이나 계율로 섬기는 시대가 아닙니다. 오직 진리와 성령으로 예배할 때가 도래했습니다. 이제는 하나님의 사랑을 이웃에게 나타내십시오.

성경은 하나님 사랑, 이웃 사랑이라는 두 기둥으로 기독교가 서 있다고 말씀합니다. 기독교는 사랑의 종교입니다. 이제는 하나님의 사랑을 주변에 있는 사람들과 나누어야만 합니다. 모든 성도를 당신의 사역자로 삼아서 그 나라를 이룩하려고 성령을 물 붓듯이 부어 주신 새 시대가 시작된 지 이미 2천 년이 지났습니다. 조국 교회가 지금 해야 할 일은 더 비싼 향품과 향유를 준비하는 것이 아닙니다. 주 예수의 시체를 발굴해 내 아름답게 단장하는 일도 아닙니다. "갈릴리에 계실 때에 너희에게 어떻게 말씀하셨는지를 기억하라"(눅 24:6). 이것만이 조국 교회가 살길이고 새로워질 길입니다. 이제는 성령과 진리로 예배할 때입니다. 하나님이 우리 각 사람에게 하신 말씀을 기억해야 할 때입니다. 이제는 남의 판단에 의존해서 살 때가 아니라, 스스로 말씀을 읽고 배우고 판단할 때입니다.

천사가 말한 그리스도의 수난과 죽음과 부활

부활의 날, 우리가 기억해야 할 주님의 말씀을 천사가 되풀이해 주고 있습니다. "갈릴리에 계실 때에 너희에게 어떻게 말씀하셨는지를 기억하라 이르시기를 인자가 죄인의 손에 넘겨져 십자가에 못 박히고 제삼 일에 다시 살아나야 하리라 하셨느니라"(눅 24:6-7). 오늘 우리가 기억해야 할 핵심 메시지가 여기에 다 담겨 있습니다. 여기서 예수 그리스도의 수난에 대해서, 그리스도의 죽음에 대해서, 그리스도의 부활에 대해서 이야기하고 있습니다.

성경은 그리스도의 수난에 대해서 '인자가 죄인의 손에 넘겨져'라고 말씀합니다. '인자'(人子)라는 말은 문자 그대로 번역하면 '사람의 아들'입니다. 사람의 아들이 죄인의 손에 넘겨졌다는 것이 주님이 당하신 수난을 묘사한 말씀입니다. 예수님은 당신을 항상 '인자'로 부르기를 좋아하셨습니다. 스스로를 사람의 아들이라 말씀하심으로써 본래 당신이 누구였는지를 암시하신 것입니다. 본래 하나님의 아들이셨던 그분이 우리 인생을 위해서 사람의 아들이 되셨다는 것을 의미합니다. 그뿐만 아니라 아버지의 계시에 따라서 깨달은 사람들만 주님을 하나님의 아들로 영접할 수 있도록, 그분은 사람 가운데서 당신을 사람의 아들이라고 부르셨습니다.

주님이 스스로 사람의 아들이라고 부르실 때 우리는 신앙 안에서 영광 중에 계시던 하나님의 아들이 우리를 대신해서 사람의 아들이 되셨다는 사실을 기억하지 않을 수 없습니다. 영광 중에 계신 하나님, 그 거룩한 분이 죄인의 손에 넘겨지셨다는 것이 그분의 수난입니다. 주님은 이 세상의 성격을 한마디로 요약할 때 항상 '불의'라는 단어를 쓰셨습니다. 악인이 자기보다 의로운 이를 삼키는 일들이 빈번하게 일어나는 곳이 세상입니다. 주님은 이 불의한 세상에 내려와 그 불의한 재판을 직접 당하고 십자가에 달리신 것입니다. 그리하여 그날 이후 주님이 남기신 고난의 발자취를 따르는 신자들은 그분의 수난에 참여하는 자들이 되었습니다.

그 이름을 위한 '그리스도의 고난'에 동참하는 것은 오늘도 그리스도인들의 특권입니다(빌 1:29). 우리가 받는 은혜에는 양면성이 있습니다. 그리스도를 주로 믿는 것뿐만 아니라 그리스도 예수를 위해서 당하는 고난에 참여하는 것도 은혜입니다. 이것은 예수 믿고 출세하는 은혜가 아닙니다. 예수를 위해서 환난을 당하는 것이 은혜라는 것입니다. 신자답게 살기 위해서 고통을 당하고 있다면 그리스도 예수의 은혜에 동참하는 복을 받은 자입니다.

그리스도인답게 살아야 한다는 것에 대해 생각해 봅시다. 우리가 믿는 주님은 당신의 목숨까지 내어놓고 바른 삶의 길을 걸으셨습니다. 그렇다면 그분을 따르는 오늘의 우리는 어떻게 해야 할까요? 작은 일에 양심을 팔지 않겠다고 작정하면 그보다 더 큰일에도 그리스도인의 양심을 지킬 수 있습니다. 그러나 작은 일에 양심을 속이게 되면 그보다 더 작고 못한 일들에도 양심을 속이게 됩니다.

더 나아가 천사가 말하고 있는 그리스도의 말씀은 수난뿐 아니라 죽음에 대한 것입니다. 하나님의 아들로서 사람의 아들이 되신 분은 섬김을 받으려고 세상에 오지 않으셨습니다. 오히려 섬기기 위해서 세상을 사셨고, 당신의 목숨을 많은 사람의 삶을 위해서 내어 주셨습니다. 예수님은 정말로 사람의 아들이 되셨습니다. 그래서 사람이 어떻게 살아야 하는지를 보여 주셨습니다. 삶의 목적은 많은 것을 움켜쥠으로 달성되는 것이 아닙니다. 나누어 줌으로써 남을 부요하게 만드는 것이 인생이 걸어야 할 길임을 보여 주기 위해 주님은 세상에 오셨습니다.

주님을 따르는 우리의 삶이 세상에서 섬기는 삶으로 나타나고 있습니까? 피 한 방울까지 남김없이 흘리신 그리스도의 죽음을 우리는 바로 이해해야 합니다. 기독교는 손에 가진 것이 있을 때만 다른 사람을 섬길 수 있는 종교가 아닙니다. 가진 사람은 가진 것으로 나누어 줄 수 있습니다.

손에 가진 것이 없어도 어려운 이웃을 볼 때는 함께 손을 붙잡고 기도함으로 돕는 것이 기독교입니다. 우리로 사람답게 살도록 당신의 삶을 주신 예수 그리스도의 죽음을 우리는 기억해야 합니다. 그분의 죽음 외에는 우리의 삶을 새롭게 할 수 있는 길이 없기 때문에 주님은 당신의 목숨을 내어 주셨습니다. 당신이 포기하지 않으면 인생에 소망이 없기 때문에 주님은 당신의 삶을 내어놓으셨습니다.

그러기에 그리스도의 죽음을 믿는다는 고백은 우리 자신의 삶을 타인을 위해서 내어 주는 것으로 생활 현장에서 확인되어야 합니다. 그분이 십자가에서 당신의 생명을 사람들을 위해 내어 주셨다는 것을 전하는 우리의 복음 전도가 우리의 내어 주는 삶으로 확증되어야 합니다. 우리는 내세를 소망하면서 사는 사람입니다. 우리의 삶이 여기서 끝난다면, 제삼 일에 다시 살리심이 없다고 한다면 정말 수단과 방법을 가리지 않고 더 많이 움켜쥐는 사람이 똑똑한 사람일 것입니다. 그러나 인간의 삶은 그것으로 끝나지 않습니다. 그 사실을 하나님은 우리에게 보여 주고 싶어 하셨습니다.

비록 부활의 새벽, 빈 무덤 속에서 주 예수의 시체를 찾아 향품을 준비하던 여인들이지만, 천사의 증거를 들었을 때 "그들이 예수의 말씀을 기억하고"(눅 24:8)라고 성경은 기록하고 있습니다. 그들의 정성과 열심은 헛되지 않았습니다. 그 아침에 예비했던 향품을 가지고 찾아갔기 때문에 천사를 만날 수 있었고, 천사가 전하는 말에 귀를 기울일 수 있었습니다. 천사가 그리스도의 수난과 죽음과 부활을 말해 주었을 때 그들은 주 예수의 말씀을 기억했습니다. 복된 순간입니다.

그다음 사건을 보십시오. 예수님의 제자들이 아직도 믿지 못하던 때였습니다. 수제자라고 늘 앞장서던 베드로가 아직 기이히 여길 그때 이 여인들은 천사의 말로 인해서 주님의 말씀을 기억했습니다. 주님의 말씀을 기억한다는 것은 단순히 지적인 기억을 의미하지 않습니다. 그것은 환희와 감격으로 벅찬 순간이었습니다. 마태복음 28장 8절에는 여인들이 무서움과 큰 기쁨으로 제자들에게 돌아갔다고 정확하게 표현되어 있습니다.

주님의 말씀을 무서움과 큰 기쁨으로 기억하십시오. 주님의 삶을 따라 바르게 살 것을 결심해야 합니다. 값을 지불하고, 필요하다면 생명을 바쳐서라도 하나님이 인정하시는 삶을 살기로 각오해야 합니다. 그래야 세상이 우리로 인해 복을 받습니다. 그리고 그것이 바로 예수님의 부활을 삶의 현장에서 시인하는 것입니다. 우리가 비록 주의 이름 때문에 고난을 당하지만 하나님이 주님을 제 삼 일에 살리셨다는 것을 기억하는 것입니다. 그리스도의 수난과 죽음에 대한 하나님의 긍정을 승인하는 것입니다. 우리는 주님과 함께 수난당하고 죽더라도 하나님이 정한 시기에 다시 살리실 것임을 믿는 믿음의 삶으로 응답해야 합니다. 그리스도의 다시 살리심을 매일 시인하는 삶의 현장은 수난과 죽음으로의 길일 수 있습니다. 그러나 동시에 그 길만이 부활로 향하는 길입니다. 하나님의 인정을 받는 삶의 길은 그 길밖에 없습니다.

o

그리스도의 수난과 죽음을 나의 것으로 소유하지 않고 영원한 삶을 나의 것으로 소유한다는 것은 기독교의 메시지가 아닙니다. 예수님도 십자가 없이는 면류관을 쓰지 않으셨습니다. 십자가의 죽음을 통해서 그분은 부활하셨습니다. 하나님께 인정받는 삶의 길은 비록 하나님의 뜻대로 오늘 고난을 당하나, 내일 하나님의 인정을 받는 것입니다(시 1:6).

의인의 길을 걷는 사람은 다음과 같이 고백합니다. "내가 바라는 것은, 그리스도를 알고, 그분의 부활의 능력을 깨닫고, 그분의 고난에 동참하여, 그분의 죽으심을 본받는 것입니다. 그리하여 나는 어떻게 해서든지, 죽은 사람들 가운데서 살아나는 부활에 이르고 싶습니다"(빌 3:10-11, 새번역성경). 우리 모두 그리스도를 알고, 부활의 능력을 깨닫고, 고난을 나누고, 함께 죽는 자리에서부터 다시 사는 성도가 되기를 바랍니다.

65.

나타나신 주님 (24:13-35)

엠마오를 향한 두 제자에게 나타나시다

이 장의 본문은 예수님이 살아나신 다음 엠마오를 향해 가는 두 제자에게 어떻게 나타나셨는지를 기록하고 있습니다. 13절부터 35절까지 길게 이 사건을 기록해 두고 있습니다. 베드로에게도 예수님이 나타나셨는데, 그 사건에 대해서는 자세히 기록하지 않으면서 이 사건을 길게 기록한 것은 오고 오는 하나님의 백성에게 그리고 우리에게 성령이 가르치고 싶어 하시는 중요한 메시지가 있기 때문입니다. 초대 교회 역시 이를 바로 이해했기 때문에 누가의 손으로 이 사건을 자세히 다루었습니다. 우선 본문에 기록되어 있는 사건을 재현시켜 봅시다. 빈 무덤을 확인한 바로 그날입니다. 그날 오후에 두 제자가 엠마오로 가고 있었습니다. 엠마오는 예루살렘에서 약 11킬로미터 거리에 있습니다. 아마 빠른 걸음이라면 두 시간, 보통 걸음이라면 세 시간이면 갈 수 있을 것입니다. 도착했을 때 하루가 다 가고 해가 지고 있었던 것을 보면 아마 점심을 먹고 길을 나선 듯합니다.

길을 가면서 두 사람이 주거니 받거니 열심히 이야기하고 있습니다. 다른 한 사람이 가까이 다가오고 있는 것조차 의식하지 못할 만큼 그들은 자기들의 이야기에 열중하고 있었습니다. 이제는 예수님이 와서 함께 걷게 되시자 한 사람이 왔다는 것은 알았지만 그가 누구인지는 알아보지 못했습니다. 예수님이 부활하신 다음에 나타나신 모습이 달랐기 때문이라기보다, 오히려 문제는 그들 자신이 예수님을 알아보지 못했다는 데 있습니다. "그들의 눈이 가리어져서 그인 줄 알아보지 못하거늘"(눅 24:16). '그들의 눈이 가리어졌다'라는 수동태의 문장을 능동태로 바꾸면 '하나님이 그들의 눈을 가리셨다'라고 표현할 수 있습니다. 이 같은 수동태 문장을 '신적 수동태 문장'이라고 합니다. 하나님이 섭리 가운데 그들의 눈을 보지 못하게 하셨다는 의미입니다.

어쩌면 대화에 너무 깊이 빠져 있었기 때문에 도무지 지금 같이 걷고 있는 사람이 자기들이 이야기하고 있는 그 주인공일 줄이야 꿈에도 생각하지 못했을 것입니다. 편견이라는 것은 사람들을 맹목적으로 만들어 버립니다. 그런 일이 일어날 리 만무하다고 생각하면 눈앞에서 지금 벌어지고 있는데도, 증거를 보고도 이해하지 못하는 법입니다. 엠마오를 향해서 가는 그들의 마음은 착잡했습니다. 왜냐하면 그들이 소망을 걸었던 예수님이 이미 십자가에서 죽으셨기 때문입니다. 설상가상으로 그 시체마저 없어져 버렸다는 소식을 들었기에 그들의 마음은 무거웠습니다.

그들은 만에 하나라도 이 제3의 인물이 자기들이 이야기하고 있는 그 주인공이실 줄은 전혀 생각조차 못했습니다. 제자들의 영적인 우매함 때문에 그들이 주님을 알아보지 못했다고 해도 맞습니다. 동시에 하나님이 그들의 눈을 순간적으로 보지 못하게 하셨다고 해도 맞습니다. 그들이 자기들의 편견에 사로잡혀서 그분이 주님이신 줄 보려고 하지 않았기 때문에 주님이 그들을 보지 못하게 내버려 두신 것입니다. 로마서 1장 28절은 "하나님께서 그들을 그 상실한 마음대로 내버려 두사"라고 말씀합니다. 더러운 것을 추구하고 살면 하나님이 관여하지 않으십니다. 하나님의 심판입니다. 그래서 하나님이 예수님의 부활에 대해 더욱 선명하게 알리기 위해서, 그 예언을 밝히려는 조치로 이 사건을 길게 기록하게 하신 것이라고 볼 수 있습니다. '눈으로 직접 보지 않고 어떻게 주님의 임재하심을 느낄 수 있을 것인가? 부활하신 주님이 같이하고 계시다는 것을 어떻게 알 것인가?'에 대해서 본문은 보여 주고 있습니다.

두 사람은 길을 가면서 열심히 주거니 받거니 이야기하고 있었습니다. 그때 예수님이 다가가 "당신들이 걸으면서 서로 주고받는 이 말들은 무슨 이야기입니까?"(눅 24:17, 새번역성경)라고 물으셨지만 제자들은 묻고 있는 사람이 누구인지를 알아보지 못했고, 알려고도 하지 않았습니다. 물으시는 주님을 빤히 보면서도 그분이 주님이신 줄을 몰랐습니다. 그러고는 슬픈 표정을 짓고 "예루살렘에 머물러 있었으면서, 이 며칠 동안에 거기에서 일어난 일을 당신 혼자만 모른단 말입니까?"(눅 24:18, 새번역성경)라고 되물었습니다. 지금 나타나 묻고 계신 그분이 바로 그 슬픔의 주인공인데, 그들은 살아 계신 주님을 뵙고 있으면서 슬픈 표정을 짓고 있습니다. 그때는 슬퍼해야 할 순간이 아닙니다. 그 주님으로 인해서 "아, 주님이시군요!" 하고 반갑게 맞이하면서 그분을 기쁨으로 대해야 할 순간입니다. 그런데 불신앙과 영적인 우매함 때문에 주님이신 줄 알지 못하고 슬픈 표정을 지으면서 말하고 있는 그들의 모습을 한번 상상해 보십시오. 마치 불신앙이 만들어 낸 코미디의 한 장면 같습니다. 가끔 사건을 신앙의 눈으로 보지 못하기 때문에 기뻐하고 감사해야 할 순간을 얼마나 염려하고 불평하며 슬픔으로 맞이하는지, 우리와 아주 많이 닮았다는 생각이 듭니다.

예수님이 "무슨 일입니까?" 하고 짐짓 물으시자 그들은 길게 설명합니다. "나사렛 예수에 관한 일입니다. 그는 하나님과 모든 백성 앞에서, 행동과 말씀에 힘이 있는 예언자였습니다. 그런데 우리의 대제사장들과 지도자들이 그를 넘겨주어서, 사형선고를 받게 하고, 십자가에 못 박아 죽였습니다. 우리는 그분이야말로 이스라엘을 구원하실 분이라는 것을 알고서, 그분에게 소망을 걸고 있었던 것입니다. 그뿐만 아니라, 그런 일이 있은 지 벌써 사흘이 되었는데, 우리 가운데서 몇몇 여자가 우리를 놀라게 하였습니다. 그들은 새벽에 무덤에 갔다가, 그의 시신을 찾지 못하고 돌아와서 하는 말이, 천사들의 환상을 보았다는 것입니다. 천사들이 예수가 살아 계신다고 말했다는 것입니다. 그래서 우리와 함께 있던 몇 사람이 무덤으로 가서 보니, 그 여자들이 말한 대로였고, 그분은 보지 못하였습니다"(눅 24:19-24, 새번역성경).

엠마오로 가는 두 제자의 이야기의 강조점은 그 선지자가 죽어서 소망이 사라졌다는 것입니다. 게다가 예수의 시체마저 어디 있는지 모른다는 것이 그들 보고의 강조점입니다. 빈 무덤이 있고, 그곳에 세마포가 그대로 개켜져 있고, 천사가 나타나서 "예수님이 살아나셨다"고 했지만, 사람이 믿지 않기 시작하면 계속해서 못 믿는 것입니다. 믿으려고 하는 사람에게는 돌문이 열렸다고 하면 벌써 무슨 일이 일어났구나 생각되겠지만, 믿지 않기 시작하면 그런 것들이 전혀 도움이 되지 않습니다. 그들은 계속 시체가 어디 갔는지 모르겠다는 이야기만 했습니다. 천사가 증거를 해도, 두 천사가 나타나서 증인 노릇을 했는데도 그들은 믿지 않았고, 오히려 그것은 그들의 슬픔을 가중시킨 결과가 되었습니다. 몇 사람이 무덤으로 가서 보고 온 소식도 마찬가지였습니다. 그를 보지 못했다는 것입니다.

여기까지 이야기를 듣고 있던 제3의 사람은 엠마오를 향해 가던 두 제자를 꾸짖습니다. "미련하고 선지자들이 말한 모든 것을 마음에 더디 믿는 자들이여"(눅 24:25). 주님의 책망은 슬퍼하는 사람을 더 슬퍼하도록 하기 위해서가 아니라, 그들의 불신앙을 깨우쳐 주시기 위한 것입니다. 주님은 그들에게 "그리스도가 이런 고난을 받고 자기의 영광에 들어가야 할 것이 아니냐"(눅 24:26)라고 말씀하신 후 모세의 글들로부터 시작해서 말라기에 이르도록, 어쩌면 쭉 훑어가면서 예수님의 고난과 영광에 대해서 기록된 말씀을 자세히 설명해 주셨습니다.

그들은 온 세상이 밝아져 오는 느낌으로 그 설명에 귀를 기울였습니다. 그들의 마음에는 전에 없던 기쁨이 샘솟기 시작했습니다. '주께서 살아나셨다는 이야기는 여자들이 엉겁결에 하는 이야기가 아니라 분명히 근거를 가진 이야기구나. 성경에 약속된 대로 성취되어서 주님이 살아나셨구나. 주님은 고난의 십자가를 지신 후에 영광의 면류관을 받으셨구나.' 슬픔으로 지친 그들의 마음속에 희망의 새바람이 일기 시작했습니다.

예수님은 제자의 길에 함께하신다

그 자세한 말씀 풀이를 들으면서 그들은 어느덧 목적지에 도달했습니다. 약 11킬로미터나 되는 길이 순식간에 지나가고 이제 엠마오로

가는 마을 앞에 도착했습니다. 예수님은 더 가려고 하셨습니다. 말씀을 듣고 있던 그들은 그처럼 시원하게 창세기부터 구약 전체를 꿰뚫으면서 설명해 주시는 그분을 놓치고 싶지 않았습니다. 그래서 "우리와 함께 유하사이다 때가 저물어 가고 날이 이미 기울었나이다"(눅 24:29) 하며 강권했습니다. 그러자 주님은 그들이 사는 마을로 들어가셨습니다. 집 안에는 식탁이 마련되어 있었습니다. 식탁 기도는 나라마다 다른데, 유대인과 한국 사람이 닮은 데가 있는 것 같습니다. 길 가는 손님이지만 가르침을 베풀어 주었으니 그분이 기도하는 것이 좋다고 생각한 것 같습니다. 그래서 예수님이 떡을 들고 감사 기도를 드리셨습니다. 그리고 떼어서 그들에게 주셨습니다.

바로 그 순간, 그들의 눈이 밝아졌습니다. 그 기도하는 모습 하며 떡을 떼어서 주시는 것이 처음이 아니고 전에 예수님이 하시던 모습을 연상시킨 것입니다. 그래서 보니 바로 주님이셨습니다. 하지만 주님이심이 확인된 순간에 주님은 사라져 버리셨습니다. 주님은 부활하셨습니다. 더 이상 시간과 공간의 제한을 받는 몸이 아니었습니다. 그들은 '그렇지, 주님이셨지! 길에서 성경 말씀을 풀어 주실 때 우리 마음이 뜨거웠지. 역시 주님이셨어'라는 생각을 가지고 예루살렘을 향해서 그 밤에 다시 11킬로미터를 달려갔습니다. 예루살렘에 도착해 보니 열한 제자와 그와 함께한 모든 성도가 모여 있었습니다. 그들은 모두 "주님이 정말 살아나셨고, 베드로에게 나타나셨다"라고 말하고 있었습니다. 이에 엠마오에서 온 제자들 역시 길에서의 일이며 떡을 떼심으로 자기들에게 알려지셨던 주님에 대해서 기쁨으로 증거했습니다.

본문이 말하고자 하는 메시지는 무엇입니까? 주님이 살아나셨다는 소식입니다. 주님이 나타나셨다는 내용입니다. 그뿐만 아니라 그 주님이 오늘 우리와 어떻게 교제하시는지를 말해 주고 싶어 합니다. 육안으로는 더 이상 승천하신 주님이 우리에게 보이지 않지만, 우리가 어떻게 주님이 함께하고 계시다는 것을 알 수 있는지 이 기록을 통해서 알려 주려고 하는 것입니다.

주님이 언제, 누구에게 나타나셨습니까? 24장에 몇 번 반복해서 기록되었듯이, '그들이 주님에 대해서 이야기하고 있을 때'입니다. 나사렛 예수에 관한 일을 이야기하는 현장에 주님은 찾아오셨습니다. 수난절의 사건, 십자가의 죽음, 그 새벽의 소식 할 것 없이 나사렛 예수의 일에 관심을 가진 무리에게 주님은 지금도 찾아오시는 분입니다. 그때 주님에 대해 이야기하며 길을 가던 두 제자에게 주님이 찾아오셨던 것처럼, 지금도 주님은 당신의 이야기를 하는 무리에게 관심을 가지십니다. 당신의 이야기를 들으시는 주님입니다. 우리도 마찬가지로 누군가 우리에 관한 이야기를 한다 싶으면 관심을 가지고 들으려고 하지 않겠습니까? 주님도 당신의 일에 관심을 갖는 무리들을 만나 주십니다.

주님 당신의 이야기를 나눌 때 관심을 가지시는 주님은 우리가 인생행로의 어느 지점에 있든지 우리에게 다가와 주십니다. 굳이 엠마오로 가는 길에서만 주님을 만날 수 있는 것은 아닙니다. 부활의 주님을 만나고 그분을 믿는 성도들은 매일 말씀을 묵상해야 합니다. 그러면 서로 예수님에 관해서 이야기할 수 있는 공통 재료가 생깁니다. 그날의 묵상 본문을 통해 주님을 알게 되면 그분에 관해서 무엇이든지 나누고 싶어집니다. 지금부터라도 하나님의 말씀을 더 사랑합시다. 그러면 자연히 모일 때마다 예수님 이야기를 하게 됩니다. 예수님이 화제의 주인공이 되시면 좋겠습니다. 그러면 주님은 당신의 모습을 우리에게 더욱 나타내십니다.

그런데 어떻게 주님이 그날 당신을 알리셨습니까? "모세와 모든 선지자의 글로 시작하여 모든 성경에 쓴바 자기에 관한 것을 자세히 설명"(눅 24:27)함으로 미련하고 더디 믿는 제자들에게 당신을 알리셨습니다. 바꾸어 말해서, 기록된 성경 말씀을 풀이해 줌으로써 그들의 마음이 뜨거워지게 준비하신 것입니다. 그들의 마음을 준비시켜서 불신앙에 어두워졌던 그들의 눈의 비늘들을 벗겨 내기 시작하신 것입니다. 그래서 그들은 떡을 떼는 순간에 주님을 알아보게 되었습니다. 말씀이 읽히고 설명되고 나누어지는 현장에 주님은 함께하십니다. 더 나아가 떡을 떼는 현장에 참여하는 모든 성도에게 부활하신 주님이 임재하십니다.

우리가 어떻게 주님의 임재를 알 수 있습니까? 주님은 우리의 마음속에 뜨거움으로 함께해 주신다고 본문은 우리를 향해서 말씀합니다. 주님은 말씀이 읽히는 곳에, 떡을 떼는 자리에 비록 보이지 않지만 영원토록 우리와 함께 계십니다.

○

예수님의 행동에 초점을 맞추면서 본문을 다시 살펴보십시오. 첫 문단에서는 질문하시는 예수님을 만날 수 있습니다. 모든 답을 가지고 계시면서도 제자들의 문제를 먼저 들으시고, 그들의 답을 듣는 시간을 가지시는 주님의 모습을 본받고 싶습니다. 두 번째 문단에서는 말씀으로 인한 감동을 서로 나누는 공동체가 되는 것을 강조하고 싶습니다. 마지막 문단, 예루살렘에서 성도들과 경험을 나누는 장면에서는 신앙 공동체의 핵심 요소를 배워야 합니다. 자신의 삶에 확실히 나타난 살아 계신 주님을 전하는 전도 공동체가 되기를 권면하고 싶습니다.

66

너희에게 평강이 (24:36-43)

보지 않고도 믿는 사람은 복이 있다

앞 장 본문과 이 장의 본문은 곧바로 이어지는 이야기입니다. 한 목사님이 "마치 2부작 드라마의 1부가 끝이 나고 2부가 시작되는 것 같다"고 했는데 두 본문의 연관성을 잘 표현한 것 같습니다. 누가는 부활 사건 후 빈 무덤을 확인한 여인들과 베드로, 엠마오로 가는 두 제자 그리고 열한 제자가 함께 있는 곳에 나타나신 예수님에 대해서 기록하고 있습니다. 첫 장면에서는 천사가 두 여인에게, 두 번째 장면에서는 예수님이 두 제자에게, 세 번째 장면인 본문에서는 예수님이 열한 제자 및 그들과 함께한 자들에게 나타나셨습니다.

본문의 구조는 이렇습니다. 36-37절은 주님의 나타나심과 문안, 38-39절은 제자들의 반응과 주님의 말씀, 40-42절은 제자들을 안위하시는 주님의 행동 등입니다. 첫 문단은 "이 말을 할 때에"(눅 24:36)라는 말씀으로 시작합니다. 그 자리에 모인 열한 제자와 그들과 함께한 자들이 무슨 이야기를 하고 있었습니까? 이는 예수님이 정말로 살아나셨고 나타나셨다는 사실을 말하고 있는 바로 그 순간에 예수님이 그들 가운데 나타나셨음을 강조하는 것입니다.

열한 제자와 함께 모인 성도들은 예수님이 그들 가운데 나타나셨음을 앞 다투어 고백하고 있었습니다. 그리고 그들의 증언을 기록한 책이 신약성경이고, 구체적으로는 우리가 살피는 누가복음입니다. 보십시오. 누가는 그 서문에서 "우리 중에 이루어진 사실에 대하여 처음부터 목격자와 말씀의 일꾼 된 자들이 전하여 준 그대로"(눅 1:1-2)를 기록하겠다고 약속했습니다.

열한 제자 및 그들과 함께한 자들이 자신들이 만난 주님을 열띠게 이야기하는 그 현장에 갑자기 주님이 나타나셨습니다. "예수께서 친히 그들 가운데 서서"(눅 24:36). 이때의 상황을 요한은 "문들이 닫혔는데 예수께서 오사 가운데 서서 이르시되 너희에게 평강이 있을지어다 하시고"(요 20:26)라고 기록하고 있습니다. '그들 가운데 그분이 서 계셨다'는 표현은 기도와 관련한 주님의 임재 약속을 떠올려 줍니다. 주님은 "두세 사람이 내 이름으로 모인 곳에는 나도 그들 중에 있느니라"(마 18:20)라고 약속하셨습니다.

부활하신 예수님은 항상 우리와 같이 계십니다. 그러나 부활하시기 전과는 다른 방식으로 우리와 함께하십니다. 이 장의 본문은 승천하신 주님을 육안으로 뵐 수 없는 우리에게 어떻게 주님이 우리와 같이하고 계시는지를 보여 줍니다. 박해를 두려워하여 문을 닫고 있을 때든(요 20:26), 함께 모여서 기도할 때든(마 18:20) 하나님의 백성이 모이는 곳에는 언제나 주님이 함께 계십니다. 눈에 보이든, 보이지 않든 주님은 우리와 함께 계십니다. 그러므로 우리는 직접 예수님을 눈으로 뵌 적이 없는 성도들이지만 말할 수 없는 영광스러운 즐거움으로 주님을 사랑하며 기뻐하는 신자의 삶을 살아가야 합니다.

하지만 우리의 눈이 가려져 있으면 "볼지어다 내가 세상 끝 날까지 너희와 항상 함께 있으리라"(마 28:20)라는 약속에도 불구하고 우리 가운데 계신 주님을 엠마오로 가던 두 제자처럼 알아보지 못합니다. 그러나 그 제자들의 눈을 밝혀 보게 하셨듯이, 하나님이 보게 하시면 우리는 우리와 함께 계신 주님을 발견하게 됩니다.

하나님이 보게 하시면 우리가 본다는 사실은 하나님의 백성에게는 생소한 이야기가 아닙니다. 창세기부터 나오는 이야기입니다. 아브라함의 집에서 쫓겨난 여종 하갈은 아들을 데리고 광야를 배회했습니다. 가죽 부대의 물은 떨어지고 아이는 목마르다고 울고, 목말라 죽어 가는 아이를 차마 볼 수 없어서 통곡하는 그 어머니 하갈의 목소리를 들으신 하나님은 하갈의 눈을 여사 가까이서 솟아나는 샘물을 보게 하셨습니다(창 21:19). 또한 하나님의 사람 엘리사가 "여호와여 원하건대 그의 눈을 열어서 보게 하옵소서"(왕하 6:17)라고 기도했을 때 여호와께서 청년의 눈을 여시매 불말과 불병거가 산에 가득하여 엘리사를 두른 광경을 보게 되었습니다. 없어서 못 보는 것이 아니고, 눈이 열리지 않아서 못 보는 것입니다.

우리는 그때의 제자들처럼 예수님을 우리 눈으로 직접 뵐 수는 없지만, 세상 끝 날까지 항상 함께 있겠다고 하신 주님의 약속에 근거해서 지금 마지막 때를 주님과 믿음으로 동행하는 성도의 삶을 살아가야 합니다. 부활을 불신하는 도마에게 주님이 하신 말씀을 기억하십시오. "너는 나를 보았기 때문에 믿느냐? 나를 보지 않고도 믿는 사람은 복이 있다"(요 20:29,

새번역성경). 우리 모두는 눈으로 직접 보지 못하지만, 보지 않고도 주님을 믿는 복된 자리에 부르심을 받았다는 사실을 기억하기 바랍니다.

부활을 더디 믿는 미련한 제자들

열한 제자 및 그들과 함께한 자들이 서로 자신들이 만난 주님을 열띠게 이야기하는 현장에 갑자기 나타나신 예수님은 "너희에게 평강이 있을지어다"(눅 24:36)라고 인사하십니다. '평강이 있을지어다'라고 번역된 헬라어 '에이레네'는 당시 일상적인 인사말입니다. 하지만 부활하신 주님의 입술에서 나온 이 인사는 특별한 의미를 담고 있습니다. 예수님이 탄생하신 밤에 하늘의 천사들이 노래한 "지극히 높은 곳에서는 하나님께 영광이요 땅에서는 하나님이 기뻐하신 사람들 중에 평화로다"(눅 2:14)라는 말씀의 성취이기 때문입니다. 부활하신 예수님이 다스리시는 새로운 시대의 평화이기 때문입니다. 십자가에서 돌아가시기 바로 전날 밤에 주님이 이 인사를 하고 그 의미를 설명하셨기 때문입니다.

옛날 갈릴리 바다의 제자들에게 풍랑이 일어났듯이 오늘 성도의 삶에도 풍랑은 일어납니다. 그러나 그들 가운데로 걸어오신 주님은 갈릴리 바다의 풍랑을 잠재우신 분이고, 여전히 우리의 삶에 평강을 주시는 분입니다. 그러기에 바울은 험난한 세상 속에서 온갖 문제로 가득한 현실을 살아가는 이방의 성도들에게 항상 하나님 아버지와 주 예수 그리스도가 주시는 은혜와 평강이 있기를 빌었습니다. 부활해서 세상을 다스리시는 주님은 지금도 당신의 백성에게 평화를 주시는 왕입니다. 평화를 체험하기 원한다면 성경에서 그 예수님을 만나 보십시오.

그러나 그 밤에 제자들의 반응은 예수님이 선언하시는 평강과는 전혀 반대의 상태입니다. 주님이 나타나서 그들 가운데 서시기 전에 그들은 주님이 살아나셨고 나타나셨다고 모두 흥분하여 말하고 있었습니다. 그러나 막상 그들 가운데 주님이 나타나셨을 때 그들은 오히려 놀라고 무서워했습니다. 그럴 수밖에 없었습니다. 그들은 지금 자신들이 육체와 분리된 유령을 보고 있다고 생각했기 때문입니다. 닫힌 문이 열리지도 않았는데 주님이 그들 가운데 서 계셨기 때문입니다.

그러므로 입으로 부활을 말하는 것과 눈으로 부활하신 주님을 뵙는 것은 달랐습니다. 정말 눈으로 본다고 해서 모든 것을 믿는 것은 아닙니다. 보고도 믿지 못하는 경우도 얼마든지 있습니다. 하지만 믿음은 보지 않고도 믿습니다. 히브리서 기자는 "믿음은 무엇입니까? 믿음은 우리가 바라는 것이 반드시 이루어진다는 확신을 갖는 게 아니겠습니까? 또한, 아직 눈앞에 보이지 않는 미래의 일일지라도 우리가 기대하는 것이 반드시 우리를 기다리고 있다는 것을 의심하지 않는 게 아닙니까?"(히 11:1, 현대어성경)라고 말합니다.

하지만 그날 밤 제자들은 여전히 자기 시대의 문화적인 한계를 뛰어넘지 못하고 참된 믿음의 자리로 나아오는 데 실패하고 있습니다. 하긴 당시 사람들뿐만 아니라 지금 이 시대 사람들도 죽은 자가 육신을 입고 다시 몸으로 부활한다는 것을 믿지 않습니다. 단지 문화적인 한계가 사람들이 예수님을 믿지 못하는 이유의 전부일 수는 없습니다. 영적인 문제가 불신의 핵심적인 이유입니다. 그러므로 같은 시대를 살아도 어떤 사람은 불신하고, 어떤 사람은 믿음의 자리로 나아옵니다.

그들 모두는 예수님을 아는 자들이고, 방금 주님이 살아나셨고 나타나셨다고 흥분하여 앞 다투어 말하던 자들입니다. 주님의 제자들 가운데서도 한밤중까지 함께한 핵심 구성원들입니다. 하지만 그들은 과거의 경험을 현재와 미래의 신앙으로 연결시키지 못했습니다. 예수님은 모세와 같은 선지자로, 다윗 같은 왕으로, 아브라함보다 더 크신 이로 백성 가운데 알려지셨고, 주님은 앞 장 사건에서 엠마오로 가는 두 제자에게 당신이 고난을 통해 영광에 이른 하나님의 아들임을 분명히 드러내셨습니다. 하지만 그들은 부활의 주님을 눈앞에서 보면서도 마치 풍랑이 이는 바다 위에서 당황하던 그 시절로 돌아간 것처럼 그분을 유령으로 생각하고 있었습니다. 그래서 주님은 물으십니다. "어찌하여 두려워하며 어찌하여 마음에 의심이 일어나느냐"(눅 24:38).

주님이 질문하시는 그 순간에도 제자들은 계속 두려워하며 의심이 반복적으로 일어나고 있습니다. 부활하신 예수님을 만남으로 감격하고 기뻐해야 할 상황에 제자들은 오히려 두려워하고 의심함으로 그들의 영적인 상태를 드러내고 있습니다. 그래서 주님은 두 가지 질문을 단숨에 던지십니다. "어찌하여 두려워하느냐?" 먼저 그들의 태도에 관련해서 물으십니다. 그리고 이어서 "어찌하여 마음에 의심이 일어나느냐?"라고 그들의 무지에 대해서 질문하십니다. 부활하신 예수님이 누구신지를 마땅히 깨달아야 하는데도 여전히 깨달음이 없는, 마치 아직도 부활의 주님을 만나지 못한 것처럼 믿음이 없음을 지적하십니다. 제자들은 여전히 부활을 믿는 데 더디고 미련한 모습을 계속해서 보이고 있습니다.

더디 믿는 제자들을 위한 부활의 증거

이런 제자들을 향해서 주님은 당신이 온전한 육체를 가진 몸으로 부활했음을 보여 주십니다. 마치 법정에서 진실을 증명하기 위한 증거를 제출하듯이 예수님은 당신의 손과 발을 보이십니다(눅 24:39). 유령으로 오해하고 놀라고 무서워하는 제자들을 위한 주님의 처방은 손과 발을 보라는 것입니다. 눈으로만 아니라 손으로 만져 보라고 말씀하십니다. 주님의 부활은 육체적인 부활입니다. 그러므로 손과 발이 강조되고 있습니다. 그들은 주님의 못 박힌 손을 보았고, 주님의 못 박힌 발을 보았습니다. 주님의 못 박힌 손과 발과 상처 난 옆구리는 육체적 부활의 가장 강력한 증거입니다. 병행 본문인 요한복음에는 "손과 옆구리를 보이시니 제자들이 주를 보고 기뻐하더라"(요 20:20)라고 기록되어 있습니다. 제자들은 눈으로 보았을 뿐 아니라 그분을 직접 만졌다고 요한은 증거합니다(요일 1:1).

주님은 미련하고 더디 믿는 제자들의 의심에 대해서 친히 손과 발을 보이며 진정한 믿음의 길로 인도하시는 분입니다. 손과 발을 보일 뿐만 아니라 만져 보라고까지 함으로 그들의 의심을 풀어 주려고 하십니다. 마치 오늘날 많은 사람이 하나님을 보여 달라고 요청할 것을 내다보신 것처럼 당신의 손과 발을 보여 주고 만져 보라고까지 하셨습니다. 세상에 더 이상 계시지 않는 주님을 보여 주기 위해서 그분의 몸 된 우리의 삶이 증거가 될 때 우리는 사람들을 주께로 인도할 수 있을 것입니다. 주님의 시선이 가는 곳에 우리의 시선이 가고, 주님의 발이 가는 곳에 우리의 발이 가며, 주님의 손이 머무는 곳에 우리의 손이 머물러야 하지 않겠습니까?

이제 주님은 놀라며 더디 믿는 그들을 향한 두 번째 증거를 제시하십니다. 그것은 먹을 것을 달라고 해서 잡수시는 것입니다(눅 24:41-43). 몸이 다시 산 것을 먹을 것을 청함으로 증명하시기 위함입니다. 상식적으로 영은 결코 음식을 먹을 수 없다고 생각하기 때문입니다. 주님은 제자들이 보는 앞에서 음식을 드심으로 유령이 아니라는 사실을 확인시켜 주셨습니다.

그들은 예수님의 손과 발을 본 후 자신들 앞에 서신 분이 예수님이심을 확인하고 기뻐했습니다. 그러나 그들은 믿지 않았습니다. 한편으로는 기뻐하면서 다른 한편으로는 부활의 예수님께 합당한 믿음의 반응을 보이지 못했기에 그들은 믿지 않았다고도 볼 수 있습니다. 반가움과 놀라움이 교차하는 상태였을 것입니다. 그래서 마지막으로 예수님은 먹을 것을 청하여 드심으로 몸이 다시 살아난 것을 확인시켜 주신 것입니다. 본문은 모두 부활하신 주님을 눈으로 직접 보지 못한 우리를 위해서 기록되었다는 사실을 기억해야 합니다. 불신앙과 계속해서 싸우는 제자들을 위해서 주님은 음식을 청하신 것입니다.

그들은 예수님께 구운 생선 한 토막을 드렸습니다. 그러자 주님은 받아서 그들 앞에서 잡수셨습니다. 다 드시는 순간, 제자들의 마음에 한순간 피어나던 의심의 안개는 사라졌습니다. 예수님은 몸이 다시 살아나 제자들 가운데 참으로 함께하셨습니다. '구운 생선 한 토막'은 그들에게 있어 참으로 많은 의미가 있는 것입니다. 지금 예수님이 당신의 몸이 다시 산 것을 확인시켜 주시기 위한 증거이기도 하고, 사도 요한의 기록을 보면 제자들에게 주시기도 했습니다(요 21:13). 그러므로 구운 생선 한 토막은 그들이 주님과 함께 보낸 갈릴리의 삶을 떠올리는 촉매 역할을 했을 것입니다. 갈릴리에서 그들과 함께 생선을 드시며 그들을 가르치시던 주님이 이제 그 가르침대로 십자가의 죽음을 통해 사흘 만에 다시 살아나셨습니다.

하지만 부활은 정말 엄청난 사건입니다. 3년을 가르친 제자들조차 믿을 수 없었던 사건이었습니다. 그런 사건이 마음에 '아멘'으로 믿어지는 우리는 복 받은 사람이 틀림없습니다. 보지 못하고도 믿는 우리는 하나님으로부터 특별한 복을 받은 사람입니다. 당신에 대해 의심하는 이들을 향해 거듭 증명하고 이해시키시는 주님의 모습에서 '세상에 있는 자기 사람들을 사랑하시되 끝까지 사랑하시는' 모습을 볼 수 있습니다(요 13:1).

"너희에게 평강이 있을지어다"라는 선언만으로 주님의 역할은 끝나지 않습니다. 주님은 제자들의 마음에 평강이 자리하도록 화목 제물이 되실 뿐만 아니라 그 평강이 그들의 것이 되기까지 반복되는 수고를 마다하지 않으셨습니다. 핵심 제자들을 밤중에 만나 부활을 믿도록 그들의 수준에서 다양한 증거를 확인시켜 주셨습니다.

누가는 지금 복음서를 거의 종결짓고 있습니다. 하지만 진정한 이야기는 곧 시작될 것입니다. 하나님이 성령을 부어 주심으로 능력을 구비시켜 제자들로 하여금 땅끝까지 복음을 전하는 사명을 다하게 하실 것입니다. 이 사명을 감당하기 위해서는 먼저 제자들이 주님의 수난과 부활을 바로 알고 믿어야 했습니다. 그래서 예수님은 그들 가운데 친히 찾아와 평강을 선언하실 뿐 아니라, 손과 발을 보이며 만져 보라고 권하셨습니다. 주님의 존귀한 상처를 시각과 촉각으로 확인하도록 하셨습니다. 몸이 다시 살아난 것을 믿을 수밖에 없도록 구운 생선 한 토막까지 드셨습니다.

○

진정한 평강은 부활의 주님이 우리와 함께하시는 것입니다. 사망을 이기고 승리하신 주님이 지금도 전능하신 아버지 우편에 앉아 계십니다. 권능자로서 온 세상을 통치하시는 주님을 향한 시선을 잃지 않는 제자들만이 주님이 비신 평강을 마음에 소유할 수 있을 것입니다.

67.

너희는 증인이라 (24:44-49)

///

이 장 본문의 분위기는 예수님의 마지막 수업 같습니다. 가르치시는 내용을 봐도 마치 제자들을 향한 고별사 같습니다. 주님은 그동안 당신이 가르친 내용을 요약 정리하시고, 앞으로 제자들이 해야 할 임무가 무엇인지 설명하시고, 어떻게 그 임무를 수행해야 하는지를 말씀하십니다. 누가가 기록한 본문의 상황을 먼저 살펴봅시다. 누가는 앞 장 본문과 바로 연결된 것처럼 제시합니다. 그렇다면 같은 장소, 같은 시간으로 볼 수 있습니다. 즉 열한 제자 및 그들과 함께한 자들이 모여 있던 깊은 밤에 갑자기 주님이 나타나신 그 방에서 마지막 수업, 마지막 고별사를 하시는 것처럼 보입니다.

첫 부분
: 그동안 주님이 가르치신 내용 요약

예수님의 마지막 수업이자 제자들을 향한 고별사의 첫 부분은 예수님이 수난당하기 전에 말씀하셨던 가르침을 요약 정리하신 내용입니다. 예수님은 제자들이 지금 듣게 될 이야기는 그런 면에서 새로운 것이 아니라고 하십니다. 일찍이 "주는 그리스도시요 살아 계신 하나님의 아들이시니이다"(마 16:16)라는 베드로의 신앙 고백 후부터 자주 하셨던 말씀입니다. "인자가 많은 고난을 받고 장로들과 대제사장들과 서기관들에게 버린바 되어 죽임을 당하고 제 삼 일에 살아나야 하리라"(눅 9:22). 변화 산에서 모세와 엘리야의 증언과 함께 들은 말입니다. "영광 중에 나타나서 장차 예수께서 예루살렘에서 별세하실 것을 말할새"(눅 9:31). 주님은 누가복음 9장 51절, "예수께서 승천하실 기약이 차 가매 예루살렘을 향하여 올라가기로 굳게 결심"하신 예루살렘을 향해 나선 여정에서 자주 들었던 말씀, "곧 모세의 율법과 선지자의 글과 시편에 나를 가리켜 기록된 모든 것이 이루어져야 하리라 한 말이 이것이라"(눅 24:44)라고 그동안 당신이 가르친 내용을 요약하십니다.

지금 부활하신 예수님은 "또 이르시되"라는 말씀으로 입을 열며 그 밤에 그 방에서 하나님의 계시를 재확인하십니다. 그 내용은 "모세의 율법과 선지자의 글과 시편에 나를 가리켜 기록된 모든 수난에 관한 예언이 이루어져야 하리라"라는 것입니다. 모든 성경은 예수님에 대해서 기록되었을 뿐만 아니라 예수님을 통해서 성취되어야 한다고 말씀하십니다. 그렇게 보면, 44절은 바로 앞부분에서 엠마오로 가는 두 제자에게 나타나하셨던 말씀을 떠올리게 하지만, 여기서는 예수님에 관한 예언, 구체적으로는 수난의 예언이 성취되어야만 하는 것으로 보다 분명히 언급됩니다.

지금 24장에서 누가는 의도적으로 점점 분위기를 절정을 향해 이끌어 가고 있습니다. 무덤에서 여인들에게는 천사들의 입을 통해서 "인자가 죄인의 손에 넘겨져 십자가에 못 박히고 제 삼 일에 다시 살아나야 하리라 하셨느니라"(눅 24:7) 하고 일러 줍니다. 그 말을 듣고 여인들은 예수님의 말씀을 기억했습니다. 엠마오로 가는 길에서는 두 제자에게 율법과 선지자의 글이 예수님에 대한 것이었다는 사실을 예수님이 직접 설명해 주셨습니다. 그때까지 두 제자는 율법과 선지서가 예수님에 대한 것이라는 사실을 모르고 있었습니다. 이제 부활하신 예수님은 열한 제자 및 그들과 함께한 자들이 모여 있던 그 밤에 나타나 율법과 선지자와 시편에 이르는 모든 성경의 내용이 예수님으로 채워져 있는 동시에, 그 모든 내용이 예수님의 고난과 부활로 성취되어야만 하는 하나님의 큰 계획이었다는 사실을 밝히십니다. 부활하신 예수님이 세 번째로 등장하시는 클라이맥스에서는, 그분의 죽음과 부활은 모든 성경이 예언하는 사건인 동시에 반드시 이때 성취되어야만 하는 역사적이고 필연적인 사건임을 밝히십니다.

그들 가운데 성취된 모든 일은 사실 구약이 대망해 오던 약속의 성취였습니다. 달리 말해, 구약이 하나님이 주신 약속이라면 신약은 그 약속의 성취입니다. "모든 것이 반드시 이루어져야 하리라." 예수님은 자주 성경을 이루기 위해 수난의 걸음을 회피하지 않고 있다고 말씀하셨으며, 당신의 죽음은 성경을 성취하기 위한 필요불가결한 것임을 확실히 아셨습니다. "그리스도가 이런 고난을 받고 자기의 영광에 들어가야 할 것이 아니냐"(눅 24:26)라고 그날 오후 엠마오의 제자들을 향해서도 말씀하셨습니다. "이에 그들의 마음을 열어 성경을 깨닫게 하시고"(눅 24:45). 제자들은 갈릴리에서부터 가르치신 주님의 말씀을 기억해야 했습니다(눅 24:8). 또 말씀을 깨달아야 했고, 말씀을 믿어야 했습니다. 하지만 그들은 깨닫지도, 깨달을 수도 없었습니다. 오히려 수난에 대해 말씀하실 때마다 "제자들이 이것을 하나도 깨닫지 못하였으니 그 말씀이 감춰으므로 그들이 그 이르신 바를 알지 못하였더라"(눅 18:34)라는 말씀처럼 반응했습니다. 그들에게는 절벽이요, 캄캄한 동굴이었습니다.

그래서 24장은 '열리다'라는 단어를 강조하고 있습니다. '설명하다', '열리다', '풀이하다'라고 그때그때 다르게 번역했지만, 모두가 다 '그들의 마음을 열어'라는 의미를 가진 '열리다'라는 단어입니다. '열리다'라는 단어는 한 번의 예외 말고는(막 7:34) 모두 다 누가가 사용했습니다. 누가는 복음서와 사도행전에서 이 단어를 즐겨 사용했습니다. 눈이 밝아져(눅 24:31), 성경을 풀어(눅 24:32), 마음을 열어(눅 24:45), 하늘이 열리고(행 7:56), (루디아의) 마음을 열어(행 16:14), 뜻을 풀어(행 17:3) 등 다양하게 번역되긴 했으나, 모두 성경을 알고 깨닫게 되는 일은 하나님의 역사, 성령의 역사임을 강조합니다.

말씀을 들으면서 말씀에 대해 더 알고 싶다면 조금 더 겸손한 마음으로 나오면 됩니다. "하나님, 내 눈을 열어 주십시오. 내 마음을 열어 주십시오. 하나님의 말씀을 내가 받아들이고 싶습니다"라고 기도해 보십시오. 하나님이 마음을 열고 깨닫게 하지 않으시면 우리 죄인들은 보아도 보지 못하고, 들어도 듣지 못합니다. 우리는 조금도 깨닫지 못합니다. 말씀은 우리에게 그 뜻이 감추어져 있기 때문입니다. 우리 귀에 들려주어도 하나도 알지 못합니다. 그러므로 예수님은 하늘 진리를 깨닫는 제자들을 바라보며 감사하십니다(마 11:25). 스스로 지혜롭고 슬기 있다고 여기는 자들에게는 하나님의 계시가 언제나 캄캄절벽입니다.

하나님은 계시의 대권(大權)을 가지신 분입니다. 계시의 양면은 숨기시고, 나타내심입니다. 소위 전문가들이라고 자부하는 세상의 권위자들에게는 감추고 어린아이들 같은 우리에게는 나타내기로 하신 것은 아버지의 기쁘신 결정입니다. 타락 이후 진리에 이르는 길은 아직도 사람이 접근할 수 없습니다(창 3:24). 실낙원의 사람들에게는 생명나무의 길이 감추어져 있습니다. 오직 하늘 아버지의 기쁘신 뜻에 따라 나타내실 때만 볼 수 있습니다.

앞으로 제자들이 해야 할 임무

부활의 주님은 이제 만세에 감추어졌던 하나님의 진리를 온 세상에 드러내기로 하셨습니다. 구약이 대망하던 약속이 이제는 성취되었습니다. 그 성취된 구체적인 내용이 이제는 드러났습니다. "그리스도가 고난을 받고 제 삼 일에 죽은 자 가운데서 살아날 것과"(눅 24:46) 그동안 누가복음 전체를 통해 암시되었던 대로 "또 그의 이름으로 죄 사함을 받게 하는 회개가 예루살렘에서 시작하여 모든 족속에게 전파될 것"(눅 24:47)이라는 사실입니다.

누가는 사실 그의 복음서 1장에서부터 이스라엘 자손의 회복을 말하고 있습니다. 제사장 사가랴는 죄 사함으로 말미암는 구원(눅 1:78)을 노래하고, 시므온은 구원을 만민 앞에 차려 놓은 잔칫상으로서, 이방을 비추는 빛이요, 주의 백성 이스라엘의 영광으로서 찬양합니다. 이제 수난과 죽음, 부활을 통해서 그분의 이름으로 죄 사함을 받게 하는 회개가 예루살렘에서 시작하여 모든 족속에게 전파되어야 합니다(눅 24:47). 누가는 이 성취된 구원 사역이 사도행전을 통해서 어떻게 펼쳐지는지를 보여 줄 것입니다. 우리는 누가복음 전체에서뿐만 아니라 지금 부활하신 주님의 입술을 통해서 듣습니다. "너희는 이 모든 일의 증인이라"(눅 24:48).

하지만 지금껏 우리가 살펴본 제자들의 모습은 초라합니다. 그들은 부활의 증인으로 채택되었지만 액면대로 믿지 못하고 작은 믿음만을 가지고 있을 뿐입니다. 그들은 예수님을 가리켜 기록된 모든 것을 마음에 새기고 기억하며 깨닫기 위해 눈이 밝아져야 했습니다. 마찬가지로 하나님이 우리의 마음을 열어 주셔야 주님의 고난, 주님의 부활, 주님의 죄 용서가 얼마나 영광스럽고도 소중한지, 이 죄 용서의 복음을 전하는 일에 쓰임 받는 것이 우리 생애에서 얼마나 복된 일인지를 믿게 될 것입니다. 그리스도는 하나님의 뜻에 따라 고난을 받으셨고, 살아나셨고, 그분의 이름으로 말미암는 죄 사함을 받게 하는 회개를 온 세상에 전하기로 작정하셨습니다. 그 놀라운 하나님의 계획을 시행하는 일에 우리는 초대받았습니다.

"너희는 이 모든 일의 증인이라." 증인이 되기를 원합니까? 말씀을 깨닫게 하시는 역사가 주어지기를 기도하십시오. 아니, 증인이 되고 싶은 마음이 가슴속에서 불타지 않으면 아직 주님의 죽으심과 회개를 깨닫지 못한 사람일 수 있습니다. 만약 그렇다면 그에게 가장 긴급한 일은 마음속에 예수 그리스도를 영접하는 것입니다. 예수 그리스도를 영접하고 예수님을 만나서 죄 용서를 받게 되면 그 사죄의 기쁨을 다른 사람들과 공유하고 싶어집니다. 살아오던 삶이 바뀐 회개가 있었습니까? 새로운 삶의 영역으로 옮겨졌다면 "너희는 이 모든 일의 증인이라"라고 말씀하신 주님의 고별사, 유언을 기억하십시오. 우리는 주님의 죽음과 부활의 증인이요, 회개와 죄 용서의 증인입니다.

주님의 증인이 되는 것보다 더 중요한 일은 없습니다. 우리는 가야 하는 인생의 목표가 분명한 사람들입니다. 왜 여기 사는지 목표가 뚜렷한 사람들입니다. 그 모든 것을 다 제쳐 두고 우리 생애의 단 하나의 소원이 있다면 무엇이 되어야 하겠습니까? 나를 구원하신 하나님이 내게 소중한 이들을 구원해 주시기를 바라는 소원이 있어야 하지 않겠습니까? 우리는 삶이 변화된 사람들이기 때문입니다.

"너희는 이 모든 일의 증인이라"라는 말씀은 그날 밤 열한 제자 및 그들과 함께한 성도들뿐만 아니라 우리 모두에게 하시는 말씀입니다. 성경은 과거의 기록 문서가 아닙니다. 우리는 고문서에 관심을 두지 않습니다. 살아 있는 하나님의 말씀이 우리를 향해서 "너희는 증인이라"고 말씀합니다. 말씀을 깨닫게 하시는 성령의 역사가 일어나기를 소원합니다 (눅 24:32). 말씀을 깨닫게 하시는 성령의 역사 없이는 아무도 증인이 될 수 없습니다. 성령의 역사 없이는 아무도 회개와 죄의 용서를 전하는 전도자가 될 수 없습니다.

어떻게 그 임무를 수행해야 하는가

'증인'이라는 이름값을 하는 증인이 되려면 우리의 힘과 우리의 능력만으로는 불가능합니다. 그러기에 주님은 마지막 유언처럼 고별사를 종결짓기 전에 "볼지어다"라고 다시 한 번 우리의 주의를 환기시키십니다. 주님은 항상 중요한 말씀을 할 때 '볼지어다'라는 단어를 쓰셨습니다. 그리고 나서 주님은 말씀하셨습니다. 그날 주님의 마지막 수업, 유언과 같은 고별사의 마지막 구절에 귀를 기울이십시오. "볼지어다 내가 내 아버지께서 약속하신 것을 너희에게 보내리니 너희는 위로부터 능력으로 입혀질 때까지 이 성에 머물라"(눅 24:49). 복음 증거는 지식이나 열정만으로 할 수 있는 것이 아닙니다. 그러므로 주님은 위로부터 능력으로 입혀질 때까지 이 성에 머물라고 명하십니다. 그러나 명령만 하지는 않으셨습니다. "내가 내 아버지께서 약속하신 것을 너희에게 보내리니"라고 약속하셨습니다.

이 아버지의 약속은 선지자들에 의해서 여러 번 전달되었습니다(욜 2:28; 겔 37:14; 사 44:3). 누가는 동일한 말씀을 사도행전에서 다시 예수님의 말씀으로 확인합니다. "예루살렘을 떠나지 말고 내게서 들은 바 아버지께서 약속하신 것을 기다리라"(행 1:4). 아버지의 약속하심을 기다리는 일은 지금 우리의 사명 완수를 위해서도 필요불가결합니다.

하늘 아버지께서 우리를 증인으로 구비시키기 위해 전략을 가지고 계시다는 사실에 관심을 가지십시오. 하늘 아버지께서는 우리에게 세상이 감당할 수 없는 능력으로 옷 입혀 주기를 원하십니다. 우리는 온 세상에 복음을 전하는 엄청난 과업만 한 짐을 지고 땅끝을 향해서 비틀거리며 걸어가는 순례자가 아닙니다. 세상의 힘센 자들은 우리를 괴롭히기를 좋아합니다. 주먹을 휘두르며 우리가 하기 싫어하는 일을 억지로 맡기려 합니다. 그러나 주님은 무작정 떠맡기기만 하지 않으십니다. 그분께는 대책이 있습니다. 그렇기에 땅끝을 향해서 바로 나서지 말고 예루살렘에서 기다리라고 말씀하십니다.

○

우리는 구비되기까지 각자의 예루살렘에 머무르며 하나님을 앙모해야 합니다. 성령의 능력은 사람의 노력으로 덧입을 수 있는 것이 아니기 때문입니다. 위로부터 오는 능력, 하늘로부터 입혀지는 능력입니다. 지상 명령인 복음 전파는 사람의 힘으로 감당할 수 있는 일이 아니라,

오직 성령의 능력으로만 가능한 임무입니다. 그러므로 위로부터 능력이 입혀지는 일을 위해서 기도에 힘써야 합니다. 하나님은 당신의 인도에 민감하며 바로 순종하는 전도자를 사용하십니다. 예수님의 최후 명령에 순종하여 아버지의 약속하신 것을 사모하는 대열에 동참하기를 바랍니다.

68.

축복과 경배 (24:50-53)

이 장의 본문은 '예수님의 승천(昇天)'이 주제라는 것을 누구나 알 수 있습니다. 누가는 예수님의 승천을 가장 자세히 기록한 복음서 기자입니다. 물론 마가복음에서도 "주 예수께서 말씀을 마치신 후에 하늘로 올려지사 하나님 우편에 앉으시니라"(막 16:19)라고 승천과 승귀를 언급합니다. 하지만 누가만이 유일하게 승천을 독립적인 사건으로 다루며, 승천한 장소까지 구체적으로 밝힙니다. 그리하여 누가복음의 마지막 장면인 예수님의 승천 사건은 누가가 쓴 다음 책인 사도행전의 첫 장면과 바로 이어집니다. 그러므로 이 장의 본문은 누가복음의 에필로그인 동시에 사도행전의 프롤로그처럼 보입니다.

이러한 관점에서 본문을 보면, 바로 앞에서부터 이어지는 부활 기사를 마감하는 동시에 누가복음 전체를 끝맺는 역할을 하고 있습니다. 희망의 새 시대를 세상에 열려고 오신 분께 누가는 적절하고도 어울리는 시작과 끝맺음을 하고 있습니다. 보십시오. 누가복음은 시작도 성전에서 하고, 마지막도 성전에서 끝을 맺습니다. 누가는 하나님을 찬송하는 것으로 복음서를 시작하고, 하나님을 찬양하는 것으로 복음서를 끝맺고 있습니다.

누가복음 처음 두 장의 큰 흐름이 찬양으로 채워진 것처럼(눅 1:47, 64, 2:14, 28), 마지막 장, 마지막 구절까지도 경배하고 찬양하는 제자들의 모습으로 누가복음은 완성됩니다. 처음 두 장에 연속적인 찬양이 울려 퍼지듯이, 마지막 부분에서도 크게 기뻐하면서 하나님을 찬양하고 있습니다. 천사가 전한 "큰 기쁨의 좋은 소식"(눅 2:10)은 예수님의 승천을 목격한 제자들의 마음에 "큰 기쁨"(눅 24:52)을 안겨 줌으로, 온 백성에게 미칠 큰 기쁨의 좋은 소식이 바로 승천으로 입증된 예수 그리스도 사건임을 확증하고 있습니다.

제자들은 부활하신 예수님의 증인

본문의 구조를 살펴봅시다. 50-51절의 주어는 '예수님'입니다. 서두에 '예수께서'라고 밝히고 있습니다. 한편 52-53절의 주어는 서두에 등장하는 '그들은', 즉 제자들입니다. 그래서 본문의 구조는 각각 두 절로 나누는 것이 자연스럽습니다. 첫 부분은 예수님이 하늘로 올라가셨다는 것이 주제입니다. 하지만 두 번 반복되는 '축복하셨다', '축복하시는'이라는 강조점도 놓쳐서는 안 됩니다.

"예수께서 그들을 데리고 베다니 앞까지 나가사"(눅 24:50). 사복음서 기자 가운데 오직 누가만이 예수님의 승천 장소가 예루살렘 감람 산 너머에 있는 베다니 근처였다고 밝힙니다. 부활 후 갈릴리에서 제자들을 만나 대 사명을 주신 예수님은 다시 예루살렘으로 돌아와 베다니 근처 감람 산 어느 기슭에서 승천하신 것으로 보입니다. 우리는 여기서 예수님이 의도적으로 제자들을 데리고 나가셨다는 사실을 눈여겨보아야 합니다. 주님은 왜 예루살렘이 아니라 예루살렘 쪽에서는 보이지 않는 감람 산 반대편 기슭까지 제자들을 데리고 가셨을까요? 왜 예루살렘 성전에서 많은 군중이 보는 가운데 환호 속에 승천하지 않고, 몇몇 제자들만 보는 가운데 하늘로 올라가셨을까요?

누가복음 24장의 연속된 세 사건이 보여 주는 대로, 예수님은 부활의 증인들로 선별된 사람들에게만 나타나셨습니다. 예수님의 말씀을 기억한 여인들(눅 24:8)과 말씀을 깨닫고 마음이 뜨거워진 제자들(눅 24:32)에게 나타나셨습니다. 더 나아가 마지막 사건에서는 말씀을 깨닫고 성령의 능력으로 옷 입은 증인들(눅 24:45-49)을 통해 부활의 소식을 전하고 믿게 하신다는 점을 분명히 하셨습니다. 그러기에 주님의 부활뿐 아니라 주님의 승천도 그분의 증인이 될 이들에게 보이시는 것으로 충분했습니다. 하늘로 올라가는 것을 보고 환호할 군중들에게가 아니라, 하늘로 올라가는 것을 보고 하나님의 아들로 경배하며 찬양할 제자들에게 보이시는 것으로 충분합니다. 그 사실을 본 제자들이 전하는 말을 듣고 믿는 사람들이 하나님의 백성입니다. 그들의 말을 듣고도 믿지 못하는 이들은 그들의 눈으로 보아도 믿지 못하기 때문입니다.

그러므로 "너희는 이 모든 일의 증인이라"(눅 24:48)라는 선언을 심각하게 받아들이기 바랍니다. 수백만의 시민이 기다리고 있어도 전하는 사람이 없으면 들을 수가 없습니다. 로마서에서 바울도 같은 질문을 하면서 이사야의 예언을 인용합니다. "그런데 사람들은 자기들이 믿은 적이 없는 분을 어떻게 부를 수 있겠습니까? 또 들은 적이 없는 분을 어떻게 믿을 수 있겠습니까? 선포하는 사람이 없으면, 어떻게 들을 수 있겠습니까? 보내심을 받지 않았는데, 어떻게 선포할 수 있겠습니까? 성경에 기록한 바 '기쁜 소식을 전하는 이들의 발걸음이 얼마나 아름다우냐!' 한 것과 같습니다"(롬 10:14-15, 새번역성경). 전도자 빌립은 마차를 향해 에티오피아 재무장관에게 달려가서 그가 책 읽는 소리를 듣고 "그 뜻을 이해하십니까?" 하고 물었습니다. 그 사람이 대답했습니다. "잘 모릅니다. 아무도 내게 가르쳐 주지 않으니 어떻게 알겠습니까?"(행 8:26-39). 그때나 지금이나 바르게 가르쳐 주지 않으면 깨달을 수 없습니다. 그러므로 스스로에게 물어봅시다. "우리는 기쁜 소식을 전하고 있는가?", "우리는 바르게 가르치고 있는가?"

물론 사람들은 여전히 보여 달라고 합니다. 듣고 믿는 대신 그들의 눈앞에 보여 달라고 요구합니다. 그러나 주님은 어떻게 답하십니까? 마귀는 예수님을 향해서도 보여 달라고 요구했습니다(눅 4:9). 하지만 주님은 그 요구를 거절하셨습니다. "예수께서 대답하여 이르시되 주 너의 하나님을 시험하지 말라 하였느니라"(눅 4:12). 그리고 주님은 오히려 부자와 거지 나사로의 비유를 들려주셨습니다. 비유 속의 부자는 나사로를 자기 집에 보내어 형제 다섯이 그 고통받는 곳에 오지 않게 해 달라고 요청합니다. 그때 아브라함은 "그들에게 모세와 선지자들이 있으니 그들에게 들을지니라"(눅 16:29)라고 답합니다. 동시에 "모세와 선지자들에게 듣지 아니하면 비록 죽은 자 가운데서 살아나는 자가 있을지라도 권함을 받지 아니하리라 하였다 하시니라"(눅 16:31) 하며 못을 박았습니다. 누구든 증거를 보이라고 요구하는 대신에, 또 다른 표적을 보이라고 요청하는 대신에 모세와 선지자의 말을, 부활의 증인들의 말을 주의 깊게 듣고 믿어야 합니다.

손을 들어 제자들을 축복하신 주님

축도하는 전형적인 방법은 축복을 받는 사람들을 향해 손을 들어서 복을 비는 것입니다. 손을 들어 축복하는 장면을 떠올리는 것은 유대 문화의 제자들에게는 당연합니다. 그러나 언제부터인가 문화적인 단절이 일어났습니다. 우리도 예배를 마칠 때 축도를 하지만 모두 눈을 감고 축도에 참여하고 "아멘"만 같이 합니다. 여기에 "손을 들어 그들에게 축복하시더니"(눅 24:50)라고 기록한 것을 볼 때, 눈을 감은 상태에서는 그것을 알 수 없으므로 아마도 이때는 제자들이 눈을 뜬 상태에서 예수님을 바라보고 있었던 것 같습니다.

제사장들은 대제사장 아론의 전통을 따라서 축복합니다. "여호와는 네게 복을 주시고 너를 지키시기를 원하며 여호와는 그의 얼굴을 네게 비추사 은혜 베푸시기를 원하며 여호와는 그 얼굴을 네게로 향하여 드사 평강 주시기를 원하노라"(민 6:24-26). 아론의 전통이 아니라 멜기세덱의 반차를 따르는 새롭고 완전한 대제사장이신 예수님은 이제 참된 중재자로서 하늘로 올라가면서 당신의 백성에게 복을 주십니다. 예수 그리스도의 아버지께서는 그분의 백성 된 우리에게 하늘에 속한 복을 넘치도록 주십니다.

지금 자신이 처한 상황이 어떠하든 그날 손을 들어 축복하신 주님을 기억하십시오. 힘들고 외롭고 고달픕니까? 낙심이 되고 숨이 막힙니까? 잘 생각해 보십시오. 주님이 손을 들어 축복하신 장면이 성경에 기록된 이유가 무엇이라고 생각합니까? 성경은 말씀합니다. "성경 말씀은 우리에게 인내를 가르치고 용기를 주어 장래 큰 희망을 가지게 하려고 기록된 것입니다"(롬 15:4, 현대어성경). 아무리 힘들더라도 기억하십시오. 주님은 죽음에서 살아나셨습니다. 그리고 하늘로 올라가시는 순간에도 우리를 위해서 손을 들어 축복하셨습니다. 숨 막히는 힘든 상황 속에서도 하늘을 바라보십시오. 거기가 성도들의 마지막 희망이 깃든 곳입니다. 오늘을 사는 성도들이 달리 아무 데도 도움을 구할 수 없을 때 바라볼 수 있는 곳이 하늘이라는 것을 기억하기 바랍니다. 하늘 백성 된 우리는 하늘에 속한 모든 신령한 복으로 복 주심을 찬송할 수밖에 없습니다(엡 1:3). 그러므로 후반부의 기쁨과 찬양은 당연한 귀결입니다. "그들은 예수께 경배를 드린 후에 기쁨에 넘쳐서 예루살렘으로 돌아가 계속 성전에 머물면서 하나님께 찬양을 드렸다"(눅 24:52-53, 현대어성경).

크게 기뻐하면서 예루살렘으로 돌아온 제자들

예수님은 당신의 백성을 손을 들어 축복하면서 오신 곳 하늘로 올라가셨으나 우리를 버려두고 떠나신 것이 아닙니다. 고별 설교에서 우리를 버려두지 않겠다고 약속하신바 있습니다(요 14:18). 주님은 우리를 버려두지 않고, 오셔서 우리를 인도하십니다. 우리를 실망시키시는 대신에 우리를 위해 중보 기도를 하십니다. 다만 우리를 증인으로 준비시키려 떠나셨습니다. 이제 예수님은 하나님 우편에 앉으시기 위해서 오신 곳 하늘로 올라가십니다. 보좌 우편에 앉아 당신의 백성에게 성령을 부어 주시어 땅끝까지 증인이 되는 능력을 베푸실 것입니다. 그기에 제자들은 슬퍼하며 예루살렘으로 돌아오지 않았습니다. "그들은 예수께 경배하고, 크게 기뻐하면서, 예루살렘으로 돌아가서, 하나님을 찬양하면서 날마다 성전에서 지냈다"(눅 24:52-53, 새번역성경)고 누가는 기록하고 있습니다.

떠나가시는 예수님을 보고도 제자들이 크게 기뻐하면서 예루살렘으로 돌아온 것은 왜 주님이 떠나셨는지를 알았기 때문입니다. 그들이 하나님의 계획을 알고, 그 계획에 자신들이 부르심을 받았다는 것을 알고, 그 부르심에 응하기 위해서 하늘로부터 능력이 부어질 것을 알고 기대했기 때문입니다. 주님은 하늘 보좌에 앉으시고, 성령을 보내시고, 그들에게 능력으로 옷 입혀 주실 것입니다. 따라서 어디든 기쁜 소식을 전하는 능력에 사로잡힐 것입니다. 그들은 이런 사실을 이제는 알고 있습니다. 어떻게 알 수 있습니까? "그들의 마음을 열어 성경을 깨닫게 하시고"(눅 24:45)라는 사실 때문입니다.

예수님이 하나님 우편에 앉기 위해 올라가심을 안 제자들은 요한계시록의 이십사 장로들처럼 예수님을 향해서 경배합니다. 하늘로 올라가신 예수님은 그 순간부터 제자들에게 예배의 대상으로 등극하셨습니다. 주님의 놀라운 승천을 눈으로 본 제자들은 이제 더 이상 두려움에 사로잡혀 있지 않습니다. 두려워서 문을 잠그고 있던 도시 예루살렘으로 이제는 기쁨에 넘쳐서 돌아갑니다. 지금 그들의 기쁨은 "그들이 너무 기쁘므로 아직도 믿지 못하고 놀랍게 여길 때"(눅 24:41)의 기쁨과는 전혀 다른 기쁨이고, 세상이 앗아갈 수 없는 기쁨입니다. 그리하여 누가복음 처음에 흘러넘친 기쁨의 샘은 마지막 부분에서 다시금 샘솟고 있습니다.

누가는 "계속 성전에 머물면서 하나님께 찬양을 드렸다"(눅 24:53, 현대어성경)라는 마지막 구절에서 누가복음의 첫 부분을 다시 떠올리게 합니다. 늘 성전에서 기도하던 안나처럼, "내가 내 아버지 집에 있어야 될 줄을 알지 못하셨나이까"(눅 2:49)라고 답하시던 소년 예수처럼 지금 제자들은 당연히 그래야만 하는 것처럼 늘 성전에 머물면서 하나님을 찬송합니다. 누가는 그의 복음서를 성전 제사로 시작했듯이, 그 마지막도 성전의 예배와 찬송으로 가득 채우고 있습니다. 예수님 탄생 시에 그리스도의 구속 사역을 대망하며 하늘과 땅에 울려 퍼진 찬양이 구속 사역이 성취된 지금 다시 울려 퍼지고 있음을 보여 줍니다. 이제 그 모든 말씀이 성취되어 하늘로 올라가시는 주님을 눈으로 확인한 제자들의 기쁨은 흔들리지 않는 기쁨입니다. 사람의 근본인 마음에서부터 나오는 환희의 찬송이 제자들의 입술에서 터져 나옵니다.

참된 그리스도인의 찬송은 항상 인격 전부가 감동되고 영향을 받습니다. 누가복음의 노래들만큼이나 벅찬 사도행전에 나오는 그리스도인의 삶을 보십시오. 부디 우리의 초라한 모습만 바라보고 살지 마십시오. 더 이상 정상적인 그리스도인의 모습을 망각하고 살아가지 마십시오. 정상적인 그리스도인의 모습은 찬송하는 성도들의 모습입니다. 세상이 감당할 수 없는 능력 가운데 사로잡혀 있는 사람들, 그것이 복음에 의해서 살아가는 사람들의 정상적인 모습입니다. 또한 바울의 서신들을 한번 살펴보십시오. 예수 그리스도에 대한 이야기에 감동하면 터져 나오는 것이 '영광송'입니다. 자기가 하던 이야기의 흐름을 잊어버리고 하나님을 찬양하는 영광송은 바울이 쓴 편지의 특징 중 하나입니다. 바울은 자신이 전하고 있는 복음이 지적인 교리가 아니라 그의 삶을 바꾸어 놓은 능력이기 때문에 복음의 진수에 대해 말할 때마다 찬송하지 않고는 그 부분을 지나갈 수 없었습니다. 온 영혼과 마음이 복음으로 인해서 감격한 사람이 진정한 그리스도인입니다.

성도들이 모였다 하면 하나님을 찬미하고 그분의 이름을 노래하는 것은, 구원은 전적으로 하나님께 속한 일이기 때문입니다. 그리스도인들이 부르는 찬송은 우리가 믿는 바에 따라서 터져 나오는 노래입니다. 하나님이 다 해 놓으신 일을 믿게 될 때 터져 나오는 것이 찬양입니다. 자기가 쌓은 공덕 때문에 천당을 바라보는 종교에서는 이런 찬송이 터져 나올 수 없습니다. 우리가 조사해서(research) 하나님을 알아낸 것이 아니라, 하나님이 당신을 알리신(reveal) 결과로 우리가 하나님을 알게 되었습니다. 하나님이 보여 주시면 보고 감추시면 못 보는 것이 기독교입니다. 우리가 보게 되었다는 것은 하나님이 우리를 사랑하신다는 것입니다. 그래서 복음은 신나는 이야기입니다.

예수님은 당신의 사역을 설명하면서 당신이 세상에 오신 것은 하나님이 원하시기 때문이라고 말씀하셨습니다. 말하자면 하나님의 희망 사항을 이루기 위해서 세상에 온 것이라고 설명하신 것입니다. 당신이 가르치는 것은 하나님으로부터 들은 것이고, 당신이 하는 일은 하나님이 하도록 하셔서 하는 일이라는 것입니다. 주님은 우리의 시선을 하나님께 돌리도록 하십니다. 성도는 하나님의 역사의 결과이고, 그들의 모임이 하나님의 교회입니다. 성도들이 모였다 하면 찬송하는 이유가 바로 여기에 있습니다. 하나님의 능력과 생명을 체험한 자는 감사와 경배를 돌리게 됩니다.

○

어떤 삶을 살고 싶습니까? 아니, 삶의 끝을 어떻게 장식하고 싶습니까? 누가복음 마지막 부분에서 예수님과 성도들은 그 답을 우리에게 제시합니다. 우리의 마지막 모습은 손을 들어 축복하는 주님을 닮기 원합니다. 나이가 들어 갈수록 눈앞에 있는 성도들을 축복하는 삶을 살기를 소원합시다. 하늘로 올라가며 손을 들어 제자들을 축복하시는 주님을 믿는 성도들이라면 주님을 닮아 복을 비는 사람이 될 뿐 아니라, 그 축복하는 모습을 바라보고 경배한 후 큰 기쁨으로 예루살렘에 돌아와 성전에서 날마다 찬양한 성도들을 닮기 원합니다. 그리하여 기쁨, 기도, 감사와 찬송이 성도들의 삶의 등록 상표가 되기를 원합니다. 왜냐하면 올라가신 그대로 다시 오실 주님을 믿기 때문입니다. 그 주님이 다시 오실 때까지 아버지의 보좌 우편에서 우리를 다스리심을 믿기 때문입니다.